대승기신론열망소
大乘起信論裂網疏

민족사
2011

대승기신론열망소

2011년 2월 10일 초판 1쇄 발행
2014년 11월 20일 초판 3쇄 발행

지은이 | 우익지욱
감수자 | 요산지안
옮긴이 | 명오
펴낸이 | 윤재승
펴낸곳 | 민족사

등록 | 1980년 5월 9일(등록 제1-149호)
주소 | 서울시 종로구 삼봉로 81 두산위브파빌리온 1131호
전화 | 02)732-2403~4
팩스 | 02)739-7565
홈페이지 www.minjoksa.org
페이스북 www.facebook.com/minjoksa
이메일 minjoksabook@naver.com

ISBN 978-89-7009-661-2 03220

● 글쓴이와의 협의하에 인지는 생략합니다
● 잘못된 책은 바꾸어 드립니다

● 값은 뒤표지에 있습니다

대승기신론열망소

우익지욱 지음

요산지안 감수

명오 옮김

민족사

추천의 글

　대승불교는 중생의 마음이 바로 부처라는 논리를 세워 마음의 정체를 설명한다. 마음이 어떤 것인가 하는 근본 주제를 세워 이에 대해 종횡으로 설해 놓은 것이 『대승기신론』이다.
　『대승기신론』은 대승불교의 대의를 종합적으로 논한 개론서라고 할 수 있다. 역대로 이 논서에 대한 연구가 많이 이루어져 왔는데 명대(明代)에 우익지욱(蕅益智旭, 1599~1655)이 쓴 『열망소(裂網疏)』는 종래의 『대승기신론』 주소와는 다른 특징이 있다. 우선 종래의 소가(疏家)들은 대부분 진제삼장(眞諦三藏, Paramartha: 499~569)의 역본을 의지해 주소(註疏)를 지었으나, 지욱은 실차난타(實叉難陀, Siksaananda: 652~710)가 번역한 신역을 의지해 소를 지었다.
　『열망소』의 특징은 유가파(瑜伽派)의 입장에서 내세우는 유식설(唯識說)이나 중관파(中觀派)에서 내세우는 공관(空觀)의 이치가 서로 다르다고 주장하는 견해를 타파하는 입장에서 쓴 주소라는 점이다. 열망(裂網)

이란 '그물을 찢어버린다'는 뜻인데, 유식의 입상(立相)에만 치우친 견해와 중관의 파상(破相)에만 치우친 두 견해는 모두 어리석은 미혹이므로, 이 어리석음의 미혹을 찢어버린다는 뜻에서 『열망소』라고 이름을 붙인 것이다. 결국 이 소에서는 『대승기신론』은 유식과 중관이 모두 동일한 것임을 나타내는 논서라고 그 성격을 밝히고, 『대승기신론』의 대의가 유식과 다르지 않다는 것을 밝히고자 하였다.

지욱은 원래 천태종 스님이었다. 그는 『대승기신론 열망소』에서 천태, 화엄, 유식, 중관 등의 대승사상을 종합적으로 인용, 회통하려는 노력을 시도하고 있다. 하지만 천태종의 입장에서 다른 교의들을 융섭하려고 하는 경향이 나타난다.

중국불교 부흥운동의 아버지로 일컬어진 양문회(楊文會, 1837~1911)는 일찍이 『대승기신론』을 읽어본 것을 계기로 불교연구에 몰두하여 후일 불교의 경론을 간행하는 등 불교사상을 선양하는 데 큰 역할을 하였다. 그는 『대승기신론』을 각별히 좋아했으며, "대승불교의 기틀은 마명에서 열렸다"고 말했다. 마명종을 제창하기까지 한 그는 중국에 와 있던 선교사 리차드 티몬시(Richard Timonthy, 1845~1919)에게 『대승기신론』을 선물하여 이를 영역하게 하여 1907년 상하이에서 기신론 영역본이 나오게 하였다.

양문회는 『대승기신론』이 불교를 배우는 최적의 입문서이고, 교문(敎門)과 종문(宗門)을 회통하고 여러 경전들을 통섭하여 포괄하는 대승불교의 근본이 되는 것이라 하였다. 『대승기신론』을 통달하면 『능엄경(楞嚴經)』, 『능가경(楞伽經)』, 『화엄경(華嚴經)』, 『법화경(法華經)』 등 대승경전이 저절로 이해된다고까지 말했다. 이러한 주장으로 양문회는 『대승기신론』을 불교의 우수성을 대변하는 중요한 논서로 간주하여 중국불교의 전통이 『대승기신론』을 중심으로 일어난 것이라고 하였다.

그는 『대승기신론』의 주소를 교감 정리하여 불교연구의 근본으로 삼았다. 그는 이미 많이 알려진 『대승기신론』의 3대소인 혜원(慧遠, 523~592)의 『기신론의소』와 원효(元曉, 617~686)의 『기신론소』, 법장(法藏, 643~712)의 『기신론의기』뿐만 아니라 명대의 3대소인 진계(眞界, 생몰연대 미상)의 『기신론찬주』, 덕청(德淸, 1546~1623)의 『기신론직해』, 그리고 지욱(智旭, 1599~1655)의 『기신론열망소』를 간행하였고, 만년에는 수집한 각종 『대승기신론』 주소를 모아 『대승기신론해회집(大乘起信論解會集)』을 간행하였다.

이렇듯 『대승기신론』의 연구 비중은 대단히 높았다. 『대승기신론』은 대승불교를 이해하는 데 필독서였던 것이다. 『대승기신론』의 여러 주소 가운데 아직 우리말로 번역되지 않은 것이 많이 남아 있는데, 이번에 우리 대학원에서 열심히 경전연찬에 몰두해 온 비구니 명오 강사가 어려운 과제물을 선택하여 『열망소』를 번역해 내게 되었다. 동국대학교 선학과를 졸업한 뒤, 호주 시드니대학교에서 석사학위를 취득한 역자가 박사과정을 뒤로 하고 한문불전의 연구를 더욱 깊이 하고자 은해사 승가대학원의 과정을 이수하면서 나름의 역량을 발휘해 『열망소』 번역을 시도하여, 처음으로 이 책을 소개하고 쉽게 이해하도록 하는 쾌거를 이루게 되었다. 이에 그간의 노고를 치하하면서 앞으로 더욱 장족의 발전이 있기를 기대해 마지않는 바이다.

2010년 12월
종립 은해사 승가대학원장 지안

머리말

　대승불교의 기본적인 교의(敎義)를 설한 『대승기신론』에 대해 다양한 사상과 교리의 입장에서 해석하고 그 변천과 계보를 밝혀 온 것이 중국불교에서 큰 비중을 차지한다. 그것은 불교 교리사의 귀중한 자료이며 경론(經論)의 사상과 내용을 파악하기 위한 지남(指南)으로 본래의 사상을 밝히려는 노력의 저작물들이다. 그러나 주석서가 오히려 난해할 때도 있다는 것이 이번에 『대승기신론 열망소』를 번역한 역자의 솔직한 심정이다.

　졸업과제물로서의 『대승기신론 열망소』는 그 자체가 도전이었다. 『대승기신론』은 진제의 한역본이 유일한 줄 알았던 나에게 듣도 보도 못한 『열망소』는 촉박한 시간에, 설상가상으로 분량까지 많았다. 번역을 마친 지금도 『대승기신론 열망소』는 나에게 여전히 '깐깐기신'이지만 번역하는 동안만은 오직 '열망소와 나'뿐이었다.

　이번 번역은 실차난타 한역의 『대승기신론』과 이에 대한 유일한 주석서인 『열망소』의 존재를 처음으로 알게 해 주신 대학원장 지안스님의 권

유가 있었기에 감히 용기를 낼 수 있었다. 스님께서는 『열망소』를 비롯한 지욱스님의 방대한 저술에 대해 중국과 일본에서 활발히 연구가 이루어지고 있는 반면 시도조차도 없는 우리 불교계의 현실을 안타까워하며 사명감을 갖게 해 주셨고, 역량이 부족한 역자의 번역을 끊임없이 격려해 주셨기에 완역할 수 있었다. 강사로서의 소신으로 한 길을 걸어오신 스님을 출가 전부터 제자로서 존경하고 본받을 수 있는 인연은 평생 감사해도 부족할 은혜이다.

또한 문중의 어른으로 당당한 수행자의 정신을 몸소 보여 주시는 사숙님께 깊이 감사드린다. 시드니대학교에서의 박사과정 대신 은해사 승가대학원에서 청강하는 역자를 한편으로 아쉬워하고 다른 한편으론 크게 기뻐하시며 아낌없이 후원해 주시고 지금까지 아껴 주신 사숙님의 은혜를 어찌 다 헤아릴 수 있겠는가! 그리고 평생을 수좌로서 상대방에게는 한없이 너그러우면서도 자신에게는 더없이 엄격하신 역자의 정신적인 지주이자 수행자의 표상이신 은사스님! 소욕지족하시며 변함없이 상좌들을 위해 기도하시고 믿어 주시고 기다려 주시는 감사함은 무엇으로도 표현할 길 없다. 그동안 공부한다는 이유로 상좌로서의 도리를 다하지 못한 것이 가슴 아프게 송구스러울 따름이다.

비구니로서 승가대학원에서 경전공부에 매진할 수 있도록 방사(房舍)를 제공해 주셨고, 그동안 목청껏 경을 읽도록 허락해 주시며 한 식구로 대해 주신 은해사 교구장 스님과 관장 스님을 비롯한 사중 스님들께 깊이 감사드린다. 또한 3년간의 과정을 수료할 수 있도록 배려해 주신 승가대학원 스님들께도 고마움을 전한다. 그리고 역자를 위해 일본어 자료들의 번역을 도와주신 가곡 서천제 선생님과, 졸고를 기꺼이 출판해 주신 민족사 윤창화 사장님께 진심으로 감사드린다. 식견이 부족한 역자의 번역에 오역이 많겠지만, 이를 계기로 『대승기신론 열망소』에 대한 관심이 높아지기를 발원한다.

2010년 12월 31일
명오

차 례

일러두기 ·· 004
추천의 글 ·· 005
머리말 ·· 008

해제(解題) ·· 015

제1권 지욱의 서문(序文) ·· 041

   Ⅰ. 서론(序論) ··· 053
     1장 제목 설명(大乘起信論) ·· 053
     2장 귀경게(歸敬偈) ·· 073

   Ⅱ. 본론(本論) ··· 086
     1장 논을 지은 인연을 밝힌 부분(作因分) ················· 092
     2장 논의 주제를 세운 부분(立義分) ··························· 103

     1. 유법(有法) ··· 106
     2. 법(法) ··· 112

제2권 3장 해석하는 부분〔解釋分〕 ······························· 125
    1. 진실한 뜻을 나타내 보인다〔顯示實義〕 ··············· 126
     1) 마음의 진여문〔心眞如門〕 ·························· 135
      (1) 말을 여읜 진여〔離言眞如〕 ···················· 135
      (2) 말에 의지하는 진여〔依言眞如〕 ·············· 147
     2) 마음의 생멸문〔心生滅門〕 ························ 154
      (1) 깨달음〔覺〕 ·· 162
       ① 수행하여 얻은 깨달음〔始覺〕 ············· 169
       ② 본래의 깨달음〔本覺〕 ······················· 190

제3권   (2) 깨닫지 못함〔不覺〕 ····························· 215
       ① 근본적으로 깨닫지 못함〔根本不覺〕 ···· 215
       ② 지말적으로 깨닫지 못함〔枝末不覺〕 ···· 223
        ㉠ 세 가지 미세한 양상〔三細〕 ············ 223
        ㉡ 여섯 단계의 거친 생각이 일어나는 과정〔六麤〕 ··· 230
      (3) 깨달음과 깨닫지 못함의 같고 다른 모습 ········· 241
      (4) 생겨나고 소멸하는 인연〔生滅因緣〕 ············ 248
       ① 의(意) ··· 252
       ② 의식(意識) ······································ 261
      (5) 생기고 소멸하는 모양〔生滅之相〕 ············· 291

| 제4권 | (6) 오염된 법과 청정한 법의 상속〔染淨相續〕 ············ 303
| | ① 오염된 법의 훈습〔染法熏習〕 ······················· 307
| | ② 청정한 법의 훈습〔淨法熏習〕 ······················· 313
| | ㉠ 망령된 마음의 훈습〔妄心熏習〕 ············· 316
| | ㉡ 진실한 마음의 훈습〔眞心熏習〕 ············· 318
| | (7) 생기고 소멸하는 마음〔生滅心〕 ······················· 339
| | ① 본체〔體大〕 ····································· 339
| | ② 모습〔相大〕 ····································· 339
| | ③ 작용〔用大〕 ····································· 344

제5권　2. 그릇된 집착을 다스림〔對治邪執〕 ················ 367
　　　　1) 아견(我見) ··································· 367
　　　　　(1) 인아견(人我見) ························· 369
　　　　　(2) 법아견(法我見) ························· 380
　　　　2) 다스리는 법 ································· 381
　　　　3. 바른 도를 닦는 행상의 분별〔分別修行正道相〕 ····· 385
　　　　1) 믿음을 성취하는 발심〔信成就發心〕 ············ 387
　　　　2) 이해하고 실천하는 발심〔解行發心〕 ············ 406
　　　　3) 체험해 얻는 발심〔證發心〕 ···················· 411

제6권　4장 신심을 수습하는 부분〔修信分〕 ··············· 431
　　　　1. 신심(信心) ································· 432
　　　　2. 수습(修習) ································· 434

    1) 보시〔施門〕 ································· 435
    2) 지계〔戒門〕 ································· 437
    3) 인욕〔忍門〕 ································· 443
    4) 정진〔精進門〕 ······························ 444
    5) 지관〔止觀門〕 ······························ 450
      (1) 지(止) ·································· 453
      (2) 관(觀) ·································· 485
      (3) 지관을 함께 닦음〔止觀雙修〕 ·········· 495
  3. 염불 수행 ······································ 498

5장 이익을 밝히는 부분〔利益分〕 ············· 504
  1. 듣고 사유하며 닦는 공덕〔聞·思·修之功德〕 ······ 505
  2. 비방하여 받는 무거운 죄 ·················· 508
  3. 대승의 공덕 ·································· 509

III. 결론 (結論) : 회향게〔迴向偈〕 ············· 511

찾아보기 ··· 513
참고문헌 ··· 527

【일러두기】

1. 이 책,『대승기신론열망소』는『大正新修大藏經』(이하『대정장』으로 약칭) 44권을 저본으로 하였다.
2. 『대정장』44권을 대만 (재)불타교육기금회 판〔2004년〕『대승기신론열망소』와 대조하여 문맥상 상이(相異)한 부분은 교정하고 각주로 비교하였다.
3. 『대정장』의 문헌적 근거는 CBETA(Chinese Electronic Tripiṭaka Collection) 2010(Version)을 이용하여 표기하였다.
4. 『대승기신론』신·구역본의 차이 나는 부분은 각주에서 비교하였다.
5. 번역은 가능하면 현대적인 문체로 바꾸었다.
6. 각주에서의 용어해설은 참고 사전들과『대정장』의 경론(經論)들을 참고하였다.
7. 「해제」는 참고 문헌을 참조하여 정리하였다.

해제

I. 대승기신론(大乘起信論)

『대승기신론』(이하 『기신론』으로 약칭)은 대승의 믿음을 일으켜 실천적 수행을 하도록 하는 내용을 핵심으로 한 논서(論書)이다. 특히, 대승의 본질을 밝히고 중관(中觀)·유식(唯識)으로부터 지관(止觀)·염불(念佛)에 이르기까지 대승불교의 사상을 총망라한 개론서로 유명하다. 『기신론』은 인도에서 대립하고 있던 중관학파(中觀學派)와 유식학파(唯識學派)의 사상을 융합하여 진속일여(眞俗一如)의 사상을 잘 나타낸 논전(論典)이다.

『기신론』은 중생의 마음이 대승이고 진여이며, 일체 법은 이 진여에 의해 전개된다는 진여연기설을 주장한다. 그리고 모든 중생에게 잠재적으로 깨달아 부처가 될 수 있는 능력, 즉 여래장이 갖추어져 있다는 여래장사상을 함축하고 있다. 반면, 미혹한 존재·윤회의 주체로서 깨달음의 입장에서는 부정되어야 할 존재인 유식(唯識)의 아뢰야식도 포함하고 있다. 그래서 즉하지도 않고 여의지도 않는(不卽不離) 입장에서 실천의 주체가 되는 본연의 모습을 추구한다.

『기신론』에서는 여래장(眞如)과 아뢰야식(生滅)의 겉과 속 관계에 있는 두 원리를 하나로 회통하고 있다. 즉 일심(一心)의 진여와 생멸의 실상을 체(體)·상(相)·용(用)의 측면에서 대승의 이론적 귀결을 이루고 있다. 그래서 보살의 실천적 수행은 진여와 삼보를 믿고, 육바라밀로 선정과 반야를 겸하며 지관을 닦는 것으로 정리한다. 그리고 선근(善根)이 부족한 수행자가 지관을 닦을 때 일어날 수 있는 마군의 현상을 밝히고, 근기가 하열한 사람에게는 '나무아미타불'(육자염불)로 정토신앙을 권장한다. 이러한 『기신론』 구성의 치밀함과 정확성, 간결한 문체와 독창적인 철학체계는 논전(論典) 중에서도 최고의 걸작으로 꼽힌다. 이는 중국·한국·일본불교의 사상과 교리의 확립에 있어서 중요한 역할을 해왔다.

『기신론』은 현재까지 범본(梵本)이 발견되지 않고 있는 가운데 동명(同名)의 두 한역본이 있다. 하나는 550년에 진제(眞諦, Paramārtha : 499~569)에 의해 역출된 1권으로 된 『기신론』[1]이고, 또 하나는 당나라 때 실차난타(實叉難陀, Śikṣānanda : 652~710)에 의해 역출된 2권으로 된 『기신론』[2]이다. 일반적으로 진제의 번역을 구역(舊譯) 또는 양본(梁本)이라 하고, 실차난타의 번역을 신역(新譯) 또는 당본(唐本)이라고 한다.

Ⅱ. 작자 마명과 기신론의 성립 문제

마명(馬鳴, Aśvaghoṣa)은 기원 후 100년~150년경에 출현한 대승불

---
1) 구역(舊譯)『대정장』 32, p.575b18의 역출 연도, 550년에 대해서는 이설(異說)이 있다.
2) 『대정장』 32, p.584a29.

교를 대표하는 논사(論師)이며, 인도불교가 낳은 최대의 불교시인이다. 그의 전기는 『마명보살전(馬鳴菩薩傳)』・『부법장인연전(付法藏因緣傳)』 권5・『마하마야경(摩訶摩耶經)』 하(下)・『잡보장경(雜寶藏經)』 권7・『바수반두법사전(婆藪槃豆法師傳)』・『대당서역기(大唐西域記)』 권8・『남해기귀내전(南海寄歸內傳)』 권4 등의 문헌에 단편적으로 기록되어 있다. 그러나 여러 계통의 입장에서 기술되어 온 전승(傳承) 가운데서 전설적 요소를 배제하고 역사적 사실을 판명한다는 것은 불가능하다.

마명의 전기에 관한 보편적인 학설에 따르면, 마명은 스와르나구시(Suvarṇākṣī)를 어머니로 하여 아요디야(Ayodhyā, 현재 Oudh)에서 태어났다. 어려서부터 뛰어난 교양과 폭 넓은 학식을 갖췄으며 변론(辯論)에도 남달랐다고 한다. 출가 후에는 탁월한 역량으로 불교의 선양에 힘썼다. 그는 북서부 인도에 군림한 쿠샨왕조의 제2대 영주인 카니시카(Kaniṣka : 128~134) 왕으로부터 두터운 존경을 받았으며, 불교시인으로서 마음껏 활약했다.[3]

위대한 불교시인이었던 마명의 저술은 범본이 12종, 티베트어 번역본이 16종, 한역본이 9종으로 총 37종이다. 그 중에서 확실한 것은 난다(難陀, Nanda)가 미모의 부인에 대한 애착을 끊고 출가하여 불도를 이루기까지의 과정을 묘사한 『사운다라난다카비야(*Saundaranandakāvya*, 孫陀羅難陀詩)』・부처님의 생애를 찬탄한 『불소행찬(佛所行讚, *Buddhacarita*)』 등 서사시 두 편과 사리불이 불교로 개종하는 것을 내용으로 하는 희곡 『사리푸트라프라카라나(*Śāriputra-prakaraṇa*)』가 있다.

---

3) 카니시카 왕의 연대는 학계 미결의 문제이다. 그러나 마명이 카니시카 왕과 동시대 또는 비슷한 시기의 인물임은 확실하다.

그리고 아직 발견되지는 않고 있지만,『불조통기(佛祖通記)』[4]에 보면, 마명이 부처님의 제자인『뇌타화라(賴吒和羅, Rāṣṭrapāla)』를 주인공으로 해서 쓴 희곡을 악사들이 연주하여 무상한 이치에 감화된 왕사성의 오백 왕자가 출가하였다는 내용을 볼 수 있다. 그 외 마명의 저술로서 문제가 제기되고 있는 것으로는『금강침론(金剛針論, Vajrasuci)』·『대장엄론경(大莊嚴論經)』·『건치범찬(揵稚梵讚, Gaṇḍī-stotra-gāthā)』등이 있다.

한편, 인도불교사에서는 불교시인으로서 유명한 마명 이외에도, 후대의 마명과 대승보살로서의 마명을 같은 인물로 추정하는 전승이 이미 있었다. 마명의 전기가 수록된 비교적 오래된 문헌인『마명보살전』과『부법장인연전』에는 그의『기신론』저술에 대한 내용은 없다. 더구나『출삼장기집(出三藏記集)』[5]에는 두 명,『석마하연론(釋摩訶衍論)』[6]에는 여섯 명의 마명이 있었다고 전해진다. 여기에서『기신론』의 저자로서의 마명과 불교시인으로 유명한 마명이 동일 인물인가에 대한 문제가 제기된다. 이것은『기신론』의 성립에 대한 문제와도 연관되고 있다.[7]

---

4) 『불조통기』 권5, 『대정장』 49, pp.173c6-10.
5) 『출삼장기집』 권12, 「살바다부기목록서(薩婆多部記目錄序)」 제6(『대정장』 55, pp.89a25-7)에 '馬鳴菩薩第十一 鳩摩羅馱羅漢第十二 韋羅羅漢第十三 瞿沙菩薩第十四 富樓那羅漢第十五 後馬鳴菩薩第十六'로 되어 있다.
6) 『석마하연론』 권1(『대정장』 32, p.594b04)에 '總有六馬鳴'이라고 하였다.
7) 『기신론』의 성립에 관한 문제제기는 일본의 松本文三郎 박사(「기신론に就いて」,『芸文』, 京都文學會編, 1910)가 최초로 표명했다. 즉『기신론』의 작자가 분명하지 않다는 것과 용수 이후의 작품이라는 것이었다.『기신론』의 중국 찬술설은 일본의 望月信亨 박사(「大乘起信論の作者に關する疑義」,『宗敎界』, 1918)가 처음으로 제창하였다. 그 후로 중국 찬술설의 입장에서는 경록(經錄)과 그 밖의 증거에 의해 의혹을 표명할 뿐 논의 교리 내용의 검토가 불충분하다. 한편 중국불교 교리의 발전단계에 있어서의 기신론 사상의 필연성과도 연관성이 있는 것 같다. 반면, 인도 찬술로 보는 입장에서는 인도 찬술을 방해할 이유가 없다거나 그 당시 중국에는『기신론』을 저술할 만한 역량을 갖춘 인물이 없었다는 소극적인 이유에 그칠 뿐이었다. 한편, 柏木弘雄 박사(『大

마명에 관한 여러 종류의 전기와 전승[8]에서, 마명이 소승의 설일체유부(說一切有部)에 속했던 저명한 시인이었다는 주장이 지배적이다. 『대장엄론경(大莊嚴論經)』의 「서게(序偈)」에 서술된 부나(富那)-협(脇)-미직(彌織)-마명으로 이어지는 사자상승 관계에서,[9] 세 사람의 스승은 모두 설일체유부의 거장들이었다. 그러나 마명이 후세 유가행파의 조사(祖師)로서 유가(瑜伽)를 실천의 근간으로 삼았다는 것으로, 초기 대승경전과의 관련성을 맺기도 한다.[10] 이것은 『기신론』을 마명의 저술로 접근시

    乘起信論の硏究』, 春秋社, 1980)가 실차난타의 신역이 범본의 새로운 번역이라는 것과 함께 『기신론』이 인도 찬술임을 논증하였다. 그러나 이 문제는 여전히 학계 미결의 상태로 남아 있다.

8) 『마명보살전』 권1(『대정장』 50, p.183a26)에는 "마명보살은 장로 협(脇, Pārśva)의 제자이다"로 시작하여 출가외도의 마명이 협 존자에 교화되어 불교에 귀의하는 인연을 설명하고 있다. 『바수반두법사전』 권1(『대정장』 50, pp.189a19-26)은 마명이 뛰어난 학자임을 서술한 뒤, 그가 가전연자(迦旃延子, Kātyāyanīputra)를 따라 사위국에서 계빈국으로 왔으며, 거기서 『아비달마대비바사론』의 제작을 도왔다고 하였다. 그리고 『대당서역기』 권2(『대정장』 51. p.880b19)에는 "가까이에 카니시카 왕이 있고, 협 존자와 함께 오백 명의 성현(聖賢)을 소집하여, 가슴미라국(Kaśmira)에서 『아비달마대비바사론』을 지었다" 하고, "협 존자가 카수미르에서 『아비달마대비바사론』의 제작에 임했다"고 서술하고 있다. 『부법장인연전』 권5(『대정장』 50. p.313b09)에서는 법을 부촉하는 차례로 협(脇)-부나사(富那奢)-마명(馬鳴)으로 한다. 그러나 『비바사론』과는 관계 짓지 않고 있다. 『출삼장기집(出三藏記集)』 「잡록」 권12의 「살바다부기목록서(薩婆多部記目錄序)」 제6(『대정장』 55. pp.089a23-5), 「장안성내제공사살바다부불대발다라사종상승약전(長安城內齊公寺薩婆多部佛大跋陀羅師宗相承略傳)」(『대정장』 55. pp.089c06-8)에서는 모두 법을 부촉한 차례를 가전연(迦旃延)-바수밀(婆須密)-기리사나(吉栗瑟那)-협(脇)-마명(馬鳴)으로 한다.
9) 『대장엄론경』 권1, 『대정장』 4, p.257a12.
10) 대표적인 학자는 松濤誠廉이며, 그의 논문, 「馬鳴作·端正なる難陀とその思想」(宗教研究 新13卷3号, p.115)에서는, 마명의 확실한 저서인 『사운다라난다카비야(*Saundarananda-kāvya*, 孫陀羅難陀詩)』에서는 유가행(瑜伽行)으로서 범부에서 아라한에 이르는 행 전체를 총칭·총괄하며, 심성본정설(心性本淨說) 또는 본각사상(本覺思想)이 있다는 것이다. 柏木弘雄, 『大乘起信論の硏究』, 春秋社, 1980,

키는 견해이기도 하다.

결론적으로, 『기신론』의 성립에 관한 문제는 『기신론』의 인도 또는 중국에 있어서의 전파 사정과 불교사(佛敎史)에서의 이상상(理想像)으로서의 마명의 전승과 관계가 있다는 것을 예측할 수 있다. 또한 불교시인으로서 유명한 마명과는 다른, 후대 동명(同名)의 인물에 의한 저술이라는 잠정적인 해석이 가능하다.[11] 무엇보다도, 마명의 『기신론』 저술 여부는 직접적으로 본 논의 성립문제를 좌우하지는 않는다. 『기신론』 작자(作者)의 문제는 『기신론』의 문체[12]·사상[13]·내용[14]에 대한 이해를 통해서 얻을 수 있는 종합적인 전망이 필요하다.

---

p.106.

11) 高崎直道는 그의 저서, 『大乘起信論·楞伽經』(春秋社 2009, p.10)에서 『불소행찬』의 작자와 『기신론』의 작자가 동일 인물이라고 할 수 없는 것이 오늘날 학문적 견식이 높은 학자들의 견해라고 단언한다.

12) 『기신론』의 어법과 문체에 있어서의 특징적인 '以', '依', '故'의 과다한 용법은 중국인의 작문으로 생각하기 어렵다. 다만 그러한 문체는 현재 범본이 있는 보리유지(菩提流支)의 번역 『입능가경』 10권, 『유식이십론』과 늑나마제(勒那摩提)의 번역, 『보성론(寶性論)』으로 불리는 『구경일승보성론(究竟一乘寶性論)』의 특징과 닮아 다분히 참고한 흔적이 있다. (高崎直道, 『大乘起信論·楞伽經』, 春秋社, 2009, pp281-298)

13) 『기신론』의 기본적 사상은 인도불교사상사적으로 볼 때 여래장(如來藏)사상이다. 또한 그 근거가 되는 범본으로 검정할 수 있는 경론은 『승만경』, 『부증불감경』, 『능가경』, 『보성론』 등을 들 수 있다.

14) 진여(眞如)를 진(眞)과 여(如)로 나누어 설명하는 것, 본각(本覺)과 시각(始覺)의 설과 시각에서 사위(四位)의 설, 생주이멸(生住離滅)의 사상설(四相說) 등의 교리 내용은 비인도적 성격으로 볼 수 있다.

III. 신역(新譯)과 열망소(裂網疏)

1. 신역의 실차난타(實叉難陀)

실차난타(實叉難陀, Śikṣānanda : 652~710)의 전기는 『개원석교록(開元釋敎錄)』과 송고승전(宋高僧傳)에 기록되어 있다. 실차난타는 총령의 북쪽에 위치한 우전국(于闐國) 사람으로, 학희(學喜)로 번역된다. 그는 대·소승에 통달함은 물론이고 외전(外典)에도 박식했다.

측천무후(則天武后 : 624~705)가 우전국에는 『화엄경(80화엄)』의 범본(梵本)이 있다는 소문을 듣고 사신을 보내 범본과 번역할 사람을 찾았다. 이에 당나라 증성(證聖) 원년(695)에 『화엄경』 범본을 가지고 낙양에 온 삼장(三藏)이 실차난타였다. 그는 대편공사(大徧空寺)에서 남인도 출신인 보리유지(菩提流志, Bodhiruci : 572~727)와 의정(義淨 : 635~713) 등과 함께 『화엄경』 번역을 시작했고, 측천무후가 서문을 썼다. 그 후 불수기사(佛授記寺)에서 복례(復禮), 법장(法藏 : 643~712) 등과 함께 성력(聖曆) 2년(699년)에 80권 『화엄경』을 완역했다. 구시(久視) 원년(700)에는 7권 『능가경(楞伽經)』『대승입능가경(大乘入楞伽經)』을 번역하였고, 측천무후가 서문을 썼다. 그 후 청선사(淸禪寺)와 불수기사(佛授記寺)에서 『문수수기경(文殊授記經)』 등 19부를 번역했다.

장안(長安) 4년(704)에는 노모를 만나기 위해 우전국에 갔다가 경용(景龍) 2년(708)에 장안으로 다시 왔다. 지병으로 경운(景雲) 원년(710) 10월 12일 오른쪽 옆구리를 발에 붙이고 세수 59세로 입적했다. 한 달 뒤, 11월 12일 개원문 밖 고연등대(古然燈臺)에서 화장했는데, 그의 혀는 타지 않고 그대로 있었다고 한다. 그해 12월 23일 제자 비지(悲智)와 칙사(勅使) 도원(道元)은 그의 유골과 신령스런 혀를 우전국으로 가져가 탑을 세우고 공양했다. 그의 제자들과 신도들이 다비식을 한 장소에 다시 7층탑을 세우고, '화엄삼장탑(華嚴三藏塔)'이라고 했다.

2. 신역(新譯)의 유일한 주석서, 열망소(裂網疏)

신역(新譯)은 구역과 내용을 비교해 볼 때, 『기신론』에 대한 실차난타의 새로운 번역이고 구역에 대한 부연 설명을 겸한 독특한 논의 해석이다.[15] 그러나 주소가(註疏家)들 사이에서 실차난타의 『기신론』은 철저히 외면당해 왔다. 『기신론』에 대한 최초의 주석서인 담연(曇延: 516~588)의 『기신론의소(起信論義疏)』(『曇延疏』)로부터 혜원(慧遠: 523~592)의 『기신론의소(起信論義疏)』· 원효(元曉: 617~686)의 『기신론소(起信論疏)』(『海東疏』)· 현수법장(賢首法藏: 643~712)의 『기신론의기(起信論義記)』등 3대소(大疏)를 비롯하여, 중세까지 중국· 한국· 일본에서 저작된 것이 190여 종이다. 비록 구역(舊譯)이 정평(定評)이 나 있었지만, 공교롭게도 그들은 진제의 번역만을 저본으로 하였다.

이러한 정황에서 우선 신역의 성립에 관한 문제를 살펴보기로 하자. 실차난타에 의한 『기신론』의 번역을 처음으로 전하는 문헌이 『개원석교록(開元釋教錄)』[16]이다. 흥미로운 점은, 이 문헌에서는 현장에 의한 『기

---

15) 『기신론열망소』 해당 내용의 각주에서 구역과 비교하여 설명해 두었다.
16) 『개원석교록』(『개원록』)은 당 태종 개원(開元) 18년(730) 지승(智昇: 658~740)이 편찬했다. 삼장의 경론을 편집해서 그 목록을 『총괄군경록(總括群經錄)』 10권과 『별분승장록(別分乘藏錄)』 10권으로 나눈 것이다. 실차난타가 『기신론』을 승성(承聖) 2년 계유년(癸酉年) 9월 10일에 역출했다는 내용은 『총괄군경록』 권6(『대정

신론』의 범역설(梵譯說)[17]을 함께 전하고 있다는 것이다. 물론, 현장이
『기신론』을 범어로 번역해서 인도에 소개했다는 내용은 인정하기 어렵
다. 그러나 신역의 작자미상인「서문(序文)」의 성격과 역출 연도의 오류[18]
가 쉽게 눈에 띈다. 또한 당시 실차난타의 역경을 도왔던 화엄종의 법장
과 법보(法寶)[19] 등도 그들의 저술에서 모두 구역(舊譯)을 저본으로 하거
나 인용했다는 것이다.[20]

그런 가운데 신역에 대한 유일한 주석서가 청(淸) 순치(順治) 18년(1653)
에 저작되었다. 그것이 바로『대승기신론열망소(大乘起信論裂網疏)』(이하
『기신론열망소』또는『열망소』로 약칭) 이다. 저자는 명말(明末) 4대가(大家)[21]

장」55, p.583b06)에 기록되어 있다.
17)『속고승전』권4(『대정장』50, p.458b28)에는, 현장(玄藏)이『기신론』을 범어로 번역
하여 오천축국(인도)에 소개했다고 기술하고 있다. 그러나 실차난타와 그의 역경을
도왔던 현장 문하의 사람들이 현장의『기신론』범역(梵譯)을 몰랐을 리 없다. 또한
『속고승전』은『대당대자은사삼장법사전』을 축약한 것인데,『대당대자은사삼장법사
전』(『대정장』50,pp.220c10-279c16)에는『기신론』범역에 대한 기록은 없다. 따라
서『속고승전』에서는 현장의 전기 말미에 기록되어 있고, 역출 장소와 연대 등의 기
록도 없는 것으로 보아, 훗날 첨가된 것일 수도 있다는 것을 배제할 수 없다.
18) 신역의「서문」은 작자미상으로, 후반부에서 진망호훈설(眞妄互熏說)을 유상유식학
파(有相唯識學派)의 입장에서 반복 비판하고 있다. 그리고 신역의 역출 연도가 성력
(聖曆) 3년 계해(癸亥) 10월 임오(壬午) 초 8일 기축(己丑)으로 되어 있다. 그러나
성력(聖曆) 3년은 경자년(庚子年)이며, 5월에는 연호가 구시(久視)로 바뀌었다.
19) 생몰연대는 미상이지만,『송고승전』권4 법보전(『대정장』50, p.727a20)에서는 "현
장의 뛰어난 제자였다"고 기록하고 있다.
20) 실차난타의 역장(譯場)에서 처음부터 끝까지 정증자(正証者)로 참여한 법보(法寶)
는『일승불성구경론(一乘佛性究竟論)』에서 굳이『기신론』을 거론하였고, 오로지 구
역(舊譯)만 인용했다. 실차난타의『화엄경』번역을 도왔던 법장도『대승기신론의기
(大乘起信論義記)』의 저본은 구역이었다. 또한 그는 실차난타가 역출(譯出)한 7권
『능가경(楞伽經)』의 약해(略解)인『입능가심현의(入楞伽心玄義)』1권에서도『기신
론』에 대해서는 구역만 인용하였다.
21) 명말(明末) 4대가는 운서주굉(雲棲袾宏: 1535~1615) · 자백진가(紫栢眞可:

의 한 사람이며, 불교사에서 최후로 불교사상을 집대성한 사상가이며 천재적인 저술가인 지욱(智旭)이다.

『기신론열망소』가 주목받기 시작한 것은 중국의 근대 신불교 운동을 주도하고 '중국불교 부흥의 아버지'로 추앙받는 양문회(楊文會: 1837~1911)[22]에 의해서이다. 그는 각종 『기신론』 주소들을 교감·정리하여 불교 연구의 근본으로 삼고자 했다. 그때 간행된 것이 진계(眞界)의 『기신론찬주(起信論纂注)』 2권, 덕청(德淸)의 『기신론직해(起信論直解)』 2권, 그리고 지욱(智旭)의 『기신론열망소』이다. 만년에는 『기신론』 사상을 연구하는 체계적인 자료를 제공하기 위하여 『기신론소해회집』을 간행하였다. 그 안에는 『기신론』의 두 한역본, 『석마하연론』, 법장의 『기신론의기』와 『별기』, 원효의 『기신론해동소』, 진계의 『기신론찬기』, 덕청의 『기신론직해』, 그리고 지욱의 『기신론열망소』 등이 포함되어 있다. 그러나 한국에서는 지금까지 『기신론열망소』의 한글 번역이 이루어지지 않았을 뿐만 아니라 이 주석서에 대해 알려지지 않았다.

1543~1603) · 감산덕청(憨山德淸: 1546~1623) · 우익지욱(蕅益智旭: 1599~1655)이다.
22) 양문회는 중국의 근대 신불교 운동의 중심에서 불교 교육을 혁신하고 발전시킨 근대 중국불교 발전의 중추적인 인물이다. 특히, 금릉각경처(金陵刻經處)를 창설하여 불교 경전과 논서를 유통시켰으며, 불교 인재를 양성하여 불교 연구의 기풍을 조성한 보살이었다. 그는 법상과 화엄에 정통하였는데 사상적으로는 『기신론』이고 실천적으로는 정토사상을 따랐다.

Ⅳ. 기신론열망소의 저자, 지욱(智旭)

1. 시대 상황과 사상적 배경

우익지욱(蕅益智旭: 1599~1655)이 태어나기 16년 전, 북방에는 여진족(女眞族)의 만주인 정권이 수립되었다. 그리고 지욱이 18세 때인 청(淸) 태조(太祖) 천명(天命) 원년(1616)에는 청왕조(淸王朝)의 선기(先期)인 후금(後金)이 여진족을 이어 흥하고 있었다. 지욱이 45세 때, 순치 원년(1644년)에 명조(明朝)가 멸망했고, 청(淸) 태종(太宗: 1627~1643)의 시대를 거쳐 세조(世祖)의 순치(順治) 20년(1655)에 지욱은 입적했다.

청조(淸朝)가 안정되기까지 수십 년간, 극단적인 혼란과 공황의 국면이 전개되어 종교 또는 신앙의 필요성이 전국적으로 대두되었다. 다행히 명말(明末)에는 운서주굉(雲棲袾宏: 1535~1615) · 자백진가(紫栢眞可: 1543~1603) · 감산덕청(憨山德淸: 1546~1623) · 유계전등(幽溪傳燈: 1554~1627)의 활동으로 정토염불이 성행하였다. 또한 성상융회적(性相融會的)인 사상의 요구는 4대가(大家)의 공통된 과제이기도 했다.

그럼에도 불구하고 불교계 대다수의 고승들은 여전히 각자의 종파(宗派)와 문하(門下)를 고집하고 있었다. 이러한 상황에서 종래의 종파와 법사(法嗣)의 전승을 타파하여 제종융회(諸宗融會)의 국면을 타개하는 것은 필연적인 시대적 요구였다. 그 운동의 가장 유력한 추진자가 바로 지욱이었다. 그는 당시 불교를 집대성한 불교사상 최후에 나타난 불세출(不世出)의 사상가이며 뛰어난 불교신앙의 실천가였다.

2. 지욱의 생애와 사상

지욱의 전기가 기록된 문헌으로는 『영봉우익대사종론(靈峰蕅益大師宗論)』 권1 「팔불도인전(八不道人傳)」・『정토성현록(淨土聖賢錄)』 권6・『신속고승전사집(新續高僧傳四集)』 권9・『우익대사연보(蕅益大師年譜)』 등이 있다.

지욱은 명말(明末)의 신종(神宗) 만력(萬曆) 27 계해(癸亥, 1599)년 5월 3일 강소성(江蘇省) 옛날의 오(吳)나라라는 뜻으로 고오(古吳)라고 불리던 목독진(木瀆鎭)에서 태어났다. 지욱이 태어났을 때, 이미 부친 종지봉(鍾之鳳)과 모친 김대련(金大蓮)은 나이 사십이었다. 종지봉이 관세음보살의 「백의대비주(白衣大悲呪)」을 독송한 지 십 년 만에 처음으로 꿈에서 관세음보살을 친견하고, 아들 지욱이 태어난 것이었다. 지욱의 속성은 종(鍾), 이름은 제명(際名), 자(字)는 진지(振之)이다. 지욱이 사용한 이름은 이 외에도 대랑(大朗)・서유(西有)・금창(金閶)・방외사(方外史)・욱구적(旭求寂, 旭求寂)・소화(素華)・팔불도인(八不道人) 등이 있다. 출가 후 은사 설령(雪嶺)으로부터 정식으로 받은 법명(法名)이 지욱(智旭)이고, 자호(自號)가 우익(蕅益)이다.

불교의 관음신앙을 모태로 태어난 지욱이었지만, 12세부터 유학(儒學)에 심취하여 불법(佛法)을 비방하는 「벽불론(闢佛論)」 등 십여 편의 논문을 썼다. 17세에 유・불・도 삼교동원론(三敎同源論)의 사상이 내포된 운서주굉의 『자지록서(自知錄序)』와 『죽창수필(竹窓隨筆)』을 읽고 불교에 귀의하였고, 배불론적(排佛論的)인 저술들을 모두 소각했다. 지욱이 20세 되던 해, 부친이 위독하여 연명(延命)을 발원하며 『약사경』을 독송했으나 결국 사망했다. 그 후 지욱은 중국의 효도사상에 상응하는 경전인 『지장본원경』을 독송하며 출가의 원을 일으키게 되었다.

23세에 『대불정수능엄경(大佛頂首楞嚴經)』(이하 『능엄경(楞嚴經)』으로 약칭함)을 듣고 몇 가지의 의문이 생겼다. 특히 "세계가 허공에 있고, 허공이 대각에서 생긴다(世界在空 空生大覺)[23]"는 구절이 이해되지 않았다. 이것을 이해하기에는 선정(禪定)을 닦는 것밖에 없다고 믿고 출가를 결의하였다. 지욱은 24세에 당대 가장 유명한 학승이었던 감산덕청의 꿈을 세 번이나 꾸고, 마침내 감산의 제자인 설령(雪嶺)을 은사로 출가했다.

그해 여름 운서주굉의 제자인 고덕(古德)법사로부터 『성유식론』을 청강하면서 『능엄경』의 종지와 모순되는 점을 느꼈다.[24] 이 성(性)·상(相) 이종(二宗)의 교설은 이전부터 다르다고 해 왔으며, 고덕법사도 성(性)과 상(相)은 서로 일치하지 않는다고 주장했다. 그러나 지욱의 견해는 같은 불교의 법문인 성(性)과 상(相)에 모순이 없다는 입장이었다. 그는 스스로 『능엄경』의 설에 따라 좌선하기 시작하여, 25세이던 여름 성상(性相)에 대한 이법을 깨달았다. 이것은 지욱의 성상융회론(性相融會論)의 출발점일 뿐만 아니라 교선일치(敎禪一致)의 체득이었다. 또한 그의 선사상의 기초가 되는 것이었다. 특히 『능엄경』은 지욱 이론의 특색인 현전일념(現前一念)의 이론적 기초가 되었다. 훗날 그가 『능엄경』·『기신

---

[23] 『능엄경』 권6(『대정장』 19, pp.130a19-21)의 "依空立世界 (중략) 空生大覺中"을 근거로 한다. 『영봉우익대사종론』 권1, 「팔불도인전(八不道人傳)」(『가흥대장경』 36, p.253a25)에 '世界在空 空生大覺'으로 되어 있다. 이 말은 『원각경』 권1(『대정장』17, pp.914c13-4)의 '無邊虛空 覺所現發'과 같은 의미이다.
[24] 『능엄경』은 여래장묘진여성(如來藏妙眞如性) 또는 상주진심(常住眞心)을 설하는 성종(性宗)의 경전이며, 『성유식론』은 아뢰야식을 중심으로 하는 상종(相宗)의 논서이다.

론』・『유식론』 등의 경론을 주석한 목적도 『능엄경』[25]에 의거한 '불교통일론'을 성립하려는 데 있었다.

　25세이던 겨울, 운서주굉의 상(像) 앞에서 비구계를 받고, 26세에 다시 주굉의 상 앞에서 보살계를 받았다. 그는 계율에도 심취하여 47세까지 20여년 간 계본(戒本)에 대한 문제를 고민했다. 28세 되던 해, 중국불교사에서 극히 이례적이지만, 점성술의 복서(卜筮, 占)신앙을 믿고 있었던 지욱은 병상에 있는 모친의 수명을 알기 위해 성상가(星象家)를 찾아갔다. 그 결과 모친이 62, 3세에 반드시 명(命)이 끊어진다는 것을 알게 되었다. 모친의 수명 연장을 위해 불상 앞에서 자신의 목숨과 공력을 덜어서라도 모친이 장생(長生)할 것을 기원했다고 한다. 그해 모친상을 당한 뒤, 은거하며 정진하다 위독해졌고, 염불 수행으로 완쾌되었다. 그 후에는 『점찰경(占察經)』의 가르침대로 참회의 도를 닦았다.

　지욱은 32세까지는 불교사상에 있어서 선(禪)・정토(淨土)・계율(戒律)에 중점을 두고 수행하였다. 교학에 대해서는 25세 봄, 당시 천태학의 대표적 인물인 유계전등에 참알했으나, 당시에는 참선 공부에 열중하고 있었다. 그로부터 30세이던 겨울, 전등의 제자인 수주귀일과 교우관계를 맺게 되면서 천태학에 대한 경의가 떠오르게 되었다. 그러나 전등은 이미 사망한 후였다. 그는 지욱에게 천태사상의 영향을 준 유일한 인물이었다. 지욱은 참회의 마음으로 제문을 만들어 천태산으로 보냈다.

　그는 『범망경(梵網經)』 주석의 방법에 있어서, 화엄종・천태종・법상종・자립종(自立宗)[26] 가운데 어느 쪽을 선택할 것인가를 고민하게 되었

---

25) 현전일념(現前一念)의 근거는 『능엄경』 권2(『대정장』 19, p.110a29)에 설명되고 있는 "我觀現前 念念遷謝"이다.
26) 지욱 자신의 사상을 종(宗)으로 세우는 것을 말한다.

다. 그는 복서신앙의 염구(拈鬮)라는 제비뽑기에서 연이어 천태종이 뽑혀서 그 결정에 따랐다. 비록 지욱이 천태종을 표방하기는 했지만, 그의 사상적 기반은 『법화경』 중심이 아니었다. 불교생활의 실천에 있어서는 『범망경』을 중심으로 한 계율주의자였고, 불교신앙의 행위에 있어서는 『지장보살본원경』과 『점찰경』에 의거하였다. 그러한 바탕에서 교리적 철학사상에 있어서는 『능엄경』을 중심으로 하였던 것이다. 천태교관에 대하여 나타낸 지욱의 자세는 단지 경론주석의 방법론으로서 이용하는 데 지나지 않았다.

지욱은 경·율·논 삼장(三藏)과 천태종 교학을 비롯하여 논리학·의례·개론서·유교·기독교·수필·시·논설에 이르는 58부의 방대한 저술을 통하여, 근대 천태학의 거장이면서 천재적인 대 저술가임을 입증하였다. 현존하는 그의 저서만 해도 총 50부 191권이나 된다. 다만, 그가 구화산에서 은거생활(38세)을 하기까지의 저술은 겨우 단편의 원문(願文)과 잡문(雜文) 등이었다. 지욱은 스스로 자신의 중요한 저작은 39세 이후의 저술이라고 밝히고 있으며, 그 가운데 주요 저서는 총 15부 139권으로 요약된다.[27] 저술연대 순으로, 『범망경현의(梵網經玄義)』 1권, 『범망경합주(梵網經合註)』 7권, 『대불정경현의(大佛頂經玄義)』 2권, 『대불정경문구(大佛頂經文句)』 10권, 『성유식론관심법요(成唯識論觀心法要)』 10권, 『상종팔요직해(相宗八要直解)』 8권, 『묘법연화경태종회의(妙法蓮華經台宗會義)』 16권, 『점찰선악업보경현의(占察善惡業報經玄義)』 1권, 『점찰선악업보경의소(占察善惡業報經義疏)』 2권, 『중치비니사의집요

---

27) 지욱의 저서인 『대비단전원문(大悲壇前願文)』·『점찰소발(占察疏跋)』·『능가의소후서(楞伽義疏後序)』의 세 자료에 기재되고 있는 지욱 스스로가 꼽은 중요 저작을 말한다.

(重治毘尼事義集要)』17권, 『능가경현의(楞伽經玄義)』1권, 『능가경의소(楞伽經義疏)』9권, 『대승기신론열망소(大乘起信論裂網疏)』6권, 『열장지진(閱藏知津)』44권, 그리고 『법해관란(法海觀瀾)』이다. 그 외에도 『법화경현의절요(法華經玄義節要)』2권, 『아미타경요해(阿彌陀經要解)』1권, 『대승지관석요(大乘止觀釋要)』4권, 『교관망종(敎觀網宗)』1권도 지욱의 역작으로 꼽히고 있다.

지욱의 수행은 좌선(坐禪)에서 시작되어 정토로 귀결되었다. 특히 49세부터 입적할 때까지는 오로지 염불수행에만 몰두했다. 지욱의 염불은 성상융회(性相融會)의 이념과 선(禪)과 유식(唯識)의 관행(觀行)에서 정토염불로 귀착하는 신앙이었던 것이다. 지욱의 사상을 요약하면, 성상(性相)·선교(禪敎)의 조화, 천태와 유식의 융통, 천태와 선종의 절충(折衷), 유교와 선의 융화이다. 그리고 율·교·선·밀(密)을 일괄하여 정토로 귀착하는 것이었다. 57세가 되던 1655년 1월 21일, 지욱은 결가부좌하고 서쪽을 향해 손을 든 채로 입적했다.

지욱의 사승(師承) 관계에 있어서, 정토로는 혜원(廬山慧遠)·연수(延壽)·지례(知禮)·전등(傳燈)·원굉도(袁宏道)를 따랐고, 선(禪)에서는 달마(達磨)·법융(法融)·혜능(慧能)·진가(眞可)·혜경(慧經)·원래(元來)를 계승했다. 교학에서는 지의(智顗)·담연(湛然)·연수(延壽)·진가(眞可)·홍은(洪恩)을 존경했으며, 계율은 운서(雲棲), 법(法)은 감산덕청(憨山德淸)을 이었다. 성상융회와 선·교·율의 일치사상으로는 연수와 진가를 존경하였다. 반면, 지욱의 교학은 조남(照南)·영성(靈晟)·성단(星旦), 계율은 조남(照南)·등자(等慈)가 전승했다. 그 외에도 견밀(堅密)이 유명하다.

V. 열망소의 특징

1. 지욱의 기신론 해석

앞에서 언급했듯이, 지욱이 만년에 『기신론』을 주석한 배경에는 『능엄경』에 의거한 '불교통일론'을 성립하려는 의도가 있었다. 지욱은 『능엄경』의 입장에서 『기신론』을 성상융회설의 주요 전적으로 하며, 『종경록』의 논점에서 『기신론』을 근본적으로 『능가경』의 종의(宗義)를 따른 논서로 해석하였다. 물론 『열망소』에서는 천태종의 교의를 비롯한 유식·화엄 등의 교리가 자유롭게 사용되고 있다.

지욱은 『열망소』 권1의 「서문」에서 규봉종밀의 교판(敎判)을 비판하고,[28] 성상불이론(性相不異論)[29]을 강조한다. 이러한 입장에서 마명의 『기신론』을 용수나 세친의 사상보다도 높은 위치에 두고, 성종(性宗)과 상종(相宗)의 근본사상을 겸비한 것으로 분석한다. 즉 용수의 반야사상은 지혜를 따르는 설(隨智說)이며, 세친의 유식사상은 뜻을 따르는 설(隨情說)로서, 『기신론』의 심진여문(心眞如門)이 수지설이며, 심생멸문이 수정설이라고 설명한다.[30] 이러한 논리에서 그는 『기신론』을 성상총지(性相總持)이며 원극일승(圓極一乘)의 논서로 절찬한다.[31]

---

28) 『기신론열망소』 권1(『대정장』 44, pp.422b29-c01), '馬鳴起信 是終敎兼頓 並未是圓 嗚呼 其亦 不思甚矣'.
29) 『기신론열망소』 권2(『대정장』 44, p.432c11), '馬鳴護法 決無二旨明矣'.
30) 『기신론열망소』 권1(『대정장』 44, pp.422c08-9), '馬鳴以一心 眞如門 顯甚深般若隨智說 以一心 生滅門 顯瑜伽八 識隨情說'.
31) 『기신론열망소』 권1(『대정장』 44, p.422c14)에 '不同唯識中論 仍非圓極一乘 可乎'로 되어 있다.

지욱이 "『기신론』과 『유식론』은 어떻게 회통하는가. 천태교학으로 어떻게 『기신론』을 해석했는가"를 통하여 『열망소』의 특징을 살펴볼 수 있다. 첫째, 『열망소』는 『기신론』과 『유식론』의 회통을 목적으로 한 것이다. 이에 지욱은 진망화합식인 『기신론』의 아뢰야식을 『유식론』의 아뢰야식과 동일하게 두어, 유식의 8식설에 의하여 『기신론』에서의 개념을 주석한다. 예를 들면, 바람과 바닷물과 파도의 비유는 제각기 무명과 본각과 아뢰야식의 관계를 나타낸 것이지만, 『열망소』권2[32]에서는 무명심소와 여래장심과 전7전식을 나타낸 것이다. 즉 아뢰야식을 전7식으로 하고, 본각을 제8식으로 두는 것과 같다. 따라서 무명의 종자가 8식 가운데 저장되고 있고, 무명의 현행이 7식과 상응하며, 8식이 바뀌어 네 가지 지혜(四智)에 상응하는 심품(心品)이 된다는 것이다.

둘째, 용어의 면에서 『기신론』과 유식설이 다른 경우, 『기신론』 본문의 말로 유식에 있어서도 사용하고 있는 것으로서는 훈습(熏習)을 내세우고 있다. 반면, 유식설에서 많이 사용되고 있는 종자(種子)·7식(識)·8식·현행(現行)·전변(轉變) 등의 용어는 본문에는 없다.

셋째, 『열망소』는 『기신론』「해석분」에 있어 중요개념에 대하여 두 번째 특징에서 내세운 유식설의 용어를 사용하여 설명하고 있다. 구체적으로, 본각(本覺)과 시각(始覺)·진실공(眞實空)과 진실불공(眞實不空)의 해석, 진여수훈설(眞如受熏說)과 불수훈설(眞如不受熏說)의 회통, 일성개성설(一性皆成說)과 오성각별설(五性各別說)의 조화 등에 대하여, 유식 용어 중에서도 특히 8식·4지(智)·4분(分)·3성(性) 등의 개념을 사용하여 주석하고 있다. 예를 들면, 『열망소』권3에서는 무명업상(無明業相)·능견상(能見相)·경계상(境界相)의 세 가지 상을 유식의 4분(分)에 배대

---

32) 『기신론열망소』 권2, 『대정장』 44, pp.434c19-20.

하여 해석하고 있다.

넷째, 지욱의 이와 같은 주석 경향의 근본적인 의도는 성종(性宗)과 상종(相宗)의 회통이다. 그리고 그 회통은 앞에 나타난 마음(現前介爾心)에 입각한 성종유심파(性宗唯心派)의 입장에 의거한 것이다. 즉, 성상조화론(性相調和論)이라는 관점에서 본각(本覺)과 시각의 유식 해석, 진실공과 진실불공의 유식 해석, 진여수훈설(眞如受熏說)과 진여불수훈설(眞如不受熏說)의 회통, 일성개성설(一性皆成說)과 오성각별설(五性各別說)의 조화의 네 항목을 세워 본문을 해설하고 있다.

다섯째, 지욱은 마음(心)의 입장에서 『기신론』을 해석한다. 예를 들면, 믿음을 일으키는 기반으로서의 마음을 강조하며, 믿음이 일심법계(一心法界)라는 입장에서 행하며, 그 일심(一心)이란 자심(自心)의 일이라고 해설하고 있다.[33] 『기신론』에 있어서 일심은 중생의 앞에 나타난 마음(衆生現前介爾心)으로 주석하고 있다. "하나를 나타내 보이면 일체를 나타내 보이고, 일일이 중생법을 따라 들면 낱낱의 불법이 모두 이 대승이 아닌 것이 없다"는 사사무애사상(事事無碍思想)을 서술하여 "마음・부처・중생이 차별이 없다"는 것을 설명하고 있다.[34] 그 근거가 바로 '중생의 앞에 나타난 마음'이며, 이 현전일념(現前一念)의 이론적 토대는 『능엄경』에 있다.

마지막으로 지욱의 천태사상과 교학에 의한 『기신론』의 주석이다. 즉, 위실시권(爲實施權)・개권현실(開權顯實), 『법화경』의 사거설(四車說)・사실단(四實檀)・원묘삼제(圓妙三諦)・칠종이제(七種二諦)・오종삼

---

33) 『기신론열망소』 권1(『대정장』 44, pp.423c25-8), '雖熾然起信 仍唯一心 (중략) 是爲無上性起法門'.
34) 『기신론열망소』 권1(『대정장』 44, pp.427a22-b02), '心佛衆生三無差別 (중략) 一顯示一切顯示 隨擧一一衆生法 一一佛法'.

제(五種三諦)·오중현의(五重玄義)·전성기수(全性起修)·전수시성(全修是性)·개현(開顯)·백계천여(百界天如)·이구사조(理具事造)·삼인불성(三因佛性)·삼덕(三德)·삼제(三諦)·육즉(六卽)·사운추검(四運推檢)·사종삼매(四種三昧)·육묘문(六妙門)·십승(十乘)·지관(止觀) 등의 개념이다. 특히 관문(觀門)에 대한 사상과 용어가 많이 사용되고 있는 것으로 볼 때 지욱이 천태교학에 있어서 관문(觀門)을 중시했음을 알 수 있다.

2. 열망소에서의 구역(舊譯) 인용

지욱 이전의 사람들은 『기신론』 구역(舊譯)의 주석서를 저술한 데 대해 지욱은 신역(新譯)의 주석서를 최초로 저술했으며, 또한 그것이 유일하다. 『열망소』에서는 신역의 본문에 없는 부문을 구역의 본문에서 '양운(梁云)'·'양본운(梁本云)'이라는 형태로 인용·보완하여 주석하고 있다. 구역을 원전으로 한 주석서가 많았던 당시의 상황이 반영된 것 같다.
『열망소』에서 구역을 인용한 부문을 살펴볼 수 있다.

1) 지욱의 「서문」[35]에서, 양나라 진제 역과 당나라 실차난타 역의 대승기신론과 비교하여 실차난타 역이 뛰어나지만, 옛날부터 이미 양본이 유통되어 온 사실을 언급하고 있다.

2) 『기신론』의 전체적인 내용을 구분한 과목(五分)의 용어를 구역과 대조하여 설명하고 있다. 즉 작인분(作因分)이 구역에서는 인연분(因緣分)이고, 수신분(修信分)이 구역에서는 수행신심분(修行信心分)이며, 이익분(利益分)이 구역에서는 권수이익분(勸修利益分)이라는 것을 밝히고

---

35) 『기신론열망소』 권1, 『대정장』 44, p.422b18.

있다.[36]

3) 「작인분(作因分)」에서, 불멸(佛滅) 후 자력(自力)으로 불교의 가르침을 이해하는 중생을 의지(義持)의 사람과 문지(文持)의 사람이 있다고 했다. '조금 경(經)을 보고 많은 것을 이해하는 사람'은 의지(義持)의 사람, '광범위하게 경을 보고 이해하는 사람'은 문지(文持)의 사람이라는 것이다. 신역에서의 이해란, '조금 듣고도 많은 것을 아는 것'으로, 곧 의지(義持)라고 설명한다.[37] 반면 구역에서의 이해(理解)란, '넓게 듣고 안다'고 했다. 즉 의지(義持)와 문지(文持)를 겸한 것을 말한다.[38]

4) 「입의분(立義分)」에서의 유법(有法)과 법(法)이, 구역에서는 법(法)과 의(義)에 해당한다고 설명한다.[39] 불교의 보편성의 근거를 의미하는 유법에서는 소관(所觀)의 경계를 중생의 앞에 나타난 마음(衆生現前介爾心)이며 미오(迷悟)하는 까닭이다. 그래서 십법계(十法界)를 갖춰 그것이 진여 그 자체이며 개이심(介爾心)을 떠난 진여란 있을 수 없음을 보여 주고 있다. 불교의 보편성을 의미하는 '법'에서는 중생의 마음(衆生現前介爾心)이 진여의 체·상·용과 같이, 생멸의 인연이 그대로 진실 본연의 모습이며, 생멸의 인연을 버리고 다른 마음의 진실이란 있을 수 없음을 설명한다.

5) 〔해석분〕에서의 진여 본연의 모습에 관한 설명에서도 구역이 인용된다. 신역에서는 "그 체성(體性)은 조금도 버릴 수가 없고 세울 수도 없다(非其體性有少可遣有少可立)"[40] 하였다. 구역에서는 "이 진여의 본체를

---

36) 『기신론열망소』 권1, 『대정장』 44, pp.425c28-426a04.
37) 『기신론열망소』 권1, 『대정장』 44, pp.426c17-20.
38) 구역 『기신론』, 『대정장』 32, pp.575c11-2.
39) 『기신론열망소』 권1, 『대정장』 44, pp.427a15-6.
40) 『기신론』 상, 『대정장』 32, pp.584c15-6.

버릴 수 없는 것은 일체 법이 모두 다 진여이기 때문이고, 진여의 본체를 세울 수도 없는 것은 일체 법이 모두 여여하기 때문이다(此眞如體無有可遣 <u>以一切法悉皆眞故</u> 亦無可立 <u>以一切法皆同如故</u>)"[41]로 되어 있다. 구역의 밑줄 친 부분에 해당하는 부분이 신역에는 없다. 이에 지욱은 『열망소』에서 구역을 인용하고, 진여 본연의 모습이 편공(偏空)이 아니며, 진여 본연의 모습이 환유(幻有)가 아닌 이유를 설명하고 있다.[42]

6) 『열망소』 권3의 심생멸문 가운데 미망(迷妄)의 마음을 설명한 부분에서 구역을 보완하였음을 밝히고 있다. 즉 "조잡한 것 가운데의 미세한 것과 미세한 것 가운데의 조잡한 것은 보살지의 경계이고, 미세한 가운데의 미세한 것은 불지(佛智)의 경계이다(粗中之粗 凡夫智境 粗中之細 及細中之粗 菩薩智境 <u>細中之細 是佛智境</u>[43](藏中失此八字准梁本補))"[44]이다. 여기에서 밑줄 친 부분이 신역에 없는 내용이다. 지욱은 여섯 가지 오염과 마음 본연의 모습과 결부시켜 해석하고 있다.

7) 무명(無明)의 훈습(熏習)에 따라 마음의 움직임이 일어나지만, 움직이는 마음이 없어질 때 움직이는 마음의 모습도 없어진다. 그러나 마음 그 자체가 없어지는 것이 아니라는 해석에서도 구역이 인용된다.

신역에서는 "본체가 없어지지 않음으로써 마음이 상속한다(以體不滅心動相續)"[45]라고만 했다. 그러나 구역에서는 "본체가 없어지지 않음으로써 마음이 상속하고, 오직 어리석음만 소멸되기 때문에 마음의 모양이 따라서 없어질지언정 마음의 지혜가 소멸하는 것은 아니다(以體不滅

---

41) 구역 『기신론』, 『대정장』 32, pp.576a15-6.
42) 『기신론열망소』 권2, 『대정장』 44, p.430b15-7.
43) 구역 『기신론』, 『대정장』 32, pp.577c28-9.
44) 『기신론열망소』 권3, 『대정장』 44, p.443c10-11.
45) 『기신론』 상, 『대정장』 32, p.586b24.

心得相續 唯癡滅故 心相隨滅 非心智滅)"⁴⁶⁾고 한 것을 인용하고 있다. 그리고 네 가지 지혜의 마음(四智心)을 진여의 상대(相大)와 배대하여, '움직이는 마음이 없어지는 것은 움직이는 모습이 없어지는 것'이라는 설명으로 마무리한다.⁴⁷⁾

8) 구역의 「수행신심분(修行信心分)」에서는 진여삼매에 의해 부정취(不定聚)의 중생이 정정취(正定聚)의 경지를 성취한다고 되어 있다.⁴⁸⁾ 이것을 신역에서는 일상삼매(一相三昧)라 하였고,⁴⁹⁾ 구역에서 일행삼매(一行三昧)라고 하였다.⁵⁰⁾ 이에 지욱은 마음·부처·중생이 차별이 없으므로(心佛衆生無差別) 일상삼매(一相三昧)라고 하였다. 그리고 구역에서 말한 일행삼매와 연관지어서, 증득한(所證) 입장에서는 일상삼매(一相三昧)이고, 증득하는(能證) 입장에서는 일행삼매(一行三昧)라고 설명하였다. 지욱은 일행(一行)이란 일상(一相)의 일이며, 『문수반야경』에서 밝힌 일행삼매와 같다고 해석하였다.⁵¹⁾

이상 여덟 가지 예문을 통하여, 지욱은 구역과 신역을 함께 놓고 주석했다는 것을 알 수 있다. 또한 『기신론』에 등장하는 용어에 대하여 구역과 대조해 나가면서 논술하여, 그동안 구역의 『기신론』에 익숙한 독자의 이해를 도왔다고 볼 수 있다.

구역에 대한 지욱의 해석에서 다소 차이를 낸 것은, 마지막에서 일행(一行)과 일상(一相)의 상위(相違)함을 증득하고 증득하는 입장의 차이로

---

46) 구역『기신론』, 『대정장』 32, pp.578a11-3.
47) 『기신론열망소』 권3, 『대정장』 44, pp.444a26-c03.
48) 구역『기신론』, 『대정장』 32, pp.582a06-582b01.
49) 『기신론』 하, 『대정장』 32, pp.590c08-9.
50) 『기신론』 상, 『대정장』 32, pp.582b02-3.
51) 『기신론열망소』 권6, 『대정장』 44, pp.460a14-21.

돌린 부분이다. 여기에서 지욱이 성상융회를 논하기에는 이른 것인지에 대하여는 생각해 볼 점이다.

대승기신론열망소(大乘起信論裂網疏)

제1권

지욱의 서문

　부처와 조사의 도는 마음에서 마음으로 전하는 것이지만, 보살이 논을 지어 경을 회통하는 것도 오직 이 일대사인연이다. 온 시방을 다 찾아보아도 다른 승(乘)[52]이 없다고 했다.[53] 가령, 중생의 근기에 맞추어 잘 타일러 진실을 따라 방편으로 여러 가지 길을 설한다. 비유하면 초목(草木)이 수분을 흡수하는 것은 달라도 적셔 주는 빗물은 원래 한맛인 것과 같다. 이것은 마치 석청의 맛이 안과 겉이 모두 단맛인 것과도 같다.[54] 또한 대충하는 말과 자세한 말이 모두 궁극적 최고의 진리[第一義諦][55]로 귀결되는데 어떻게 글을 덮어 뜻을 잃고, 이름과 모양에 잘못 집

---

52) 승(乘)은 범어 yāna의 번역으로, 배나 수레와 같은 탈것에 실어서 운반한다는 뜻이다. 즉 수행법을 말하는 것으로, 수행하는 사람을 태워 성불한 지위에 이르게 한다는 것이다. 승(乘)에는 일승(一乘)·이승(二乘)·삼승(三乘)·사승(四乘)·오승(五乘)이 있다.
53) 『법화경』 권2 「비유품」(『대정장』 9, pp.015a14-5)의 내용을 인용하여, 일불승(一佛乘)으로 회통하고 있다.
54) 『법화경』 권3 「약초유품」(『대정장』 9, pp.019a18-020b24)의 삼초이목(三草二木)의 비유는 약초(藥草)의 대소(大小)로 중생의 근기를 비유하고, 원래 한맛인 빗물은 불법(佛法)에 비유한 것이다. 『법화경』에서 삼초(三草)는 소약초(小藥草)·중약초(中藥草)·대약초(大藥草)이며, 이목(二木)은 소수(小樹)·대수(大樹)로 표현하였다.
55) 제일의제(第一義諦)는 세속제(世俗諦)에 상대되는 말로, 진제(眞諦)·성제(聖

착하여 허공을 해부하겠는가! 또 미륵불은 보처(補處)[56]에 머물러서 근본을 분명하게 생각하기는 어렵다. 그러나 무착[57]과 천친[58]은 이미 미륵을 보필했으니 문수 · 보현과 무엇이 다르겠는가! 마명 · 용수[59]에 이

諦) · 승의제(勝義諦)라고도 한다. 열반 · 진여 · 실상 · 중도 · 법계 · 진공(眞空) 등의 불교의 궁극적인 최고의 깊고도 묘한 진리를 뜻한다. 공(Śūnya)의 입장에서 '존재' 즉 법(dharma)을 이해하는 것이 제일의제(第一義諦)의 입장이다.

56) 보처(補處)는 전불(前佛)을 이어서 성불한 보살을 뜻하며, 전불(前佛)이 멸(滅)한 뒤에 그 자리를 메우는 것을 말한다. 그 자리를 등각(等覺)이라고도 하며, 미륵보살은 석가모니의 보처보살이다.

57) 무착(無着, Asaṅga)은 AD 4세기경, 북인도 간다라(Gandhāra)국의 수도 푸루사푸라(Puruṣapura)에서 태어났으며, 천친(天親, 世親)의 형이다. 화지부(化地部)로 출가하여 소승의 학설을 모두 연구하고는 대승불교에 귀의하였다. 미륵신앙을 갖고 수학하던 중, 불교 교리에 여러 가지 의문이 생겨 미륵보살에게 직접 하강하여 교수해 주기를 청하였다. 이에 미륵보살은 밤마다 내려와 설법했다. 이때 무착은 미륵보살의 설법 내용을 빠짐없이 모두 편집하였는데, 이것이 바로 『유가사지론』, 『분별유가론』, 『대승장엄론』, 『변중변론』, 『금강반야바라밀경론』 등이다. 이 오대부론(五大部論)은 유식학 연구의 중요 교리서이다. 무착은 유식에 관한 학문을 보다 적극적인 유심주의적인 사상으로 개혁하여 유식학을 창립했다. 무착은 『유가사지론』에 의거해서 『현양성교론』(20권) · 『대승아비달마집론』(7권) · 『섭대승론』(3권) 등을 저술하여, 유식학에 대한 기초적인 사상과 이론을 성립하였다.

58) 천친(天親, Vasubandhu)은 무착의 동생으로, 세친이라고도 하며, 천부논사(天部論師)로 불린다. 무착과 함께 설일체유부 계통의 화지부로 출가했다. 세친은 설일체유부의 총서격인 『대비바사론』을 연구하고, 『구사론송』과 『아비달마구사론』을 저술했다. 『아비달마구사론』은 세친의 부파불교시대의 대표적 걸작으로 소승 5백부에 해당된다. 세친은 대승은 불설(佛說)이 아니라고 비방하였으나, 친형인 무착의 『섭대승론』을 듣고 마침내 대승에 귀의하였다. 세친은 대승불교를 선양하며 소승에서와 같이 5백부의 논을 지었다. 그의 대표적인 저술이며 만년의 걸작인 『유식이십송』과 『유식삼십송』은 유식의 교리를 천명하며 당시 사상계에 큰 영향을 끼치며, 유식학을 체계화시켰다.

59) 용수(龍樹, Nāgārjuna: 150~250)는 '대승불교의 아버지' · '제2의 불타' · '8종(宗)의 종사(宗師)'로 불리며, 공종(空宗)의 시조이다. 그의 생애에 대한 기록은 픽션과 같은 전기 『용수보살전』뿐이다. 그 기록에 의하면 용수는 남인도 출신의 바라문 가문

르러 나란히 부처의 수기를 받아 불심종(佛心宗)⁶⁰⁾을 전했으니, 그 저술들이 결코 서로 어긋날 리가 없다. 그럼에도 후세 강사들이 번번이 잘못 판단하여 천친의 『유식론』⁶¹⁾은 상(相)을 세운 대승⁶²⁾의 시교〔入相始敎〕⁶³⁾

에서 태어나 베다성전을 비롯한 바라문 교학을 공부하며 성장하였다. 천부적인 재능과 총명함으로 당시의 학문에 거의 통달하여 그 명성이 높았다고 한다. 소승의 삼장(三藏)을 배우던 그는 우연히 노비구로부터 대승경전을 배워 통달하고, 용궁에서 『화엄경』을 받아 연구하여 심인(心印)을 얻었다고 한다. 반야경의 공사상을 천명한 『대지도론』·『중론』·『십이문론』의 저술로 중관학을 성립·체계화시켰다.

60) 불심종(佛心宗)은 선종(禪宗)의 별명(別名)이다. 불심을 깨달음이 선의 체(體)가 된다. 마음의 자성(自性)이 불심(佛心)이며, 그 심성을 보면 그것이 성불이다.

61) 『유식론』은 천친의 대표 저서인 『유식이십론』의 약칭이다. 이것은 소승의 심외실유(心外實有)의 견해를 파하고 유식중도의 교리를 선양한 유식의 근본 논전이다. 보리유지의 번역을 『유식론』 또는 『능가경유식론』이라 하고, 진제의 번역은 『대승유식론』이라 하며, 현장의 번역을 『유식이십론』이라 한다. 그리고 『성유식론(Vijñānamātrasiddhi-śāstra)』과 『유식삼십론송』도 『유식론』에 포함된다. 『열망소』에서는 주로 『성유식론』이 인용된다.

62) 대승(大乘)은 범어 mahāyāna의 번역으로 소승(小乘)에 상대하는 말이다. 소승이 개인적인 해탈을 위한 교법이라면, 대승은 널리 인간의 전반적인 구제를 목표로 하여 그 목적이 크고 깊다. 『법화경』권2 「비유품」(『대정장』9, pp.013b24-28)에서는 "만약 어떤 중생이 부처님이나 세존을 따라서 법을 듣고 믿음으로 받아 부지런히 닦고 정진하여 일체지(一切智)·불지(佛智)·자연지(自然智)·무사지(無師智)·여래지견(如來知見)·력(力)을 구하여 두려움이 없으며 한량없는 중생들이 안락하고 일체를 제도하기를 생각한다면, 이것을 대승이라고 부른다. 보살이 이 대승을 구하기 때문에 마하연이라고 한다〔若有眾生 從佛世尊聞法信受 勤修精進 求一切智 佛智 自然智 無師智 如來知見力 無所畏 愍念 安樂無量眾生 利益天人 度脫一切 是名大乘 菩薩求此乘故 名為摩訶薩〕"고 하였다.

63) 입상시교(入相始敎)는 대승시교(大乘始敎)의 하나이다. 두순(杜順)에서 시작되어 현수법장에 와서 완성된 화엄종의 교관, 오교〔五敎: 소승교(小乘敎)·대승시교(大乘始敎)·대승종교(大乘終敎)·돈교(頓敎)·원교(圓敎)〕에 속한다. 대승시교는 대승의 첫 문이 되며, 상시교(相始敎)와 공시교(空始敎)가 있다. 『해심밀경』과 『유식론』 등에서 오성〔五性: 정성성문(定性聲聞)·정성연각(定性緣覺)·정성보살(定性菩薩)·부정성(不定性)·무성(無性)〕을 분별하여 의타(依他)의 만법을 세운 것을 상

라 하고, 용수의 『중론』⁽⁶⁴⁾은 상(相)을 부순 대승의 시교〔破相始敎〕라고 하며, 마명의 『기신론』은 종교(終敎)⁽⁶⁵⁾와 돈교(頓敎)⁽⁶⁶⁾를 겸하지만 아울러 원교(圓敎)⁽⁶⁷⁾는 아니라고 주장한다.⁽⁶⁸⁾ 참으로 안타깝다! 이 또한 생각이 깊지 못하다.

佛祖之道 以心傳心 菩薩造論通經 亦唯此一大事 故云 十方諦求 更無餘乘 縱令曲爲群機 循循善誘 從實施權 說種種道 譬如三草二木 受潤不同 而能潤之雨 原只一味 故云 如食石蜜 中邊皆甛 又云 粗言及細語 皆歸第一義 豈應封文失旨 橫執名相 剖判虛空也哉 且如彌勒世尊 跡居補處 本必難思 無著天親 旣是龍華輔弼 則與文殊普賢何異 至於馬

시교라고 한다. 『반야경』과 삼론(三論:『중론』·『백론』·『십이문론』) 등에 제법이 모두 공하다고 설하여 소득의 평등이 없음을 나타내는 것을 공시교라고 한다. 상시교와 공시교는 일체 중생이 모두 불성이 있음을 개시하지 못하기 때문에 시교(始敎)라고 폄하한다.

64) 중론(中論, Madyāmaka-Śāstra)은 중관사상(中觀思想)을 체계화한 용수의 주요 저술이다. 『중론』은 반야경의 사상을 계승하여 그 밑바탕에 공사상을 연(緣)의 고찰 등 27품에 걸쳐 500송(頌)으로 정리한 것이다. 용수는 소승의 실재론적 교리 해석과 대승의 실재론적 공관을 시정하기 위한 목적으로 『중론』을 저술했다. 불교의 근본 진리인 연기를 단(斷)·상(常)·생(生)·멸(滅)·일(一)·이(異)·거(去)·래(來)의 대립을 넘어선 것으로 해석하여, 어떤 고정적인 견해에 집착하는 모든 것을 철저히 부정하며 타파했다. 이것은 제법무자성(諸法無自性)에 근거하여, 연기=무자성=공이라고 하는 것이 바로 모든 법(法)의 실상(實相)이라는 것이다. 『중론』은 원시불교의 근본사상인 연기·무아·중도를 이어 법공(法空)까지 천명하였다.

65) 대승종교(大乘終敎)는 『능가경』과 『기신론』 등이 속하며, 여래장연기를 설하여 일체가 모두 성불한다고 주장한다.

66) 돈교(頓敎)는 언구(言句)에 의지하지 않고, 단번에 확철대오〔頓徹〕한 이성(理性)으로 교(敎)를 삼은 것이다. 이미 언구(言句)가 끊어졌으므로 별부(別部)의 경(經)이 된다.

67) 원교(圓敎)는 『화엄경』과 『법화경』 등이 속하며, 원융구덕(圓融具德)의 일승(一乘)을 밝힌 것이다.

68) 규봉종밀(780~814)의 교판을 말한다.

嗚龍樹 並屬金口授記 傳佛心宗 其所著述 決定不當互相乖異 乃後世講
師 輒妄判曰 天親識論 是立相始敎 龍樹中論 是破相始敎 馬鳴起信 是
終敎兼頓 並未是圓 嗚呼 其亦不思甚矣

또한 천친의 종(宗)[69]은 유가파여서 유식[70]을 세워 먼저 아집[71]과 법집[72]을 없앤 다음, 식(識)[73] 또한 허깨비와 같아서 진실로 존재하는 것이

---

[69] 유가파(瑜伽派)는 유식설(唯識說)을 주장하는 사람들을 유가사(瑜伽師)로 부른 데서 유래하며, 유가행파(瑜伽行派)라고도 한다. 제법(諸法)과 법성(法性) 또는 공(空)과 진여(眞如)·유(有)와 무(無)·망(妄)과 진(眞)·생사(生死)와 열반(涅槃)·번뇌(煩惱)와 보리(菩提)라는 관계에서 인식하는 주체와 인식되는 대상과의 관계를 밝힌 것은 모든 대승불교사상 중에서 유식사상뿐이다. 이것이 바로 유가행파의 큰 공적이다. 유가파는 중관파와 더불어 6세기 이후의 인도 대승불교의 2대 학파로서 서로 논쟁하게 되었다. 인도의 6파철학 가운데 요가파와는 별거이다.

[70] 유식(唯識, vijñānamatravāda)은 무착·세친에 의해 성립되고 체계화된, 마음을 종교학적 면에서 자세히 취급하는 불교의 심리학이다. 중관(中觀)과 더불어 대승불교를 대표하는 사상이다. 유식은 아뢰야식의 나타남에 근거한 인식론적인 고찰로, 마음의 구조와 그 심리작용 등을 잘 인식하고서 활동하면 궁극의 성불까지 이를 수 있다는 원리와 유가행(瑜伽行)을 중점적으로 가미하여 그 수행성을 강조한다. 대승불교의 후기에 유식파는 진나를 창시자로 하여 호법과 법칭이 계승한 유상유식파(有相唯識派)와, 무착·세친으로부터 덕혜·안혜로 전해진 무상유식파(無相唯識派)로 나뉜다.

[71] 아집(我執)은 범어 atma-grāha의 번역으로, 인집(人執)이라고도 한다. 나의 몸이 실재한 것인 줄 오해하고 고집하는 것을 말한다.

[72] 법집(法執)은 객관적인 사물이나 현상들이 실재하는 것인 줄 오해하고 고집하는 것이다

[73] 식(識)은 범어 parijāsna의 번역으로, 마음의 이명(異名)이며 인식한다는 뜻이다. 마음이 경계에 대하여 분별하여 아는 것을 식(識)이라고 한다. 대승의 유식에서는 기존의 전5식〔안식(眼識, caṣur-vijñāna)·이식(耳識, śrotra-vijñāna)·비식(鼻識, ghrāṇa-vijñāna)·설식(舌識, jihvā-vijñāna)·신식(身識, kāya-vijñāna)〕과 제6 의식(意識, mano-vijñāna)에 제7말나식(末那識, manas-vijñāna)과 제8아뢰야식(阿賴耶識, ālaya-vijñāna)을 더하여 8식(識)을 체계화하였다.

아님을 밝혔다. 그래서 물질[色]과 정신[心]⁷⁴⁾을 모두 부수어버린 논[破色心論]이라고 한다.

그런데 이제 와서 그것을 상을 세운 대승의 시교라고 하는 것이 옳겠는가! 용수는 "깊고도 미묘한 반야에 의지하여 깨닫지 못한 중생들이 집착을 다 녹여 법⁷⁵⁾의 성품을 드러낸다. 그러므로 불법을 모두 갖추고자 하는 사람은 마땅히 반야바라밀⁷⁶⁾을 배워야 한다"⁷⁷⁾고 설한다. 또한 "이 공(空)이 없으면 일체가 만들어질 수 없고, 공의 뜻이 있음으로 일체가 모두 만들어진다"고 했다. 그런데 지금 이것을 가리켜 상을 부순 대승의 시교라고 하는 것이 어떻게 옳겠는가! 마명은 한 마음의 진여문으로써 매우 심오하고 미묘한 반야를 드러내어 지혜를 따라 설하고, 한 마음의 생멸문으로써 유가파의 8식을 나타내어 뜻에 따라 설한다. 진여(眞如)⁷⁸⁾

---

74) 색심(色心)은 형질(形質)이 있어 막히는 법을 말한다. 지각이 없는 작용을 색(色)이라 하며, 형질이 없어도 볼 수 있는 지각이 있는 작용을 심(心)이라 한다. 제법(諸法)에 있어서는 색심(色心)이라 하고, 중생에 있어서는 심신(心身)이라고 한다. 몸(身)은 곧 색(色)이라는 뜻이다. 『인왕반야경』상 [『대정장』8, pp.828c04-5]에는 "색(色)과 심(心)은 중생을 이루는 근본이다. 색은 오온의 색온이며 심(心)은 식온(識薀)이다[成衆生色心 是衆生根本 色名色蓋, 心名識蓋]"고 하였다.
75) 법(法)에는 다양한 의미가 있지만, 실체 · 속성 · 의의를 비롯하여 사물이 움직이는 법칙을 뜻한다. 즉 이 세상에 존재하는 모든 사물의 존재 그 자체와 방식으로 현실세계의 모든 실존적 상황을 내포하고 있는 말이다.
76) 반야바라밀(般若波羅密)은 신역에서 범어 prajñā-pāramitā를 음역한 것이며, 지도(智度) · 도피안(到彼岸)이라고 번역한다. 육바라밀의 하나로, 완전한 지혜 또는 완성된 최고의 지혜를 말한다. 반야는 실상을 비쳐보는 지혜로서 나고 죽는 이 언덕(세상)을 건너 열반의 저 언덕에 이르는 배나 뗏목과 같기 때문에 바라밀이라고 한다.
77) 『대반야경』을 비롯한 반야부 계통의 경전에서 공통적으로 반야바라밀을 배워야 한다고 설하고 있다.
78) 진여(眞如)는 범어 bhūtatathatā의 번역이다. 『성유식론』권9 [『대정장』31, pp.48a23-5]에서는 "모든 법은 승의제며, 이것이 바로 진여이다. 진(眞)은 진실을 뜻하며

는 일진법계[79]로서 현상인 사(事)[80]와 본체인 이(理)[81]를 통합하여 현상과 본체를 모두 없앤 것이다. 생겨나고 소멸하는 것은 곧 온전한 본체가 이룬 현상이며, 온전한 현상은 성질(性)이 없는 본체이다. 생겨나고 소멸하는 문과 진여의 문이 하나의 마음(一心)을 떠나지 않으면 하나의 생겨나고 소멸하는 것(生滅)이 전체가 진여 아님이 없고, 한 진여가 온전히 생멸을 갖추지 않음이 없다. 이것이 바로 사사무애법계(事事無碍法界)[82]이다. 이제 이를 두고 『유식론』과 『중론』이 같지 않고, 재차 원극의

허망하지 않은 것을 나타낸다. 여(如)는 항상 그대로라는 뜻이며 변함이 없는 것을 표한다. 일체 법에 진실하여 항상 그 본성과 같기 때문에 진여라고 한다(此諸法勝義 亦卽是眞如 眞謂眞實顯非虛妄 如謂如常表無變易 謂此 眞實於一切位常如其性故 曰眞如)"고 하였다. 『대승지관법문』 권1〔대정장 46, pp.42a21-3〕에서는 "이 마음은 곧 자성청정심이며, 또한 진여·불성·법신·여래장·법계·법성이라고도 한다(此心卽是自性淸淨心 又名眞如 亦名佛性 復名法身 又稱如來藏 亦號法界 復名法性)"고 하였다. 구역 『기신론』〔대정장 32, pp.576a11-8〕에서는 "일체 법은 본래 말로 설명할 수 없고, 이름을 붙일 수도 없으며, 마음과 연관된 조건을 떠나서는 평등하여 변하거나 달라지는 일도 없다. 부서지지 않는 오직 한 마음일 뿐이다. 그래서 진여라고 부른다(一切法從本已來 離言說相 離名字相 離心緣相 畢竟平等 無有變異 不可破壞 唯是一心 故名眞如)"고 하였다.

79) 일진법계(一眞法界)는 화엄종에서의 극리(極理)를 말하며, 천태종에서의 제법실상과 같은 뜻이다. 두두물물(頭頭物物)이 모두 일진법계가 된다. 그 체가 절대이므로 일(一)이라 하고, 진실하므로 진(眞)이라 하며, 일체만법을 융섭하였기 때문에 법계라고 한다. 일진법계(一眞法界)를 이(理)와 사(事)로 나누어 이 관계를 네 가지 범주로 구분해 설명하는 것이 화엄종의 세계관인 사법계(四法界: 이(理)·사(事)·이사(理事)·사사(事事無碍法界))이다. 『성유식론』 권9〔대정장 31, p.48a21〕에서도 "승의승의제는 일진법계이다(勝義勝義 謂一眞法界)"고 하였다.

80) 사(事)는 현상·사물·사건을 뜻하며, 모든 차별 있는 현상세계를 사법계(事法界)라고 한다.

81) 이(理)는 원리·본체·법칙·보편적 진리를 뜻하는 것으로, 총체적 일심진여이고, 공(空)이며, 여여(如如)를 말한다. 우주 본체로서의 절대 평등한 세계를 이법계(理法界)라고 한다.

82) 사사무애법계(事事無碍法界)는 사법계(理·事·理事·事事無碍法界)의 하나이

일승(一乘)[83]이 아니라고 말하는 것이 옳겠는가! 하물며 경론 중에서 나란히 진여와 모든 법이 물과 파도와 같아 하나도 아니고 다르지도 않다고 하니,[84] 진실로 이처럼 증거가 갖추어져 있는데 어떻게 편견과 집착을 용납하겠는가!

夫天親宗瑜伽而立唯識 先以唯識破我法二執 次明識亦如幻 非眞實有 故亦名爲破色心論 今乃目之爲立相敎 可乎 龍樹依甚深般若 遍蕩四性情執以顯法性 故曰 欲具足一切佛法者 當學般若 又曰 若以無此空 一切無所作 以有空義故 一切皆得成 今乃目之爲破相敎 可乎 馬鳴以一心眞如門 顯甚深般若隨智說 以一心生滅門 顯瑜伽八識隨情說 眞如 卽一眞法界 統事理而泯絶事理者也 生滅 卽全理所成之事 全事無性之理也 二門不離一心 則無一生滅而非全體眞如 無一眞如而不全具生滅 卽事事無礙法界也 今乃謂其不同唯識中論 仍非圓極一乘 可乎 況經論中竝謂眞如與一切法 如水與波 不一不異 誠證具在 何容偏執

다. 일체 법이 상즉(相卽)하고 상입(相入)하여, 본체(理)와 현상(事)이 서로 상즉(相卽)하듯이 현상과 현상이 자유롭게 융합하여 현상계 그 자체가 절대적인 진리의 세계라는 뜻이다. 일체 제법의 차별 현상은 본체의 모습을 그대로 띠고 있어서 한 사물이 전체 법계를 나타낸다. 즉 한 티끌이 우주 전체라는 것이다. 곧 하나가 일체이고 일체가 하나(一卽一切·一切卽一)로서 공간적으로 일(一)·다(多)가 상용(相容)하며, 시간적으로는 십세(十世)가 상즉(相卽)하여 융통무애(融通無碍)하며 중중무진(重重無盡)하다는 이치이다. 이러한 사사무애법계가 화엄의 법계연기의 극치를 보여 주는 것이다.
83) 일승(一乘)은 성불하는 유일의 교(敎)이다. 승(乘)은 탈것으로 부처의 교법에 비유하며 교법은 능히 사람을 실어서 열반의 언덕에 나르므로 승(乘)이라고 한다.『법화경』은 오로지 이 일승의 이치를 설한 것이다.
84)『화엄경』권9,「보현행원품」(『대정장』10, pp.704b29-704c02)에서 물과 바람 그리고 파도의 비유를 통하여 마음과 경계와 식의 서로 여의지 않고 같지도 다르지도 않은 상관관계(譬如猛風 吹大海水 波浪不停 由境界風 飄靜心海 起識波浪 相續不斷 因緣相作 不相捨離 不一不異 如水與波)를 설하고 있다.

만약 반드시 고정된 하나라고 한다면, 진여는 생겨나고 소멸하지 않으므로 당연히 일체 법 또한 생겨나고 소멸하지 않아야 한다. 모든 법이 생겨나고 소멸한다면 마땅히 진여 또한 그래야 한다. 그러므로 고정된 하나라는 것은 진실로 옳지 않다. 만약 반드시 다른 것이라고 한다면 진여는 곧 일체 법의 실다운 성품이 아니어서 마땅히 일체 법 이외에 별도로 어떤 구석에 있어야 한다. 그런데 항상하지도 않고 두루 미치지도 않는다고 하는 것은 더욱 옳지 않다. 그러므로 『기신론』에서는 "진여가 훈습 받는다"고 한 것을, 파도에 닿을 때가 곧 물과 닿는 것임에 비유하여, 결정코 다른 것이라고 생각하는 집착을 부순다. 그렇기 때문에 애초부터 진여가 훈습을 따라 변한다고 말하지는 않았다. 또, 유식에서 진여가 훈습을 받지 않음을 파도가 쳐도 젖는 성질은 변하지 않음에 비유한다. 고정된 하나라는 고집을 부수어 버렸기 때문에, 처음부터 응연진여(凝然眞如)[85]가 따로 있다고는 말하지 않았다. (『유식론』에서는 다른 종(宗)과 달리, 물질적·정신적인 존재를 떠난 실상법을 진여라고 했다.[86] 또 진여가 곧 유식실성이라고 본문에서 분명하게 밝혔는데,[87] 후대의 사람들이 응연진여를 잘못 알고 유식을 비방하는 죄를 어떻게 하겠는가?)

蓋若言定一 則眞如不生滅 應一切法亦不生滅 或一切法生滅 應眞如亦生滅 固爲不可 若言定異 則眞如非卽一切法之實性 應在一切法外 別有方隅 不常不遍 尤爲不可 故起信謂眞如受熏者 譬如觸波之時 卽觸於水 所以破定異之執 初未嘗言眞如隨熏轉變也 唯識謂眞如不受熏者 譬

---

85) 응연(凝然)은 상속(相續)에 상대되는 말로서, 작용하지 않고 가만히 있는, 변하지 않는 모양으로 응연상주(凝然常住)의 뜻이며, 진여법성(眞如法性)이다.
86) 『성유식론』 권2, 『대정장』 31, pp.006c19-20.
87) 『유식삼십론송』 권1〔『대정장』 31, pp.061a26-7〕의 게송, '此諸法勝義 亦卽是眞如 常如其性故 卽唯識實性'을 근거로 하고 있다.

如波動之時 濕性不動 所以破定一之執 初未嘗言別有凝然眞如也 (唯識
論云 不同餘宗 離色心等有實常法 名曰眞如 又云 眞如卽是唯識實性 明文彰灼若
此 後人乃以凝然眞如誣謗唯識 罪何如哉)

그래서 유식에서 말하는 진제(眞諦)이기 때문에 상에 차별이 없다[88]는 것은, 곧 『기신론』의 일심진여문이다. 유식에서 말하는, 속제[89]이기 때문에 상과 차별이 있다[90]는 것은 곧 『기신론』의 일심생멸문이다. 『능가경』[91]에서는 모든 식에는 세 가지 상이 있다고 한다. 바로 전상(轉相)·업상(業相)·진상(眞相)이다.[92] 『종경록』[93]에서는 "마음을 일으킴은 이름

---

88) 『성유식론』 권7, 『대정장』 31, p.38c12.
89) 속제(俗諦)는 궁극적 진리의 입장인 진제(眞諦)에 상대되는 진리관이고, 방편의 입장으로서 상이상대적인 연기관이다. 예를 들면 속제에서는 모두 인연에 의해 생긴 법이고, 진제에서는 모두 그 실체의 자성이 없으며 필경에는 공하다는 것이다. 속제를 무시하면 공에 집착하는 악취공에 빠질 위험이 있다.
90) 『성유식론』 권7, 『대정장』 31, p.38c11.
91) 『능가경(楞伽經)』은 중국 초기선종인 능가종의 소의경전으로, 사자상승(師資相承)의 인가증명으로서 그 근거가 되었던 경이다. 모든 중생이 다 부처가 될 수 있는 자질과 가능성을 갖추고 있다는 여래장사상을 아뢰야식과 동일시하여 그 융합을 모색한 것이 『능가경』이다. 청정한 식(識)이 후천적인 번뇌(客塵煩惱)에 오염되어 부정하게 되었을 뿐이라는 것이다. 즉, 아뢰야식은 염정화합(染淨和合)의 식이라는 것으로 여래장사상을 전개하고 있다. 『기신론』은 근본적으로 『능가경』의 종의(宗義)를 따른 논서로 해석된다. 『능가경』에는 세 가지가 있다. 첫째 『능가아발다라보경(楞伽阿跋多羅寶經)』은 4권으로 되어 있고, 유송(劉宋)의 구나발다라가 번역하였다. 둘째 『입능가경(入楞伽經)』은 10권으로 되어 있고, 위(魏)의 보리유지가 번역하였다. 셋째 『대승입능가경(大乘入楞伽經)』은 7권으로 되어 있고, 당(唐)의 실차난타가 번역하였다.
92) 『대승입능가경』 권1, 『대정장』 16, pp593b15-6, 『능가아발다라보경(楞伽阿跋多羅寶經)』 권1, 『대정장』 16, pp.483a14-5.
93) 『종경록(宗鏡錄)』은 북송(北宋) 때 영명연수(永明延壽: 904~975)의 저술로, 100권으로 되어 있다. 대승불교의 경론(經論) 60부·중국과 인도의 성현(聖賢) 300인

이 전(轉)이니, 8식이 함께 일어나기 때문에 모두 생멸이 있다"고 해석한다. 그래서 이름이 '전상(轉相)'이다. 움직이면 곧 업이다. 8식이 함께 움직여서 모든 이름이 '업상(業相)'이며, 8식의 진성을 모두 '진상(眞相)'이라고 한다.[94] 이러한 관점에서 보면, 『기신론』과 『유식론』은 모두 『능가경』을 따랐음이 분명하다. 종(宗)의 근원이 본래 이미 같으면 여러 이름과 뜻이 자연히 서로 어긋나지 않는다. 이에 주·소가들이 뜻으로 이름을 정하지 않고 제멋대로 이름을 따라 뜻을 정하여, 『유식론』과 『기신론』을 마치 물과 불처럼 어긋나게 했으니, 어떻게 슬퍼하지 않겠는가!

然則唯識所謂眞故相無別 即起信一心眞如門也 唯識所謂俗故相有別 即起信一心生滅門也 楞伽經云 諸識有三種相 謂轉相 業相 眞相 宗鏡釋云 起心名轉 八俱起故 皆有生滅 故名轉相 動則是業 八識皆動 盡名業相 八之眞性 盡名眞相 由此觀之 起信唯識 皆宗楞伽明矣 宗本旣同 則諸名義自不相違 乃註疏家不能以義定名 漫爾依名定義 致令二論乖同水火 可不哀哉

이 『기신론』에는 두 한역본이 있다. 하나는 양나라 진제 삼장의 번역이고, 다른 하나는 당나라 실차난타 삼장의 번역이다. 두 번역본을 대조하여 열람하니 당본(唐本)인 신역(新譯)은 다시 문장을 만들어 뜻을 더 잘 드러냈지만, 옛날부터 이미 양본(梁本)인 구역(舊譯)이 유통되어 왔

(人)의 저서를 비롯하여 선승(禪僧)의 어록(語錄)·계율서(戒律書)·속서(俗書) 등을 널리 인용하고 방증(傍證)하여, 선가(禪家)에서 말하는 마음 밖에 따로 부처가 없고 온갖 것이 모두 법이라는 뜻을 내용으로 한 책이다.

94) 『종경록』 권5(『대정장』 48, p.441c03-6)의 내용(謂起心名轉 八俱起故 皆有生滅 故名轉相 動則是業 如三細中 初業相故 八識皆動 盡名業相 八之眞性 盡名眞相)을 인용하였다.

다. 이것은 사사로운 마음으로 감히 단독으로 결정한 것이 아니라, 공손하게 제비뽑기로 불상 앞에서 결정하여 당본을 저본(底本)으로 해석하였다. 마침내 작은 틈새와 아리송한 것을 모두 없애고, 유식종과 공종의 미혹된 집착을 다 쪼개 없앤다는 뜻으로, 이 이름을 『열망소』라고 하였다. 1653년 10월 18일 주석서의 서문을 쓰다.

此大乘起信論 藏有二本 一是梁眞諦譯 一是唐實叉難陀譯 二譯對閱 唐本更爲文顯義順 但舊旣流通梁本 私心弗敢自專 敬以鬮決於佛 拈得宜解唐本 遂殫一隙微明 剖盡兩宗迷執 名之爲裂網疏云 癸巳十月十有八日 下筆故敍

I. 서론(序論)

1장 제목 설명〔大乘起信論〕

해석하는 데 두 가지가 있다. 첫째는 제목을 해석하고, 둘째는 본문을 해석한다. 지금은 첫 번째이다.
釋此爲二 初釋題 二釋文 今初

대승기신론은, 마명보살이 짓고 당나라 삼장법사 실차난타가 번역하였다.
大乘起信論 馬鳴菩薩造 唐三藏法師實叉難陀譯

'대승기신론(大乘起信論)'이란 제목 다섯 글자 중에서, '대승기신'은 구분하여 말하는 것이고, '론'은 종합하여 말하는 것이다. 간략하게 말하면, 주체〔能〕와 객체〔所〕[95]의 삼중구조로 이루어져 있다. '대승기신'은 "대승

---

95) 두 법이 상대할 때 능동적으로 동작하는 것을 능(能)이라 하고, 수동적으로 동작을 받는 것을 소(所)라고 한다. 예를 들면, 능연(能緣)·소연(所緣), 능견(能見)·소견

의 믿음을 일으킨다"는 뜻인데, 이것은 구분하여 붙인 제목이고, 논(論)
은 곧 바로 종합해서 붙인 제목이다. "주체와 객체의 삼중구조로 이루어
져 있다"고 한 것은, 첫째 '논'은 일으키는 주체가 되고, '대승의 믿음'은
그 대상이 된다. 둘째, 믿음(信)은 믿음의 주체가 되고, '대승'은 그 대상
이 된다. 셋째, 대(大)는 구별하는 주체가 되고, 승(乘)은 그 대상이 된다
는 것이다. 이것을 해석하면 셋이 되는데, 첫째는 '대승(大乘)'을 해석하
고, 둘째는 '기신(起信)'을 해석하고, 셋째는 '논(論)'이라는 글자를 해석
한다.

題目五字 四別一通 略而言之 三重能所 大乘起信 猶云起大乘信 即
是別題 論之一字 即是通題 言三重者 一 論爲能起 大乘信爲所起 二 信
爲能信 大乘爲所信 三 大爲能揀 乘爲所揀也 釋此爲三 初釋大乘 二釋
起信 三釋論字

첫째, '대승'을 해석하는 데에 두 가지가 있다. 첫째는 나누어 해석하는
것이고, 둘째가 종합하여 해석하는 것이다. 또 나누어서 해석하는 데에
도 다시 두 가지가 있다. 먼저 '대(大)'를 해석하고, 그 다음 '승(乘)'을
해석하는 것이다.

初釋大乘爲二 初分釋 次合釋 分釋復二 初釋大 次釋乘

먼저 '대(大)'를 해석하면 절대(絶對)여서 (크다 하고 작다고 하는) 한
계가 없지만, 억지로 이름을 붙여 '크다(大)'고 한 것이다. 이것은 중생의
앞에 나타난 마음을 곧바로 가리킨 것이다. 으례 체대·상대·용대의

(所見) 등이 있다.

세 가지 뜻을 갖추었기 때문에, 다만 '앞에 나타난 마음'이라고 한다. 인연을 따르면서도〔隨緣〕 변하지 않으니〔不變〕 전체가 진여 그 자체인 것을 '체대(體大)'라고 한다. 다만, 이것은 전부 허망한 것이지만, 진여 자체에 본래 갠지스 강의 모래〔恒沙〕[96] 만큼의 한없는 성품의 공덕이 갖추어져 있다. 이 공덕은 범부라고 적고 성인이라고 많은 것이 아니다. 이것을 '상대(相大)'라고 한다. 다만 이 마음의 본체〔體〕와 모양〔相〕은 변하지 않으면서도 인연을 따라 십법계(十法界)[97]의 오염되고 청정한 인과를 만들어 낸다. 이러한 인연에 의해 생겨나는 것일 뿐 그 자체의 고유한 성질은 없다는 것을 통달하면, 곧바로 오염된 것이 바뀌어 청정하게 된다. 이것을 '용대(用大)'라고 한다.

본체〔體〕를 말하자면, 본체 이외에 별도로 모양〔相〕과 작용〔用〕이 없다. 마치 젖는 성질 외에 별도로 물과 파도가 없는 것과 같다. 그래서 체

---

[96] 항사(恒沙)는 항하사(恒河沙, Gaṅgā-nadī-vālukā)의 준말로 항하의 모래라는 뜻의 셀 수 없이 많은 양을 뜻한다. 항하는 북인도를 흐르는 약 7000리의 갠지스 강(Ganges)를 말한다. 『대지도론』 권7〔『대정장』 25, pp.114a10-29〕에서는 "염부제에는 여러 큰 강들이 항하를 지나가는데 항상 항하사 등이라고 하는 까닭이 무엇인가? 항하사는 많지만 다른 강물은 그렇지 않다. 항하사는 부처님께서 나시고 유행(遊行)하신 곳이며 제자가 나타난 곳이어서 비유한다. (중략) 다시 시인의 경서에는 모두 항하를 복덕과 길상의 강이라 하여, 만약 안에 들어가서 씻게 되면 모든 죄와 때와 악한 것이 다 없어진다. 사람들이 이 강물을 공경하여 섬긴다는 것을 모두 알게 되어 항하사에 비유한 것이다. 또한 다른 강물의 각 글자를 여러 번 바꾸어도 이 항하는 세세생생 바뀌지 않는다. 그러므로 항하사에 비유하고 다른 강물은 취하지 않는다〔問曰如閻浮提中種種大河 亦有過恒河者 何以常言 恒河沙等 答曰 恒河沙多 餘河不爾復次 是恒河是佛生處 遊行處 弟子眼見 故以爲喩 (중략) 四遠諸人經書 皆以恒河爲福德吉河 若入中洗者 諸罪垢惡皆悉除盡 以人敬事此河 皆共識知故 以恒河沙爲喩 復次 餘河名字喜轉 此恒河世世不轉 以是故 以恒河沙爲喩 不取餘河〕"고 하였다.

[97] 십법계(十法界)는 미혹의 세계인 지옥·아귀·축생·수라·인간·천상의 육계(六界)와, 깨달음의 세계인 성문·연각·보살·불의 사계(四界)를 합한 것을 말한다.

대가 절대인 것이다. 모양을 말하면, 모양 이외에 별도로 본체와 작용이 없다. 마치 물 이외에 별도로 젖는 성질과 파도가 없는 것과 같다. 그러므로 상대가 절대이다. 작용을 말하자면, 작용 이외에 별도로 본체와 모양이 없다. 마치 파도 이외에 별도로 젖는 성질과 물이 없는 것과 같다. 그래서 용대가 절대이다. 이와 같이 본체와 모습 그리고 작용은 같은 것도 아니고 다른 것도 아니다. 이들은 생각으로는 헤아릴 수 없는 것들이다. 오직 하나의 마음이기 때문에 대(大)라고 하는 것이다.

 初釋大者 絕待無外 強名曰大 卽是直指衆生現前介爾心性 法爾具足體大相大用大三種義故 謂只此現前介爾之心 隨緣不變 全體眞如 名爲體大 只此全妄卽眞體中 本具恒沙稱性功德 在凡不減 在聖不增 名爲相大 只此心性體相 不變隨緣 出生十界染淨因果 達此緣生無性 便能翻染成淨 名爲用大 言體 則體外別無相用 如濕外別無水波 故體絕待 言相 則相外別無體用 如水外別無濕波 故相絕待 言用 則用外別無體相 如波外別無濕水 故用絕待 如此三大 不一不異 不可思議 唯是一心 故言大也

 다음으로 '승(乘)'을 해석하면, 비유를 들어서 이름을 삼았으니, "실어 운반한다"는 뜻이다. 곧 중생 앞에 나타난 마음을 바로 가리키는 것이다. 으레 부처의 지위(佛地)로 실어 운반하고, 자리이타의 행을 쉬지 않기 때문에, 이름을 '승(乘)'이라 한다. 마음의 체대(體大)가 곧 이 이승(理乘)이니, 고금(古今)에 서로 통하고 항상 변하지 않기 때문이다. 마음의 상대(相大)는 곧 바로 수승(隨乘)이니, 이탈하지 않고 항상 상응하기 때문이다. 마음의 용대(用大)는 곧 득승(得乘)이니, 마치 전륜성왕이 칠보를 자재하게 성취하는 것과 같기 때문이다. 마음에 삼대(三大)를 갖추니, 총칭하여 '이승(理乘)'이라고 한다. 셋의 체가 따로 없기 때문에 마음을 관조하여 수행을 이루니, 삼대를 수행할 때 총칭하여 '수승(隨乘)'이라고 한다. 법의 성질에 따르기 때문에 원인으로부터 결과를 극복하여 삼대를 이룰 때, 총칭으로 '득승(得乘)'이라고 한다. 지극히 자재하기 때문에, 진성(性)과 수행이 둘이 아니고, 인과가 둘이 아니다. 그러므로 앞에 나타난 그 마음을 지목하여 수레(乘)로 삼는다. 첫째, 나누어 해석하는 것을 마친다.

次釋乘者 約喩爲名 運載爲義 卽是直指衆生現前介爾心性 法爾運載 至於佛地 自利利他 無休息故 名爲乘也 心性體大 卽是理乘 互古互今 恒不變故 心性相大 卽是隨乘 不離不脫 恒相應故 心性用大 卽是得乘 如輪王七寶 自在成就故 性具三大 總名理乘 無三體故 照性成修 修時三大 總名隨乘 順法性故 從因剋果 果時三大 總名得乘 極自在故 性修不二 因果不二 故目此現前介爾心性以爲乘也 初分釋竟

다음 종합해서 해석하면, 비록 다시 중생의 앞에 나타난 마음이 곧 불가사의한 대승이지만, 미혹과 깨달음 인연의 오염되고 청정한 훈습으로 드디어 십법계가 차별이 있다. 만약 이 일심을 미혹하여 견혹·사혹(見思)[98]의 십악을 일으켜 중생을 실어 삼악도에 들어가게 하기 때문에 이름을 절름발이 나귀·부서진 수레라고 한다. 만약 삼악도의 고통

---

98) 견사(見思)는 견혹(見惑)과 사혹(思惑)을 말하며, 견애(見愛)·견수(見修)·사주(四住)·염오무지(染汚無智)·지말무명(枝末無明)·통혹(通惑)·계내혹(界內惑)이라고도 한다. 모두 삼계의 번뇌를 개괄하여 통칭하는 말이다. 견혹은 갖가지의 사견(邪見)으로 도리를 분별하고 계탁하여 일어나는 아견(我見)·변견(邊見) 등의 망혹(妄惑)으로, 견도위(見道位)에서 사성제의 이치를 보고 끊는 것이며, 88혹이 있다. 사혹(思惑)은 탐·진·치의 세간의 현상(事)에 미혹하여 일어나는 망혹(妄惑)으로 81혹이 있다.

이 두려운 줄 알고 십선(十善)⁹⁹⁾과 여러 색계와 무색계의 선정¹⁰⁰⁾을 닦으면, 중생을 실어 운반해서 삼선도(三善道)¹⁰¹⁾에 이르게 한다. 그리고 다시금 삼계의 괴로움을 두려워하고 출세간의 계·정·혜 삼학을 수행하여 영원히 고통의 윤회를 벗어나게 하여, 중생을 실어 열반의 성에 들어가게 한다. 그래서 그 이름을 양(羊) 수레라고 한다. 만약 십이인연(十二因緣)¹⁰²⁾이 본래 자성이 없고 체(體)가 본래 공한 줄 알면, 영원히 미혹한 업의 윤회를 멈추게 하여, 중생을 실어 열반의 성에 들어가게 한다. 비록 대비(大悲)가 부족하여도, 오히려 중생이 증상하는 복전을 짓게 한다. 이것을 사슴 수레라고 한다. 만약 자타가 함께 윤회에 있다고 생각하여, 뜻과 원을 겸해 대비를 갖추고, 사홍서원¹⁰³⁾을 일으켜, 널리 중생을 실어

---

99) 십선(十善)은 십선도(十善道)·십선계(十善戒)라고도 하며, 신(身)·구(口)·의(意)로 십악(十惡)을 범하지 않으면 십선(十善)이 된다. 즉, 불살생(不殺生)·불투도(不偸盜)·불사음(不邪婬)·불망어(不妄語)·불양설(不兩舌)·불악구(不惡口)·불기어(不綺語)·불탐욕(不貪欲)·불진에(不瞋恚)·불사견(不邪見) 등이다.
100) 색·무색계정은 사선(四禪) 팔정(八定)을 일컫는다. 사선(四禪)은 색계의 4종 선정을 말하고, 팔정(八定)은 무색계의 선정을 말한다.
101) 삼악도(三惡道)에 상대되는 세계인 삼선도(三善道)는 상품(上品)의 선을 따라가는 천도(天道)·중품(中品)의 선을 따라가는 인도(人道)·하품(下品)의 선을 따라가는 아수라도(阿修羅道)를 말한다.
102) 십이인연(十二因緣)은 범어 dvādaśājgapratityasamutpāda의 구역이고, 신역은 십이연기(十二緣起)이다. 이것은 벽지불의 관법으로, 삼세를 건너 육도윤회의 차례와 연기를 설한 것이다. 즉 무명(無明, avidyā)·행(行, saṁskāra)·식(識, vijnāna)·명색(名色, nāmarūpa)·육처(六處, saḍāyatana)·촉(觸, sparśa)·수(受, vedana)·애(愛, tṛṣnā)·취(取, upādānā)·유(有, bhāva)·생(生, jāti)·노사(老死, jārāmaraṇa)이다.
103) 사홍서원(四弘誓願)은 총원(總願)이라고도 한다. 모든 보살이 처음 발심할 때 반드시 일으키는 서원이다. 즉 끝없는 중생을 제도하기를 원하고, 다할 수 없는 번뇌를 모두 끊기를 원하며, 다할 수 없는 법문을 모두 배우기를 원하고, 다할 수 없는 불도를 성취하기를 원한다. 신역 『기신론』 권2의 후반부〔『열망소』 권6〕에서 자세히

위없는 대열반[104](大涅槃)의 성에 점점 나아가게 한다. 이것을 소 수레라고 한다. 만약 앞에 나타난 이 마음을 통달하면, 이것이 바로 불가사의한 대승이다. 움직이는 마음이 생멸이 아님을 깊이 관하면, 곧 진여의 문으로 들어간다. 처음 이름과 글자를 좇아서 지극히 관심수행(觀行)[105]하여

언급하고 있다.
104) 대열반(大涅槃)은 대반열반(大般涅槃)의 준말로, 범어 Mahāparinirvāṇa(摩訶般涅槃那)의 번역이다. 혹은 대입멸식(大入滅息)·대멸도(大滅度)·대원적입(大圓寂入)으로도 번역한다. 대(大)는 멸(滅)의 덕을 아름답게 일컫는 말이며, 멸(滅)은 번뇌를 소멸하고 심신을 소멸했다는 뜻이다. 식(息)은 안식(安息)을 말하는 것이고, 원적(圓寂)은 공덕이 원만하여 모든 번뇌가 적멸되었다는 뜻이다. 입(入)은 멸(滅)에 돌아간다는 말이다.『대반열반경현의』상〔『대정장』38, pp.01b02-17〕에서〔摩訶言大般涅槃那此翻滅度 (중략) 若具依梵本 應言摩訶般涅槃那 今翻為大滅度〕와『열반종요』권1〔『대정장』38, pp.239b09-10〕에서〔應謂摩訶般涅槃那 此土譯之言大滅度〕는 범어〔摩訶般涅槃那, Mahāparinirvāṇa〕를 모두 대멸도(大滅度)로 번역하였다. 그리고『대승의장』권18〔『대정장』44, pp.813c17-814a02〕에서는 "범어 마하반열반나를 대열반으로 번역하며 대(大)의 여섯 가지 뜻과 비유로 열반을 설명하였다. 첫째는 어떤 사람의 수명이 무량하여 대장부라고 하는 것과 같이 항상 그대로이다. 둘째는 허공이 한계가 없는 것과 같이 성품이 광대하고 넓다. 셋째는 큰 창고의 수없이 많은 여러 가지 진귀한 보물들과 같이 많다. 넷째는 불가사의하여 일체 세간의 성문이나 연각들은 헤아릴 수 없는 것과 같이 심오하다. 다섯째는 거대한 산은 일체 세간의 범부들과 이승(二乘)들은 오를 수 없는 것과 같이 높다. 여섯째는 세간의 상근기인 사람들을 대인(大人)이라고 부르는 것과 같이 수승한 뜻이기 때문에 대(大)라 번역하였고 열반은 이와 같다〔涅槃是其天竺語 依彼具言名為摩訶般涅槃那 摩訶名大 大義有六 一者常義 故涅槃云所言大者名之為常 譬如有人壽命無量名大丈夫 二者廣義 故涅槃云 所言大者其性廣博 猶如虛空無所不至涅槃如是 故名為廣 三者多義 能別非一 故涅槃云 譬如大藏多諸珍異 涅槃如是 多有種種妙法珍寶故名為大 四者深義 淵奧難測 故涅槃云 大者名為不可思議 一切世間聲聞緣覺不能測量涅槃之義 故名為大 五者高義 位分高出餘人不至 故涅槃云 譬如大山一切世人不能得上 故名為大 涅槃如是 凡夫二乘及諸菩薩不能窮到 故名為大 六者勝義 如世間中勝上之人名為大人 涅槃如是〕"고 하였다.
105) 관심수행(觀心修行)의 약칭으로, 관행(觀行)이라고도 하며, 진리를 관하여 진리와 같이 몸소 실천하거나, 마음을 관조하는 행법(行法)을 말한다. 관은 삼관(三觀)으

곧 최상에 이르면, 스스로 운반한 공을 마치고 타인을 운반하는 공력(功力)에 쉼이 없다. 이것을 큰 흰 소 수레〔大白牛車〕[106]라고 한다.

　지금 대승이라고 말하는 것은 바로 큰 흰 소 수레를 지칭한다. 그리고 문 밖의 양 수레 · 사슴수레 · 소 수레와는 다른 까닭을 밝히는 것이다.[107] 또 일체중생이 비록 또다시 이 마음을 미혹하면, 통째로 부서진 나귀 수레 및 세 수레(양 수레 · 사슴수레 · 소 수레) 등이 된다. 그러나 이 마음은 인연에 따르면서도 변하지 않아 일찍이 최상의 대승 아닌 것이 없다. 비유하면 진금(眞金)과 같아서, 비록 다시 갖가지 더러운 그릇이나 잡기(雜器)로 만들어 사용해도 금의 성질은 바뀌지 않아 귀중함은 진금과 같기 때문이다. 진실로 더러운 그릇의 본체가 진금인 줄 알면, 더러운 그릇에서 진금의 작용을 얻는다. 이렇기 때문에 광명이 아비지옥을 비추어 어려움 없이 십지(十地)[108]를 단번에 뛰어넘는다. 마치 백정이

　　로 정(靜, 사마타) · 환(幻, 삼마발제) · 적(寂, 선나)이고, 행은 선정을 닦는 25가지의 차별로서 25행을 말한다. 삼관 중에서 하나만 닦는 이가 3명이 있고, 삼관을 겸하여 닦는 사람이 21명이 있으며, 삼관을 원만하게 닦는 이가 1명이 있는데, 이 25명이 닦는 행을 25행이라고 한다.

106) 『법화경』 권2, 「비유품」의 '화택의 비유'(『대정장』 9, pp.13b08-13c18)에 있는 세 짐승(양 · 사슴 · 흰소) 중의 하나로, 크고 흰 수레를 최상승(最上乘)인 일승법(一乘法)에 비유하였다.
107) 『법화경』 「비유품」의 '화택의 비유'(『대정장』 9, p.12c04)에서 삼거(三車)에 배대하였다.
108) 십지(十地)는 보살이 수행하는 52위(位) 중에서 제41위인 환희지로부터 이구지 · 발광지 · 염혜지 · 난승지 · 현전지 · 원행지 · 부동지 · 선혜지 · 제50위인 법운지까지를 말한다. 이 지위에 올라야 본격적인 보살 수행에 들어온 것이 되며, 성인의 수행지위에 들어온 것이 되므로, 십성(十聖)이라고도 한다. 불지(佛智)를 생성하고 능히 주지(住持)하여 움직이지 않으며 온갖 중생을 교화하여 이익하게 하는 것이 마치 대지가 만물을 싣고 이를 윤택하고 이익하게 하는 것과 같아서 지(地)라고 한다.

칼을 내려놓고 문득 천 불 가운데 한 부처〔一佛〕가 되고,[109] 앵무새가 염불하여 화장해서 사리를 얻고, 흰 비둘기가 경을 듣고 몸을 바꿔 조사가 되는 것과 같다. 이 일체중생의 미혹하고 망령된 마음이 바로 대승임을 가리킨다. 앞에서는 대(大)로써 소(小)를 선택해서 상대의 입장에서 설했으니, 또한 생겨나고 소멸하는 문〔生滅門〕의 뜻이다. 뒤에서는 소로써 대를 이루어 절대의 입장에서 설하니, 곧 진여문의 뜻이다. 일체중생의 앞에 나타난 마음이 응당히 이 진여의 문과 생겨나고 소멸하는 문이 갖추어져 있어 서로 떠나지 않기 때문이다. 그래서 대승이라고 한 것이다. 첫째, 대승의 해석을 마친다.

次合釋者 雖復衆生現前介爾心性 卽是不可思議大乘 而迷悟因緣染淨熏習 遂有十法界異 謂若迷此一心而起見思十惡 則運載衆生入三惡道 名爲跛驢壞車 若知畏三塗苦 修行十善 及諸色無色定 則運載衆生到三善道 更能畏三界苦 修行出世戒定慧學 永脫苦輪 則運載衆生 入涅槃城 名爲羊車 若知十二因緣 本自無性 體其本空 永息惑業苦輪 則亦運載衆生入涅槃城 雖乏大悲 猶作衆生增上福田 名爲鹿車 若念自他同在苦輪 志願兼濟 具足大悲 發起弘誓 普能運載衆生 漸趣無上大涅槃城 名爲牛車 若了達此現前介爾心性 卽是不可思議大乘 深觀動心卽不生滅 卽得入於眞如之門 始從名字 運至觀行 乃至究竟 自運功畢 運他不休 名爲大白牛車 今言大乘 正指大白牛車 揀非門外三車故也 復次一切衆生 雖復迷此心性 擧體爲壞驢車及三車等 然此心性 隨緣不變 未嘗不卽究竟大乘 譬如眞金 雖復用作種種穢器 及諸雜器 而金性不改 貴重如故 苟知穢器體卽眞金 卽於穢器得眞金用 是故光照阿鼻 不難十地頓超

---

109) 『원오불과선사어록』권6(『대정장』 47, pp.740a04-5)의 내용(廣額屠兒放下屠刀云 我是千佛一數)이다.

放下屠刀 便是千佛一數 鸚鵡念佛而焚得舍利 白鴿聞經而轉身作祖 故
直指此一切衆生迷妄心性爲大乘也 前以大揀小 約對待說 亦卽生滅門
義 後卽小成大 約絶待說 亦卽眞如門義 一切衆生現前介爾之心 法爾具
此二門 不相離故 故名爲大乘也 初釋大乘竟

두 번째, 기신을 해석하는 데도 또한 둘이 있다. 첫째는 나누어 해석하
고, 그 다음은 통합하여 해석하는 것이다. 나누어 해석하는 데도 또한
둘이 있으니, 먼저 기(起)를 해석하고 그 다음 신(信)을 해석한다.
二釋起信亦二 初分釋 次合釋 分釋復二 初釋起 次釋信

먼저 기(起)를 해석한다.【문】일체제법이란 생기지도 않고 일어남도
없는데, 어떻게 일으킨다(起)고 하는가?【답】법성은 일어남도 없고 또
한 일어나지 않음도 없다. 만약 일어난다고 한다면, 진여문의 뜻을 잃어
버리게 되고, 일어나지 않는다고 한다면, 생멸문의 뜻을 잃어버리게 된
다. 만약 다시 일어나고 또한 일어나지 않는다고 한다면 서로 위배된다.
만약 일어나지도 않고 일어나지 않는 것도 아니라고 한다면, 곧 희론(戱
論)[110]이 된다. 마땅히 사구(四句)[111]로도 모두 설명할 수 없는 줄 알아야

---

110) 희론(戱論)은 이치(理)가 아닌 언론이며 뜻(義)이 없는 언론이다. 또한 이(理)와 비
리(非理)를 불문하고 일체 언론(言論)을 배척하는 것이다.
111) 사구(四句)는 변증법(辨證法)의 한 형식으로, 4구게문 또는 4구분별을 말한다. 즉
정립(定立)・반정립(反定立)・긍정종합(肯定綜合)・부정종합(否定綜合)이다. 유
(有)와 공(空)으로 일체 제법을 판정할 때에 제1구의 유(有)는 정립이고, 제2구의
공(空)은 반정립이며, 제3구의 역유역무(亦有亦無)는 긍정종합이고, 제4구의 비유
비공(非有非空)은 부정종합이다. 처음 두 구를 양군(兩軍)이라 하고, 뒤의 두 구를
구시구비(俱是俱非) 또는 쌍조쌍비(雙照雙非)라고 한다.

한다.

　만약 감정적인 미혹의 집착에 떨어지지 않고 4실단(四悉檀)[112]을 따르면, 인연이 있기 때문에 설명할 수 있다. 지금 일으킨다고 하는 것은 바로 일으킴도 아니며 일으킴이 아닌 것도 아닌 일으킴[起]이라고 했을 뿐이다. 무엇이 일심절대(一心絶待)인가? 본래 믿는 주체와 믿는 대상의 차이가 없지만 이 하나의 마음을 미혹하여 한량없는 의혹을 일으킨다. 마치 물이 얼음이 되는 것과 같다. 이러한 미혹을 바꾸면 마침내 원만하고 항상한 바른 믿음을 일으킨다. 마치 얼음이 도리어 물이 되는 것과 같다. 미혹과 깨달음은 비록 구별되지만 본 성품은 움직임이 없기 때문에 일어남이 아니다[非起]. 성(性)은 증가하고 감소됨이 없지만 미혹과 깨달음이 완연하기 때문에 일어남이 아닌 것도 아니다[非不起]. 이것은 일어남이면서 일어남이 아니며[起不起], 일어남이 아니면서 일어남[不起起]이다. 이러한 입장에서 기(起)를 논하면 미묘함이 그 속에 있어서, 비록 치성하게 믿음을 일으켜도 오직 하나의 마음[一心]이다. 믿는 주체와 믿는 대상의 차이가 없고 주체[能]와 객체[所]도 없으며 주체이면서 객체이니, 능소(能所)가 곧 한 마음인 법계[一心法界]이다. 마치 등불이 비춤에 도리어 등을 비추는 것과 같다. 그러므로 자신의 마음이 믿음을

---

112) 부처의 설법이 사실단[四悉檀: 세계실단(世界悉檀)·각각위인실단(各各爲人悉檀)·대치실단(對治悉檀)·제일의실단(第一義悉檀)]을 지나지 않는다고 한다. 실단(悉檀)은 범어 siddhānta의 음역으로 성취(成就)를 뜻하는데, 실(悉)은 보통(普通)을 뜻하고, 단(檀)은 범어 dāna의 약칭으로 보시를 뜻한다. 사법(四法)은 중생의 불도를 성취시킨다는 말인데, 부처가 이 사법으로 중생을 보시하므로 실단이라고 한다. 『지도론』권1(『대정장』25, pp.59b19-22)에서는 "네 가지 실단 가운데서 일체 십이부경과 팔만사천법장이 모두 실상(實相)이어서 무상(無相)과 위배된다[四種悉檀 : 一者 世界悉檀 二者 各各爲人悉檀 三者 對治悉檀 四者 第一義悉檀 四悉檀中 一切十二部經 八萬四千法藏皆是實 無相違背]고 하였다.

일으키고 다시 자신의 마음을 믿는 것을 위없는 성기[113]법문이라고 한다.

初釋起者 問 一切諸法 無生無起 云何乃言起耶 答 法性無起 亦無不起 若但言起 卽失眞如門義 若但言不起 卽失生滅門義 若言亦起亦不起 卽互相違 若言非起非不起 卽成戲論 當知四句皆不可說 若不墮情執 順四悉檀 則有因緣故 亦可得說 今言起者 乃非起非不起而論起耳 何者 一心絶待 本無能信所信之殊 而迷此一心 則起無量疑惑 如水成冰 翻此迷惑 遂起圓常正信 如冰還成水 迷悟雖分 一性不動 故非起 性無增減 迷悟宛然 故非不起 是則起卽不起 不起而起 約此論起 妙在其中 蓋雖熾然起信 仍唯一心 仍無能信所信之異 無能無所 而能而所 能所皆卽一心法界 如燈有照 還照於燈 故云 自心起信 還信自心 是爲無上性起法門

다음은 믿음(信)을 『유식론』에 의거하여 해석한다.[114] 믿음은 여러 가

---

113) 성기(性起)는 화엄에서 법계연기의 근본원리가 되는 사상으로, 연기(緣起)와 함께 이종문(二種門)의 하나이다. 성기는 체성현기(體性現起)의 뜻으로, 부처의 본질인 진여본성이 현상 속에 그대로 나타나서, 천지만물 가운데 어느 것 하나도 여래성인 진여가 아닌 것이 없으며, 우주만유는 항상불변하는 본성으로부터 나타난다고 하는 학설이다. 성(性)은 부처가 깨달은 자체로서 이를 중생에게 말할 때에는 일어난다고 한다. 그래서 성은 변하지 않는 본체이며, 기(起)는 나타나는 작용이다. 연기는 진(眞)·망(妄)이 화합하여 모든 법을 일으키므로 염(染)·정(淨)의 차별이 있다. 이것을 여래장이라고 한다. 그러나 성기는 오직 진여의 법성이 스스로 일어나 모든 법이 되기 때문에 오직 정법(淨法)만이 있다. 이것을 과해(果海)의 법신(法身)이라고 한다.

114) 『성유식론』 권6(『대정장』 31, pp.029b21-7)의 내용(唯善心俱名善心所 謂信慚等定有十一 云何爲信 於實德能深忍樂欲心淨爲性 對治不信樂善爲業 然信差別略有三種 一信實有 謂於諸法實事理 中深信忍故 二信有德 謂於三寶眞淨德中深信樂故 三信有能 謂於一切世出世善深信有力能得能成起 希望故)을 인용하였다.

지 선한 심소(心所) 중에서 가장 우선이 된다. 실(實) · 덕(德) · 능(能)에서 인(忍) · 락(樂) · 욕(欲)을 믿어서, 마음이 청정한 것이 성(性)이 되고, 불신(不信)을 다스려 선을 좋아하는 것은 업(業)이 된다고 하였다. 해석하여 말하면, 믿음에는 간략히 세 종류가 있다. 첫째는 실제로 존재한다는 믿음[信實有]이다. 이를테면, 제법의 실상에서 사(事)와 이(理) 가운데 깊이 인(忍)을 믿기 때문이다. 둘째는 덕이 있다는 믿음[信有德]이다. 이를테면 삼보에 진실하고 청정한 덕 가운데 깊이 즐거움을 믿기 때문이다. 셋째는 능력이 있다는 믿음[信有能]이다. 이를테면 일체 세간 · 출세간의 선(善)에서 깊이 능력이 있음을 믿는 것이다. 좋은 과보를 얻을 수 있고 성인의 도를 이룰 수 있다는 희망을 일으키기 때문이다. 이러한 이유로 불신하는 마음을 다스려서 세간 · 출세간선을 닦아 증득하기를 좋아한다.

次釋信者 據唯識論 於諸善心所中 最爲上首 謂於實德能深忍樂欲 心淨爲性 對治不信 樂善爲業 釋云 然信差別 略有三種 一信實有 謂於諸法實事理中 深信忍故 二信有德 謂於三寶眞淨德中 深信樂故 三信有能 謂於一切世出世善 深信有力 能得樂果 能成聖道 起希望故 由斯對治不信彼心 愛樂證修世出世善

【文】이『기신론』에서는 믿음에 네 가지가 있다고 설한다. 첫째는 근본을 믿음[信根本]이니, 이를테면 진여의 법 생각하기를 좋아하기 때문이다. 둘째는 부처님이 한없는 덕을 갖추었음을 믿음[信佛具無邊德]이니, 이를테면 항상 예경 · 공양하고 법을 듣고 수행하여 일체지를 회향하기를 좋아하기 때문이다. 셋째는 법에 큰 이익이 있음을 믿음[信法有

大利益]이니, 이를테면 항상 모든 바라밀 수행하기를 좋아하기 때문이다. 넷째는 바르게 수행하는 승가를 믿음[信正行僧]이니, 이를테면 항상 모든 보살 대중에 공양하고, 자리이타의 행을 바르게 수행하기 때문이다. 【文】반드시 알아야 한다. 『유식론』의 첫 번째 실제로 있다는 믿음은, 곧 『기신론』의 근본을 믿는 것과 같다. 『유식론』의 두 번째 덕이 있다는 믿음과, 세 번째 능력이 있다는 믿음은, 『기신론』의 두 번째 · 세 번째 · 네 번째의 믿음에 해당한다. 또 『유식론』에서는 심소(心所)[115]가 자성이 맑고 깨끗한 줄 믿는다. 또한 나머지 심왕(心王)[116]과 심소(心所)도 깨끗하게 할 수 있는 것이, 마치 물을 맑히는 구슬이 탁한 물을 깨끗하게 하는 것과 같다고 하였다.[117] 또 모든 오염된 법이 각각 다른 모습이 있어서, 유독 믿지 아니하여 자상(自相)을 혼탁하게 하고, 다시 나머지 심왕과 심소(心所)도 혼탁하게 한다. 마치 극도로 더러운 물건이 스스로도 더럽히고 다른 것도 더럽히는 것과 같다. 믿음은 바르게 더러움을 바꾸기 때문에 깨끗함으로 모양을 삼는다. 【文】진실로 여래장[118]의 성품이

---

115) 심소(心所)는 심소유법의 약칭으로, 심왕의 소유(所有)가 되며, 탐 · 진 등 차별작용의 심법이다. 구사에는 44법이 있고, 유식에는 51법이 있다.
116) 심왕(心王)은 마음의 주작용을 심소의 반작용에 대하여 심왕이라고 한다. 심왕은 상대한 경계를 분별해 아는 것이며, 심소는 경계에 대하여 탐 · 진 등의 감정[情]이 일어나는 것이다. 밀교에서는 이것을 금강계의 대일여래라 하며, 심소 곧 심수(心數)는 그의 권속이 된다.
117) 『구사론송소논본(俱舍論頌疏論本)』권4(『대정장』 41, pp.840c20-1)에서는, "믿음은 맑고 깨끗한 것이다. 마치 물을 맑히는 구슬이 흐린 물을 맑게 하는 것과 같이, 마음속의 믿음의 구슬은 마음을 맑고 깨끗하게 한다[信者澄淨也 如水淸珠能淸濁水 心有信珠 令心澄淨]"고 하였다.
118) 여래장(如來藏)은 범어 tathāgatagarbha의 번역으로, 번뇌 속에 있는 진여를 두고 하는 말이다. 즉 미혹한 세계에 여래가 저장되어 있다는 뜻이다. 진여가 번뇌에서 나오면 법신(法身)이라고 한다. 『입능가경』권7(『대정장』 16, pp.556b29-556c01)에서는 "여래장은 무명과 더불어 7식이 함께 갖추어져 있으며, 아뢰야식이

변하지 않으면서도 인연을 따르니, 전체이면서 일체의 심왕·심소가 된
다. 그러나 이 일체 심왕·심소는 인연을 따르면서도 변하지 않으니, 낱
낱이 전체의 여래장의 성품 아닌 것이 없다. 그러므로 이 '신(信)'이라는
한 글자가 비록 속제의 입장에서 분별하면 여러 가지 선한 심소의 하나
에 지나지 않는다. 그러나 진실이라면 이것이 바로 여래장 성품의 전체
이며, 여래장 성품의 일부분이 아니다. 또 비록 일체 모든 오염된 심소가
모두 여래장 성품의 전체이지만, 본성을 거역했기 때문에 허물이 많다.
비유하면, 마치 금으로 더러운 그릇을 만들어서 가지고 놀지 못하는 것
과 같다. 오직 이 신심은 자성을 따르게 하기 때문에 여러 공덕이 많다.
비유하면, 금으로 전륜성왕의 왕관을 만들어서 더욱더 존귀함을 나타
내는 것과 같다. 그래서 제일 먼저 신심이 있으면 일체 선법과 상응하지
않음이 없다. 첫째, 나누어 해석하는 것을 마친다.

(文) 今論中云 信有四種 一信根本 謂樂念眞如法故 二信佛具無邊德
謂常樂禮敬供養 聞法修行 迴向一切智故 三信法有大利益 謂常樂修行
諸波羅蜜故 四信正行僧 謂常供養諸菩薩衆 正修自利利他行故 (文) 應
知識論一信實有 卽同今論一信根本 識論二信有德 三信有能 卽合今論
第二三四信也 又識論云 此信心所 自性澄淸 亦能淨餘心心所等 如水淸
珠 能淸濁水 又諸染法 各有別相 唯有不信 自相渾濁 復能渾濁餘心心
所 如極穢物 自穢穢他 信正翻彼 故淨爲相 (文) 良以如來藏性 不變隨
緣 擧體而爲一切心王心所 而此一切心王心所隨緣不變 一一無非全體
如來藏性 故此信之一字 雖約俗諦分別 不過止是諸善心所之一 而實卽
是藏性全體 非是藏性少分 又雖一切諸染心所 皆亦並是藏性全體 由逆
性故 多諸過咎 譬如金作穢器 不堪把玩 唯此信心 能順性故 多諸功德

라고도 한다[阿梨耶識者 名如來藏 而與無明七識共俱]"고 하였다.

譬如金作轉輪王冠 愈顯尊貴 所以一有信心 則一切善法 無不共相應也
初分釋竟

다음은 종합하여 해석한다. 성기법문은 비록 생각으로 헤아릴 수는 없지만, 생멸하는 인연은 일률적이지 않다. 어떤 사람은 삿됨을 믿어서 견해가 전도되어 미혹을 일으켜 업을 지으면 정법에서는 불신이라고 한다. 혹은 세간의 인과에서 믿음을 일으키면, 인간·천상의 십선과 색계와 무색계의 선정을 성취하고 이름을 유루선[119]이라고 한다. 혹은 사성제·십이인연에서 믿음을 일으키면, 이승(二乘)[120]의 출세간법문을 성취하고 이름을 무루선[121]이라고 한다. 혹은 육바라밀·사섭법·대보리의 과(果)인 무상열반에서 믿음을 일으키면, 보살(菩薩)[122]의 자리이타

---

119) 유루선(有漏善)은 무루선(無漏善)의 상대적인 말로, 무루지를 일으키기 전에 범부가 하는 선한 일이다. 즉 오계(五戒)·십선(十善) 등과 견도(見道) 이전에 일어나는 선한 일을 말한다.
120) 이승(二乘)은 성문(聲聞)과 연각(緣覺)을 말한다. 성문은 범어 śrāvaka의 번역으로, 사성제(四聖諦)의 이치를 듣고 깨달음을 이룬 성자를 말한다. 연각(緣覺)은 범어 pratyekabuddha의 번역으로 신역은 독각(獨覺), 구역은 벽지불이라고 한다. 십이인연의 이치를 관하여 번뇌를 끊고 깨달음을 이룬 성자를 말한다. 이러한 이승(二乘)에 보살(菩薩)을 더하여 삼승(三乘)이라고 한다.
121) 무루선(無漏善)은 오염되지 않은 선으로 견도위 이상의 성자가 일으키는 선(善)이다.
122) 보살(菩薩)은 범어 Boddhisattva-mahāsattva의 음역인 보리살타마하살타(菩提薩陀摩訶薩陀)의 약칭으로, 대승불교의 이상적인 인간상이다. 구역(舊譯)에서는 도중생(道衆生)이라 하고, 신역(新譯)에서는 각유정(覺有情)이라고 한다.『대지도론』권4(『대정장』25, pp.86a17-28)에서는 "지혜·계율·선정을 갖춘 일체 모든 불법은 일체중생을 이익하게 하는데, 이것을 보리라고 한다. 그러한 마음은 동요되지 않아 능히 인욕하여 도업을 이루어 끊어지지도 않고 부서지지도 않는데, 이것을 살타라고 한다. (중략) 보살의 마음은 자신을 이롭게 하고 다른 사람도 이롭게 하며, 일체중생을 제도하고 일체 법의 실성을 알며, 위없이 바르고 평등한 깨달음을 행하

법문을 성취하고 이름은 중도선이라고 한다. 혹은 현재 나타난 심성이 불가사의한 절대인 대승에서 믿음을 일으키면, 무상원돈법문을 성취하고 이름을 일승선이라고 한다. 지금 바르게 이 일승의 불가사의한 믿음을 일으키기 때문에, 믿음을 일으킴이 부처의 종자를 계승하는 것이라고 한다.

재차 교법(敎法) 가운데서는 항상 믿음〔信〕· 이해〔解〕· 실천〔行〕· 깨달음〔證〕을 설하는데, 여기에서는 믿음을 일으키는 것만 말하고 나머지 해 · 행 · 증을 일으키라고 말하지 않는다. 그것은 믿음이 법계가 되고 일체 법이 믿음 속에 있어서 믿음을 떠나서 별도로 해 · 행 · 증이 없기 때문이다. 말하자면 일체중생이 비록 자기 마음속 대승의 미묘한 이치를 믿지 않고 미혹을 일으켜 업을 짓지만, 신심의 성품은 전혀 감소하지 않는다. 마치 물이 얼음이 되어도 젖는 성질은 바뀌지 않는 것과 같다. 이것을 이즉(理卽)[123]의 믿음을 일으킨다고 말한다.

만약 이 『기신론』을 듣고 바로 앞에 나타난 마음을 알게 되면, 이것이

고, 일체 현인과 성인이 칭찬하므로 보리살타라고 한다. 왜냐하면, 일체 모든 법 가운데 불법이 제일인데, 이러한 사람은 이 법을 취하고자 하기 때문에 현성들이 칭찬하게 된다. 그리고 이러한 사람은 일체중생이 생로병사로부터 해탈하도록 하기 위해서 불도를 찾아 구한다. 그래서 보리살타라고 한다〔一切諸佛法 智慧及戒定 能利益一切 是名爲菩提 其心不可動 能忍成道事 不斷亦不破 是心名薩埵 (중략) 菩薩心自利利他故 度一切衆生故 知一切法實性故 行阿耨多羅三藐三菩提道故 爲一切賢聖之所稱讚故是名菩提薩埵 所以者何 一切諸法中 佛法第一 是人欲取是法故 爲賢聖所讚歎 復次 如是人爲一切衆 生脫生老死 故索佛道 是名菩提薩埵〕

123) 대승보살의 행위로 십신 · 십주 · 십행 · 십회향 · 십지 · 등각 · 묘각의 『화엄경』 등에서 설한 52위를 천태종에서는 별교보살의 행위라 하고, 따로 원교(圓敎)보살의 행위를 세워 육즉(六卽: 理卽 · 名字卽 · 觀行卽 · 相似卽 · 分證卽 · 究竟卽)이라고 하였다. 이즉(理卽)은 일체중생이 모두 불성이 있고 유불(有佛)과 무불(無佛)의 성상(性相)이 상주하며, 중도 아님이 없으나, 듣지 못하여 알지도 못한다. 이러한 범부는 오직 이성은 부처와 균등하기 때문에 이즉(理卽)이라고 한다.

대승이며 명자즉(名字卽)[124]의 믿음을 일으킨다고 말한다. 만약 생각 생각에 이 심성을 관찰하면, 그 생각이 곧 무념(無念)인 줄 알아서 무명이 모든 전도된 미혹을 일으키지 않게 된다. 이것을 관행즉(觀行卽)[125]의 믿음을 일으킨다고 말한다. 만약 마음대로 거칠고 오염된 것을 운반하여 없애고 육근을 청정하게 하면, 이것을 상사즉(相似卽)[126]의 믿음을 일으킨다고 한다. 만약 정위(正位)[127]에 들어감에 있어서 정심지(淨心地)[128]로부터 보살구경지(菩薩究竟地)에 이르면, 이것을 분증즉(分證卽)[129]의 믿음을 일으킨다고 한다. 만약 보살지를 초과하여 미세한 분별도 끝내는 다 없어져서 심근(心根)의 본성이 항상 그대로 앞에 나타난다면, 이

---

124) 명자즉(名字卽)은 지식을 따르거나 경전을 따라 보리의 도를 듣고 명자에서 통달한 것이다. 그래서 일체가 모두 불법인 것을 알고 일체가 모두 성불할 수 있음을 아는 것이다.
125) 관행즉(觀行卽)은 명자(名字)를 이해할 뿐만 아니라 교를 따라 수행해서 심관(心觀)이 명료하고 이해가 상응하며 행이 말과 같고 말과 같이 실천하는 것이다. 이 자리의 수(修)·수(隨)·희(喜)·독(讀)·송(誦) 등 『법화경』에서 설한 오품관행(五品觀行)을 오품제자위(五品弟子位)라고 한다.
126) 상사즉(相似卽)은 별교(別敎)에서 세운 십신(十信)의 지위에 처음 들어가서 진무루(眞無漏)와 유사한 관행을 발하는 것이다. 이 지위에 들어가면 『법화경』에서 설한 육근청정의 덕을 설하기 때문에 육근청정위(六根淸淨位)라고 한다.
127) 정위(正位)는 소승의 열반, 열반을 증득하는 지위를 말한다.
128) 정심지(淨心地)는 범어 suddhy-adhyāśaya-bhūmi의 번역으로, 무루청정의 마음을 증득하는 곳이라는 뜻이며, 정심주(淨心住)·정승의락지(淨勝意樂地)라고도 한다. 또한, 칠지(七地)의 하나이며, 십이주(十二住)의 하나이기도 하여, 번뇌를 끊고 청정해탈을 증득하는 초지(初地)의 위치를 말하므로, 환희지와 같다.
129) 분증즉(分證卽)은 상사한 관법의 힘에 의하여 진지(眞智)를 일으켜 처음으로 무명을 끊고 불성을 보며 보장(寶藏)을 열고 진여를 나타내는 것을 말한다. 십주(十住)의 발심주(發心住)로부터 구주(九住)·십행(十行)·십회향(十回向)·십지(十地)·등각의 41위에서 41품의 무명을 끊고 법성을 보는 것이다.

것을 구경즉(究竟卽)[130]의 믿음을 일으킨다고 한다. 그러므로 믿음을 일으킨다고 말하는 것이다. 두 번째, 기신(起信)의 해석을 마친다.

次合釋者 夫性起法門 雖復不可思議 而生滅因緣 則非一槪 或信邪倒見 起惑造業 則於正法 名爲不信 或於世間因果起信[131] 則成人天十善色無色定 名有漏善 或於四諦十二因緣起信 則成二乘出世法門 名無漏善 或於六度四攝大菩提果無上涅槃起信 則成菩薩自利利他法門 名中道善 或於現前介爾心性不可思議絶待大乘起信 則成無上圓頓法門 名一乘善 今正起此一乘不思議信 故云起信紹佛種也 復次敎中每云信解行證 今但言起信 不言起解行證者 信爲法界 一切法趣信 離信無別解行證故 謂一切衆生 雖復不信自心大乘妙理 起惑造業 而信心之性 未曾稍減 如水成冰 濕性不改 是謂理卽起信 若聞此論 能知現前介爾心性 卽是大乘 是謂起名字信 若能念念觀此心性 知其念卽無念 不起無明諸顚倒惑 是謂起觀行信 若任運消除粗染 淨於六根 是謂起相似信 若入正位 從淨心地 乃至菩薩究竟地 是謂起分證信 若超過菩薩地 微細分別 究竟永盡 心根本性 常住現前 是謂起究竟信 是故但云起信也 二釋起信竟

논을 해석하면 질문하고 바로잡고 분석하고 부분적으로 나누어 열어 보이고 결정된 평을 얻게 한다. 만약 언어 문자를 빌려서 진실한 뜻을 나타낸다면, 잘못된 집착을 버리고 정도(正道)를 수행하는 모습을 분별하여 부지런히 닦아 익히게 한다. 이것이 교(敎)를 결정함이며, 문(聞)·

---

130) 구경즉(究竟卽)은 가장 미세한 근본무명을 끊고 구경원만의 각지(覺知)를 일으키는 묘각이다.
131) 믿음(信)을 육즉(六卽)의 배대한 본문의 문장을 통하여 볼 때 '是謂理卽起信'은 '是謂起理卽信'으로 표기되어야 할 것 같다.

사(思)・수(修) 등 관행즉(觀行卽)・상사즉(相似卽)의 믿음을 일으키는 것이다. 만약 색 등 오온과 일체 법을 추구하여 관찰하여도 모두 성취하지 못하면, 허망하게 움직이는 마음이 생멸하지 않음을 알아야 한다. 이 것이 수행을 결정하는 것이며, 정심지(淨心地) 등 분증즉(分證卽)의 믿음을 일으키는 것이다. 만약 진여의 문에 들어서 영원히 상응하고 상응하지 않는 오염된 마음을 끊고자 한다면, 한 생각에 상응하는 지혜로써 단번에 무명의 뿌리를 뽑아야 한다. 이것이 이치를 결정함이며, 일체종지(一切種智)[132]의 최상의 믿음을 일으키는 것이다. 그러므로 『대승기신론』이라고 한다.

이 『대승기신론』은 불멸(佛滅) 후 600년경, 인도 제12대 조사인 마명보살이 저술한 것이다. 이 논은 성(性)과 상(相)의 다라니[133]로서, 말은 간략하지만 뜻은 광범위하다. 진실로 요의대승이며 불조의 심인(心印)이다. 만약 오중(五重)의 현의(玄義)를 지어 설한다면, 법유(法喩)를 이름으로 하고, 일심진여를 체(體)로 삼으며, 일체 망념의 모양이 없음을 관찰하는 것을 종(宗)으로 삼는다. 그리고 의심을 없애고 집착을 버려서 대승의 청정한 신심을 일으키는 것을 용(用)으로 삼고, 대승 방등을 교상(敎相)으로 삼는다. 첫째, 제목의 해석을 마친다.

三釋論者 問辯徵析 剖斷開示 令得決定之謂 若藉語言文字 顯示實義 對治邪執 分別修行正道之相 勸令修習 是敎決定 能起聞思修等觀行

---

132) 일체종지(一切種智)는 삼지(三智: 道種智・一切智・一切種智)의 하나로, 부처의 지혜를 말한다. 일체제불의 법(法)과 일체중생의 인종(因種)을 아는 지혜이다.
133) 다라니는 범어 dhārani의 음역으로, 의역하여 총지(總持)・작지(作持)・능지(能持)・능차(能遮)라고 한다. 선법(善法)을 모두 지녀서 잃어버리지 않게 하므로, 총지(總持) 또는 능지(能持)라고 하며, 악법(惡法)을 막아서 일어나지 않게 하므로 능차(能遮)라고 한다.

相似之信 若觀察推求色等五蘊 及一切法 皆不成就 知妄動心 卽不生
滅 是行決定 能起淨心地等分證之信 若得入於眞如之門 永斷相應不相
應染 以一念相應慧 頓拔無明根 是理決定 能起一切種智究竟之信 故名
大乘起信論也 此論是佛滅後六百年中 西天第十二祖馬鳴大師菩薩所造
乃性相之總持 言略義廣 誠了義大乘 佛祖心印也 若作五重玄義說者 法
喩爲名 一心眞如爲體 觀察一切妄念無相爲宗 除疑去執 發起大乘淨信
爲用 大乘方等爲敎相也 初釋題竟

본문을 해석하는 데 셋이 있다. 첫째는 「귀경게」를 지은 뜻을 밝히고, 둘째는 다섯 분, 「작인분」·「입의분」·「해석분」·「수신분」·「이익분」으로 나누어 설명한다. 그리고 셋째는 마무리 지어서 「회향게」를 설한다.
釋文爲三 初歸敬述意 二正說五分 三結施廻向

2장 귀경게(歸敬偈)

첫째, 「귀경게」를 지은 뜻을 두 가지로 밝힌다. 첫째는 게송이고, 둘째는 장문이다. 게송에도 또한 두 가지가 있는데, 첫째는 삼보에 귀의하고 둘째는 논을 지은 뜻을 밝힌 것이다. 지금은 첫째 「귀경게」이다.
初中二 初偈頌 二長文 初又二 初歸憑三寶 二述造論意 今初

온 시방의 중생을 널리 이롭게 하시며, 지혜가 무한·자재하고, 세간을 구호하는 존귀하신 부처님, 그 본체와 모습의 바다인 무아의 가르침, 무변한 공덕을 갖추고 부지런히 정각을 구하는 승가에 목숨을 바쳐 귀의합니다.

歸命盡十方 普作大饒益 智無限自在 救護世間尊
及彼體相海 無我句義法 無邊德藏僧[134] **勤求正覺者**

『기신론』을 지어 불법을 널리 펴는 데 있어서, 삼보에 대한 귀의를 우선으로 한 것을 간략하게 네 가지로 설명한다. 첫째는 옛 성현의 의식을 따랐고, 둘째는 중생으로 하여금 복덕과 선근을 증장하게 하였다. 셋째는 종(宗)의 근본이 없는 외도의 의론(議論)과 다르고, 넷째는 귀의하는 사람과 귀의할 대상의 성품이 공적하여, 감응하여 도가 서로 통하는 것〔感應道交〕[135]이 생각으로는 헤아리기 어려움을 나타내 보였기 때문

---

134) 구역의「귀경게」(『대정장』 32, p.575b12-5)는 "歸命盡十方 最勝業遍知 色無礙自在 救世大悲者 及彼身體相 法性真如海 無量功德藏 如實修行等 (생략)"로 되어 있다. 신·구역의 두드러진 차이점은 승보(僧寶)에 해당하는 부분으로, 신역의 '無邊德藏僧 勤求正覺者'이다. 구역「귀경게」의 삼보(三寶) 배대가 『담연소』와 『기신론』 삼소(三疏)가 각각 다르다. 구역에서의 마지막 두 구절(無量功德藏 如實修行等)을 승보에 배대〔無量功德藏者 擧德取人 謂地上菩薩〕한 것은 원효의 『기신론해동소』(『대정장』 44, p.204a16)가 유일하다.

135) 감응도교(感應道交)는 중생이 감화되고 부처님이 응하는 것이 서로 잘 통하여 융합하는 관계를 말한다. 감(感)은 중생이 부처님의 가르침에 감화되는 것이고 응(應)은 부처님이 중생의 근기와 고통에 따라 대응하는 것을 뜻한다. 『법화경문구』 권6(『대정장』 34, pp.87c24-5)에서는 "오늘에야 비로소 감응이 서로 잘 통했다. 그러므로 홀연히 이 순간에 만난 것이라고 한다〔始於今日感應道交 故云忽於是間會遇見之〕"고 하였다. 『관음현의』 권2(『대정장』 34, pp.891a20-6)에서는 "감응도교란 무엇인가? 감화되는 대상은 실제로 감화가 없으니 감화로부터 감화되는 대상이라고 한다. 성인은 감화되는 대상이다. 응해지는 대상은 실로 응함이 없으니 응함으로부터 응해지는 대상이라고 한다. 범부는 응해지는 대상이다. 반면, 이 감화할 대상이 응하는 주체가 되고 응하는 주체가 감화 대상이 된다. 또한 이 응할 대상이 감화

이다. 게송의 '귀명(歸命)'이라는 두 글자는 귀의하는 사람의 삼업(三業)을 포섭하고, '진시방(盡十方)' 이하는 귀의할 대상인 삼보(三寶)를 나타낸 것이다. '귀명'은 목숨을 바쳐 귀의한다는 말이다. '귀(歸)'는 향하여 몸을 내던진다는 뜻이며, 반환(返還)한다는 뜻이기도 하다. 생사의 바다 속에 오직 삼보의 공덕만을 믿을 수 있기 때문에, 마땅히 삼보를 향하여 몸을 내던진다는 것이다. 삼보의 체성(體性)이 바로 중생의 앞에 나타난 그 마음이다. 오랜 옛적부터 깨달음은 등지고 번뇌와는 합했기 때문에 자성을 회피하고 배반하기를 좋아했다. 그러나 지금은 번뇌를 등지고 깨달음과 합하여 본심의 근원을 회복하려 하기 때문에 '반환'이라고 한다. '명(命)'은 색심에 의지해 지속하여 끊어지지 않게 임시로 있는 것이다. 즉 제8식(本識)의 공능(功能)이며, '불상응행(不相應行)'[136)]이라고도 한다. 실재하는 법[實法]이 있는 것은 아니지만, 일체중생의 미혹한 망정에서는 소중한 보배가 된다. 그래서 세상의 말을 따라서 이를 두고 "삼업을 총섭한다"고 하는 것이다. 장차 가장 소중한 이 목숨을 주지삼보[137)]

할 주체가 되고 감화할 주체가 응할 대상이 된다. 이미 감응의 실제가 없고 또한 감응의 차이도 없다. 다르지 않으면서도 다른 것은 성인이 감화되는 눈이 없이 응하는 주체가 되고 범부는 응해지는 눈이 없이 감화하는 주체가 되기 때문에 감응하여 도가 서로 통한다고 말한다[云何言感應道交 答 所感實無感 從感名所感 言聖人是所感 所應實無應 從應名所應 言凡夫是所應 還是感所爲應能 應能爲感所 亦是應所爲感能 感 能爲應所 既無感應之實 亦無感應之異 不異而異者 聖沒所感目爲能應 凡沒所應目爲能感 故言感應道交]"고 하였다.

136) 불상응행(不相應行)은 오위[五位: 색법(色法)·심법(心法)·심소법(心所法)·불상응법(不相應法)·무위법(無爲法)]의 하나이다. 비색비심불상응행법(非色非心不相應行法)을 약칭하여, 심불상응행(心不相應行)·불상응행법(不相應行法)·불상응법(不相應法)이라고 한다. 물질도 아니고 정신도 아니며, 심왕(心王)과 상응하는 심소(心所)도 아니면서도 오히려 실재한 것을 말한다. 구사종(俱舍宗)에서는 14종, 유식에서는 24종으로 나눈다.

137) 주지삼보(住持三寶)는 육종삼보(六種三寶: 同體三寶·別相三寶·一乘三寶·三

를 향하여 내던지면, 수승한 인연을 증장하게 된다. 허망한 이 목숨을 연마해서 일체삼보(一體三寶)[138]에 반환하면, 대승의 본체(正體)[139]가 드러나게 된다. 그래서「귀경게」의 첫머리에 '귀명'이라고 한 것이다.

造論弘法 必先歸憑三寶者 略有四義 一順古先聖賢儀式故 二令衆生增長福德善根故 三不同外道議論無宗本故 四顯示能歸所歸性空寂 感應道交難思議故 文中歸命二字 卽攝能歸之三業 盡十方以下 卽示所歸之三寶也 歸命 猶言身命歸依 歸者 投向義 返還義 生死海中 唯三寶功德可作恃怙 故應投向 三寶體性 卽衆生現前介爾心性 由無始來背覺合塵 甘自逃背 今背塵合覺 復本心源 故名返還也 命者 依於色心連持不斷之所假立 卽是本識種上功能 名爲不相應行 非有實法 但爲一切衆生迷情之所寶重 故隨順世間語言 擧此總攝三業也 將此最重之命 投向住持三寶 則爲增上勝緣 研此假立之命 返還一體三寶 則顯大乘正體 故首稱歸命也

'진시방(盡十方)'은 무궁무진한 삼보의 영역을 총괄해 나타낸 것이다. 중생의 앞에 나타난 마음은 본래 처음과 뒤가 없으며, 가장자리도 없다. 시방의 허공도 중생의 앞에 나타난 마음의 한계를 벗어나지 못하는데, 끝내 이 마음을 증득한 사람을 부처(佛)라고 한다. 다만, 이 마음이 법(法)이 되고, 이 마음을 설명한 것도 또한 법(法)이라고 한다. 이 마음을

　　乘三寶・眞實三寶・住持三寶)의 하나로, 오랫동안 세상에 있으면서 불법을 가진 삼보로, 목불(木佛)이나 화상(畫像)을 보호해 지니는(住持) 것을 불보(佛寶)라 하고, 삼장(三藏)이나 경전을 주지하는 것을 법보(法寶)라 하며, 스님들을 주지하는 것은 승보(僧寶)라고 한다.
138) 일체삼보(一體三寶)는 동체삼보(同體三寶)라고도 하며, 불・법・승 삼보가 일체(一體)라는 뜻으로, 마음과 부처와 중생이 차별이 없다고 한다.
139) 정체(正體)는 사물의 본바탕 또는 부처의 본체를 말한다.

믿고 이해하며 실천하고 증득하는 사람을 승(僧)이라고 한다. 삼보가 이 마음과 같기 때문에 '온 시방[盡十方]'이라고 하였다. 또한 중생의 앞에 나타난 마음의 체대(體大)가 법보(法寶)이고, 상대(相大)는 불보(佛寶)이며, 용대(用大)는 승보(僧寶)이다. 또한 중생의 앞에 나타난 이 마음이 원만하게 삼대(三大)의 이성(理性)을 갖추었기 때문에, 총칭하여 '법보'라고 한다. 이러한 삼대의 지혜를 깨달으면 '불보'라고 하며, 도리와 지혜[理智]¹⁴⁰⁾가 둘이 아님을 '승보'라고 한다. 이것을 '일체삼보'라고 한다. 이 일체삼보를 증득하면, '시방불(十方佛)'이다. 이 일체삼보를 설명함에 경문[能詮]과 경문에 의해 표현되는 내용[所詮]을 모두 '시방법(十方法)'이라 한다. 이 일체삼보를 수행하면 '시방승(十方僧)'이라 하며, 이것을 '대승의 주지삼보'라고 한다. 만약 일체삼보가 없으면 주지삼보를 세울 수 없으며, 주지삼보가 아니면 일체삼보도 나타낼 수 없다. 마치 일심진여가 없으면 생멸이 의지할 곳이 없고, 생멸문 안에서 정법(淨法)을 훈습하지 않으면 한 마음의 진여가 드러날 수도 없는 것과 같다. 그러므로 일체삼보는 진여의 문에서 대승의 본체이고, 주지삼보는 생겨나고 소멸하는 문에서 대승의 체·상·용임을 분명히 알아야 한다. 진여의 문과 생겨나고 소멸하는 문이 서로 떠나지 않기 때문에, '귀(歸)'를 한쪽으로만 치우쳐 논해서는 안 된다.

盡十方者 總顯無窮無盡三寶境也 以衆生現前介爾心性 本自豎無初後 橫絶邊涯 十方虛空 並不出於介爾心之分際 究竟證此心性者 名之爲

---

140) 이지(理智)에는 두 가지 뜻이 있다. 첫째, 이(理)는 소관(所觀)의 도리(道理)이고, 지(智)는 능관(能觀)의 지혜로서, 이 둘이 명합한 것을 각오(覺悟)라고 한다. 즉 도리에 의지하여 지혜를 내고, 지혜에 의지하여 도리를 나타내는 것이다. 둘째, 유루(有漏)의 모든 지혜를 사지(事智)라고 하며, 무루(無漏)의 지혜를 이지(理智)라고 한다.

佛 祇[141] 此心性 卽名爲法 詮此心性者 亦名爲法 信解修證此心性者 名
之爲僧 所以三寶 同於心性 盡十方也 又復現前介爾之心 體大卽法寶
相大卽佛寶 用大卽僧寶 又介爾心 圓具三大理性 總名法寶 覺此三大之
智 名佛寶 理智不二 名僧寶 是爲一體三寶 證此一體三寶 名十方佛 說
此一體三寶 能詮所詮 皆名爲十方法 修此一體三寶 名十方僧 是爲大乘
住持三寶 若無一體三寶 則無以建立住持三寶 若非住持三寶 則無以顯
發一體三寶 如無一心眞如 則無以爲生滅所依 如無生滅門中熏習淨法
則無以顯一心眞如 當知一體三寶 卽眞如門大乘體也 住持三寶 卽生滅
門大乘體相用也 二門不相離故 不得偏論歸也

'널리 중생을 이롭게 하시며' 이하 세 구절〔普作大饒益 智無限自在 救護世間尊〕은 불보(佛寶)를 다르게 표현한 것이다. '그 본체와 모습의 바다' 이하 두 구절〔及彼體相海 無我句義法〕은 법보(法寶)를 다르게 표현한 것이고, '무변한 공덕을 갖추고' 이하 두 구절〔無邊德藏僧 勤求正覺者〕은 승보(僧寶)를 각각 다르게 표현한 것이다. 즉「귀경게」는 주지삼보를 근거로 하여 표현한 것이다. 일체삼보 이외에 별도로 주지삼보가 없기 때문이고, 주지삼보에 귀의하지 않고는 서로 일체삼보에 귀의하지 않기 때문이다. "널리 이롭게 한다〔普作大饒益〕"는 평등한 체성을 깊이 증득하여, 동체(同體)의 법력으로 중생을 훈습할 수 있다는 것이다. "지혜가 무한·자재하다"는 것은 네 가지 지혜〔四智〕[142]의 보리가 원만해서, 이치를

---

141) 『대정장』 44, p.425a01(『열망소』 권1)에서는 '祇'로 되어 있다.
142) 사지(四智)는 법상종에서 세운 범부의 8식이 전변한 여래의 네 가지 지혜이다. 즉 대원경지(大圓鏡智)·평등성지(平等性智)·묘관찰지(妙觀察智)·성소작지(成所作智)를 말한다. 대원경지는 범부의 제8식을 전변하여 얻는 지혜로, 크고 둥근 거울에 모든 상(像)이 그대로 비치는 것과 같이 모든 것을 있는 그대로 드러내는 불

비추고 경계를 헤아림에 남음이 없다는 뜻이다.

普作大饒益三句 是別示佛寶 及彼體相海二句 是別示法寶 無邊德藏僧二句 是別示僧寶 皆約住持三寶示者 一體之外 無住持故 不歸住持三寶 相非歸一體故 普作大饒益者 徹證平等體性 能以同體法力熏衆生也 智無限自在者 圓滿四智菩提 照理量境悉無餘也

'세간을 구호하는 존귀하신 부처님'이라는 것은, 최상의 대자대비로 악(惡)을 구원하고 선(善)을 보호함에 한계가 없다는 뜻이다. 법신(法身)은 아무도 모르게 십계중생을 이롭게 하고, 보신(報身)은 환희지 이상의

지(佛智)를 말한다. 평등성지는 범부의 제7식을 전변하여 얻는 지혜이다. 자타가 평등한 이치를 증득하여 초지 이상의 보살에 대하여 타수용(他受用)의 신토(身土)를 나타내고 항상 대자대비로 교화의 이익을 행하는 것이다. 묘관찰지는 범부의 제6식을 전변하여 얻는 지혜로, 제법의 원융한 묘리를 관찰하고 중생의 근기에 응하여 묘법을 설하여 대안락을 얻게 하는 것이다. 성소작지는 불과(佛果)에 이르러 유루의 전오식과 그 상응심(相應心)을 전변하여 얻는 지혜이다. 십지 이전의 보살이나 이승과 범부 등을 이롭게 하기 위하여 시방에서 삼업으로 여러 가지 변화하는 일을 보여 각기 이익을 얻게 하는 지혜이다. 천태종『묘법연화경문구』권4,『대정장』34, p.051c03-7〕에서는『구사론』에서 밝히는 네 가지 지혜〔四智: 도혜(道慧)·도종혜(道種慧)·일체지(一切智)·일체종지(一切種智)〕를 법화의 개(開)·시(示)·오(悟)·입(入)에 차례로 배대하였다〔一道慧見道實性 實性中得開佛知見也 二道種慧 知十法界諸道種別解惑之相 一一皆示佛知見也 三一切智 知一切法一相寂滅 寂滅即悟佛知見也 四一切種智 知一切法一相寂滅相 種種行類相貌皆識 即入佛知見也〕. 반면, 밀교의『금강정유가37존출생의(金剛頂瑜伽三十七尊出生義)』권1〔『대정장』18, pp.298a15-21〕에서는 법상종의 대원경지·평등성지·묘관찰지·성소작지를 차례로 아촉(阿閦)·보생(寶生)·미타(彌陀)·불공성취(不空成就)의 네 여래(四如來)에 배대하였다〔是以由大圓鏡智 厥有金剛平等現等覺身 則塔中方東阿閦如來也 由平等性智 厥有義平等現等覺身 即塔中方之南寶生如來也 由妙觀察智 厥有法平等現等覺身 即塔中方之西阿彌陀如來也 由成所作智 厥有業平等現等覺身 即塔中方之北不空成就如來也〕.

십지보살을 이롭게 한다. 그리고 화신(化身)은 삼승(三乘)과 육도의 범부를 이롭게 한다. 널리 이롭게 한다고 하여 삼신(三身)이 중생을 이롭게 하고, 평등한 법성의 힘을 의지하는 것을 '법신불보(法身佛寶)'라고 한다. 대원경지(大圓鏡智)는 법신을 나타내고, 평등성지(平等性智)는 보신을 나타내며, 성소작지(成所作智)는 화신을 나타내고, 묘관찰지(妙觀察智)는 근기에 따라 설법한다. 그래서 지혜가 무한·자재하다고 하여, 네 가지 지혜로운 마음을 오랜 세월 동안 진정한 수행으로 증득하는 것을 '자수용신불보(自受用身佛寶)'[143]라고 한다. 법신은 평등하게 일체 세간을 구호하고, 보신은 보살세간을 구호하며, 화신은 삼승과 육범세간을 각각 구호한다. 그래서 '세간을 구호하는 존귀하신 부처님'이라고 하여, 자비로 중생을 구제하여 성불한 지위[果上][144]에서 불가사의한 작용으로, 뛰어나거나 부족한 중생의 류(類)를 따라 무수한 모습으로 화현하는 것을 '화신불보(化身佛寶)'라고 한다. 이 삼신불이 바로 일체 중생의 앞에 나타난 마음에 본래 갖추어진 체·상·용이다. 다만, 미혹해서 평소에 알지 못하면 이즉불(理卽佛)[145]이고, 여러 부처님을 원만하게 증득하면

---

143) 자수용신(自受用身)은 법상종의 사신(四身: 자성신(自性身)·수용신(受用身)·타수용신(他受用身)·자수용신(自受用身)·변화신(變化身))의 하나로, 삼신(三身: 법신·보신·응신)의 보신에 해당된다. 수행이 완성되어 복덕과 지혜가 밝아서 항상 진리를 관조하여 스스로 그 법락을 받는 불신(佛身)이다.
144) 과상(果上)은 수행하는 기간을 인위(因位)라고 하며, 수행하는 공(功)에 의하여 증득하는 지위(位)를 과지(果地)라고 한다. 이 과지가 인위의 위(位)가 되기 때문에 과상(果上)이라고 한다.
145) 이즉불(理卽佛)은 천태종의 육즉불(六卽佛: 이불(理佛)·명자불(名字佛)·관행불(觀行佛)·상사불(相似佛)·분증불(分證佛)·구경불(究竟佛))의 하나로, 법신의 다른 이름이다. 삼신 가운데 보신과 화신은 사불(事佛)이 되고, 법신불은 이불(理佛)이 되며, 통도(通途)의 뜻이다. 삼악도의 중생도 또한 법성의 이(理)를 갖추어서 부처와 다름이 없다. 이것은 이불(理佛)이 되며, 표법신(表法身)이라 하여 오직 법

구경중생이다. 중생계에서 가장 높은 분이 바로 부처님이다. 그래서 세존이라고 하는 것이다.

救護世間尊者 究竟大慈大悲救惡護善無與等也 法身冥益十界衆生 報身顯益地上菩薩 化身顯益三乘六凡 故云普作大饒益 而三身益物 並依平等法性之力 束之以爲法身佛寶 圓鏡智品 能顯法身 平等智品 能示報身 成事智品 能現化身 觀察智品 應機說法 故云智無限自在 而四智心品 並是曠劫眞修之所剋證 束之以爲自受用身佛寶 法身平等救護一切世間 報身救護菩薩世間 化身救護三乘六凡世間 故云救護世間尊 而慈悲與拔 並是果上任運不思議用 束之以爲勝劣隨類三種化身佛寶 此三佛寶 卽是一切衆生現前介爾心性本具之體相用 但迷情日用不知 名理卽佛 諸佛圓滿證得 名究竟衆生 衆生無上者佛 是故名爲世尊也

'저 본체와 모습의 바다〔及彼體相海〕'에서의 '저〔彼〕'는 곧 앞에서 설명한 불보를 가리키는 것이다. '본체와 모습'은 진여의 체(體)이며, 성덕(性德)¹⁴⁶⁾의 상(相)이다. 이미 본체와 모습이 작용에 섭수되었다고 한 것은 삼법(三法)¹⁴⁷⁾이 서로 여의지 않기 때문이다. 이 체·상·용은 깊이와 넓이를 측량할 수 없어서 바다라고 했다. '본체와 모습의 바다'는 곧 중생의 앞에 나타난 마음이어서 단독으로 불보(佛寶)에 속하지는 않는다. 그러나 오직 부처님만이 끝내 증득했기 때문에 이에 의거하여 경문에 의

    신의 이체(理體)를 갖췄으나, 공덕의 장엄이 없다는 것이다.
146) 성덕(性德)은 덕을 닦음에 대하여 일컫는 말로서, 일체 만물은 본성 위에 각각 선악과 미오(迷悟) 등의 여러 가지 성능(性能)을 갖추었다는 뜻이다.
147) 삼법(三法)은 교법(敎法)·행법(行法)·증법(證法)을 말한다. 교법은 부처님이 설한 십이분교(十二分敎)를 말하고, 행법은 교에 따라 수행하는 사성제·십이연기·육바라밀을 말하며, 증법은 행에 의하여 과(果)를 증득하는 보리와 열반을 말하는 것이다.

해 표현되는 내용[所詮]의 법보(法寶)를 나타낸 것이다. '급(及)'이라고 한 것은 불(佛)과 법(法)이 본래 두 가지 뜻이 아님을 나타낸 것이다. 대개 불(佛)은 가명이고 법은 실법이기 때문에, 법을 의거하여 인격을 완성하고 인격으로 인하여 법을 구별한다. 그러므로 불성과 법성은 오직 한 성품이다. 이를테면 지혜 이외에 별도로 진여가 없고, 진여 이외에 별도로 지혜가 없는 것이다. 비록 주지삼보를 구별하지만 조목별로 각각 나누지는 않아서, 우법성문(遇法聲聞)[148]과는 다르다. 편파적으로 누런 책과 붉은 책을 가리켜 법보라고 하지만, 누런 책과 붉은 책도 역시 여래장의 전체로 이루어진 것이다. 이 또한 부처님의 본체와 모습의 바다이다.

及彼體相海者 彼 卽指上佛寶 體相 謂眞如之體 性德之相 旣言體相 卽攝於用 以是三法不相離故 此體相用 深廣莫測 名之爲海 雖體相海 卽是衆生現前心性 不單屬佛 而唯佛究竟證得 故擧此以顯所詮法寶也 及者 顯佛法本不二義 蓋佛是假名 法是實法 攬法成人 因人辨法 是故 佛性法性 唯是一性 所謂智外無如 如外無智 雖辨住持三寶 亦非條然各別 不同愚法聲聞 偏指黃卷赤牘以爲法寶 然黃卷赤牘 亦是如來藏擧體所成 亦卽體相海矣

'무아의 가르침[無我句義法]'은, 경문[能詮]의 법보를 가리킨다. '무아(無我)[149]'는 곧 인무아(人無我)와 법무아(法無我)이다. '구(句)'는 명구문

---

148) 우법(愚法)은 소승이류(小乘二類: 성문·연각)의 하나이다. 성문과 연각 등의 소승은 자기의 법에만 집착하여 대승법공(大乘法空)의 묘리에는 우매하기 때문에 우법소승이라고 한다. 비록 소승의 과를 성취했어도, 대승의 묘리를 깨달아서 마음을 돌이켜 대승을 향한 사람은 불우법소승(不愚法小乘)이라고 한다.
149) 무아(無我)는 삼법인(三法印: 無常·苦·無我)의 하나로서, 범어 anāmanm의 번

신(名句文身)¹⁵⁰⁾을 말한다. 구(句)를 거론한 것은, 경문의 체(詮體)를 얻음이고, 경문이 나타낸 뜻(名句)이 의지하는 것은 바로 음성과 곡조 · 글자의 모양(文身)이기 때문이다. '의(義)'는 '구(句)'를 나타낸 것으로, 두 가지 무아를 관조하는 것을 가리킨다. '법(法)'은 '뜻(義)'을 나타낸 것으로, 일심진여이며, 부처님이 설한 이치를 한 구(一句)씩 해석(句義)¹⁵¹⁾한 것이 많음을 가리킨다. 지금 유독 '무아구의(無我句義)'만을 거론한 데는 오직 두 가지 공관(空觀)의 뜻이 있다. 마음의 생멸하는 문으로부터 곧바로 마음의 진여의 문으로 들어갈 수 있기 때문이다. '무아구(無我句)'는 곧 교리의 경(教經)이고, '의(義)'는 실천의 경(行經)이며, '법(法)'은 이치의 경(理經)이다. 세 가지 경(經)이 즉하지도 않고 여의지도 않으면서 경문을 삼고, 본체와 모습의 바다(體相海)를 벗어나지 않는다. 도리어 본체와

역으로, 비아(非我)라고도 한다. 몸과 마음을 상일주재(常一主宰)하는 영구불변의 주체를 아(我)라고 하는데, 이것은 외도(外道)와 범부가 잘못 아는 것으로 실제로는 이와 같은 아(我)는 없다. 무아에는 인무아(人無我)와 법무아(法無我)가 있는데, 우리의 몸과 마음을 오온(五蘊)이 가정적(假定的)으로 화합하여 있는 것이다. 범부는 그 작용에 미혹하여 실아(實我)라고 인정한다. 그러나 특별히 주체라고 인정할 만한 것은 아무것도 없다. 이것을 인무아(人無我)라고 한다. 의도와 범부는 모든 법에 대해서 실아(實我)가 있고, 실법(實法)이 있다는 잘못된 견해로 만상(萬象)은 항상 실재하는 것이라고 잘못 알아서 법아(法我)가 있다고 생각하지만, 본래 화합으로 생긴 가법(假法)이므로 따로 법이라고 할 것이 없다. 이것을 법무아(法無我)라고 한다. 또, 유정(有情)도 오온에 의하여 성립된 가유(假有)의 존재이므로 오온을 여의고는 따로 실체나 자성을 가진 아(我)가 없기 때문에 모든 법은 무아(無我)라고 한다.
150) 명구문신(名句文身)은 명구문(名句文)이라고도 한다. 전체(詮體)를 명(名)이라 하고, 현의(顯義)를 구(句)라고 하며, 이 명구(名句)가 의지하는 음성과 곡조 · 글자의 모양(字形)을 문(文)이라고 한다.
151) 구의(句義)는 일구(一句) 일구(一句)로 그 의리(義理)를 해석함을 말한다. 예를 들면, 진언(眞言)을 해석함에 있어서 처음에는 글자의 뜻을 풀이하고, 다음에 글귀의 뜻을 해석하는 것이다.

모습의 바다를 설하여 나타낸다. '무변한 공덕을 갖춘 승가(無邊德藏僧)'
란 마음에 부합한 수행을 일으키는 것이다. 성해(性海)[152]가 끝이 없기
때문에 닦은 공덕 또한 한이 없다. 낱낱의 공덕이 한없는 공덕을 포용해
섭수하기 때문에 '장(藏)'이라고 한다. 뒤의 문장에서 밝히는 바와 같이
법의 성품에 따라 보시 등의 수행을 갖추니, 개개의 수행승들이 모두 바
라밀을 성취한다.

　　無我句義法者 指能詮法寶也 無我 卽二無我 句 謂名句文身 擧句 卽
兼得名 名句所依 卽是文身故也 義 謂句之所示 卽指二無我觀 法 謂義
之所顯 卽指一心眞如 佛所說法 句義乃多 今獨擧無我句義者 唯有此二
空觀 能從心生滅門 卽入眞如門故 無我句 卽敎經 義 卽行經 法 卽理經
三經不卽不離 以爲能詮 並不出體相海 還卽詮顯體相海也 無邊德藏僧
者 稱性起修 性海無邊 故所修功德 亦復無邊 一一功德 並能含攝無邊
功德 故名爲藏 具如後文所明隨順法性修行施等 一一皆成波羅蜜也

'부지런히 정각을 구한다'고 한 것은 보살승이 닦은 공덕이 삼유(三
有)[153]와 이승(二乘)을 향하지 않고, 오직 무상보리만을 향해 나타나기
때문이다.【문】무슨 이유로 성문과 연각에 귀의하지 않는가?【답】여기에
두 가지 뜻이 있다. 첫째는 대대(對待)[154]의 뜻에 의거하여, 이승(二乘)이
슬픔(悲)으로 제도하는 경계이기 때문이다. 둘째는 개현(開顯)[155]의 뜻

---

152) 성해(性海)는 진여의 이성이 깊고 넓어서 바다와 같다는 말로서, 여래법신의 경계
　　를 뜻한다.
153) 삼유(三有)는 범어 trayo-bhava의 음역으로, 삼계(三界: 욕계·색계·무색계)와
　　같은 말이다. 유(有)는 존재한다는 뜻으로, 선악의 업인(業因)에 따라 받게 되는 고
　　(苦)와 낙(樂)이 제각기 다른 욕유(欲有)·색유(色有)·무색유(無色有)를 말한다.
154) 대대(待對)는 피차상대(彼此相對)와 이법상대(二法相對)를 말한다.
155) 개현(開顯)은 개권현실(開權顯實)·개삼현일(開三顯一)·개근현원(開近顯遠)

에 의거하니, 이승의 소행도 역시 보살도이기 때문이다.

　言勤求正覺者 顯菩薩僧所修功德 不向三有 不向二乘 唯正趣向無上菩提故也 問 何以不歸二乘僧耶 答 此有二義 一約對待義 二乘是所悲濟境故 二約開顯義 二乘所行 亦是菩薩道故

의 약칭으로, 천태종의 판석(判釋)이다. 즉 방편을 열어서 진실을 나타내는 것이다. 『묘법연화경현의』 권1(『대정장』 33, pp.686c01-5)에서는 사실단의 십중(十重)의 하나(解四悉檀爲十重 一釋名 二辨相 三釋成四對諦 五起教觀 六說默 七用不用八權實 九開顯 十通經)로 개현을 들고 있다.

II. 본론(本論)

둘째, 『기신론』을 지은 뜻을 설명하다.
二述造論意

중생들이 의심과 잘못된 집착을 버리고, 신심을 일으켜 부처의 종자를 계승하도록 하기 위해서 『기신론』을 저술한다.
爲欲令衆生 除疑去邪執 起信紹佛種 故我造此論

하나의 마음의 진여문과 생멸문의 실상을 본체와 현상 가운데서 뭐가 뭔지 알지 못하기〔猶豫〕 때문에 깨닫지 못한다. 이것을 '의심'이라고 한다. 그리고 무아인 여래장에서 허망하게 인아(人我)와 법아(法我)를 계교하는데, 이것을 '잘못된 집착'이라고 한다. 의심을 없애고 집착을 버리면 바른 믿음이 저절로 일어난다. 대승의 믿음을 일으키면 반드시 성불한다. 자기도 제도하고 남도 제도하여 불법의 등불이 꺼지지 않기 때문에, '부처의 종자를 계승한다'고 한 것이다. 첫째, 게송을 마친다.

於一心眞如生滅實理事中猶豫不了 名之爲疑 於無我如來之藏 妄計人我法我 名爲邪執 疑除執去 則正信自起 起大乘信 則決定成佛 自度

度他 燈燈無盡 故爲紹佛種也 初偈頌竟

두 번째 장문에도 또한 두 가지가 있다. 첫째는 거듭해서 뜻을 설명하고, 둘째는 바르게 과목을 세운다. 지금은 첫째 거듭해서 뜻을 설명한다.
二長文亦二 初重述意 二正立科 今初

논하여 말하면, 대승의 청정한 믿음을 일으켜 모든 중생들이 의심과 어리석음, 그리고 잘못된 집착을 끊고 부처 종자의 본성을 상속하여 끊어지지 않도록 하기 위해서 이『기신론』을 저술한다.
論曰 爲欲發起大乘淨信 斷諸衆生疑暗邪執 令佛種性相續不斷 故造此論

【문】「게송」에서 의심을 없애고 집착을 버리게 한다는 말을 먼저 하고, 믿음을 일으키게 한다는 말은 뒤에 했다. 그러나 본문에서는 청정한 믿음을 일으키는 것을 먼저 말하고, 그 뒤에 모든 의심과 집착을 끊게 한다고 했다. 무슨 이유인가? 【답】 만약 자신의 수행을 두고 말한다면, 의심을 없애고 집착을 버려 믿음을 일으키는 것이다. 마치 저울의 양 끝이 내려갔다 올라갔다 할 때 앞뒤가 없는 것과 같다. 만약 남을 교화하는 입장에서 말한다면, 자기 자신이 먼저 대승의 청정한 믿음을 일으킨 다음, 모든 중생의 의혹·어리석음·잘못된 집착을 끊고, 부처 종자의 본성이 상속하여 끊어지지 않도록 한다. 그렇기 때문에 거듭 진술하여도 중복되고 번잡한 허물이 없다.

問 偈中先言除疑去執 後言起信 今文先言發起淨信 後言斷諸疑執 何耶 答 若約自行 則除疑去執起信 如秤兩頭 低昂時等 無有先後 若約化他 則自先發起大乘淨信 乃能斷諸衆生疑暗邪執 令佛種性相續不斷也 故雖重述 無重繁過

둘째, 바르게 과목을 세운다.
二正立科

대승의 믿음을 생기게 하는 법이 있어서 마땅히 설명하려고 한다.
有法能生大乘信根 是故應說

"법이 있다"는 것은 곧 아래 문장에서 설명한 '일체 중생심'을 가리킨다. 이 마음을 설명한 진여의 모양이 곧 대승의 본체임을 나타낸다. 이 마음을 설명한 생멸하는 인연의 모습이 바로 대승의 본체·모습·작용임을 나타낸다. 그래서 모든 중생이 문(聞)·사(思)·수(修)의 세 가지 지혜가 생겨 궁극에는 성불에 이르도록 하기 때문에 '대승의 믿음〔大乘信根〕'이라고 한다. 이러한 수승한 이익이 있기 때문에 마땅히 설명하려는 것이다.

有法 卽指下文所詮一切衆生心也 說此心眞如相 卽示大乘體 說此心生滅因緣相 能顯示大乘體相用 令諸衆生 生聞思修三慧 乃至究竟成佛 名爲大乘信根 有此勝益 故應說也

다섯 부분으로 나누어 설명한다. 첫째는「작인분」, 둘째는「입의
분」, 셋째는「해석분」, 넷째는「수신분」, 다섯째는「이익분」이다.
說有五分 一作因 二立義 三解釋 四修信 五利益

「작인분(作因分)」은, 진제의 구역(舊譯, 梁本)에서는「인연분(因緣分)」
이라고 했다.[156] 이를테면 4실단의 인연이다. 모든 부처님과 보살들이
만약 4실단의 인연이 없으면 법을 설할 수가 없다.「입의분(立義分)」은
경계에 의해서 진리를 드러내고 대승의 정법을 세운다.「해석분(解釋分)」
은 여러 가지를 나타내서 세운 실다운 뜻을 천양한다.「수신분(修信分)」
은 진제의 구역에서는「수행신심분(修行信心分)」이라고 했다. 처음 발심
한 근기들이 정진하도록 경책하여 그들이 이해[解]를 바탕으로 실천[行]
하도록 하는 것을 말한다.「이익분(利益分)」은 진제의 구역에서는「근수
이익분(勤修利益分)」이라고 했다.『기신론』의 공능을 분명하게 결론지
어 사람들이 자기도 그렇게 되기를 바라고 믿도록 하는 것을 말한다. 이
중에서 첫 번째「작인분」은 바로 4실단의 인연을 총괄해서 밝힌다. 둘째
「입의분」은 상근기를 위하여 방편을 들어 알게 하는데, 바로 궁극적 최
고의 진리에서 설한다. 셋째「해석분」은 중근기를 위하여 세밀하게 분석
한다. 그래서 그들이 영원히 의심과 집착을 끊고 본문을 따라 증득하게
한다. 이것은 대치(對治)[157]의 뜻으로 설명한다. 넷째「수신분」은 하근기

---

156) 구역『기신론』(『대정장』32, pp.575b18-21)에서는,『기신론』의 내용을「인연분」・「입
 의분」・「해석분」・「수행신심분」・「근수이익분」등의 다섯 부분으로 나누어 설하였
 다〔說有五分云何為五 一者 因緣分 二者 立義分 三者 解釋分 四者 修行信心分 五
 者 勸修利益分〕.
157) 대치(對治)는 번뇌를 끊는 것을 말하며, 대치에는 네 종류〔염환대치(厭患對治)・
 단대치(斷對治)・지대치(持對治)・원분대치(遠分對治)〕가 있다. 염환대치는 가행
 도(加行道)라고도 하며, 고・집성제를 연유하여 깊은 염환의 생각을 내는 것이다.

를 위하여 수행해 익혀 정진하도록 경책한다. 그래서 그들이 이해를 바탕으로 수행을 일으키게 한다. 이것은 위인(爲人)[158]의 뜻으로 설명한다. 다섯 번째 「이익분」은 선근[159]을 심지 못한 사람들을 위하여 공덕을 찬탄하여 비방함을 그치게 한다. 그래서 그들이 환희하여 좋아하도록 한다. 이것은 세계(世界)[160]의 뜻으로 설명한다.

作因 梁云因緣 所謂四悉檀因緣 諸佛菩薩 若無四悉因緣 不說法也 立義 謂依境顯諦 豎大乘之正法 解釋 謂種種開示 闡所立之實義 修信 梁云修行信心 謂策進初機 令其依解起行 利益 梁云勸修利益 謂結明此論功能 令人希慕信向也 此中一作因者 是總明四悉因緣 二立義者 爲上根人 擧便知有 是約第一義說 三解釋者 爲中根人 微細剖析 令其永斷疑

단대치는 무간도(無間道)라고도 하며, 무간도에서 사성제를 연유하여 바로 번뇌를 끊는 것이다. 지대치는 해탈도라고도 하며, 무간도 뒤에 해탈도가 생기며, 다시 사성제를 연유하여 무간도에서 얻은 택멸(擇滅)의 득(得)을 섭수해서 끊은 번뇌가 다시 일어나지 못하게 하는 것이다. 원분대치는 승진도(勝進道)라고도 하며, 다시 사성제를 연유하여 끊은 혹(惑)을 돌이켜 더욱 멀어지게 하는 것이다. 그 가운데 정대치(正對治)는 두 번째 무간도단(無間道斷)이 된다.

158) 위인(爲人)은 스승이 학인을 지도하는 것을 말하며, 또한 그것을 위하여 사용하는 가르침이나 방편을 말한다.

159) 선근(善根)은 좋은 과보를 받을 수 있는 원인을 말한다. 몸과 입 그리고 생각으로 지은 업(三業)이 선(善)이며 굳어져서 뽑을 수 없기 때문에 근(根)이라고 한다. 『장아함경』권8·9·10와 『대집법문경(大集法門經)』권1(『대정장』1, pp.227c17-20)에서는 "삼업은 선근이 아니고, 삼업이 없는 것은 선근이다(三不善根 是佛所說 謂貪不善根 瞋不善根 癡不善根 復次 三善根 是佛所說 謂無貪善根 無瞋善根 無癡善根)"고 하였다.

160) 세계(世界)에는 두 가지가 있다. 첫째는 범어 loka의 음역으로 로가(路迦)이다. 세(世)는 천류(遷流)한다는 뜻으로, 과거·현재·미래의 천행(遷行)이며, 계(界)는 동·서·남·북의 경계를 갖추었음을 말하며, 유정(有情)이 의지하는 국토이다. 둘째는 세간(世間)이라고 한다. 간(間)은 간격의 뜻이므로, 계(界)의 뜻과 같다. 이 두 가지는 유정과 국토에 통용된다.

執 隨文入證 是約對治義說 四修信者 爲下根人 策進修習 令其衣解起行 是約爲人義說 五利益者 爲未種善根人 稱歎功德 止息誹謗 令其歡喜向慕 是約世界義說

또한, 첫째 「작인분」은 차례로 이익을 얻는 것을 말한다. 둘째 「입의분」은 마하연(대승)의 뜻이 바로 일체 중생의 마음임을 알게 해서, 다른 데서 구하기를 바라지 않고 기쁜 이익을 얻도록 한다. 셋째 「해석분」은 일심(一心)과 이문(二門)에서 사실과 같은 뜻을 알게 해서 좋은 이익을 얻도록 한다. 넷째 「수신분」은 중생들이 미묘한 이치란 입으로는 밥만 말하고 남의 보배를 헤아리는 것과 같지 않다는 것을 알도록 하여 나쁜 이익을 없애도록 한다. 다섯째 「이익분」은 모든 부처님과 보살들이 수행하고 증득한 것과 같이 깨달음의 이익을 알도록 한다. 이 모두 대충 말하면 분별이면서 사실(實)은 모두 4실단을 갖춘다. 「작인분」은 「서분」[161]이고, 「입의분」·「해석분」·「수신분」은 「정종분」이며, 「이익분」은 「유통분」에 해당한다. 첫째,「귀경게」를 지은 뜻을 마친다.

又就一人次第獲益言之 二立義者 令知摩訶衍義 卽是一切衆生之心 不俟他求 得歡喜益 三解釋者 令於一心二門 解如實義 得生善益 四修信者 令其妙解不同說食數寶 得滅惡益 五利益者 令知同於諸佛菩薩所修所證 得入理益 此皆一往分別 實則分分皆具四悉檀也 又作因 是序分 立義等三 是正宗分 利益 是流通分 初歸敬述意竟

---

161) 한 부(部)의 경전을 크게 세 부분으로 나누면, 서분(序分)·정종분(正宗分)·유통분(流通分)이다. 「서분」은 그 경전을 설하게 된 이유와 인연을 밝힌 부분이고, 「정종분」은 그 경전의 주제와 요지를 밝힌 부분이다. 그리고 「유통분」은 그 경전의 이익과 함께 후대까지 길이 전해져 수지되기를 권한 부분이다. 이러한 경전 해설에 있어서의 삼분과목(三分科目)은 도안(道安: 314-385)이 창설하였다.

1장 논을 지은 인연을 밝힌 부분〔作因分〕

두 번째 5분을 다섯으로 나누어 설명한다. 첫째 「작인분」에서부터 다섯 번째 「이익분」까지이다. 첫째 「작인분」에는 두 가지가 있다. 첫째는 여덟 가지 이유를 밝히고, 두 번째는 의심을 풀어 뜻을 밝힌다. 지금은 첫 번째 여덟 가지 이유를 밝힌다.

二正說五分 卽分爲五 一作因 至五利益 一作因二 初正明八因 二釋疑明意 今初

『기신론』을 지은 인연을 밝힌 「작인분」에는 여덟 가지가 있다. 첫째는 총상(總相)이다. 중생들이 괴로움을 없애고 즐거움을 얻도록 하고, 이양(利養) 등의 욕심을 내지 않도록 하기 위해서이다.

此中作因有八 一總相 爲令衆生離苦得樂 不爲貪求利養等故

총상(總相)이란, 오직 이 『기신론』만의 총괄적으로 말한 것이 아니라, 모든 부처님과 보살들이 총괄적으로 설법한 것이다. 중생들이 분단·변역인과[162]의 고통을 없애게 하고, '보리열반'이라는 최상의 즐거움을 얻

---

162) 두 가지 생사에 분단생사(分段生死)와 변역생사(變易生死)가 있다. 첫째 분단생사는 육도 윤회하는 것은 범부의 생사(윤회)이다. 육도에 윤회하는 몸이 각각 그 업인(業因)을 따라 수명이 분한되고, 형체의 단별(段別)이 있기 때문에 분단(分段)이라고 한다. 둘째 변역생사의 변역은 변화의 뜻으로, 세 가지가 있다. 첫째는 미혹의 세계를 여의고 윤회를 초월한 성인의 생사이다. 즉 아라한은 변역생사에 속한다. 두 번째는 변역신(變易身)을 받는 생사로서, 변역신을 받는 생존상태의 뜻이다. 보살의 생사가 여기에 속한다. 셋째는 현실적으로 생사 변역하는 사상(事象)을 말한다.

도록 하기 위해서이다. 이것은 타인을 이롭게 한다는 뜻이다. 그리고 이양·명예·공경 등을 욕심내서 구하지 않으니, 이것은 허물을 여읜다는 뜻이다. 스스로 모든 잘못에서 벗어나고 중생을 이롭게 하기 위하여 비로소 『기신론』을 지어 법을 홍포한다. 만약 그렇게 하지 않으면 여래를 팔아먹는 것이라고 할 것이다.

總相者 不唯此論總相 乃諸佛菩薩說法之總相也 爲令衆生離分段變易因果之苦 得菩提涅槃究竟之樂 是益他義 不爲貪求利養名譽 及恭敬等 是離過義 自離諸過 能益衆生 方可造論弘法 否則名爲裨販如來矣

둘째, 여래의 근본 참뜻을 드러내어 모든 중생들이 바르게 이해하도록 하기 위해서이다.
二爲顯如來根本實義 令諸衆生生正解故

통합하여 말하면, 『기신론』 전체가 모두 진실한 뜻을 드러내어 바른 이해가 생기게 한다. 별도로 나누어 말하면, 「입의분」과 「해석분」에서 설한 내용을 가리킨다.
通則一部論文 皆顯實義而生正解 別則偏指立義解釋二分言之

셋째, 선근이 성숙한 중생들이 물러남이 없는 신심으로 대승법을 감당할 수 있도록 하기 위해서이다.
三爲令善根成熟衆生不退信心 於大乘法 有堪任故

통합하여 말하면, 『기신론』 전체가 모두 대승법에서 자신감을 높여 준다. 별도로 나누어 말하면, 「해석분」의 세 번째 정도(正道)를 수행하는 행상[163]을 분별하는 부분을 가리킨다.

通則一部論文 皆令於大乘法 增其堪任 別則偏指解釋分中 第三分別修行正道相也

넷째, 선근이 미약한 중생들이 신심을 일으켜 끝까지 물러서지 않도록 하기 위해서이다.
四爲令善根微少衆生 發起信心 至不退故

통합하여 말하면, 『기신론』 전체가 모두 신심을 일으켜서 끝내 물러나지 않게 한다. 별도로 나누어 말하면, 「수신분」에서 설한 내용을 가리킨다.

通則一部論文 皆能發起信心 令至不退 別則偏指四修信分

다섯째, 중생들이 업장을 소멸하고 자신의 마음을 조복 받아 삼독을 떠나도록 하기 위해서이다.
五爲令衆生消除業障 調伏自心 離三毒故

통합하여 말하면, 『기신론』 전체가 모두 업장을 소멸하고 마음을 조복 받아 탐·진·치 삼독(三毒)을 영원히 떠나도록 한다. 별도로 나누어 말

---

163) 행상(行相)은 수행의 구체적인 방법상의 실천 양상을 말한다.

하면,「수신분」의 네 번째 정진문을 가리킨다.
　通則一部論文 皆可除障調心 遠離三毒 別則偏指修信分中 四精進門

여섯째, 중생들이 지관(止觀)을 바르게 닦아 범부들의 잘못된 마음을 다스리도록 하기 위해서이다.
六爲令衆生修正止觀 對治凡小過失心故

통합하여 말하면,『기신론』전체가 모두 지관법문이며 범부의 마음을 다스리도록 한다. 별도로 나누어 말하면,「수신분」의 다섯 번째 지관문을 가리킨다.
　通則一部論文 皆是止觀法門 皆可對治凡小 別則偏指修信分中 五止觀門

일곱 번째, 중생들이 대승법에서 진리 그대로 사유하여 부처님 세계에 태어나, 끝까지 물러남이 없는 대승의 믿음을 얻도록 하기 위해서이다.[164]
七爲令衆生於大乘法 如理思惟 得生佛前 究竟不退大乘信故

통합하여 말하면,『기신론』전체가 모두 염불삼매이며, 왕생 정인(正

---

164) 구역『기신론』(『대정장』32, pp.575c03-4)에서는 "염불에 전념하는 방편을 보여서 부처님 세계에 태어나는 법을 알게 해 신심을 잃지 않도록 하기 위해서(爲示專念方便 生於佛前必定不 退信心故)"라고 구체적으로 표현하고 있다.

因)[165]이다. 별도로 나누어 말하면, 「수신분」의 서방 극락세계에 태어나기를 구하는 법문을 가리킨다.

通則一部論文 皆是念佛三昧 皆是往生正因 別則偏指修信分中 求生西方極樂法門

여덟째, 대승의 이익을 믿고 좋아하여 모든 중생들에게 권하여 귀의하도록 하기 위해서이다.
八爲顯信樂大乘利益 勸諸含識 令歸向故

이것은 「이익분」을 별도로 가리킨다. 첫째, 여덟 가지 인연을 밝힌 것을 마친다.
此別指第五利益分也 初正明八因竟

두 번째 의심을 풀고 뜻을 밝힘에 둘이 있다. 첫째는 의심을 풀고, 둘째 뜻을 밝힌다. 첫째 의심을 푸는 데 또한 둘이다. 첫째는 총괄하여 해석하고, 둘째는 별도로 나누어 해석한다.
二釋疑明意二 初釋疑 二明意 初中二 初總釋 二別釋 今初

이러한 모든 구절의 뜻이 대승경전에 이미 갖추어져 있다. 그러나

---

165) 정인(正因)은 연인(緣因)에 대하여 일컫는 말로 두 가지가 있다. 첫째는 물(物), 심(心) 제법을 내는 인종(人種)이다. 둘째는 왕생 또는 성불하는 결과를 얻는 데 대하여 정당한 인종(人種)이 되는 것이다. 즉, 능생(能生)의 힘을 정인(正因)이라 하고, 자조(資助)의 힘을 연인(緣因)이라고 한다.

중생의 근기와 욕망이 같지 않고, 깨달음을 기대하는 계기도 다르기 때문에 『기신론』을 짓는다.
此諸句義 大乘經中雖已具有 然由所化根欲不同 待悟緣別 是故造論

'교화할 대상〔所化〕'은 미래 중생을 말하는 것이다. '근기〔根〕'는 옛날에 심어 이루어진 것을 말하는데, 여기에는 상·중·하의 근기가 있다. '욕망〔欲〕'은 기뻐 좋아할 것들을 말하는데, 광범위한 것·중간 것·간단한 것이 있다. '계기〔緣〕'는 일체 경과 논을 말하는데, 중생의 깨달음과 더불어 증장하는 계기를 만든다. 분명히 상·중·하의 근기가 각각 광범위한 것·중간 것·간단한 것 등 세 종류의 바라는 것에 있어서는 같지 않은 줄 알아야 한다. 또, 불·보살의 경론에 각각 인연이 있고 인연이 없는 차이가 있다는 것도 알아야 한다. 그래서 당연히 인연이 있는 세 가지 근기의 중생을 위하여, 기뻐하는 마음을 젖혀 두고 뜻을 드러내고자 하는 원력을 따라서 이 논을 짓는다.

所化 謂未來衆生 根 謂昔所成種 有上中下 欲 謂現所欣樂 有廣中略 緣 謂一切經論 能與衆生悟道作增長緣 當知上中下三根 各有廣中略三種所欲不同 又與佛菩薩經論 各有有緣無緣差別 故應爲有緣三根衆生 逗其喜略之欲 造此論也

둘째 나누어 해석한다.
二別釋

또한 왜 논을 지었는가? 이를테면, 여래께서 사바세계에 계셨을 때의 중생들은 근기가 예리했다. 부처님의 신체적·정신적 활동이 빼어나서 한마디 말씀으로 무한한 뜻을 연설하셨기 때문에 논이 필요하지 않았다.
此復云何 謂如來在世 所化利根 佛色心勝 一音開演無邊義味 故不須論

또한, "왜 논을 짓는가"를 총괄해서 따져 묻는다. 먼저 부처님이 세상에 살아 계실 때를 해석한 다음, 부처님이 열반에 드신 후를 해석한다. '교화할 대상인 예리한 근기'를 통틀어 말하면, 부처님이 세상에 살아 계실 때의 중생을 한다. 또한, 각각 세 종류의 근기가 같지 않다는 것을 논한다. 다만 부처님이 열반에 드신 뒤의 중생에 상대적으로 모두 '예리한 근기'라는 것이다. (부처님이 열반 드신 뒤의 중생들은) 선근이 깊지 못하고, 직접 부처님을 만날 수도 없기 때문이다. "부처님의 물질적·정신적 활동이 빼어나다"는 것은 물질적 활동[色]은 곧 상호장엄이고, 정신적 활동[心]은 곧 육신통[166]과

---

166) 육신통(六神通)은 육통(六通)이라고도 하며, 부처와 삼승(三乘)의 보살들이 갖추고 있는 여섯 가지의 초인적인 능력(abhijñā)을 말한다. 신(神)은 불가사의하다는 뜻이고, 통(通)은 장애가 없다는 뜻이다. 첫째 신족통(神足通)은 신경지증통(神境智證通) 또는 여의통(如意通)이라고도 한다. 변신해 나타나거나 다니는 데 걸림없는 불가사의한 경지의 신통력이다. 둘째 천안통(天眼通)은 천안지증통(天眼智證通)이라고도 한다. 색계 천상의 눈[天眼根]을 얻어 보는 데 일체 장애가 없는 신통력이다. 셋째 천이통(天耳通)은 천이지증통(天耳智證通)이라고도 한다. 색계 천상의 귀[天耳根]를 얻어 듣는 데 일체 장애가 없는 신통력이다. 넷째 타심통(他心通)은 타심지증통(他心智證通)이라고도 하며, 자유자재로 타인의 마음을 아는 신통력이다. 다섯째 숙명통(宿命通)은 숙명지증통(宿命智證通)이라고도 하며, 자기 자신과 육도 중생의 과거 전생을 자유자재로 알아 막힘이 없는 신통력이다. 여섯째 누진통(漏盡智證通)은 삼승의 극치로 자유자재로 일체 번뇌를 끊어 막힘이 없는 신

십력[167]이다. 그래서 '빼어나다(勝)'고 말하는 것이다.

"한마디 말씀으로 무한한 뜻을 연설하셨다"고 한 것은 부처님께서 한 말씀으로써 법을 연설하여 중생들의 근기와 욕망에 따라서 각각 이해를 얻는다. 비유하면 한 점의 구름과 내린 비에 크고 작은 초목들이 각각 자라는 것과 같다. "물질적 활동이 빼어나다"는 것은 곧 신륜(身輪)[168]의 불가사의한 변화이고, "정신적 활동이 빼어나다"는 것은 곧 의륜(意輪)[169]의 불가사의한 변화이다. 그리고 "한마디 말씀으로써 무한한 법을 연설하셨다"는 것은 곧 구륜(口輪)[170]의 불가사의한 변화이다. 교화할

통력이다.
167) 십력(十力)은 여래의 열 가지 지혜의 힘(智力)을 말한다. 첫째는 깨달은 도리(覺處)와 깨닫지 못한 도리(非處)를 아는 지혜의 힘이다. 둘째는 삼세(三世)의 업보를 아는 지혜의 힘이다. 셋째는 온갖 선(禪)의 해탈과 삼매를 아는 지혜의 힘이다. 넷째는 일체중생의 여러 가지를 풀이하여 아는 지혜의 힘이다. 다섯째는 세간에서 중생의 여러 가지 경계가 같지 않음을 사실 그대로 아는 지혜의 힘이다. 여섯째는 오계(五戒)와 십선(十善)의 행으로 인간에서 천상에 이르는 길을 아는 지혜의 힘이다. 일곱째는 정도의 무루법이 열반 등에 이르러 그 행의 직접적인 원인이 이르는 곳을 아는 지혜의 힘이다. 여덟째는 천안(天眼)이 장애가 없음을 아는 지혜의 힘으로, 천안으로 중생의 생사와 선악 업연이 장애가 없음을 보는 지혜의 힘이다. 아홉째는 중생의 숙명(宿命)과 무루열반(無漏涅槃)을 아는 지혜의 힘이다. 열째는 망혹(妄惑)의 습기(習氣)를 영원히 끊은 줄 사실 그대로 아는 지혜의 힘이다.
168) 신륜(身輪)은, 부처님의 삼업(身·口·意)인 삼륜(三輪: 身輪·口輪·意輪)의 하나로, 신통륜(神通輪)·신변륜(神變輪)이라고도 한다. 륜(輪)은 중생의 번뇌를 깨뜨리는 것을 뜻한다. 부처님의 몸으로 지은 업이 여러 가지 신통 변화를 나타냄에 따라 중생이 바른 믿음을 일으키게 하는 것이다.
169) 의륜(意輪)은, 삼륜(三輪)의 하나로, 기심륜(記心輪)이라고도 한다. 부처님이 마음으로 짓는 업으로, 설법하기 전에 먼저 청법자(聽法者)의 근기(이근기와 둔근기)를 생각해서 적당한 교법을 설하는 것이다.
170) 구륜(口輪)은 삼륜의 하나로, 교계륜(敎誡輪)·설법륜(說法輪)·정교륜(政敎輪)이라고도 한다. 부처님의 설법(口業)으로 인해 중생이 바른 도(道)를 닦게 하는 것이다.

대상이 이미 영리했고, 교화하는 삼륜(三輪)도 또한 수승했다. 이러한 이유로 논이 없이도 능히 깨달을 수 있었다는 것이다.

　　此復云何 總徵起也 先釋佛世 次釋滅後 所化利根者 統論佛世衆生 亦有種種三根不同 但對滅後 卽皆稱利 以善根不深 不能親値佛故 佛色心勝者 色則相好莊嚴 心則六通十力 故云勝也 一音開演無邊義味者 佛以一音演說法 衆生隨類各得解 譬如一雲所雨 三草二木各得生長也 色勝 卽身輪不思議化 心勝 卽意輪不思議化 一音開演 卽口輪不思議化 所化旣是利根 能化三輪又勝 故不須論而能開悟也

부처님께서 열반에 드신 후, 어떤 사람은 스스로의 능력으로 경을 조금만 보고도 많은 뜻을 이해한다. 반면 어떤 사람은 스스로의 능력으로 광범위하게 여러 경을 보고서야 뜻을 이해한다.
佛涅槃後 或有能以自力 少見於經 而解多義 復有能以自力 廣見諸經 乃至解義

'경을 조금만 보고도 많은 뜻을 이해하는 것'은 뜻을 수지한다[義持]고 한다. 또한 법에 의하여 수행하는 사람[法行種性][171]이라고도 한다. 반

---

171) 이행(二行)에는 법행(法行)과 신행(信行)이 있다. 성법(聖法)에 의하여 행하는 것을 법행이라 하고, 다른 가르침을 믿고 행하는 것을 신행이라고 한다. 신행은 둔근기에게는 문혜(聞慧)가 되고, 법행은 이 근기에게는 사혜(思慧)가 된다. 『묘법연화경(妙法蓮華經玄義)』권10『대정장』33, pp.806a19-20]에서는 "교문(敎門)은 수행자의 신행이 되고, 관문(觀門)은 수행자의 법행이 된다(敎門為信行人 又成聞義 觀門為法行人)"고 하였다. 종성(種性)은 범어 gotra에서 유래하고, 가족·가족의 성·혈통·씨족 등을 의미한다. 통상적으로 성명의 성으로 그 성에 공통하는 것을 가리킨다. 따라서 옛날엔 종성이라고 하였다. 성에는 같은 혈통이 이어져 일종의

면, 광범위하게 여러 경을 보고서야 뜻을 이해하는 것은 문자를 수지한
다[文持]고 하며, 교리를 믿고 수행하는 사람[信行種性]이라고도 한다.
이 두 부류의 사람도 또한 논의 저술을 필요로 하지 않는다.

그러나 구역[172]에서는 광범위하게 듣고 뜻을 이해하는 것이 앞에 있
다. 그것은 의지(義持)가 문지(文持)를 겸하기 때문에 수승하다는 것이
다.[173] 이 신역에서는 적게 보고도 많이 이해하는 것이 앞에 있다. 이것
은 법행이 수승하다는 것이다.[174] 그러나 진실한 입장에서 말하면, 의지
와 문지·신행과 법행은 각각 근기의 예리하고 둔함에 있는 것이다. 그
러므로 한결같은 잣대로 논하는 것은 옳지 않다.

少見於經能解多義 名爲義持 亦是法行種性 廣見諸經乃至解義 名爲
文持 亦是信行種性 此二種人 亦不須造論也 然據梁本 則廣聞取解在前
似兼文持故勝 據今本 則少見多解在前 似是法行故勝 剋實言之 義持文
持 信行法行 各有利鈍 非可一向論也

    같은 습관이나 성질이 있고 타종성과 구별되므로 종성이라고도 한다.
172) 구역『기신론』,『대정장』32, pp.575c11-2.
173)『기신론의기』 권1[『대정장』 44, pp.250a08-10]에서는 "여래께서 입멸하신 뒤의 어떤 중생이 자력으로 광범위하게 듣고 이해한다면 첫 번째 자력으로 광범위하게 경을 듣고 부처님의 뜻을 이해하여 다른 사람의 논을 필요치 않는다. 그러므로 자력이라 하며 문지와 의지를 갖추었다고 한다[若如來滅後或有衆生能以自力廣聞而取解者 初自力廣聞經得解佛意 不須他論 故云自力 卽具 文義二持]"고 하였다.
174)『기신론의기(起信論義記)』 권1[『대정장』 44, pp.250a11-3]에서는 "혹 어떤 중생이 자력으로 적게 듣고도 많이 이해한다면 두 번째로 자력으로 간략히 경문을 찾아 경의 뜻을 이해한다. 그러므로 다른 사람의 논을 필요로 하지 않는다. 이러한 중생은 의지(義持)는 있어도 문지(文持)는 없다[或有衆生 亦以自力少聞而多解者 二亦以自力尋略經文而能解經意 故亦不須他論 此有義持無文持也]"고 하였다.

어떤 사람은 스스로 지혜의 힘이 없어 다른 사람의 광범위한 설명으로 인하여 뜻을 이해한다. 또 어떤 사람은 스스로 지혜의 힘이 없어서 광범위한 설명을 두려워하고, 간략한 설명을 들으며 폭넓은 뜻을 받아들여 바르게 수행하기를 좋아한다.
或有自無智力 因他廣論而得解義 亦有自無智力 怖於廣說 樂聞略論攝廣大義 而正修行

스스로 지혜의 힘이 없기 때문에 다른 사람의 논설에 의지하지만, 어떤 사람은 광범위한 설명을 좋아하고 어떤 사람은 간략한 설명을 좋아한다. 그래서 신행(信行)과 법행(法行), 이 두 부류의 종성이 같지 않다는 것이다. 또한 문지(文持)와 의지(義持)도 다만 훈습의 차이가 있을 뿐이다. 첫째, 의심을 푸는 것을 마친다.
自無智力 故藉他論 而樂廣樂略 仍是信行法行二類種性不同 亦是文持義持 二類熏習有別故也 初釋疑竟

둘째, 뜻을 밝힌다.
二明意

내가 지금 저 최후의 한 사람을 위하여 여래의 가장 수승하면서도 매우 심오하고 무한한 뜻을 섭렵하여 간략하게 이 논을 짓는다.
我今爲彼最後人故 略攝如來最勝甚深無邊之義而造此論

대승의 본체를 나타내기 때문에 "가장 수승하다〔最勝〕"고 했으며, 대승의 모습을 나타내기 때문에 "매우 심오하다〔甚深〕"고 하였다. 그리고 대승의 작용을 드러내기 때문에 "무한하다〔無邊〕'고 한 것이다. 첫째, 논을 지은 이유를 밝힌「작인분」을 마친다.

示大乘體 故最勝 顯大乘相 故甚深 顯大乘用 故無邊也 一作因分竟

2장 논의 주제를 세운 부분〔立義分〕

두 번째「입의분」에 둘이니, 첫째는 마하연의 뜻을 표시하고, 둘째는 마하연의 뜻을 해석한다. 여기에서는 첫 번째 마하연의 뜻을 표시한다.

二立義二 初標 二釋 今初

무엇을「입의분」이라고 하는가? 마하연[175]을 간략히 두 가지로 말하면, 유법(有法)과 법(法)이다.

---

175) 마하연(摩訶衍)은 대승을 뜻한다.『십이문론』권1(『대정장』30,pp.159c14-22)에서는 "마하연이란, 이승(二乘)으로 상(上)을 삼기 때문에 대승이라고 한다. 모든 부처님의 최대 경지에 이 승(乘)이라야 도달할 수 있기 때문에 대(大)라 하고, 중생의 큰 괴로움을 소멸하여 큰 이익을 주기 때문에 대(大)라고 한다. 또한 관세음보살·득대세보살·문수사리보살·미륵보살 등 모든 보살들이 타는 것이기 때문에 대(大)라고 한다. 그리고 이 수레〔乘〕가 일체 제법의 끝을 다 가기 때문에 대(大)라고 한다.『반야경』에서는 부처님이 마하연의 뜻이 셀 수 없고 끝이 없음을 몸소 설하였기 때문에 대(大)라고 부른다(摩訶衍者 於二乘為上故 名大乘 諸佛最大是乘能至 故名為大 諸佛大人乘是乘故 故名為大 又能滅除眾生大苦 與大利益事故名為大 又觀世音 得大勢 文殊師利 彌勒菩薩等 是諸大士之所乘故 故名為大 又以此乘 能盡一切諸法邊底 故名為大 又如般若經中 佛自說摩訶衍義無量無邊 以是因緣故名為大)"고 하였다.

云何立義分 謂摩訶衍 略有二種 有法 及法

　마하연은 번역하면 대승(大乘)이다. 이것은 간략하게 제목을 해석한 것과 같다. 또한 일곱 가지 뜻이 있기 때문에 대승이라고 한다. 첫째는 법대(法大)이니, 대승경전을 말한다. 둘째는 심대(心大)이니, 사홍서원을 말한다. 셋째는 해대(解大)이니, 언제 어디서든 바르게 믿고 이해하는 것을 말한다. 넷째는 정대(淨大)이다. 이것은 정심지(淨心地)를 말하며, 두 가지로 분별하는 마음을 청정하게 한다. 다섯째는 장엄대(莊嚴大)이니, 복덕과 지혜를 말한다. 여섯째는 시대(時大)이니, 3아승기(阿僧祇)[176]를 말한다. 일곱째는 구족대(具足大)이니, 무상보리를 말한다.
　앞의 여섯 가지는 대승의 인(因)이고, 뒤의 하나는 대승의 과(果)이다. 여기에서의 '유법(有法)'을 진제의 구역에서는 '법(法)'이라고 했다.[177]

---

176) 아승기(阿僧祇)는 범어 asaṁkhya의 음역으로, 아승기야(阿僧祇耶)라고도 한다. 번역하면 무수(無數)·무앙수(無央數)이고, 보통 아승지라고 한다. 『화엄경』 권29, 「아승기품」(『대정장』 9, p.586c02)의 124개의 대수(大數) 가운데 아승기는 105번째의 수이다. 아승기는 산수로는 표현할 수 없는 무한대의 수를 나타내는 말이다. 3아승기겁은 보살이 성불하는 연수(年數)이다. 점교(漸敎)에서는 3아승기겁(asaṁkhyeyakalpa)을 닦아야 성불할 수 있다고 하였다. 십신(十信)·십주(十住)·십행(十行)·십회향(十廻向)의 사십위(四十位)는 제1아승기겁이고, 십지(十地)의 초지(初地)에서 제7지까지는 제2아승기겁이며, 제8지에서부터 제10지까지가 제3아승기겁이 되고, 십지(十地)를 마치면 곧 불과(佛果)이다. 겁(劫)은 범어 kalpa의 음역인 겁파(劫簸)의 약칭으로, 번역하면 분별시절(分別時節)·대시(大時)이다. 일반적인 연월일시를 계산할 수 없는 아득한 시간을 말한다. 『아비달마대비바사론』 권135(『대정장』 27, p.700c11)에서는 "겁에는 중간겁·성괴겁·대겁 등 세가지가 있다[劫有三種 一中間劫 二成壞劫 三大劫]"고 하였다.
177) 구역『기신론』(『대정장』32, pp.575c20-1)에서는 "대승은 전체적으로 '법(法)'과 '의(義)'로 설명한다[摩訶衍者 總說有二種 云何爲二 一者法 二者義]"고 하였다.

마치 인명학(因明)[178]에서 앞에서 진술하는 "법이 있다[有法]"를 종의(宗依)[179]로 삼은 것과 같다. 이것은 인연으로 생긴 법을 가리켜 관찰할 대상으로 삼은 것이다. 여기에서의 '법(法)'을 진제의 구역에서는 '의(義)'라고 했다. 마치 인명학에서 뒤에서 진술하는 '법(法)'을 종체(宗體)로 삼는 것과 같다. 이것은 드러난 진리를 가리켜 대승의 뜻으로 밝히는 것이다.

摩訶衍 此翻大乘 略如題目中釋 又七義故 名爲大乘 一法大 謂方廣經典 二心大 謂四弘誓願 三解大 謂圓常信解 四淨大 謂淨心地 淨二分別 五莊嚴大 謂福德智慧 六時大 謂三阿僧祇 七具足大 謂無上菩提 前六 是大乘因 後一 是大乘果也 有法者 梁本云法 猶因明所謂前陳有法 以爲宗依 乃指因緣生法 以爲所觀境也 法者 梁本云義 猶因明所謂後陳宗體 指所顯理諦 以明大乘義也

---

178) 『인명입정리론소(因明入正理論疏)』 상 『대정장』 44, pp.099a12-3)에서는 "앞에 진술한 것을 법이 있다[有法]라 하고, 뒤에 진술하는 것은 법(法)이라 한다[前陳者名有法 後陳者名法]"고 했다. 인명(因明)은 범어 Hetuvidyā의 번역으로, 5명(聲明·工巧明·醫方明·因明·內明)의 하나로, 논리학에 속한다. 종(宗)·인(因)·유(喩)의 삼지작법(三支作法)을 세워 언론(言論)하는 법을 삼는다. 예를 들면, "소리는 무상하다"는 종(宗)이고, "소작성(所作性)이기 때문이다"는 인(因)이며, "병(甁) 등과 같다"는 비유(喩)이다. 이 삼지(三支) 중에서 인지(因支)가 가장 중요하기 때문에 인명(因明)이라고 한다.
179) 인명(因明)에서 종(宗)의 명사(名詞)를 종의(宗依)라고 함에 대하여, 그 명사를 접속사로 연결하여 한 문장을 이루는 것을 종체(宗體)라고 한다. 예를 들면, "소리는 무상하다"고 할 때에 소리와 무상 두 명사는 종의(宗依)이고, 문장 전체는 종체(宗體)라고 한다. 앞에서 말하는 소리(법이 있다고 하는 것)와, 후에 말하는 무상(無常 또는 能別)의 두 가지를 종의(宗依)라 하고, 이 두 말이 극성(極成)하여 서로 관련되는 것을 종체라고 한다.

1. 유법(有法)

둘째, 마하연의 뜻을 두 가지로 해석한다. 첫째는 유법을 해석하고, 둘째는 법을 해석한다. 지금은 첫 번째 유법을 해석한다.
二釋二 初釋有法 二釋法 今初

유법(有法)이라는 것은 일체중생의 마음을 일컫는 말이다. 이 마음이 곧 일체 세간·출세간법을 모두 거두어들이고, 이것을 의지하여 대승의 뜻을 나타내 보이게 된다.
言有法者 謂一切衆生心 是心則攝一切世間出世間法 依此顯示摩訶衍義

총괄적으로 말하면 인연으로 생기는 것은 모두가 다 유법(有法)이다. 또한 실법(實法)이고 공(空)·가(假)·중(中)의 삼관(三觀)[180]이며 대승의 뜻을 나타내 보이는 것이다. 그래서 마음〔心〕·부처〔佛〕·중생(衆生)이 차별이 없다고 하였다.[181] 다만, 처음 수행을 시작한 사람들에게 '부처

---

180) 공(空)·가(假)·중(中)은 천태종의 삼관(三觀)이다. 공관(空觀)은 제법의 공제(空諦)를 관하는 것이고, 가관(假觀)은 제법의 가제(假諦)를 관하는 것이다. 중관(中觀)에는 두 가지가 있다. 첫째는 제법이 공하지 않고 또한 거짓(假)되지도 않음을 관하여 중(中)이 되며, 공(空)·가(假)가 아닌 쌍비(雙非)의 중관이라 한다. 둘째는 제법이 또한 공하며 또한 거짓(假)임을 관하여 중(中)이 되며 쌍조(雙照)의 관이라고 한다. 성덕(性德)의 이치에 따라 삼제(三諦)라 하고, 수덕(修德)의 지혜에 따라 삼관(三觀)이라 한다.
181) 진역(晉譯) 『화엄경』 권10, 「야마천궁보살설게품」(『대정장』 9, p.465c29)의 '心佛及衆生 是三無差別'을 인용하였다.

가 곧 중생〔佛法〕'임을 관하게 하면 의심이 너무 높아진다. 또한 '중생이 곧 부처〔衆生法〕'임을 관하게 해도 의심이 너무 넓어진다. 그래서 마음을 관하도록 한 것이다. 그리고 중생심 밖에 별도로 진심(眞心)이 있다고 오해할 것이 염려되어, 일체중생의 마음을 내세워서 관하는 대상으로 삼게 했다. 불법(佛法)에 의거하면 일체 심법(心法)과 중생법(衆生法)을 거두어들이고, 중생법에 의거하면 일체 불법과 심법을 거두어들인다. 지금 중생 앞에 나타난 마음에서는, 일체 중생과 부처를 거두어들인다. 그래서 "일체 세간 · 출세간[182]법을 거두어들인다"고 한 것이다. 이 중생의 앞에 나타난 마음에 의하여 대승의 뜻을 나타낸다. 하나를 나타내 보이면 일체를 나타내 보이고, 하나하나의 중생법을 따르면 낱낱의 불법이 모두 이 대승의 뜻 아닌 것이 없다. 그래서 『법화경』에서는 칠보의 큰 수레가 그 수가 무량하다고 하였다.[183]

統論因緣所生 皆是有法 皆悉卽空假中 皆可顯示摩訶衍義 故曰 心佛衆生 三無差別 但初機之人 若令觀於佛法 則疑太高 若令觀衆生法 則疑太廣 所以祗令觀心 又恐人謬謂衆生心外 別有眞心 故但立一切衆生心以爲所觀境也 夫擧佛法 則攝一切心法及衆生法 擧衆生法 則攝一切佛法及以心法 今擧衆生現前介爾心法 則攝一切衆生法及佛法 故云攝一切世間出世間法也 依此衆生現前介爾心法 顯示摩訶衍義 則一顯示 一切顯示 隨擧一一衆生法 一一佛法 無不皆是摩訶衍義矣 故法華云 七寶大車 其數無量也

---

182) 세간(世間)은 시간적 · 공간적인 상황에서 일어나는 생멸(生滅)이 있는 세계를 말한다. 세간의 상대적인 개념으로서 시공(時空)을 초월한 세계를 출세간(出世間)이라고 한다.
183) 『법화경』권2, 「비유품」『대정장』9, p.012c27)의 '七寶大車 其數無量'을 인용하였다.

이 마음의 참되고 한결같은 진여의 모습이 바로 대승의 그 자체를
나타내 보인다.
以此心眞如相 卽示大乘體故

이 앞에 나타난 마음은 안에 있지도 않고 밖에 있지도 않으며 중간에
있지도 않다. 과거는 시작이 없고 미래는 끝이 없으며 현재는 사이가 없
다. 있는 모습도 아니고 없는 모습도 아니며 또한 있는 것도 없는 것도
아닌 모습이고 있지 않으면서 없지도 않은 모습이며, 생사의 모습도 아
니고 열반의 모습도 아니며 두 가지 잘못된 견해[二邊][184]의 모습도 아니
고 중도[185]의 모습도 아니며, 설할 수 있는 모습도 아니고 설할 수 없는
모습도 아니며 설명이 가능하거나 설명이 불가능한 모습도 아니고 설할
수도 없고 설할 수 없는 것도 아닌 모습이다. 그래서 부득이 '참되고 한
결같은 진여의 모습[心眞如相]'이라고 한 것이다. 이 진여가 바로 대승의

---

184) 이변견(二邊見)에는 크게 두 가지가 있다. 첫째는 유(有)에 집착하는 유견(有見)과 실제로 사물이 없다고 고집하는 무견(無見)이 있다. 둘째는 사람의 신심이 단멸하여 계속 생하지 않는다고 고집하는 단견(斷見)과 사람의 신심이 삼세(三世)에 끊어짐이 없다고 고집하는 상견(常見)이 있다. 단견은 무견에 속하고, 상견은 유견에 속한다.
185) 중도(中道)는 도정립(道定立)과 반정립(反定立)의 두 극단을 종합한 뜻으로, 이변(二邊)에 치우친 견해를 여읜 중정(中正)한 도(道)라는 말이다. 중(中)은 불이(不二)의 뜻이며, 절대를 의미한다. 대·소승에서 통용되는 중도의 뜻을 살펴보면, 소승에서는 외도와 범부들의 고(苦)·락(樂)의 행을 여읜 진정한 행법으로, 부처님이 설한 정도(正道)나 유(有)·무(無)·단(斷)·상(常)이 아닌 이치를 말한다. 법상종에서는 유(有)에도 치우치지 않고 공(空)에도 치우치지 않는[非有非空] 이치를 말하고, 삼론종에서는 유무(有無)·생멸(生滅)·단상(斷常)·일이(一異)의 팔불(八不)에 의하여 나타나는 얻을 수 없는[不可得] 법을 말한다. 천태종에서는 실상(實相)을 말하며, 화엄종에서는 법계(法界)를 중도(中道)라고 한다.

본체이다. 여기에 또 다른 본체가 없다. 마땅히 입량(立量)[186]에서 말하면, 중생심이 바로 유법(有法)이고 대승의 체(體)와 종(宗)이다. 인명학에서도 진여의 모습이기 때문에 마치 의지하는 방향을 미혹하고 깨달을 뿐, 방향 그 자체는 미혹과 깨달음이 아니라는 비유와 같다.

卽此現前介爾之心 不在內 不在外 不在中間 過去無始 未來無終 現在無際 非有相 非無相 非亦有亦無相 非非有非無相 非生死相 非涅槃相 非二邊相 非中道相 非可說相 非不可說相 非亦可說亦不可說相 非非可說非不可說相 不得已故 强名爲眞如相 卽此眞如 是大乘體 更無別體也 應立量云 衆生心是有法 卽大乘體宗 因云 眞如相故 同喩如迷悟所依之方 方非迷悟

또한, 이 마음의 생기고 사라지는 원인과 조건의 모습이 대승의 체·상·용을 나타내 보인다.
此心生滅因緣相 能顯示大乘體相用故

이 진여의 변하지 않는 마음의 본체는, 전체가 인연을 따라 생겨나고 소멸〔生滅〕한다. 이를테면 오염되고 청정한 인연을 따라서 십법계를 갖추어 만든다. 비록 십계를 만들지만 십계가 모두 가명(假名)이어서 본성이 없으니, 인연을 따르면서도 변하지 않는다. 당체가 바로 진여이기 때문에 대승의 본체를 나타낸다. 오염된 인연을 따르기 때문에 망령스럽

---

186) 입량(立量)은 인명학(因明學)에서 종(宗)·인(因)·유(喩), 삼지(三支)의 비량(比量)을 세우는 것을 말한다. 즉 논리의 법을 구성하고 뜻을 세우는 것으로, 생략하여 량(量)이라고도 한다.

게 무명을 일으켜 보고 보지 못하는(不見)[187]것이 있게 된다. 깨끗하지 않을 뿐만 아니라 항상 그대로이지도 않고 즐겁지도 않으며 실제 내가 있어서 자유롭지도 않고 깨끗하지도 않으며 고요하지도 않다. 곧 변하여 달라져서 자유롭지도 않으며 갠지스 강의 모래(恒沙)보다 더 많은 허망하고 혼잡한 오염을 갖춘다. 지금 이 오염을 뒤집어서 청정함을 이루니, 무명이 일어나지 않으며 보고 보지 못하는 것이 없다. 마음에 움직임이 없어서 다른 법을 다시 구할 수 없다. 곧 진여에서 큰 지혜의 광명을 세우는 뜻이며 법계를 두루 비추는 뜻이고 진실로 깨달아 아는 뜻이다. 또한 본성의 청정한 뜻이고, 상(常)·낙(樂)·아(我)·정(淨)의 뜻이며 고요하고 변하지 않고 자재한 뜻이며, 갠지스 강의 모래보다 더 많은 청정한 공덕을 가득 채운 뜻이다. 그러므로 대승의 모습을 나타내 보일 수 있는 것이다.

卽此眞如不變心體 擧體隨緣而有生滅 所謂隨於染淨緣 具造十法界 雖造十界 十界皆是假名無性 隨緣不變 當體卽眞 故能顯示大乘體也 由隨染緣 妄起無明 有見不見 似不淸淨 非常非樂 非我非淨 非寂靜 是變異 不自在 具過恒沙虛妄雜染 今翻染成淨 無明不起 無見不見 心性無動 無有餘法而可更求 卽於眞如 立大智慧光明義 遍照法界義 眞實了知義 本性淸淨義 常樂我淨義 寂靜不變自在義 滿足過於恒沙淸淨功德義 故能顯示大乘相也

중생과 함께 생사윤회의 바다에 있다가 비로소 스스로를 불쌍히 여

---

187) 불견(不見)은 눈이 있어도 보지 못하는 것을 말한다. 『원각경대소석의초(圓覺經大疏 釋義鈔)』권7(『속장경』 9, p.611a17)에서는 네 가지 보지 못하는 것(魚不見水 人不見風 迷不見性 悟不見空)을 설명하였다. 즉 고기는 물을 보지 못하고 사람은 바람을 보지 못하며 미혹은 성품을 보지 못하고 깨달음은 공을 보지 못한다.

기고 다른 중생도 불쌍히 여겨 원대한 서원을 세우고, 큰 복덕과 지혜를 닦아 본래의 법신을 증득하여 마음대로 불가사의한 업을 일으켜 영원히 중생을 이롭고 즐겁게 한다. 그러므로 대승의 작용을 나타내 보일 수 있다는 것이다. 그러니 앞에 나타난 마음의 본체가 곧 대승의 본체이고, 앞에 나타난 마음속의 미혹한 모습이 곧 대승의 모습이며, 앞에 나타난 마음속 업의 작용이 곧 대승의 작용이다. 그러나 중생의 어리석고 오염된 인연 때문에 평소에는 알지 못한다. 그 어리석고 오염된 인연이 있기 때문에 비로소 깨달아서 청정한 인연을 세운다. 깨달아서 청정한 인연이 있기 때문에 비로소 본체와 모습 그리고 작용을 나타내 보이게 된다. 이것이 마음의 생기고 사라지는 원인과 조건의 모습이며, 대승의 본체와 모습 그리고 작용을 나타내 보일 수 있다고 하는 것이다. 비유하면, 마치 물이 얼어 얼음이 되면 습기는 본체이고 녹는 것은 모습이며 흡수하는 것은 작용이지만, 모두 볼 수 없는 것과 같다. 만약 얼음의 근원이 곧 물인 것을 알려면 지금 바로 녹여 보면, 비로소 습기는 본체이고 녹는 것은 모습이며 흡수되는 것은 작용인 것을 나타내 보여 줄 뿐이다. 가령, 마음의 생기고 사라지는 원인과 조건의 모습을 관찰하지 않으면, 본체와 모습 그리고 작용도 나타낼 수 없다. 마치 단단한 얼음으로 있으면 수용할 수 없는 것과 같다. 가령, 중생의 앞에 나타난 마음을 떠나 별도로 대승을 구하여도, 역시 본체와 모습 그리고 작용을 나타낼 수 없다. 마치 몹시 추울 때 단단한 얼음을 버리고 달리 물이 없는 것과 같으니, 대승을 배우는 사람은 깊이 생각해 보아야 한다.

마땅히 입량(立量)에서 말하면, 중생심이 바로 유법(有法)이어서 대승의 본체와 모습 그리고 작용의 종(宗)을 나타낸다고 한다. 인명에서는 생기고 사라지는 원인과 조건의 모습이기 때문에, 마치 방향을 의지하기 때문에 미혹하고, 미혹함으로 인하여 방향을 깨닫는다는 비유와 같다. 첫째, 유법(有法)의 해석을 마친다.

 由與眾生同在生死輪迴海中 方肯自憫憫他 發大誓願 修大福慧 證本法身 任運起於不思議業 盡未來際 利樂有情 故能顯示大乘用也 然則現前介爾心體 卽大乘體 現前心中惑相 卽大乘相 現前心中業用 卽大乘用 而眾生迷染因緣 日用不知 由有迷染因緣 方立悟淨因緣 由有悟淨因緣 方顯體相用大 故云此心生滅因緣相 能顯示大乘體相用也 譬如水結成冰 則濕體融相潤用 皆不可見 若知冰原是水 方便令泮 方能顯示濕體融相潤用耳 設不觀心生滅因緣 則不能顯體相用大 如守堅冰 無可受用 設離眾生現前之心 別求大乘 亦不能顯體相用大 如大凍時 若棄堅冰 別無有水 學大乘者 幸深思之 應立量云 眾生心是有法 能顯示大乘體相用宗 因云 生滅因緣相故 同喩如依方故迷 因迷故悟於方 初釋有法竟

2. 법(法)

둘째, 법의 해석에 두 가지가 있다. 첫째는 대(大)의 뜻을 해석하고, 둘째는 승(乘)의 뜻을 해석한다. 지금은 첫 번째 대의 뜻을 해석한다.
二釋法二 初釋大義 二釋乘義 今初

법에는 간략히 세 가지가 있다. 첫째는 체대(體大)인데, 일체 법이 진여라는 것이다. 왜냐하면, 오염된 환경에 있거나 청정한 환경에 있어도 성품은 항상 평등하여 증가하거나 감소하지 않고 차이가 없기 때문이다.

所言法者 略有三種 一體大 謂一切法眞如 在染在淨 性恒平等
無增無減 無別異故

앞에서는 마음의 참되고 한결같은 진여의 모습이 곧 대승의 본체임을 나타냈다. 여기에서 '일체 법이 진여'라고 한 것은 마음의 진여가 곧 일체 법의 진여여서 두 진여가 없기 때문이다. 모든 법은 곧 오염된 법과 청정한 법이다. 간략하게 말하면 오위백법(五位百法)[188]이고, 광범위하게 말하면 백계천여(百界千如)[189]이다. 하나의 법을 따라 잡으면 진여 전체라서 작은 부분이 아니어서 "성품이 항상 평등하다"고 한 것이다. 깨달을 때에도 얻을 것이 없고 미혹할 때에도 잃을 것이 없다. 또한 겨자나 털끝의 진여라도 작은 것이 아니고 수미보찰의 진여라도 큰 것이 아니기 때문에 "증가하지도 않고 감소하지도 않는다"고 한 것이다. 하나

---

188) 오위백법(五位百法)은 『구사론(俱舍論)』의 오위칠십오법(五位七十五法)에 대하여 유식(唯識)에서는 모든 사상(事象)을 백가지로 분류했다. 오위(五位)는 유위(有位)·무위(無爲)의 일체 제법을 다섯 종류, 색법(色法)·심법(心法)·심소법(心所法)·불상응법(不相應法)·무위법(無爲法)으로 나눈 것이다. 백법(百法)은 세간(世間)·출세간(出世間)의 만상(萬象)에서 쓰는 것으로, 심법(心法)에 8·심소유법(心所有法)에 51, 색법(色法)에 11, 불상응행법(不相應行法)에 24, 무위법(無爲法)에 6이다. 그러나 이것들을 실체시하지 않고 지위를 나누어 가정했다. 마음이 이들 가운데서 가장 뛰어나서 물질적 대상이 존재하는 것이 아니라, 마음에 의해서 대상이 변화한다는 입장에서 심왕(心王)을 구별하여, 6식 이외에 말나식(末那識)과 아뢰야식(阿賴耶識)을 세웠다. 또한 백법의 상관관계에 있어서 인간의 마음의 움직임이나 현상을 교묘하게 설명한 것이다. 즉 정신현상의 다양성과 복잡성을 구체적인 파악과 분석적인 해명에 의해서 이해시키는 뛰어난 불교의 심리연구이다.
189) 백계천여(百界千如)는 천태교학으로, 십계(十界)에 십계를 곱하여 백계(百界)라 하고, 백계에 각각 열 가지의 사리(事理), 즉 십여(十如)가 갖추었으므로, 또 십여를 곱하여 천여(千如)라고 한다.

의 모양도 모양이 없어 분리할 수 없기 때문에 "차이가 없다"고 한 것이다. 이미 '일체 법'이라 말해 놓고 다시 "오염된 환경에도 있고 청정한 환경에도 있다"고 한 것은, 전적으로 생기고 사라지는 원인과 조건의 모습〔生滅因緣相〕에서 '성품은 항상 평등하여 증가하지도 않고 감소하지도 않고 차이도 없기 때문이다. 즉 생기고 사라지는 원인과 조건의 모습이 곧 진여의 문〔眞如門〕임을 알게 된다. 그래서 아래 본문에서는 더욱더 서로 여의지 않는다고 한다. 만약 생기고 사라지는 원인과 조건의 모습을 버리면 어떻게 본체가 진여임을 알며, 생기고 사라지는 원인과 조건의 모습에 집착한다면 또한 무엇으로 인하여 진여를 통달하겠는가!

前云此心眞如相 卽示大乘體 今云一切法眞如者 以心眞如 卽一切法眞如 無二眞如故也 一切法 卽染法淨法 略則五位百法 廣則百界千如也 隨拈一法 並是眞如全體 非是少分 故云性恒平等 悟時無得 迷時無失 又芥子毛端之眞如非小 須彌寶刹之眞如非大 故云無增無減 一相無相 不可分離 故云無別異也 夫旣言一切法 又言在染在淨 是全約生滅因緣 而隨云性恒平等 無增無減無別異故 則知生滅因緣 卽是眞如門矣 故下文云展轉不相離也 若捨生滅因緣 何由體會眞如 若執生滅因緣 又何由了達眞如也哉

둘째는 상대(相大)이다. 여래장이 본래 한량없고 끝없는 성품의 공덕을 갖추고 있기 때문이다.
二者相大 謂如來藏 本來具足無量無邊性功德故

여기에서는 중생의 앞에 나타난 마음이 곧 여래장이라는 것을 말한다. 진여는 변하지 않으면서 인연을 따른다. 그래서 전체이지만 중생의 앞에 나타난 마음이 되고 이 마음이 곧 진여 전체이다. 여기에서 다시 여래장이라고 한 것은 생겨나고 소멸하는 문〔生滅門〕의 입장에서 숨겨져 있는 것은 여래장이라 하고, 드러난 것은 법신이라고 하기 때문이다. 그러나 법신과 여래장이 비록 이름은 둘이지만 본체는 둘이 아니다. 그래서 법신으로 나타날 때만 한량없고 끝없는 성품의 공덕을 갖추고 있을 뿐만 아니라, 여래장으로 숨겨져 있을 때에도 본래 한량없고 끝없는 성품의 공덕을 갖추고 있다고 한다.

此謂衆生現前介爾之心 卽是如來藏也 夫眞如不變隨緣 擧體而爲衆生介爾之心 則介爾心 便是眞如全體 今又名爲如來藏者 是約生滅門中 隱名如來藏 顯名法身故也 然法身與如來藏 雖有二名 終無二體 故不唯顯名法身之時 具足無量無邊性功德相 卽正在隱名如來藏時 本來具足無量無邊性功德也

셋째는 용대(用大)이다. 모든 세간과 출세간에 선한 인과를 내기 때문이다.
三者用大 能生一切世出世間善因果故

이 중생의 앞에 나타난 마음은 법을 갖추지 않음이 없고, 법을 만들지 않음도 없다. 이를테면 오염되고 청정한 환경을 따라 십법계(十法界)를 갖추어 만들고, 두루 십계의 인과를 낸다. 다만 무명[190]과 미혹을 벗어나

---

190) 무명(無明)은 12연기의 하나로, 『기신론』에서는 불각(不覺)과 같다고 한다. 진여에 대하여 무자각한 것으로, 진여가 일여평등(一如平等)한 것을 알지 못하고 현상의

지 못한 아홉 가지 세계(九界)[191]에서 말하면, 삼악도 등의 모든 악한 인과도 또한 이 마음의 작용이다. 마치 금으로 더러운 그릇을 만들 때 예리한 칼로 그 그릇을 깨면, 수많은 보배 구슬이 탄환이 되는 것과 같다. 이것은 용대(用大)라고 할 수 없다. 인간계와 천상계의 유루(有漏)[192]의 인과도 또한 이 마음의 작용이다. 마치 마니보배의 구슬로써 겨우 한 가지 옷과 음식을 바꾸는 것과 같다. 이것도 용대(用大)라고 할 수 없다. 이승(二乘)의 무루(無漏)의 인과도 또한 이 마음의 작용이다. 마치 금괴(閻浮檀金)[193]를 움켜쥐고 있어도 이자(息利)가 생기지 않는 것과 같다. 이 또

차별적인 갖가지 모양에 집착하여 현실세계의 온갖 번뇌와 망상의 근본이 되는 것을 말한다. 이 무명이 진여에 훈습되어 아뢰야식을 내고, 아뢰야식에 의하여 모든 만법이 생긴다. 『아비달마대비바사론』 권42(『대정장』 27, pp.220a05-66)에서는 대번뇌지법(大煩惱地法)의 하나이며, 유식에서는 제6식과 서로 응하는 우치(愚癡)와 무치(無癡)의 치번뇌로, 근본번뇌의 하나이다. 모든 현상(事)과 본체(理)에 어두워서 명료하지 못하다. 천태종에서는 삼혹(三惑: 견사혹(見思惑) · 진사혹(塵沙惑) · 무명혹(無明惑))의 하나로, 모든 생사의 근본인 미세한 번뇌로서 일법계(一法界)의 뜻을 알지 못하고 법성의 장애가 되는 혹이다. 이 무명의 혹(惑)은 보살만이 끊는 것이므로 별혹(別惑)이라 하고, 외계(外界)의 생사를 받는 번뇌이므로 계외혹(界外惑)이라 한다.

191) 구계(九界)는 십계(十界) 중에서 불계(佛界)를 제외한 보살계로부터 지옥계까지를 말한다. 이 세계는 무명과 미혹한 집착을 벗어나지 못한 경계이다.
192) 유루(有漏)는 범어 sāsrava의 번역으로, 루(漏)는 번뇌의 다른 이름이다. 탐내고 성내는 등의 번뇌가 육근(六根)의 문에서 항상 흘러나와 그치지 않으며, 번뇌가 사람으로 하여금 삼악도에 떨어지게 하므로 루(漏)라 한다. 따라서 번뇌의 법을 유루(有漏)라 하고, 번뇌를 여읜 법을 무루(無漏, anāsrava)라고 한다. 『아비달마구사론』 권1(『대정장』 29, pp.001c10-3)에서는 "무루란, 도성제와 삼무위(三無爲)를 말하는데, 삼무위는 허공 · 택멸 · 비택멸을 가리킨다. 이러한 세 가지의 무위와 도성제를 무루법이라고 한다. 왜냐하면, 모든 번뇌가 그 가운데서 따라 증가하지 않기 때문이다[無漏云何 謂道聖諦及三無爲 何等爲三 虛空二滅 二滅者何 擇非擇滅 此虛空等三種無爲及道聖諦 名無漏法 所以者何 諸漏於中不隨增故]"고 하였다.
193) 염부단금(閻浮檀金)은 범어 jāmbūnadasdvarṇa의 번역으로, 염부단금(炎浮檀

한 용대(用大)라고 할 수 없다. 권승(權乘)[194] 보살의 다섯 가지 신통〔五通〕[195]의 인과는 자기도 이롭고 남도 이롭게 하는 작용은 있다. 그러나 마치 염부단금으로써 장사하고 무역을 해도 권력을 쥐고 마음대로 자유롭지 못한 것과 같다. 이것도 또한 용대(用大)라고 할 수 없다. 또한 희망하는 마음의 궁극적인 성불한 지위〔極果〕[196]는 마치 염부단금으로 왕의 보배 왕관을 만들어 써도 집을 허물고 날아오를 수 없는 것과 같다. 이것도 용대(用大)라고 할 수 없다. 오직 불승(佛乘)의 종성(種姓)만이 이 앞에 나타난 마음의 본체가 곧 진여이며, 한없는 덕을 갖추고 있는 줄 안다. 곧 모든 망념이 모양이 없는 줄 관찰하면 자기 자신과 다른 사람을 함께 불쌍히 여겨, 큰 서원을 발하고 본성에 칭합하는 수행을 익혀 오랜 무명을 소멸하고 본래의 법신을 증득하여, 불가사의한 업을 마음대로 일으키고 여러 가지로 자유롭게 작용함이 차별되어 법계에 두루

金)·염부나제금(閻浮那提金)·염부나타금(閻浮那陀金)이라고도 한다. 금은 그 색이 적황(赤黃)이며 자염기운〔紫焰氣〕을 띤다. 염부(閻浮)는 나무 이름이며, 단(檀)과 나제(那提)는 하(河)로 번역한다. 염부수(閻浮樹) 아래에 강물(河水)이 있는 것을 염부단(閻浮檀)이라 하고, 이 강물에서 나오는 금을 염부단금(閻浮檀金)이라고 한다.
194) 권승(權乘)은 진언종에서 그 십주심(十住心)의 교판 중에서 앞의 구주심(九住心)을 권승(權乘)이라 하고, 제십주심(第十住心)을 실과(實果)라고 한다. 유식·삼론·화엄·천태 등의 교는 권승이며, 부처님도 모두 인위(因位)의 권불(權佛)이라 하고, 진실한 불과(佛果)는 제십주심(第十住心)의 법신밀불(法身密佛)뿐이라고 한다.
195) 오통(五通)은 오신통(五神通)으로, 육신통의 누진통(漏盡通)을 제외한 신족통(神足通)·천안통(天眼通)·천이통(天耳通)·타심통(他心通)·숙명통(宿命通)을 말한다. 오신통은 유루(有漏)의 선정이나 주력에 의해 얻으며, 외도인 선인들도 성취할 수 있다.
196) 극과(極果)는 궁극의 증과(證果)라는 뜻으로, 대승의 불과(佛果)를 말한다. 소승의 무학과(無學果)와 같은 완전한 과(果)를 가리킨다. 즉 인위수행(因位修行)의 결과를 뜻한다.

미쳐 진여와 더불어 같아진다. 마치 염부단금을 녹여서 신선의 약을 만들어 먹고 문득 집을 부수고 허공에 날아올라 자유자재한 것과 같다. 그러므로 용대(用大)라고 한다.

只此衆生現前介爾之心 無法不具 無法不造 所謂隨於染淨緣 具造十法界 遍能出生十界因果 但約九界言之 則三塗等諸惡因果 雖亦此心之用 如以金作穢器 利刀割泥 無上寶珠而作彈丸 不名用大 人天有漏因果 雖亦此心之用 如以摩尼僅貿一衣一食 不名用大 二乘無漏因果 雖亦此心之用 如空守閻浮檀金 不生息利 不名用大 權乘菩薩五通因果 雖有自利利他之用 如以閻浮檀金而作商賈貿易 未能統御自在 亦不名用大 雖又希心極果 如以閻浮檀金作王寶冠 未能拔宅飛昇 亦不名用大 唯有佛乘種性 知此現前介爾之心 體卽眞如 具無邊德 便能觀察一切妄念無相 自慇慇他 發大誓願稱性修習 滅無始無明 證本法身 任運起於不思議業 種種自在作用差別 周遍法界 與眞如等 譬如以閻浮金 煉作仙丹 便能拔宅飛昇 遊戲自在 故名用大也

【문】과보 중에서 용대(用大)는 무명과 미혹을 벗어나지 못한 아홉 가지 세계로 나타난다. 어떤 때는 삼악도를 나타내기도 하고 악한 인과를 내기도 하는데, 어떻게 단지 선한 인과만 말하는가? 【답】중생을 제도하기 위하여 악한 원인을 만들어 보이지만 본래 미혹과 오염이 없으면 곧 오염되지 않은 선〔無漏善〕이다. 또 중생을 제도하기 위하여 악한 과보를 받는 것을 나타낸다. 여기에서 괴로움을 받지 않는 것이 마치 욕망이 없는 색계의 삼선천(三禪天)[197]의 쾌락과 같다. 그렇기 때문에 선한 인과만

---

197) 삼선천(三禪天)은 색계사천(色界四天: 初禪天·二禪天·三禪天·四禪天)의 하나로, 사(捨)·념(念)·혜(慧)·락(樂)·일심(一心)의 오지(五支)로 성립된다.

말한 것이다. 그리고 "모든 선한 인과를 낸다"고 한 것은 과보 가운데 큰 작용을 말한다. 중생과 더불어 두루 증상연(增上緣)[198]을 지어서 세간과 출세간의 모든 인과를 내게 한다. 그러나 이미 성불해 마치고 나서 자연히 세간과 출세간의 선한 인과를 내게 한다고 말하지 않았다. 모든 부처님에게 있는 모든 변화하여 나타내는 것이 모두 이 진여의 자재하고도 매우 오묘한 작용이다. 이것은 모두 열반의 청정하고 미묘한 덕에 부합하여, 진실한 인과를 짓는다고 할 수 없는 까닭이다.

  問 果中用大 垂形九界 有時示現三塗 亦應生惡因果 如何但言善因果耶 答 爲度衆生 示作惡因 本無迷染 卽無漏善 爲度衆生 示受惡果 亦無苦受 如三禪樂 是故但名善因果也 又所言能生一切善因果者 謂果中大用 遍與衆生作增上緣 令生世出世間諸善因果 非謂旣成佛已 自生世出世間善因果也 以諸佛所有一切變現 皆是眞如自在甚深之用 皆合涅槃淸淨妙德 不可喚作實因果故

【문】용대(用大)가 이미 불과(佛果)의 입장인데, 어떻게 마음의 생기고 사라지는 원인과 조건의 모습이라고 하는가? 【답】만약 중생심이 없으면, 대승의 본체와 모습이 없고, 만약 대승의 본체와 모습이 없다면 어디에 대승의 작용이 있겠는가? 【문】이미 진여의 매우 오묘한 작용을 말했는데, 무슨 이유로 진여에 속하지 않고 생겨나고 소멸하는 인연에 속한다고 하는가? 【답】만약 생겨나고 소멸하는 인연이 아니면, 진여는 오히려 저절로 세워질 수 없다. 그런데 어떻게 용대(用大)를 구별하겠는

---

198) 증상연(增上緣)은 사연(四緣: 因緣·次第緣·緣緣·增上緣)의 하나로, 다른 법을 일으키는 강력한 것이다. 육근이 경계를 비추어 식(識)을 일으켜 증상(增上)의 역용(力用)이 있어 제법이 생길 때 장애가 생기지 않음을 말한다.

가! 중생의 앞에 나타난 생겨나고 소멸하는 마음의 본체가 곧 진여이고 그 모습이 바로 여래장이며 그 작용이 곧 모든 인과를 내게 한다. 그러나 평소에는 알지 못한다. 그래서 이것을 이즉대승(理卽大乘)이라고 한다. 만약 이 일심의 체대와 상대 그리고 용대를 안다면, 바로 명자즉대승(名字卽大乘)이라고 한다. 망념의 모양이 없는 줄 관찰하면, 관행즉대승(觀行卽大乘)이라고 한다. 만약 거친 때를 먼저 떨어 버리고 육근이 청정하다면 상사즉대승(相似卽大乘)이라고 한다.『기신론』에서는 이것을 비슷한 깨달음〔相似覺〕[199]이라고 한다. 만약 몸소 이 본체와 모습 그리고 작용을 증득한다면 마음대로 더욱 정진한다. 이것을 분증즉대승(分證卽大乘)이라고 하는데,『기신론』에서는 분에 따라 본래의 깨달음에 가까워지는 깨달음〔隨分覺〕이라고 한다. 만약 마음의 본성이 상주하여 나타나게 되면, 구경즉대승(究竟卽大乘)이라고 한다.『기신론』에서는 이것을 최후의 완전한 깨달음〔究竟覺〕이라고 한다. 깨달음과 미혹함의 깊고 얕음에 따라서 여섯 가지의 분별이 있지만 항상 즉(卽)하여 시작과 끝이 평등하다. 이것이 마음의 진여문〔心眞如門〕이다. 즉하지만 항상 여섯이어서 떠오르고 가라앉음의 차이가 크다. 이것이 마음의 생겨나고 소멸하는 문〔心生滅門〕이다. 그래서 일체 중생심을 유법(有法)으로 삼아서 대승의 뜻을 나타낸 것이다. 첫째, 대(大)의 뜻에 대한 해석을 마친다.

問 用大旣約佛果 何名此心生滅因緣相耶 答 若無衆生心 則無大乘體相 若無大乘體相 何處有大乘用 問 旣云眞如甚深用 何故不屬眞如 乃屬生滅因緣 答 若非生滅因緣 則眞如之名 尙自不立 何得辨用大耶

---

199) 상사각(相似覺)은『기신론』에서 설하는 사각(四覺: 本覺・相似覺・隨分覺・究竟覺) 가운데 두 번째 깨달음이다. 보살이 십주(十住)・십행(十行)・십회향(十廻向)의 삼십위(三十位)에서 진각(眞覺)이 아니고 비슷한 진각의 지혜를 발하여 무명번뇌를 조복 받는 작용을 말한다.

夫衆生現前介爾生滅之心 體卽眞如 相卽如來藏 用卽能生一切因果 而日用不知 是謂理卽大乘 若能知此一心體大相大用大 是謂名字卽大乘 若能觀察妄念無相 是謂觀行卽大乘 若粗垢先落 六根淸淨 是謂相似卽大乘 此論名之爲相似覺 若能親證此體相用 任運增進 是謂分證卽大乘 此論名之爲隨分覺 若至心根本性常住現前 是謂究竟卽大乘 此論名之爲究竟覺 六而常卽 始終平等 卽此心眞如門也 卽而常六 昇沈頊異 卽此心生滅門也 故立一切衆生心爲有法 顯示摩訶衍義 初釋大義竟

둘째, 승(乘)의 뜻을 해석한다.
二釋乘義

일체 모든 부처님이 본래 타는 것이기 때문이며, 일체 모든 보살들이 모두 다 이것을 타고 부처의 지위로 들어가기 때문이다.
一切諸佛本所乘故 一切菩薩皆乘於此 入佛地故

여기에서는 타는 사람에 입각해서 타게 되는 법을 나타낸다. 그러므로 '대승(大乘)'이라고 하는 것은 문수·보현 등 모든 대인(大人)이 타게 되는 것이다. 일체 중생의 마음은 본체와 모습 그리고 작용을 갖추지 않음이 없다. 곧 이것이 삼대(三大)이다. 다시 '승(乘)'이라고 한 것은 무명과 미혹을 벗어나지 못한 구계(九界)의 중생은 이 마음이 대승의 기능을 충분하게 발휘하지 못해서, 잘못 부서진 나귀·양·사슴·소 등 모든 수레를 만들었다. 오직 모든 부처님만이 이미 대승을 타고 최후의 완벽한 경지〔究竟地〕에 이르렀다. 그리고 모든 보살도 모두 이 대승을 타고 곧 부처의 지위에 들어간다. 그래서 반드시 중생심의 입장에서 대승의 뜻을 나타낸 것이다. 둘째,「입의분」을 마친다.

　此更約能乘之人 以顯所乘之法 故曰 言大乘者 文殊普賢等一切大人之所乘也 夫一切衆生心 莫不具體相用三大 卽此三大 便名爲乘 而九界衆生 不能盡此心大乘之用 枉作壞驢羊鹿水牛諸乘 唯一切佛 已乘此大乘 到究竟地 一切菩薩 皆乘此大乘 乃入佛地 故必約衆生心以顯大乘義也 二立義分竟

대승기신론열망소 제1권 마침

대승기신론열망소(大乘起信論裂網疏)

제2권

3장 해석하는 부분〔解釋分〕

셋째,「해석분」에는 두 가지가 있다. 첫째는 과목를 세우고, 둘째는 바르게 해석한다. 여기서는 먼저 과목을 세운다.
三解釋分二 初立科 二正解 今初

무엇을「해석분」이라고 하는가? 여기에는 세 가지가 있다. 즉 진실한 뜻을 나타내 보이고, 그릇된 집착을 다스리며, 바른 도를 수행하는 행상을 분별하는 것이다.
云何解釋分 此有三種 所謂顯示實義故 對治邪執故 分別修行正道相故[200]

진실한 뜻을 나타내 보임으로써 의심을 제거하고, 그릇된 집착을 다스림으로써 집착을 버려 곧 바로 믿음을 일으킨다. 정도(正道)를 수행하는 행상을 분별하는 것이 바로 부처의 종자를 잇는 것이다.
顯示實義以除疑 對治邪執以去執 卽是起信 分別修行正道相 卽是紹佛種也

---

200) 구역 『기신론』『대정장』 32, pp.576a03-4)에서는 첫째는 현시정의(顯示正義), 둘째는 대치사집(對治邪執), 셋째는 분별발취도상(分別發趣道相)으로 설명하였다.

둘째, 바로 해석하는 데 세 가지가 있다. 첫째는 진실한 뜻을 나타내 보이고, 둘째는 잘못된 집착을 다스리며, 셋째는 정도를 수행하는 행상을 분별한다. 첫째 진실한 뜻을 나타내 보이는 데도 또한 세 가지가 있다. 첫째는 총괄하여 진여문과 생멸문을 표시하고, 둘째는 각각 두 가지 문을 해석하며, 셋째는 서로 여의지 않음을 마무리지어 보인다. 여기서는 먼저 진실한 뜻을 나타내 보인다.

二正解三 初顯示實義 二對治邪執 三分別修行正道相 初中三 初總標二門 次各釋二門 三結示不離 今初

1. 진실한 뜻을 나타내 보인다〔顯示實義〕

진실한 뜻을 나타내 보이는 데 있어서는 하나의 마음〔一心〕에 의하여 두 가지 문이 있다. 즉 마음의 진여문과 마음의 생멸문이다. 이 두 가지 문이 각각 모든 법을 거두어들여서 더욱더 서로 떨어지지 않는다.

此中顯示實義者 依於一心 有二種門 所謂心眞如門 心生滅門 此二種門 各攝一切法 以此展轉不相離故

하나의 마음〔一心〕은 중생의 앞에 나타난 마음을 가리킨다. 두 가지 문이라고 한 것은 전후(前後)와 좌우(左右)를 둘이라는 것이 아니다. 다만 인연을 따르면서도 변하지 않는 이러한 생멸하는 마음을 진여문(眞如門)이라 하고, 변하지 않으면서도 인연을 따르는 진여의 마음을 생멸문(生滅門)이라고 한다. 이를테면 집에는 오직 한 문(門)만이 있다는 것이다. 또한 모든 여래(薄伽梵)[201]의 오직 하나의 길인 열반문을 말하는 것이다. 단지 미혹하면 생사가 시작되어 진여 전체가 생멸이 되고, 깨달으면 윤회가 끊어져 드러나게 되는 생멸의 당체가 바로 진여이다. 그래서 미혹과 깨달음의 입장에서 두 가지 문을 밝히는 것이다. 또한 미혹을 상대하여 깨달음을 설하면 생멸문이고, 미혹과 깨달음이 평등하면 진여문이다. 이 두 문이 각각 모든 법을 거두어들이는 것이다. 진여의 문에서 설하면, 곧 백계천여와 오위백법을 거두어들여 낱낱이 진여 아님이 없고, 성품이 항상 평등하여 늘어나고 줄어들지 않으며 차이도 없다. 생기고 소멸하는 문에서 설하여도, 또한 백계천여와 오위백법을 거두어들여 낱낱이 생멸 아님이 없다. 육도에서 윤회하는 범부들의 온갖 법은 미혹과 오염된 인연으로 이루어진 것이다. 반면 성인(四聖)[202]들의 모든 법은 깨달아 청정한 인연으로 이루어진 것이다. 세간과 출세간은 한 가지 법도 생기고 소멸하는 인연을 따르지 않고 나타내 보이지 않는 것이 없다. "점점 더하여 서로 떨어지지 않는다"고 한 것은 한 마음의 진여문을 떠나서는 생멸을 얻을 수 없는 것이다. 마치 방향을 여의고 별도로 미혹과 깨달음이 없는 것과 같고, 젖는 성질을 여의고 별도로 얼음과 물이 없는 것과 같다. 한 마음의 생멸문을 떠나서는 진여를 얻을 수 없다. 마치 미혹과 깨달음을 떠나서 별도로 방향이 없는 것과 같고, 얼음과 물을 떠나서 별도로 젖는 성질이 없는 것과 같다.

---

201) 박가범(薄伽梵)의 박가(薄伽)는 덕(德)이라 하고, 범(梵)은 성취의 뜻이다. 온갖 덕을 성취했다는 의미의 박가범(薄伽梵)은 부처를 말한다. 파가파(婆伽婆)라고도 하며, 보통 바가범이라고 한다.
202) 사성(四聖)은 십계(十界)에서 성문(聲聞)·연각(緣覺)·보살(菩薩)·불(佛)의 네 성인의 세계(四界)를 사성(四聖)이라 하고, 나머지 지옥·아귀·축생·수라·인간·천상을 여섯 가지 범부의 세계(六凡)라고 한다.

一心 卽指衆生現前介爾心也 言二種門者 非是前後左右名爲二也 祇是隨緣不變 卽此生滅心名眞如門 不變隨緣 卽此眞如心名生滅門 正所謂是舍唯有一門 亦所謂十方薄伽梵一路涅槃門 但迷之則生死始 則眞如擧體而爲生滅 悟之則輪迴息 則生滅當體便是眞如 故約迷悟而明二種門也 又對迷說悟 卽生滅門 迷悟平等 乃眞如門 言此二門各攝一切法者 謂約眞如門 則攝百界千如五位百法 一一無非眞如 性恒平等 無增無減 無別異故 約生滅門 亦攝百界千如五位百法 一一無非生滅 以六凡諸法 是迷染因緣所成 四聖諸法 是悟淨因緣所成 世出世間 無有一法不從生滅因緣而顯示故 言以此展轉不相離者 謂離一心眞如 則無生滅可得 如離於方 別無迷悟 亦如離於濕性 別無冰水 離一心生滅 亦無眞如可得 如離迷悟 別無有方 亦如離於冰水 別無濕性也

【문】무슨 이유로 하나의 마음에 의하여 진여문과 생멸문을 나타내는가? 【답】일체 모든 법은 으레 이 두 문이 있다. 그래서 모든 부처님의 설법이 항상 진제(眞諦)와 속제(俗諦)를 의지하기 때문이다. 마음의 진여문은 진제이고, 마음의 생멸문은 바로 속제이다. 비록 진제와 속제로 말하지만 오직 하나의 법이다. 진제와 속제가 원융하기 때문에 불가사의한 것이다. 그래서 "각각 모든 법을 거두어들여 더욱더 서로 떨어지지 않는다"고 한 것이다. 또한 전적으로 성품을 거역하고 따르는 두 가지 수행을 하면 생멸문이라고 한다.

반면 전적으로 거역하고 따르는 수행을 해도 하나의 성품이 바뀌지 않으면 진여문이라고 한다. 또한 전체가 본체[理]와 현상[事]을 이루면 생멸문이라 하고, 전체가 본체와 현상에 즉(卽)하면 진여문이라고 한다. 또한 본체와 현상을 분별하면 생멸문이라 하고, 현상과 본체의 분별을 끊어 없애면 진여문이라고 한다. 그리고 방편(權)²⁰³⁾에 즉한 진실(實)을 진여문이라 하고, 진실에 즉한 방편을 생멸문이라고 한다. 또한 방편과 진실을 분별하면 생멸문이라 하고, 방편과 진실이 둘이 아니면 진여문이라고 한다. 또한 진실을 위하여 방편을 써서 진여문에 의하여 생멸문을 설하고, 방편으로 진실을 나타내어 생멸문이 곧 진여문임을 설한다. 또한, 진실을 위하여 방편을 사용하고 방편을 써서 진실을 나타내는 것은 모두 생멸문이다. 본체는 방편도 아니고 진실도 아니어서 진여문이라고 한다. 또한 지혜를 따라 설하면 생멸문이 곧 진여문이고, 감정(情)을 따라 설하면 진여문이 곧 생멸문이다. 감정과 지혜를 모두 따라 설하다 보니, 하나의 마음에 의한 진여문과 생멸문의 두 가지 문이 있는 것이다.

問 何故依於一心 示二門耶 答 一切諸法 法爾有此二門 所以諸佛說法 常依二諦 心眞如門 卽眞諦 心生滅門 卽俗諦 雖云二諦 唯是一法 所以二諦圓融 不可思議 故各攝一切法 展轉不相離也 又全性起逆順兩修 名生滅門 全逆順兩修不改一性 名眞如門 又全理成事 名生滅門 全事卽理 名眞如門 又分別事理 名生滅門 泯絕事理 名眞如門 又卽權而實 名眞如門 卽實而權 名生滅門 又分別權實 名生滅門 權實不二 名眞如門 又爲實施權 依眞如門說生滅門 開權顯實 指生滅門卽眞如門 又爲實施權 開權顯實 皆生滅門 理則非權非實 名眞如門 又隨智說 則生滅卽眞如門 隨情說 則眞如卽生滅門 隨情智說 則依於一心 有二種門也

---

203) 권(權)은 중생의 근기에 알맞도록 가설한 방편(方便)이나 수단을 뜻하며, 실(實)은 수단과 가설이 아닌 구경 불변하는 진실(眞實)을 뜻한다. 이 두 가지는 서로 상대되는 개념으로서, 권교(權敎)와 실교(實敎), 권지(權智)와 실지(實智), 권경(權境)과 실경(實境) 등이라고도 한다. 그러나 보통 권교(權敎)와 실교(實敎)를 말한다.

【문】진여문과 생멸문이 곧 진제와 속제이고, 또한 칠종이제(七種二諦)[204]이다. 그런데 어떻게 서로 거두어들이는가?【답】만약 실제로 존재한다(實有)는 것이 속제(俗諦)라면, 실유(實有)[205]가 소멸한 것은 진제(眞諦)가 된다.[206] 속제는 곧 생멸문에서 집착과 상응하여 오염된 마음(執相應染)[207]이 거두어들인 것이다. 진제로 그렇다고 긍정하여 말하면 생멸문에서 비슷한 깨달음(相似覺)을 거두어들이고, 아니라고 부정하여 말하면 다만 이것은 끊어지지 않고 상응하는 오염된 마음이 거두어들인 것이다. 이로써 법에 집착하여 취하는 경계를 분별한다.

만약 환유(幻有)[208]를 속제라고 하면, 환유가 공한 것(幻有卽空)을 진제(眞諦)로 한다.[209] 속제 또한 집착과 상응하여 오염된 마음이 거두어들인 것이며, 진제는 진여문의 공(空)의 뜻을 일부분 거두어들인다. 만약 환

---

204) 칠종이제(七種二諦)는 『법화경현의』 권2(『대정장』 33, pp.702c08-20)에서 진제와 속제를 일곱 가지로 나누어 설명한 것이다.
205) 실유(實有)는 허망하지 않고 사실이라는 뜻이다. 범부는 온갖 법이 인연에 의하여 생기는 것임을 알지 못하고, 그 실재하는 성질이 없는 것을 실제로 있다고 집착한다.
206) 칠종이제(七種二諦)의 첫째 실유속제(實有俗諦)로, 실유의 멸을 진제로 하는 삼장교(三藏敎)의 이제이다.
207) 집상응염(執相應染)은 『기신론』의 육염심(六染心: 집상응염(執相應染)・부단상응염(不斷相應染)・분별지상응염(分別智相應染)・현색불상응염(現色不相應染)・능견심불상응염(能見心不相應染)・근본업불상응염(根本業不相應染)]의 하나이다. 아집의 번뇌와 심왕(心王)이 상응하여 일어나서, 바깥 경계를 보고 집착하여 번뇌를 일으키는 염심(染心)을 말한다. 육추(六麤) 가운데 세 번째인 집취상(執取相)과 네 번째인 계명자상(計名字相)으로 2승의 극과(極果)와 보살의 십주위(十住位)에서 끊는 것이다.
208) 환유(幻有)는 가환(假幻)의 사실이 없는 것이 현법(顯法)의 가유(假有)가 되는 것이다.
209) 칠종이제(七種二諦)의 둘째 환유속제(幻有俗諦)로, 환유즉공(幻有卽空)을 진제로 하는 통교(通敎)의 이제이다.

유를 속제라고 하면, 환유가 공하면서도(幻有卽空) 공하지 않는(不空) 것을 함께 진제(眞諦)라고 한다.²¹⁰⁾ 속제가 앞의 것을 거두어들이는 것과 같이, 진제는 생멸문 안에서 본래의 깨달음(本覺)²¹¹⁾의 뜻을 거두어들이고 진여문의 공의 뜻을 일부분 거두어들인다. 만약 환유를 속제라고 하면, 환유가 공이면서도(幻有卽空) 공하지 않고(不空) 모든 법이 공하면서도(一切法空) 공하지도 않은 것을 함께 진제라고 한다.²¹²⁾ 속제가 앞의 것을 거두어들이는 것과 같이, 진제도 바로 진여문을 거두어들인다. 만약 환유(幻有)와 환유가 공함(幻有卽空)을 함께 속제라고 하면, 있지도 않고(不有) 공하지도 않는(不空) 것을 진제로 한다.²¹³⁾ 속제는 곧 생멸문 안에서 불각(不覺)²¹⁴⁾의 뜻을 거두어들이고 비슷한 깨달음의 뜻도 거두어들인다. 진제는 곧 생멸문 안에서 본래의 깨달음의 뜻을 거두어들인다. 만약 환유(幻有)와 환유가 공함(幻有卽空)을 모두 속제라고 하면, 있지도 않

---

210) 칠종이제(七種二諦)의 셋째 환유속제(幻有俗諦)로, 환유즉공(幻有卽空) 불공(不空)이 함께하는 것을 진제로 하는 별접통(別接通)의 이제이다.
211) 본각(本覺)은 『기신론』의 4각 가운데 하나로, 본래의 깨달음을 말한다. 중생의 심체(心體)는 청정하여 각지(覺知)의 덕을 소유한다. 이것은 수행해서 이루어진 것이 아니라 본래 갖추어져 있는 성덕(性德)이기 때문에 본각이라고 한다. 그러나 이 본래 마음의 본체는 오랜 옛적부터 무명번뇌에 가려서 숨겨진 채로 있다가 수행의 공에 의하여 비로소 그 성덕을 나타내므로 시각(始覺)이라고 한다. 그러나 깨달은 경계에서는 수행을 통하여 얻은 깨달음인 시각이나 본래의 깨달음인 본각이 같다는 것이 『기신론』의 주장이다.
212) 칠종이제(七種二諦)의 넷째 환유속제(幻有俗諦)로, 환유즉공(幻有卽空) 불공(不空)과 일체법공(一切法空)·불공(不空)에 나아감을 진제로 하는 원접통(圓接通)의 이제(二諦)이다.
213) 칠종이제(七種二諦)의 다섯째 환유환유즉공속제(幻有幻有卽空俗諦)로, 불유불공(不有不空)을 진제로 하는 별교(別敎)의 이제(二諦)이다.
214) 불각(不覺)은 모든 중생이 자기심성의 평등한 각오(覺悟)를 말한다. 모든 범부의 지위라는 뜻으로, 깨닫지 못하므로 업을 지어서 생사의 과보를 받는다

고(不有) 공하지도 않고(不空) 모든 법이 있지도 않고 공하지도 않은(不有不空) 입장을 진제로 한다.[215] 속제가 앞의 것을 거두어들이는 것과 같이, 진제도 진여문을 거두어들인다. 만약 환유(幻有)와 환유가 공한(幻有卽空) 것을 모두 속제라고 한다면,[216] 모든 법이 있다는 입장과 있지도 않고 공하지도 않다(不有不空)는 입장을 진제로 한다. 속제는 마음의 생멸문이고, 진제는 마음의 진여문이다. 이것이 바야흐로 『기신론』의 본뜻이다.

問 旣二門卽是二諦 且七種二諦 如何相攝 答 若實有爲俗 實有滅爲眞 俗卽生滅門中執相應染所攝 眞則與而言之 是生滅門中相似覺攝 奪而言之 祇是不斷相應染攝 以是分別法執所取境故 若幻有爲俗 幻有卽空爲眞 俗亦執相應染所攝 眞乃眞如門中空義少分所攝 若幻有爲俗 幻有卽空不空共爲眞 俗同前攝 眞乃生滅門中本覺義攝 亦攝眞如門中少分空義 若幻有爲俗 幻有卽空不空 一切法趣空不空爲眞 俗同前攝 眞卽眞如門攝 若幻有幻有卽空皆名爲俗 不有不空爲眞 俗卽生滅門中不覺義攝 亦攝相似覺義 眞卽生滅門中本覺義攝 若幻有幻有卽空皆名爲俗 不有不空一切法趣不有不空爲眞 俗同前攝 眞卽眞如門攝 若幻有幻有卽空不有不空皆名爲俗 一切法趣有趣空趣不有不空爲眞 俗卽心生滅門 眞卽心眞如門 方是此論之本旨也

---

215) 칠종이제(七種二諦)의 여섯째 환유환유즉공속제(幻有幻有卽空俗諦)로, 불유불공(不有不空)·일체법불유불공(一切法不有不空)에 나아감을 진제로 하는 원접통(圓接通)의 이제(二諦)이다.
216) 칠종이제(七種二諦)의 일곱째 환유환유즉공속제(幻有幻有卽空俗諦)로, 일체법유(一切法有)에 나아가며, 진(眞)에 나아가며, 불유불공(不有不空)에 나아감을 진제로 하는 원교(圓敎)의 이제(二諦)를 말한다.

【문】오종삼제(五種三諦)²¹⁷⁾는 어떻게 서로 거두어들이는가? 【답】환유(幻有)를 속제라고 하면, 앞에서 집착과 상응하는 오염된 마음을 거두어들인 것과 같이, 공(空)과 불공(不空)을 진제로 한다. 이 불공(不空)을 가리켜 중도라고 한 것은 공이 진여문에서 공의 뜻에 일부분만 즉하고, 중제(中諦)는 생멸문에서 본각의 뜻에만 즉했을 뿐이다. 또한, 모든 법이 공(空)과 불공(不空)이어서 이 불공을 가리켜 중도라고 한다면, 공이 진여문에서 공의 뜻에 즉하고, 중제(中諦)가 진여문에서 불공의 뜻에 즉한다. 또, 환유(幻有)와 환유가 공한(幻有卽空) 속제를 분별하여 진제와 속제로 삼는다. 있지도 않고 공하지도 않은(不有不空) 진제를 가리켜 중제(中諦)라고 한 것은, 속제는 집착과 상응하는 오염된 마음을 거두어들이고, 진제는 비슷한 깨달음(相似覺)을 거두어들이며 중제는 본래의 깨달음(本覺)을 거두어들이기 때문이다. 또 모든 법이 중제(中諦)의 입장이라고 한 것은 속제와 진제는 함께 앞의 것을 거두어들이고 중제는 진여문에서 불공(不空)의 뜻을 거두어들이기 때문이다. 또한, 원묘삼제²¹⁸⁾라는 것은 진제가 진여문에서 공의 뜻에 즉하고, 속제는 전적으로 생멸문의 각(覺)과 불각(不覺)의 뜻에 즉하며, 중제는 진여문의 공(空)과 불공(不空)의 뜻에 즉한다.

하나의 마음의 진여문과 생멸문은 점점 더 서로 떨어지지 않기 때문에, 하나의 마음(一心)과 공(空)·가(假)·중(中)의 삼제(三諦)가 원융하

---

217) 오종삼제(五種三諦)는 천태종에서 설하는 공(空)·가(假)·중(中)의 삼제(三諦)에 별접통(別接通)·원접통(圓接通)·별교(別敎)·원접별(圓接別)·원교(圓敎) 등 다섯 가지가 있다는 것이다.
218) 원묘삼제(圓妙三諦)는 천태종에서 원교(圓敎)의 원(圓)을 해석하는데 원묘(圓妙)의 뜻이 있고, 공(空)·가(假)·중(中)의 삼제(三諦)가 원융하여 불가사의한 것을 말한다. 묘(妙)는 이 불가사의한 것을 뜻한다.

여 불가사의하다. 반드시 본체에 본래 삼제(三諦)가 갖춰져 있지만 본체로써 현상을 융합하면, 현상이면서도 본체가 아닌 것이 없는 줄 알아야 한다. 그러므로 셋을 묶어서 둘로 한다. 현상 속에도 또한 삼제가 갖추어져 있지만 현상으로써 본체를 나타내면, 본체면서도 현상 아닌 것이 없다. 그래서 셋을 묶어서 하나로 한다.

　問 五種三諦 如何相攝 答 幻有爲俗 同前執相應染所攝 卽空不空爲眞 點此不空名中道者 空卽眞如門中空義少分 中卽生滅門中本覺義耳 若一切法趣空不空 點此不空名中道者 空卽眞如門中空義 中卽眞如門中不空義也 若分幻有幻有卽空之俗以爲眞俗兩諦 指不有不空之眞名中諦者 俗是執相應染所攝 眞是相似覺攝 中是本覺攝也 若一切法趣中者 俗與眞仍同前攝 中乃眞如門中不空義攝也 若圓妙三諦者 眞卽眞如門中空義 俗卽全攝生滅門中覺不覺義 中卽眞如門中不空義也 一心二門 展轉不相離故 所以一心三諦圓融不可思議 須知理中本具三諦 但以理融事 則無事而非理 故束三爲二 事中亦具三諦 但以事顯理 則無理而非事 故束三爲一也

다음은 각각 진여문과 생멸문을 해석하는 데 두 가지가 있다. 첫째는 마음의 진여문[心眞如門]을 해석하고, 둘째는 마음의 생멸문[心生滅門]을 해석한다. 마음의 진여문을 해석하는 데도 두 가지가 있다. 첫째는 바르게 심진여(心眞如)의 모습을 해석하고, 둘째는 대승의 본체를 나타낸다. 바르게 심진여의 모습을 해석하는 데도 두 가지가 있다. 첫째는 바르게 법의 본체를 설하고, 둘째는 수순하여 깨달아 들어가는 것을 밝힌다. 바르게 법의 본체를 설하는 데도 또한 둘이다. 첫째는 말을 빌려서 법을

본론 135

설하고, 둘째는 말을 여읜 법을 나타낸다. 이제 그 첫 번째를 밝힌다.
次各釋二門二 初釋心眞如門 二釋心生滅門 初中二 初正釋此心眞如相 二卽示大乘體 初又二 初正詮法體 二明隨順悟入 初又二 初借言詮法 二顯法離言 今初

1) 마음의 진여문〔心眞如門〕

(1) 말을 여읜 진여〔離言眞如〕

마음의 진여는 곧 한 법계에 총체적으로 모아 어우러져 하나로 묶은 모든 사물의 본체이다. 마음의 본성이 생겨나거나 소멸하지 않는 모습이다. 일체 모든 법이 다 망념으로 인하여 차별이 있는 것이다. 그렇기 때문에 만약 망념이 떠나면 객관 경계에 나타나는 차별된 모습도 없다. 그러므로 모든 법이 본래부터 그 성품이 언어와 모든 문자를 떠났으며, 모든 문자로는 나타내어 설명할 수도 없는 것이다. 마음에 반연을 떠나서는 어떠한 모양도 없고 궁극에는 평등하여 영원히 변하고 달라지는 일도 없다. 부서지지 않는 오직 이 한 마음일 뿐이다. 이것을 진여라고 한다.
心眞如者 卽是一法界大總相法門體 以心本性 不生不滅相 一切諸法 皆由妄念而有差別 若離妄念 則無境界差別之相 是故諸法從本已來 性離語言 一切文字 不能顯說 離心攀緣 無有諸相 究竟平等 永無變異 不可破壞 唯是一心 說名眞如故

'마음〔心〕'은 곧 중생의 앞에 나타난 마음을 가리킨다. '진(眞)'은 그 성품이 망령되지 않아서 육단심(肉團)²¹⁹⁾이 아니고 또한 연영(緣影)²²⁰⁾도 아니라고 한다. 내·외·중간·과거·현재·미래·나눠진 범위·방위 등 허망한 모습이 아니기 때문이다. '여(如)'는, 그 성품이 다르지 않다고 한다. 생기지도 소멸하지도 않고 오염되었거나 청정하지도 않으며 증가하거나 감소하지도 않아서 차이가 없기 때문이다. 대개 진여는 변하지 않으면서도 인연을 따라 전체이면서도 중생의 앞에 나타난 마음이다.

　이 마음은 인연을 따르면서도 변하지 않아 진여법계 전체이다. 그래서 한 법계에 총체적으로 모아 어우러져 하나로 묶은 모든 사물의 본체(一法界大總相法門體)라고 한 것이다. 본래 둘이 없으니 굳이 '하나(一)'라 하였고 모든 법의 본원을 구태여 '법계(法界)'라 하였으며, 상대가 끊어진 절대이기 때문에 한계가 없지만 억지로 '대(大)'라고 하였다. 한 모양이면서도 모양이 없고 차별된 모양도 없어서 굳이 '총상(總相)'이라 하였고, 규범이 되고 지닐 만하여 굳이 '법'이라 하였으며 통하지 않는 곳이 없어서 굳이 '문(門)'이라고 하였다. 비유하면 마치 바다(大海) 전체가 거품을

---

219) 육단심(肉團心)은 범어 hrdaya의 번역으로, 의근(意根)이 의탁한 것이 되어, 밀교에서는 그 모양이 팔판(八瓣)의 육엽(肉葉)으로 되어 있다고 한다. 그 형상이 심장(心臟)을 뜻한다.
220) 연영(緣影)은 연기(緣氣) 또는 연사(緣事)라고도 한다. 이는 심식(心識)의 사분(四分) 가운데 견분연려(見分緣慮)의 외진(外塵)이 외진의 영상을 생기게 하기 때문에, 연영(緣影)이라 하고, 견분연려(見分緣慮)의 외진기분(外塵氣分)이 되기 때문에 연기(緣氣)라고 한다. 이것은 능연(能緣)의 심성이 아니고 소연(所緣)하는 사상(事相), 즉 사분(四分) 가운데 상분(相分)이 되기 때문에 연사(緣事)라고 한다. 연영에는 두 가지가 있다. 5식(識)과 오인연(五因緣)의 의식(意識)이 밖의 오진(五塵)을 반연할 때 마음 안에 나타나는 색·성(色·聲) 등이다. 둘째는 오후의식(五後意識)과 독류의식(獨類意識)을 분별하고 견문각지(見聞覺知)하는 밖의 육진(六塵)의 성질이다. 분별은 이 견문각지의 분별하는 성품으로 외진(外塵)을 반연(緣)하여 생기기 때문에 또한 연영(緣影)이다. 비록 이 두 가지가 소연(所然)과 능연(能緣)의 분별은 있지만, 모두 연영(緣影)이 된다.

만들 때 여기의 한 거품을 연구하면, 별도로 자체가 없어서 오직 바다의 젖는 성질이 본체가 되는 것과 같다. 단지 이 한 거품의 젖는 성질은 바로 바다 전체의 젖는 성질이어서 두 가지 성질이 없고 별도의 모양도 없는 것이다. 또한, 햇빛이 틈으로 들어갈 때 이 틈의 빛을 잘 바라보면 별도로 자체가 없는 것과 같다. 오직 태양의 광명으로서 본체를 삼지만, 이 한 틈 속 광명의 성질은 바로 태양 전체 광명의 성질인 것이다. 다시 두 가지 성질이 없고 별도의 모양이 없기 때문이다.

"마음의 본성〔以心本性〕" 이하는 바로 이 뜻을 해석한 것이다. 중생의 앞에 나타난 마음의 본성은 앞에도 시작이 없기 때문에 생기지 않고, 뒤도 마지막이 없기 때문에 소멸되지 않는다. 비유하면 마치 허공이 잠시 있는 것도 아니고 없는 것도 아니면서, 물질을 상대하여 나타낸 모양은 같지 않은 것과 같다. 그래서 또한 부득이하게 억지로 '생기지도 소멸하지도 않는 모습'이라고 하였다.

心 卽指衆生現前介爾之心 眞 謂其性不妄 以非肉團 亦非緣影 非有內外中間過現未來分劑方隅等妄相故 如 謂其性不異 無生無滅 無垢無淨 無增無減 無別異故 蓋眞如不變隨緣 擧體而爲衆生現前介爾之心 此心隨緣不變 仍卽眞如法界全體 故云卽是一法界大總相法門體也 從來無二 強名爲一 諸法本源 強名法界 絕待無外 強名曰大 一相無相 無差別相 強名總相 可軌可持 強名爲法 無所不通 強名爲門 譬如大海 擧體成漚 研此一漚 別無自體 唯攬大海濕性爲體 只此一漚濕性 便是大海全體濕性 更非有二性 更非有別相故 又如日光 擧體入隙 研此隙光 別無自體 唯攬日輪光明爲體 只此一隙明性 便是日輪全體明性 更非有二性 更非有別相故 以心本性下 釋成此義 謂以衆生現前介爾心之本性 前無始 故不生 後無終 故不滅 譬如虛空 非是暫有 非可暫無 而亦不同虛

空對色所顯之相 故不得已 强名之爲不生不滅相也

　이러한 가운데 어떤 사람이 질문하기를, 경에서는 매번 마음이 생기면 법도 생기고 마음이 소멸하면 법도 소멸한다고 설한다. 지금 온갖 법이 여러 가지 생겨나고 소멸하는 차이를 나타내 보인다. 그런데 어떻게 이 마음이 생기도 소멸하는데 즉하지 않는다 하고, 또 어떻게 생기지도 소멸하지도 않는 모습이라고 하는가? 지금 해석한다.
　일체 온갖 법이 모두 망념으로 인하여 차별이 있다. 비유하면, 마치 눈병 난 사람이 망령스럽게 허공 꽃을 보는 것과 같다. 만약 망념을 여의면 객관 경계에 대한 차별된 모양도 없게 된다. 비유하면 마치 눈병을 미리 없애면 허공 꽃이 생겨나고 없어지는 모양도 없는 것과 같다. 그래서 마음의 진여는 곧 온갖 법의 진여이고 온갖 법의 진여는 곧 마음의 진여이다.
　마음은 이미 본래부터 언어를 떠난 성품이어서 모든 문자로는 설명할 수 없는 것이다. 마음에 반연을 여의게 되면, 모든 모양이 없어지고 궁극에는 평등하여 영원히 변해 달라지지 않아서 부술 수도 없다. 온갖 법도 또한 이미 본래부터 언어를 떠난 성품이기 때문에 부술 수 없다. 이것은 곧 모든 부처와 모든 중생 그리고 모든 가상(假)과 실재(實)의 국토가 궁극에는 오직 하나의 청정한 마음만을 본체로 한다. 하나의 마음(一心) 밖에 또 다른 법이 없다. 그래서 부득이 진여라고 하였다.

此中應有問曰 經中每言心生法生 心滅法滅 今現見一切諸法 種種生滅差別 豈非卽是心之生滅 胡云不生不滅相耶 故今釋曰 一切諸法 皆由妄念而有差別 譬如翳目 妄見空華 若離妄念 則無境界差別之相 譬如翳病旣除 則無空華起滅相也 是故心之眞如 卽是諸法眞如 諸法眞如 卽

心眞如 心旣從本已來性離語言 一切文字不能顯說 離心攀緣 無有諸相 究竟平等 永無變異 不可破壞 所以諸法亦卽從本已來 性離語言 乃至不可破壞也 是則一切諸佛 一切衆生 一切假實國土 究竟唯一淨心爲體 一心之外 更無餘法 故不得已 說名爲眞如也

둘째, 말을 떠난 법을 드러낸다.
二顯法離言

본래부터 말로 설명할 수 없고 분별할 수도 없다. 모든 말로 설명하는 것은 가상에 불과하고 실체가 없는 것이다. 다만 망령된 생각을 따라 말할 뿐 아무것도 없기 때문이다. 진여라는 것도 마찬가지로 모양이 없다. 그러나 이것은 모든 말로 설명하는 것의 극치이며 말로써 말을 버린다. 그래서 그 체성은 조금도 버릴 수 없고 세울 수도 없다.
從本已來 不可言說 不可分別 一切言說 唯假非實 但隨妄念 無所有故 言眞如者 此亦無相 但是一切言說中極 以言遣言 非其體性有少可遣 有少可立

여기에서는 심진여(心眞如)의 성품이 곧 일체 법 진여의 성품임을 밝힌다. 언어를 초월했기 때문에 말로는 설명할 수 없고, 마음의 작용이 미치지 못하기 때문에 분별할 수도 없다. 마치 세간의 모든 사물도 오히려 말로는 불이 붙는다고 해도 타지 않고, 말로는 젖는다 해도 젖지 않는 것과 같다. 즉 말로는 설명할 수 없는 것이다. 불을 생각해도 타지 않고 물을 생각해도 빠지지 않기 때문에 또한 분별할 수도 없는 것이다. 하물며 진여의 궁극적 최고의 진리는 허물을 여의고 잘못이 끊어진 것이다. 오직 이것은 스스로 성인의 지혜(聖智)[221]의 가만히 증득된 것을 깨달은 것이다.

그런데 어떻게 말로 설명하고 분별할 수 있겠는가! 모든 말로 설하는 것은 오직 가명(假名)일 뿐 실재하는 뜻은 없다. 다만 망령된 생각을 따라 구태여 세운 것이고, 결국에는 아무것도 없다. 이러한 가운데 어떤 사람이 묻는다. 이미 말로는 설할 수 없는 것이라 했는데 진여라는 두 글자는 말이 아니고 무엇인가? 그리고 이미 분별할 수 없는 것이라 했는데 진여는 생겨나거나 소멸하지 않는 모양이라는 것은 모양이 아니고 또 무엇인가?

지금 해석한다. 진여라고 한 것은, 모양이 없는 것이지만 이 모든 말로 설명하는 것의 극치이며, 말로써 말을 버리는 것일 뿐이다.『유식론』에서도 "진여는 또한 가명(假名)이니 이것을 없애 버리고는 없다(無)고 여기는 것을 막기 위하여 유(有)를 설하고, 이것을 또 다시 집착하여 있다(有)고 여기는 것을 막기 위하여 공(空)을 설한다. 가상으로 있는 것을 말하지 않기 때문에 실(實)이라 하고, 이치가 망령되이 전도되지 않기 때문에 진여라고 한다. 다른 종(宗)[222]에서 물질과 정신을 떠나서도 실상법이 있다고 한 것과는 같지 않다. 그래서 진여라고 한다"[223]고 했다. 즉 언어로 설명하는 것의 극치이며, 또 말로써 말을 버린다는 뜻이다.

此明心眞如性 卽是一切法眞如性 言語道斷 故不可言說 心行處滅 故不可分別 且如世間諸物 尙且喚火不熱 喚水不濕 故亦不可言說 念火

---

221) 성(聖)은 정(正), 깨달음이 진제를 바로 비추어 허망의 분별을 여읜 것을 성지(聖智)라고 한다.
222) 설일체유부를 말한다.
223)『성유식론』권2,『대정장』31, pp.06c16-20의 내용을 그대로 인용하였다.

不燒 念水不浸 故亦不可分別 況復眞如第一義諦 離過絶非 唯是自覺聖智之所冥證 如何而可言說及分別耶 以一切言說 唯是假名 非有實義 但隨妄念之所强立 畢竟無所有故 此中應有問曰 旣云不可言說 則眞如二字 獨非言耶 旣云不可分別 則眞如不生滅相 獨非相耶 故今釋曰 言眞如者 此亦無相 但是一切言說中極 以言遣言而已 如唯識論云 眞如亦是假施設名 遮撥爲無 故說爲有 遮執爲有 故說爲空 勿謂虛幻 故說爲實 理非妄倒 故名眞如 不同餘宗離色心等有實常法 名曰眞如 (文)卽是言說中極 以言遣言之旨也

또한, 미혹한 사람은 버릴 것이 있다는 말을 듣고는 법도 버릴 것이 있다고 오해할까 염려해서, 그 본체의 성품은 조금도 버릴 게 없다고 했다. 여기에 미혹한 사람은 버릴 것이 없다는 말을 듣고는 법은 세울 것이 있다고 오해할까 염려해서, 그 본체의 성품은 조금도 세울 게 없다고 했다. 조금도 버리지 않으면 완공(頑空)[224]에 집착하지도 않고, 조금도 세우지 않으면 환유(幻有)도 아니다. 환유(幻有)가 아니기 때문에 진실하게 공(眞實空)한 뜻이 성립되고, 완공(頑空)이 아니기 때문에 진실하게 공하지 않은(眞實不空) 뜻이 성립되는 것이다. 구역에서는 "이 진여의 본체는 버릴 게 없는 것은 모든 법이 모두 다 진여이기 때문이다. 또한 세울 것도 없는 것은 모든 법이 모두 다 여여(如如)하기 때문이다"[225]고 했다. 『능엄경(大佛頂經)』[226]

---

224) 완공(頑空)은 편공(偏空)이라고도 하며, 공견(空見)에 머물러 공에 집착하는 것을 말한다.
225) 구역 『기신론』, 『대정장』 32, pp.576a15-6.
226) 『대불정경(大佛頂經)』은 『대불정여래밀인수증요의제보살만행수능엄경(大佛頂如來密因修證了義諸菩薩萬行首楞嚴經)』의 약칭으로, 일반적으로 『능엄경』이라고 한다.

에서는 "오온(五蘊)²²⁷⁾·육입(六入)²²⁸⁾·십이처(十二處)²²⁹⁾·십팔계(十八界)²³⁰⁾ 등 생멸(生滅)·거래(去來)가 모두 여래장묘진여성(如來藏妙眞如性)²³¹⁾이다"라고 했다. 이것은 곧 버릴 게 없는 뜻이다. 또한, "성품이 진실하고 항상 그대로이기 때문에 거래(去來)·미오(迷悟)·생사(生死)등을 찾아 구하여도 결국 얻을 것이 없다"²³²⁾고 했다. 이것은 세울 게 없다

---

227) 온(蘊)은 범어 skandha의 신역이며, 구역에서는 음(陰) 또는 중(衆)이라 번역했다. 이는 수로 나타나는 많은 적집(積集)된 유위법의 자성이며 유위법의 작용을 지어 순일한 법이 없고 혹 동일한 유(類)나 다른 유(類)가 반드시 다수의 소분이 서로 모여 그 작용을 만들기 때문에 대체적으로 음(陰)이라고 하고, 혹은 온(蘊)이라고 한다. 오온(五蘊)은 첫째 색온(色蘊)으로, 오근(五根)과 오경(五境) 등을 모두 포함하여 유형의 물질이 된다. 둘째 수온(受蘊)은 경계를 대하여 사물을 받아들여 느끼는 몸과 마음의 작용이다. 셋째 상온(想蘊)은 경계를 대하여 사물을 상상하는 마음의 작용이다. 넷째 행온(行蘊)은 그 밖의 경계를 대하여 탐(貪)·진(瞋) 등 선악 일체에 관한 마음의 작용이다. 다섯째 식온(識蘊)은 경계를 대하여 사물을 분별하여 알아내는 마음의 본체를 말한다.

228) 육입(六入)은 육근(六根: 眼·耳·鼻·舌·身·意) 또는 육경(六境: 色·聲·香·味·觸·法)을 말한다. 구역에서는 육입(六入)이라 하고 신역에서는 육처(六處)라고 한다. 즉 12입(入)·12처(處)이다. 육경(六境)은 외(外)의 육입(六入)이 되고, 육근(六根)은 내(內)의 육입(六入)이 된다.

229) 십이처(十二處)는 육근(六根)과 그의 대상인 육경(六境, 六塵)을 말하며, 육근과 육진이 접촉하여 정신 작용이 일어나는 것을 뜻한다.

230) 십팔계(十八界)는 인간 존재의 열여덟 가지 구성요소로서, 육근(六根)과 육경(六境)과 육식(六識)을 말한다. 십이처 가운데 여섯 가지 내적인 장(六入處)에서 식별작용을 각각 달리 가리켜 그들 사이의 대응관계를 명시한 것이다. 즉 눈(眼)과 색(色)·형태와 시각(眼識), 귀(耳)와 음성(聲)과 청각(耳識), 코(鼻)와 향(香)과 후각(鼻識), 혀(舌)와 맛(味)와 미각(舌識), 피부(身)와 닿는 것(觸)과 촉각(身識), 마음(意)과 생각되는 것(法)과 마음의 식별작용(意識)을 말한다.

231) 『능엄경』 권2(『대정장』 19, pp.114a21-4)의 '如是乃至五陰六入 從十二處至十八界 因緣和合虛妄有生 因緣別離虛妄名滅 殊不能知生滅去來 本如來藏常住妙明 不動周圓妙真如性'에서 인용하였다.

232) 『능엄경』 권2(『대정장』 19, pp.114a24-5)의 내용을 그대로 인용하였다.

는 뜻이다. 첫째, 법의 본체에 대한 바른 설명을 마친다.

又恐迷者聞此遣言 謬計有法可遣 故云 非其體性有少可遣 仍恐迷者 聞說無遣 謬計有法可立 故云非其體性有少可立 夫非少可遣 則非頑空 非少可立 則非幻有 由非幻有 故成眞實空義 由非頑空 故成眞實不空義 也 梁本云 此眞如體 無有可遣 以一切法悉皆眞故 亦無可立 以一切法 皆同如故 大佛頂經云 五陰 六入 十二處 十八界 生滅去來 皆如來藏妙 眞如性 卽是無可遣義 又云 性眞常中 求於去來迷悟生死 了無所得 卽 是無可立義 初正詮法體竟

둘째, 수순하여 깨달아 들어감을 밝힌다.
二明隨順悟入

【문】만약 이와 같은 이치라면, 중생이 어떻게 수순해야 깨달아 들어갈 수 있겠는가? 【답】비록 모든 법을 설한다 해도 설하는 주체도 설할 대상도 없으며, 비록 모든 법을 생각한다 해도 생각하는 주체도 생각할 대상도 없는 줄 알아야 한다. 이때 수순하여 망령된 생각을 모두 소멸하면 깨달아 들어간다고 한다.
問曰 若如是者 衆生云何隨順悟入 答曰 若知雖說一切法 而無能說所說 雖念一切法 而無能念所念 爾時隨順 妄念都盡 名爲 悟入

진여는 모든 법의 실제 성품이고 모든 언설의 실제 성품이며 모든 생각의 실제 성품이다. 그래서 근원은 모든 법과 모든 언설 그리고 모든 생각 밖에 있는 것이 아니다. 다만 변하지 않으면서도 인연을 따르기 때문에 전체이면서 설하는 주체·설할 대상·생각하는 주체·생각할 대상이 된다. 또한, 인연을 따르면서도 변하지 않기 때문에 전체가 설하는 주체·설할 대상·생각하는 주체·생각할 대상이 된다. 모두 진여의 성품이 항상 평등하여 차이가 없기 때문이다. 중생들이 이러한 것을 모르고 진여의 평등한 법에서 허망하게 설하는 주체·설할 대상·생각하는 주체·생각할 대상을 계교하여 실제로 있다고 한다면, 이것은 진여를 어기는 것이다. 그러나 끝내 진여의 성품 밖에서는 나오지 않아서 또한 이즉수순(理卽隨順)이 된다. 만약 이 망령된 생각에 즉하여 대승의 법을 듣고 성품이 없는 것인 줄 알게 하면, 명자즉수순(名字卽隨順)이 된다. 만약 중생들에게 생각마다 끊어지지 않게 서로 이어서 사혜(思慧)[233]가 이루어지는 줄 알도록 하면, 관행즉수순(觀行卽隨順)이 된다. 만약 중생들에게 마음대로 순박하게 익혀 수혜(修慧)[234]가 이루어지는 줄 알도록 하면, 상사즉수순(相似卽隨順)이 된다. 만약 상사즉수순으로 인하여 묘관찰지(妙觀察智)를 도와 발휘할 줄 알아서 닿는 것마다 진여를 증득하게 된다. 이것이 망령된 생각을 모두 소멸하게 되는 것이고, 분증즉수순(分證卽隨順)이며 "깨달아 들어간다"고 하는 것이다.

眞如卽是一切法之實性 亦是一切說之實性 亦是一切念之實性 故原不在一切法一切說一切念外 但以不變隨緣 擧體而爲能說所說能念所念 隨緣不變 擧凡能說所說能念所念 皆是眞如性恒平等 無別異故 衆生不

---

233) 사혜(思慧)는 삼혜(三慧: 聞慧·思慧·修慧)의 하나로, 스스로 이치를 사유하여 지혜를 얻는 것이다. 정지(定智)와 산지(散智) 가운데 산지(散智)에 속한다.
234) 수혜(修慧)는 삼혜(三慧)의 하나로, 선정을 닦아 익혀서 지혜를 얻는 것이다. 수혜는 인연에 따라 생기기 때문에 정혜(定智)에 속하며, 번뇌를 끊고 이치를 증득하는 작용이라고 한다.

知 於眞如平等法中 妄計能所說念以爲實有 則是違逆眞如 然終不出眞
如性外 亦可名爲理卽隨順 若卽此妄念 聞大乘法 能知無性 是爲名字隨
順 若令此知念念相續以成思慧 是爲觀行隨順 若令此知任運淳熟以成
修慧 是爲相似隨順 若由此知助發妙觀察智 觸證眞如 是爲妄念都盡 卽
是分證隨順 轉名爲悟入也

【문】망령된 생각이 모두 소멸되면 응당히 구경위(究竟位)[235]의 행상인데 어떻게 분증즉수순이라고 하는가?【답】진실하게 도를 보는[見道][236] 때는 모든 분별이 나타나지 않는 행이기 때문이고, 증득한 진여에 차별된 범위가 없기 때문이며 모두 소멸했다고 한다. 이 뒤로 있는 것이 더해 나아가면 무루지(無漏智)[237]이며, 진수(眞修)[238]라고 한다. 그러나 유

---

235) 구경위(究竟位)는 오위(五位: 자량위·가행위·통달위·수습위·구경위)의 하나로, 구경지(究竟地)·구경도(究竟道)라고도 한다. 최상의 지극한 불도수행의 계위이며, 불과(佛果)의 지위, 묘각(妙覺)의 불과(佛果), 구경과위(究竟果位)를 뜻한다. 즉 수습위(修習位)에서 얻은 번뇌장과 소지장이 변하여 최상의 깨달음을 얻은 묘과(妙果)로서 무간도(無間道)·금강유정(金剛喩定)에 든 후 다시 해탈도(解脫道)에 들어가 미래제를 다한 지위를 말한다.『성유식론』권9『대정장』32, pp.48b14-5〕에서는 "구경위는 위없이 바르고 평등한 보리에 머무르는 것이다(究竟位 謂住無上正等菩提)"고 하였다.
236) 견도(見道)는 삼도(三道: 見道·修道·無學道)의 하나로 처음으로 무루지를 내어 진제의 자리를 비춰 본다. 도(道)는 도로(道路)의 뜻으로, 삼현(三賢)과 사선근(四善根)의 가행(加行)을 쌓아서 세제일법무간(世第一法無間)의 무루진지(無漏眞智)를 낸다. 또는 대승의 보살이 초승지(初僧祇)의 마지막에 사선근(四善根)의 가행을 마치고 단박에 번뇌장과 소지장을 끊는 것을 말한다.
237) 무루지(無漏智)는 진리를 증득하고 모든 번뇌를 여읜 청정한 지혜를 말한다. 소승에서는 사성제의 이치를 증득하는 지혜라고 하여 법지(法智)와 유지(類智)의 두 가지를 세운다. 대승의 유식에서는 무루지에 근본지(根本智)와 후득지(後得志)의 두 가지를 세운다.
238) 진수(眞修)는 이수(二修: 緣修·眞修)의 하나로, 진여무수(眞如無修)를 증득하는

루(有漏)의 문(聞)²³⁹⁾ · 사(思) · 수혜(修慧)와 같지 않아서, 연수(緣修)²⁴⁰⁾라고도 한다. 진실로 망령된 생각이라고 하지 않는다.【문】진수(眞修)를 더해 나아가면 진실로 망령된 생각이라 하지 않는다고 했다. 그러나 관(觀)²⁴¹⁾에서 나올 때 미세한 무명과 망령된 생각이 일어나는데, 어떻게 모두 소멸했다고 하는가?【답】관에서 나올 때 마침 미세하게 망령된 생각을 일으킨다면 수순이라고 하지 않는다. 이를테면, 오직 성인은 생각을 없애서 미치광이가 된다. 명자즉은 망령된 생각에 본성이 없는 줄 알기 때문에 수순이라고 한다. 이를테면, 미치광이가 생각을 이겨 성인이 된다.

요지를 말하면, 이즉(理卽)은 순순히 거역하고 구경즉은 순순히 따르며, 명자즉 이상 등각 이하는 모두 거역하고 따르는 것이 서로 섞인다. 비유하면 초야의 밝은 달이 십사일 밤이 되면 광명은 비록 점점 더해 가도 캄캄함이 없어지지 않는 것과 같다. 다만 분증즉에서 이미 무루지를 얻어서 영원히 물러서지 않는다. 마치 초사흘 날[哉生明]²⁴²⁾ 달의 광명이 대지를 비추는 것과 같이, 망령된 생각이 소멸되었다고 한 것이다. 첫째, 일심 진여의 모습을 바로 해석함을 마친다.

행법이다. 스스로 이치에 합하는 무심(無心) · 무작(無作)의 수행이며, 십지(十地) 의 보살과 같은 것이다.
239) 문혜(聞慧)는 삼혜(三慧)의 하나로, 보고 듣는 경(經)의 가르침에 의지하여 생기는 지혜를 말하며, 산지(散智)에 속한다.
240) 연수(緣修)는 이수(二修)의 하나로, 진여를 연(緣)하여 이치에 맞는 유심(有心) · 유작(有作)의 수행이며 십지(十地) 이전의 보살을 말하는 것이다.
241) 관(觀)은 범어 vipaśyanā · vidarsana의 번역으로, 망혹(妄惑)을 관찰하는 것을 말한다. 또한 진리를 통찰하는 것으로 지혜의 별칭이다.
242) 재생명(哉生明)은 달의 밝은 부분이 처음 생긴다는 뜻으로, 음력 초사흘 날을 일컫는 말이다.

問 妄念都盡 應是究竟位相 何名分證 答 眞見道時 一切分別不現行故 所證眞如無分齊故 亦得名都盡也 此後所有增進 並是無漏智品 名爲眞修 不同有漏聞思修慧 名爲緣修 是故不復名妄念也 問 眞修增進 固不名妄念矣 出觀之時 仍有微細無明妄念現行 那名都盡 答 出觀偶起微細妄念 即不名爲隨順 所謂唯聖罔念作狂也 名字能知妄念無性 亦即名爲隨順 所謂唯狂克念作聖也 以要言之 理即純逆 究竟純順 名字以上 等覺以下 皆悉逆順相雜 譬如初夜白月 至十四夜 明雖漸增 黑相未盡 但分證已得無漏 永不退轉 譬如哉生明月 光照大地 亦得名爲妄念都盡也 初正釋此心眞如相竟

(2) 말에 의지하는 진여〔依言眞如〕

둘째, 대승의 본체를 나타내는 데 두 가지가 있다. 첫째는 간략히 표시하여 해석하고, 둘째는 광범위한 해석을 이룬다. 여기서는 첫 번째 간략히 표시하여 해석한다.
二即示大乘體二 初略標釋 二廣釋成 今初

또 진여라는 것을 말에 의해서 세우는 데 두 가지의 차이가 있다.[243] 첫째는 진실공이다. 궁극에는 진실하지 않은 모습을 멀리 여의고 실체를 나타내기 때문이다. 둘째는 진실불공이다. 본성에 한없는 공덕을 갖추고 그 자체가 있기 때문이다.
復次眞如者 依言說建立 有二種別 一眞實空 究竟遠離不實之

---

243) 구역『기신론』『대정장』 32, p.576a24)에서는 '如實空·如實不空'으로 진여를 설하고 있다.

相 顯實體故 二眞實不空 本性具足無邊功德 有自體故

　　진여는 말로 설하는 모습을 떠난 것이다. 그런데 말에 의하여 세운다는 것은 생멸문을 내려다보기 때문이다. 굳이 이름과 모양 그리고 본체가 없는데 가명으로 설하여 사람들에게 가명의 손가락으로 인하여 달의 실체를 보도록 한다.

　　그러나 진여도 오히려 하나가 아닌데, 어떻게 두 가지의 차이가 있겠는가! 다만 변계소집성이 본래 없고 의타기성도 허상과 같기 때문에 진실로 공하다고 한다. 원성실성은 본래 갖추어져 있어서 진실로 공하지 않다고 한다. 변계소집성[244]과 의타기성[245]이 공함으로 인하여 비로소 원성실성[246]은 공하지 않음을 나타낸다. 비유하면, 마치 뱀이 있는 것이

---

244) 변계소집성(遍計所執性)은 삼성(三性: 遍計所執性・依他起性・圓成實性)의 하나로, 변계계탁(遍計計度) 또는 범부의 망정이 일체법을 변계계탁하는 것이다. 계탁은 자기의 감정과 욕망에서 시비(是非)・선악(善惡)의 차별적인 집착을 일으키는 것이다. 이 집착은 모든 사물에 대하여 주관적인 색채를 띠고 보는 것이므로 주변(周遍)이라고 한다. 소집(所執)은 변계(遍計)에 의하여 잘못 보이는 대상으로, 곧 주관에 사로잡혀 대상을 바르게 보지 못하고 언제든지 잘못 분별하는 것을 변계소집(遍計所執)이라고 한다. 이 능변계(能遍計)의 마음이 소변계(所遍計)의 법을 망령되게 집착할 때, 그 망정 앞에 나타난 것을 변계소집성(遍計所執性)이라고 한다. 비유하면, 길에 놓여진 노끈을 뱀인 줄 잘못 볼 때, 노끈은 소변계(所遍計), 뱀이라고 구별하는 마음은 능변계(能遍計), 그때 눈앞에 떠오르는 뱀의 그림자는 변계소집성(遍計所執性)이다.
245) 의타기성(依他起性)은 삼성(三性)의 하나로, 자기의 원인(原因)만으로는 나기 어렵고, 반드시 다른 조건을 기다려서 생기는 물질과 정신의 모든 현상이다.
246) 원성실성(圓成實性)은 삼성(三性)의 하나로, 공(空)의 번뇌장(煩惱障)과 소지장(所知障)은 진리를 나타낸 것이다. 제법 진실의 체성(體性)이라고 한다. 진여・실상・법계・법성・열반은 모두 동체이명(同體異名)이다. 『유식론』에서는 아공(我空)・법공(法空)이 원만・성취・제법의 실성을 나타내므로 원성실성이라 한다고 하였다.

아닌 줄 알고 노끈이 실체가 아닌 줄 통달하면, 비로소 삼(麻)의 본체가 공하지 않음을 나타내는 것과 같다.

원성실성이 공하지 않음을 보는 것으로 인하여, 비로소 변계소집성과 의타기성이 있는 것이 아닌 줄 믿는다. 비유하면, 마치 삼의 네 가지 미세함(四微)[247]을 보면 뱀은 본래부터 없고, 노끈 또한 실체가 아닌 줄 아는 것과 같다. 다만 이 중생의 앞에 나타난 심성이 본래 실제의 나와 실제의 법이 없고, 또한 오위백법과 백계천여의 차별된 환상도 없다. 그래서 궁극에는 진실하지 않은 모양을 멀리 여읜다고 했다. 이러한 이유로 심성이 온전히 망령된 것이면서도 곧 진실한 것임을 나타내 보이는 것이다.

진실은 항상 오롯이 드러나기 때문에, 실체가 나타난다고 했다. 이미 실체가 나타났다면, 이 마음의 본성이 으레 한없는 공덕을 갖추고 있는 줄 안다. 이를테면 본체(理)가 삼천(三千)을 갖추고 현상(事)이 삼천을 만든다. 모든 덕의 모양과 모든 업의 작용은 진여의 본체와 같이 분별이 없기 때문이다. 그래서 티끌마다 화장세계[248]이며 생각마다 비로자나불[249]이라는 것이다. 서로 서로 융합하면서도 또한 있는 곳이 없다. 공하고

---

247) 사미(四微)는 색(色)·향(香)·미(味)·촉(觸)의 네 가지 극미(極微)를 말한다. 이 사미(四微)는 색법(色法)의 원소가 되며, 이 사미로 지(地)·수(水)·화(火)·풍(風) 사대(四大)를 이룬다. 그러므로 사대에 의지하여 오지(五智)를 성취한다는 『성실론』의 종의(宗義)이다.

248) 화장세계(華藏世界)는 석가여래 진신(眞身)인 비로자나불 정토(淨土)의 이름이다. 가장 아래는 풍륜(風輪)이 되며, 풍륜의 위에 향수해(香水海)가 있고, 향수해 가운데 대련화(大蓮華)가 생긴다. 이 연화 가운데 미진수의 세계를 포장하고 있으므로 연화장세계(蓮華藏世界)라고 하며, 간략히 화장세계라고 한다. 『운서대사유고(雲棲大師遺稿)』권3(『가흥대장경』 33, pp.138c06-7)에서 "깨달으면 티끌마다 화장세계이다(若已悟 則塵塵華藏)"고 하였다.

249) 비로자나불(毘盧遮那佛)은 범어 Vairocana의 번역으로, 불지(佛智)의 광대무변한

공하지 않음이 오직 일심 진여의 본체이기 때문이다. 이것이 진여의 본체이고 곧 대승의 본체이다.

　　眞如離言說相 仍依言說建立者 望下生滅門故 强於無名相體 借此假名說之 令人因假名指 得見實體月也 然眞如向非是一 安有二別 特以遍計本無 依他如幻 故名爲眞實空 圓成本具 復名眞實不空 由空遍計依他方顯圓成不空 譬如了蛇非有 達繩非實 方顯麻體不空 由見圓成不空 方信遍依非有 譬如見麻四微 則知蛇固本無 繩亦非實也 只此衆生現前介爾心性 本無實我實法 亦無五位百法百界千如差別幻相 故云究竟遠離不實之相 由此顯示心性全妄卽眞 眞常獨露 故云顯實體也 旣顯實體 則知此心本性 法爾具足無邊功德 所謂理具三千 事造三千 一切德相 一切業用 同眞如體 無分別故 故得塵塵華藏 念念毘盧 互遍互融 亦無所在 以空與不空 唯是一心眞如體故 此眞如體 卽是大乘體也

　　둘째, 광범위하게 해석하는 데 두 가지가 있다. 첫째는 공의 뜻을 해석하고, 둘째는 공하지 않은 뜻을 해석한다. 여기서는 첫 번째 공의 뜻을 해석한다.

　　二廣釋成二 初釋空義 二釋不空義 今初

　　것을 상징으로 하는 화엄교의 본존(本尊)이다. 무량겁해에 공덕을 닦아 정각을 얻는 연화장세계의 교주(敎主)이다. 천엽(千葉)의 연화(蓮華)에 앉아, 오른손은 시무외인, 왼손은 여원인의 수인을 한다. 법상종에서는 노사나불과 석가모니불을 이신[二身: 수용신(受用身)·변화신(變化身)]으로 하고, 비로자나불을 자성신(自性身)으로 하여 구별하며, 천태종에서는 비로자나불·노사나불·석가모니불을 삼신[三身: 법신(法身)·보신(報身)·응신(應身)]으로 배대하여 구경의 묘각(妙覺)에 현현(顯現)하는 것을 비로자나불로 한다.

또한, 진실로 공하다는 것은 본래부터 모든 오염된 법이 상응하지 않는다. 그래서 모든 법의 차별된 모양을 떠났고 허망하게 분별하는 마음이 없다. 응당히 진여는 있지도 않은 모양이고 없지도 않은 모양이며, 있으면서 없는 것도 아닌 모양이고 있지 않으면서 없는 것도 아닌 모양이며, 같은 것도 아닌 모양이고 다르지도 않은 모양이며, 같은 것도 아니고 다르지도 않은 모양이며 같지도 않고 다르지 않은 것도 아닌 모양이다. 간단하게 말하면, 모든 중생들의 망령된 분별심으로는 증득할 수 없다. 그래서 공을 설립하고 진실한 도리를 의거하면, 망령된 마음의 실체가 있지 않고, 공의 성품 또한 공하여서 막을 대상도 없고 막는 주체도 역시 없다.

復次眞實空者 從本已來 一切染法不相應故 離一切法差別相故 無有虛妄分別心故 應知眞如 非有相 非無相 非(亦)有(亦)無相 非非有(非)無相 非一相 非異相 非(亦)一(亦)異相 非非一(非)異相 略說以一切衆生妄分別心所不能觸(證) 故立爲空 據實道理 妄念非有 空性亦空 以所遮是無 能遮亦無故

여기에서 거듭 진실로 공한 것임을 밝히는 것은 진여의 본체에서는 본래 오염된 법도 망령된 법도 없음을 나타낸다. 그래서 이 '공'이라는 글자로서 망령되게 있다는 생각을 막기 위해서이다. 이 진실로 공한 것이 진여의 본체임을 가리키는 것은 아니다.

앞에 나타난 마음은 본래부터 찾아도 끝내 얻을 수가 없는 것이다. 그런데 어떻게 오염된 법과 상응하고, 어떻게 차별된 법의 모양이 있으며, 또 어디에서 허망분별을 용납할 수 있겠는가? 그러므로 유(有)·무(無)

의 사상(四相)[250]과, 일(一)·이(異)의 사상(四相)이 모두 공하지 않음이 없다. 모든 망령된 분별심에 이르기까지 총괄적으로 이 심성이 느끼고 증득할 수 없다. 그러나 망령된 분별심을 느낄 수 없지만, 이 망령된 분별심을 몸소 찾아도 끝내 얻을 수도 없다. 나아가 모든 오염된 법에 이르기까지 본래 얻을 수 없고, 모든 차별도 본래 없다. 어떻게 공으로써 망령된 생각을 버린 후에, 공을 기대할 수 있겠는가! 만약 망령된 생각은 버리고 공은 둔다면, 공이 곧 망령된 생각이다. 여기에서 공이라 하는 것은 다만 망령된 생각을 버려서 본공(本空)[251]을 밝히려는 것일 뿐, 이 공이 진여라고 하는 것은 아니다.

此申明眞實空者 但表眞如體上 本無染妄 故以空字遮其妄有 非指此空以爲眞如體也 現前介爾心性 從本已來 覓之了不可得 如何得與染法相應 如何得有差別法相 何處可容虛妄分別 是故有無四相 一異四相 無不皆空 乃至一切妄分別心 總不能觸證此心性也 然雖云妄分別心所不能觸 只此妄分別心 便自覓之了不可得 乃至一切染法 本不可得 一切差別 本不可得 豈俟以空遣之 然後空耶 若遣妄存空 空仍是妄 今言空者 但遮妄念以明本空 非指此空爲眞如也

---

250) 사상(四相)은 네 가지 유위상(四有爲相: 생(生)·주(住)·이(異)·멸(滅)}을 말한다. 유위 세계의 모든 존재의 변천하는 것을 설명하는 명목으로서 온갖 법의 유위임을 표시한 것이다.『기신론』에서는 생각이 일어나고 없어지는 과정을 생(生)·주(住)·이(異)·멸(滅)의 이 네 가지 양상으로 설명한다. 설일체유부에서는 사상(四相)이 실재한 것이라 하여 모든 법이 생·주·이·멸하는 것은 이 사상(四相)으로 인한다고 했다. 대승에서는 이 사상(四相)은 가명(假名)이며 실체가 없다고 하였다. 즉, 물질과 현상의 온갖 법은 스스로 생·주·이·멸하는 변화가 있으며, 그 변화의 분위(分位)에 대한 가법(假法)이다. 현재에 있는 위(位)를 생(生), 생(生)에서 잠깐 머무는 지위(位)를 주(住), 주하는 것이 앞뒤가 다른 것을 이(異), 아무것도 없는 데로 돌아간 지위(位)를 멸(滅)이라고 한다.
251) 진경(塵境)은 마음을 여의고, 자체가 없기 때문에 본공(本空)이라 한다.

둘째, 불공(不空)의 뜻을 해석한다.
二釋不空義

진실로 공하지 않다고 하는 것은 망령된 생각이 공하여 없기 때문에, 진실한 마음이 항상 그대로 변하지 않아 청정한 법이 원만하게 나타나기 때문에 공하지 않다고 하는 것이다. 또한, 공하지 않은 모양도 없어서 망령된 마음이 갈 곳이 아니기 때문이며, 오직 망령된 생각을 여읜 사람만이 증득하는 경계이기 때문이다.
言眞實不空者 由妄念空無故 卽顯眞心常恒不變 淨法圓滿 故名不空 亦無不空相 以非妄念心所行故 唯離念者之所證故

여기에서 거듭 진실로 공하지 않음을 밝히는 것은, 다만 망령된 마음이 본래 공하다는 것을 깨달으면, 곧 진심이 항상 그대로 변하지 않고 청정한 법이 원만하게 나타난다. 그러므로 공하지 않다고 표시한다. 망령된 생각으로써 분별할 대상의 공하지 않은 모양과는 같지 않다. 만약 망령된 생각으로써 분별할 대상의 공하지 않는 것을 진여의 모양이라고 한다면, 다른 종(宗)에서 분별할 물질과 정신 등을 여읜 실상법을 두고 진여라고 하는 것과 같다. 그것은 매우 잘못된 것이다. 본문에서 항상 그대로라는 것은 상덕(常德)[252]이고 변하지 않는다는 것은 아덕(我德)[253]이

---

252) 상덕(常德)은 대승에서 대반열반이 갖추어야 하는 사덕(涅槃四德: 상·락·아·정)의 하나이다. 열반의 체(體)가 항상 변하지 않아서 생멸(生滅)이 없음을 말한다. 또한 연(緣)을 따라 변화하는 작용이 항상 끊어지지 않음을 말한다.
253) 아덕(我德)은 체(體)에 따라 자실(自實)하고, 용(用)에 따라 자재함을 말한다. 부처님이 여덟 가지의 자재(八大自在我)를 갖추어 아덕(我德)이라고 한다. 팔대자재아(八大自在我)는, 첫째 능히 일신(一身)을 보여서 다신(多身)이 된다. 둘째는 일진신(一塵身)을 보여서 대천세계(大千世界)에 가득 차게 한다. 셋째는 대신(大身)을

며, 청정한 법(淨法)은 정덕(淨德)[254]이고 원만한 본체는 낙덕(樂德)[255]이다. 이러한 열반(涅槃)의 네 가지 덕이 불가사의하기 때문에 오직 망령된 마음을 떠난 사람만이 증득하는 경계라는 것이다. 첫째, 진여문의 해석을 마친다.

此申明眞實不空者 但能了達妄念本空 卽顯眞心常恒不變 淨法圓滿 故以不空表之 不同妄念所計不空相也 若以妄念所計不空爲眞如相 則同餘宗所計離色心等有實常法名爲眞如 其謬甚矣 文中常恒 是常德 不變 是我德 淨法 是淨德 圓體 是樂德 四德不可思議 故唯離念者之所證也 初釋眞如門竟

2) 마음의 생멸문(心生滅門)

둘째, 마음의 생멸문을 해석하는 데 두 가지가 있다. 첫째는 마음의 생멸하는 원인과 조건의 모습을 해석하고, 둘째는 대승의 본체와 모습 그리고 작용을 나타내 보인다. 마음의 생멸하는 원인과 조건의 모습을 해석하는 데 두 가지가 있다. 첫째는 오염된 법과 청정한 법의 생멸을 밝

　　가볍게 들어서 멀리 가게 한다. 넷째는 한량없는 류(類)를 나타내어 항상 그대로인 국토에 있게 한다. 다섯째는 제근(諸根)이 호용(互用)된다. 여섯째는 일체법(一切法)을 얻었으나 무법상(無法想)과 같다. 일곱째는 일게의경(一偈義經)을 무량겁에 설한다. 여덟째는 몸이 모든 곳에 주변하여 마치 허공과 같게 한다.
254) 정덕(淨德)은 청정을 의미한다. 열반의 체(體)는 일체 오염과 때를 해탈하므로 정(淨)이라 하며, 교화하는 곳의 연(緣)을 따르므로 오염되지 않을 정(淨)이라 한다. 혹업(惑業)의 고통을 여의고, 담연(湛然) 청정(淸淨)한 과덕(果德)이 있음을 말한다.
255) 낙덕(樂德)은 열반의 체(體)가 적멸영안(寂滅永安)하며, 또한 운용이 자재하여 마음에 적합한 것을 락(樂)이라고 한다.

히고, 둘째는 오염된 법과 청정한 법의 훈습을 밝힌다. 오염된 법과 청정한 법의 생멸을 밝히는 데에도 또한 세 가지가 있다. 첫째는 마음의 생멸을 해석하고, 둘째는 생멸의 원인과 조건을 밝히고, 셋째는 생멸의 모습을 가린다. 마음의 생멸을 해석하는 데도 또한 세 가지가 있다. 첫째는 이름을 표시하고 뜻을 나열하며, 둘째는 뜻에 의해서 각각 해석하고, 셋째는 총괄하여 같고 다름을 가린다. 여기에서는 이름을 표시하고 뜻을 나열한다.

二釋心生滅門二 初正釋此心生滅因緣相 二顯示大乘體相用 初中二 初明染淨生滅 二明染淨熏習 初中三 初正釋心生滅 二明生滅因緣 三辨生滅之相 初又三 初標名列義 二依義各釋 三總辨同異 今初

마음의 생멸문이라는 것은 여래장에 의하여 생기고 소멸하는 마음의 전환이 있다는 것이다. 생기지 않거나 소멸하지 않는 것이 생기고 소멸하는 것으로 더불어 화합하여 같지도 않고 다르지도 않은 것을 아뢰야식이라고 한다. 이 아뢰야식이 두 가지 뜻을 가지고 있으면서, 모든 법을 거두어들이고 모든 법을 생기게 한다. 두 가지 뜻의 첫째는 깨달음의 뜻이고, 둘째는 깨닫지 못함의 뜻이다.

心生滅門者 謂依如來藏 有生滅心轉 不生滅與生滅和合 非一非異 名阿賴耶識 此識有二種義 謂能攝一切法 能生一切法 復有二種義 一者覺義 二者不覺義

여래장이라는 것은 곧 진여이다. 진여는 변하지 않으면서도 인연을 따르니, 전체이면서 생겨나고 소멸한다. 여기에서는 진여에 의하여 생멸하는 마음의 전환이 있다고 하지 않고, 여래장에 의하여 생멸하는 마음의 전환이 있다고 하였다. 일반적으로, 진여로써 이 마음의 본체를 가리키는 것은 마치 물의 젖는 성질을 가리키는 것과 같다. 그리고 여래장으로써 이 마음의 모양을 가리키는 것은, 마치 젖는 성질의 물을 가리키는 것과 같다. 진여가 이미 생겨나고 소멸하는 것이 아니기 때문에, 여래장도 또한 생겨나고 소멸하지 않는다. 진여는 전체가 인연을 따르기 때문에 제8 여래장에 의하여 전7식의 생멸하는 마음의 전환이 있다. 이 전7식은 아울러 제8식에 의하여 일어나고 진여를 본체로 삼는다. 마치 물에 의하여 파도가 일어나고 파도 또한 젖는 성질로써 본체를 삼는 것과 같다. 제8식이 전7식과 더불어 더욱더 서로 의지하며 서로 원인과 결과가 되는 것이, 마치 물과 파도와 같다. 그래서 화합식(和合識)[256)]이라고 한다. 훈습하고(能熏)[257)]과 훈습하는 대상(所熏)[258)]이 서로 다르기 때문에 같지 않고, 진여로써 본체를 삼는 것은 같기 때문에 다르지도 않다. 능장(能藏)·소장(所藏)·집장(執藏)의 뜻이 있기 때문에 '아뢰야'라는 이름을 받는다.[259)] 그 본체가 진여이기 때문에 모든 법을 거두어들이고, 그것

---

256) 화합식(和合識)은 여래장사상(如來藏思想)에 있어서, 깨달음과 미망(迷妄)의 근원으로서의 아뢰야식을 말한다. 진(眞)과 망(妄)이 구별되지 않는 의식(意識)의 근저로, 이 식(識)은 진(眞)·망(妄)의 어느 방향으로도 전개할 수 있는 가능성을 지닌 것으로 존재한다.
257) 능훈(能熏)은 능히 훈습하는 것을 말한다. 즉 제8식이 종자를 훈습하는 7전식(전오식·제6의식·제7말라식)과 같은 것을 말한다.
258) 소훈(所熏)은 훈습(熏習)된 것이라는 뜻으로 여러 현상에 의하여 훈습되는 아뢰야식을 말한다.
259) 아뢰야(阿賴耶)는 범어 ālaya의 음역으로, 제8식을 말한다. 또한, 장(藏)이라 번역하며 모든 종자를 함장하는 식(藏識)이다. 성종(性宗)에 의하면 진망화합(眞妄和合)의 식(識)이다. 장식(藏識)에는 능장(能藏)·소장(所藏)·집장(執藏)의 세 가지 뜻(藏識三藏)이 있다. 즉 종자는 소장(所藏)이고 아뢰야식은 능장(能藏)이며 항

으로 인하여 훈습하고 종자를 함장하기 때문에 모든 법이 생긴다.[260]

　　如來藏者 卽是眞如 眞如不變隨緣 擧體而成生滅 今不言依眞如有生滅心轉 乃言依如來藏有生滅心轉者 蓋以眞如目此心之體 如指水之濕性 以如來藏目此心之相 如指濕性之水也 眞如旣不生滅 故如來藏亦不生滅 眞如擧體隨緣 故依第八如來藏而有前七識生滅心轉 此前七識 並依第八識起 並攬眞如爲體 如依水 起波 波亦以濕爲體也 第八識與前七識 展轉相依 互爲因果 如水與波 故名和合 能熏所熏相別 故非一 同以眞如爲體 故非異 由有能藏所藏執藏義故 所以復受阿賴耶名(阿賴耶此翻藏) 由其體卽眞如 故能攝一切法 由其受熏持種 故能生一切法也

　　【문】아뢰야식의 본체가 진여이기 때문에 아뢰야식이 모든 법을 거두어들인다는 것은, 진여 전체가 아뢰야식을 이루고 진여 또한 응당히 모든 법을 생기게 한다는 말인가?【답】그 이치가 진실로〔理實〕[261] 그러하다면 변하지 않으면서도 인연을 따르는 입장에서는 여래장이라 하고, 또한 아뢰야식이라고도 한다. 그래서 모든 법을 생기게 한다고 할 수 있는 것이다. 만약 인연을 따르면서도 변하지 않는 입장에서는 곧 진여라고 한다. 다만 모든 법을 거두어들인다고 할 수 있다. 그러나 모두 다 생겨

　　상 제7말라식을 조건으로 하여 아집이 되기 때문에 집장(執藏)이라고 한다. 『원각경』 권4(『대정장』 17, pp919c27-8)에서는 "아상(我相)을 견고하게 집지하면 장식이 잠복하고 모든 근(根)에 상관하여 단절되지 않는다(則知我相堅固執持, 潛伏藏識, 遊戲諸根曾不間斷)"고 하였다.
260) 지욱은 진망화합식(眞妄和合識)인 『기신론』의 아뢰야식을 『유식론』의 아뢰야식과 동일하게 두고, 유식의 8식(識)에 의하여 『기신론』에 주석하는 특징을 보여 주고 있다.
261) 이실(理實)은 현상 그대로가 본래 중도라는 진리(實理)와 같은 말로서, 중도(中道)의 본질적인 것을 말한다.

나고 소멸하는 것은 아니기 때문에 모든 법을 생기게 한다고는 할 수 없다.【문】진여가 모든 법을 생기게 한다고 말할 수 없다면, 아뢰야식 또한 모든 법을 거두어들인다고 말할 수 없지 않은가?【답】아뢰야식이 전적으로 진여로 본체를 삼는다. 이것은 진여의 일부분이 아니기 때문에 모든 법을 거두어들인다고 하는 것이다. 모든 법을 거두어들이는 것은 곧 본체[理]가 삼천을 갖추고 있는 것이고, 모든 법을 생기게 하는 것은 곧 현상[事]이 삼천을 만드는 것이다. 본체가 갖추어지면 비로소 현상이 만들어지고, 본체가 만들어지므로 비로소 현상이 갖추어져 나타난다.

만약 모든 법을 거두어들이지 않는다면, 어떻게 모든 법이 생기며, 만약 모든 법이 생기지 않는다면 어떻게 모든 법을 거두어들이는 것이 드러나겠는가! 또한, 진여와 아뢰야식은 같지도 않고 다르지도 않다. 다르지 않기 때문에 모든 법을 거두어들인다고 하며, 같지 않기 때문에 진여가 모든 법을 생기게 한다고 말하지 않는다.

진여는 변하지 않으면서도 인연을 따르기 때문에 오직 전체가 여래장과 아뢰야식일 뿐만 아니라, 전체가 식과 모든 법으로 여러 번 전환한다. 비유하면, 마치 젖는 성질이 전체가 물이 될 뿐만 아니라, 전체가 파도가 된다. 그러므로 낱낱이 식과 모든 법으로 전환한다는 것이다. 인연을 따르면서도 변하지 않기 때문에 모두가 다 진여 전체이며 진여의 일부분이 아니다. 마땅히 낱낱이 식과 모든 법으로 전환하여 실다운 도리에 의하여, 각각이 다 모든 법을 거두어들이고 모든 법을 생기게 하는 줄 알아야 한다. 지금 다만 아뢰야식이 모든 법을 거두어들이고 모든 법을 생기게 한다는 것을 밝히는 것은, 일부러 생멸문의 다른 모습[異相][262]

---

262) 이상(異相)은 육상(六相: 總相·別相·同相·異相·成相·壞相)의 하나이다. 온갖 법이 조화되어 전체를 이루고 있으면서도 각기 다른 자체의 모습과 기능을 가지

의 입장에서 말하는 것이다. 만약 같은 모습(同相)[263]의 입장에서 말한다면, 이것이 곧 진여 전체이며 아울러 진여의 큰 작용(大用)을 갖추고 있는 것이다.

問 賴耶體卽眞如 賴耶能攝一切法者 眞如擧體成賴耶 眞如亦應生一切法 答 其理實然 但約不變隨緣 名如來藏 亦名賴耶 故可云生一切法 若約隨緣不變 乃名眞如 但可云攝一切法 皆不生滅 不可云生一切法也 問 眞如旣不得云生一切法 賴耶亦不得云攝一切法 答 賴耶全攬眞如爲體 非是眞如少分 故能攝一切法也 攝一切法 卽是理具三千 生一切法 卽是事造三千 由有理具 方有事造 由有事造 方顯理具 若不攝一切法 安能生一切法 若非生一切法 安顯攝一切法 又眞如與賴耶 不一不異 由不異故 並云攝一切法 由不一故 眞如不云生一切法也 眞如不變隨緣 不唯擧體作如來藏阿賴耶識 亦卽擧體作諸轉識及一切法 譬如濕性 不唯擧體作水 亦卽擧體作波 是故一一轉識及一切法 隨緣不變 皆是眞如全體 非是眞如少分 當知一一轉識及一切法 據實道理 無不各各皆能攝一切法 生一切法 今但明賴耶能攝能生者 姑就生滅門中異相言之 若約同相 則並是眞如全體 並具眞如大用也

고 있어서 조건의 차이를 이루고 있다는 말이다. 즉 사물을 서로 대조하여 그 사이에 존재한 모양의 다른 것이다. 예를 들면, 기둥이나 서까래의 모양과 역할이 다른 것이 이상(異相)이다.

263) 동상(同相)은 온갖 법이 각기 고유한 자체 성질과 독립된 모습을 가지고 있지만, 전체를 이루기 위하여 모순되지 않는 조화를 이루어 총상(總相)을 만든다. 전체를 이루기 위한 동일한 역할을 하여 똑같이 참여하는 결과를 가져온다. 다만 총상과 다른 점은 총상은 전체를 하나로 파악할 때 부르는 이름이라면, 동상(同相)은 조건에 관계된 상황을 두고 하는 말이다. 예를 들면, 총상(總相)은 집인데, 동상(同相)은 기둥이나 서까래를 두고 하는 말이다.

또한, 앞에서 칠전식(七轉識)[264]은 모양은 비록 생겨나거나 소멸하여도, 본체는 곧 진여이기 때문에 본래 생겨나지도 소멸하지도 않는다. 여래장의 본체가 비록 생겨나거나 소멸하지 않아도 이미 인연을 따르기 때문에, 모양 또한 생겨나거나 소멸한다고 한 것이다. 여기에서 다만 생겨나거나 소멸하는 마음으로써 칠전식을 가리키고, 생겨나거나 소멸하지 않는 마음으로써 여래장을 가리키는 것은, 잠시 생멸문 가운데 같지 않다는 뜻의 입장에서 말하는 것이다.

만약 다르지 않다는 뜻의 입장에서 말한다면, 7식이 생겨나고 소멸하는 것은 곧 장식(藏識)이 생겨나고 소멸하는 것이다. 장식이 생겨나거나 소멸하지 않으면, 7식 또한 생겨나거나 소멸하지 않는다. 그래서『능가경』[265]에서는 "7식이 유전하지 않으면 괴로움과 즐거움을 받지 않고 열반의 직접적인 원인도 아니다"라고 하였다. 이것이 곧 7식이 생겨나거나 소멸하지 않는 뜻이다. 또 "여래장은 괴로움과 즐거움을 받으면서 직접적인 원인과 더불어 함께 생겨나고 소멸하는 것을 반복한다"고 했다. 이것이 곧 장식이 생겨나거나 소멸하는 뜻이다. 여기에 다시 두 가지 뜻이 있다고 한 것은, 이 장식 중에서 처음부터 으레 본래 무루지(無漏智)와 덕의 종자를 갖추고 있어서, 무루(無漏)의 온갖 법이 생겨나기 때문에 깨달음의 뜻이라고 한다. 그리고 으레 본래부터 유루(有漏)의 무명의 종자를 갖추고 있어서, 유루의 온갖 법이 생겨나기 때문에 깨닫지 못함의 뜻이라고 한다.

又前七轉識 相雖生滅 體卽眞如 本不生滅 如來藏體雖不生滅 旣隨

---

264) 칠전식(七轉識)은 유식에서 8식을 말한다. 제7말나식·제6의식, 전오식의 7식은 제8아뢰야식에서 전환하여 생긴 것이라는 뜻으로 7식을 칠전식(七轉識)이라고 한다.
265)『능가아발다라보경(楞伽阿跋多羅寶經)』권4(『대정장』16, pp.512b15-7)의 '七識不流轉 不受苦樂 非涅槃因 (중략) 如來藏者 受苦樂與因俱 若生若滅'을 인용하였다.

因緣 相亦生滅 今但以生滅心指七轉識 不生滅指如來藏者 姑就生滅門
中非一之義言之 若約非異之義言者 七識生滅 卽是藏識生滅 藏識不生
滅 卽是七識亦不生滅 故楞伽經云 七識不流轉 不受苦樂 非涅槃因 卽
七識不生滅義 又云 如來藏者 受苦樂 與因俱 若生若滅 卽藏識生滅義
也 言復有二種義者 謂此藏識中 無始已來 法爾本具無漏智德種子 能生
無漏諸法 名爲覺義 法爾本具有漏無明種子 能生有漏諸法 名不覺義也

【문】 아래 본문에서는 깨달음의 뜻을 "마음의 궁극적인 최고의 성품
이 곧 모든 여래의 평등한 법신[266]이다"라고 해석한다. 그런데 본래의 깨
달음을 어떻게 무루종자로써 해석했는가?【답】 진여는 변하지 않으면서
도 인연을 따라 전체이면서 무루이기도 하고 무루가 아니기도 하여, 때
로는 종자이기도 하고 때로는 현행하기도 한다. 그래서 아래 본문에서
는 이와 같은 무루 무명의 갖가지 허상과 같은 작용이 모두 진실한 모양
과 같다고 한다. 무명과 종자의 현행이 오히려 진여의 모습과 같은데, 하
물며 무루종자와 현행이 어떻게 이 궁극적 최고의 성품이 아니며, 모든
여래의 평등한 법신이 아니겠는가!

---

266) 법신(法身)은 범어 Dharmakāya의 번역으로, 부처의 진신(眞身)을 말한다. 법상
종에서는 법신에는 총상법신(總相法身)과 별상법신(別相法身)이 있다고 한다. 총
상법신은 이(理)와 지(智)를 겸하며, 삼신(三身)으로 말하면, 자성신(自性身)과 자
수용보신(自受用報身)이 합한 것이다. 별상법신은 삼신 가운데 자성신이며, 오직
청정법계의 진여가 된다. 법성종에서는 진여의 이성은 진실각지의 상이며 이치와
지혜(理智)가 둘이 아니면 진여의 무위(無爲)와 같으며, 참된 지혜(眞智)도 또한 무
위(無爲)이다. 또한 성상(性相)이 둘이 아니므로 진여는 곧 법성이며 참된 지혜(眞
智)도 또한 법성이다. 이 이지(理智)가 둘이 아님에 법성이 숨은 것을 여래장(如來
藏)이라 하고, 시각(始覺)한 공(功)을 쌓아서 법성을 나타내는 것을 법신(法身)이
라고 한다.

진실로 무루종자가 본래 저절로 갖추어져 있기 때문에 본래의 깨달음이라 하고, 네 가지 지혜의 마음은 처음부터 현행을 일으키기 때문에 수행하여 얻은 깨달음(始覺)[267]이라고 한다. 부처의 지위(佛果)[268]는 네 가지 지혜의 마음이 이룬 것이다. 곧 무루 종자와 같아서 전체가 진여이고, 증가하거나 감소하지 않으며, 평등하고 또 평등하다. 그러므로 수행하여 얻은 깨달음을 본래의 깨달음이라고도 한다. 다행히 오랜 집착을 버리고 뼈저리게 사유한 것이다.

問 下文釋覺義云 謂心第一義性 卽是一切如來平等法身 說爲本覺 何得以無漏種子釋之 答 眞如不變隨緣 擧體而爲無漏有漏若種若現 故下文云 如是無漏無明種種幻用 皆同眞相 夫無明種現 尙同眞相 況無漏種現 豈不卽是第一義性 豈不卽是一切如來平等法身耶 良由無漏種子 本自有之 故名本覺 四智心品 初起現行 故名始覺 佛果所成四智心品 卽同無漏種子 全體眞如 無增無減 平等平等 故云始覺卽本覺也 幸捨舊執而痛思之

(1) 깨달음(覺)

둘째는 뜻에 의해서 각각 해석하는 데 두 가지가 있다. 첫째는 깨달음의 뜻을 해석하고, 둘째는 깨닫지 않음의 뜻을 해석한다. 첫째, 깨달음의 뜻을 해석하는 데도 세 가지가 있다. 첫째는 총괄하여 본래의 깨달음인

---

267) 시각(始覺)은 본각(本覺)에 상대되는 개념으로 번뇌 속에 있다가 수행을 통하여 얻은 깨달음을 말한다. 그러나 깨닫고 나면 본각과 시각은 하나라는 것이 『기신론』의 입장이다.
268) 부처의 온갖 수행이 성취된 것을 불과(佛果)라고 한다. 성취하는 온갖 수행은 직접적인 원인이 되고, 성취된 온갖 덕은 결과가 된다.

본각과 수행해서 얻은 깨달음인 시각을 세우고, 둘째는 본각과 시각을 나누어서 가리고, 셋째는 총괄하여 네 가지 큰 뜻을 나타낸다. 여기서는 총괄하여 본래의 깨달음인 본각과 수행해서 얻은 깨달음인 시각을 세운다.

二依義各釋二 初釋覺義 二釋不覺義 初中三 初總立本始兩覺 二別辨本始兩覺 三總顯四種大義 今初

깨달음의 뜻이란 마음의 궁극적 최고의 성품으로 모든 망령된 생각의 모습을 떠난 것이다.[269] 모든 망령된 생각의 모습을 떠났기 때문에 허공계[270]와 같이 두루 미치지 않는 곳이 없는 하나의 모양으로 된 법계이다. 이것이 곧 모든 여래의 평등한 법신이다. 이 법신에 의하여 모든 여래를 본래의 깨달음이라고 한다. 이 본래의 깨달음은 수행하여 얻은 깨달음인 시각에 상대하여 세워졌다. 그러나 수행하여 얻은 깨달음의 상태가 곧 본래의 깨달음이어서 다른 깨달음은 일어나지 않는다. 수행하여 얻은 깨달음을 세운 것은 본래의 깨달음을 깨닫지 못할 수가 있고, 깨닫지 못하기 때문에 수행하여 얻은 깨달음이 있다는 것이다.

言覺義者 謂心第一義性 離一切妄念相 離一切妄念相故 等虛空界 無所不遍 法界一相 即是一切如來平等法身 依此法身 說一切如來爲本覺 以待始覺 立爲本覺 然始覺時 即是本覺 無別覺起 立始覺者 謂依本覺有不覺 依不覺說有始覺

---

269) 구역(『기신론』, 『대정장』 32, p.576b11-2)에서는 "깨달음의 뜻이란, 마음의 본체에 망령된 생각이 떠난 것이다(所言覺義者 謂心體離念)"라고 하였다.
270) 허공계(虛空界)는 진여(眞如)를 말한다. 빛도 없고 모양도 없으면서 일체만유(一切萬有)를 온통 휩싸고 있는 것이 허공과 같아서 이렇게도 부른다.

'마음'이라는 것은 곧 중생의 앞에 나타난 마음을 가리킨다. '궁극적인 최고의 성품'이란 무루종자가 시작도 없이 이루어져서, 이름과 성품이 바뀌지 않은 것을 가리킨다. "모든 망념의 모양을 떠났다"는 것은 이 무루종자(無漏種子)[271]가 비록 다시 제8식(本識)[272]에 의하여 붙어도, 제8식은 반연하는(能緣)[273] 대상이 아니라는 말이다. "허공계와 같이 두루 미치지 않은 곳이 없다"는 것은, 이 무루종자의 성품이 이미 진여를 수순하여, 모나고 구석진 형상의 모습에도 국한되지 않는다는 말이다. '하나의 모양으로 된 법계'라는 것은, 이 무루종자가 이미 진여를 수순하고 진여법계와 동일한 불가사의한 모양이라는 말이다. '모든 여래의 평등한 법신'이라는 것은, 지혜와 진여가 평등하고도 평등함을 말한다. 다만 이 여여(如如)[274]하고도 여여한 지혜가 바로 모든 여래가 같이 증득한 것이어서, 총괄하여 법신이라고 한 것이다. "이 법신에 의하여 본래의 깨달

---

271) 무루종자(無漏種子)는 보리의 직접적인 원인이 되는 종자이다. 이 종자가 본래 제8아뢰야식에 갖추어 있다는 호월(護月)의 설과 새롭게 훈습되어 붙는다는 난타(難陀)의 신훈설(新熏說)이 있다. 호법(護法)은 본유설(本有說)과 신훈설(新熏說)을 모두 부정하고 신훈합생설(新熏合生說)을 주장하였다.
272) 본식(本識)은 제8식이며, 이 식이 일체 제법의 근본이 되므로 본식이라고 말한다.
273) 능연(能緣)의 '연(緣)'은 반연한다는 뜻으로, 안(眼)·이(耳)·비(鼻) 등의 심식(心識)이 색(色)·성(聲)·향(香)을 반연하는 것을 능연(能緣)이라고 하고, 외부 경계를 반연하는 것이라고 한다. 반연이란 심식이 홀로 일어나지 않고 반드시 외부 경계를 반연하여 생긴다. 마치 노인이 지팡이, 원숭이가 나무를 반연하는 것과 같다.
274) 여여(如如)는 본래 그러한 것·생멸변화하지 않는 것이란 뜻의 사물의 진실한 실상을 가리키는 말이다. 『대승의장』 권3(『대정장』 44, pp.532a18-21)에서는 "여여라고 하는 것은 앞의 정지(正智)에 매인 것이기 때문이다. 제법의 체체가 같으므로 여(如)라 하고, 일여(一如)한 중체(中體)가 법계의 항사 불법을 구비하고 법을 따라 변여(辨如)하므로 여(如)의 뜻은 하나가 아니다. 피차(彼此)가 모두 같으므로 여여라고 한다. 여(如)는 허망이 아니므로 다시 경에서는 또한 진여라고 하였다(言如如者 是前正智所契之理 諸法體同 故名為如 就一如中 體備法界恒沙佛法 隨法辨如 如義非一 彼此皆如 故 曰如如 如非虛妄 故復經中 亦名真如)"라고 하였다.

음을 설명한다"는 것은 비록 새롭게 이룬 것 같지만, 실제는 옛 부처라는 것이다. "수행하여 얻은 깨달음에 상대하여 본래의 깨달음을 세운다"는 것은 비록 이 옛 부처이지만, 새롭게 이루는 데 방해하지 않는다는 것이다. 그러나 "수행하여 얻은 깨달음의 상태가 곧 본래의 깨달음이어서 다른 깨달음이 일어나지 않는다"는 것은, 종자 전체가 현행함을 말한다. 그 현행에 옛 종자가 바뀌지 않는다. 마치 물이 얼음이 되고 얼음이 도리어 물이 됨에, 따로 새로운 물이 있지 않은 것과 같다. 마땅히 어떤 사람이, "이미 다른 깨달음이 일어나지 않는다면, 어떻게 수행하여 얻은 깨달음이라고 하겠는가"라고 물음에, "본래의 깨달음을 깨닫지 못할 수 있다"는 것은, 마치 물이 얼음이 되는 것과 같고, "깨닫지 못하기 때문에 수행하여 얻은 깨달음이 있다"는 것은, 마치 얼음이 녹아서 물이 되는 것과 같다"고 답한다.

心者 卽指衆生現前介爾心也 第一義性者 指無漏種子 無始成就 不改名性也 離一切妄念相者 謂此無漏種子 雖復依附本識 而非本識所能緣也 等虛空界無所不遍者 謂此無漏種子 性順眞如 非有方隅形相可局也 法界一相者 謂此無漏種子 旣順眞如 卽與眞如法界同一不思議相也 卽是一切如來平等法身者 謂智與眞如 平等平等 只此如如及如如智 乃是一切如來之所同證 總名爲法身也 依此法身說爲本覺者 謂雖似新成 實是舊佛也 以待始覺立爲本覺者 謂雖是舊佛 不妨新成也 然始覺時卽是本覺 無別覺起者 謂種子擧體而爲現行 現行不改無始種子 如水成冰 冰還成水 非別有新水也 應有問曰 旣云無別覺起 何得名爲始覺 故今答曰 依本覺有不覺 如水成冰 依不覺說有始覺 如冰始泮而爲水也

다시 아래 본문에 의하여 비유로써 밝힌다. 여래장은 진여이니 비유하면, 동서로 정해진 방향과 같다. 미혹도 아니고 깨달음도 아니지만, 미혹하고 깨달음의 의지가 된다. 이미 동서로 정해진 방향이 있다면, 응당히 동쪽을 알고 서쪽을 아는 앎이 있다. 이것은 정해진 방향 가운데 갖춰진 본래의 깨달음의 뜻이다. 본래부터 몰랐기 때문에 미혹이라 하는데, 이것은 정해진 방향 가운데 갖춰진 불각의 뜻이다. 불각 때문에 동쪽을 서쪽이라 하고 서쪽을 동쪽이라고 한다. 이것은 정해진 방향 가운데서 일어난 전식(轉識)[275]의 망령된 생각의 모습이다. 정해진 방향이 때로는 미혹한 인연을 따르고, 때로는 깨달음의 인연을 따라서, 결정코 인연을 따르지 않는 때가 없다. 그래서 깨달음과 깨닫지 못함의 두 뜻이 있는 것이다. 생겨나거나 소멸하는 문이라 부르는 것은 미혹 또한 이 방향이며 깨달음 또한 이 방향이다. 결정코 인연을 따라 변하지 않는 것을 진여의 문이라 한다. 미혹하면 곧 진여를 미혹하여 생기거나 소멸함을 이루고, 미혹을 상대하여 깨달음을 설명한다. 그래서 깨달음 또한 반드시 생겨나고 소멸하는 문에 속한다. 이를테면 망(妄)이 모든 진(眞)을 나타내는 것은 망과 진이 동일한 망인 것이다. 깨달으면 생겨나거나 소멸하는 것이 곧 진여이며, 진에는 미혹과 깨달음이 없는 줄 깨닫는다. 그래서 미혹 또한 진여의 문으로 돌아간다. 이를테면, 모든 중생이 곧 열반의 모습이니, 다시 소멸할 수 없고 곧 보리의 모습은 다시 얻을 수도 없다. 유식에서도 또한 온갖 법의 종자가 오직 세속제에 있고 진승의제(眞勝義諦)[276]가 아

---

275) 전식(轉識)은 『기신론』에서 말하는 오식〔五識: 업식(業識)·전식(轉識)·현식(現識)·지식(知識)·상속식(相續識)〕가운데 하나이다. 마치 거울에 형상을 비치는 작용이 있는 것 같이 무명으로 생긴 업식은 다시 바뀌어 보는 것〔能見〕이 처음 움직이는 모습을 이루고, 여러 가지 경계에 대하여 반연하려는 작용을 나타내는 것을 말한다.

276) 진승의제(眞勝義諦)는 승의제(勝義諦)·진제(眞諦)·제일의제(第一義諦)와 같은 뜻이다. 『성유식론』권3(『대정장』31, pp.48a18-21.)에서는 "승의제에는 4가지가 아

니라는 것을 밝힌다.[277] 곧 방향을 의지하기 때문에 미혹과 깨달음의 법이 있는 것과 같다. 또한, 진여가 곧 식의 실제 성품이어서 물질이나 정신을 떠난 밖에 따로 진여가 있는 것이 아님을 밝힌다. 즉 미혹과 깨달음에 의하기 때문에 방향을 구별하는 것과 같다. 미혹과 깨달음의 두 마음을 소멸한 밖에, 또한 어떻게 따로 방향을 얻을 수 있겠는가! 아! 마명과 호법[278]이 결코 두 뜻이 없음을 밝혔다!

있다. 첫째 세간승의제는 5·12처·18계 등을 말하고, 둘째 도리승의제는 4성제를 말한다. 셋째 증득승의제는 아공진여와 법공진여를 말하며, 넷째 승의승의제는 일진법계를 말한다(然勝義諦 略有四種 一世間勝義 謂蘊處界等 二道理勝義 謂苦等四諦 三證得勝義 謂二空眞如 四勝義勝義)"고 하였다.

277) 『성유식론』 권1(『대정장』 31, pp.001b12-3.)에서는 '境依內識而假立故唯世俗有 識是假境所依事故亦勝義有'로 되어 있다.

278) 호법(護法, Dharmapāla: 530-561)은 세친의 『유식삼십송』을 주석한 십대논사(十大論師)의 대표적 인물이다. 호법은 당시 유식학을 선양하는 데 있어서 진나(Dinnāga)의 유상유식론(有相唯識論)을 계승하여 진보적이고 방편적인 입장을 취하였다. 그는 종자설(種子說)에 있어서 호월(護月)의 본유설(本有說)과 난타(Nanda)의 신훈설(新薰說)의 모순을 지적하고 종자본유신훈병유설(種子本有新薰竝有說)을 주장하였다. 호법의 유식사상의 특징이며 그의 학문적 업적은 유식학의 인식구조론을 4분설(分說)로 완성한 것이다. 무착과 세친은 인식 성립의 역학적 구조를 '객관으로서의 식(有相識)'과 '주관으로서의 식(有見識)'으로 설명하였다. 그는 30년간의 짧은 일생 중에서도 20대 중반에 이미 중인도의 날란다(Nālanda)대학에 총장으로 있으면서 승우·승자·계현 등을 비롯한 많은 학자를 양성하며 유식학을 선양하였다. 29세에 병환으로 은퇴하여 『유식삼십송』에 대해 주석한 것으로 보인다. 호법의 저서로는 제바의 4백론 후반 2백게에 주석하여 『대승광백론석론』 10권, 세친의 『유식이십론』에 주석한 『성유식보생론』 5권, 『유식삼십송』에 주석한 『성유식론』 10권, 『대승오온론석론』, 진나의 『관소연론』의 주석 『관소연론석』 1권 등을 남겼다. 특히, 『유식삼십송』에 대한 십대논사들의 주석은 인도 유가행파의 분열을 야기시키는 결과를 초래하였다. 덕혜(420-500)·안혜(470-550)에 의한 무상유식(無相唯識)과, 진나(400-480)·무성(無性: 450-530)·호법(護法: 530-561)에 의한 유상유식(有相唯識)으로 분열된 것이다. 중국에서는 현장(600-664)과 규기(632-682)에 의해 성립된 법상종(法相宗)은 호법을 계승한 계현(戒賢: 520-

更依下文 以喻明之 如來藏卽眞如 譬如東西定方 非迷非悟 能爲迷
悟依也 旣有此東西定方 卽應有此知東知西之知 是定方中所具本覺義
也 從來未曾知故 名之爲迷 是定方中所具不覺義也 由不覺故 謂東爲西
謂西爲東 是定方中所起轉識妄想相也 定方或隨迷緣 或隨悟緣 決無不
隨緣時 故有覺與不覺二義 名生滅門 迷亦此方 悟亦此方 決定不從緣變
名眞如門 迷則迷此眞如以成生滅 而對迷說悟 故悟亦須屬生滅門 所謂
言妄顯諸眞 妄眞同二妄也 悟則悟此生滅卽是眞如 而眞無迷悟 故迷亦
並歸眞如門 所謂一切衆生卽涅槃相 不可復滅 卽菩提相 不可復得也 唯
識亦明諸法種子 唯世俗有 非眞勝義 卽同依方故有迷悟兩法 又明眞如
卽是識之實性 非離色心之外別有眞如 卽同依迷悟故而辨於方 除卻迷
悟兩心之外 又豈別有方可得哉 嗚呼 馬鳴護法 決無二旨明矣

둘째, 수행하여 얻은 깨달음과 본래의 깨달음을 나누어서 구별하는 데
두 가지가 있다. 첫째는 수행하여 얻은 깨달음의 뜻을 구별하고, 둘째는
본래의 깨달음의 뜻을 구별한다. 본래의 깨달음의 뜻을 구별하는 데 세
가지가 있다. 첫째는 총괄하여 얕고 깊음을 표하고, 둘째는 세밀히 얕고
깊음을 나타내며, 셋째는 얕고 깊음에는 성품이 없음을 밝힌다. 여기에
서는 총괄하여 얕고 깊음을 표시한다.

二別辨始本兩覺二 初辨始覺義 二辨本覺義 初中三 初總標淺深 二詳示
淺深 三明淺深無性 今初

---

645)의 유상유식사상이다. 법상종의 근본사상은 바로 유형상 유식론에 입각한 교
의를 말한다. 이러한 입장은 덕혜·안혜·진제로 계승된 무형상 유식론과는 상반
되는 사상이다.

① 수행하여 얻은 깨달음〔始覺〕

또한 마음의 근원을 깨달았기 때문에 최후의 완전한 깨달음이라 하고, 마음의 근원을 깨닫지 못하였기 때문에 최후의 완전한 깨달음이 아니라고 한다.
又以覺心源故 名究竟覺 不覺心源故 非究竟覺

장식(藏識)에 있는 깨달음의 뜻을 확정하여 논하면, 오별경(五別境)[279] 가운데 혜(慧)[280]의 심소(心所)일 뿐이다. 이 혜(慧)의 심소 또한 전적으로 진여를 본체로 삼기 때문에, 모든 법을 거두어들이고 모든 법을 내기도 한다. 외도와 범부의 모든 인아견[281]이 범부 외 성문·연각의 모든 법아견[282]이 곧 오염된 지혜(染慧)이고, 모든 세간에 있는 총명과 교묘하고 좋은 방편이 곧 무기(無記)[283]의 혜(慧)이다. 모든 세간에 있는

---

279) 오별경(五別境)은 오위백법 중에 欲·勝·解·念·定·慧의 오심소(五心所)가 각각 다른 대상 경계의 조건에 반연하여 일어나기 때문에 별경(別境)이라고 한다.
280) 혜(慧)는 사리를 분별하고 의념(疑念)을 결단하는 작용이며, 사리를 통달하는 작용이다. 지(智)와 혜(慧)는 비록 통명(通名)이지만, 두 가지가 실제로 상대하여 유위(有爲)의 현상의 모습(事相)에 통달하는 것을 지(智)라 하고, 무위(無爲)의 공리(空理)에 통달하는 것을 혜(慧)라고 한다.
281) 아(我)는 항상 하나의 주재하는 실체라는 뜻이다. 사람이 항상 하나의 주재가 있다고 고집하는 것을 인아(人我)의 견(見)이라고 한다.
282) 법아견(法我見)은 객관의 색·심 제법에 각각 참된 체성이 있다고 고집하는 잘못된 소견을 말한다. 그것이 곧 법집(法執)이다.
283) 무기(無記)는 범어 avyakṣita의 번역으로, 온갖 법의 도덕적 성질을 세 가지〔三性〕로 나눈 가운데서 선도 악도 아닌 성질로 선악 가운데의 어떤 결과도 끌어오지 않는 중간성을 말한다. 이 무기에는 다 같이 선악의 결과를 끌어올 능력이 없으면서도 수행을 방해하는 유부무기(有覆無記)와 방해하지 않는 무부무기(無覆無記)가 있다.

정견(正見)[284]이 곧 유루선혜(有漏善慧)[285]이고, 보살·성문·연각에 있는 생공(生空)[286]의 지적 능력[智品][287]이 곧 무루혜이며 또한 공반야(共般若)[288]라고 한다. 대승에 있는 법공(法空)[289]의 지적 능력도 또한 무루혜이며, 불공반야(不共般若)[290]라고도 한다. 모든 부처님에게 있는 네 가지 지혜와 상응하는 지적 능력[四智心品][291]이 곧 불가사의한 지혜이고 위없는 보리라고 한다. 또한 분별이 없는 지혜[無分別智][292]에서 더욱더

---

284) 정견(正見)은 범어 samyagdrati의 번역으로 팔정도의 하나이다. 유·무의 모든 잘못된 편견을 여윈 중도의 견해로서, 불교의 바른 도리를 시인(是認)하는 견해를 말한다.
285) 유루선혜(有漏善慧)는 세속을 대상으로 하여 일어나는 지혜로서, 유루지(有漏智)와 같다.
286) 생공(生空)은 이공(二空: 아공·법공)의 하나로, 아공(我空)·인공(人空)이라고도 한다. 중생은 오온이 가짜로 화합한 것이며, 실체가 없는 중생을 생공이라고 한다.
287) 지품(智品)은 지적(智的) 능력을 말한다.
288) 공반야(共般若)는 이종반야(二種般若: 共般若·不共般若)의 하나로, 공(共)은 공동(共同)의 뜻이다. 삼승이 함께 행하고 함께 앉아서 성문·연각·보살의 구별이 없는 것을 말한다. 즉 반야시(般若時)의 설법 중에서 통교(通教)에 속하는 것으로, 삼승이 공통으로 배워서 얻는 법문이다.
289) 법공(法空)은 이공(二空)의 하나로, 색심의 모든 법인 만유(萬有)는 모두 인연이 모여서 생기는 가짜 존재로서 실체가 없는 것이므로 만유의 체가 공무(空無)한 것을 말한다.
290) 불공반야(不共般若)는 이종반야(二種般若)의 하나로, 오직 보살이 행할 법을 설하여, 성문과 연각에 공통되지 않는 것을 말한다. 천태는 공반야(共般若)로서 통교(通教)라 하고, 불공반야(不共般若)로서 별교(別教)와 원교(圓教)가 된다고 한다.
291) 사지심품(四智心品)은 유식종에서 보리의 사지(四智)와 상응하는 심품(心品)이 있다고 말하는 것이다.
292) 무분별지(無分別智)는 무분별심(無分別心)이라고도 하며, 올바르게 진여를 체득하는 지혜를 말한다. 진여란 일체의 상을 떠나서 분별할 수 없는 것이므로 분별이 있는 마음은 능히 그 체성을 말하지 못한다. 모든 감정적 생각과 분별의 무상(無相)을 떠나서 진지(眞智)로 명부(冥府)를 시작하는 것이다. 『섭대승론석』 권12, 『대정장』 31, pp243b15-6)에서는, "만약 지(智)와 취하는 것이 다르지 않으면 평등이

정진하면 유루의 문(聞)·사(思)·수혜(修慧)가 된다. 근본지(根本智)[293]로서의 분별이 없는 지혜는 실교(實敎)의 혜(慧)이고, 후득지(後得智)[294]로서의 무분별지는 권교(權敎)의 혜(慧)이다. 또 수행하는 동안(因中)[295] 본체를 비추면 도혜(道慧)라 하고, 현상을 비추면 도종혜(道種慧)[296]라고 한다. 성불한 지위(果上)[297]에서 본체를 비추면 일체지(一切智)[298]라 하고, 현상을 비추면 일체종지(一切種智)라고 한다. 또한 진제(眞諦)를 비추어도 일체지라 하고, 속제를 비추면 도종지(道種智)라고 하며, 중제(中諦)를 비추면 일체종지라고 한다. 이와 같이 갖가지 다른 명칭들이 여러 종류로 많지만(開合),[299] 모두 다 하나의 혜 심소이고 모두 깨달음의 뜻을 말한 것이다. 다만 무루(無漏)만을 깨달음이라고 했을 뿐이다. 오직 모

일어난다. 이것을 무분별지라고 한다(若智與所取不異 平等平等起 是名無分別智)」라고 하였다.
293) 근본지(根本智)는 진여에 계합하는 지혜이다. 주객(主客)의 일체 분별이 없는 일념(一念)의 참된 지혜(眞智)이기 때문에, 정지(正智)·무분별지(無分別智)·여리지(如理智)라고도 한다. 이 지혜는 일체의 법락(法樂)과 일체의 공덕대비(功德大悲)를 내는 근본이 되기 때문에, 근본지라고 한다.
294) 후득지(後得智)는 일체 차별상의 지혜로 분별지라고도 한다. 근본지가 된 뒤에 얻는 지혜로, 부처가 대비를 일으켜서 중생을 구제하는 것은 후득지이다.
295) 인중(因中)은 수행하고 있는 동안을 말한다.
296) 도종(道種)은 불도의 종자, 즉 수행하여 성불할 만한 종자를 말한다.
297) 수행하는 기간을 인위(因位)라 하고, 수행에 의하여 증득하는 위(位)를 과지(果地)라 한다. 이 과지가 인위의 위가 되므로 과상(果上)이라고 한다.
298) 일체지(一切智)는 부처님의 지혜로서, 삼지(三智: 道種智·一切智·一切種智)의 하나이다. 일체의 법을 아는 것으로, 이 일체지는 일체종지에 대한 것으로 총괄적인 것과 부분적인 두 가지 뜻이 있다. 총괄적인 뜻으로는 부처의 지혜로 일체종지와 같고, 부분적인 뜻으로는 일체종지는 시차별계(視差別界) 사상(事相)의 지(智)가 되고, 일체지는 시평등계(視平等界)의 공성(空性)의 지혜가 된다.
299) 개합(開合)은 혹은 열고 혹은 닫는다는 뜻도 있고, 많다는 뜻도 있다.

든 부처님의 네 가지 지혜의 보리(菩提)[300]가 있어서, 비로소 마음의 본원을 분명히 깨달으면 최후의 완전한 깨달음이라 하고, 이에 미치지 못하면 모두 최후의 완전한 깨달음이 아닌 것이다.

剋論藏識所有覺義 即是五別境中慧心所耳 此慧心所 亦全攬眞如爲體 故能攝一切法 生一切法 如外道凡夫諸人我見 凡外二乘諸法我見 即是染慧 如一切世間所有聰明善巧 即無記慧 如一切世間所有正見 即有漏善慧 如三乘所有生空智品 即無漏慧 亦名爲共般若 如大乘所有法空智品 亦無漏慧 復名不共般若 如諸佛所有四智心品 即不思議慧 亦名無上菩提 又加行無分別智 即是有漏聞思修慧 根本無分別智 即是實慧 後得無分別智 即是權慧 又因中照理名道慧 照事名道 種慧 果上照理名一切智 照事名一切種智 又或照眞名一切智 照俗名道種智 照中名一切種智 如此種種異名 種種開合 皆是一慧心所 皆是此中所謂覺義 或但取無漏 乃名覺耳 唯有諸佛四智菩提 方能覺盡心之本源 名究竟覺 降此皆非究竟覺也

둘째, 세밀히 얕고 깊음을 나타낸다.

二詳示淺深

---

[300] 보리(菩提)는 범어 bdhi의 음역으로, 구역에서는 도(道), 신역에서는 각(覺)이라고 하여, 도는 통(通), 각은 오(悟)의 뜻이다. 그러나 통과 각의 경계에는 사(事)와 이(理)의 두 법이 있다. 이는 열반으로 번뇌를 끊고 열반의 일체지를 증득하는 것이며, 삼승의 보리를 통하는 것이다. 사는 일체 유루의 모든 법이 소지장을 끊고, 제법의 일체종지를 아는 것이며, 이는 부처의 보리를 말하는 것이다. 불(佛)의 보리는 이 사리(事理)를 모두 통하였으므로 대보리(大菩提)라고 한다.

범부들은 앞의 생각을 깨닫지 못하여 번뇌를 일으키고, 뒤의 생각
은 제어해 조복하고 다시는 생기지 않게 한다. 비록 이름은 깨달
음이라고 하지만 이것은 깨닫지 못한 것이다.
**如凡夫人 前念不覺 起於煩惱 後念制伏 令不更生 此雖名覺 卽
是不覺**

불각(不覺)은 곧 무명(無明)이며, 무명은 바로 근본번뇌[301] 가운데의
치(癡)[302] 심소(心所)이다. 이 치 심소도 또한 전적으로 진여를 본체로
삼기 때문에, 모든 법을 거두어들이기도 하고, 모든 법을 내기도 한다.
제7식과 더불어 상응하는 법아의 치(法我癡)는 근본무명이라고 한다. 아
래의 본문에서는 사실 그대로가 아닌 지혜(不如實智)와 진여의 실상(眞
法)[303]이 하나이기 때문이라고 한다. 이것의 현행은 평등성지가 앞에 나
타나기 직전에 비로소 조복되고, 이것의 종자는 장차 성불할 때 금강유
정(金剛喩定)[304]으로 비로소 끊어진다. 이것을 끊으면 부처라고 한다. 제

---

301) 근본번뇌(根本煩惱)는 본번뇌(本煩惱)·근본혹(根本惑)·본혹(本惑)이라고도 한
다. 오위백법 가운데 탐(貪)·진(瞋)·치(癡)·만(慢)·의(疑)·악견(惡見)의 여
섯 가지 대 번뇌를 말한다. 악견 이외의 탐·진·치·만·의를 오둔사(五鈍使)라
하고, 신(身)·변(邊)·사(邪)·견취(見取)·계금취견(戒禁取見) 등 오견(五見)
을 오리사(五利使)라고 한다. 그리고 오둔사와 오리사를 합하여 십사(十使) 혹은
십수면(十隨眠)이라 한다. 이것을 모두 근본번뇌라 하며, 그 외는 수번뇌(隨煩惱)
라 한다. 또는 오주지(五住持) 가운데 제5의 무명주지를 근본번뇌라 하고, 그 외의
4주지를 지말번뇌라고 한다.
302) 치(癡)는 범어 Moha의 번역으로, 삼독[三毒: 탐(貪)·진(瞋)·치(癡)]의 하나이며,
무명(無明)이라고 한다. 심성이 사리에 어두운 것을 말하며, 일체의 번뇌가 이것을
따라서 일어난다.
303) 진법(眞法)은 진여실상의 법을 말한다. 『임제록』에서는 "진불(眞佛)은 형상(形)이
없고, 진법(眞法)은 모양(相)이 없다"라고 하였다.
304) 금강유정(金剛喩定)은 금강이 견고하여 다른 것을 깨뜨리는 것과 같이 모든 번뇌

7식과 더불어 상응하는 인아의 치(人我痴)는 항행불공무명(恒行不共無明)305)이라고 한다. 이 무명은 반드시 삼승(三乘)이 무학(無學)306)을 증득할 때 비로소 다 끊어진다. 제6식과 더불어 상응하는 법아치(法我痴)에는 두 가지가 있다. 첫째는 분별법치이다. 이 무명은 환희지에 오를 때 단박에 끊어진다. 둘째는 구생법치이다. 이 무명은 십지(十地) 가운데서 조금씩 점차로 끊어 성불할 때 모두 끊어진다. 또 6식과 더불어 상응하는 인아치(人我痴)에도 또한 두 가지가 있다. 첫째는 분별아치이다. 이 무명은 삼승이 처음으로 무루지를 내어 진제를 비추어 볼 때 단번에 끊어진다. 둘째는 구생아치이다. 이 무명은 성문·연각·보살승의 수도위307)

를 끊는 선정을 말한다. 이 정은 성문과 보살이 수행을 마치고 마지막 번뇌를 끊을 때에 드는 것이다. 소승은 아라한과를 얻기 전에 유정지(有頂地)의 제9품혹을 끊은 정을 말하고, 대승은 제십지보살이 마지막으로 조금 남은 구생(俱生) 소지장(所知障)과 저절로 일어나는 번뇌장 종자를 단번에 끊고 불지에 들어가기 위하여 드는 선정을 말한다. 천태종에서는 등각보살이 원품무명(元品無明)을 끊고, 묘각을 증득하기 위하여 드는 선정을 말한다. 금강정(金剛定)·금강삼매(金剛三昧)·금강심(金剛心)이라고도 한다.

305) 불공무명은 독두무명(獨頭無明)이라고 하는데, 탐·진·치 등의 십수면(十睡眠)과 상응하지 않고 홀로 일어나는 무명이다. 유식에서는 항행불공무명과 독행불공무명으로 나누었다. 항행불공무명은 제7말나식에만 상응하는 무명·탐·진 등의 근본혹과 상응하여 모든 범부에게 항상 끊임없이 일어나면서도 다른 6식과 상응하는 무명과는 공통되지 않는 것을 말한다. 독행불공무명은 제6식하고만 상응하는 무명이며, 다른 식이나 탐 등의 근본혹과 상응하지 않고 홀로 일어나는 것이다.

306) 무학(無學)은 범어 aśaikṣa의 번역으로, 성문승 사과(四果) 가운데, 수다원과(預流果)·사다함과(一來果)·아나함과(不還果)를 유학(有學)이라 하고, 제4 아라한과를 무학(無學)이라고 한다. 배운 도가 원만하여 더 배울 것이 없는 것을 말하며, 이 자리를 무학위(無學位)라고 한다.

307) 수도위(修道位)는 성문승이 일래향(一來向)에서부터 아라한향의 구경에 이르러 삼계의 수혹(修惑)을 끊은 자리이다. 또는 보살의 십지 사이에서 함께 생기는 번뇌장과 소지장(所知障)을 끊은 자리이다. 이미 견도(見道)에서 진제를 비추어 보고 다시 진관(眞觀)을 수행하므로, 수도(修道)라고 하며, 수도의 자리 또는 수도한 과

에서 조금씩 점차로 끊어, 무학(無學)을 증득할 때 비로소 다 끊어진다. 전5식과 더불어 상응하는 선천적으로 갖추어 있는 구생치(俱生癡)는 제6식을 수순하여 있기도 하고 없기도 하는데, 성불에 이르러서야 비로소 끊어진다. 그래서 이 무명으로 인하여 육도범부의 법계가 있고, 이 무명의 전환으로 인하여 무치(無癡)[308]가 된다. 그러므로 4성(四聖)의 법계가 있는 것이다. 그런데 어떻게 모든 법을 거두어들이거나 모든 법을 생기게 하지 못하는가! 여기에서 "범부들이 앞의 생각을 깨닫지 못한다"는 것은, 제6식이 상응하는 분별치와 구생치의 입장에서 말한 것이다. 제7식의 무명은 항상 일어나서 말을 기다리지 않기 때문이다. "번뇌를 일으킨다"는 것은 앞의 6식에 상응하는 탐·진·치 등의 미혹을 일으킴을 말한다. "뒤의 생각을 조복 받아 다시는 생기지 않게 한다"는 것은, 세간의 바른 견해나 유루(有漏)의 문(聞)·사(思) 등의 두 지혜로써 다스리는 것이다. "비록 이름을 깨달음이다"라고 한 것은 선혜(善慧)이기 때문이며, "깨닫지 못한 것이다"라는 것은 무루(無漏)가 아니기 때문이다.

不覺 卽是無明 無明 卽根本煩惱中之癡心所也 此癡心所 亦全攬眞如爲體 故亦攝一切法 生一切法 若與第七識相應之法我癡 名爲根本無明 卽下文所謂不如實知眞法一故者也 此之現行 平等性智現在前時方伏 此之種子 直至將成佛時 金剛喩定方斷 斷此卽名爲佛 若與第七識相應之人我癡 名爲恒行不共無明 須至三乘證無學時方斷 若與第六識相應之法我癡 則有二種 一是分別法癡 登初地時頓斷 一是俱生法癡 於十地中分分漸斷 至成佛時乃盡 若與第六識相應之人我癡 亦有二種 一是分別我癡 三乘初見道時頓斷 一是俱生我癡 三乘修道位中分分漸斷 證

정을 수도위(修道位)라고 한다.
308) 무치(無癡)는 삼선근(三善根)의 하나로, 마음에 치혹(癡惑)이 없는 것이다.

無學時方盡 若與前五識相應之俱生癡 隨第六識而爲有無 乃至佛果 方
始斷盡 是則由此癡故 有六凡法界 由轉此癡爲無癡故 有四聖法界 豈非
能攝一切法 能生一切法耶 今言凡夫人前念不覺者 且約第六識相應之
或分別癡 或俱生癡言之 以第七識癡 必恒行不待言故 起於煩惱者 謂起
前六識相應之貪瞋等惑也 後念制伏令不更生者 卽是或以世間正見 或
以有漏聞思二慧爲對治也 此雖名覺者 以是善慧故也 卽是不覺者 以其
未是無漏故也

성문·연각들과 처음 대승을 닦는 보살들은[309] 생각이 일어나고 생각이 사라지는 그 본체와 모습이 달라지는 것을 깨닫는다. 이 수행의 지위는 조잡한 분별을 버렸기 때문에 비슷한 깨달음이라고 한다.

如二乘人 及初業菩薩 覺有念無念 體相別異 以捨粗分別故 名相似覺

'성문이나 연각들〔二乘人〕'은 유학(有學)과 무학(無學)을 통틀어 가리키는 말이다. '처음 대승을 닦는 보살들'은 삼승공십지〔共十地〕[310] 가운데 제

---

309) 구역『기신론』(『대정장』32, p.575b20)에서는 "성문이나 연각들이 관찰하는 지혜와 처음 뜻을 편 보살들〔如二乘觀智 初發意菩薩等〕"이라고 했다.
310) 공십지(共十地)는 삼승공십지(三乘共十地)로,『대지도론』권75(『대정장』25, pp.585c28-586a23)에서 설한 성문·연각·보살 삼승의 공통되는 십지(十地)이다. 이것은 천태종의 사교(四敎) 가운데 통교(通敎)의 지위를 말한다. 즉 간혜지(乾慧智)·성지(性地)·팔인지(八人地)·견지(見地)·박지(薄地)·이욕지(離欲地)·이변지(已辨地)·벽지불지(辟支佛地)·보살지(菩薩地)·불지(佛地)이다.

3지인 팔인지(八人地)[311]와 제4지인 견지(見地)[312] 이상을 지칭한 말이며, 삼현십성[313] 중에서 처음 초발심주[314] 이상을 가리킨다. 이미 분별하는 아치를 끊고 이미 아공(生空)이 나타낸 진여를 증득했기 때문에 관문(觀門)에서 나오면 생각이 일어나고 관문에 들어가면 생각이 사라지는 그 본체와 모양에 차이가 있음을 깨닫는다. 견혹(見惑)과 사혹(思惑)을 버렸기 때문에, "조잡한 분별을 버렸다"라고 하였다. 아공(我空)의 무루지는 얻었지만 법공(法空)의 무루지를 얻지 못했기 때문에, 겨우 '비슷한 깨달음(相似覺)'이라고 하였다.

二乘人 通指有學無學言之 初業菩薩 於共十地中 卽指八人見地已上言之 於三賢十聖中 卽指初發心住已上言之 由其已斷分別我癡 已證生空所顯眞如 故能覺於出觀之有念 入觀之無念 其體相有別異也 棄捨見思二惑 名爲捨粗分別 但得生空無漏 未得法空無漏 故僅名相似覺也

---

311) 팔인(八人地)는 통교십지(通敎十地)의 제3지로 인(人)은 인(忍)이다. 삼승의 사람이 스스로 세제일법(世第一法)을 같이하여 십육심(十六心)의 견도(見道)에 들어가며 바로 견혹의 팔인위(八忍位 : 苦法忍·集法忍·滅法忍·道法忍·苦類忍·集類忍·滅類忍·道類忍.)를 끊는 것이다.
312) 견지(見地)는 삼승공십지(三乘共十地)의 제4위로 성문승의 예류과(預流果)에 해당한다. 사성제의 이치를 관하여 삼계의 견혹(見惑)을 끊고, 처음 성과(聖果)를 얻은 지위이다. 즉 제16심(心)의 도류지(道流智)이다
313) 삼현십성(三賢十聖)은 대승에서 세운 것으로, 십주(十住)·십행(十行)·십회향(十回向)의 삼위(三位)가 삼현(三賢)이고, 초지(初地: 환희지) 이상에서 십지(十地: 법운지)까지의 보살이 십성(十聖)이 된다. 초지에서 처음 이치를 회통하였기 때문에 성인의 이름을 얻는다.
314) 초발심주(初發心住)는 범부가 부처가 될 때까지의 수행단계인 제52위 가운데 제11위이며, 십주(十住)의 제1위에 해당된다. 진력방편(眞力方便)으로 십주(十住)의 마음을 일으켜서 십신(十信)의 작용에 들어가 일심의 단계를 원만하게 성취하는 것을 말한다.

법신보살은 생각이 있고 생각이 없음에 모두 모양이 없다는 것을 깨닫는다. 이 수행의 지위는 조잡하지도 않고 미세하지도 않은 중간 정도[中品]³¹⁵⁾의 분별을 버렸기 때문에 분에 따라 본각에 가까워지는 깨달음이라고 한다.

如法身菩薩 覺念無念 皆無有相 捨中品分別故 名隨分覺

단번에 법에 집착하는 분별심을 끊고, 범부의 본성이 되게 하여 깨닫지 못하게 하는 종자[異生性]³¹⁶⁾의 장애를 버리고, 변행진여³¹⁷⁾를 증득하

---

315) 중품(中品)은 중등(中等)의 품류(品類)를 말한다. 정토교에서는 중품왕생(中品往生)이 있고, 밀교에서는 중품실지(中品悉地)가 있다.
316) 이생성(異生性)은 범부의 본성이 되게 하는 종자이다. 『구사론』 권4(『대정장』 29, pp.23b18-9)에서는 "성인의 법을 얻지 못함을 이생성이라 한다(云何異生性 謂不獲聖法)"라고 하였고, 『성유식론』 권1(『대정장』 31, p.05b06)에서도 "모든 성인의 법을 성취하지 못하기 때문에 이생성이라 한다(假立非得名異生性 於諸聖法未成就故)"라고 하였다. 『유가사지론』 권52(『대정장』 30, pp.587b25-6)에서는 '삼계에서 보고 끊을 대상인 법종자를 근절시키지 못하는 것을 이생성이라 한다(復次云何異生性 謂三界見所斷法種子 唯未永害量名異生性)"고 하였다. 『성유식론』 권9(『대정장』 31, pp.05b20-23)에서는 "열 가지 무거운 장애 가운데 첫 번째가 이생성의 장애이다. 이를테면 번뇌장과 소지장에서 분별하여 일어나 이 두 가지에 의해서 이생성이 생겨난다. 이승이 견도위에서 나타날 때 한 가지를 끊어 성인의 성품을 얻고, 보살이 견도위에서 나타날 때 두 가지를 모두 끊어 성인의 성품을 얻는다(十重障者 一異生性障 謂二障中分別起者依彼種二異生性故 二乘見道現在前時唯斷一種名得聖性 菩薩見道現在前時具斷二種名得聖性)"고 하였다. 이에 대하여 『화엄경탐현기』 권10(『대정장』 35, pp.300b09-13)에서는 "다른 견해를 집착하여 생겨나기 때문에 이생이라 하는데 곧 범부를 말하는 것이다. 성(性)은 곧 번뇌장과 소지장을 분별하여 종자에서 거짓으로 불상응법을 세운다. 이러한 종자에 의하여 이생성이 생겨나기 때문에 이 종자를 이생성의 장애라 하고, 이생의 장애라고 한다(解云異生者執異見而生故曰異生 即舊名凡夫也 性者即是分別二障 種上假立不相應法 依彼種上立此性故 即說彼種名異生性障 此即異生之障)"고 해석하였다.
317) 변행진여(遍行眞如)는 십진여[十眞如: 변행진여(遍行眞如)·최승진여(最勝眞

여 중도(中道)인 불성을 얻었기 때문에 법신보살이라고 한다. 이미 진여법신[318]을 증득했으면 진여의 본체는 본래 생사(生死)의 유념(有念)도 아니고, 열반의 무념(無念)도 아닌 줄 안다. 다만, 변하지 않으면서도 인연을 따르면 곧 진여 전체가 생각이 일어나고 생각이 사라지는 것이 된다. 그리고 인연을 따르면서도 변하지 않으면 곧 생각이 일어나고 생각이 사라지는 것이 모두 진여이다. 그런데 어떻게 두 모양이 있겠는가! 이로부터 점차 선천적인 번뇌〔俱生〕[319]의 법집을 끊는다. 그러므로 "조잡하지도 않고 미세하지도 않은 중간 정도〔中品〕의 분별을 버렸다"고 한 것이다. 이미 법이 공한 이치에 대한 새나가지 않는 지혜는 얻었지만, 근원까지 통달한 것은 아니기 때문에 수분각[320]이라고 한다. 이것은 육즉불(六卽佛) 가운데 분증즉불(分證卽佛)과 같다.

如)·승류진여(勝流眞如)·무섭수진여(無攝受眞如)·무별진여(無別眞如)·무염정진여(無染淨眞如)·법무별진여(法無別眞如)·부증감진여(不增減眞如)·지자재소의진여(智自在所依眞如)·업자재등소의진여(業自在等所依眞如)]의 하나로, 십지 가운데 초지에서 증득하는 인공(人空)과 법공(法空)의 진리를 말한다. 이 진리는 모든 법에 두루하고 원만하므로 변행진여라고 한다.

318) 불공진여(不空眞如)는 무량한 공덕법을 갖추고 있기 때문에 진여법신(眞如法身)이라고 한다. 법신의 본체는 진실한 그대로 항상하기 때문에 진여법신이라고 한다.

319) 구생(俱生)은 구생기(俱生起)의 약칭으로, 태어날 때부터 선천적으로 갖추어 있는 번뇌이다. 사람의 혹심(惑心)이 일어나는 것에는 분별기(分別起)와 구생기(俱生起)의 두 가지가 있다. 잘못된 스승·가르침·사유에 의하여 일어나는 것을 분별기라 하고, 이 세 가지에 의하지 않고, 경계에 대하여 자연히 일어나는 것을 구생기라고 한다. 이 가운데 분별기는 그 혹이 강하여 도리어 끊기가 쉽고, 구생기는 약하여 도리어 끊기가 어렵다. 따라서 견도(見道)에서 먼저 분별기의 혹을 단박에 끊고, 수도(修道)에서 점차로 구생기의 혹을 끊는다.

320) 수분각(隨分覺)은 『기신론』에서 설명하는 사각(四覺)의 하나로, 분에 따라 본각에 가까워지는 깨달음이다. 즉 환희지 이상의 법신보살의 깨달아 아는 것이다. 구경각에 상대되기 때문에 수분(隨分)이라고 한다.

頓斷分別法執 捨異生性障 證遍行眞如 得中道佛性 故名法身菩薩 旣證眞如法身 則知眞如之體 本非生死之有念 亦非涅槃之無念 但以不變隨緣 則眞如擧體爲念無念 隨緣不變 則念無念皆卽眞如 何有二相 從此漸斷俱生法執 故云捨中品分別也 已得法空無漏 但未窮源 是故名隨分覺 猶所云分證卽佛也

만약 보살의 지위를 뛰어넘어 최후의 완전한 도〔究竟道〕[321]를 원만히 갖추어서 한 생각이 상응한다. 마음이 처음 일어남을 알아차려 비로소 이름을 깨달음이라고 한다. 멀리 깨달음의 모양을 떠나고 미세한 분별이 마지막에는 영원히 끊어져서, 마음〔心根〕[322]의 본래 성품이 항상 그대로 머물러 앞에 나타난다. 이것을 여래라고 하며, 최후의 완전한 깨달음이라고 한다.

若超過菩薩地 究竟道滿足 一念相應 覺心初起 始名爲覺 遠離覺相 微細分別 究竟永盡 心根本性 常住現前 是爲如來 名究竟覺

"보살의 지위를 뛰어넘는다"는 것은 등각(等覺)[323]의 지위에 있는 수

---

321) 구경도(究竟道)는 이치에 지극한 것을 뜻하며, 최후의 완전한 도를 말한다.『대지도론』권71(『대정장』 25, pp.559b09-10)에서는 "구경도는 제법의 실상을 말하는 것이다(究竟道者 所謂諸法實相)"라고 하였다.
322) 심근(心根)는 범어 manas의 번역으로 심평등근(心平等根)이라고도 하며, 오구의 식(五俱意識)과 같다. 수론외도가 우주만유의 전개를 설명하는데, 25제(諦)를 세운 것 중에서 심의(心意)의 분별작용을 분립한 것이다.
323) 등각(等覺)에는 두 가지 뜻이 있다. 첫째는 부처님의 다른 이름으로, 등(等)은 평등, 각(覺)은 각오(覺悟)의 뜻이다. 모든 부처님이 깨달은 것은 한결같이 평등하므로 등각이라고 한다. 둘째는 등정각(等正覺)・금강심(金剛心)・일생보처(一生補處)・유상사(有上士)라고도 하며, 보살의 수행과정인 52위에서 제51위에 해당한다. 즉 보살의 극위(極位)로서, 그 지혜가 원만하여 부처님과 같다는 뜻으로 등각이

행자(後心)³²⁴⁾가 금강유정에 들어간다는 말이다. 법이 공한 이치에 대한 새나가지 않는 묘관찰지를 '최상의 완전한 도(究竟道)'라고 한다. 처음 법신을 증득한 후부터 점점 더 나아가서 이 구경도에 이르러야 원만하게 갖추어진다. 이숙식(異熟識)³²⁵⁾ 가운데 무루종자를 버려 모두 끊게 하고, 이것을 전환하여 암마라식(菴摩羅識)³²⁶⁾을 이룬다. 곧 대원경지(大圓鏡智)와 더불어 홀연히 상응하기 때문에 "한 생각이 상응하여 마음이 처음 일어나는 것을 알아차린다"고 한 것이다. "비로소 이름을 깨달음이라고 한다"는 것은 최후에 수행하여 얻은 깨달음을 성취한 뜻을 해석한 것이다. "멀리 깨달음의 모양을 떠났다"는 것은, 본래의 깨달음이 분별이 없는 깨달음을 일으킨다는 뜻을 해석한 것이다. "미세한 분별이 마지막에는 영원히 끊어졌다"는 것은, 무간도(無間道)³²⁷⁾ 가운데 이숙식의 종자를

라고 한다.
324) 후심(後心)은 발심하여 오랫동안 수행을 쌓아온 숙달자, 또는 만학의 사람을 말한다. 반면, 최후의 찰나를 뜻하기도 한다.
325) 이숙식(異熟識)은 범어 vipākavijnāma의 번역으로, 제8식의 여러 가지 이름 가운데 하나이다.『성유식론』권3(『대정장』31, pp.13c16-7)에서는 "또는 이숙식이라고도 하는데, 생사를 끌어다가 선업과 불선업의 이숙과(異熟果)를 내기 때문이다(或名異熟識 能引生死善不善業異熟果故)"라고 하였다.
326) 암마라(識)은 제9식으로, 아마라식 또는 아말라식이라고도 하며, 번역하여 청정식(淸淨識)·무구식(無垢識)·진여식(眞如識) 등이라고 한다. 구역에서는 아뢰야식 이외에 따로 이 식이 있어서 9식을 성립한다고 하였다. 신역에서는 이것을 아뢰야식의 성불한 지위(果上)의 이름이며 별도로 이 식을 세우지는 않았다.『성유식론』권3(『대정장』31, pp.13c19-20)에서는 제8식의 이명(異名)을 들어, "혹은 무구식(無垢識)이라며 최상으로 지극하게 청정하여 모든 무루법이 의지하기 때문이다(或名無垢識 最極淸淨諸無漏法所依止故)"라고 하였다. 그리고『종경록』권50(『대정장』48, pp.713a11-2)에서는 "아마라는 번역하여 무구식이라 한다. 본체는 하나가 아니고 다르며, 이름은 진여식이라 한다(八阿摩羅識 此翻名無垢識 九體非一異 名眞如識)"라고 하였다.
327) 무간도(無間道)는 이도(二道: 무간도·해탈도) 또는 사도(四道: 加行道·無間

버렸다는 것이다. "마음의 본래의 성품이 항상 그대로 머물러 앞에 나타난다"는 것은, 해탈도(解脫道)³²⁸⁾ 중에서 본래 갖추고 있는 법신을 증득한 것을 말한다. '여(如)'는 본각진여³²⁹⁾의 성품이고, '래(來)'는 수행하여 얻은 깨달음[始覺]이 본래의 깨달음[本覺]에 융합하는 수행이다. 시각과 본각이 합일되기 때문에 여래(如來)라 하고, 수행하여 얻은 깨달음과 본래의 깨달음을 둘 다 잊기 때문에 최후의 완전한 깨달음[究竟覺]이라고 한다.

　超過菩薩地者 等覺後心 入於金剛喩定也 法空無漏妙觀察智 名究竟道 從初證法身後 分分增進 至此滿足 令異熟識中有漏種子 捨無不盡 轉成菴摩羅識 卽與大圓鏡智忽得相應 故云一念相應覺心初起也 始名爲覺者 釋成究竟始覺義也 遠離覺相者 釋成卽是本覺無別覺起義也 微細分別究竟永盡者 無間道中 捨異熟識種也 心根本性常住現前者 解脫道中 證本具法身也 如者 本覺眞如之性 來者 始覺合本之修 始本合一 故爲如來 始本兩忘 故名究竟覺也

　　道·解脫道·勝進道)의 하나이다. 그 지혜가 혹의 간격이 되지 않는 무루지를 말한다. 구역에서는 무애도(無礙道)라고 했다. 무애(無礙)는 혹(惑)을 상대하여 부수는 지혜로서, 혹의 장애가 되지 않는 것을 뜻한다.
328) 해탈도(解脫道)는 이도(二道) 또는 사도(四道)의 하나로, 무간도 후에 생기는 일념의 바른 지혜가 진리를 증오(證悟)하는 자리를 말한다. 해탈이란, 그 지혜가 혹의 속박을 벗어나는 것이며, 스스로 이치를 증득함에 있다는 뜻이다. 번뇌의 속박에서 벗어난 것이 지혜이므로 해탈도라고 한다.
329) 본각진여(本覺眞如)는 모습을 중심으로 말하면 본래의 깨달음[本覺]이라 하고, 본체를 중심으로 말하면 진여라 한다. 또한 본각은 증득하는 지혜가 되고, 진여는 증득한 이치가 된다. 이 이치와 지혜는 법신여래의 전체가 된다.

그러므로 경³³⁰⁾에서는, "만약 어떤 중생이 모든 망념이 모양이 없는 줄 관하면, 여래의 지혜를 증득할 것이다"고 설한다.
是故經說 若有衆生 能觀一切妄念無相 則爲證得如來智慧

진여인 불성은 변하지 않으면서도 인연을 따라서 전체가 일체 망념이 된다. 마치 물이 얼음이 되는 것과 같다. 모든 망념이 인연을 따르면서도 변하지 않으니, 전체가 곧 진여 불성이다. 마치 얼음이 물을 근거로 모양을 이루는 것과 같다. 그런데 어떻게 별도로 자체의 모습〔自相〕³³¹⁾이 있겠는가! 모든 범부가 망령된 생각에 모양이 없는 줄 통달하지 못하기 때문에, 비록 번뇌를 제어해 조복받아도 깨닫지 못했다〔不覺〕고 하는 것이다. 성문·연각과 처음 대승을 닦는 보살들도 또한 망념에 모양이 없는 줄 통달하지 못하고, 망령되게 유념(有念)·무념(無念)·체(體)·상(相)을 다르게 비교한다. 그래서 비록 생공(生空) 무루를 증득했지만, 겨우 비슷한 깨달음〔相似覺〕이라고 하는 것이다. 만약 실리(實理)로써 이것을 아니라고 부정하면 오히려 깨닫지 못했다고 한다. 곧 바로 법신을 증득하고 생각이 있고 생각이 없음에 모두 모양이 없는 줄 깨달으면, 비

---

330) 구역 『기신론』(『대정장』 32, pp.576b26-7)에서는 "그러므로 경에서는 만약 어떤 중생이 망령된 생각이 없는 경지를 관찰하는 사람은 곧 부처의 지혜에 향하는 것이 된다고 설한다〔是故修多羅說 若有衆生 能觀無念者 卽爲向佛智故〕"로 되어 있다. 여기서 말하는 경전에 대하여, 원효의 『기신론해동소』 권1(『대정장』 44, p.210b29)에서는 『금고경』이라 했고, 법장은 『기신론의기』(『대정장』 44, p.258c27)에서 『금광명경』을 근거로 한 것이라고 하였다. 비록 원효와 법장이 같은 경전을 근거로 내세우고는 있지만 본문의 내용과 정확하게 일치하지는 않는다.
331) 자상(自相)은 아뢰야삼상(阿賴耶三相: 自相·果相·因相)의 하나로, 일체 법에서 다른 법과 공통하지 않고 그 자체만이 가지는 체상(體相)이다. 즉 불의 뜨거움, 물의 차가움 등과 같이 자신이 직접 대어 보고야 비로소 알게 되고 타인에게는 알려 줄 수 없는 것이다.

로소 분에 따라 본각에 가까워지는 깨달음[隨分覺]이라고 한다. 그러므로 경에서, '만약 어떤 중생이 범부의 지위에서부터 모든 망념에 모양이 없는 줄 관한다면, 곧 여래의 지혜를 증득할 것'이라고 하였다. 모든 중생이 비록 망령되게 망념에 모양이 있다고 착각하지만, 망령된 모양의 실체가 본래 모양이 없는 것인 줄 반드시 알아야 한다. 이것이 이즉증득(理卽證得)의 여래지혜이다. 그래서 『원각경』에서는 "모든 중생이 모두 원만한 깨달음[圓覺]을 증득했다"[332]라고 설하였다. 만약 망념이 모양이 없는 줄 알면 이것은 명자증득(名字證得)이고, 망념이 모양이 없는 줄 관하면 관행증득(觀行證得)이다. 만약 육근이 청정함을 관하면 상사증득(相似證得)이고, 법신과 상응함을 관하면 분진증득(分眞證得)이며, 구경의 만족을 관하면 구경증득(究竟證得)이다. 이것은 곧 처음부터 끝까지 모두 부처의 지식[佛知]와 부처의 안목[佛見]으로써 수행하여, 성문·연각·보살의 여러 자세한 모습과는 같지 않다. 이 가운데 앞의 네 번째 문장은, 권교[權]로써 점교[漸]를 나타냈고, 뒤의 한 문장은 실교[實]을 잡아서 돈교[頓]을 나타냈다. 점교[漸]는 마치 어떤 사람이 나라에 등용됨에 시험을 거쳐야 비로소 보위에 오르는 것과 같고, 돈교[頓]는 마치 태자가 태에 들면 곧 임금의 아들이 되는 것과 같다. 둘째, 얕고 깊음을 세밀히 나타냄을 마친다.

　　夫眞如佛性不變隨緣 擧體而爲一切妄念 如水成冰 則一切妄念隨緣不變 全體卽是眞如佛性 如冰卽攬水成相 豈別有自相哉 由諸凡夫 不達妄念無相 故雖能制煩惱 仍名不覺 由二乘人及初業菩薩 亦不達妄念無相 妄計有念無念體相別異 故雖證得生空無漏 僅可名相似覺 若以實理奪之 猶名不覺 直至證法身已 方能覺念無念皆無有相 方可名隨分覺 是

---

332) 『원각경』 권1, 『대정장』 17, p.916b29-917a01의 내용이다.

故經說 若有衆生始從凡地 卽能觀一切妄念無相 則爲證得如來智慧也 須知一切衆生 雖復妄計妄念有相 而妄念實本無相 是謂理卽證得如來智慧 故圓覺云 一切衆生 皆證圓覺 若知妄念無相 便是名字證得 若能觀妄念無相 便是觀行證得 若觀至六根淸淨 便是相似證得 若觀至法身相應 便是分眞證得 若觀至究竟滿足 便是究竟證得 此則從始至終 皆以佛知佛見而爲修行 不同三乘諸委曲相也 此中前四段文 是約權示漸 後一段文 是約實示頓 漸則如徵庸歷試 方登寶位 頓則如太子投胎 便成帝胤也 二詳示淺深竟

셋째는 얕고 깊음에 성품이 없음을 밝힌다.
三明淺深無性

또 마음이 처음 일어난다고 한 것은, 다만 속설을 따른 것일 뿐 마음이 처음 일어나는 그 순간의 모습을 아무리 찾아도 결국 얻을 수 없다. 마음도 오히려 없는데 어떻게 하물며 처음이 있겠는가!
又言心初起者 但隨俗說 求其初相 終不可得 心尙無有 何況有初

앞에서 "한 생각이 상응하여 마음이 처음 일어나는 것을 알아차린다"라고 한 것은, 이미 떨쳐 버리고 말하면 깨달음의 모습을 멀리 떠났다는 것이다. 마치 미혹한 사람이 말을 따라 뜻을 취할까 염려하여, 수행하여 얻은 깨달음의 처음 모습을 얻을 수 있다고 하는 것과 같다. 마음도 본래 모양이 없는데 어떻게 처음이 있겠는가! 대개 마음(心)이라는 한 글자는, 다만 이름을 말한 것이다. 진여 밖에 망령된 생각이 없기 때문에 망령된 마음은 모양이 없으며, 망령된 마음 밖에 진여가 없기 때문에 진실한 마음도 또한 모양이 없다. 비유하면, 연야달다[333]가 광기(狂氣)가 멈추어 본래의 머리가 옛과 같은 것과 같다. 그런데 어떻게 그 머리에서 별도로 처음 광기가 쉬고 나서 나타난 모습을 찾겠는가![334]

前云一念相應覺心初起 已隨拂云遠離覺相矣 猶恐迷者隨言取義 謂有始覺初相可得 不知心本無相 云何有初 蓋心之一字 但是名言 眞外無妄 故妄心無相 妄外無眞 故眞心無相 譬如演若歇狂 本頭如故 豈可於其頭上 別覓一初歇之相耶

---

[333] 연야달다(演若達多)는 범어로는 yajādatta이고, 세 가지 다른 한문 표기가 있다. 『아비담비바사론(阿毘曇毘婆沙論)』 권6(『대정장』 28, p.43a22)과 『구사론기(俱舍論記)』 권30(『대정장』 41, p.447b10)에서는 '延若達多'로 되어 있다. 『구사론기(俱舍論記)』 권30(『대정장』 41, pp.447b15-6)에서는 "하늘에 제사를 지내 자식을 빌어 얻었기 때문에 범어 '延若達多'를 '사수(祠授)'라고 번역한다(祠授梵云延若達多 因祭祠天而乞得子 故言祠授)"라고 하였다. 『능엄경』 권4(『대정장』 19, p.121b10)에서는 '演若達多'라고 되어 있으며, 『성유식론술기(成唯識論述記)』 권1(『대정장』 43, p.246a27)에는 '耶若達多'라고 하였다.
[334] 『능엄경』 권4, (『대정장』 19, pp.121b09-13)에서는 "실라성에 연야달다라는 미치광이가 있었다. 어느 날 아침에 거울에 얼굴을 비춰 보다가 거울 속의 머리에 붙어 있는 눈썹과 눈을 보고 좋아 하였다. 그러나 자기를 보니 자기 머리에는 눈썹과 눈을 볼 수 없었다. 화가 난 그는 도깨비가 만든 것이라며 미쳐서 달아났다(室羅城中演若達多 忽於晨朝以鏡照面 愛鏡中頭眉目可見瞋責己頭不見面目 以為魑魅無狀狂走 於意云何 此人何因無故狂走)"는 내용이 있다. 이야기에서 연야달다 자신의 본래 머리는 진성(眞性)에 비유하고, 거울 속의 머리는 망령된 모습에 비유한 것이다. 그리고 거울 속의 머리에 눈썹과 눈이 있는 것을 좋아한 것은 망령된 모습이 진실인 줄 착각하고 있는 집착을 버리지 않은 것에 비유한 것이다. 또한, 자기의 본래 머리에 눈썹과 눈이 있는 것을 보지 못함은 진성(眞性)은 일체의 온갖 모습이 없음에 비유한 것이다.

그러므로 모든 중생들은 깨달음이라고 할 수 없다. 오랜 옛적부터 항상 무명과 망념이 상속하여, 떠나지 못하기 때문이다.
是故一切衆生不名爲覺 以無始來 恒有無明妄念相續 未曾離故

무명과 망념이 있으면서도 있지 않은 것은, 깨닫지 못하기 때문이다. 있지 않으면서도 있는 것 같기 때문에 상속하여 떠나지 못한 것이다. 마치 눈병 있는 사람에게 허공 꽃이 어지럽게 떨어지고, 연야달다가 자기 머리를 보지 못하고, 미쳐 달아나는 것과 같다. 그러나 다스려진 무명은 끝내 찾을 수 없는데, 다스리는 주체인 시각(始覺) 또한 어떻게 처음 모습을 찾을 수 있겠는가?
無明妄念 有卽非有 由不覺故 非有似有 故相續而未離也 一瞖在目 空華亂墜 不見己頭 狂怖妄出 然所治之無明 畢竟求不可得 則能治之始覺 又豈有初相可得哉

만약 망령된 생각을 쉬면 마음이 생기고·머무르고·달라지고·소멸되는 네 가지 양상에 모두 다 모양이 없는 줄 알게 된다.[335] 한 마음이 앞뒤·동시에 모두 상응하지 않아 자성이 없기 때문이다.
若妄念息 卽知心相生住異滅 皆悉無相 以於一心前後同時 皆不相應 無自性故

한 마음을 미혹함으로 인하여 망령된 생각이 있고, 이 망령된 생각이

---
335) 『기신론』에서는 사상(四相: 生·住·異·滅)으로써 생각이 일어나고 소멸하는 과정을 설명한다.

있음으로 인하여 망령되게 마음의 생기고〔生〕· 머무르고〔住〕· 달라지고〔異〕· 소멸되는〔滅〕 네 가지 양상을 본다. 그러나 마땅히 앞에 나타난 한 생각의 마음을 찾아도 끝내 얻을 수 없다. 마음의 망령된 생각이 저절로 쉬고 망령된 마음도 쉬면, 마음도 오히려 찾을 수 없는 줄 알아야 한다. 그런데 어떻게 생·주·이·멸의 네 가지 모습을 얻을 수 있다고 하겠는가!

만약 이 네 가지 양상의 결과에 모습이 있다고 한다면, 생기는 양상이 앞에 있는가? 머무르고·달라지고·소멸되는 양상이 앞에 있는가? 생기는 양상이 뒤에 있겠는가? 머무르고·달라지고·소멸되는 양상이 뒤에 있는가? 또한, 이러한 네 가지 양상이 모두 동시에 있는가? 만약 생기는 양상이 앞에 있다고 한다면, 마음이 있기 때문에 생긴다 하고, 마음이 없기 때문에 생긴다고 해야 한다. 만약 마음이 있기 때문에 생긴다면 두 마음이 있어야 한다. 만약 마음이 없기 때문에 마음이 생긴다면 처음에 또한 생길 마음이 있어야 한다. 그런데 과연 무슨 모습이 있겠는가! 그래서 생기는 양상을 앞에 두면 서로 어긋난다. 만약 머무르고·달라지고·소멸하는 양상을 앞에 둔다면, 기필코 생기는 양상이 있어야만, 비로소 머무르고·달라지고·소멸하는 양상이 있을 수 있다. 앞에 이미 생기는 양상이 없거늘, 어떻게 머무르고·달라지고·소멸하는 양상이 있겠는가! 그래서 머무르고·달라지고·소멸하는 양상을 앞에 두어도 어긋난다. 만약 생기는 양상을 뒤에 둔다면 앞에서 이미 생기는 양상이 없다. 그런데 어떻게 뒤에서 갑자기 생기는 양상이 있을 수 있겠는가! 또한 소멸하는 양상이 있기 때문에 지금 생기는 양상도 있다고 설명한다. 앞에 이미 생기는 양상이 없다면, 소멸하는 양상도 없다. 앞에서 이미 소멸하는 양상이 없다면 뒤에 어떻게 생기는 양상이 있겠는가! 그래서 생기는 양상을 뒤에 두어도 틀린다. 만약 머무르고·달라지고·소멸하는 양상을 뒤에 둔다면, 앞에서 반드시 소멸하는 양상이 없어야 한다. 앞에서 이미 소멸하는 양상이 없다면, 또한 생기는 양상도 없다. 앞에서 이미 생기는 양상이 없다면, 어떻게 뒤에 머무르고·달라지고·소멸하는 양상이 있을 수 있겠는가! 그래서 머무르고·달라지고·소멸하는 양상을 뒤에 두어도 어긋난다. 만약 생기고·머무르고·달라지고·소멸하는 네 가지 양상이 모두 동시라고 한다면, 생기고 소멸하는 양상이 위배되고, 머무르고 달라지는 양상이 위배되어 더욱 틀리게 된다. 이와 같이 추궁하여 따지면, 네 가지 양상이 다만 글자일 뿐임을 알게 된다. 그런데 어떻게 자성이 있다고 하겠는가!

由迷一心 而有妄念 由有妄念 妄見心相生住異滅 但當推求現前一念心相 畢竟了不可得 則計有心相之妄念自息 妄念旣息 則知心相尙不可得 云何得有生住異滅之相 蓋若謂生住異滅果有相者 爲生在前耶 住異滅在前耶 生在後耶 住異滅在後耶 抑生住異滅皆同時耶 若謂生在前者 爲有心故生 爲無心故生 若有心故生則有二心 若無心故生心則有始又所生心 果有何相 故生在前 不相應也 若住異滅在前者 必須有生 方得有住異滅 前旣無生 云何有住異滅 故住異滅在前 不相應也 若謂生在後者 前旣無生 云何後忽有生 又由滅故 方說有生 前旣無生 則無可滅 前旣無滅 後豈有生 故生在後 不相應也 若住異滅在後者 前必無滅 前旣無滅 亦無有生 前旣無生 云何得有後住異滅 故住異滅在後 不相應也 若謂生住異滅皆同時者 生與滅違 住與異違 尤爲不相應也 如此推責 則知生住異滅 但有名字 何嘗有自性耶

이와 같은 줄 안다면 수행하여 얻은 깨달음을 얻을 수 없는 것인 줄 알게 된다. 왜냐하면, 수행하여 얻은 깨달음이 본래의 깨달음과 다르지 않기 때문이다.

如是知已 則知始覺不可得 以不異本覺故

본래의 깨달음(本覺)은 모든 망령된 생각의 모습을 떠나서 허공계과 같이 두루 미치지 않은 곳이 없고, 법계는 한 모양이라서 생기도·머무르고·달라지고·소멸하는 양상이 없다. 지금 수행하여 얻은 깨달음(始覺)을 찾아도 또한 생기도·머무르고·달라지고·소멸하는 양상을 얻을 수 없다. 그러니 본래의 깨달음과 무엇이 다르겠는가! 이것은 속설을 따랐기 때문에 범부는 깨닫지 못함(不覺)·성문과 연각 그리고 보살은 비슷한 깨달음(相似覺)·법신보살은 분에 따라 본각에 가까워지는 깨달음(隨分覺)·여래는 최후의 완전한 깨달음(究竟覺)인 차이가 있다. 그러나 진여인 깨달음(覺)의 성품에 어떻게 얕고 깊음의 차별이 있겠는가! 첫째, 수행하여 얻은 깨달음(始覺)의 뜻을 구별함을 마친다.

本覺離一切妄念相 等虛空界無所不遍 法界一相 無生無住無異無滅 今推始覺 亦無生住異滅可得 則與本覺何異 是則約隨俗說 故有凡夫不覺 三乘相似覺 法身隨分覺 如來究竟覺之不同 而眞如覺性 何曾有此淺深差別之可得哉 初辨始覺義竟

② 본래의 깨달음(本覺)

둘째, 본각의 뜻을 구별하는 데 두 가지가 있다. 첫째는 두 가지 모습을 표하고, 둘째는 두 가지 모습을 해석한다. 여기에서는 두 가지 모습을 표한다.

　二辨本覺義二 初標二相 次釋二相 今初

다시 본래의 깨달음이 오염된 환경을 따라 두 가지의 차별된 모습을 나타낸다. 첫째는 청정한 지혜의 모습이고, 둘째는 불가사의한 작용의 모습이다.[336)]
復次本覺隨染分別 生二種差別相 一淨智相 二不思議用相

본래의 깨달음은 이미 평등한 법신으로 모든 망령된 생각의 모습을 떠났다. 그런데 어떻게 두 가지의 차별된 모습이 있을 수 있겠는가! 다만 오염된 환경을 따라 분별함으로써 수행하여 얻은 깨달음이 있음을 설명한다. 그리고 수행하여 얻은 깨달음으로 인하여 비로소 본래의 깨달음 모습과 작용을 나타낸다. 따라서 무생(無生)[337)]이지만 '생(生)'을 설명한다.

　本覺旣卽平等法身 離一切妄念相 云何得有二差別相 特以隨染分別 說有始覺 由始覺故 方顯本覺相用 故無生而說生也

---

336) 구역 『기신론』(『대정장』 32, p.576c05-7)에서는 "본래의 깨달음이 오염된 환경을 따라 두가지 모습을 나타내면서도 본래의 깨달음을 그대로 유지한다. 두 가지 모습의 첫째는 깨끗한 지혜의 모습이고, 둘째는 불가사의한 활동의 모습이다(本覺隨染 分別 生二種相 與彼本覺不相捨離云何爲二 一者 智淨相 二者 不思議業相)"라고 하였다.

337) 열반의 진리는 생멸이 없으므로 무생(無生)이라고 한다. 그래서 무생의 이치를 관하여 생멸의 번뇌를 깨뜨리는 것이다. 『원각경』 권1(『대정장』 17, pp.913c02-3)에서는 "일체 중생은 무생 가운데서 망령되게 생멸을 본다. 그러므로 생사를 윤회한다〔一切衆生於無生中, 妄見生滅, 是故說名輪轉生死〕"라고 설하였다.

다음은 두 모습을 해석하는 데 두 가지가 있다. 첫째는 청정한 지혜의 모습이고, 둘째는 불가사의한 작용의 모습이다. 첫째, 청정한 지혜의 모습에도 또한 두 가지가 있다. 첫째는 모습을 나타내고, 둘째는 성립됨을 해석한다. 여기에서는 모습을 나타낸다.

次釋二相二 初釋淨智相 二釋不思議用相 初中二 初示相 二釋成 今初

청정한 지혜의 모습이라는 것은 법에 의해 훈습하고 헛되지 않게 수행하여, 공덕을 원만하게 갖추어 화합식을 부수고, 전식의 모습을 없앤다. 그리하여 법신의 청정한 지혜가 그대로 나타나는 것이다.

淨智相者 謂依法熏習 如實修行 功德滿足 破和合識 滅轉識相 顯現法身淸淨智故

'청정한 지혜의 모습'은 곧 네 가지 지혜에 상응하는 마음이다. "법에 의해서 훈습한다"는 것은 아래 문장에서 밝힌 바와 같이, 망심의 훈습·진심의 훈습·본체의 훈습·작용의 훈습을 갖춘 것을 말한다. "화합된 식을 부순다"는 것은 아뢰야식(異熟識)의 이름을 버리고, 대원경지에 상응하는 마음으로 전환해서 다시는 훈습되어진 것을 반복하지 않는다는 말이다. "전7식(轉識)의 모습을 없앤다"는 것은 제7식을 전환하여 평등성지에 상응하는 마음이 되고, 제6식을 바꾸어 묘관찰지에 상응하는 마음이 되고, 전5식을 바꾸어 성소작지에 상응하는 마음이 되어, 증가하거나 감소됨이 없이 다시는 훈습하지 않는다는 말이다. "법신의 청정지혜를 나타낸다"는 것은, 증득한 진여가 법신이고 증득하는 보리가 청정한 지혜를 이루어, 지혜와 진여가 평등하고 평등하여 주체와 객체가 없는 것이다.

淨智相 卽四智相應心品也 依法熏習者 具如下文所明妄熏眞熏體熏 用熏也 如實修行者 隨順法性而修諸行也 功德滿足者 超過菩薩究竟地 也 破和合識者 捨異熟名 轉成大圓鏡智相應心品 不復爲所熏也 滅轉識 相者 轉第七識爲平等性智相應心品 轉第六識爲妙觀察智相應心品 轉 前五識爲成所作智相應心品 無增無減 不復爲能熏也 顯現法身淸淨智 故者 所證眞如爲法身 能證菩提爲淸淨智 智與眞如 平等平等 無能所也

둘째는 성립됨을 해석한다.
二釋成

일체 마음에 일어난 인식의 상태는 곧 무명의 상태이다. 그러나 본래의 깨달음과 같지도 않고 다르지도 않으며, 부술 수도 없고 부술 수 없는 것도 아니다.
一切心識相 卽是無明相 與本覺非一非異 非是可壞 非不可壞

일체 마음에 일어난 인식[心識][338]의 상태라는 것은, 여덟 개의 심왕(心王)과 겸하여 상응하는 모든 심소(心所)를 거두어들이는 것을 통틀어 가리킨다. '무명의 상태'라는 것은 오랜 옛적부터 깨닫지 못했고, 속제이기 때문에 상태에 차별이 있는 것이다. "본래의 깨달음과 같지도 않고

---

338) 심식(心識)은 구사종에서는 심과 식을 동체(同體) 이명(異名)으로 삼았다. 유식에서는 별체(別體)로 삼아 일식(一識) 내지 무량의 차별을 두었다.

다르지도 않다"는 것은, 진여 전체가 본래의 깨달음의 무명이고 본래의 깨달음은 바로 무루의 성품이며, 무명은 곧 유루의 성품이기 때문에 같지 않다. 그러나 똑같이 진여를 본체로 삼기 때문에 다르지 않다는 것이다. "부술 수 없다"는 것은 무명의 성품이 곧 진여고 본래의 깨달음과도 다르지 않기 때문이다. "부술 수 없는 것도 아니다"는 것은 무명의 상태가 진여와 위배되고 본래의 깨달음과도 같지 않기 때문이다.

一切心識相者 通指八個心王 兼攝相應諸心所也 卽是無明相者 由無始來曾未悟故 俗故相有別也 與本覺非一非異者 眞如擧體而爲本覺無明 本覺是無漏性 無明是有漏性 故非一 同攬眞如爲體 故非異也 非是可壞者 無明之性 卽眞如故 與本覺非異故 非不可壞者 無明之相 違眞如故 與本覺非一故

> 마치 바다의 물과 파도가 하나도 아니고 다르지도 않아서, 파도가 바람으로 인하여 움직여도, 물의 성질은 움직이지 않는 것과 같다. 바람이 그치면 파도의 움직임도 없어지지만, 물의 성질은 없어지지 않는 것과 같다.
> 如海水與波 非一非異[339] 波因風動 非水性動 若風止時 波動卽滅 非水性滅

여기에서는 비유를 들어서 성립됨을 해석한다. 바다의 물은 여래장에 비유하고, 파도는 전7식에 비유한다. 바람은 무명 심소에 비유하고,

---

[339] 『인왕호국반야경』 권2(『대정장』 16, p.841c15-6)에서 '如水與波 非一非異'라고 하였다. 구역 『기신론』(『대정장』 32, pp.576c11-2)에서는 "물과 바람이 서로 떨어지지 않는다(水相風相不相捨離)"로 되어 있다.

물의 움직이는 모양은 곧 바람이 되며, 바람의 근원은 물 밖에 있는 것이 아니다. 마음을 깨닫지 못함에 비유하면 곧 무명이 되고, 무명의 심소는 항상 심왕과 함께 상응하여 심왕 밖에 있는 것이 아니다. 그러나 물에 움직이는 성질이 있어서 무명의 종자가 제8식 안에 감춰져 있는 것에 비유한 것이다. 파도는 움직이고 변하는 모양이 있어서 무명이 현행하지만, 전7식과 함께 상응함에 비유한 것이다. 장식은 항상 머무르고, 전7식(전식)의 생겨나고 소멸하는 것은 마치 물과 파도가 하나가 아닌 것과 같다.

장식 또한 진여를 본체로 삼고, 전식 또한 진여를 본체로 한다. 마치 물과 파도가 다르지 않아 그 젖는 성질은 동일한 것과 같다. 파도가 바람으로 인하여 움직이면 온 물의 본체가 모두 움직여서, 오직 7식만 생겨나고 소멸할 뿐만 아니라 장식 또한 생겨나고 소멸하는 것과 같다. 물의 성질이 움직이지 않으면, 파도의 젖는 성질도 또한 움직이지 않는다. 오직 장식의 성품에만 생멸이 없을 뿐만 아니라, 전식 또한 성품에 생멸이 없는 것과 같다. 또한, "바람이 그친다"는 것은 무명이 전환하여 밝음이 되는 것과 같다. "파도의 움직임이 없다"는 것은 아뢰야식(화합식)과 전식의 모양이 함께 없어져, 훈습된 것과 훈습하는 것이 되지 않음에 비유한 것이다. "물의 성질이 없어지지 않는다"는 것은, 8식이 전변하여 네 가지 지혜에 상응하는 마음에 진여가 항상 그대로 머물러 소멸하지 않는 것과 같음에 비유한 것이다.

此擧喩以釋成也 海水 喩如來藏心 波喩前七轉識 風 喩無明心所 水之動相 卽名爲風 風原不在水外 喩心之不覺 卽名無明 無明心所 恒與心王相應 不在心王外也 然水有可動之性 卽喩無明種子 藏在第八識中 波有動轉之相 卽喩無明現行 但與前七識相應也 藏識常住 轉識生滅 如

水與波非一 藏識亦攬眞如爲體 轉識亦攬眞如爲體 如水與波非異 以其
同一濕性故也 波因風動 則擧水體皆動 喻不唯七識生滅 卽藏識亦生滅
也 非水性動 則波之濕性 亦不曾動 喻不唯藏識性無生滅 卽轉識亦性無
生滅也 若風止時者 喻無明轉而爲明也 波動卽滅者 喻和合識與轉識相
俱滅 不爲所熏能熏也 非水性滅者 喻八識轉成四智相應心品 同於眞如
常住不滅也

중생 또한 마찬가지로 자성청정심[340]이 무명의 바람으로 인하여
움직여, 식의 파랑이 일어난다. 이와 같은 세 가지 현상이 모두 형
상이 없어서, 하나도 아니고 다르지도 않다. 그러나 자성청정심은
움직이는 식의 근본으로 무명이 소멸할 때, 움직이는 식도 따라
소멸한다. 그러나 지혜의 성품은 파괴되지 않는다.
**衆生亦爾 自性淸淨心 因無明風動 起識波浪 如是三事 皆無形
相 非一非異 然性淨心 是動識本 無明滅時 動識隨滅 智性不壞**

여기에서 다시 법으로써 합치한다. '자성청정심'은 곧 앞에 나타난 마
음이다. 본체가 진여이기 때문에 본래 청정하여 부처를 이루었다고 해
서 비로소 청정해지는 것이 아님을 가리킨다. "무명의 바람으로 인하여

---

340) 자성청정심(自性淸淨心)은 본래 갖추어 있는 마음으로, 자성은 청정하여 모든 망
염(妄染)을 떠난 상태를 뜻한다. 또한, 여래장심 혹은 진심이라고도 한다.『기신론
의기』中本(『대정장』44, pp.254c01-2)에서는 "자성청정심을 여래장이라 한다[謂自
性淸淨心名如來藏]"라고 하였다. 그리고『대비로자나성불경소』권1(『대정장』39,
pp.589c02-3)에서는 "영원히 일체 희론을 여의고 본래 사이가 생기지 않는 것이 바
로 자성청정심이다[遠離一切戲論 至於本不生際 本不生際者 卽是自性淸淨心]"라
고 하였다.

움직인다"는 것은, 오랜 옛적부터 깨닫지 못했기 때문에 으레 여덟 가지 식이 있다는 것이다. 제8식 안에 으레 무명의 종자가 있다. 마치 물이 움직이는 성질을 포함하고 있는 것과 같다. 전7식이 현행하여 으레 무명과 함께 상응한다. 마치 파도에 움직이는 모양이 있는 것과 같다. "식의 파랑이 일어난다"는 것은 마치 바다의 물 전체가 파도가 되는 것과 같다.

이와 같은 세 가지 현상에 모두 형상이 없다는 것은, 비유하면 파도가 의지한 것을 가리켜 물이라 하고, 물이 일으킨 것을 파도라 하며, 파도의 움직임을 가리켜 바람이라고 하는 것과 같다. 물 밖에 별도로 파도의 움직이는 모양이 없고, 파도 밖에 별도로 물의 움직이는 형상이 없다. 그리고 움직임 밖에 별도로 파도와 물의 형상이 없다. 이러한 세 가지 현상이 있기 때문에 하나가 아니고, 젖는 성질을 의지하는 것은 같기 때문에 다르지 않다고 하였다.

중생 또한 마찬가지로 장식 밖에 별도로 전식의 무명 형상이 없고, 전식 밖에 별도로 장식의 무명 형상이 없으며, 무명 밖에 또한 별도로 장식과 전식의 형상이 없다. 제8식·전7식·심소 삼사(三事)가 있기 때문에 하나가 아니고, 동일한 진여의 청정한 마음이기 때문에 다르지 않다고 하였다. 그러나 '자성청정심이 곧 움직이는 식의 근본'이라는 것은, 마치 물의 젖는 성질이 물과 파도의 본체인 것과 같다. "무명이 소멸할 때 움직이는 식도 따라 소멸한다"는 것은, "바람이 그치면 파도의 움직임도 따라 없어진다"는 것에 합치한다. 오직 전7식의 훈습하는 상태만 소멸할 뿐만 아니라, 제8식의 훈습된 화합상 또한 소멸한다. "지혜의 성품은 없어지지 않는다"는 것은, 앞에서 "물의 성질은 없어지지 않는다"고 한 것에 합치한다. 오직 대원경지의 성품만 파괴되지 않을 뿐만 아니라, 평등성지·묘관찰지·성소작지의 성품 또한 파괴되지 않는다. 첫째, 청정한 지혜의 모양을 해석함을 마친다.

　此更以法合也 自性淸淨心 卽指現前介爾心性 體卽眞如 本來淸淨 非成佛而始淨也 因無明風動者 無始已來從未悟故 法爾有八種識 第八識中 法爾有無明種子 如水含動性 前七識現行 法爾與無明相應 如波有動相也 起識波浪者 如海水擧體作波也 如是三事皆無形相者 譬如指波所依名水 指水所起名波 指波之動名風 水外別無波動形相 波外別無水動形相 動外別無波水形相 說有三事 故非一 同依濕性 故非異 衆生亦爾 藏識之外 別無轉識無明形相 轉識之外 別無藏識無明形相 無明之外亦別無藏識轉識形相 說有第八前七 心所三事 故非一 同一眞如淨心 故非異也 然性淨心 是動識本者 如水之濕性 是水波本也 無明滅時 動識隨滅者 合風滅時 波動隨滅 不唯前七能熏相滅 卽第八受熏和合相亦滅也 智性不壞者 合前非水性滅 不唯大圓鏡智之性不壞 卽平等性智妙觀成所作智之性 亦不壞也 初釋淨智相竟

둘째는 불가사의한 작용의 모습을 해석한다.
二釋不思議用相

불가사의한 작용의 모습이라는 것은, 청정한 지혜에 의하여 일체 수승하고 미묘한 경계가 일어나서 항상 단절됨이 없다는 것이다. 이를테면 부처님의 몸은 한량없이 늘어나는 공덕을 갖추어, 중생의 근기에 맞게 한량없는 이익을 얻게 하는 것을 보인다.
不思議用相者 依於淨智 能起一切勝妙境界 常無斷絶 謂如來

身 具足無量增上功德 隨衆生根 示現成就無量利益

"청정한 지혜에 의하여 일체 수승하고 미묘한 경계가 일어난다"는 것은, 『유식론』에서는 "네 가지 지혜의 마음이 비록 반연하는 일체 법에 두루하여도 작용에는 차이가 있다"라고 하였다.[341]

대원경지와 상응하는 마음은, 순수하게 깨끗하고 원만한 덕이 현행하는 종자를 의지한다. 그래서 살고 있는 몸과 국토(身土)[342]에 지혜의 영상을 나타내는 것을 끊임없이 영원히 계속한다. 평등성지와 상응하는 마음은 일체 법과 나 자신과 다른 사람이 똑같은 중생임을 관하여, 모두 다 평등하여 대자대비가 항상 함께 상응한다. 그리고 모든 중생들이 즐거워하는 것에 맞게 수용신(受用身)[343]과 국토의 영상 차별을 나타내 보인다. 묘관찰지는 의지하는 것이 같지 않으면서도 무주열반(無住涅槃)의 처소를 건립함에, 한결같이 상속하여 영원히 계속한다. 묘관찰지와 상응하는 마음이 온갖 법의 자체의 상(自相)과 공통된 상(共相)[344]이 장애 없이 바뀜을 잘 관찰하고, 한량없는 다라니(總持門)[345]와 발생된 공덕의

---

341) 『성유식론』 권10(『대정장』 31, p56c29-57a01)의 내용(四心品雖皆遍能緣一切法而用有異)이다.
342) 신토(身土)는 살고 있는 이 몸과 국토를 말하며, 범부와 성인이 의보(依報)와 정보(正報)로서, 몸은 정보고, 국토는 의보이다.
343) 수용신(受用身)은 범어 sāṃbhogikaḥ kāyah의 번역으로, 깨달은 결과, 법은 형수(亨受)하고, 타인으로 하여금 형수시키는 자라는 뜻이다. 불신(佛身)과 같아서, 스스로 법락을 홀로 즐기는 자수용신과 타인에도 이 즐거움을 받게 하려 하는 타수용신이 있다.
344) 모든 법에는 자상(自相)과 공상(共相)이 있다. 즉 자체의 상에 국한된 것을 자상이라 하고, 다른것과 공통된 상을 공상이라고 한다.
345) 총지문(總持門)은 총지하는 법문에는 모두 법(法)·의(義)·주(呪)·인(忍)의 네 가지가 있다. 그러나 밀교에서 말한 것은 따로 제3인 다라니(呪)만 총지라 하며, 다

진귀한 보배를 거두어들인다. 대중의 회상에서 끝없는 작용의 차별을 나타내고 모두가 자재함을 얻어서, 대법우(大法雨)[346]를 내리며 모든 의심을 끊고 모든 중생들이 다 이익과 즐거움을 얻도록 한다. 성소작지와 상응하는 마음은 모든 중생을 이롭고 즐겁게 하기 위하여, 온 시방에 갖가지 변화하는 세 가지 활동(三業)을 보이고, 본원력[347]에 응하여 지은 일을 성취한다.

이러한 네 가지 지혜의 마음이 비록 모두 본래부터 갖추어져 있지만〔本有〕[348], 반드시 훈습해 일으켜야 비로소 현행하여 수행하는 기간〔因位〕[349]이 점점 늘어난다. 성불의 지위는 원만하여 영원토록 늘어나지도 않고 줄어들지도 않는다. 다만 종자로부터 생겨났지만 훈습하지 않고 이뤄진 종자라서, 앞의 부처의 덕〔佛德〕이 뒤의 부처의 덕보다 낫다는 것이 아니다.

依於淨智能起一切勝妙境界等者 唯識論云 此四心品 雖皆遍能緣一切法 而用有異 謂大圓鏡智相應心品 純淨圓德現種依持 能現能生身土智影 無間無斷 窮未來際 平等性智相應心品 觀一切法自他有情 悉皆平等 大慈大悲恒共相應 隨諸有情所樂 示現受用身土影像差別 妙觀察智不共所依 無住涅槃之所建立 一味相續 窮未來際 妙觀察智相應心品 善

　　라니의 하나를 가리켜 총지문이라고 한다. 총(總)은 곧 별명이다. 이것으로 인하여 밀교의 총체(總體)를 총지문이라 하며, 다라니장이라고도 한다.
346) 대법우(大法雨)는 대승의 깊고 미묘한 법이 능히 고갈한 중생을 적셔 주므로 비에 비유한 말이다.
347) 본원력(本願力)은 부처가 보살일 때에 세운 서원의 힘을 말한다.
348) 본유(本有)는 본래부터 갖추어 있다는 뜻이다. 즉 아무런 수행을 하지 않고도 선천적으로 본래 갖추고 있는 덕성(德性)을 말한다.
349) 인위(因位)는 과위(果位)에 상대하는 말로, 부처가 되려고 수행하는 인(因)의 지위를 말한다. 즉 발심으로부터 성불할 때까지의 기간을 말한다.

觀諸法自相共相無礙而轉 攝觀無量總持之門 及所發生功德珍寶 於大
眾會 能現無邊作用差別 皆得自在 雨大法雨 斷一切疑 令諸有情皆獲利
樂 成所作智相應心品 爲欲利樂諸有情故 普於十方 示現種種變化三業
成本願力所應作事 此四種性 雖皆本有 而要熏發 方得現行 因位漸增
佛果圓滿 不增不減 盡未來際 但從種生 不熏成種 勿前佛德 勝後佛故

【文】앞의 청정한 지혜의 모습과 대원경지로부터 일으킨 가장 지극하고 원만하며 청정하고 항상 두루한 색신을 알면, 이것이 바로 자수용신(自受用身)의 공덕이다. 이 가운데 청정한 지혜에 의하여 일으킨 몸과 국토의 경계가 중생의 근기를 따라서 이익을 얻으면, 즉시 타수용신(他受用身)이 수승하고 하열한 등의 과보에 갖가지 공덕으로 응한다. 이 두 공덕이 모두 본래의 깨달음이 오염된 환경을 따르는 분별로 인하여 생사를 유전하였다. 그런 후에 오염을 전환하여 청정을 이루고, 법에 의해 훈습되며 헛되지 않은 수행으로 증득한 것이다.

그래서 앞의 문장에서는 두 가지 차별된 모습이 생긴다고 했다. 마치 『유식론』에서 '생득된 것(所生得)'이라고 하는 것과 같다.[350] 비록 생득된 것이지만, 수행하여 얻은 깨달음의 모습이라고는 하지 않는다.

본래의 깨달음의 모습은, 『유식론』에서 "네 가지 성품이 모두 본래 갖추어 있다"[351]고 하는 것과 같다. 『능엄경』에서도 또한 "원만한 보리는 얻

---

350) 생득(生得)은 수득(修得)에 대하여 혹은, 가행득(加行得)을 말한다. 즉 남에 따라 소득하는 법이다. 『성유식론』 권10(『대정장』 31, p57a06-7)에서는 "네 가지 지혜를 소생득(所生得)이라 하고, 이 생득된 것은 총체적인 이름이 보리라 한다(此四心品 名所生得 此所生得總名菩提)"라고 하였다.
351) 『성유식론』 권10(『대정장』 31, p56c01)에서의 '此四種性雖皆本有'를 인용한 것이다.

을 것이 없음으로 돌아간다"[352]고 했다. 진실로 본래 무루종자를 갖추어서 원래 이 진여 전체이고, 원래 진여의 모양과 작용을 갖추고 있어서 일찍이 조금도 감소되지 않았다.

지금 부처의 지위에서 무루종자가 현행하지만, 진여 전체의 모양과 작용은 조금도 증가되지 않았다. 둘째, 별도로 본래의 깨달음과 수행하여 얻은 깨달음을 구별함을 마친다.

(文)是知前淨智相 及從鏡智所起最極圓淨常遍色身 即是自受用身功德 此中依於淨智所起身土境界 隨衆生根 成就利益 即是他受用報勝劣等應種種功德 此二功德 皆由本覺隨染分別 流轉生死 然後翻染成淨 依法熏習 如實修行之所證得 故前文云 生二種差別相 猶唯識名所生得也 雖所生得 然不名之爲始覺相 仍名本覺相者 猶唯識云 此四種性皆本有也 大佛頂經亦云 圓滿菩提 歸無所得 良以本具無漏種子 原是眞如全體 原具眞如相用 未曾稍減 今佛果無漏現行 亦祇是眞如全體相用 未嘗稍增故也 二別辨本始兩覺竟

셋째, 네 가지 큰 뜻을 총괄하여 나타낸다.
三總顯四種大義

또한, 깨달음의 모양에는 네 가지 큰 뜻이 있는데, 그 청정함이 마치 허공과 같고 밝은 거울과 같다.
復次覺相有四種大義 清淨如虛空明鏡

---

352) 『능엄경』 권10, 『대정장』 19, p154b14의 내용이다.

앞에서는 아뢰야식에 깨달음의 뜻이 있음을 밝혔다. 또한 깨닫지 못함에 의하여 수행하여 얻은 깨달음(始覺)을 설하고, 이 시각에 대하여 본래의 깨달음(本覺)을 세우지만, 수행하여 얻은 깨달음과 본래의 깨달음이 결국 차이가 없음을 밝혔다. 그래서 여기서는 바로 깨달음의 모습에 네 가지 큰 뜻이 있음을 밝힌다.

본래 때와 오염이 없기 때문에 청정이라 했고, 본래 형상과 방향 그리고 범위를 얻을 수 없기 때문에 허공과 같다고 했으며, 본래 고요하게 비추기 때문에 밝은 거울과 같다고 했다. 다만 허공과 같다고만 한다면 그 비추는 작용을 나타냄이 없기 때문이며, 밝은 거울과 같다고만 한다면 그 자체의 모습을 나타내지 못하기 때문이다.

그러므로 반드시 허공과 같고 밝은 거울과 같다고 해야 조금이나마 깨달음의 모습에 비유된다.

前明阿賴耶識 有其覺義 又明依不覺說始覺 待始覺立本覺 而始本究竟不異 故今直明覺相四種大義也 本無垢染 故名淸淨 本無形相方隅分劑可得 故如虛空 本來寂照 故如明鏡 蓋但言如虛空 則無以顯其照用 但言如明鏡 則無以顯其體相 故必合言如虛空明鏡 乃可稍譬於覺相也

첫째는, 진실로 공하다는 큰 뜻인데,[353] 마치 허공과 같고 맑은 거울과 같은 것이다. 모든 마음의 객관적인 경계를 나타낸 모습과 깨달음의 모습을 멀리 떠나 모두 다 얻을 수 없기 때문이다.

---

353) 구역 『기신론』(『대정장』 32, pp.576c21-8)에서는 성품이 깨끗한 본래의 깨달음의 네 가지 양상을 여실공경(如實空鏡)·인훈습경(因熏習鏡)·법출리경(法出離鏡)·연훈습경(緣熏習鏡)으로 설하고 있다.

一眞實空大義 如虛空明鏡 謂一切心境界相及覺相 皆不可得故

이것은 곧 진여문에서 말에 의해서 건립한 진실로 공한 것이다. 아뢰야식 중에서 시작을 알 수 없는 아주 오래된 무루종자를 말한다. 전적으로 진여를 본체로 삼아 진여는 일체 모든 마음(一切心)[354]이 아니고, 그 모든 마음이 나타낸 경계도 아니다. 또한 깨달음의 상태도 아니며, 일체가 모두 공하기 때문에 무루종자인 것이다. 또한 일체 마음의 객관적인 경계를 나타낸 모습(境界相)[355]과 깨달음의 모습이 아닌 것을 마치 허공과 같이 여러 모습이 아닌 것에 비유하며, 밝은 거울과 같이 본래 미세한 먼지도 없는 것에 비유한다.

此卽眞如門中依言說建立之眞實空也 謂阿賴耶中無始無漏種子 全攬眞如爲體眞如非一切心 非一切心所現境界 亦非覺相 一切皆空 故此無漏種子 亦非一切心境界相及與覺相 譬如虛空 體非群相 譬如明鏡 本無纖塵也

둘째는 진실로 공하지 않다는 큰 뜻인데, 마치 허공과 같고 밝은 거울과 같다. 일체 법을 원만하게 성취하여 부서지는 성질이 없음을 말한다. 일체 세간의 모든 경계가 다 그 가운데 나타나서 나오

---

354) 일체심(一切心)은 범어 sarva-cetas의 번역으로, 선(善)·악(惡)·무기(無記)의 마음을 말한다.
355) 경계상(境界相)은 『기신론』에서 설하는 삼세(三細: 無明業相·能見相·境界相)의 하나로, 제2의 전상(轉相)에서 일체의 경계를 나타내는 것을 말하며, 현상(現相)·현식(現識)이라고도 한다.

거나 들어가지 않으며, 소멸되거나 부서지지 않아서 한 마음에 항상 그대로 유지된다. 그러므로 모든 오염된 법이 물들일 수 없는 것이다. 그 본체는 끝없고 새지 않는 공덕을 갖추어서 일체 중생심을 훈습하는 줄 알기 때문이다.

二眞實不空大義 如虛空明鏡 謂一切法圓滿成就無能壞性 一切世間境界之相 皆於中現不出不入不滅不壞 常住一心 一切染法所不能染 知體具足無邊無漏功德 爲因熏習一切衆生心故

이것은 곧 진여문에서 말에 의하여 건립된 진실로 공하지 않은 것이다. 아뢰야식 가운데 시작을 알 수 없는 무루종자가, 곧 온전히 모든 오염된 법이 무너뜨릴 수 없는 성품의 진여를 원만하게 성취하여 본체로 삼는 것을 말한다. 그래서 일체 세간의 모든 경계가 모두 무루종자에서 나타난다.

이 무루종자 외에 별도로 일체 경계가 없기 때문에 나오지 않고, 일체 세간의 경계 안에 별도로 무루종자가 없기 때문에 들어가지 않는다. 나오지 않기 때문에 소멸되지도 않으며, 경계가 곧 진여여서 소멸할 수도 없기 때문이다. 들어가지 않기 때문에 파괴할 수 없고, 진여가 곧 경계여서 파괴할 수 없기 때문이다. 또한 "성이 색(性色)[356]인 진공(眞空)[357]이고

---

356) 성색(性色)은 진색(眞色)이라고도 하며, 여래장 가운데 묘색(妙色)을 말한다. 성(性)은 곧 색(色)이기 때문에 성색이라고 한다. 천태종에서 말하는 성구(性具)의 색이다.
357) 진여의 이성(理性)은 일체 미정(迷情)으로 나타난 모양을 여의었기 때문에 진공(眞空)이라고 한다. 『기신론』에서 밝힌 공진여(空眞如)와, 유식에서 말한 이공진여(二空眞如)와, 화엄에서 말한 삼관(三觀) 가운데 진공(眞空)을 말한다.

성이 공(性空)³⁵⁸⁾인 진색(眞色)³⁵⁹⁾이어서 청정 본연(本然)³⁶⁰⁾하고, 법계에 주변³⁶¹⁾하기 때문에, 나오거나 들어가지 않는다. 중생의 마음을 따라 알아 헤아린 것에 응하여 업을 따라 발현하기 때문에 소멸되지도 무너지지도 않는다. 또한, 인연을 따르면서도 변하지 않기 때문에 나오거나 들어가지 않고, 변하지 않으면서도 인연을 따르기 때문에 소멸되지도 않고 파괴되지도 않는다. 또한, 허공이 만물을 함용하여 발육하며 밝은 거울이 많은 형상들을 나타내는 것과 같아서, 나오거나 들어가지도 않고 소멸되거나 파괴되지도 않는다. 그러므로 무루종자의 당체가 곧 이 한마음에 항상 유지된다. 비록 항상 그대로인 한마음이 전체가 모든 오염된 법이 되는 것은 마치 물이 얼음이 되는 것과 같다. 그러나 이 모든 오염된 법이 본래 자성이 없는데, 어떻게 무루종자를 물들일 수 있겠는가! 마치 얼음이 본연의 젖는 성질은 바뀌지 않는 것과 같다. 다만 이 무루종자가 또한 보리지(菩提智)의 본체이며, 본래 끝없는 무루공덕을 갖추어서 번뇌에 얽혀 있다. 그래서 인(因)이라고 하며 인은 종자의 다른 이름이다. 이 무루인(無漏因)³⁶²⁾ 또한 불성(佛性)³⁶³⁾이라고 하며, 불성은 굳

---

358) 성공(性空)은 범어 prakṛti-śūnyatā의 번역으로, 공성(空性)과 같다. 일체 제법은 인연 화합으로 생긴 것으로 그 본성은 만들어진 것이 아니고, 공이라고 하는 뜻이다. 십팔공의 하나로 본성으로서는 허무하다는 것이다. 제법의 실상을 뜻하며, 유(有)이면서도 성(性)으로서는 항상 자체공(自體空)이다.
359) 진색(眞色)은 여래장 가운데 색으로, 진공의 묘색(妙色)을 말한다. 이 진선묘색(眞善妙色)에 의지함을 법신유상(法身有常)이라 한다.
360) 본연(本然)은 범어 dehastha의 번역으로, 본래부터 자신에게 갖추어져 있는 것을 말한다.
361) 『능엄경』 권3, 『대정장』19, pp.117c08-9의 내용이다.
362) 무루인(無漏因)은 무루 청정의 계·정·혜로써 열반과를 증득한 것을 말하며, 사성제 가운데 도성제를 말한다.
363) 불(佛)은 각오(覺悟)이다. 일체중생이 모두 각오하는 성품이 있으며, 이것을 불성

세고 용맹하여 꺾어 부술 수 없다. 비록 일체 중생이 아뢰야식의 마음속에 있어도 법력으로 훈습하여 망령된 마음으로 하여금 생사의 고통을 싫어하도록 하고, 열반의 즐거움을 구하도록 한다. 이상의 두 가지 큰 뜻이 바로 대승의 본체이다.

此卽眞如門中依言說建立之眞實不空也 謂阿賴耶中無始無漏種子 卽全攬一切法圓滿成就無能壞性之眞如爲體 是故一切世間境界之相 皆於無漏種子中現 無漏種外 別無一切境界 故不出 一切境界之內 別無無漏種子 故不入 由不出 故不滅 境卽眞如 無可滅故 由不入 故不壞 眞如卽境 無可壞故 又性色眞空 性空眞色 淸淨本然 周遍法界 故不出不入 隨衆生心 應所知量 循業發現 故不滅不壞 又隨緣不變 故不出不入 不變隨緣 故不滅不壞 又如虛空含育萬物 明鏡影現衆形 並不出不入 不滅不壞也 是故無漏種子 當體卽是常住一心 雖此常住一心 擧體而爲一切染法 如水成冰 然此一切染法 本無自性 云何能染此無漏種 如冰不能改其本然之濕性也 只此無漏種子 便是菩提智體 本來具足無邊無漏功德 以其在纏 故名爲因 因卽種子之異名也 此無漏因 亦名佛性 佛性雄猛 無能沮壞 雖在一切衆生阿賴耶識心中 力能熏習 令妄念心厭生死苦 求涅槃樂也 此上二種大義 卽大乘體

셋째는 진실로 공하지 않음이 장애를 여읜 큰 뜻이다. 마치 허공과 같고 밝은 거울과 같이, 번뇌장과 소지장을 영원히 단절한 것을 말한다. 화합식이 소멸하여 본성이 청정하고 항상 안주하기 때문이다.

(佛性)이라고 한다. 성(性)은 고쳐지지 않는다는 뜻이며, 인과를 통하여 고쳐지지 않는 자체를 성이라 한다.

三眞實不空離障大義 如虛空明鏡 謂煩惱所知二障永斷 和合
識滅 本性淸淨 常安住故

    이것은 곧 본각이 오염된 환경을 따라 분별하여 생긴 청정한 지혜의 모습이다. 비록 수행하여 얻은 깨달음이 나타난 것으로 인하여, 본래의 깨달음에 얽혀 있는 것과 다르지 않으면 바로 대승의 상이다. 번뇌장[364]과 소지장[365]을 떠나면 진여문에서 진실한 공의 뜻이 나타나고, 본성이 청정한 데 안주하면 곧 진여문에서 진실로 공하지 않은 뜻이 나타난다. 공하지 않는 모습이 나타나기 때문에 공(空)을 건립한다. 그래서 진실로 공하지 않음이 장애를 여읜 큰 뜻이라고 하였다. 이것은 마치 구름 한 점 없는 허공과 같고 옥돌로 만든 옛 거울과 같다.

  此卽本覺隨染分別所生淨智相也 雖由始覺所顯 不異在纏本覺 卽是
大乘相也離煩惱所知二障 卽顯眞如門中眞實空義 本性淸淨安住 卽顯
眞如門中眞實不空 爲顯不空之相 故建立空 是故但名眞實不空離障大
義 此如無雲之太[366]空 磨瑩之古鏡也

넷째는 진실로 공하지 않음을 나타내 보이는 큰 뜻이다. 마치 허

---

364) 번뇌장(煩惱障)은 이장(二障: 번뇌장·소지장)의 하나로, 128의 근본번뇌와 수번뇌(隨煩惱)가 중생의 심신(心神)을 혼란시켜 열반을 장애하기 때문에 열반장이라 한다.
365) 소지장(所知障)은 탐·진·치 등의 번뇌가 소지(所知)의 실상을 그대로 알지 못하게 하므로 이들 번뇌를 소지장이라고 한다. 진지(眞智)의 발현을 장애하는 점에서 구역에서 지장(智障)이라고 한다. 여기에는 분별기(分別起)와 구생기(俱生起)가 있다.
366) 『대정장』 44. p.436a25 『기신론열망소』 권2]에서는 대(大), 중국불타교육기금회 본(本)에는 태(太)로 되어 있다.

공과 같고 밝은 거울과 같이, 장애를 여읜 법에 의하여 응당히 교화할 대상에 따라 변화함을 말한다. 여래와 같은 갖가지 색과 소리를 나타내어, 중생들로 하여금 모든 선근을 잘 닦도록 하기 때문이다.

四眞實不空示現大義 如虛空明鏡 謂依離障法 隨所應化 現如來等種種色聲 令彼修行諸善根故

이것은 곧 본래의 깨달음이 오염된 환경을 따라 분별하여 생긴 불가사의한 작용의 모습이다. 응당히 교화할 대상을 따라 변화하여 마음(意輪)으로 근기를 관하고, 갖가지 물질적 형태를 나타내어 몸(身輪)으로 변화해 보이며 갖가지 음성을 나타내어 입(口輪)으로 설한다. 마치 태허공이 만물을 함용하여 기르는 것과 같고 맑은 거울이 단번에 천 가지 모습을 반사하는 것과 같다. 【문】아뢰야식 가운데 깨달음의 뜻은 전적으로 진여를 본체로 삼기 때문에 이 네 가지 큰 뜻을 갖춘다. 깨닫지 못함의 뜻도 마찬가지로 전적으로 진여를 본체로 삼기 때문에 역시 네 가지 큰 뜻을 갖추지 않겠는가? 【답】갖춘다. 깨닫지 못함의 모습으로서는 얻을 수 없기 때문에 일체 법을 모두 얻을 수 없다. 즉 진실히 공한 큰 뜻은 깨닫지 못한 모습으로는 이미 얻을 수 없다. 또한, 모든 법이 원만하게 성취되어 파괴할 수 없는 성품이다. 일체 세간의 모든 경계의 모습도 다 깨닫지 못함 가운데 나타나, 나오거나 들어가지 않고 소멸되거나 파괴되지 않아서 항상 그대로인 마음일 뿐이다. 이것은 일체 오염된 법으로 물들이지 못하고 일체 청정한 법으로도 밝히지 못한다. 깨닫지 못함이 끝없는 무루의 공덕을 갖추어 일체 중생심을 훈습하기 때문에 진실하게 공하지 않음의 큰 뜻이다. 이 깨닫지 못함의 성품을 통달하면 바로 진실하게 공하지 않음의 본체이기 때문에, 번뇌장과 소지장을 영원히 끊어 본성이 항상 그대로 있으니, 곧 장애를 여읜 큰 뜻이다. 이 깨닫지 못함의 성품이 번뇌장과 소지장을 여의었기 때문에 응당히 교화할 대상을 따라 여래와 같은 갖가지 물질과 음성을 나타내니, 선근을 닦도록 해서, 곧 큰 뜻을 나타내 보인다.

　此卽本覺隨染分別所生不思議用相也 隨所應化 卽意輪觀機 現種種色 卽身輪示化 現種種聲 卽口輪說法 此如太空之含育萬物 明鏡之頓寫千容也問 阿賴耶識中覺義 由其全攬眞如爲體 故得具此四種大義 其不覺義 亦全攬眞如爲體 亦得具此四種大義否 答 具 以不覺相不可得故 一切法皆不可得 卽眞實空大義 以不覺相旣不可得 卽一切法圓滿成就 無能壞性 一切世間境界之相 皆於不覺中現 不出不入 不滅不壞 常住一心 一切染法所不能染 一切淨法所不能淨 不覺具足無邊無漏功德 爲因熏習一切衆生心故 卽眞實不空大義 以達此不覺之性 卽是眞實不空體故 二障永斷 本性常住 卽是離障大義 以此不覺之 性離二障故 隨所應化 現如來等種種色聲 令修善根 卽示現大義也

【문】이미 진여 전체가 하나의 미세한 먼지가 된다고 했다. 그렇다면 그 낱낱의 미세한 먼지에 또한 각각 이 네 가지 큰 뜻이 갖추어 있다는 것이 아닌가?【답】갖추어 있다. 미세한 먼지의 모양이 만약 분리되지 않는다면 먼지가 아니다. 왜냐하면, 모양이 없기 때문이다. 만약 분리가 된다면 분석할 수는 있다. 그러나 결코 실제로 있는 것은 아니다. 이러한 미세한 먼지만 보더라도 이미 모양이 없기 때문에, 일체 법 또한 모두 모양이 없다. 이것은 바로 진실하게 공함의 큰 뜻이다. 미세한 먼지의 모양을 이미 얻을 수 없다면, 일체 법이 원만하여 부술 수 없는 성품을 이

룬다. 일체 세간의 경계상이 모두 미세한 먼지 속에서 나타나니, 나오거나 들어가지 않으며 소멸되지도 부서지지도 않는다. 미세한 먼지가 끝없이 새나가지 않는 공덕을 갖추어, 인(因)을 훈습함이 일체 중생의 마음이 되기 때문에 진실하게 공하지 않음의 큰 뜻이 된다. 이러한 하나의 미세한 먼지의 성질을 통달하면, 바로 이것이 진실하게 공하지 않음의 본체이기 때문에, 번뇌장과 소지장을 영원히 끊고 본성이 상주하니 곧 장애를 여의는 큰 뜻이 된다. 이 하나의 미세한 먼지의 성질로써 두 번뇌를 여의었기 때문에, 응당히 교화할 대상을 따라 변화하고 몸을 나타내어 설법하여 중생들이 선근을 닦도록 한다. 이를테면 한 터럭의 끝에서 불국토를 나타내고 하나의 미세한 먼지 속에 앉아서 대 법륜을 굴리니, 곧 큰 뜻을 나타내는 것이다.

『화엄경』에서 "하나의 미세한 먼지 속에 삼천대천세계의 경전을 갖추어 있고, 하나의 미세한 먼지와 같이 일체 미세한 먼지 또한 이와 같다"[367]고 한 것도 이를 두고 말한 것이니, 생각해 볼 일이다. 첫째, 깨달음의 뜻을 해석함을 마친다.

問 旣言眞如擧體作一微塵 則隨拈一一微塵 亦各具此四種大義否 答具 以微塵相若無方分 則非微塵 以無形故 若有方分 則可分析 定非實有 推此微塵 旣無相故 則一切法 亦皆無相 卽眞實空大義 微塵之相旣不可得 卽一切法圓滿成就無能壞性 一切世間境界之相 皆於微塵中現 不出不入 不滅不壞 乃至微塵 具足無邊無漏功德 爲因熏習一切衆生心故 卽眞實不空大義 以達此一微塵性 卽是眞實不空體故 二障永斷 本性常住 卽是離障大義 以此一微塵性 離二障故 隨所應化 現身說法 令修

---

367) 『화엄경』 권51, 「여래출현품」(『대정장』 10, pp272c15-7)의 내용(此大經卷雖復量等大千世界 而全住在一微塵中 ; 如一微塵 一切微塵皆亦如是)을 인용하였다.

善根 所謂於一毛端 現寶王刹 坐微塵裡 轉大法輪 卽示現大義也 華嚴
經云 一微塵中 具足大千經卷 如一微塵 一切微塵亦復如是 此之謂也
思之 初釋覺義竟

대승기신론열망소(大乘起信論裂網疏)

제3권

(2) 깨닫지 못함〔不覺〕

① 근본적으로 깨닫지 못함〔根本不覺〕

둘째, 깨닫지 못함의 뜻을 해석하는 데 두 가지가 있다. 첫째는 깨닫지 못함이 깨달음을 의지하기 때문에 실체가 없음을 총괄하여 밝힌다. 둘째는 깨닫지 못함의 허망한 모습을 별도로 나타낸다. 지금은 첫 번째이다.
二釋不覺義二 初總明不覺依覺故無實 二別示不覺虛妄相 今初

깨닫지 못함의 뜻이란 시작이 없는 오랜 옛적부터, 진여의 법이 하나인 것을 사실 그대로 알지 못한다는 말이다. 깨닫지 못한 상태에서 마음이 일어나서 망령된 생각이 있게 되었다. 그러나 저 망령된 마음의 자체에는 진실한 모습이 없어서 본래의 깨달음을 떠나지 않는다.
不覺義者 謂從無始來 不如實知眞法一故 不覺心起而有妄念 然彼妄念 自無實相 不離(眞如)本覺

이 마음은 시작을 결코 알 수 없기 때문에, '시작이 없는 오랜 옛적부터'라고 했다. 진여는 다만 성덕(性德)[368]과 인연을 따르는 능력은 있지만, 수덕(修德)[369]과 성품을 비추는 지혜는 없기 때문에, "사실 그대로 알지 못한다"고 하였다. 비록 8식 및 여러 심소와 본체 및 상분(相分)[370] ·

---

368) 성덕(性德)은 덕을 닦음에 대하여 일컫는 말이다. 일체 만물은 본성의 위에 각각 선악(善惡)과 미오(迷悟) 등 여러 가지의 성능(性能)을 갖추었다는 뜻이다.
369) 수덕(修德)은 수행에 의해서 얻은 덕을 말한다.
370) 상분(相分)은 법상종에서 세운 4분(分), 즉 상분(相分) · 견분(見分) · 자증분(自證

견분(見分)[371]등 4분(分)[372]의 차별이 있지만, 헛된 현상계의 본체는 바로 진여이다. 그래서 '진여의 법이 하나인 까닭'이라고 했다. 단지, "사실 그대로 알지 못한다"는 것은, 곧 시작을 알 수 없는 오랜 옛적부터 깨닫지 못했기 때문에 '근본불각'이라 하고, 또한 '시작도 없이 오랜 옛적부터 있게 된 무명종자'라고 한다. 이 종자가 비록 제8식 가운데 있어도 제8식과 함께 현행하여 상응하지 않기 때문에, 아래 문장에서는 '불상응무명'이라고 하는 것이다. 이 무명종자로 인하여 앞에서 7식의 마음이 일어나는 것 같으면서도 일어나지 않게 된다. 8식의 마음이 일어나 현행하기 때문에, 다시 변행(變行)[373] · 별경(別境)[374] 등의 여러 심소법이 상응하여 함께 일어난다. 그래서 "망령된 마음이 있다"고 하였다. 그러나 이 심왕과 심소가 종자가 되고 현행이 되니, 시작을 알 수 없는 오랜 옛적부터

分) · 증자증분(證自證分)의 하나이다. 마음속에서 나타내는 경계로, 알아지는 법이 있기 때문에 마음이 생길 때에 마음 자체가 스스로 전환하여 생각하고 의탁하는 경계가 나타난다. 상(相)은 상(相)의 형상이며, 마음이 일어날 때 마음 앞에 떠오르는 상의 모습이다.

371) 견분(見分)의 견(見)은 비추어 보는 것이다. 능연(能緣)이 뜻이 되며 연(緣)이 그 소변(所變)하는 상분(相分)의 비추어 보는 작용이 된다. 식의 자체가 변하여 상분이 되며, 능연의 작용을 함께 일으키는 것을 견분이라고 한다.

372) 법상종에서 8식을 세워, 8식의 심왕과 심소는 본체가 비록 각각 하나이지만, 일으킨 작용을 분별하여 4분(分)을 세웠다. 흔히 3분(分)에 증자증분(證自證分)을 자증분(自證分)에 합했는데, 호법의 정의(正義)에 4분으로 세웠다.『기신론』에서 설하는 업식 · 전식 · 현식의 그 차례와 같이 자증분 · 견분 · 상분에 합당한 것이다. 그러나 일체 모든 법이 하나도 상분(相分) 가운데 영상이 나타나지 않는 것이 없지만, 모든 식의 상분과 영상의 상(相)이 같지 않다.

373) 51가지의 심소 가운데 촉(觸) · 작의(作意) · 수(受) · 상(想) · 사(思)의 다섯 가지 심소는 우리의 마음이 일어날 때, 반드시 함께 일어나기 때문에 변행심소(遍行心所)라고 한다.

374) 별경심소(別境心所)는 반드시 마음에 통하여 일어나는 것이 아니고, 특별한 경우에만 심왕과 상응하는 심소로서, 특수한 대상이 결정되어 있는 심소(心所)를 말한다.

자연히 성취되어 진여 전체를 본체로 삼고 달리 자체는 없다. 그러므로 "자체에 진실한 모양이 없어서 본래의 깨달음을 떠나지 않는다"고 한 것이다. 이 '본각(본래의 깨달음)'이라는 글자는, 바로 '진여'를 가리킨 것이지, 아뢰야식 가운데 '무루종자'를 지칭한 것이 아니다. 진여가 비록 두루 미혹과 깨달음의 의지처가 되지만, 깨달음도 아니고 깨달지 못함도 아니면서 깨닫지 못함이 진여를 어기기 때문에, "진실하지 않다"고 한 것이다. 깨달음이 진여를 수순하여 진여는 본래 깨달음이 없음이 없어서, 때로는 본래의 깨달음을 진여라 하고 때로는 진여를 본래의 깨달음이라고 한다.

此心前際決不可得 故云從無始來 眞如但有性德隨緣之能 未有修德照性之智 故云不如實知 雖有八識 及諸心所 體及相見 四分差別 但如幻事體卽眞如 故云眞法一故 只此不如實知 便是無始已來從未悟故 名爲根本不覺 亦名無始住地無明種子 此種雖在第八識中 不與第八現行相應 所以下文 名爲不相應無明也 由此無明種子 令前七識心 非起似起 由八識心起現行故 便有遍行別境等諸心所法相應俱起 故云有妄念也 然此心王心所若種若現 並是無始法爾成就 並攬眞如全體爲體 別無自體 故云自無實相 不離本覺 此本覺字 卽指眞如 不指賴耶識中無漏種子 蓋眞如雖遍爲迷悟依 非覺非不覺 而不覺違於眞如 故但得云無實 覺則順於眞如 眞如本無不覺 故或有時 卽呼本覺爲眞如 或復有時 卽呼眞如爲本覺也

【문】망령된 마음이 무루종자를 떠나지 않는다는 말이 어떻게 옳지 않은가? 【답】진여문에서는 본질〔理實〕이 장애가 없고, 생멸문에서는 무루종가가 유루(有漏)의 현행이 생기지 않게 하기 때문이다. 하물며 어떻게

무루종자가 진여 밖에 달리 실법이 있겠는가! 이 진여의 이성(理性)이 비록 시작을 알 수 없는 오랜 옛적부터 일찍이 깨닫지는 못했지만, 으레 이 응당히 바로 아는 것이 있으면, 으레 이 응당히 바로 아는 그 도리를 지목하여 무루종자라고 한 것이다. 지금 무명이 진여를 알지 못하고 일어나서, 응당히 바로 아는 도리상에서, 반대로 바로 알지 못함이 생긴다고 말한 것이 아니다.

問 卽謂妄念不離無漏種子 亦何不可 答 約眞如門 理實無礙 約生滅門 則無漏種 不生有漏現行故也 況無漏種 亦非眞如之外 別有實法 但此眞如理性 雖無始來從未曾悟 法爾有此應正了知之 卽目此法爾應正了知道理 名爲無漏種子 今無明但是不了眞如而起 非謂應正了知道理之上 反能生於不正了知也

마치 방향을 잃어버린 사람이 방향에 의하여 미혹했을 뿐, 미혹은 자체의 모양이 없으니 방향을 잃어버린 것은 아니다.
猶如迷人 依方故迷 迷無自相 不離於方

동·서의 정한 방향을 진여에 비유하고, 정한 방향과 같이 바로 아는 것은 깨달음의 뜻에 비유한다. 그리고 동쪽을 서쪽이라고 미혹함은 깨닫지 못함의 망령된 생각에 비유한다. 방향은 미혹도 깨달음도 아니고 미혹과 깨달음의 의지처가 된다. 따라서 방향을 깨달을 때 방향 밖에 별도로 깨달음의 모양이 없음은 진여 밖에 지혜가 없음에 비유하였다. 그리고 방향을 미혹했을 때 방향 밖에 별도로 미혹한 모양이 없다는 것은, 진여 밖에 별도로 망령된 생각이 없는 것에 비유한 것이다. 그러므로 망령된 생각의 자체에 실제의 모습이 없다고 하였다.

　東西定方 以喩眞如 如其定方而正了知 以喩覺義 迷東爲西 以喩不覺妄念 方非迷悟 爲迷悟依 悟方之時 方外別無悟相可得 以喩如外無智 迷方之時 方外別無迷相可得 以喩眞如之外 別無妄念 是故妄念自無實相也

　【문】 동·서의 정한 방향이 있다고 말한 것을 무슨 이유로 『대지도론』[375]에서 타파하여, "만약 해가 뜨는 곳이 동쪽이 된다면 구로주[376]의 해는 이곳에서 지니 다시 서쪽이 되며, 승신주[377]의 해는 이곳에서는 정

---

375) 『대지도론(大智度論, Mahāprajñāpāramitaśastra)』은 『대품반야경』의 주석서로 용수보살의 대표 저술이다. 이는 백 권으로 이루어져 있고, 불교의 논서에서 부터 『법화경』 『화엄경』 등에 이르기까지 많은 경론을 인용하고 있어 불교백과전서로도 불린다. 대승불교의 정수가 공(空)에 있다면, 용수는 그의 저술을 통하여 공사상을 중심으로 파사(破邪)와 현정(顯正)에 그 사상적 목적을 중심으로 삼고 있다. 『대지도론』은 반야경의 공사상으로서 당시 부파불교의 핵심이었던 설일체유부(sarvāstivāda)의 실유사상(實有思想)을 논파하려는 의도로 저술되었다. 용수의 『중론(中論, Madhyamakakārikā)』이 반야공의 입장을 밝힘에 있어서 철저하게 부정적인 방식으로 접근했다면, 『대지도론』은 종합 긍정적인 태도로 반야의 공사상을 회통시키고 있다. 『대지도론』은 그 사상의 근원을 이루고 있는 『반야경』에 대해 주석을 하면서, 적극적이고 긍정적으로 제법실상을 설명하려고 노력한 점에서 중시된다.
376) 구로주(俱盧洲)는 범어 uttarakuru의 음역으로 북구로주·울다라구루·울단월 등이라 하며, 북승처(北勝處)·북승생(北勝生)·북고상(北高上)이라 한다. 수미산의 사방 바다 가운데 있는 네 개의 대륙인 수미 4주(四大洲: 동승신주(불바제)·남섬부주·서우화주(구야니주)·북구로주)의 하나로, 수미산 북방에 위치하며, 제7 금산과 대철위산 사이에 큰 바다가 있고 바다 가운데 있는 섬으로 인간 등이 사는 곳이다.
377) 승신주는 범어 purvavideha를 음역한 불바제를 말하는 것으로, 수미 사주(四洲)의 하나이다. 수미산 동쪽에 위치한다.

오니 남쪽이 되고, 우화주378)의 해는 이곳에서는 한밤중이니 다시 북쪽이 된다"고 했는가? 또한, 여기에서 '정해진 방향'이라는 말이 어떻게 통할 수 있겠는가?【답】대개 비유는 모두 눈앞의 사람들이 함께 아는 입장에서, 쉬움으로써 어려움을 인증하고 얕음으로써 깊음을 비유할 뿐이다. 마치 보름달에 얼굴을 비유한 것과 같이 어떻게 눈썹과 코를 보름달에서 찾을 수 있으며, 설산을 코끼리에 비유하면 어떻게 꼬리와 상아가 없음을 탓하겠는가? 그러니 그대가 인용한 것이 미묘한 뜻을 더하여 나타낸다. 만약 이 사대주(四大洲)에서 동서를 정하면 정한 방향밖에 달리 아는 모양이 없으니, 진여밖에 지혜가 없다는 비유가 옳다. 또, 사대주에 의해서 동·서를 정한 것이 없다면, 각각 중생의 이름을 세워 아는 것을 따라야 한다. 아는 것 밖에 별도로 실제의 방향은 없으니, 지혜 밖에 진여가 없다는 비유가 옳다. 또한, 서로 아니라고 부정하면 둘 다 없어지기 때문에 도무지 얻을 바가 없어서, 이취(二取)379)의 모습을 여읜다고 말한다. 만약 모두 비추면, 완연하기 때문에 오직 여여함과 여여한 지혜만이 있을 뿐이라고 한다.

 問 若言東西有定方者 何故大智度論破云 若以日出處爲東 則俱盧洲日 於此處沒 復名爲西 勝神洲日 於此處午 復名爲南 牛貨洲日 於此處成半夜 復名爲北 今言定方 如何可通 答 大凡譬喩 皆就目前人所共知 以易例難 以淺況深而已 如滿月喩面 豈可求其眉鼻 雪山喩象 豈可責其尾牙 然卽汝所引 益顯妙義 若就此洲 則東西有定 定方之外 無別知相 可喩如外無智 若約四洲 則東西無定 各隨眾生所知立名 所知之外 無別

---

378) 우화주는 수미 4주의 하나로, 수미산 서쪽에 위치한 구야니주를 일컫는다.
379) 이취(二取)는 범어 grāha-dvaya의 번역으로, 인식에 있어서의 대립적인 두 가지 원리를 말한다. 즉 객관(알려지게 되는 것)과 주관(아는 것)을 뜻한다.

實方 可喻智外無如 若互奪則兩亡 故云 都無所得 離二取相 若雙照則 宛爾 故云 唯有如如 及如如智也

【문】방향을 미혹함은, 반드시 사람의 지시가 필요함에 비유하는 것과 같다. 중생이 오랜 옛적부터 일찍이 깨닫지 못했다면, 제일 첫 번째 부처님은 누구의 지시를 받았겠는가?【답】진여문에서는 오히려 성불과 성불하지 못함이 없는데 어떻게 선후(先後)가 있겠는가! 생멸문에서는 광야에서 방향을 미혹하여 길을 물어 볼 사람이 없는 것에 비유한다. 다만 자세히 해의 그림자가 움직이는 모양을 관하여 동·서를 인식하는 것과 같다. 중생도 또한 마찬가지로 생노병사의 모습을 자세히 관찰하면 곧 깨달을 수 있다. 그러므로 자백대사[380]가 제일 첫 번째 부처님은 사성제 가운데의 고성제[381]가 스승이 되었다고 하였다.

問 譬如迷方 須人指示 衆生無始已來 從未曾悟 則最先一佛 仗誰指示 答 約眞如門 尙無成佛與不成佛 何有先後 約生滅門 則譬如曠野迷方 無人可問 但當諦觀日影去來之相 便識東西 衆生亦爾 若能諦觀生老病死之相 便能覺悟 故紫柏大師云 最先一佛 以苦諦爲師也

---

380) 자백진가(紫栢眞可, 1543-1603)는 명나라 4대 고승의 한 사람으로, 자(字)는 달관(達觀)이다. 연경에서 크게 법당을 세웠는데, 후에 무고죄로 억울하게 죽었다. 지옥이 선(禪)에 있어서 달마(達磨)·법융(法融)·혜능(慧能)·진가(眞可)·혜경(慧經)·원래(元來)를 계승하였다.
381) 고성제(苦聖諦)는 범어 duḥkha-aryanisatyani의 번역으로, 사성제(四聖諦: 苦·集·滅·道聖諦)의 하나로, 약칭하여 고제(苦諦)라고 한다. 생사의 과보는 반드시 고(苦)로써 안락을 누릴 수 없다는 것은 진실하므로 고제(苦諦)라고 한다. 사성제는 성지(聖智)만 알 수 있고, 범부는 알 수 없기 때문에 성제(聖諦)라고 한다.

중생도 마찬가지로 깨달아야 하기 때문에 깨닫지 못함이 있다. 망령된 생각이 미혹하여 생기지만, 깨닫지 못함의 자체는 실상이 없어서 본래의 깨달음을 떠나지 않는다. 다시 깨닫지 못함에 대하여 부처의 최후의 깨달음〔眞覺〕[382]을 설하니, 깨닫지 못함이 없어졌다면 부처의 최후의 깨달음 또한 없어진다.

衆生亦爾 依於(眞如)覺(性)故 而有不覺 妄念迷生 然彼不覺 自無實相 不離(眞如)本覺 復待不覺 以說眞覺 不覺旣無 眞覺亦遣

여기서는 법으로써 비유에 합한 것이다. 깨달음과 본래의 깨달음이 '방향〔方〕'이라는 글자에 합치하니, 진여를 가리켜 말한 것이다. 깨닫지 못함에 대하여 부처의 최후의 깨달음〔眞覺〕을 설한다는 것은, 마치 방향을 미혹하고도 방향을 알고 있다고 말하는 것과 같다. 이 '진각(眞覺)'이라는 글자는 곧 최후의 수행하여 얻은 깨달음을 지목하여 말한 것이다. 수행하여 얻은 깨달음은 본래의 깨달음에 합치하여, 본래의 깨달음과 수행하여 얻은 깨달음의 차이가 없다. 본래의 깨달음이 곧 진각이어서, 다시 이지(理智)[383]의 나눔도 없기 때문에 "진각도 없어진다"고 한 것이다. 첫째, 깨닫지 못함이 깨달음에 의지하기 때문에 실체가 없음을 총괄하여 밝힘을 마친다.

此以法合喩也 覺及本覺 卽合方字 仍指眞如言之 復待不覺以說眞覺

---

382) 진각(眞覺)은 부처의 최후의 깨달음을 말한다. 보살의 비슷한 깨달음과 분에 따라 본각에 가까워지는 깨달음과는 다르기 때문에 진각이라고 한다.
383) 이지(理智)의 이(理)는 관해진 것의 도리이고, 지(智)는 관하는 것의 지혜이다. 이 둘이 서로 명합한 것을 각오(覺悟)라고 한다. 즉 이치에 의하여 지혜를 내고, 지혜에 의하여 이치를 나타내는 것이다.

謂猶迷方而說悟方 此眞覺字 卽指究竟始覺言之 始覺合本 無復本始之
異 本覺卽眞 無復理智之分 故云眞覺亦遣也 初總明不覺依覺故無實竟

둘째는, 깨닫지 못함의 허망한 모양을 별도로 나타낸다.

二別示不覺虛妄相

② 지말적으로 깨닫지 못함〔枝末不覺〕

㉠ 세 가지 미세한 양상〔三細〕

또, 방일함에 의하여 깨닫지 못함이 있는데, 여기에 세 가지 양상[384]
이 생겨 서로 떠나지 않는다. 첫째는 무명의 업이 시작되는 상태
이다. 깨닫지 못함에 의하여 마음이 움직이는 것을 업이라고 한다.
깨달으면 움직이지 않는 것인데 움직이면 괴로움이 있다. 이것은
결과가 원인을 떠나지 못하기 때문이다. 둘째는 능동적으로 보는
상태이다. 마음이 움직임에 의하여 경계를 보려는 것이다. 만약 마
음이 움직이지 않는다면 망령되게 보는 것도 없다. 셋째는 경계가
나타나는 상태이다. 능동적으로 보는 것에 의하여 망령되게 경계

---

384) 최초의 생각이 일어나 주체와 객체가 전개되는 과정을 뜻한다. 즉 삼세(三細)의 모
습으로, 업상(業相)·전상(轉相)·현상(現相)이다. 업상은 근본 무명에 의하여 마
음이 처음으로 동작하는 것을 말한다. 아뢰야식의 자체분(自體分)에 해당된다. 전
상(轉相)은 구상(九相)의 하나이기도 하며, 굴려서 펼쳐지는 모습이라는 뜻으로,
능견상(能見相)이라고도 한다. 이미 있었던 동작에 따라 마음이 움직여 주체가 되
고 보는 능력이 나오는 것을 말한다. 현상(現相)은 경계상(境界相)이라고도 한다.
즉 능견상(能見相)에 의해 경계가 나타나는 것을 말한다. 이러한 세 가지 양상을
거울에 비유하면, 업상은 거울의 본체이고, 능견상은 거울이 물체를 비추는 것이
며, 경계상은 거울에 비춰진 사물의 모습이다.

가 나타난다. 그러나 보려는 주관이 없으면 경계도 없는 것이다.
復次依放逸故而有不覺 生三種相 不相捨離 一無明業相 以依
不覺 心動爲業 覺則不動 動則有苦 果不離因故 二能見相 以依
心動 能見境界 不動則無見 三境界相 以依能見 妄境相現 離見
則無境

이것을 해석하는 데 두 가지가 있다. 첫째는 시작을 알 수 없는 무명을 들어서 해석하고, 둘째는 앞에 나타난 것을 관조함을 들어서 해석한다. 첫째 시작을 알 수 없는 무명을 들어 해석한다는 것은, 중생이 옛적부터 으레 8가지 식이 있어서 으레 모든 심소와 상응함이 있는 것을 말한다. 이 심왕과 심소는 함께 진여가 변하지 않으면서도 인연을 따라 이룬 것이다. 따라서 진여가 시작을 알 수 없는 옛적부터 영원히 인연을 따르지 않을 때가 없다. 설사 오염된 법의 인연을 따르지 않고 십법계를 만든다 해도, 무엇으로써 그 변하지 않는 덕을 나타내겠는가? 다만 시작을 알 수 없는 옛적부터 깨닫지 못했기 때문에 청정한 법[淨法]의 인연이 없고, 다만 오염된 법의 인연을 따른다. 그래서 이름을 방일이라고 한다. 이 방일이라는 것은 곧 여덟 가지 큰 수번뇌[八種大隨煩惱][385]의 하나로,

---

385) 여덟 가지 큰 수번뇌[八種大隨煩惱]는 불신(不信)·해태(懈怠)·방일(放逸)·혼침(昏沈)·도거(掉擧)·실념(失念)·부정지(不正知)·산란(散亂)의 8가지 번뇌를 말한다. 오위 백법에서 육대혹(六大惑, 六隨眠: 貪·瞋·癡·慢·疑·惡見)의 근본번뇌에 대하여, 그 밖의 20가지 번뇌를 수번뇌(隨煩惱)라고 한다. 분(忿)·한(恨)·뇌(惱)·복(覆)·광(誑)·첨(諂)·교(憍)·해(害)·질(嫉)·간(慳)의 열 가지는 소수혹(小 隨惑)이라 하고, 무참(無慚)·무괴(無愧)의 두 가지는 중수혹(中隨惑)이라 하며, 불신(不信)·해태(懈怠)·방일(放逸)·혼침(昏沈)·도거(掉擧)·실념(失念)·부정지(不正知)·산란(散亂)의 8 가지가 대수혹(大隨惑)이 된다. 즉 여덟 가지 큰 수번뇌[八種大隨煩惱]이다. 이러한 큰 세 종류의 20가지 번뇌

오염과 청정에서는 막아 닦을 수 없다. 방종과 방탕을 성질로 삼아 악을 더하고 선을 덜게 하는 데 의지한 업이 된다. 그러므로 방일에 의지하기 때문에 "깨닫지 못함이 있다"고 말한 것이다.

깨닫지 못함은 곧 제6식과 제7식이 상응하여 함께 법에 집착하는 어리석음으로 인하여, 사실 그대로 진여의 법이 하나인 것을 깨닫지 못한다. 그래서 마침내 진(眞)을 부리기 때문에 모양에 심왕과 심소의 차별이 없다. 반면, 허깨비와 같은 환(幻)이 속(俗)을 이루기 때문에 모양에 각각 4분(分)의 차이가 있다. 안의 2분의 본체를 업상(業相)이라 하고, 밖의 2분의 작용을 능견상(能見相) 및 경계상(境界相)이라고 한다. 심왕과 심소가 일어나지 않으면 그만이고, 심왕과 심소가 일어나면 으레 이 4분이 있다. 동시에 함께 일어나서 차이를 분석할 수 없기 때문에, "서로 벗어나지 못한다"고 하였다.

釋此爲二 一約無始無明釋 二約現前觀照釋 一約無始釋者 衆生無始已來 法爾有八種識 卽法爾有諸心所與之相應 此心心所 並是眞如不變隨緣所成 以眞如從無始來盡未來際 決無不隨緣時 設不隨染淨緣造十法界 何以顯其不變之德 但無始來 從未悟故 未有淨緣 秖隨染緣 名爲放逸 此放逸者 卽是八種大隨煩惱之一 於染淨品不能防修 縱蕩爲性 增惡損善所依爲業 故云依放逸故而有不覺也 不覺 卽六七兩識相應之俱住法癡 由其不能如實了知眞法一故 遂使眞故相無別之心王心所 幻成俗故相有別之各各四分 以內二分體 名爲業相 以外二分用 名能見相及境界相 心王心所不起則已 起則法爾有此四分 同時俱起 不可分析別異

는 모두 다른 근본번뇌를 따라 일어나기 때문에 수번뇌라고 한다. 『성유식론』 권6〔『대정장』 31, pp.33b05-6〕에서는 "오직 이 번뇌의 분별과 차별은 등류성(等流性)이므로 수번뇌(隨煩惱)라 한다〔唯是煩惱分位差別 等流性故名隨煩惱〕"라고 하였다.

故云不相捨離也

  첫째 무명의 업이 시작되는 상태라는 것은 과보의 심왕과 심소의 본체이다. 무명을 깨닫지 못함에 의하여 움직이고 움직이면 업이라고 부른다. 대개 제8식의 본체는 순전히 이숙(異熟)[386]의 무기보법(無記報法)이며, 제7식은 비록 유부무기(有覆無記)[387]이지만, 앞의 6식 일부분의 무기보법 및 상응하는 과보로 더불어 얻는 심소 모두를 이숙생[388]이라고 한다. 이 보법(報法)의 본체는 모두 다 마음이라 하고, 무명을 깨닫지 못함에 의해서 움직이기 때문에 업이라고 한다. 마음은 증자증분[389]이고 업은 자증분[390]이다. 깨달음은 진여와 계합하여 만나기 때문에 움직이

---

386) 이숙(異熟)은 범어 vipāka의 번역으로, 구역에서는 과보(果報)라고 번역하였다. 과거의 선악에 의하여 얻는 과보의 총명(總名)이다. 과(果)가 인(因)의 성질과 달리 성숙하는 것으로, 선업은 낙과(樂果)를 느끼고(感), 악업은 고과(苦果)를 느끼는 것이다. 낙과(樂果)는 선한 성질(善性)이 아니고, 무기성(無記性)이 되며, 선성의 업에 대하여 이류(異類)라고 하는 것이다. 고과(苦果)는 악업에 대한 것으로 고과(苦果)도 악성(惡性)이 아니고 무기성(無記性)이 됨이, 직접적인 원인과 결과가 성질이 다르게 된 것을 이숙과(異熟果)라고 한다.
387) 선도 악도 아닌 성질로서, 선악 가운데의 어떤 결과도 끌어오지 않는 중간성을 무기(無記)라고 한다. 이 무기에서 다 같이 선악의 결과를 끌어올 능력이 없으면서도 수행을 방해하는 것을 유부무기(有覆無記)라 하고, 방해하지 않는 것을 무부무기(無覆無記)라고 한다.
388) 아뢰야식은 이숙(異熟)이 되고, 안·이·비·설·신·의 6식은 이숙생(異熟生)이 된다. 이 6식의 이숙(異熟)은 아뢰야종자(異熟)가 생한다는 뜻이다.
389) 증자증분(證自證分)은 4분의 네 번째로, 견분이 대상을 인지할 때, 여기에 통각적(統覺的) 증지(證知)를 주는 작용을 자증분(自證分)이라 하고, 다시 자증분을 증지(證知)하는 작용을 말한다.
390) 자증분(自證分)은 법상종에서 인식의 과정을 설명하는 4분(分)의 세 번째로, 상분(相分)을 인식하는 작용을 견분(見分)이라고 하는 것에 대하여, 다시 통각적(統覺的) 증지(證知)를 주는 작용을 말한다.

지 않고, 깨닫지 못함이 움직이면 당체가 곧 이 괴로움(苦法)의 과보이다. 움직임으로 인하여 원인이 되고 마음에 고통의 결과를 나타낸다. 그래서 『유식론』에서는, "제3자증분으로써 능량(能量)[391]을 삼고 제4증자증분으로써 양과(量果)[392]를 삼는다"고 했다. 마치 거울이 비치는 면과 가려진 면의 양쪽이 서로 여의지 않는 것과 같다. 그러므로 "과보는 원인을 떠나지 않는다"고 하였다.

　一無明業相者 果報心心所體 依無明不覺而動 動卽名業也 蓋第八識體 純是異熟無記報法 第七雖名有覆無記 與前六識一分無記報法 及彼相應報得心所 皆名爲異熟生 此報法體 皆名爲心 以依無明不覺而動 名之爲業 心卽證自證分 業卽自證分也 覺則契會眞如 故不動 不覺而動 則當體便是果報苦法 由動爲因 顯心苦果 故唯識論以第三自證分爲能量 第四證自證分爲量果 如鏡面鏡背 兩不相離 故云果不離因也

둘째는 능동적으로 보는 상태이다. 심왕(心王)과 심소(心所)가 현행하여 일어날 때 반드시 견분이 있는데, 경계를 볼 때 움직이지 않으면 보려는 주관(見)이 없어진다. 움직이면 보려는 주관이 있으니, 먼저 움직이고 뒤에 보는 것이 아니다. 셋째는 경계가 나타나는 상태이다. 심왕(心王)과 심소(心所)가 현행하여 일어날 때, 반드시 상분이 있어서 소연(所緣)[393]의 경계가 된다. 그러나 보려는 주관을 여의면 경계도 없어질 뿐이

---

391) 능량(能量)은 삼량(三量: 능력(能量)·소량(所量)·양과(量果))의 하나이다. 법상종에서 심(心)과 심소(心所)가 자기의 앞에 나타난 대상을 아는 모양을 셋으로 나눈 것이다. 량(量)은 헤아린다는 뜻으로, 대상 경계를 추측하고 헤아리는 마음을 말한다.
392) 양과(量果)는 삼량(三量)의 하나로, 경계를 반연하는 마음이 대상 경계를 반연하여 안 결과를 말한다.
393) 심식(心識)을 능연(能緣)이라 하고, 심식의 상대를 소연(所緣)이라 하며, 연(緣)은

다. 보려는 주관은 경계가 있으니, 보려는 주관을 먼저하고 경계가 뒤가 아니다. 오직 깨닫지 못함이기 때문에, 진여 전체를 들어서 심왕과 심소의 각각 세 가지 양상을 삼는다. 만약 이 세 가지 양상의 모습이 없고 오직 한 진여인 줄 깨달아 알면, 일체 심왕과 심소의 업이 시작되는 상태가 곧 진여의 본체이고, 일체 능동적으로 보는 상태가 곧 진여의 모양이며, 일체 경계가 나타나는 상태가 곧 진여의 작용이다. 그러므로 앞에서 "만약 어떤 중생이 일체 망령된 생각의 모습이 없는 줄 관하면, 여래의 지혜를 증득할 것이다"고 하였다.

二能見相 卽心王心所現行起時 必有見分 能見於境 唯不動則無見耳 動卽有見 非先動而後見也 三境界相 卽心王心所現行起時 必有相分爲所緣境 唯離見則無境耳 見卽有境 非先見而後境也 夫唯不覺 故擧眞如全體 而爲心心所之各各三相 若能覺知三相無相 唯一眞如 則一切心心所之業相 卽眞如體 一切能見 卽眞如相 一切境界 卽眞如用 故前文云 若有衆生 能觀一切妄念無相 則爲證得如來智慧也

둘째, 앞에 나타난 것을 관조함을 들어 해석한다는 것은, 일체 망령된 생각이 모양이 없는 줄 관하면 한 생각이 상응하면 한 생각이 부처이고, 생각 생각이 모두 상응하면 생각 생각이 모두 부처이다. 곧 이름이 '방일하지 않음'이고, '깨달음'이라고도 한다. 이를테면, "번뇌에 얽혀 있는 범부(具縛凡夫)[394]가 여래의 비밀스런 경전을 아는 것은,[395] 비록 이것

반연(攀緣)의 뜻이다.
394) 구박범부(具縛凡夫)는 번뇌 망상의 결박을 갖추어 있는 범부라는 뜻으로, 생사윤회에서 괴로워하는 범부를 말한다.
395) 『화엄경수소연의초(華嚴經隨疏演義鈔)』권6, 『대정장』 36, pp.33a18-9에는 '故涅槃云 具縛凡夫能知如來祕密之藏'의 출처를 『열반경』이라고 하였다.

은 육안[396]이지만 곧 불안(佛眼)이다"[397]라고 한다. 그 때 세 가지 미세한 상태와 여섯 가지 거친 상태[六相][398]가 없어진다. 망정으로써 진실로 한 생각이 방일하여 관조함을 잃으면, 다시 깨닫지 못함이 있게 되어 문득 세 가지 미세한 상태와 아래 여섯 가지 거친 상태가 분연히 단번에 나타난다. 도리어 앞에 나타난 한 생각의 무명이 나타낸 아홉 가지 양상[九相][399]을 없앤다. 그런데 어떻게 시작을 알 수 없는 무명으로 생긴 아홉 가지 양상이 따로 있겠는가!

　　二約現前觀照釋者 若觀一切妄念無相 則一念相應一念佛 念念相應念念佛 卽名爲不放逸 卽名爲覺 所謂具縛凡夫 能知如來祕密之藏 雖是

---

396) 육안(肉眼)은 오안(五眼: 肉眼·天眼·慧眼·法眼·佛眼)의 하나로, 인간의 육신에 갖추어져 있는 눈이다.

397) 불안(佛眼)은 오안(五眼)의 하나로, 부처의 눈을 불안이라고 한다. 즉 제법 실상을 비치는 눈이다. 육안·천안·혜안·법안과 구별되지만, 이 네 가지 눈도 깨달음이 성취되면 모두 불안(佛眼)이 된다. 『발보리심경론』 권1(『대정장』 32, p.627b14-5)에서는 "불안이 갖추어지면 일체 법성을 깨닫는다[具足佛眼照了一切諸法性]"고 했다. 그리고 『화엄경수소연의초(華嚴經隨疏演義鈔)』 권82(『대정장』 36, pp.644a24-5)에서 불성을 비추어 통달하면 불안이라고 부르는 것은, 『열반경』에서 만약 어떤 사람이 자신에게 있는 불성을 보는 것은 비록 육안이지만 곧 불안(佛眼)이기 때문이다[照達佛性名爲佛眼者 涅槃云 若人能見身中佛性 雖是肉眼卽名佛眼故]고 하였다.

398) 육상(六相)은 『기신론』에서 설하는 여섯 단계의 거친 생각[六麤]이 일어나는 과정을 설명한 것이다. 즉 중생의 미망이 생기는 차례에 따라 근본 무명이 생기는 것을 밝히고, 업이 삼세(三細)에 대한 육추(六麤)이다. 지상(智相)·상속상(相續相)·집착상(執着相)·집명등상(執名等相)·기업상(起業相)·업계고상(業繫苦相)이다. 구역 『기신론』에서는 집착상을 집취상(執取相, 『대정장』 32, p.577a16)이라 하고, 집명등상을 계명자상(計名字相, 『대정장』 32, p.577a17)이라고 한다.

399) 『기신론』에서의 삼세(三細)와 육추(六麤)를 말하는 것이다. 절대 평등하여 항상 변하지 않는 진여로부터 미혹한 세계의 사물을 형성함에 아홉 가지 상으로 전개된다는 것이다. 이것을 구상차제(九相次第)라고 한다.

肉眼 卽名佛眼 並無三相六相 可以當情 苟一念放逸 失於觀照 便有不
覺 便令三相及下六相 紛然頓現也 除却現前一念無明所現九相 豈別有
無始無明所生九相哉

ⓒ 여섯 단계의 거친 생각이 일어나는 과정〔六麤〕

허망한 경계를 반연함이 있기 때문에 다시 여섯 가지 조잡한 상태
가 생긴다.
以有虛妄境界緣故 復生六種相

경계는 오직 이 자체 심왕과 심소의 상분이기 때문에 '허망하다'고 하
였다. 이를테면, 마치 의타기성이 허깨비와 같은 현상이다. 이로써 소연
연(所緣緣)[400]과 증상연을 삼아 다시 여섯 가지 거친 상태가 생긴다. 생
기게 하는 것〔能生〕[401]이 이미 허망한 것인데 생겨난 것〔所生〕의 모양에
어떻게 실체가 있겠는가! 그래서 앞의 세 가지 미세한 상태가 8식 및 모
든 심소에 통하고, 심과 심소로써 정해져 각각 4분이 있다. 그래서 이 아
래 여섯 가지 거친 상태에서는 막힘도 통함도 있는 것이다.

境界唯是自心心所相分 故名虛妄 所謂依他起性 如幻事也 以此爲所
緣緣及增上緣 復生六相 能生旣是虛妄 則所生相 豈有實哉 然前三相

---

400) 소연연(所緣緣)은 사연(四緣: 因緣・等無間緣・所緣緣・增上緣)의 하나로, 구마
라집(舊譯)은 연연(緣緣)으로 번역하였다. 소연(所緣)은 심식(心識)의 대상이며,
이것이 우리의 마음의 작용을 일으키는 조건이 되어, 소연연(所緣緣)이라고 한다.
401) 능생(能生)은 범어 utpādakā-Janaka의 번역으로, 생(生)하는 성질이 있는 것, 결
과를 낳게 하는 것을 말한다.

通於八識及諸心所 以心心所 定各有四分故 此下六相 則有局有通也

첫째는 분별을 일으키는 상태(智相)[402]이다. 경계에 반연하여 좋아하고 싫어하는 마음이 생기는 것을 말한다.
一智相 謂緣境界 生愛非愛心

지상은 별경(別境) 가운데 혜 심소이다. 이 상태는 오직 앞의 7식과 상응하고, 제7식은 다만 제8식의 견분을 반연하여, 실아(實我)와 실법(實法)이라고 계교하여 좋아하는 마음을 낸다. 좋아하는 것이 근본번뇌 가운데 탐(貪)이다. 제6식은 삼계(三界)와 일체 경계를 두루 반연하여, 좋아하고 좋아하지 않는 마음을 두루 일으킨다. 좋아함은 곧 탐욕이며 좋아하지 않음은 곧 성냄이다. 전5식이 각각 현재의 일진법계(一塵法界)[403]를 반연하여, 각각 좋아하고 좋아하지 않는 마음을 일으킨다. 그러나 이 지상(智相) 또한 온전히 진여를 본체로 삼고, 앞의 깨달음의 뜻과 더불어 조금도 차별이 없다. 만약 지상(智相)에 지(智)의 모양이 없음을 통달하면, 곧 여래의 지혜를 증득하게 될 것이다.
智相 卽別境中之慧心所也 此相唯與前七相應 第七但緣第八見分 計

---

402) 지상(智相)은 삼세(三細)에 의해 일어난 경계에 대하여 시비(是非) · 애증(愛憎) · 선악(善惡)의 분별을 일으키는 것을 말한다. 삼세(三細)의 능견상(能見相)이 거울이라면, 거울에 비치는 모습이 경계상이고, 그 경계상을 실재라고 생각하는 것이 지상(智相)이다.
403) 일진법계(一塵法界)는 하나의 작은 먼지가 바로 법계라는 뜻이다.『원오불과선사어록(圓悟佛果禪師語錄)』1권『대정장』47, pp.717a15-6)에서는 "하나의 먼지에 법계(法界)가 포함되었고, 일념(一念)이 시방(十方)을 두루했다(一塵含法界 一念遍十方)"라고 했다.

爲實我實法 生於愛心 愛卽根本煩惱中之貪也 第六遍緣三界一切境界
遍起愛非愛心 愛卽是貪 非愛卽瞋 前五各緣現在一塵境界 各起愛非愛
心 然此智相 亦全攬眞如爲體 與前覺義 毫無差別 若能了達智無智相
卽爲證得如來智慧矣

둘째는 상속하는 상태이다. 지상에 의하여 괴로움이나 즐거움을
느끼는 마음이 상응하여 끊어지지 않는 상태를 말한다.
二相續相 謂依於智 苦樂覺念相應不斷

상속에는 두 가지 뜻이 있다. 첫째는 심소이다. 곧 수(受)[404]가 염(念)[405]·

---

404) 수(受)는 팔리어 vedanā의 번역으로, 마음의 감수 작용이다. 또한, 감각(感覺)·지각(知覺)·인상(印象)등에 해당하는 마음작용의 하나이다. 의식 중에서 무엇인가의 인상을 받아들이는 것으로, 바깥 경계가 낳은 것을 받아들여 고통스러움이나 즐거움을 느끼는 것이다. 그리고 고(苦)·락(樂)·불고(不苦)·불락(不樂)을 감수(感受)하는 것이며, 쾌(快)·불쾌(不快) 그 어느 것도 아닌 감각을 말한다. 설일체유부에서는 십대지법(十大地法)의 하나이며, 유식에서는 오변행(五遍行)·오온(五蘊)·십이연기(十二緣起)의 하나이다.
405) 『기신론』에서의 염(念)은 구경각(究竟覺)에서 완전히 소멸되는 마음의 작용으로서 망념이며 분별이다. 교리적으로 염(念)의 의미는 세 가지로 나누어 볼 수 있다. 첫째는 수념(隨念, anusmaraṇa)으로, 기억한다는 뜻이다. 오별경(五別境: 욕(欲)·승(勝)·해(解)·염(念)·정(定)·혜(慧))의 하나로, 상대한 경계를 기억하여 잊지 않는 것을 말한다. 염불(念佛)이나 팔정도의 정념(正念, samyak-smṛti)에서의 염(念)을 예로 들 수 있다. 둘째는 범어 manasikāra로, 마음에 떠올린다거나 주의(注意)한다는 의미로, 작의(作意)·사유(思惟)로 의역한다. 셋째는 일념(一念)이나 염념(念念)으로, 시간의 극소 단위인 찰나(刹那, kṣaṇa)를 번역한 말이기도 하다. 시간적 개념으로서 일찰나(一刹那)로 하는 것은 설일체유부 등의 북인도 불교교단에서 확정한 교리로, 대승불교의 유가유식학파에서 계승하였고, 중국불교도 이 설에 준하고 있다.

정(定)[406]으로 더불어 괴로움이나 즐거움을 느끼는 것을 '감각(受)'이라고 한다. 생각함으로 인하여 잊지 않고, 정(定)으로 인하여 집중(專注)[407]하는 것[408]이다. 둘째는 심왕이다. 한결같아서 끊어짐이 없는 마음(意根)이 지(智)와 염(念)으로 인하여, 저 심왕의 상속을 도와서 일어난다. 앞 생각이 소멸된 심왕을 거짓으로 세워서, 이것을 의근이라고 한다. 그러나 제8식과 제7식이 시작을 알 수 없는 오랜 옛적부터 으레 상속하여 지혜(智)를 의지하지 않고도 전6식을 상속하여 아울러 지혜를 의지하여 일어난다. 그러므로 "상응하여 끊어지지 않는다"고 하였다. 다만 이러한 상속은 실재하는 본체의 성품은 없다. 비유하면, 마치 한 점의 불을 돌려서 바퀴를 형성하여 불이 찰나찰나에 소멸되는 것과 같이, 이곳에서부터 옮겨 다른 곳에 이른 것이 아니다. 그 불바퀴 모양이 상속하는 것 같음으로 인하여 망령되이 바퀴라고 보는 것과 같다. 마음의 성품도 또한 마찬가지로 생각생각에 적멸하여 상속의 뜻이 없다. 그러나 미혹한 마음으로 인하여 그대로인 것 같기도 하고, 하나인 것 같기도 한 것을 상

---

406) 정(定)은 오별경(五別境)의 하나로, 범어 samādhi의 번역이다. 마음이 한 경계에 정지하여 흩어지거나 움직이지 않게 하는 것을 말한다. 즉 심성(心性)의 작용으로, 태어나면서 얻는 산정(散定)과 닦아서 얻은 선정(禪定) 두 종류가 있는데, 산정(散定)에 해당된다. 산정(散定)은 욕계의 중생도 생기는데, 마음과 상응하여 일어나서, 대상 경계에 오로지 향하는 작용이다. 『구사론』에서는 삼마지(samādhi)라고 하며, 이것으로써 대지법(大地法)의 하나를 삼고, 『유식론』에서는 정(定)이라고 번역하여 이것으로써 오별경(五別境)의 하나로 삼는다. 선정(禪定)은 색계와 무색계의 심지(心地)의 작용으로, 반드시 부지런히 닦아 익혀야만 얻는 것으로, 삼학(三學: 戒·定·慧) 가운데 정학(定學)이며, 육바라밀 가운데 선정바라밀을 말한다. 범어 samādhi를 번역하여, 정(定) 또는 등(等)이라고 하여, 평등이 가지는 심성을 뜻한다.
407) 전주(專主)는 마음을 오로지 한 대상에 향하는 것으로, 정신을 집중하는 것을 말한다.
408) 『성유식론』 권3『대정장』 31, pp.012a014-5)에는 "정(定)은 마음이 한 경계에 오로지 집중하도록 하는 것이다(定 能令心 專注一境)"라고 하였다.

속상이라고 한다. 만약 상속에 모습이 없는 줄 자세히 관찰하면, 곧 여래의 지혜를 증득하게 될 것이다.

相續有二義 一約心所 卽受與念定 苦樂覺 是受 由念故不忘 由定故專注也 二約心王 卽等無間意根 由智及念 助彼心王相續而起 假立前念已滅心王 名爲意根 然第八第七 從無始來 法爾相續 不依於智 前六相續 並依智起 故云相應不斷也 只此相續 實無體性 譬如一星之火 旋之成輪 火念念滅 不從此方轉至餘方 由其相似相續 妄睹爲輪 心性亦爾念念寂滅 無相續義 迷情以爲似常似一 名相續相 若能諦觀相續無相 卽爲證得如來智慧也

셋째는 집착하는 상태이다. 괴로움과 즐거움의 느낌에 의하여 그 생각이 상속하여 집착을 내는 것을 말한다.
三執著相 謂依苦樂覺念相續 而生執著

집착은 별경(別境) 가운데 승(勝)[409] · 해(解)[410] 심소(心所) 및 탐욕 · 성냄 · 아만 등에 마음대로 일어나는 번뇌이다. 대개 일 찰나(刹那)의 마음이 생기고 나면 바로 소멸하여 집착할 뜻이 없다. 그 전후의 상태가 상속됨으로 인하여 집착하는 효력이 있는 것이다. 이 집착하는 상태는 오직 제6식에만 있고, 제7식과 제8식 및 전오식에는 오직 현재 일 찰나

---

409) 승(勝)은 오별경(五別境)의 하나로, 범어 viśiṣṭa(뛰어난 것) · 범어 parama(뛰어난 · 최고의) · 범어 vaiśeṣya(우수한 점 · 우수한 것) · 범어 prābalya(우열)의 번역이다.

410) 해(解)는 오별경(五別境)의 하나로, 지해(知解)의 뜻이다. 사물의 이치를 생각(生覺)함에 있어서 생기는 깨달음을 말하며, 행(行) 또는 증(證)에 반대되는 말이다.

경계만 반연하는 것은, 집착이 없기 때문이다. 그러나 사실 그대로를 관찰하면, 집착하는 주체는 제6식의 견분이고 집착하는 대상은 바로 제6식의 상분이다. 견분이 찰나에 머무르지 않는데 어떻게 집착할 수 있으며, 상분 또한 찰나에 머무르지 않는데 어떻게 집착할 수 있겠는가! 만약 집착에 모양이 없는 줄 분명하게 알면, 곧 여래의 지혜를 증득하게 될 것이다.

執著 卽別境中勝解心所 及貪瞋慢等任運諸煩惱也 大凡一刹那心 生已卽滅 無執著義 由其前後相似相續 乃有執著功能 此相唯是第六識有 以七八兩識及前五識 唯緣現在一刹那境 無執著故 然如實觀之 能執著者 卽第六識見分 所執著者卽第六識相分 見分刹那不住 何能執著 相分亦復刹那不住 何可執著 若能了知執著無相 卽爲證得如來智慧也

넷째는 이름과 말에 집착하는 상태이다. 집착에 의하여 이름 등을 분별하여 여러 가지로 안립하는 상태를 말한다.
四執名等相 謂依執著分別名等諸安立相

이것은 곧 네 가지 부정법(不定地法)[411] 가운데 심(尋)·사(伺)[412] 심소

---

411) 부정지법(不定地法)은 심소(心所) 육품(六品)의 하나이다. 그 성질이 선·악·무기의 삼성(三性)에 널리 통하고, 또한 대지법(大地法) 일체의 마음이 꼭 짝을 따라 일어나지는 않고, 심(尋)·사(伺)·수면(睡眠)·악작(惡作)·탐(貪)·진(瞋)·만(慢)·의(疑)의 여덟 가지가 속한다.
412) 심(尋)·사(伺)는 신역이며, 구역으로는 각(覺)·관(觀)이다. 부정법(不定法) 가운데의 심소(心所)로, 심구(尋求)하고 사찰(伺察)하는 심리작용을 말한다. 심(尋)은 대상에 대하여 그 뜻과 이치를 대강 찾는(尋求) 것이고, 사(伺)는 한 걸음 더 나아가 세밀하게 분별하고 사찰하는 정신작용을 말한다.

(心所) 및 근본번뇌 가운데 5견(五見)[413] 등의 번뇌이다. 또한 오직 제6식에만 있다. 그러나 집착하는 주체란 곧 견분이며 찰나에 생멸하여 집착하는 주체의 뜻은 없다. 집착의 대상이란 곧 이름과 뜻이 자성에 차별이 있어서, 이름에는 뜻이 없고 뜻에는 이름이 없다. 결국 이름과 뜻의 자성은 얻을 수 없고, 이름과 뜻의 차별도 결코 얻을 수 없다. 마음을 따라 생멸하는데 어떻게 집착할 수 있겠는가! 만약 이름에 집착하는 등의 상태에 곧 모양이 없는 줄 분명하게 알면, 바로 여래의 지혜를 증득하게 될 것이다.

此卽四不定中尋伺心所 及根本中五見等煩惱也 亦唯在第六識 然能執者 亦卽見分 刹那生滅 無能執義 所執者 卽若名若義自性差別 名中無義 義中無名 名義自性 了不可得 名義差別 了不可得 隨心生滅 何可執著 若能了知執名等 相卽是無相 卽爲證得如來智慧也

다섯째는 업을 일으키는 상태이다. 이름과 말에 집착한 상태에 의하여 갖가지 여러 차별된 업을 일으키는 것을 말한다.
五起業相 謂依執名等 起於種種諸差別業

"업을 일으킨다"는 것은 곧 제6식이 상응하는 생각이며, 일으킨 업은 전5식에 통하는 것이다. '차별'이라고 한 것은 때로는 악업을 일으키고,

---

413) 오견(五見)은 다섯 가지 잘못된 견해를 말하는 것으로, 오리사(五利使)라고도 한다. 오위 백법에서 설하는 근본번뇌(六大惑: 貪・瞋・癡・慢・疑・惡見) 가운데, 악견(惡見)에 해당되며, 이것을 신견(身見)・변견(邊見)・사견(邪見)・견취견(見取見)・계금취견(戒禁取見) 등 다섯으로 세분한 것이다. 이러한 오견(五見)은 악혜(惡慧)의 일부분이 되며, 견도(見道)에서 일시에 끊지 못하는 것이다.

때로는 선업을 일으키며, 때로는 선정업을 일으킨다는 것이다. 이것이 바로 삼계의 모든 유루업이며 나아가 출세간의 무루업이고 보살의 남을 이롭게 하는 업이다. 모두 업을 일으키는 상태라고 부른다. 그러나 이 업의 성질은 곧 바로 몸으로 표시되고 말로 표시되며 함께 표시가 없기도 한다. 몸으로 표시된다는 것은 이미 형량(形量)⁴¹⁴⁾이 아니며, 또한 동작도 아니고 동작의 원인도 아니다. 다만, 이것은 가명이며 실제로 본체가 있는 것이 아니다. 다음, 말로 표시된다는 것은 한 순간의 소리가 표하는 뜻을 설명할 수 없으니, 잡다한 생각이 상속하여 설명으로 표시됨이 있는 것 같지만, 실체가 없다. 표업(表業)⁴¹⁵⁾도 이미 실제의 성질이 없는데, 무표업(無表業)⁴¹⁶⁾에 무슨 실체가 있겠는가! 만약 업의 모양에 모양이 없

---

414) 형량(形量)은 범어 pramāṇa의 번역으로, 량(量)을 말한다. 대상을 바르게 인식하거나 논증하는 수단 근거이다. 넓은 의미로는 그 작용 과정과 결과로서의 바른 지식도 포함된다. 수단 근거로서의 양을 써서 인식하는 주체를 양자(量者, pramātṛ), 인식 대상을 소량(所量, prameya), 결과로서의 지식을 양지(量知, pramiti, 量果)라고 한다. 양지가 어떤 수단근거에 의해서 어떤 작용 과정을 갖는가에 따라 량(量)은 여러 종류로 분류된다.

415) 구사종에서는 신(身)과 어(語)의 두 업에 국한하여 표업(表業)과 무표업(無表業)이 있고, 법상종에서는 삼업이 모두 유표업(有表業)과 무표업(無表業)이 있다고 설한다. 표(表)는 표시의 뜻으로, 신(身)의 표업은 다른 사람들이 볼 수 있는 동작으로 취사(取捨)와 굴신(屈伸) 등을 말하고, 어(語)의 표업은 타인이 들을 수 있는 말로 명구(名句)와 문(文)을 말하는 것이며, 의(意)의 표업은 탐진(貪瞋) 등의 생각을 일으키는 것이다. 의업(意業)은 타인에게 스스로 표시하므로 표업이라고 한다.

416) 삼업(三業)의 무표(無表)는 신표업(身表業)과 같이, 몸에서 생기며, 타인에게 표시할 수 없는 일종의 업체(業體)이므로, 어(語)는 표업이 없다고 한다. 또한 의표업(意表業)과 공생하는 일종의 업체를 의무표업(意無表業)이라고 한다. 그 가운데 구사종에서는 의표업(意表業)을 세우지 않아서 의무표업(意無表業)도 없다. 대승은 의표업을 세워서 삼업이 함께 사(思)의 심소를 체(體)로 삼기 때문에 의표(意表)도 또한 신(身)·어(語)의 두 표(表)와 같이 의무표(意無表)가 있다. 그러나 구

는 것인 줄 분명하게 알면, 곧 여래의 지혜를 증득하게 될 것이다.

能起業者 卽第六識相應之思 所起之業 通前五識 言差別者 或起惡業 或起善業 或禪定業 卽是三界諸有漏業 乃至出世無漏業 菩薩利他業 皆名起業相也 然此業性 卽是身表語表及與無表 且身表者 旣非形量 亦非動作 亦非動因 但是假名 非實有體 次語表者 一刹那聲 無詮表義 多念相續 似有詮表 便無實體 表業旣無實性 無表又豈有實 若能了知業相無相 卽爲證得如來智慧也

여섯째는 업에 얽매인 고통의 상태이다. 업에 의하여 고통을 받아 자유롭지 못함을 말한다.

六業繫苦相 謂依業受苦 不得自在

이미 삼계 유루의 여러 업을 지으면, 삼계의 업에 얽매이게 된다. 업이 초래한 과보(異熟)의 총보(總報)[417]를 이끌며, 업이 초래한 증상의 별

사종에서는 이것을 표업과 무표업이라고 하여, 함께 4대가 소생(所生)하는 실(實)의 색성(色性)이 되므로, 표색(表色) 무표색(無表色)이라 한다. 이에 대승의 표업은 현행하는 생각(思)의 심소(心所)가 본체가 되고, 무표업은 사(思) 심소의 종자가 체(體)가 된다. 그러므로 그 실재의 업성(業性)이 비록 심법이 되지만, 현행의 사(思)는 색법의 신표업과 어표업을 일으키며, 색법은 신표와 어표의 잘못됨을 막는 용(用)이 되므로, 일어난 바와 막은 바에 납입(納入)하여 가명으로 표색(表色)과 무표색(無表色)이 된다고 한다.

417) 중생의 과보에는 총보(總報)와 별보(別報), 두 가지가 있다. 만약 인도(人道)에 태어나서 피차(彼此)의 인류가 동일한 인간세계의 과보를 받는 것을 총보(總報)라 한다. 그리고 사람들이 각각 육근(六根)의 호(好)·추(醜)와 수명의 장(長)·단(短)이 다른 것을 별보(別報)라고 한다. 또한 업인(業因)에도 두 가지가 있는데, 그 총보(總報)의 업인을 부르는 것을 총보업(總報業)이라 하고, 별보(別報)의 업인을

보(別報)를 채운다. 통합하여 오온의 과보라고 한다. 즐거움은 괴고(壞苦)[418]이고 고통은 고고(苦苦)[419]이며 괴롭지도 않고 즐겁지도 않은 것은 행고(行苦)[420]이다. 항상 그대로가 아니고 자성의 실체가 없기 때문에 모두 자유롭지 못한 것이다. 무루업 및 이타업도 감득할 변역생사(變易生死)이고 또한 괴로움이라 하며 자유롭지 못하다고 말한다. 그러나 이렇게 오온으로 받는 과보는 색(色)이 자성이 없고, 수(受)·상(想)·행(行)·식(識)도 또한 자성이 없다. 이미 자성이 없고 본체는 진여이다. 이미 진여이니 끝없는 덕의 모습과 업의 작용이 갖추어진다. 다만, 이것이 업에 얽매인 고통의 상태가 곧 불가사의한 대승인 것이다. 만약 이 고통의 상태에 모양 없는 줄 관찰하면 곧 여래의 지혜를 증득할 것인데, 어떻게 무명의 깨닫지 못함이 다시 이 몸과 마음을 의지하여, 환으로 업상 등의 3상과 6상을 이루어 윤회하는 가운데 자유자재로 유전하겠는가!

旣造三界有漏諸業 則爲三界業之所繫 引業所招異熟總報 滿業所招增上別報 通名果報五蘊 樂是壞苦 苦是苦苦 不苦不樂是行苦 無常無我

초래하는 것을 별보업(別報業)이라고 한다.
418) 괴고(壞苦)는 삼고(三苦: 苦苦·壞苦·行苦)의 하나로, 몸 가운데 사대(四大)가 원만하지 못하여 느끼는 고뇌, 또는 즐거움이 무너질 때 고통스러운 생각이 일어나는 것을 말한다.
419) 고고(苦苦)는 범어 duḥkha-duḥkhatā의 번역으로, 삼고(三苦)의 하나이다. 중생의 심신을 괴롭게 하는 고(苦)로, 기아(飢餓)·질병(疾病)·풍우(風雨)·한열(寒熱)·노역(勞役) 등 고통스러운 환경이 핍박하여 괴로움을 생기게 하므로 고고(苦苦)라고 한다.
420) 행고(行苦)는 범어 saṃskāra-duḥkhatā의 번역으로, 삼고(三苦)의 하나이다. 행(行)은 생겨나고 사라짐의 변화를 말하며, 이것으로 인하여 일어나는 고통을 행고(行苦)라고 한다. 즉 일체 유위법은 삼세(三世)를 거쳐서 찰나에도 상주하여 편안함이 없이 괴롭기 때문에 행고(行苦)라고 한 것이다.

所以皆不自在 乃至無漏及利他業 所感變易生死 亦名爲苦 亦不自在也
然此果報五蘊 色無自性 受想行識亦無自性 旣無自性 體卽眞如 旣卽眞
如 便具無邊德相業用 是則只此業繫苦相 便是不可思議大乘 若能觀此
苦相無相 卽爲證得如來智慧也 奈何無明不覺 復依此身心而幻成業相
等三相及與六相 輪迴是中 自取流轉也哉

그러므로 일체 오염된 환경은 모두 모양이 없고 다 무명으로 인하
여 생겨나는 것임을 반드시 알아야 한다.
是故當知一切染法 悉無有相 皆因無明而生起故

여기에서는 바로 마무리하여 3상과 6상이 모두 실체가 없음을 밝혔다.
깨달음으로 인하여 무명이 있고, 무명은 이미 자체에 실상이 없다. 그런데
하물며 무명으로 인하여 생긴 오염된 환경에 어떻게 실체가 있겠는가! '오
염된 환경'이라고 한 것은 분별을 일으키는 상태(智相) 등 네 가지 상태들이
바로 오염된 미혹이며, 다섯 번째 '업을 일으키는 상태'는 바로 오염된 업
이다. 이 둘은 아울러 오염의 원인이다. '업에 얽매인 고통스런 상태'는 고
통의 결과에서 일어난 세 가지 상태이다. 즉 삼계 안팎이 의보(依報)[421]와
정보(正報)[422]로서 오염의 결과가 된다. 혹 인과가 모두 무명으로 인하여

---

421) 의보(依報)는 이보(二報: 依報·正報)의 하나이다. 심신은 정실(正實)의 과보이고, 이 심신이 의지하는 몸 밖의 모든 것들로서, 즉 세계·국토·가옥·옷과 음식 등을 말한다.『보살영락본업경』상〔『대정장』24, pp.1016a01-2〕에서는 "범부 중생이 오온 가운데 머물러서 정보의 국토가 되고 산림과 대지를 공유하기 때문에 의보의 국토라고 한다[若凡夫衆生住五陰中爲正報之土 山林大地共有名依報之土]"라고 했다.
422) 정보(正報)는 이보(二報)의 하나로, 정과(正果)라고도 한다. 중생의 자심(自心)으

생겨 일어남을 비유하면, 눈에 병이 생겨 있으면 허공 꽃이 난무하지만, 눈병을 제거하면 허공 꽃은 원래 있었던 것이 아닌 것과 같다. 무명이 일어나지 않으면 고통이 곧 법신이며 미혹이 반야이고 업이 곧 해탈이다. 그런데 어떻게 제일의 대승이 아니겠는가! 두 번째, 뜻에 의하여 각각 해석함을 마친다.

此正結明三相六相 皆無實也 依於覺故而有無明 無明已自無實相矣 況依無明所生染法 豈有實哉 言染相者 智等四相是染惑 五起業相 是染業 此二並是染因 業繫苦相 并苦果上所起三相 卽是界內界外依正 爲染果也 若因若果 皆因無明生起 譬如一翳在目 空華亂舞 翳病若除 華元非有 無明不起 則苦卽法身 惑卽般若 業卽解脫 何一非大乘耶 二依義各釋竟

(3) 깨달음과 깨닫지 못함의 같고 다른 모습

셋째, 총괄적으로 깨달음과 깨닫지 못함의 같고 다른 모습을 가림에 둘이다. 첫째는 표하고 둘째는 해석한다.
三總辨同異二 初標二釋 今初

또 깨달음과 깨닫지 못함에 두 가지 모습이 있다. 첫째는 같은 모습이고, 둘째는 다른 모습이다.
復次覺與不覺 有二種相 一同相 二異相

로 이는 과거에 지은 업인(業因)에 의하여 감득(感得)한 과보의 정체(正體)이기 때문에 정보(正報)라고 한다.

앞에서는 아뢰야식에 두 가지 뜻이 있음을 밝혔다. 이를테면 깨달음과 깨닫지 못함이다. 여기에서는 깨달음과 깨닫지 못함의 입장에서, 같은 모습과 다른 모습을 구별한다. 진여는 변하지 않으면서도 인연을 따라 이미 전체가 아뢰야식이 되고, 전체가 깨달음과 깨닫지 못함이 된다. 깨달음과 깨닫지 못함이 인연을 따르면서도 변하지 않아서, 이미 전체가 아뢰야식에 의지하며 전체가 곧 이 진여이다. 지금 인연을 따르면서도 변하지 않는 입장에서는, 생겨나고 소멸하는 것이 곧 진여이기 때문에, '같은 모습'이라고 하였다. 반면, 변하지 않으면서도 인연을 따르는 입장에서는, 진여가 곧 생멸이기 때문에, '다른 모습'이라고 하였다. 그러므로 위의 문장에서는 "생멸문과 진여문이 점점 더 서로 떠나지 않는다"고 한 것이다.

前明阿賴耶識有二種義 所謂覺與不覺 今故約此辨同異也 眞如不變隨緣 旣擧體而爲阿賴耶識 卽擧體而爲覺與不覺 覺與不覺隨緣不變 旣擧體依於阿賴耶識 卽擧體便是眞如 今約隨緣不變 生滅卽眞如故 名爲同相 約不變隨緣 眞如卽生滅故 名爲異相 故上文云 二門展轉不相離也

둘째는 해석하는 데 두 가지가 있다. 첫째는 같은 모습을 해석하고, 둘째는 다른 모습을 해석한다.

二釋二 初釋同相 二釋異相 今初

같은 모습은 마치 갖가지의 질그릇이 모두 같은 흙의 모양인 것과 같다. 이와 같이 무루의 무명이 갖가지 헛된 작용도 모두 진여의 모습과 같다.

言同相者 如種種瓦器 皆同土相 如是無漏無明種種幻用 皆同眞相

'무루'는 깨달음의 뜻을 가리키고, '무명'은 깨닫지 못함의 뜻을 가리킨다. '갖가지 헛된 작용'은 무루지에 의하여 일어난 불가사의한 작용과, 무명에 의하여 일어난 3상과 6상을 모두 가리킨 것이다. "모두 진여와 같다"는 것은, 이 진여는 변하지 않으면서도 인연을 따라 이뤄진 것이다. 그러므로 인연을 따르면서도 변하지 않으니, 낱낱이 전체 진여 아닌 것이 없다. 마치 흙으로 질그릇을 만듦에 한 그릇도 전체가 이 흙 아닌 것이 없는 것과 같다.

無漏 卽指覺義 無明 卽不覺義 種種幻用 雙指依無漏智所起不思議用 及依無明所起三相六相也 皆同眞相者 並是眞如不[423]變隨緣所成 是故隨緣不變 一一無非全體眞如 如土作瓦器 無一器而非全體是土也

그러므로 부처님께서는 일체중생이 시작을 알 수 없는 오랜 옛적부터 항상 열반에 들었으며, 보리는 닦을 수 있는 것도 아니고 만들 수 있는 것도 아니며, 결국에는 얻을 수도 없고 물질적 형태로는 볼 수도 없다고 하셨다. 물질적 형태로 본다고 한 것은 마땅히 모두 이 오염된 환경을 따르는 헛된 작용인 줄 알아야 한다. 지혜가 물질이면서도 공하지 않은 모습이 아니며, 지혜의 모습은 얻을 수 없는 까닭이다. 광범위하기가 경전의 설명과 같다.

是故佛說一切衆生 無始已來 常入涅槃 菩提非可修相 非可生相 畢竟無得 無有色相而可得見 見色相者 當知皆是隨染幻用

---

423) 『대정장』 44, p.439a10(『기신론열망소』 권3)에는 '下'로 잘못 되어 있다.

非是智色不空之相 以智相不可得故 廣如彼說

여기서는 경전을 인용하여 진여가 같은 모습임을 증명하였다. "시작을 알 수 없는 오랜 옛적부터 항상 열반에 들었다"는 것은, 곧 『유식론』의 "자성이 청정한 열반은 일체 중생이 누구나 똑같이 가지고 있는 것이다"[424)]는 내용을 인용한 것이다. "보리는 닦을 수 있는 것도 아니고 만들 수 있는 것도 아니다"는 것은, 『능엄경』의 "이 견(見)과 및 연(緣)이 원래 이 보리의 미묘하게 깨끗하고 밝은 본체이다"[425)]라고 설한 내용을 인용한 것이다. 그런데 어떻게 중간에 옳고 그름이 있겠는가! "물질적 형태로는 있어도 볼 수 없다"고 한 것은, 앞의 문장에서 "또한 공하지 않은 모습이 없다. 망령된 생각의 마음으로 행할 것이 아니기 때문이며, 오직 망상을 떠난 자만이 증득할 수 있는 것이기 때문이다"[426)]고 설한 부분을 인용한 것이다. '물질적 형태로 본다고 한 이하'는, 의심해 따진 질문을 해석한 것이다. 따져 묻기를, 만약 같은 모습이라면 결코 물질적 형태를 볼 수 없는 것인데, 어떻게 물질적 형태를 볼 수 있으며, 또한 여래의 갖가지 물질적 형태로 본다고 하는가? 해석하면, 마땅히 모두 생멸문에서 오염된 환경을 따르는 헛된 작용으로 차별된 물질적 형태가 있음을 본다는 것이지, 진여문에서 지혜의 색이 공하지 않은 모습을 말한 것이 아니라는 것을 알아야, 또한 볼 수 있다는 말이다. 지혜의 모습은 진여와

---

424) 『성유식론』 권10(『대정장』 31, pp.55b07-10)에는 '本來自性淸淨涅槃 謂一切法相眞如理 雖有客染而本性淨 具無數量微妙功德 無生無滅湛若虛空 一切有情平等共有'로 되어있다.

425) 『능엄경』 권2, 『대정장』 19, pp.112b20-1.

426) 『기신론열망소』 권2, 『대정장』 44, pp.431b08-9. 신역 『기신론』 권1, 『대정장』 32, pp.585a01-3.

같아서, 비록 실체가 공하지 않지만 또한 공하지 않은 모습을 얻을 수도 없는 까닭이다. 광범위하기가 마치 경전에서 부처님께서 설하신 것과 같다. 첫째, 같은 모습을 해석함을 마친다.

此引經以證眞如同相也 無始已來 常入涅槃者 卽唯識論所謂自性淸淨涅槃 一切有情平等共有也 菩提非可修相非可生相者 卽大佛頂經所謂此見及緣 元是菩提妙淨明體 云何於中有是非是也 無有色相而可得見者 卽前文所謂亦無不空相 以非妄念心所行故 唯離念者之所證故也 見色相者以下 釋疑難也 難曰 若約同相 定無色相可見者 如何見有色相可見 亦見如來種種色相釋曰 當知皆約生滅門中 隨染幻用 見有差別色相 非謂眞如門中智色不空之相 亦可見也 以智相同於眞如 雖實不空 亦無不空相可得故 廣如彼契經中佛所說也 初釋同相竟

둘째, 다른 모습을 해석한다.

二釋異相

다른 모습은 마치 갖가지의 질그릇이 각각 같지 않은 것과 같이, 무루무명의 갖가지 헛된 작용도 그 모습이 서로 다르기 때문이다.

言異相者 如種種瓦器 各各不同 此亦如是 無漏無明種種幻用相差別故

오직 무루의 깨달음의 모습과 유류의 무명만이 그 모습이 각각 다른 것이 아니다. 즉 무루법에서는 네 가지 지혜의 보리·3신(三身)·4토(四

土)^427) 나아가 십력(十力)^428) · 무외(無畏) · 18불공법(不共法)^429) 등 갖가

---

427) 사토(四土)는 천태종에서 세운 네 가지 불토(佛土)를 말한다. 첫째는 범성동거토(凡聖同居土)로, 범부와 성문 · 연각 등의 성자가 동거하는 구토이다. 여기에는 서방극락인 정토(淨土)와 사바세계인 예토(穢土)가 있다. 둘째는 방편유여토(方便有餘土)로, 견 · 사혹의 번뇌를 단절하고, 삼계의 생사를 벗어나는 사람이 태어나는 곳이다. 이것은 소승의 방편의 도를 닦아 견 · 사혹을 끊은 사람의 생처(生處)이므로 방편이라 한다. 또 진사무명(塵沙無明)의 혹(惑)이 끊지 못했으므로 유여(有餘)라고도 한다. 셋째는 실보무장애토(實報無障碍土)로, 방편토(方便土)가 증득한 공리인(空理人)의 과보토(果報土)를 말한다. 이 위에 다시 일분중도(一分中道)의 이치를 증득한 사람의 과보토로 진실의 법을 행하며 수승한 과보를 감득하여 색심이 서로 방해되지 않는다. 넷째는 상적광토(常寂光土)로, 항상 법신이 있고, 본재(本在)하고 상재(常在)하는 체(體)를 말한다. 적(寂)은 해탈로 일체 모든 형상이 영원히 적멸한 것이고, 광(光)은 반야로 제상(諸相)을 비추는 지혜를 말한다. 이는 제불여래가 의지한 곳이고, 거처하는 곳이므로 상적광토(常寂光土)라고 한다.

428) 십력(十力)은 여래의 열 가지 지혜의 힘[智力]이다. 첫째 각처(覺處)와 비처(非處)를 아는 지혜의 힘이고, 둘째는 삼세의 업보를 아는 지혜의 힘이며, 셋째는 제선(諸禪)의 해탈과 삼매를 아는 지혜의 힘이고, 넷째는 여러 가지를 풀이하여 아는 지혜의 힘이며, 다섯째는 여러 가지 세계를 아는 지혜의 힘이다. 여섯째는 지혜의 일체가 도달하는 곳의 길을 아는 지혜의 힘이고, 일곱째는 정도의 무루법이 열반 등에 이르러 그 행의 인이 이르는 곳을 아는 지혜의 힘이며, 여덟째는 천안이 무애함을 아는 지혜의 힘이고, 아홉째는 숙명이 무루(無漏)함을 아는 지혜의 힘이며, 열째는 습기를 영원히 단절할 줄 아는 지혜의 힘이다.

429) 십팔불공법(十八不共法)은 범어 avenik-adharma의 번역이다. 부처의 열여덟 가지 공덕법에 한하며, 부처에 한정하고, 기타의 2승 보살과는 공동하지 않으므로 불공법(不共法)이라고 한다. 첫째 신무실(身無失)은 부처는 공덕이 가득 채워져 일체 번뇌가 다한다. 둘째 구무실(口無失)은 무량한 지혜와 변재로 중생의 근기에 맞게 설하여 모두 증오를 얻는다. 셋째 염무실(念無失)은 부처는 모든 선정을 닦아 마음이 산란되지 않고, 집착하는 것이 없어 제일의 편안함을 얻는다. 넷째 무이상(無異相)은 부처는 일체중생을 평등하게 제도하여 마음에 간택이 없다. 다섯째 무부정심(無不定心)은 부처는 행주좌와에 항상 심오한 선정을 여의지 않는다. 여섯째 무부지기사(無不知己捨)는 부처는 일체 모든 법을 모두 다 비추어 알아서 놓아 주고 일법(一法)을 분명히 알지 않고 버리지 않는다. 일곱째 욕무멸(欲無滅)은 부처가 선을 두루 갖추어 항상 모든 중생을 제도하고자 하여 마음에 싫어하고 만족함이

지 헛된 작용의 상태가 각각 다르다. 또한, 유루법에서도 심왕·심소·
상견·자증분·현행종자 및 여러 분단·변역인과 등 갖가지 환과 같은
작용의 상태가 각각 다르다. 그러나 이러한 환과 같은 작용의 차별도 자
성이 없어서 항상 다르면서도 같은 것이다. 이 자성이 없는 진여는 차별
이 없기 때문에, 두루 모든 차별된 법을 거두어들여 모두 한 법에 들어
간다. 이 한 법이 거두어들인 모든 차별된 법이 한 법을 따라서 또한 다
시 일체 모든 법을 거두어들인다. 그러므로 거듭 거듭 다함이 없고〔重重
無盡〕다함이 없이 거듭거듭 하는 것〔無盡重重〕도, 아울러 같은 모습과 다
른 모습으로 인하여 나타난다. 첫째, 마음의 생멸을 바르게 해석함을 마
친다.

不唯無漏覺相 與有漏無明 其相各別 卽就無漏法中 四智菩提 三身
四土 乃至十力 無畏 十八不共法等 種種幻用 相各差別 又就有漏法中

없다. 여덟째 정진무멸(精進無滅)은 부처의 신심이 정진 만족하여 항상 일체중생
을 제도하기를 쉬지 않는다. 아홉째 염무멸(念無滅)은 부처가 삼세제불의 법과 일
체지혜에 상응 만족하여 물러남이 없다. 열째 혜무멸(慧無滅)은 부처가 일체 지혜
를 갖추어 한량없고 끝이 없어 다하지 못한다. 열한째 해탈무멸(解脫無滅)은 부처
가 일체 집착을 영원히 여의고 유위해탈과 무위해탈을 갖춘다. 열두째 해탈지견무
멸(解脫知見無滅)은 부처가 일체 해탈 중에도 지견이 명료하고 분별이 무애하다.
열셋째 일체신업수지혜행(一切身業隨智慧行)은 부처가 모든 수승한 모습을 나타
내어 중생을 조복하고, 지혜로 일체 제법을 연설하여 각각 해탈을 얻게 한다. 열넷
째 일체구업수지혜행(一切口業隨智慧行)은 부처의 미묘 청정한 말이 지혜를 따라
전변하여 일체중생을 이롭게 한다. 열다섯째 일체의업수지혜행(一切意業隨智慧
行)은 부처의 청정한 의업이 지혜를 따라 중생심에 전입하여 설법하고, 그 무명과
번뇌의 막을 없앤다. 열여섯째 지혜지과거세무애(智慧知過去世無碍)는 부처는 지
혜로 과거세의 일체를 비추어, 중생법이나 중생법이 아니거나 모두 두루 알아 무애
하다. 열일곱째 지혜지미래세무애(智慧知未來世無碍)는 부처는 지혜로 미래세의
일체를 비추어 중생법이거나 아니거나 모두 알아 무애하다. 열여덟째 지혜지현재
세무애(智慧知現在世無碍)는 부처는 지혜로 현재세의 일체를 비추어 중생법이거
나 아니거나 모두 알아 무애하다.

心王 心所 相見自證 現行種子 及諸分段變易因果種種幻用 相各差別
然此幻用差別無性 常異而同 卽此無性眞如無差別故 遍攝一切差別之
法皆入一法 卽此一法所攝一切差別之法 隨拈一法 亦復還攝一切諸法
故得重重無盡 無盡重重 並由此同異二相而顯示也 初正釋心生滅竟

(4) 생겨나고 소멸하는 인연〔生滅因緣〕

둘째는 생겨나고 소멸하는 인연을 밝히는 데 두 가지가 있다. 첫째는 미혹하고 오염된 인연을 밝히고, 둘째는 청정한 인연을 분명하게 깨닫는다. 첫째 미혹하고 오염된 인연을 밝힘에도 두 가지가 있다. 첫째는 총괄적으로 마음에 의하기 때문에 전변함을 밝히고, 둘째는 별도로 의와 의식을 해석한다. 여기서는 첫 번째이다.

二明生滅因緣二 初明迷染因緣 二明悟淨因緣 初中二 初總明依心故轉
二別釋意及意識 今初

또, 생겨나고 소멸하는 인연은 모든 중생이 마음에 의하여 의(意)와 의식(意識)이 전변되는 것이다.
復次生滅因緣者 謂諸衆生 依心 意 意識轉

생멸은 비록 자성이 없지만 전체가 진여이다. 진여는 변하지 않으면서도 인연을 따라 전체가 생멸을 이룰 때 생멸 가운데 반드시 인연을 논해야, 바야흐로 잘못된 직접적인 원인(因)과 및 직접적인 원인(因)이 없다는 허물을 면한다. 이것은 곧 제8식과 제7식이 서로 인과가 되어 유식의 이론을 이룬다. '중생'이라는 것은 오온이 화합된 가명이다. '마음'이라는 것은 제8식이고, '의(意)'는 제7식이며, '의식(意識)'은 제6식과 아울러 전5식이다. 제8식은 근본의(根本依)[430]가 되고, 제7식은 비로소 전변하여 제7식이 염정의(染淨依)[431]가 되며, 제6식은 바야흐로 전변하여 제6식이 분별의(分別依)가 되고, 전5식도 바야흐로 전변한다. 그래서 "마음에 의하여 의와 의식이 전변한다"고 하였다.

生滅雖無自性 全體眞如 而眞如不變隨緣 擧體成生滅時 於生滅中 須論因緣 方免邪因及無因過 此則第八與前七識 互爲因果 唯識理成也 衆生者 五蘊和合之假名也 心者 第八識也 意者 第七識也 意識者 第六識幷前五識也 第八爲根本依 第七方轉 第七爲染淨依 第六方轉 第六爲分別依 前五方轉 故云依心意及意識轉也

둘째, 별도로 의와 의식을 해석하는 데 두 가지가 있다. 첫째는 의를 해석하고, 둘째는 의식을 해석한다. 여기서는 첫 번째이다.
二別釋意及意識二 初釋意 二釋意識 今初

이 뜻이 어떠한가? 아뢰야식에 의하여 무명으로 깨닫지 못함이 일어나, 보고, 나타내며, 경계를 취하고, 분별해 상속하기 때문에 '의'라고 설명한다.
此義云何 以依阿賴耶識 有無明不覺起 能見 能現 能取境界 分

---

430) 근본의(根本依)는 제식사종의(諸識四種依: 根本依·染淨依·分別依·染汚依)의 하나로, 종자의(種子依)라고도 한다. 심과 심소가 생기는데 소의(所依)로 되는 것을 셋으로 나눈 가운데 인연의(因緣依)를 말한다.
431) 염정의(染淨依)는 7식을 말하는 것으로, 이 식은 전오식이 염정(染淨)에 관계되는 근거가 되기 때문이다.

別相續 說名爲意

아뢰야식에는 으레 제7식의 종자와 근본무명의 종자가 있다. 시작을 알 수 없는 오랜 옛적부터 제7식과 제8식이 항상 함께 전변하기 때문이다. 제7식이 항행불공무명(恒行不共無明)[432]과 더불어 일정하게 상응하기 때문에, 모습이 없는 한 진여의 본체에서 심과 심소가 체(體)·용(用)으로 나눠지고, 견분(見分)과 상분(相分)으로 나누어져 여러 가지 집착을 일으켜 비슷한 것끼리 상속하게 한다. 모두 제7식을 염오의(染汚依)[433]로 삼기 때문에, 여기에서 제7식의 이름을 의(意)라고 한다. '의'라는 것은 의지한다는 뜻이니, 제7식을 의지해야 비로소 제8식이 뇌야와 이숙의 이름을 받게 된다. 전6식이 유루의 뜻을 이루게 하기 때문에 염오의(染汚依)라고 한다.

만약 제7식의 인아(人我)의 집착이 끊어지면 제8식이 뇌야의 이름을 버리게 되고, 제6식은 생공(生空)의 지과(智果)[434]가 항상 앞에 나타나 전5식이 여러 유루업을 일으키지 않게 한다. 만약 제7식이 법아(法我)에 대한 집착이 끊어지면, 제8식이 이숙의 이름을 버리고 전변하여 대원경

---

432) 항행불공무명(恒行不共無明)은 다섯 가지 무명(相應無明·不共無明·恒行不共無明·主獨無明·非主獨行無明)의 하나로, 제7 말라식에만 상응하는 불공무명(不共無明)이다. 이 무명은 아(我)·치(癡)·만(慢)의 삼장혹(三丈惑)과 상응하여 일체 범부의 마음에 항상 일어나서 끊임없이 상속하면서도 다른 6식과 상응하는 무명과는 공통되지 않는다.
433) 염오의(染汚依)는 제7식의 다른 이름으로, 7식은 미오(迷悟)의 근본으로 아치(我癡)·아견(我見)·아만(我慢)·아애(我愛)의 네 가지 번뇌와 함께 일어나며, 8식의 견분을 반연하여 아집을 내기 때문에 염오의라고 한다.
434) 열반을 단과(斷果)라 하고, 보리를 지과(智果)라고 한다. 보리는 곧 불지(佛智), 부처님의 깨달음을 말하는 것으로, 이것을 여러 가지 수행의 결과로 얻은 것이기 때문에 지과(智果)라고 한다.

지와 상응하는 마음이 된다.

스스로 또한 평등성지와 항상 함께 상응하니, 제6식은 법공(法空)의 지과(智果)가 항상 앞에 나타나 전5식이 전변하여 성소작지가 된다. 그러므로 또한 이름을 염정의(染淨依)[435]라고 한다. 『석마하연론(釋摩訶衍論)』[436]에서 경전을 인용하여 분명하게, "갖가지 심식(心識)이 비록 한량이 없지만 오직 말나식의 전변이며 다른 법이 없다. 왜냐하면, 말나식은 열한 가지 뜻을 갖추어서 하지 않은 것이 없기 때문이다"[437]고 한 것이, 바로 이것을 두고 하는 말이다.

謂阿賴耶識中 法爾有第七識種子 及有根本無明種子 由無始來 第七與第八識恒俱轉故 第七識與恒行不共無明 定相應故 於一眞如無相體上 令心心所 分體分用 分見分相 起諸取著 相似相續 皆以第七識爲染汚依 故說此第七識名爲意也 意者 依義 依第七識 方令第八受賴耶名及異熟名 方令前六成有漏義 故名染依 若第七識之人我執斷 則第八識捨賴耶名 第六生空智果恒得現前 前五不起諸有漏業 若第七識之法我執斷 則第八識捨異熟名 轉爲大圓鏡智相應心品 自亦平等性智恒共相應 第六法空智果恒得現前 前五轉爲成事智品 故又名淨依也 如釋摩訶衍論 引顯了契經云 種種心識 雖有無量 唯末那轉 無有餘法 所以者何 是末那識 具足十一義 無所不作故 此之謂也

---

435) 염정의(染淨依)는 제7식을 말한다. 이 식은 전5식이 오염과 청정(染淨)에 관계되는 근거가 되기때문이다.
436) 『석마하연론(釋摩訶衍論)』은 용수보살의 저술로 요진(姚秦)의 벌제마다(筏提摩多)가 번역하였다. 『기신론』을 해석한 것으로 줄여서 『석론(釋論)』이라 하며, 10권으로 되어 있다.
437) 『석론』권2, 『대정장』32, pp.611b05-7.

① 의(意)

이 의(意)에 다시 다섯 가지 다른 이름이 있다. 첫째 업식은 무명의 힘으로 깨닫지 못한 마음을 움직이게 하는 것이다.
此意復有五種異名 一名業識 謂無明力 不覺心動

제7식이 항상 법치(法癡)와 더불어 상응함으로 인하여, 진실한 법이 하나임을 사실 그대로 알지 못한다. 그래서 스스로 제8식과 더불어 시작도 없이 항상 전변하고, 앞의 6식으로 하여금 이것에 의하여 전변하게 한다. 마음은 실제로 움직임이 없는데, 깨닫지 못한 마음 때문에 움직이게 된다고 하였다. 움직이면 바로 현행하여 전변하고, 현행하는 본체가 바로 자증분이며 업상이라고 하였다. 이것은 일체 심왕과 심소의 업상이 모두 제7식의 무명에 의하여 일어나 의타기성이라고 한다. 그래서 이 제7식을 업식이라고 한다. 만약 움직이는 마음이 곧 생멸이 아님을 관하면, 곧 진여문에 들어가게 된다.

由第七識 恒與法癡相應 不如實知眞法一故 令自與第八 無始恒轉 令前六識 依之得轉 心實無動 由不覺故 謂之爲動 動卽是現行轉 現行之體 卽自證分 名爲業相 是則一切心王心所業相皆依第七無明而起 名爲依他起性 故直名此第七爲業識也 若觀動心卽不生滅 卽得入眞如門

둘째 전식은 움직이는 마음에 의하여 경계를 보는 상이다.
二名轉識 謂依動心 能見境相

제7식이 항행불공무명으로 인하여 사실 그대로 진실한 법이 하나인 줄 알지 못한다. 그래서 여러 심왕과 심소가 으레 각각 경계를 보는 상이 있게 된다. 이것을 견분이라 하고 곧바로 이 제7식을 전식이라고 한다. 만약 일체 경계가 이 보려는 주관(見)이 없는 줄 관하는 자는 곧 보되 보는 상이 없으면, 바로 진여문에 들어가게 된다.

由第七識恒行不共無明 不如實知眞法一故 令諸心王心所 法爾各有能見境相 名爲見分 故直名此第七爲轉識也 若觀一切境界無是見者 則見無見相 卽得入眞如門

셋째 현식은 일체 모든 경계의 상태를 나타내는 것이다. 마치 밝은 거울이 많은 색상을 나타내는 것과 같다. 현식도 마찬가지로 다섯 가지 경계가 대상과 상대하면 바로 나타나는데 앞뒤 순서 없이 공력을 말미암지 않는다.

三名現識 謂現一切諸境界相 猶如明鏡 現衆色像 現識亦爾 如其五境 對至卽現 無有前後 不由功力

제7식이 불공무명으로 인하여 사실 그대로 진실한 법이 하나인 줄 알지 못한다. 그래서 심과 심소로 하여금 현행을 일으키게 할 때 으레 각각 나타난 경계를 상분이라고 한다.

모든 심과 심소의 본체가 마치 밝은 거울과 같아서 견분은 빛과 같고 상분은 나타난 형상과 같다. 만약 제7식이 집장(執藏)의 힘이 아니면 제8식이 어떻게 허상과 같은 삼계와 삼류의 성경(三類性境)[438]을 나타내

---

438) 경(境)은 8식이 변하는 상분이며, 이 상분에 세 종류(三類)가 있는데, 성경(性境)·

고, 제7식이 제6식의 불공(不共)인 친근한 의지처가 되지 않으면 제6식이 어떻게 일체 거짓되고 진실한 법을 두루 나타내며, 제7식은 전5식이 오염된 법과 청정한 법을 공동으로 의지하지 않으면 전5식이 어떻게 그 다섯 가지 경계(五境)[439]가 상대하면 바로 나타나되 앞뒤 순서가 없이 공력을 말미암지 않은 것과 같겠는가! 그러므로 이 제7식을 현식(現識)이라고 한다. 만약 일체 경계가 보려는 주체가 아닌 것이 없고 경계에 경계의 모양이 없는 줄 관찰하면, 곧 진여문에 들어가게 된다.

由第七識不共無明 不如實知眞法一故 令心心所起現行時 法爾各有所現境界 名爲相分 諸心心所之體 猶如明鏡 見分如光 相分如所現像 若非第七執藏之力 則第八何由幻現三界三類性境 若非第七爲第六不共親依 則第六何由遍現一切假實諸法 若非第七爲前五染淨共依 則前五何由如其五境 對至卽現 無有前後 不由功力 故直名此第七爲現識也 若觀一切境界無非見者 則境無境相 卽得入眞如門

넷째 지식은 오염된 법과 청정한 법의 여러 차별된 법을 분별하는 것이다.
四名智識 謂分別染淨諸差別法

독영경(獨影境)·대질경(帶質境)이다. 성경(性境)의 성(性)은 실체라는 뜻으로, 진실한 종자로부터 나면 실성이 있어서, 스스로 실성을 유지하고 능연(能緣)하는 마음을 따르지 않는다. 능연의 마음은 저의 자성이 되는데 불과하므로 량(量)에 나타내어 량(量)으로 아는 것을 성경(性境)이 마음을 따르지 않는다고 한다.

439) 오경(五境)은 오진(五塵) 또는 오묘욕경(五妙欲境)이라고도 하며, 색(色)·성(聲)·향(香)·미(味)·촉(觸)의 오법(五法)이다. 이 안근(眼根) 등 오근(五根)의 대상이 되고, 오식(五識)에 의하여 알게 되는 다섯 가지 바깥 경계(外境)가 되기 때문에, 오경(五境)이라고 한다.

제7식이 공통되지 않은 무명으로 인하여 진실한 법이 하나임을 사실 그대로 알지 못한다. 그래서 심과 심소로 하여금 현행하여 전변하게 할 때 허상으로 견분과 상분을 이룬다. 다시 제7식이 인아와 법아의 두 견해의 힘으로 인하여 스스로 이미 제8식의 견분을 실아와 실법이라고 망령되게 집착하여 오염된 법을 분별한다. 또한, 제6식의 불공친의(不共親依)가 되고 전5식의 염정의(染淨依)가 되어, 전6식이 오염된 법과 청정한 법의 여러 차별된 법을 분별하도록 한다. 그래서 이 제7식을 지식이라고 한다. 만약 분별과 분별한 것이 모두 자성이 없어서 지혜에 지혜의 모습이 없는 줄 관하면, 곧 바로 진여문에 들어가게 된다.

由第七識不共無明 不如實知眞法一故 令心心所現行轉時 幻成見相二分 復由第七人我法我二見力故 自旣妄執第八見分以爲實我實法 成染分別 復爲第六識之不共親依 爲前五識之染淨依 令前六識 分別染淨諸差別法 故直名此第七爲智識也 若觀分別及所分別皆無自性 則智無智相 卽得入眞如門

다섯째 상속식은 항상 작의(作意)⁴⁴⁰⁾가 상응하여 끊어지지 않는 것이다. 마음대로 과거의 선·악 등의 업을 간직하여 잃어버리지 않게 하고, 현재와 미래의 괴로움과 즐거움 등의 과보를 성숙하게 하여 어긋남이 없게 한다. 이미 오래전에 지나간 일을 홀연히 떠올리기도 하고, 아직 지나가지 않은 일을 망령되게 분별하게 하는 것이다.

五名相續識 謂恒作意相應不斷 任持過去善惡等業 令不失壞

---

440) 작의(作意)는 심소(心所)의 이름으로, 일체의 마음에 상응하여 일어나는 것이다. 마음을 경각케 하여 소연(所緣)의 경계에 나아가는 작용을 갖춘 것이다.

成熟現未苦樂等報 使無違越 已曾經事 忽然憶念 未曾經事 妄生分別

제7식이 불공무명으로 인하여 진실한 법이 하나인 줄 사실 그대로 알지 못한다. 그래서 진실하게 상주(眞常)[441]하는 가운데 망령되게 생겨나고 소멸하는 것을 본다. 또한 찰나에 당체가 적멸하게 머무르지 않고 생겨나고 소멸하는 가운데 망령되게 상속하는 것을 본다. 그래서 생각마다 안으로 제8식이 자아법이라고 집착하기 때문에, 훈습하고 종자를 간직하게 하여 이숙과를 초월하게 한다. 생각마다 바깥으로 여섯 가지 식이 전식의 의지처가 되어, 과거를 기억하게 하고 미래를 분별하게 한다. 만약 제7식의 구생법(俱生法)[442]이 전6식의 의지처가 된다고 집착하지 않으면, 제8식이 다시 전7식의 훈습을 받지 않는다. 유루의 종자를 간직하여 훈습하는 전7식이 없으면 훈습된 제8식도 없다. 그래서 제6식 또한 과거를 기억하지 못하고, 미래도 분별하지 못한다. 의지처인 7식과 8식이 없으면 의지하는 제6식도 없기 때문에, 곧바로 이 제7식을 상속식이라고 한다. 마치, 『석론』에서 경전을 인용하여 "제7식에 수승한 힘이 있기 때문에 때로는 지장(持藏)의 작용을 조작하고, 때로는 분별의 의지처를 조작한다"[443]고 법문한 것은, 이것을 두고 한 말이다. 만약 심성이 찰나에 머무르지 않고 당체가 적멸하여 상속에 상속의 모양이 없는 줄

---

441) 진상(眞常)은 진실 상주하는 여래의 법을 말한다. 『능엄경』 4(『대정장』 19, pp.121b06-7)에서는 "세존은 온갖 망(妄)을 모두 원만하게 소멸하고, 진상(眞常)이 홀로 미묘하다 〔世尊諸妄一切圓滅獨妙眞常〕"라고 하였다.
442) 구생법(俱生法)은 구생(俱生)이라고도 하며, 동시에 함께 생기(生起)하여 서로 떨어지지 않는 법을 말한다.
443) 『석론』 권2, 『대정장』 32, pp.611c17-8의 내용이다.

관찰하면, 곧 바로 진여문에 들어간다.

由第七識不共無明 不如實知眞法一故 於眞常中 妄見生滅 又不能知 刹那不住 當體寂滅 於生滅中 妄見相續 是故念念內執第八爲自我法 令其受熏持種 招異熟果 念念爲外六轉識依 令其憶念過去 分別未來 若非第七俱生法執爲前六依 則第八識便不受前七熏 持有漏種以無能熏之前七 卽無所熏之第八故 第六識亦不憶念過去 分別未來 以無所依之七八 卽無能依之第六故 故直名此第七爲相續識也 如釋論中 引法門契經云 第七識有殊勝力故 或時造作持藏之用 或時造作分別之依 此之謂也 若觀心性刹那不住 當體寂滅 則相續無相續相 卽得入眞如門

그러므로 삼계의 일체가 모두 마음으로써 자성을 삼는다. 마음을 떠나면 육진경계도 없는 것이다. 왜냐하면, 일체 온갖 법이 마음을 주인으로 삼아 망념으로부터 일어나기 때문이다. 대개 분별된 것은 모두 자기 마음을 분별한 것이다. 그래서 마음은 마음을 보지 못하고 그 모양을 찾을 수도 없는 것이다. 그러므로 마땅히 일체 세간의 경계상은 모두 중생의 무명 망심에 의하여 건립한 것인 줄 알아야 한다. 마치 거울 속의 영상과 같이 그 실체를 찾을 수 없다. 오직 허망하게 분별하는 마음으로 부터 전변하는 것이다. 마음이 생기면 갖가지 법이 생기고 마음이 사라지면 갖가지 법도 사라지기 때문이다.

是故三界一切 皆以(八識)心爲自性 離(八識)心則無六塵境界 何以故 一切諸法 以(第八)心爲主 從(第七)妄念起 凡(八識)所分別 皆分別(八識)自心(所變相分) 心不見心 無相可得 是故當知 一切世間境界之相 皆依衆生無明妄念而得建立 如鏡中

像 無體可得 唯從虛妄分別心轉 心生則種種法生 心滅則種種法滅故

여기서는 위의 본문을 이어서 제7식이 불공무명으로 인하여 진실한 법이 하나임을 사실 그대로 알지 못하기 때문에, 내연(內緣)[444]으로 제8식이 두 아집을 일으키고 밖으로 6식을 의지하여 망념을 일으키게 한다. 그래서 세간 일체가 의보(依報)와 정보(正報) 등의 법이 있다. 이 일체 법은 모두 여덟 가지 식심이 변화된 것으로 여덟 가지 식심으로써 자성을 삼는다. 만약 8식(能變)[445]의 여덟 가지 식심을 떠나면, 어떻게 만법(所變)의 육진경계를 얻을 수 있겠는가! 곧 일체 모든 법은 모두 다 제8본식을 떠나지 않기 때문에, "마음을 주인으로 삼는다"고 한 것이다. 모두 제7식을 따라 무명이 허상과 같이 나타나기 때문에, "망념을 따라 일어난다"고 하였다. 제8식이 삼류(三類)의 성경(性境)을 분별하여 도리어 제8식이 만법(萬法)의 상분이 되고, 제7식이 허망한 아(我)와 법(法)을 분별하여 도리어 제7식이 만법의 상분이 된다. 제6식은 일체 모든 법을 분별하여 도리어 제6식이 만법의 상분이 되고, 전5식은 5진(五塵)의 성경(性境)을 분별하여 도리어 전5식이 만법의 상분이 된다. 그러므로 "대개

---

444) 안(眼) 등 오식(五識)이 외경(外境)을 반연하는 것을 외연(外緣)이라 하고, 의식이 마음 속에서 모든 법을 분별하는 것을 내연(內緣)이라고 한다. 외연(外緣)은 밖에서 힘을 주어서, 물건을 도와 생기게 하는 인연을 말한다. 내인(內因)에 상대하여 말하는 것으로, 사연(四緣: 因緣·次第緣·緣緣·增上緣) 가운데 증상연(增上緣)이다.『기신론』에서는 간략히 차별연과 평등연으로 설명한다.
445)『성유식론』권1(『대정장』31, pp.001a21-2)과 권2(『대정장』31, pp.007b25-6)에서는 "만법(萬法)을 식(識)의 소변(所變)이라 하고, 8식을 능변(能變)이라 한다. 여기에 이숙식(異熟識)·사량식(思量識)·요별식(了別識)의 세 가지(三能變)가 있다"라고 하였다.

분별된 것은 모두 자기 마음을 분별한 것이다"라고 한 것이다. 비유하면, 마치 어떤 사람이 크게 눈을 뜨고 자기의 눈을 찾아도 끝내 볼 수 없는 것과 같다. 마음도 또한 이와 같기 때문에, "마음은 마음을 보지 못한다"고 하였다. 그러나 눈으로 스스로 눈을 보지 못하지만, 오히려 타인은 그 눈을 볼 수 있다. 마음으로 마음을 보지 못하지만 기필코 타인도 그 마음을 볼 수 없기 때문에, "모양을 찾을 수 없다"라고 한 것이다.

　　此承上文 止由第七不共無明 不如實知眞法一故 內緣第八 起二我執 外爲六依 令起妄念 故有世間一切依正等法 此一切法 皆是八種識心所變 卽以八識心爲自性 若離能變之八種識心 何有所變六塵境界可得 是則一切諸法 悉皆不離第八本識 故云以心爲主 皆從第七無明幻現 故云從妄念起也 第八分別三類性境 還是第八所變相分 第七分別 虛妄我法 還是第七所變相分 第六分別一切諸法 還是第六所變相分 前五分別五塵性境 還是前五所變相分 故云凡所分別皆分別自心也 譬如有人 大張其眼 求覓己眼 終不能見 心亦如是 故云心不見心也 然眼不自見 猶有他人能見其眼 心不見心 必無他人能見其心 故云無相可得也

【문】만약 타인이 마음을 볼 수 없다면, 어떻게 타심통이 있다고 하는가? 【답】 망령된 생각이 일어남으로 인하여 망령된 연영(緣影)이 있다. 마침내 타심통을 얻은 자로 하여금 이것을 의탁하여 본질로 삼게 하고, 변화하는 모양을 반연하게 하는 것을 타인의 마음을 통달했다고 한다. 그 실재 연영(緣影)은 곧 변화하는 것의 상분의 그림자며, 마음의 실체가 아니고 또한 견분도 아니다. 마음의 본체와 마음의 견분이 아울러 형상이 없어서 결코 볼 수 없다. 그래서 여래께서는 "내가 불안(佛眼)으로도 오히려 중생의 마음을 볼 수 없는데, 어떻게 어리석은 사람이 심상을

볼 수 있다고 하겠는가"라고 하셨다.【문】제7식이 제8식의 견분을 반연하여 실아와 실법으로 집착한다. 이것을 마음으로써 마음을 반연한다고 하는데, 어떻게 마음이 마음을 보지 못한다고 하겠는가?【답】제7식이 설사 제8식을 본다 해도 응당히 현량(現量)[446]이라고 해야지, 어떻게 비량(非量)[447]이라고 하겠는가? 그래서 일체 심과 심소의 견분이 모두 형상을 찾을 수 없어서, 결코 볼 수도 없다는 것을 알아야 한다. 변화하는 마음이 오히려 자연히 모양을 볼 수 없는데 변화된 경계에 또한 어떻게 실체가 있겠는가! 그래서 마땅히 일체 세간의 경계상도 모두 중생의 무명 망념에 의하여 건립된 것인 줄 알아야 한다. 제7식이 불공무명에 의하여 참된 법이 하나임을 사실 그대로 알지 못하기 때문에, 심과 심소가 전변하여 4분을 이루게 된다. 이 세간 일체 경계도 모두 다 스스로 심과 심소의 상분을 초월하지 못한다. 심과 심소의 본체는 거울과 같고 상분은 거울 속 영상과 같아서, 영상은 거울을 떠나지 않고서는 별도로 자체를 찾을 수 없는 것이다. 오직 허망분별심만 따라 전변하니 모든 심과 심소의 생멸을 제외한 밖에 어떻게 법 자체에 생멸이 있었다고 하겠는가! 첫째, 의에 대한 해석을 마친다.

問 若無他人能見心者 云何說有他心智通 答 由起妄念 妄有緣影 遂令他心智者 托此爲質 變相而緣 名了他心 其實緣影 即是所變相分之

---

446) 현량(現量)은 인명론(因明論)에서의 삼량(三量: 現量・比量・非量) 가운데 하나이다. 즉 마음이 현재의 현상을 그대로 추측하여 아는 것이다. 색(色) 등 제법을 향하여 현실 그대로 그 자상(自相)을 아는 것으로, 털끝만큼도 분별과 추구의 생각이 없다.
447) 비량(非量)은 앞에 나타난 경계, 또는 앞에 나타나지 않은 경계를 잘못 인식하는 것이다. 허공 꽃을 보는 것과 안개를 연기로 잘못 보고 불이 있는 것으로 아는 것과 같다. 이는 잘못된 인식이라는 것으로, 현량(現量)도 아니고, 비량(比量)도 아니라는 뜻이다. 즉 사현량(似現量)・사비량(似比量)을 총칭한다.

影 非是心體 亦非見分 心體及心見分 並無形相 決不可見 故如來云 我以佛眼 猶不能見衆生之心 云何癡人 說有心相可得也 問 第七緣第八之見分 執爲實我實法 是名以心緣心 豈非心見心耶 答 第七設能見第八者 應名現量 何名非量 故知一切心心所之見分 皆無形相可得 決定不可見也 夫能變之心 尙自無相可見 則所變境界 又豈有實 是故當知 一切世間境界之相 皆依衆生無明妄念而得建立 謂依第七不共無明 不如實知眞法一故 令心心所 轉成四分 則此世間一切境界 不過皆是自心心所相分 心心所體如鏡 相分如鏡中像 像不離鏡 別無自體可得 唯從虛妄分別心轉 除卻諸心心所生滅之外 何嘗有法自生滅耶 初釋意竟

② 의식(意識)

둘째는 의식을 해석한다.
二釋意識

의식은 일체 범부가 상속식에 의하여 나와 내것[我所][448]을 집착하여 갖가지로 망령되게 육진[449]경계를 취하는 것이다. 또한 이름

---

448) 아소(我所)는 아소유(我所有)의 약칭으로, 자신을 아(我)라 하고, 자신 이외의 만물을 아소유(我所有)라고 한다. 아(我)의 정(情)이 있는 것은, 자신 이외의 사물을 모두 나의 소유라고 생각한다.
449) 육진(六塵)은 색(色)·성(聲)·향(香)·미(味)·촉(觸)·법(法)의 육경(六境)을 말한다. 이러한 육경은 육근(六根)이 몸에 들어와서 청정한 마음을 오염시키므로 진(塵)이라고 한다.『원각경』권1(『대정장』17, pp.913b24-5)에서는 "4대를 오인하여 자신상을 삼고, 육진의 연영을 자심상으로 삼는다[妄認四大爲自身相 六塵緣影爲自心相]"라고 하였다.

을 분리식[450]이라고 하며, 상황을 분별하는 식[451]이라고도 한다. 지적이고 정적인 번뇌〔見・愛〕[452]에 의해 훈습하여 늘어나고 커지기 때문이다.

言意識者 謂一切凡夫 依相續識 執我我所 種種妄取六塵境界 亦名分離識 亦名分別事識 以依見愛等熏而增長故

앞의 여섯 가지 식은 총괄하여 이름을 요별경식(了別境識)[453]이라고 한다. 여기서는 제6식을 들어서 전5식을 거두어들인다. 다만 '일체 범부'라고 한 것은, 미혹・오염 인연을 두고 말한 것이다. "상속식에 의한다"는 것은 제7식으로써 염정의를 삼고, 제7식이 항상 제8식과 함께 전변하여, 시작도 없고 단절하지도 않기 때문에 상속식이라고 한 것이다. "나와 내 것에 집착한다"는 것은 제7식이 다만 선천적으로 아집(我執)이 있어서 제6식에 의하여 두루 분별을 일으켜, 선천적으로 나와 내 것에 집착한다. "갖가지로 망령되게 육진경계를 취한다"는 것은, 제6식이 혹

---

450) 분리식(分離識)은 안(眼)・이(耳)・비(鼻)・설(舌)・신(身)・의(意)의 육근(六根)으로 분리하는 식(識)이다.
451) 분별사식(分別事識)은 『능가아발다라보경』 권1(『대정장』 16, pp.483a16-7)에서 설한 삼식(三識 : 眞識・現識・分別事識)의 하나이다. 8식에서 아뢰야식을 제외한 밖에 말나식 등 7식을 총칭한 것이다. 여러 가지 경계를 대하여 상황을 분별한다. 진식(眞識)에 상대하여 사식(事識)을 말한다.
452) 견・애(見・愛)는 번뇌의 근본인 아견(我見)과 아애(我愛)에서 일어나는 번뇌이다. 아견과 사견 등 일체 지적인 번뇌를 견(見)이라 하고, 탐욕・진에 등의 일체 정적인 번뇌를 애(愛)라고 한다. 견은 일체의 견혹(見惑)이고, 애(愛)는 일체의 수혹(修惑) 또는 사혹(思惑)이다.
453) 요별경식(了別境識)은 전6식(前六識)을 말한다. 모든 식이 모두 대경(對境)을 요별하는 작용이 있다. 거칠게 구별하는 것을 전육식에 한하고, 그 구별하는 행상(行相)이 있기 때문에 그렇게 말한다.

은 전5식과 함께 일어나서 동시의식(同時意識)⁴⁵⁴⁾이라고 한다. 즉 현재의
색·성·향·미·촉의 경계를 취하기 때문에 오진(五塵)⁴⁵⁵⁾이라고도 한
다. 혹은 오직 스스로 일어나기도 하여 독두의식(獨頭意識)⁴⁵⁶⁾이라고 한
다. 즉 과거·현재·미래의 일체 경계가 마치 꿈꿀 때 꿈속에 나
타난 경계를 취하려는 것과 같다. 혹은 선정에 들어서 4선⁴⁵⁷⁾·4

---

454) 의식(意識)의 네 가지[獨頭意識·五同緣意識·五俱意識·五後意識]로 분별한 가운데, 다른 오식(五識)과 동시에 일어나서, 그것과 그 경계를 반연함을 같이하는 의식을 오동연의식(五同緣意識)이라고 한다. 오식(五識)이 함께 일어나, 오경(五境)을 반연하고 18계(界)를 곁에서 반연하는 의식을 오구의식(五俱意識)이라고 한다.

455) 오진(五塵)은 색(色)·성(聲)·향(香)·미(味)·촉(觸)의 오경(五境)이다. 이 다섯 가지는 진성(眞性)을 오염하기 때문에 진(塵)이라고 한다.

456) 독두의식(獨頭意識)은 다른 것의 오식(五識)과 함께 일어나지 않고, 홀로 일어나 널리 18계의 의식을 반연하는 18계의 의식이다. 여기에는 정중독두의식(定中獨頭意識)·산위독두의식(散位獨頭意識)·몽중독두의식(夢中獨頭意識) 등이 있다.

457) 4선(禪)은 사선정(四禪定, catur-dhyāna)의 약칭으로, 신역에서는 4정려(靜慮)라고 한다. 이 사선정(四禪定)을 닦아서, 색계의 사선천(四禪天: 18천)에 태어난다고 한다. 이 사선은 내도(內道)와 외도(外道)가 함께 닦는다. 인(因)이 있는 사람은 욕계의 미혹을 초탈하고, 과(果)가 있는 사람은 색계에 나게 되며, 또한 생은 모든 공덕의 의타근본(依他根本)이므로 본선(本禪)이라고 한다. 첫째, 초선(初禪)은 『능엄경』에서 "청정심 가운데 모든 번뇌가 동하지 않음을 초선이다"라고 했다. 전행(前行)에 조주(粗住)·세주(細住)·욕계정(欲界定)·미도정(未到定)이 있고, 그 정선(正禪)은 팔촉(八觸)과 십공덕(十功德)을 갖추며, 범중천·범보천·대범천 등 3천(三天)이 있다. 둘째, 이선(二禪)은 색계의 제2선천으로, 초선(初禪)의 각관(覺觀)을 버리면, 이 선(禪)을 얻으며, 소광천·무량광천·광음천 등 3천(三天)이 있다. 청정심 가운데 거친 번뇌를 이미 조복하고 말겁의 대화재(大火災)를 면했지만, 아직 희락(喜樂)의 염(念)이 있기 때문에, 말겁(末劫)의 대수재(大水災)를 면할 수 있다. 셋째, 삼선(三禪)은 색계의 제삼선천으로, 정생희락지(定生喜樂地)라고 하며, 심묘한 선정에 따라 신심의 쾌락이 생긴다. 삼계 구지(九地) 가운데 이 땅에서 낙수(樂受)의 끝이 되며, 이상의 천처(天處)와 같이 있어 오직 사수(捨受)와 같으므로 이 땅의 낙수(樂受)는 삼계 가운데 가장 제일이 된다. 여기에는 소정천·무량

공[458]에 있는 경계를 취하는 것과 같아서, 모두 법진(法塵)[459]이라고 부른다. 또한 '분리식'이라고 한 것은, 안식이 다만 스스로 변화한 색을 반연하며 나아가 신식도 다만 스스로 변화한 감촉을 반연한다. 의식이 비록 두루 반연하지만 모든 경계(塵)에 성품이 없고 오직 이 자기 마음인 줄 모르기 때문에, 분리식이라고 한다. 또한 '분별사식'이라 한 것은 6진의 망령된 경계를 사(事)라 하고, 성품이 없는 이치를 알지 못하기 때문에 분별사식이라고 한다. "지적[見]이고 정적[愛]인 번뇌 등에 의해 훈습하여 늘어나고 커지기 때문이다"고 한 것은, 애(愛)는 곧 6식이 상응하는

정천·변정천 등 삼천(三天)이 있다. 넷째, 사선(四禪)은 색계 사선천으로 가장 높은 곳으로, 심(尋)·사(伺)인 사려분별과 수(受)인 희락(喜樂)의 정(情)과 정(定)인 경지의 열락(悅樂) 등을 버리고, 마음이 평정한 모양이다. 곧 사수(捨受)에 주하는 정신상태이다. 여기에는 무운천·복생천·광과천·무상천·무번천·무열천·선현천·선견천·색구경천 등 9천(九天)이 있다.

458) 사공(四空)은 무색계(無色界)의 사공처정(四空處定)을 말한다. 첫째, 공무변처정(空無邊處定)으로, 수행인이 색총(色寵)을 염환(厭患)하는 것이 뇌옥(牢獄)과 같아서 마음에는 벗어나고자 하여 색상(色想)을 버리고 가없는 허공심을 인연하여 공무변(空無邊)과 상응한다. 둘째, 식무변처정(識無邊處定)은 행하는 사람이 앞에서 말한 그 밖의 공(空)을 싫어하여 그 허공을 버리고 내식(內識)을 반연한 심식이 가없는 해(解)가 되어, 심식에 끝없이 상응한다. 셋째, 무소유처정(無所有處定)은 수행하는 사람이 다시 그 식을 싫어하여 심식이 무소유임을 관하고 심(心)과 무소유가 상응한다. 넷째, 비상비비상처정(非想非非想處定)은 앞의 식처(識處)는 유상(有想)이며, 무소유처(無所有處)는 바로 무상(無想)이다. 여기에 와서는 앞의 유상(有想)을 버리므로 비상(非想)이라 하며, 앞의 무상(無想)을 버리므로 비비상(非非想)이라 한다. 수행하는 사람은 여기서 치(癡)·취(醉)·면(眠)·암(暗)과 같아서 애락도 없이 적절(寂絶)하고 청정무위함을 말한다.

459) 법진(法塵)은 육진(六塵)의 하나로, 온갖 법으로서 의근(意根)의 대경(大經)이 되어, 정식(情識)을 물들게 하는 것이다. 12처(處)에는 법처(法處)라 하고, 18계(界)에서는 법계(法界)라고 한다. 근(根)과 경(境)을 서로 대비하여 말할 때에는 법경(法境)이라고 한다.

갖가지 둔사(鈍使)[460]이며, 견(見)은 곧 제6식이 상응하는 갖가지 이사(利使)이다. 현행이 훈습하여 종자를 이루고[現行熏種子][461], 종자가 다시 현행을 일으키기[種子生現行][462] 때문에 "늘어나고 커진다"고 한다. 첫째, 미혹과 오염의 인연을 밝힘을 마친다.

前六種識 總名了別境識 今舉第六 攝前五也 但言一切凡夫者 且約迷染因緣言也 依相續識者 以第七識爲染淨依 第七恒與第八俱轉 無始不斷 故名相續識也 執我我所者 第七但有俱生我執 第六依之 遍起分別俱生我及我所執也 種種妄取六塵境界者 第六或與前五俱起 名爲同時意識 則取現在色聲香味觸之境界 名爲五塵 或唯自起 名爲獨頭意識 則取過現未來一切境界 若於夢中 則取夢中所現境界 若入禪定 則取四禪四空所有境界 皆名爲法塵也 亦名分離識者 眼識但緣自所變色 乃至身識但緣自所變觸 意識雖能遍緣 而不能知諸塵無性 唯是自心 故名分離識也 亦名分別事識者 六塵妄境 名之爲事 不知無性之理 故名分別事識也 以依見愛等熏而增長故者 愛 卽六識相應種種鈍使 見 卽第六相應種種利使 現行熏成種子 種子復起現行 故增長也 初明迷染因緣竟

둘째는 깨달음과 청정한 인연을 밝힘에 둘이니, 첫째는 총괄하여 깨달음에 얕고 깊음이 있음을 밝히고, 둘째는 자세하게 얕고 깊은 차별을 해

---

460) 십사(十使) 가운데 신변사취계(身邊邪取戒)의 오혹(五惑: 貪・瞋・慢・癡・疑)을 오둔사(五鈍使)라고 한다. 사(使)는 번뇌의 다른 이름이다. 진리에 어두운 혹(惑)을 이사(利使)라 하고, 사물에 어두운 혹을 둔사(鈍使)라고 한다.
461) 현행훈종자(現行熏種子)는 신(身)・구(口)・의(意)에서 나타나는 현행법이 제8 아뢰야식에 새 종자를 이루는 것을 말한다.
462) 종자생현행(種子生現行)은 아뢰야식 가운데 있는 여러 종자가 표면적으로 발동하는 것을 말한다.

석한다. 여기에서는 첫 번째이다.
二明悟淨因緣二 初總明悟有淺深 二詳釋淺深差別 今初

시작을 알 수 없는 무명의 훈습으로 일어난 식은 모든 범부와 이
승의 지혜로는 알 수 없다. 해행지(解行地)[463]의 보살은 처음 배
우기 시작하여 관찰하고, 법신을 증득한 보살은 조금만 알 뿐이며,
최후의 완전한 깨달음에 이를지라도 오히려 다 알지 못한다. 오직
여래만이 모두를 분명하게 알 수 있다.
無始無明熏所起識 非諸凡夫二乘智慧之所能知 解行地菩薩
始學觀察 法身菩薩能少分知 至究竟地 猶未知盡 唯有如來 能
總明了

'시작을 알 수 없는 무명'이란, 곧 제7식의 구생법치이며 근본주지무
명이다. 이 무명으로 인하여 진법이 하나임을 사실 그대로 알지 못한다.
그래서 중생들이 시작을 알 수 없는 오랜 옛적부터 진여의 변하지 않으
면서도 인연을 따르는 이유 때문에 자연히 8가지 식이 있는 것이다. 제7
식은 집착하는 주체가 되고 제8식은 집착의 대상이 되며, 제8식은 훈습
의 대상이 되고 전7식은 훈습하는 주체가 된다. 그리고 전7식은 의지하
는 주체가 되고 제8식은 의지할 대상이 된다. 범부의 세속적인 지혜로
는 진실로 알 수 없고 2승의 진여실상의 지혜(眞智)[464]로도 통달하지 못

---

463) 해행지(解行地)는 보살수행의 계위에서 십주(十住)·십행(十行)·십회향(十廻
向)의 지위에서 말한다. 이 지위에 있는 보살은 아직 진여의 이치를 통달하지 못하
고 해지(解地)를 일으킨다. 이것을 의지하여 수행한다.
464) 진지(眞智)는 성지(聖智)라고도 하며, 진여실상의 지(智)를 말한다. 이는 무연(無
緣)의 연(緣)이기 때문에 무지(無智)라고도 한다.

하는 것이다. 여래는 둔한 근기를 위하여 5온·12처·18계를 설하여 그 아집을 부수었다. 일찍이 제7식과 제8식을 분명하게 말하지 못했기 때문에, 해행지의 보살들은 신성취발심(信成就發心)⁴⁶⁵⁾을 한 후에, 해행지(解行地)라고 부른다. 유식에서는 자량위(資糧位)⁴⁶⁶⁾와 가행위(加行位)⁴⁶⁷⁾를 말한다. 대승의 교법으로는 신심을 수행하여 십 천겁을 채워야 비로소 발심하여 해행지에 들어가고, 장식경계에서 배워 관찰한다. 이를테면, 심사(尋思)⁴⁶⁸⁾의 이름(名)과 심사(尋思)의 뜻(義)이다. 심사의 이름과

---

465) 신성취발심(信成就發心)은 『기신론』에서 설한 세 가지 발심(三種發心: 信成就發心·解行發心·證發心)의 하나이다. 십신(十信) 보살이 선업·악업의 과보를 믿어, 십선(十善)을 행하여 생사의 고통을 싫어한다. 진증(眞證)을 구할 때에 제불을 만나 친히 공양하고 신심을 일만 겁 동안 수행하여 성취한다. 그리고 십주(十住)에 들어가 직심(直心)·심신(深信)·대비심(大悲心)을 일으킴을 말한다.
466) 자량위(資糧位)는 법상종에서 세운 보살수행의 단계인 오위(五位: 자량위·가행위·통달위·수습위·구경위) 가운데 초위(初位)로서, 십주(十住)·십행(十行)·십회향(十廻向)의 삼십위에서 초주(初住)부터 십회향의 주심(住心)까지를 자량위(資糧位)라고 한다. 『성유식론』권9(『대정장』31, pp.48b11-2)에서는 "자량위는 대승의 순해탈분(열반에 순응하여 해탈하기 위한 선근이 되는 것)을 닦는 것이다〔資糧位 謂修大乘順解脫分〕"라고 하였다.
467) 가행위(加行位)는 오위(五位)의 두 번째 단계이다. 십회향의 끝에서 사심사관(四尋思觀)·사여실관(四如實觀)의 원을 닦아, 다시 난위(煖位)·정위(頂位)·인위(忍位)·세제일위(世第一位)의 사선근(四善根)을 증득하는 지위이다. 견도(見道)에 들어가기 위하여 바로 진리의 방편가행의범위를 통달하기 때문에 가행위(加行位)라고 하며, 사도(四道: 加行道·無間道·解脫道·勝進道) 가운데 가행도(加行道)이다. 또한 불과(佛果)에 이르는 자량(資糧)이 될 육바라밀 가운데 복행(福行)이다. 『성유식론』권9(『대정장』31, p.48b12)에서는 "가행위는 대승의 순결택분(順決擇分: 견도위에서 일어난 무루의 지혜작용)을 닦는 지위이다〔加行位 謂修大乘順決擇分〕"라고 하였다.
468) 심사(尋思)에는 몇 가지 뜻이 있다. 첫째 범어 eṣaṇā의 번역으로 구하는 것, 또는 원하는 것이다. 둘째는 이것저것을 사유하고 고찰하는 것이며, 사량 분별을 도모하는 것이다. 셋째는 범어 tārkika의 번역으로 논리적인 고찰을 말한다.

뜻의 자성과 심사의 이름과 뜻의 차별은 모두 거짓으로 있을 뿐 실체가 없다. 오직 식이 나타낸 것이다. 그래서 대승보살이 항상 뜻과 말을 관찰하여 경계를 삼는다. "법신을 증득한 보살은 조금만 안다"는 것은 통달위(通達位)[469]를 말한다. 진실한 견도(見道)이기 때문에 이로부터 조금씩 장애를 끊어 점차로 진여를 증득한다. "최후의 완전한 깨달음에 이를지라도 오히려 다 알지 못한다"는 것은, 십지(十地)를 원만히 갖추어도 오히려 지극히 미세하게 소지장(所知障)이 있다는 뜻이다. "오직 여래만이 모두를 분명하게 알 수 있다"는 것은 심식의 본원을 참구하여 심식의 성품과 모양을 통달하고 나머지 미혹이 없음을 말한다. 이 가운데서는 이치가 오직 실(實)임을 말한다. 지위(位)와 겸하여 방편(權)을 밝힌 것은 일체 근기들을 거두어들이기 위해서이다. 만약 일승(一乘)의 실교(實敎)[470]에서 논한다면, 처음 마음을 일으켰을 때 곧 여래장의 성품이 변하지 않으면서도 인연을 따름을 관하고, 8식의 모양이 차별하여 건립한 것인 줄 알아야 한다. 또한 여래장의 성품이 인연을 따르면서 변하지 않음을 관하여 8식의 성품이 오직 한 진여임을 알면, 곧 명자증득의 여래 지혜 내지 구경증득의 여래 지혜가 있을 것이다. 앞의 문장에서 갖추어 밝힌 것과 같다.

　　無始無明 卽第七識俱生法癡 名爲根本住地無明 由此無明 不如實知眞法一故 所以衆生從無始來 眞如不變隨緣 法爾有八種識 第七爲能執

---

469) 통달위(通達位)는 오위(五位)의 세 번째 단계이다. 보살이 아승기겁의 행을 기다려서 처음 초지(初地)의 자리에 오르며, 소분의 무아의 이치를 통달하는 보살의 견도(見道)의 지위를 말한다. 『성유식론』 권9(『대정장』 31, p.48b13)에서는 "통달위는 모든 보살이 머무르는 견도위다[通達位 謂諸菩薩所住見道]"라고 하였다.
470) 실교(實敎)는 권교(權敎)에 상대되는 것으로, 곧 진리를 여실하게 설파한 진실한 교(敎)라는 뜻이다. 여래가 세간에 나오신 본뜻을 말한 대승의 진실한 교리를 말한다.

第八爲所執 第八爲所熏 前七爲能熏 前七爲能依 第八爲所依 凡夫世智
固不能知 二乘眞智 亦所不達 以如來爲鈍根人 但說蘊處界法 破其我執
未曾明言七八二種識故 解行地菩薩 卽信成就發心之後 便名爲解行地
唯識所謂資糧加行二種位也 秉大乘敎 修行修心滿十千劫 方得發心 入
解行地 方於藏識境界 能學觀察 所謂尋思名 尋思義 尋思名義自性 尋
思名義差別 皆是假有實無 唯識所現 故云 大乘菩薩 恒觀意言爲境也
法身菩薩能少分知者 謂通達位 眞見道故 從此分分斷障 分分證眞如也
至究竟地 猶未知盡者 謂十地滿足 猶有極微細所知愚也 唯有如來能總
明了者 謂窮盡心識本源 通達心識性相 無餘惑也 此中談理唯實 明位兼
權者 爲收一切機故 若論一乘實敎 則初心便觀如來藏性不變隨緣 能知
八識之相差別建立 又觀如來藏性隨緣不變 能知八識之性唯一眞如 則
有名字證得如來智慧 乃至究竟證得如來智慧 具如前文所明也

둘째, 상세히 얕고 깊은 차별이 있음을 해석하는 데 세 가지가 있다. 첫째는 전체적으로 뜻의 심오함을 밝히고, 둘째는 별도로 순서를 나타내며, 셋째는 마무리지어 두 가지 장애를 나타낸다. 여기서는 첫 번째 전체적으로 뜻의 심오함을 밝힌다.
二詳釋淺深差別三 初總明義深 二別示次第 三結示二障 今初

무슨 뜻이냐 하면, 그 심성은 본래 청정하지만, 무명의 힘으로 인하여 오염된 마음의 모양이 나타난다. 비록 오염된 마음은 있지만 항상 밝고 깨끗하여 고쳐서 변함이 없다. 다시 본성에 분별이 없기 때문에 비록 또 다시 일체 경계가 두루 생겨도 변하여 바뀜이 없다.
此義云何 以其心性本來淸淨 無明力故 染心相現 雖有染心 而
常明潔 無有改變 復以本性無分別故 雖復遍生一切境界 而無
變易

'심성'은 8식의 심왕과 모든 심소의 성품이 곧 이 진여의 변하지 않는 성품을 통칭한다. '무명'은 제7식이 상응하는 미세한 법치가 진법이 하나임을 사실 그대로 알지 못하는 것을 가리킨다. "오염된 마음의 모양이 나타난다"는 것은 8식의 심왕과 모든 심소가 다 4분(分)에 의하여 다른 모양이 생겨나는 것을 가리킨다. "그러나 항상 밝고 깨끗하여 고쳐서 변함이 없다"는 것은, 심왕과 심소의 각각 4분이 이미 전적으로 진여를 본체로 삼아, 진여가 인연을 따르면서도 변하지 않기 때문에 항상 밝고 깨끗하다는 것이다. 마치 금으로 여러 그릇을 만들면 그 그릇들이 모두 금인 것과 같다. "다시 본성이 분별이 없기 때문이다"라는 등은, 심왕과 심소의 변화된 상분 또한 마음의 성품을 본체로 삼고, 전체 심성이 본래 변화하여 바뀜이 없어 결코 마음 밖에 경계가 없다는 것을 두루 가리킨다.

心性 通指八識心王及諸心所之性 卽是眞如不變性也 無明 卽指第七識相應之微細法癡 不如實知眞法一也 染心相現 通指八識心王及諸心所 皆有四分依他相起也 而常明潔無有改變者 心王心所各各四分 旣皆全攬眞如爲體 眞如隨緣不變 故常明潔 如金作諸器 諸器皆金也 復以本性無分別故等者 徧[471]指心王心所所變相分 亦以心性爲體 全體心性 曾無變易 決無心外之境界也

한 법계를 깨닫지 못하기 때문에 상응하지 않는 무명을 분별해 일

---

471) 『대정장』 44, p.441b28(『기신론열망소』 권3)에는 '偏'으로 잘못 되어 있다.

으켜 여러 가지 오염된 마음을 낸다.
以不覺一法界故 不相應無明分別起 生諸染心[472]

'상응하지 않는 무명'이라는 것은 바로 제8식 가운데 무명종자가 제8식의 현행과 더불어 상응하지 않음을 가리킨다. 여기에서는 시작을 알 수 없는 옛적부터 무명의 힘으로 인하여, 으레 8식 및 여러 심소의 각 각 4분이 일체 경계에까지 있음을 밝힌다. 그러나 이 모든 법은 원래 고치거나 변함이 없고, 원래 변하거나 바뀐 것이 없다. 바로 이것이 일진법계이다. 만약 생각마다 움직이는 마음이 곧 생멸이 아닌 줄 관찰하면, 곧바로 진여문에 들어가게 되고 여래의 지혜를 증득하게 된다. 다만, 우연이라도 비춤을 잃어버리면 하나인 법계를 깨닫지 못한다. 그러므로 제8식 가운데 무명종자가 곧 전7식과 상응하여 현행 분별을 마침내 일으켜, 다시 여러 가지 오염된 마음을 낸다.

不相應無明者 正指第八識中無明種子 不與第八識現行相應也 此明雖由無始已來無明力故 法爾有此八識及諸心所各各四分 乃至一切境界 然此諸法 原無改變 原無變易 仍是一眞法界 若能念念觀察動心卽不生滅 卽得入眞如門 卽爲證得如來智慧 特以偶爾失照 不覺一法界故 則第八識中無明種子 卽與前七相應 而現行分別遂起 復生諸染心也

이러한 뜻은 매우 심오하여 추측하기 어렵다. 오직 부처님만이 알

---

472) 구역『기신론』『대정장』32, pp.577c06-7)에서는 "일법계를 통달하지 못하기 때문에 본래의 마음과 상응하지 못하여 홀연히 망념이 일어나는 것을 무명이라고 한다(以不達一法界故 心不相應 忽然念起 名爲無明)"라고 하였다.

수 있을 뿐, 나머지가 알 수 있는 것이 아니다.
如是之義 甚深難測 唯佛能知 非餘所了

제8식 가운데 무명종자는 단지 한 생각을 깨닫지 못하여, 문득 현행을 일으켜 오염된 마음을 내는 것이다. 이것은 비록 등각을 증득한 보살도 이숙식을 무구식(無垢識)[473]으로 전환하지 않고서는, 오히려 그 근원을 알 수 없다. 오직 부처님 지위에서 이미 대원경지와 더불어 상응하여, 바야흐로 그 성품과 모양의 근원을 통달할 수 있다. 첫째, 전체적으로 뜻의 심오함을 밝히는 것을 마친다.

謂第八識中無明種子 只須一念不覺 便起現行而生染心 此雖等覺菩薩 未轉異熟識爲無垢識 尙未能盡其源 唯佛位中 旣與大圓鏡智相應 方能通達其性相之邊底也 初總明義深竟

둘째, 별도로 차례를 나타내는 데 두 가지가 있다. 첫째는 깨달음과 청정의 차례를 바로 해석하고, 둘째는 상응과 불상응의 뜻을 굴러서 해석한다. 첫째, 깨달음과 청정의 차례를 바로 해석하는 데도 또한 두 가지가 있다. 첫째는 오염된 마음을 떠나는 차례를 밝히고, 둘째는 깨닫지 못함을 떠나는 차례를 밝힌다. 여기서는 첫 번째 오염된 마음을 떠나는

---

473) 무구식(無垢識)은 범어 amala의 번역이다. 구역에서는 제9식이라 하였고, 신역에서는 제8식 정분(淨分)이라고 하며 제9식을 따로 세우지 않았다. 『유식론』 권3(『대정장』 31, pp.013c19-22)에서는 "혹은 무구식이라고 한다. 가장 지극히 청정하여 모든 무루가 의지하는 곳이므로, 이 명칭이 오직 여래지에만 있다. 3승의 보살과 이생위(異生位)에서 의지하는 유루종이 훈습을 받음은 선정(善淨)의 제8식을 얻지 못한 까닭이다(或名無垢識 最極淸淨諸無漏法 所依止故此名唯在如來地有 菩薩二乘及異生位持有漏種可受熏習 未得善淨第八識故)"라고 하였다.

차례를 밝힌다.

二別示次第二 初正釋悟淨次第 二轉釋相應不相應義 初中二 初明離染心次第 二明離不覺次第 今初

불각에서 생긴 오염된 마음에는 여섯 가지가 있다. 첫째는 집착에 얽힌 오염〔執相應染〕으로, 성문과 연각 및 믿음이 상응하게 되는 지위〔信相應地〕[474]의 모든 보살들이 영원히 여의게 된다.
此(不覺)所生染心 有六種別 一執相應染 聲聞 緣覺 及信相應地諸菩薩 能遠離

'집착에 얽힌 오염'은 아집이 상응하는 견혹(見惑)과 사혹(思惑)을 말한다. 수다원〔聲聞初果〕[475] · 연각(緣覺) · 유학(有學)[476] · 신성취발심의 보살이 모두 단번에 견혹을 끊고, 점차 사혹을 끊는다. 그러므로 "영원히 여읜다"고 하였다.

---

474) 신상응지(信相應地)는 믿음과 상응하는 지위라는 뜻으로, 신행지(信行地) · 신지(信地)라고도 한다.
475) 성문초과(聲聞初果)는 성문승(聲聞乘)의 사과(四果: 수다원 · 사다함 · 아나함 · 아라한과) 가운데 첫 번째 수다원과(須陀洹果)를 말한다. 수다원과는 견도(見道)의 최종의 지위로, 곧 제16심의 지위이다. 삼계의 견혹을 끊고 비로소 성자의 유(流)에 참여한다고 하여 예류과(豫流果)라고도 한다. 이는 성문승(聲聞乘)의 최초의 성과(聖果)가 되므로 초과(初果)라고 한다. 그리고 이 과에 향하는 수행자는 견혹과 견도의 15심간(十五心間)을 끊는 것을 역류향(逆流向) · 예류향(豫流向)이라고 한다. 곧 예류과의 인도(因道)로 예류향은 견도위(見道位)가 되고 예류과는 수도위(修道位)가 된다.
476) 유학(有學)은 범어 saikṣa의 번역으로, 성문 사과의 성자 가운데 수다원 · 사다함 · 아나함과를 유학(有學)이라 하고, 제4과(第四果)인 아라한과를 무학(無學)이라고 한다. 앞의 세 과는 아직 수학하는 도(道)이기 때문이다.

執相應染 謂我執相應之見思惑也 聲聞初果 緣覺有學 信成就發心菩薩 皆能頓斷見惑 漸斷思惑 故云能遠離也

둘째는 끊임없이 상응하는 오염〔不斷相應染〕이다. 십신의 지위에 있는 보살들이 부지런히 수행한 힘으로, 부분적으로 여읜다. 그러나 정심지에 이르면 영원히 여읜다.
二不斷相應染 信地菩薩勤修力 能少分離 至淨心地 永盡無餘

'끊임없이 상응하는 오염'이라는 것은 제6식이 상응하는 분별법집이다. 2승법에서 끊지 못하는 것을 말한다. 십신의 지위에 있는 보살은 오직 심식(心識)을 관찰하는 것만 배워 바로 이 법집을 조복 받는다. 그래서 환희지에서 영원히 여읜다.
不斷相應染者 謂第六識相應之分別法執 二乘法中所不斷也 信地菩薩 卽學唯心識觀 正伏此執 故至歡喜地中 永盡無餘

셋째는 분별지에 상응하는 오염〔分別智相應染〕이다. 구계지[477]로부터 구혜지[478]에 이르기까지 부분적으로 여의다가 무상행[479]의

---

477) 구계지(具戒地)는 십지(十地) 가운데 제이지(第二地)인 이구지(離后地)를 말한다. 삼취계(三聚戒)가 갖추어졌기 때문에 구계지라고 한다.
478) 구혜지(具慧地)는 십지의 제6지(第六地)인 현전지(現前地)를 말한다. 최승의 반야가 나타나기 때문에 구혜지라고 한다.
479) 무상행(無相行)은 사성제의 진리를 관하면서도 그것을 절대 부정하는 것이다. 또

지위에 이르면 영원히 여읜다.

三分別智相應染 從具戒地 乃至具慧地 能少分離 至無相行地 方得永盡

'분별지에 상응하는 오염'이라는 것은 제6식이 상응하는 선천적으로 있는 법집을 말한다. 이것이 제멋대로 일어나 진법이 하나임을 사실 그대로 알지 못하기 때문에 분별지라고도 한다. 십지의 제2 이구지를 구계지라 하고 제6 현전지를 구혜지라고 하며, 조금씩 점차로 끊어 부분적으로 여읜다. 제7 원행지는 무상행이라고 하며 법공을 증득한 지혜의 과(果)가 항상 앞에 나타난다. 그러므로 이 오염을 비로소 영원히 떠난다.

分別智相應染者 謂第六識相應之俱生法執 雖是任運所起 以其不如實知眞法一故 仍名分別智也 二離垢地 名具戒 六現前地 名具慧 分分漸斷名少分離 七遠行地 名無相行 法空智果恒得現前 是故此染方得永盡

넷째는 형상을 나타내면서 상응하지 않는 오염〔現色不相應染〕으로, 색자재지[480]에서 소멸된다.

한 27현성(二十七賢聖)의 하나이다. 세제일위(世第一位)의 뒤에서 예류과(豫流果)에 이르는 견도15심(見道十五心)까지의 사이를 말하는 것이다.
480) 색자재지(色自在地)는 십지(十地) 가운데 제8지(第八地)인 부동지(不動地)를 말한다. 색성(色性)이 자재하여 걸림이 없기 때문에 색자재지라고 한다. 중생이 미혹했을 때는 현상계의 모든 법이 자기의 마음으로부터 연기한 줄 모르기 때문에 물질(色)에 대하여 자재하지 못한다. 색자재지(色自在)는 아공(我空)과 법공(法空)의 지혜를 얻음으로 인하여 깨달았으므로 물질에 대하여 융통하여 장애가 없음을 말

四現色不相應染 此色自在地之所除滅

이것은 시작을 알 수 없는 오랜 옛적부터 망령되게 의보와 정보가 같지 않다고 집착함으로 인하여 생긴 습기(習氣)로 제8식에 훈습되어 있다. 비록 이 습기는 현행하여 전식과 더불어 상응하여 함께 일어나지는 않지만, 종자의 힘으로 제멋대로 형상 및 국토에 나타나지 못하여 '형상을 나타내면서 상응하지 않는 오염'이라고 한다. 만약 제8 색자재지에 들어가면, 이 습기는 영원히 제거된다. 그래서 의보에 정보가 나타날 수 있고 정보에 의보가 나타날 수 있는 것이다.

此由無始已來 妄執依正不同 所有習氣 熏在第八識中 雖不與現行轉識相應俱起 而此習氣種子力故 未能任運現相及土 名爲現色不相應染 若入第八色自在地 則此習氣永除 故能依中現正 正中現依也

다섯째는 보는 마음이 상응하지 않는 오염〔見心不相應染〕으로, 심자재지〔心自在地〕[481]에서 소멸된다.
五見心不相應染 此心自在地之所除滅

이것은 시작을 알 수 없는 오랜 옛적부터 망령되게 자기의 마음과 타인의 마음이 같지 않다고 집착함으로 인하여 생긴 습기로, 제8식에 훈습되어 있다. 비록 이 습기는 현행하여 전식과 더불어 상응하여 함께 일

한다.
481) 심자재지(心自在地)는 십지 가운데 제9지(第九地)인 선혜지(善慧地)를 말한다. 자신이 스스로 걸림이 없이 자재한 지혜를 얻음과 함께 남의 마음속을 자재하게 아는 능력이 있는 지위이다.

어나지는 않지만, 종자의 힘 때문에 자타의 상호작용에 능하지 못하기 때문에 '보는 마음이 상응하지 않는 오염'이라고 한다. 만약 제9 심자재지에 들어가면 이 습기는 영원히 제거된다. 그래서 자신이 선정에 들면 다른 사람은 일어나고, 다른 사람이 선정에 들면 자기 자신은 일어난다. 또한, 한 몸이 선정에 들면 많은 몸은 일어나고, 많은 몸이 선정에 들면 한 몸은 일어난다. 나아가 네 가지 장애 없는 변재[482]를 갖추면 한 음성으로 널리 일체 중생의 각각 다른 모든 질문들에 답한다.

此由無始已來 妄執自心他心不同 所有習氣 熏在第八識中 雖不與現行轉識相應俱起 而此習氣種子力故 未能自他互作 名爲見心不相應染 若入第九心自在地 則此習氣永除 故能自身入定他身起 他身入定自身起 一身入定多身起 多身入定一身起 乃至具足四辯 一音普答一切衆生各別諸問難也

여섯째는 근본업이 상응하지 않는 오염〔根本業不相應染〕이다. 이것은 보살구경지로부터 여래지에 들어가서 소멸된다.
六根本業不相應染 此從菩薩究竟地 入如來地之所除滅

---

482) 사무애변(四無礙辯)은 사무애지(四無礙智)·사무애해(四無礙解)라고도 한다. 마음으로는 지(智)·해(解)라 하고, 입(口)으로는 변(辯)이라고 한다. 첫째 법무애(法無礙)는 온갖 교법에 통달한 것이다. 둘째 의무애(義無礙)는 온갖 교법의 요의(要義)를 아는 것이다. 셋째 사무애(辭無礙)는 여러 가지 말을 알아 통달한 것이다. 넷째 요설무애(樂說無礙)는 온갖 교법을 알아서 그 근기들이 듣기 좋아하는 것을 말하는 데 자재한 것이다.

이것은 비롯함이 없는 제7식의 법견[483]·법애[484]·법만[485]으로 인하여, 망령되게 제8식이 자기 속의 실법이라고 집착함으로 인하여 생긴 습기로, 제8식에 훈습되어 있다. 이 습기는 제6식이 법공을 증득한 지혜의 과(果)가 항상 앞에 나타난 힘으로써 제7식의 현행과 더불어 상응하여 함께 일어나지는 않는다. 그러나 종자의 힘 때문에 이숙식의 이름을 버리지 못하고, 일체 여래가 최후의 평등한 둘이 없는 법신을 증득하지 못한다. 그래서 반드시 보살 구경지로부터 금강유정에 들어가야 이 종자는 소멸되고 바로 여래지에 들어간다. 첫째, 오염된 마음을 여의는 차례를 밝힘을 마친다.

此由無始第七識之法見法愛法慢 妄執第八以爲自內實法 所有習氣 熏在第八識中 雖以第六法空智果恒現在前之力 不與第七現行相應俱起 而此習氣種子力故 未捨異熟識名 未證一切如來究竟平等不二法身 故 須從菩薩究竟地 入於金剛喩定 除滅此種 乃入如來地也 初明離染心次 第竟

둘째는 깨닫지 못함을 여의는 차례를 밝힌다.

二明離不覺次第

---

483) 법견(法見)은 한 법[一法]을 집착하여 한 가지만 옳다 하고, 다른 것은 그르다고 하는 것을 말한다.
484) 애(愛)에는 욕애(欲愛)과 법애(法愛)가 있으며, 욕애는 범부의 애착이다. 법애(法愛)는 보살 이상이 애락(愛樂)하는 선법(善法)으로, 두 가지가 있다. 첫째는 하근기가 열반을 사랑하는 것과 보살이 법의 집착을 끊지 못해서 선(善)을 사랑하는 것이다. 이 법애는 반드시 끊어야 한다. 둘째는 여래의 대비(大悲)로, 무상(無上)의 진애(眞愛)이다.
485) 법만(法慢)은 얻은 법에 대하여 교만심을 일으키는 것을 말한다.

한 법계를 깨닫지 못한다는 것은 신지와 관찰지로부터 시작하여, 수행이 정심지에 이르러 조금 여의고 여래지에 들어가야 비로소 영원히 여의게 된다.

不覺一法界者 始從信地觀察地 行至淨心地 能少分離 入如來地 方得永盡

"한 법계를 깨닫지 못한다"는 것은 시작을 알 수 없는 무명주지(無明住地)의 근본혹(根本惑)을 말한다. 항상 제7식과 더불어 상응하고 어떤 때는 제6식과 더불어 상응하니, 모두 법치(法癡)를 말한 것이다. 이 무명으로 인하여 비로소 일체 오염된 마음이 생긴다. 앞에서 이미 생긴 오염된 마음을 여의는 데 차례가 있음을 밝혔다. 그래서 여기에서는 다시 이 깨닫지 못함(不覺)을 여의는 차례를 밝히려고 한다. 2승은 이 불각이란 이름을 듣지 못했는데, 어떻게 끊을 줄 알겠는가! 그래서 거듭 논하지 않는다. 대승은 처음 십신(信地)으로부터 시작하여 관찰해 배워서 끊기 때문에 관찰지라고 한다. 비록 다시 배워 끊어서 점차 조복해도 오히려 완전히 여의지는 못한다. 진실로 유루의 문(聞)·사(思)·수(修)의 지혜로는 저 종자를 파괴할 수 없다. 그러므로 수행하여 초지인 환희지에 이르러서야 제6식의 분별법치를 여의고, 뒤로부터 점차로 구생법치를 여읜다. 그리고 곧바로 여래지에 들어서야 비로소 영원히 제7식의 구생법치를 여읠 수 있다. 이 항행불공무명은 지극히 미세하기 때문에 곧바로 금강유정이 앞에 나타날 때, 곧 근본업이 상응하지 않는 오염이 일시에 함께 소멸된다. 마땅히 점교의 보살은 다만 차례로 오염을 여읠 줄 알기 때문에 반드시 정심지에 이르러서 비로소 이 무명을 조금 여읜다. 돈교의 보살은 처음부터 바로 배워 무명이 성품이 없는 줄 관찰하고, 별도로

조금씩 오염을 제거하여 생기는 무명을 필요로 하지 않는다. 이미 조금
씩 나누어 조복 받아 여의고, 생겨난 오염된 법도 자연히 조금씩 소멸된
다. 이것이 초발심을 정심지라고 하는 까닭이다. 오직 두 번째 끊임없이
상응하는 오염만 영원히 끊을 뿐만 아니라, 네 번째 형색을 나타내면서
상응하지 않는 오염과 다섯 번째 보는 마음이 상응하지 않는 오염도 소
멸하여, 마침내 부처님의 성도(成道)를 중심으로 한 일대기를 여덟 가지
모습(八相成道)[486]으로 보여, 색자재(色自在)와 심자재(心自在智)를 얻는
다.

不覺一法界者 卽所謂無始無明住地根本惑也 恒與第七識相應 亦有
時與第六識相應 皆所謂法癡也 由此無明 方生一切染心 前已明所生染
心 離有次第 故今更明離此不覺之次第也 二乘不聞此不覺名 何況知斷
故不復論 大乘始從信地 卽能觀察學斷 故亦名觀察地 雖復學斷 但能漸
伏 猶未能離 良以有漏聞思修慧 未能破壞彼種子故 行至初歡喜地 離第
六識分別法癡 自後漸離俱生法癡 直至入如來地 方得永盡第七識中俱
生法癡 以是恒行不共無明 極微細故 直至金剛喩定現在前時 乃與根本
業不相應染一時俱滅也 當知漸敎菩薩 但知次第離染 故須至淨心地 方
能少分離此無明 若頓敎菩薩 從初卽學觀察無明無性 不須別別除染 而
能生之無明 旣得分分伏離 則所生之染法 亦自分分除滅 所以初發心便
名爲淨心地 不唯永斷第二不斷相應染 乃至亦能除彼第四第五二種不相
應染 遂能示現八相成道 得色自在 得心自在也

---

486) 팔상성도(八相成道)는 성도를 중심으로 한 부처님의 탄생에서 열반에 이르는 일대
기를 여덟 가지 모습으로 나타낸 것을 말한다.『기신론』에서는 도솔천에서 하강하
는 상에서부터 입태(入胎)·주태(住胎)·출태(出胎)·출가(出家)·성도(成道)·
전법륜(轉法輪)·입멸(入滅)의 모습을 설한다.

【문】앞에서는 깨닫지 못함으로 인하여 세 가지 상태〔三細〕와 여섯 가지 상태〔六麤〕가 생긴다고 했다. 여기서는 깨닫지 못함 때문에 여섯 가지 오염이 생긴다고 하였다. 오염과 상태가 같은가, 다른가? 또한, 상태가 생길 때 오염도 생기는가, 오염이 사라질 때 상태도 사라지는가?【답】상태라고 한 것은, 중생의 편견으로 계교한 형상이며 본체는 곧 다른 것에 의하여, 혹 · 업 · 고(惑 · 業 · 苦)[487]와 통한다. 오염이라고 한 것은 중생의 편견으로 착각하는 종자가 나타나 다른 것에 의해서 일어난다. 오직 미혹만을 가리키는 것이다. 오염은 마치 눈을 누르는 것과 같고 모양은 어지러운 허공 꽃과 같다. 다만 오염을 제거하면 상태를 제거할 필요가 없다. 또한 낱낱의 상태가 모두 여섯 가지 오염된 마음에서 일어나고, 낱낱의 오염된 마음이 모두 아홉 가지 상태를 이룬다. 그래서 결코 어떤 것이 오염이고, 어떤 것이 상태인지 지목할 수가 없다.

問 前云依不覺故 生三種相及六種相 此云以不覺故 生六種染 染之與相 爲同爲異 又生相時 卽生染否 除染時 卽除相否 答 所言相者 是所遍計之形相 體卽依他通惑業苦 所言染者 是能遍計之種現 從依他起 唯指於惑 染如捏目 相如亂華 但應除染 不須除相 又一一相 皆能起於六染 一一染 皆能成於九相 故決不可指何染卽何相也

---

487) 혹업고(惑業苦)는 미혹의 인과를 나타내는 말이다. 삼독(三毒)의 번뇌는 혹(惑)이 혹(惑)에 의하여, 선악(善惡)의 행위를 짓는 것은 업이고, 이 업에 의하여 받게 되는 생사는 고과(苦果)이다. 이것을 삼도(三道)라고 한다.『유식론』권8『대정장』31, pp.43b19-21)에서는 "생사의 상속은 혹업의 고(苦)로 인한 것이고, 업이 윤생(潤生)의 번뇌를 일으키는 것을 혹(惑)이라 한다. 후유(後有)의 온갖 업을 감독하는 것을 업이라 하고, 업이 이끌려서 많은 괴로움(衆苦)을 만드는 것을 고(苦)라고 한다(復次生死相續由惑業苦 發業潤生煩惱名惑 能感後有諸業名業 業所引生衆苦名苦)"라고 했다.

오염으로 여섯 가지 상태를 제거하면 반드시 조잡한 분별도 제거된다는 것은, 첫째 집착에 얽힌 오염은 곧 삼계 안의 견혹과 사혹이다. 삼승이 견혹을 여읠 때 삼계 안의 집명등상 및 일어나는 유루의 업상이 제거된다. 성인은 반드시 다음 생에 받을 과보〔後有〕[488]의 업을 짓지 않기 때문이다. 그리고 2승이 사혹을 다할 때 곧 삼계 안의 지상·상속상·집취상이 제거된다. 이승이 열반에 들 때, 곧 삼계 안의 업계고상 및 고온(苦蘊)[489]에 의하여 일어난 업 등 세 가지 상이 제거된다. 보살에는 두 가지가 있는데, 첫째는 지증상(智增上)이다. 분단생사를 버리고 방편토(方便土)[490]에 태어나, 제거한 여러 상이 2승과 더불어 같다. 둘째는 비증상(悲增上)이다. 번뇌를 붙들어 윤생(潤生)[491]하여 삼계 안의 지상과 상속상은 제거하지 못했다지만, 삼계 안의 집착상은 제거하여 곧 작용하

---

488) 후유(後有)는 미래의 과보로서, 다음 생에 받을 몸과 마음을 말한다. 유(有)는 과보가 있다는 뜻으로, 아직 열반을 증득하지 못한 사람이 미래에 받을 과보를 말한다.
489) 고온(苦蘊)은 사람의 몸뚱이를 말한다. 사람의 몸은 오온(五蘊)으로 이루어져 삼고(三苦)·팔고(八苦) 등의 괴로움을 면치 못하기 때문에 고온(苦蘊)이라고 한다.
490) 방편토(方便土)는 방편유여토(方便有餘土)의 약칭으로, 천태종에서 세운 네 가지 불국토〔四土: 凡聖同居土·方便有餘土·實報無障礙土·常寂光土〕의 하나이다. 성문이나 연각으로 과를 얻은 사람이나 십지 이전 보살들이 가서 태어나는 삼계 밖의 정토이다. 이들은 모두 방편으로 공관(空觀)을 닦아서 견혹(見惑)과 사혹(思惑)을 끊었으나, 아직 중도관(中道觀)을 닦지 못했기 때문에, 무명의 번뇌를 끝까지 끊지 못하게 되어 그 국토를 방편유여토(方便有餘土)라고 한다.
491) 윤생(潤生): 번뇌에 분별기(分別起)와 구생기(俱生起)의 두 가지가 있다. 그릇된 스승·그릇된 가르침·그릇된 사유의 세 가지 조건에 의하여 일어나므로 분별기(分別起)라 하고, 습(習)은 성(性)이 되어 자연히 일어남을 구생기(俱生起)라고 한다. 8식 가운데 의식이 주가 되어 이 두 가지가 일어난다. 분별기의 번뇌는 선악의 업을 짓고, 구생기의 번뇌는 그 업종은 윤택하게 하여 생을 받게 하므로 윤생(潤生)이라고 한다. 구생기의 번뇌는 임종할 때에 일어나는 자체애(自體愛)·경계애(境界愛)·당생애(當生愛)의 삼애(三愛)가 있다.

기 때문에 업종자가 생을 받는다. 그래서 또한 업계고상 및 업과 더불어 세 가지 상이 제거되지 않는다. 다만, 결코 새로운 업은 짓지 않기 때문에 일으키는 유루업의 상은 없다. 둘째 끊임없이 이어지는 오염은 곧 삼계 밖의 견혹이다. 이 미혹이 다하면 분증(分證)[492] 법신이니, 오직 삼계 밖의 제4 집명등상만이 제거된다. 셋째 분별지에 상응하는 오염은 곧 삼계 밖에서 현행하는 사혹(思惑)이다. 이 번뇌가 끊어지면 상을 여읜〔無相〕[493] 지위를 증득하고 삼계 밖의 집착상 및 무루의 공용(功用)이 있는 업의 상이 일어남이 제거된다. 그러나 공용이 없는 업상은 소멸되지 않는다. 네 번째 형상을 나타내면서 상응하는 오염은 곧 상분의 희론 습기이다. 이 습기가 제거되면 색자재지를 얻어 여러 색을 나타내지만 경계상이 제거되는 것은 아니다. 다섯째는 보는 마음이 상응하지 않는 오염은 곧 견분의 희론 습기이다. 이 습기가 제거되면 심자재지를 얻어 여러 마음을 나타내지만, 능견상이 제거되는 것은 아니다. 여섯째는 근본업이 상응하지 않는 오염은 곧 이숙의 무기과보의 습기이다. 이 습기가 제거되면 일체 망상이 모두 제거되어 여래의 평등법신을 증득하지만, 피차의 차별된 색상을 얻을 수는 없다. 그러므로 한 사람이 성불할 때 법계가 모두 한 부처의 의보와 정보가 된다고 한다. 비유하면, 마치 방 안에 천 개의 등불이 불빛마다 각각 두루하여 구분이 없으며 걸림이 없고, 또한 섞임도 없는 것과 같다.

若約染除相必隨除粗分別者 一執相應染 卽界內見思 三乘離見惑時 卽除界內執名等相 及起有漏業相 聖必不造後有業故 二乘思惑盡時 卽

---

492) 분증(分證)은 보살이 초지 이상의 단혹(斷惑)과 증리(證理)를 소분한 것이다. 『기신론』에서 설하는 수분각(隨分覺)과 천태종에서 설한 분증즉(分證卽)을 말한다.
493) 무상(無相)은 진리는 모든 상을 여의었다는 말이다. 또는 열반은 남녀 등의 열 가지 상을 여읜 것이다.

除界內智及相續執取三相 二乘入涅槃時 卽除界內業繫苦相 及依苦蘊
所起業等三相 菩薩有二 一者智增上 捨分段生 生方便土所除諸相 與二
乘同 二者悲增上 扶習潤生 不除界內智相及相續相 但除界內之執著相
仍用故業種子受生 故亦不除業繫苦相 及與業等三相 但決不造新業 故
無起有漏業相也 二不斷相應染 卽界外見惑 盡此惑已 分證法身 唯除界
外第四執名等相 三分別智相應染 卽界外現行思惑 盡此惑已 證無相地
除界外執著 及起無漏有功用業之相 然不除無功用業相也 四現色不相
應染 卽相分戲論習氣 除此習已 得色自在 能現諸色 非除境界相也 五
見心不相應染 卽見分戲論習氣 除此習已 得心自在 能現諸心 非除能見
相也 六根本業不相應染 卽異熟無記果報習氣 除此習已 一切妄相無不
除盡 證諸如來平等法身 無有彼此差別色相可得 故云 一人成佛時 法界
皆爲一佛之依正 譬如一室千燈 光光各遍 不可分別 而無障礙 亦無雜也

  또 오염과 불각(不覺)이 제거되면, 비로소 진여의 모습과 작용이 드러난다. 모든 여래의 법신과 보신이 합한 부처의 몸이 항상 자수용신의 광대한 법락은 구경즉(究竟卽) 업상(業相)이다. 근본지와 후득지가 일체법을 비춤은 곧 구경즉 능견상(能見相)이다. 대원경지가 상응하는 정식(淨識)은 변화하여 무루의 순수하게 청정한 불국토가 되고, 끝없이 두루 원만하고 많은 보배로 장엄된 자수용신이 항상 의지하여 머무른다. 마치 정토의 크기(量)와 같다. 몸의 크기(身量)도 마찬가지로 육근(諸根)의 상호가 낱낱이 끝없음은 구경즉 경계상(境界相)이고, 네 가지 지혜의 마음이 차이가 없으면서 차별됨은 곧 구경즉 지상(智相)이다. 또한, 영원히 다르지 않고 소멸되지 않음은 구경즉 상속상(相續相)이고, 대자 대비하여 중생을 섭수하고도 항상 싫어하거나 게으름이 없음은 구경즉 집착상(執着相)이다. 명상(名相)⁴⁹⁴⁾이 없는 법에서 갖가지 희유한 명구문신(名句文身)을 시설하여, 여러 중생에게 4실단의 이익을 얻도록 함은 구경즉 집명등상(執名等相)이다. 그리고 항상 부처의 삼업(三輪)⁴⁹⁵⁾으로 불가사의한 교화가 나타남은 구경즉 기업상(起業相)이며, 같은 유(流)의 구계(九界)가 지옥에서 유희함은 구경즉 업계고상(業繫苦相)이다.

또한 여래는 진실로 구경즉 구상(九相)을 원만하게 증득한다. 발심 이상은 또한 분증즉(分證卽) 구상(九相)이고, 수혜(修慧) 가운데 상사즉(相似卽) 구상이 있으며, 사혜(思慧) 가운데 관행즉(觀行卽) 구상이 있다. 문혜(聞慧) 가운데 명자즉(名字卽) 구상이 있으며, 일체 중생은 다만 이즉(理卽) 구상이 있다. 구상은 평등하여 모두가 법계이니, 곧 진여의 체대(體大)이다.

앞의 3상은 곧 진여의 상대(相大)이고, 뒤의 6상은 곧 진여의 용대(用大)이다. 진여는 범위도 없고 경계도 없기 때문에, 이 여러 가지 상 가운데 하나의 상을 따르면, 모두 체·상·용대의 뜻을 갖추어 돌아간다. 이러한 것은 뜻으로는 알 수 있을지언정 말로는 다할 수 없다. 그러나 모두 중생의 앞에 나타난 마음을 여의지 않았기 때문에, 이 마음에 의하여 대승을 나타내 보였다. 첫째, 깨달음과 청정의 차례를 바르게 해석함을 마친다.

---

494) 명상(名相)은 온갖 법의 자성을 다섯 가지로 분별한 오법(五法: 相·名·分別·正智·如如)에 해당된다. 일체의 사물에는 모양과 명칭이 있다. 귀로 들을 수 있는 것을 명(名)이라 하고, 눈으로 볼 수 있는 것을 상(相)이라 한다. 이것은 모두 허망하고 거짓된 것으로 법의 실성에 계합되지 않는다. 그러나 범부는 항상 이 실성이 없는 명상(名相)을 분별하여 갖가지 망혹(妄惑)을 일으킨다.
495) 삼륜(三輪)은 부처의 신(身, 神足輪)·구(口, 說法輪)·의(意, 憶念輪)의 삼업이다. 부처의 삼업이 중생의 혹업(惑業)을 연각(碾摧)하므로 삼륜이라고 하고, 하지(下地)를 측량할 것이 아니므로 삼밀(三密)이라고 한다.

又除染及不覺已 方能顯出眞如相用 謂諸如來法報合身 恒自受用廣大法樂 卽是究竟業相 本後二智照一切法 卽究竟能見相 大圓鏡智相應淨識 變爲無漏純淨佛土 周圓無際 衆寶莊嚴 自受用身 常依而住 如淨土量 身量亦爾 諸根相好 一一無邊 卽究竟境界相 四智心品 無差而差 卽究竟智相 盡未來際 不異不滅 卽究竟相續相 大慈大悲 攝取衆生 恒無厭倦 卽究竟執著相 於無名相法中 施設種種希有名句文身 令諸衆生 得四悉益 卽究竟執名等相 恒現三輪不思議化 卽究竟起業相 同流九界 遊戲地獄 卽究竟業繫苦相 又如來固能圓證究竟九相 發心已上 亦卽分證九相 於修慧中 亦有相似九相 於思慧中 亦有觀行九相 於聞慧中 亦有名字九相 一切衆生 但有理卽九相也 九相平等 無非法界 卽眞如體大 前之三相 卽眞如相大 後之六相 卽眞如用大 眞如無分齊故 無分別故 於此諸相之中 隨拈一相 無不還具體相用三大義 可以意知 不可言盡 而皆不離衆生現前介爾之心 故依此心 顯示摩訶衍也 初正釋悟淨次第竟

둘째는 상응과 불상응의 뜻을 굴러서 해석한다.
二轉釋相應不相應義

상응이라는 뜻은 마음의 분별이 달라서 오염되었거나 청정한 분별이 다르다. 그러나 인식의 주체인 지상(知相)과 생각에 반연된 객체인 연상(緣相)[496]이 같다는 것이다.

---

496) 연상(緣相)은 생각에 반연된 모양이다.『원각경』권1(『대정장』17, pp.914b27-8)에서는 "육근이 4대 안팎을 합해 이루어 망령된 연기(緣氣)가 몸 안에 쌓여서 연상(緣相)과 같으므로 가명으로 마음이라 한다(六根 四大中外合成 妄有緣氣 於中積聚 似有緣相假名爲心)"고 했다.

相應義者 心分別異 染淨分別異 知相緣相同[497]

'마음의 분별'은 전7식 심왕의 본체를 말한다. '오염과 청정의 분별'은 상응하는 심소의 본체를 말한다. 심왕과 심소가 모두 허망분별로써 자성을 삼기 때문이다. "각각 다르다"고 한 것은, 각각 현행을 일으키고 각각 자체가 있다는 뜻이다. "지상(知相)이 같다"는 것은, 심식(能緣)[498]의 견분이 화합하여 하나인 것 같다. "연상(緣相)이 같다"는 것은, 심식의 대상(所緣)의 상분이 자체의 영상과 비슷하다는 것이다.

心分別 謂前七心王之體 染淨分別 謂相應心所之體 心王心所 皆以虛妄分別爲自性故 言各異者 各起現行 各有自體也 知相同者 能緣之見分 和合似一也 緣相同者 所緣之相分 質影相似也

상응하지 않는다는 뜻은 즉 마음이 깨닫지 못한 상태여서 항상 차이가 없다. 그러나 지상과 연상이 같지 않다는 것이다.
不相應義者 卽心不覺 常無別異 知相緣相不同

"즉 마음이 깨닫지 못한 상태여서 항상 차이가 없다"는 문장에서, '마음'은 제8식 심왕의 견분을 뜻한다. '깨닫지 못함'은 오염된 마음의 종자,

---

497) 구역 『기신론』(『대정장』 32, pp.577c17-8)에서는 "상응이라는 뜻은 마음 곧 생각하는 주체와 생각되는 대상이 다르지만, 오염과 청정의 차별에 의해서 인식의 주체인 지상과 생각되는 객체인 연상이 같다는 것이다(言相應義者 謂心念法異 依染淨差別 而知相緣相同故)"라고 했다.
498) 능연(能緣)은 심식(心識)을 말하고, 심식의 상대됨을 소연(所緣)이라고 하며, 연(緣)은 반연(攀緣)의 뜻이다.

즉 제8식이 반연한 상분이다. 상분과 견분은 모두 자증분에 의하여 일어나기 때문에, "차이가 없다"고 한 것이다.

"지상이 같지 않다"는 것은, 제8식이 현행의 견분이다, 이것이 반연하기 때문에 아는 것이 있다. 반면, 오염된 마음의 종자는 현행을 일으키지 않는다. 이것은 반연하지 않기 때문에, 아는 것이 없다. "연상이 같지 않다"는 것은 제8식의 견분이 3류(三類)의 성경(性境)으로써 반연할 대상을 삼고, 오염된 마음 종자는 곧 반연할 대상이 없다는 것이다. 둘째, 별도로 차례를 나타냄을 마친다.

卽心不覺常無別異者 心 謂第八心王見分 不覺謂染心種子 卽是第八所緣相分 相見皆依自證分起 故云無別異也 知相不同者 第八現行見分 是能緣 故有知 染心種子不起現行 是不能緣 故無知也 緣相不同者 第八見分 以三類性境爲所緣 染心種子 則無所緣境也 二別示次第竟

셋째는 결론 지어 번뇌장과 소지장을 나타낸다.
三結示二障

오염된 마음이란 번뇌장이니, 진여의 근본지를 장애하기 때문이다.
染心者 是煩惱障[499] 能障眞如根本智故

여기에서는 전체적으로 여섯 가지 오염된 마음을 모두 '번뇌장'이라고 결론 내린다.

---

499) 구역 『기신론』(『대정장』 32, p.576c27)에서는 '번뇌애(煩惱礙)'라고 하였다.

아집이 상응하는 갖가지의 혹은 모두 삼계 안의 견(見)과 사(思) 번뇌로, 아공진여(我空眞如)[500]를 장애한다. 법집이 상응하는 갖가지의 혹은 다만 법치 한 가지만 제거하지만, 모두 삼계 밖의 견·사번뇌로 법공진여(法空眞如)를 장애한다. 오직 근본지만이 진여를 증득하므로, 진여를 장애하면 근본지도 장애한다.

此總結六種染心 皆名煩惱障也 我執相應種種諸惑 皆名界內見思煩惱 能障我空眞如 法執相應種種諸惑 但除法癡一種 皆名界外見思煩惱 能障法空眞如 唯根本智 能證眞如 旣障眞如 卽障根本智也

무명이란 소지장이니, 세간업의 자유자재한 지혜를 장애하기 때문이다.

無明者 是所[501]知障 能障世間業自在智故

오직 법치 한 가지만 취하는 것을 무명이라고 한다. 이 법치로 말미암아 세간의 업에서 자유자재한 지혜를 얻을 수 없어서, 저 지혜를 장애한다고 하였다.

唯取法癡一種 名曰無明 由此法癡 於世間業不得自在 名爲障彼智也

---

500) 아공진여(我空眞如)는 무아의 진리를 말하는 것이다. 즉 진여가 상주하여 변하지 않는 진리를 뜻한다. 여기에서의 이 진리는 아집을 버린 무아의 진체(眞體)이기 때문에, 아공진여라고 하는 것이다. 이승(二乘) 증오(證悟)의 진리가 모두 이 하나뿐인 것이다.

501) 구역『기신론』(『대정장』32, pp.577c21-2)에서는 "세간의 자연적으로 활동하는 지혜를 장애한다(能障世間自然業智)"고 했다.

무슨 뜻이냐 하면, 오염된 마음에 의하여 한량없이 파악하는 주체〔能取〕[502] 와 파악되는 대상〔所取〕의 허망한 경계를 집착하여, 일체 법의 평등한 성품을 어긴다.
此義云何 以依染心 執著無量能取所取虛妄境界 違一切法平等之性

여기에서는 오염된 마음이 근본지를 장애하는 까닭을 해석한다. 일체 법의 평등한 성품은 곧 이 진여에 본래 주체와 객체가 없는 것이다.
此釋染心所以能障根本智也 一切法平等之性 卽是眞如本無能所

일체 법의 성품은 평등하고 고요하여 생기는 모양이 없다. 그러나 무명으로 깨닫지 못한 상태는 망령되게 깨달음과 더불어 어긋난다. 그러므로 일체 세간의 갖가지 경계를 차별하는 업의 작용도 모두 다 사실 그대로 알지 못한다.
一切法性 平等寂滅 無有生相 無明不覺 妄與覺違 是故於一切世間種種境界差別業用 皆悉不能如實而知

여기에서는 무명이 자재한 지혜를 장애하는 까닭을 해석한다. 오직 사실 그대로 알아야 비로소 자재한 지혜를 얻기 때문이다. 둘째, 생멸하는 인연을 밝힘을 마친다.

---

502) 능취(能取)는 범어 grāhaka의 번역으로, 파악하는 것을 말하고, 소취(所取)는 범어 grāhya의 번역으로 파악되는 것이다. 능취와 소취는 대상의 능취자(能取者)인 인식의 주체와 그 소취(所取)인 대상을 말한다. 즉 능취자인 심(心)·의(意)·식(識)과 소취자인 색(色) 등의 외경(外境)을 말한다.

此釋無明所以能障自在智也 唯如實知 方得自在故 二明生滅因緣竟

(5) 생기고 소멸하는 모양〔生滅之相〕

셋째, 생기고 소멸하는 모양을 가림에 두 가지가 있다. 첫째는 바로 분별하고, 둘째는 문답으로 의심을 푼다. 여기에서는 첫째, 바로 분별한다.
三辨生滅之相二 初正分別 二問答釋疑 今初

마음의 생멸하는 모습을 분별하는 것에는 두 가지의 차이가 있다. 첫째는 조잡한 것[503]이니, 마음과 상응하는 것이다. 둘째는 미세한 것이니, 마음과 상응하지 않는 것이다.
復次分別心生滅相者 有二種別 一粗 謂相應心 二細 謂不相應心

마음과 상응하여 일어나는 것은 '상응하는 마음'이라고 한다. 즉 심과 심소의 현행으로, 『능가경』에서는 모양의 생기고·머무르고·소멸하는 것이라고 하였다.[504] 마음과 상응하지 않고 일어나는 것은 '상응하지 않는 마음'이라고 한다. 즉 심과 심소의 종자로, 『능가경』에서는 "유주(流注)[505]의 생기고·머무르고·소멸하는 것"[506]이라고 하였다.
與心相應而起 名相應心 卽心心所現行 楞伽所謂相生住滅也 不與心

---

503) 구역 『기신론』(『대정장』 32, p.577c27)에서는 '麤'로 되어 있다.
504) 『주대승입능가경』 권2, 『대정장』 39, p.443c09.
505) 유위법은 찰나찰나 전멸(前滅)하고 후생(後生)하여 상속이 끊어지지 않는 것이다. 마치 물이 흘러들어가는 것과 같다고 하여, 유주(流注)라고 한다.
506) 『주대승입능가경(注大乘入楞伽經)』 권2, 『대정장』 39, p.443c09.

相應起 名不相應心 卽心心所種子 楞伽所謂流注生住滅也

조잡한 것 가운데 조잡한 것은 범부의 지혜 경계이다.
粗中之粗 凡夫智境

조잡한 것 가운데 조잡한 것은 첫 번째 집착에 얽힌 오염에 해당한다. 본래 이것은 2승과 십신(信地)의 지위에 있는 보살들이 영원히 여읜다. 여기에서 '범부지의 경계'라고 한 것은, 십신의 지위에 있는 보살이 '내범(內凡)'[507]이라고 한다. 2승의 사람들과 함께 그 지단(智斷)[508]은 같지만, 대승의 성인 지위에는 들어갈 수 없기 때문이다.

粗中之粗 卽第一執相應染也 本是二乘及信地菩薩之所遠離 今言凡夫智境者 信地名爲內凡 與二乘人同其智斷 未入大乘聖位故

조잡한 것 가운데의 미세한 것과 미세한 것 가운데의 조잡한 것은 보살지의 경계이고, 미세한 가운데의 미세한 것은 불지(佛智)의

---

507) 외범(外凡)·내범(內凡)은 수행자의 지위로, 최하위인 범부위(凡夫位)를 내·외의 두 가지로 나눈 것이다. 교법을 듣고 믿는 자는 외범(外凡)이고, 그 법을 바로 행하여 성인의 지위에 가까운 자를 내범이라고 한다. 소승에서는 오정심(五停心)·별상념처(別相念處)·총상념처(總相念處)의 3현위(三賢位)를 외범, 연(煙)·정(頂)·인(忍)·세제일법(世第一法)을 내범이라고 하고, 대승에서는 십신위(十信位)를 내범, 십주(十住)·십행(十行)·십회향(十廻向)의 3현위를 내범이라고 한다. 천태종의 '육즉(六卽)'에서는 관행즉 이전을 외범, 상사즉을 내범이라고 한다.
508) 진리를 훤히 비춤을 지덕(智德)이라 하고, 번뇌를 완전히 끊음을 단덕(斷德)이라고 한다. 곧 보리와 열반을 말한다.

경계이다.

粗中之細 及細中之粗 菩薩智境 細中之細 是佛智境(藏中失此八字准梁本補)[509]

　조잡한 것 가운데의 미세한 것은 끊임없이 이어지는 오염과 분별지에 상응하는 오염이다. 미세한 것 가운데의 조잡한 것은 형상을 나타내면서 상응하지 않는 오염과 보는 마음이 상응하지 않는 오염이다. 보살은 정심지 이상을 말하고, 미세한 것 가운데의 미세한 것은 곧 근본업이 상응하지 않는 오염이다. 오직 부처의 지혜가 있어야 그 근원을 비출 수 있다.

　粗中之細 卽不斷相應染 分別智相應染 細中之粗 卽現色不相應染 見心不相應染 菩薩 謂淨心地已上 細中之細 卽根本業不相應染 唯有佛智 乃能照其源也

　이 조잡하고 미세한 것의 두 가지 모습이 모두 무명 훈습의 힘으로 인하여 일어난다. 그러나 직접적인 원인에 의지하고 간접적인 조건에 의지한다. 직접적인 원인은 깨닫지 못한 자체이고 간접적인 조건은 망령된 경계이다. 원인이 없어지면 조건도 없어진다. 조건이 없어지기 때문에 상응하는 마음도 없어지며, 원인이 없어지기 때문에 상응하지 않는 마음도 없어진다.

此(粗細)二種相 皆由無明熏習力起 然依因 依緣 因是不覺 緣

---

509) '細中之細 是佛智境'는 신역의 본문에는 없는데, 지욱이 구역『기신론』(『대정장』32, p.577c29)을 근거로 보완하여 삽입했음을 밝히고 있다.

是妄境 因滅則緣滅 緣滅故相應心滅 因滅故不相應心滅

'무명'은 단적으로 법치를 가리킨다. 이것을 제외하고는 모두가 오염된 마음을 거두어들이는 데 속하기 때문이다. '깨닫지 못한 자체'는 곧 무명의 법치이다. 조건이 없어지면 현행도 일어나지 않기 때문에, 상응하는 마음도 없어진다. 원인이 없어지면 종자도 없기 때문에, 상응하지 않는 마음도 없어져 여래를 이룬다. 【문】이미 원인이 없어지면 조건도 없어지고, 성불하지 않았을 때는 무명도 없어지지 않아서 경계도 결코 없어지지 않는다. 경계가 없어지지 않으면 상응하는 마음 또한 응당히 없어지지 않아야 한다. 그런데 어떻게 무상지에서 오염에 상응하는 마음이 완전히 없어진다고 하는가? 【답】무명에는 두 가지가 있다. 첫째는 제7식과 함께 하는 것이니, 부처의 지위가 되어야 비로소 없어진다. 둘째는 제6식과 함께 하는 것인데, 또한 두 가지로 나뉜다. 첫째는 분별이니 정심지에서 없어진다. 둘째는 구생으로, 무상지에서 없어진다. 무명이 나뉘어 없어지면 경계도 또한 나뉘어 없어진다. 경계가 나뉘어 없어지기 때문에, 상응하는 마음 또한 나뉘어 없어진다. 또 여기에서 "상응하는 마음이 없어진다"고 한 것은, 다만 오염된 마음의 현행이 없어질 뿐이다. 만약 무루가 현행하면 불과(佛果)의 네 가지 지혜가 모두 21법[510]과

---

510) 21법(法)에 대하여 『대반열반경』 권35(『대정장』 12, pp.0840c23-5)에서는 "지·수·화·풍·공+안·이·비·설·신+손·다리·입·소리·남·녀+색·성·향·미·촉을 21법이라 한다(地水火風空五知根 眼耳鼻舌身五業根 手脚口聲男女二根心平等根 是十六法從五法生 色聲香味觸 是二十一法)"고 하였다. 반면, 『대방등대집경』 권26(『대정장』 13, pp.0181b07-22)에서는 "보살이 갖추고 있는 21가지 행이 21법이다[菩薩摩訶薩具二十一法 在生死中而不生悔 一者所修善法共大慈行 二者所修慈心共大悲行 三者所修大悲共調眾生行 四者調伏眾生共精進行 五者所修精進共善心行 六者所修善心共方便行 七者所修方便與慧共行 八者所修習慧

상응하여 다시는 없어지지 않는다. "상응하지 않는 마음이 없어진다"고 한 것은, 다만 유루의 종자가 없어질 뿐이다. 만약 무루의 종자라면 항상 암마라식에 간직되는 것이어서 영원히 없어지지 않는다. 첫째, 바르게 분별하는 것을 마친다.

無明 單指法癡 除此皆屬染心攝故 不覺 卽無明法癡也 緣滅則不起現行 故相應心滅 因滅則無復種子 故不相應心滅 成如來也 問 旣云因滅則緣滅 則未成佛時 無明未滅 境必未滅 境旣未滅 則相應心亦不應滅 如何至無相地 便滅相應染已盡耶 答 無明有二 一與第七識俱者 佛地方盡 二與第六識俱者 又分爲二 一是分別 淨心地除 二是俱生 無相地除 無明分滅 則境亦分滅 境分滅故 相應心亦分滅也 又此所謂相應心滅者 但是染心現行滅耳 若無漏現行 則佛果四智 皆有二十一法相應 不更滅也 所謂不相應心滅者 但是有漏種子滅耳 若無漏種 則恒爲菴摩羅識所持 盡未來際 永不滅也 初正分別竟

둘째는 문답으로 의심을 푼다.
二問答釋疑

【문】만약 마음이 없어진다면 어떻게 상속하는가? 만약 상속한다

共禪定行 九者所修四禪共神通行 十者所修神通與智共行 十一者所修習智與欲共行 十二者所修習欲與念行 十三者所修習念共菩提心行 十四者所修菩提共四攝行 十五者所修四攝與戒共行 十六者所修戒禁共多聞行 十七者所修多聞共如法住行 十八者如法共住陀羅 尼行 十九者陀羅尼共無礙智行 二十者無礙智共功德莊嚴行 二十一者功德莊嚴共智慧莊嚴行 是名菩薩二十一法在生死中不生厭悔"라고 설명하고 있다.

면 어떻게 소멸된다고 하는가?
問 若心滅者 云何相續 若相續者 云何言滅

여기에서는 오염된 마음 종자의 현행은 소멸될 수 있지만, 청정한 마음 종자의 현행은 소멸되지 않음을 나타내고자 한다. 그래서 질문을 통하여 문제를 제기하는 것이다.
此正欲顯染心種現可滅 淨心種現不滅 故設問以發起之也

【답】진실로 그렇다. 지금 없어진다고 한 것은, 다만 마음의 모양이 없어진다는 것이지, 마음의 본체가 없어진다는 것은 아니다.
答 實然 今言滅者 但心相滅 非心體滅

'마음의 모양'이란 곧 오염된 모습을 가리키고, '마음의 본체'란 곧 오염과 청정이 의지한 것이 오염도 아니고 청정도 아닌 본체를 가리킨다. 오염 또한 본체를 의지하지만 본체를 어기기 때문에, 다만 이름을 '모양〔相〕'이라고 하였다. 청정 또한 모양이 있어서 진여의 상대(相大)라 하고, 본체를 따르기 때문에 체대(體大)라고도 한다.
心相 卽指染相 心體 卽指染淨所依非染非淨之本體也 染亦依體 以違體故 但名爲相 淨亦有相 所謂眞如相大 以順體故 直名爲體也

마치 물이 바람으로 인하여 파도가 일어나는 것과 같다. 바람이 그치면 파도도 그치지만, 물의 본체는 없어지지 않는다. 만약 물이 없어지면 응당히 파도도 끊어진다. 왜냐하면, 파도가 의지할 대상인 물이 없다면 물을 의지하는 주체인 파도도 없기 때문이다. 물의 본체가 없어지지 않음으로써 파도가 계속 일어나는 것이다.
如水因風 而有動相 以風滅故 動相卽滅 非水體滅 若水滅者 動相應斷 以無所依(之水則) 無能依(之動)故 以水體不滅 動相相續

'물'은 마음의 본체에 비유하고, '바람'은 무명에 비유하며, '움직임'은 마음의 모양에 비유하였다.
水 喻心體 風 喻無明 動 喻心相也

중생 또한 마찬가지로, 무명의 힘에 의하여 그 마음이 움직인다. 무명이 없어지기 때문에, 움직이는 모양도 즉시 없어지지만, 마음의 본체가 없어지는 것이 아니다. 만약 마음의 본체가 없어진다면 중생도 없어져서, 의지할 대상도 없고 의지하는 주체도 없기 때문이다.
衆生亦爾 以無明力 令其心動 無明滅故 動相卽滅 非心體滅 若心滅者 則衆生斷 以無所依 無能依故

무명이 마음을 움직이게 하는 것은 마치 바람을 인하여 파도가 일어나는 것과 같이, 8식과 여러 심소가 모두 움직이는 모양이다. 무명이 없어지기 때문에 오염되어 움직이는 모양은 없어지지만, 마음의 자체가 없어지지는 않는다. 마치 바람이 그치면 파도는 사라지지만, 물의 자체는 없어지지 않는 것과 같다. 즉 네 가지 지혜가 상응하는 마음은 모두 물과 같다. "만약 마음이 없어지면 중생도 있을 수 없다"는 것은, 여래를 위없는 중생이라 하는데, 만약 의지할 객체인 네 가지 지혜와 상응하는 마음의 본체가 없다면, 이에 의지하는 주체인 가명의 여래도 없기 때문이다.

 無明令其心動 猶如因風起波 則八識及諸心所 皆動相也 無明滅故 染動相滅 非心體滅 如風息波滅 水體不滅 則四智相應心品 皆如水也 若心滅則衆生斷者 如來名爲無上衆生 若無所依之四智心體 則無能依 之假名如來故

마음의 본체가 없어지지 않기 때문에 마음의 움직임이 계속된다.
以心體不滅 心動相續

구역에서는 "본체가 없어지지 않음으로써 마음이 상속하고, 오직 어리석음만 소멸되었기 때문에, 마음의 상태에 따라 없어질 뿐 마음의 지혜는 없어지지 않는다"[511]고 하였다.【문】분명히 알아야 한다. 오염된 모양이 없어진 것을 움직이지 않는 것이라고 한다. 네 가지 지혜의 마음이 곧 진여의 모습이며, 항상 진여의 작용을 일으킨다. 그래서 마음의 움직임이 계속된다고 하는 것이다. 그러나 움직임이 없으면서도 움직인다는 사실을 알기 때문에, 움직이면서도 움직이는 모양이 없다고 하는 것이다. 세속제의 경계 작용과는 같지 않아서 일체 중생의 마음이 망념으로 인식하는 분별〔心·意·識〕로는 알 수 없는 것이다. 첫째, 오염과 청정의 생멸을 밝히는 것을 마친다.

---

511) 구역 『기신론』, 『대정장』 32, pp.578a11-13.

梁云 以體不滅 心得相續 唯癡滅故 心相隨滅 非心智滅 (文)是知但滅染相 名爲不動 而四智心品 卽是眞如相大 恒起眞如用大 仍可名爲心動相續矣 然由了達無動而動 所以動無動相 不同世諦境界作用 非一切衆生心意識所能思量也 初明染淨生滅竟

대승기신론열망소 제3권 마침

대승기신론열망소(大乘起信論裂網疏)

제4권

(6) 오염된 법과 청정한 법의 상속〔染淨相續〕

둘째는 오염된 법과 청정한 법의 훈습을 밝히는 데 네 가지가 있다. 첫째는 전체적으로 훈습의 뜻을 표하고, 둘째는 오염된 법의 훈습을 해석한다. 셋째는 청정한 법의 훈습을 해석하고, 넷째는 마무리 지어 끊어짐과 끊어지지 않음을 가린다. 여기서는 첫 번째이다.
二明染淨熏習四 初總標熏習義 二釋熏習染法 三釋熏習淨法 四結判斷與不斷 今初

또한, 네 가지 법으로 훈습하는 힘으로써 오염된 법과 청정한 법이 일어나 끊어지지 않고 계속된다. 첫째는 청정한 법으로 진여를 말하고, 둘째는 오염의 원인으로 무명을 말한다. 셋째는 망령된 마음으로 업식을 말하고, 넷째는 망령된 경계로 육진을 말한다.
復次以四種法熏習力故 染淨法起 無有斷絶 一淨法 謂眞如 二染因 謂無明 三妄心 謂業識 四妄境 謂六塵

첫째 청정한 법을 진여라고 한 것은, 보편적으로 무루종자의 현행 및 심과 심소가 의지한 이성을 아울러 '진여'라고 한 것이다. 대개 이성은 진실하여 진여라 하고, 무루종자의 현행도 진여를 따르기 때문에 진여라고 한다. 둘째 오염의 원인을 무명이라고 한 것은, 오직 불공무명만을 가리켜 항행불공이라고 한 것이다. 제7식이 상응하는 법치는 홀로 행하여 함께하지 않으니, 제6식이 상응하는 미리무명(迷理無明)[512]을 때로는

---

512) 무명(無明)에 미사(迷事)·미리(迷理) 두 가지가 있는데, 법성(法性)의 진리에 어두운 것을 미리(迷理)라 하고, 연기의 제법에 밝지 못한 것을 미사(迷事)라고 한다.

분별하고 때로는 구생한다. 일체 오염된 법이 의지한 것이기 때문에 통틀어 '오염의 원인'이라고 하였다. 셋째 망령된 마음을 업식(業識)[513]이라고 한 것은, 8식의 심체 및 저 상응하는 심소의 본체를 가리킨다. 그것에 의하여 견분과 상분을 일으켜 전변하기 때문에 통틀어 '업'이라고 한 것이다. 넷째 망령된 경계를 육진(六塵)이라고 한 것은, 심과 심소의 상분을 통틀어 가리킨 것이다. 전체적으로 육진에서 벗어나지 않아 이것을 소연연(所緣緣)이라고도 한다.

一淨法謂眞如者 擧凡無漏種子現行 及心心所所依理性 並名眞如 蓋理性固卽眞如 而無漏種現 順眞如故 亦卽名眞如也 二染因謂無明者 唯指不共無明 謂恒行不共 卽第七識相應之法癡 獨行不共 卽第六識相應之迷理無明 或是分別 或是俱生 通爲一切染法所依 故名爲染因也 三妄心謂業識者 通指八識心體 及彼相應心所之體 依之能起見相二分 以有動轉 故名業也 四妄境謂六塵者 通指心心所之相分 總不出於六塵 卽是所緣緣也

훈습의 뜻은 마치 세상의 의복은 악취 나지도 않고 향기 나지도 않지만, 물건으로써 따라 훈습하면 향기가 나는 것과 같다.
熏習義者 如世衣服 非臭非香 隨以物熏 則有彼氣

"의복은 악취가 나지도 않고 향기가 나지도 않는다"는 것은, 인연을

---

513) 업식(業識)은 오의(五意: 業識 · 轉識 · 現識 · 智識 · 相續識)의 하나로 중생이 유전하는 근본식을 말한다. 근본무명에 의하여 일여(一如)의 진심이 처음으로 작동하여 짓는 염(念)을 말한다.

따르면서도 변하지 않는 성품은 본래 자체가 오염되지도 청정하지도 않다는 것에 비유하였다. "악취 나는 물건으로써 훈습하면 악취가 난다"는 것은, 변하지 않는 성품이면서도 오염된 환경을 따라 오염된 상태가 있다는 것에 비유한 것이다. "향기 나는 물건으로써 훈습하면 향기가 난다"는 것은, 변하지 않는 성품이면서도 깨끗한 환경을 따라 청정한 작용이 있다는 것에 비유한 것이다.

衣服非臭非香 喻隨緣不變之性 本自非染非淨也 以臭物熏 則有臭氣 喻不變之性 隨於染緣 有染相也 以香物熏 則有香氣 喻不變之性 隨於淨緣 有淨用也

진여의 청정한 법은 성품에 오염되는 것은 아니지만, 무명에 훈습되기 때문에 오염된 상태가 있다.
眞如淨法 性非是染 無明熏故 則有染相

성덕 진여는 비록 오염된 법도 청정한 법도 아니지만, 오염이 없기 때문에 청정한 법이라고 한다. 비유하면, 마치 훈습되지 않은 옷과 같다. 의(意)는 무부무기(無覆無記)[514]의 식을 가리키는 것이다. 본래 전체가 진여이기 때문에 곧 진여라고 한다. "청정한 법이 무명에 훈습되기 때문에 오염된 상태가 있다"는 것은, 훈습된 오염의 종류에 따라 오염된 법

---

514) 무부무기(無覆無記)는 정무기(淨無記)라고도 하며, 성도(聖道)를 가리거나 장애하는 일이 없는 무기를 말하는 것이다. 번뇌에 가려지지 아니하여 선인지 악인지 명기(明記)될 수 없는 것이다. 유식에서는 아뢰야식은 의(意)를 기초로 객진번뇌에 가려지지 않았기 때문에 무부(無覆)며, 이숙(異熟)되어 선 또는 악으로 기별(記別)되지 않으므로 무기(無記)이다.

의 현행을 일으킨다는 것이다. 앞의 문장에서 밝힌 삼상과 육상 등과 같다.

性德眞如 雖非染淨 以無染故 且名淨法 譬如未熏之衣 意指無覆無記識而言之 本是全體眞如 故卽名眞如也 無明熏故有染相者 從所熏染種 起染法現行 具如前文所明三相六相等也

무명에 오염된 상태에는 실로 청정한 업은 없지만, 진여가 훈습하기 때문에 청정한 작용은 있다고 한다.
無明染相 實無淨業 眞如熏故 說有淨用

'무명에 오염된 상태'는 무명이 일으킨 심과 심소 등을 통틀어 가리키는 것이다. 또한 진여 진체가 이룬 성품이 오염도 청정도 아닌데, 다만 이미 오염된 훈습을 받은 것이다. 비유하면, 마치 냄새 나는 옷과 같이 청정한 업은 없다. '진여가 훈습하기 때문'이라는 것은, 수덕(修德)과 무루의 청정한 법으로써 훈습한다는 것이다. 마치 향기로써 저 냄새나는 옷을 훈습하는 것과 같다. "청정한 작용이 있다"는 것은, 비유하면 마치 악취의 원인을 제거하면, 비로소 향기의 작용이 나타나는 것과 같다. 대개 오염된 상태가 있으면 반드시 오염된 작용이 있어서 오염된 작용이 생사를 윤회하게 한다. 그 허물이 깊고 무겁기 때문에 말로는 설명할 수 없다. 청정한 작용이 있으면 반드시 청정한 모양이 있고, 청정한 모양이 모르는 사이에 청정한 본체와 합해진다. 세속의 지식으로는 추측할 수 없기 때문에 말로는 설명할 수 없다는 것이다. 첫째, 전체적으로 훈습의 뜻을 표함을 마친다.

無明染相 通指無明所起心心所等 亦是眞如擧體所成 性非染淨 特以
旣受染熏 譬如臭衣 故無淨業也 眞如熏故者 是以修德無漏淨法而熏習
之 如以香熏彼臭衣也 說有淨用者 譬如因除臭氣 方顯香之用也 夫有染
相 必有染用 而染用流轉生死 過失深重 故不言之 夫有淨用 必有淨相
而淨相冥合淨體 非世所測 故不言之 初總標熏習義竟

① 오염된 법의 훈습〔染法熏習〕

둘째는 오염된 법의 훈습을 해석하는 데 두 가지가 있다. 첫째는 바르게
훈습의 뜻을 밝히고, 둘째는 뜻의 차이를 해석한다. 여기서는 첫 번째이
다.
二釋熏習染法二 初正明熏義 二釋義差別 今初

어떻게 훈습하여 오염된 법이 계속되는가? 이를테면, 진여에 의
하여 무명이 일어나고 모든 오염의 직접적인 원인이 된다. 그러나
이 무명이 진여를 훈습하고 이미 훈습했기 때문에 망령된 마음이
생긴다. 이 망령된 마음이 다시 무명을 훈습하고, 훈습하기 때문에
진여실상의 법을 깨닫지 못한다. 깨닫지 못하기 때문에 망령된 경
계의 모습이 나타난다. 망령된 마음으로써 훈습하는 힘 때문에 갖
가지 차별된 집착이 생겨서, 갖가지 업을 짓고 몸과 마음의 온갖
고통스런 과보를 받게 된다.
云何熏習染法不斷 所謂依眞如故 而起無明 爲諸染因 然此無
明 卽熏眞如 旣熏習已 生妄念心 此妄念心 復熏無明 以熏習故
不覺眞法 以不覺故 妄境相現 以妄念心熏習力故 生於種種差

別執著 造種種業 受身心等衆苦果報

중생에게는 시작을 알 수 없는 오랜 옛적부터 으레 8가지 식이 있다. 이 여덟 가지 식과 모든 심소가 진실하기 때문에 상(相)에 차별이 없다. 그 본체가 한 법계이고, 진여라고 부른다. 진여는 미혹과 깨달음의 의지처가 된다. 시작을 알 수 없는 옛적부터 깨닫지 못했기 때문에, 제7식이 법성의 진리에 어두운 무명을 일으켜 사실 그대로 진여실상의 법이 본래 하나임을 알지 못한다. 그래서 진여에 의하여 무명이 일어나고, 모든 오염의 직접적인 원인이 된다. 만약 제일 먼저 진여가 있어야 무명이 일어나고, 무명이 있음으로 인하여 아뢰야식이 있으며, 아뢰야식이 있음으로 인하여 전7의 전식이 있어서 중생이 시작된다고 한다면, 아득히 태초부터 깨달음이 생겼다고 하는 외도와 무엇이 다르겠는가! 그러나 여기에서 "무명이 진여를 훈습한다"는 것은 한 생각이 무명을 현행한다는 말이다. 즉 장식 가운데서 훈습되어 무명의 종자를 이루지만, 장식의 본체는 곧 진여라는 것이다. 비유하면, 마치 물이 움직일 때 젖는 성질도 움직이는 것과 같기 때문에 진여를 훈습한다고 했을 뿐이다. 이러한 입장에서 식과 진여가 다른 말이 아니다. 그러나 물은 비록 움직이지만 젖는 성질은 고쳐지지 않는다. 곧 인연을 따르면서도 변하지 않는 본체인 것이다. 이 뜻에 의하여 유식에서는 다시 진여를 훈습하지 않는다고 한다. 이러한 입장에서 식과 진여가 같은 말이 아니다. 확실히 서로 미묘한 이치를 나타내는 데 어기고 방해함이 없다.

衆生無始已來 法爾有八種識 此八種識及諸心所 眞故相無別 其體卽一法界 亦名眞如 眞如爲迷悟依 由無始來從未悟故 第七識起迷理無明 不如實知眞法本一 故云依眞如故而起無明 爲諸染因也 若謂先有眞如

方起無明 由有無明 方有阿賴耶識 由有阿賴耶識 方有前七轉識 則衆生有始 何異冥初生覺之外道耶 然此無明卽熏眞如者 謂一念無明現行 卽熏於藏識中 成無明種 藏識體卽眞如 譬如動水之時 卽動濕性 故云熏眞如耳 此約識與眞如非異言之 然水雖動 濕性不改乃是隨緣不變之體 依於此義 唯識復言不熏眞如 是約識與眞如非一言之 正可互顯妙理 無違妨也

"이미 훈습했기 때문에 망령된 마음이 생긴다"는 것은, 생멸문에 의한 속제이기 때문에 모습에 차이가 있다. 즉 8식 및 모든 심소가 있어서 본체와 작용 그리고 4분으로 종자가 차별하여 같지 않게 나타난다. 그러나 이러한 차별에는 모두 다 성질이 없다. 무명으로 인하여 성질이 없는 줄 깨닫지 못하고, 제6식이 상응하는 차별된 법집이 생기는 것을 '망령된 마음'이라고 한다. "이 망령된 마음이 다시 무명을 훈습한다"는 것은, 제8식 가운데 이미 본래 갖추어져 있는 무명종자가 제7식으로 하여금 생각마다 법성의 진리에 어두운 무명의 현행을 일으키게 한다. 그래서 이 제6식의 법집이 망념을 현행하게 하고 제8본식이 스스로 망념의 종자를 이루게 하는 것을 말한다. 또 저 무명종자의 세력을 돕기 때문에 무명을 훈습한다고 하는 것이다. "훈습하기 때문에 진여실상의 법을 깨닫지 못한다"는 것은, 법치(法癡)로부터 다시 아치(我癡)[515] 등이 일어나는 것을 말한다. "깨닫지 못하기 때문에 허망한 경계의 모습이 나타난다"는 것은, 아치(我癡) 때문에 삼계에 분단생사와 육진경계가 나타난다는 말이다. "망령된 마음이 훈습하는 힘 때문에 갖가지 차별과 집착이

---

515) 『성유식론』 권4(『대정장』 31, pp.22a28-9)에서는 "무아(無我)의 도리(理)에 미(迷)하기 때문에 아치(我癡)라 한다(愚於我相迷無我理故名我癡)"라고 하였다.

생긴다"는 것은, 삼계 안팎의 견혹과 사혹을 말한다. "갖가지 업을 짓는 다"는 것은 유루의 선악 · 부동업과 무루의 편진(偏眞)[516] 등의 업을 뜻한다. "몸과 마음으로 여러 괴로움의 과보를 받는다"는 것은, 분단생사와 변역생사를 두고 하는 말이다. 그러나 비록 혹 · 업 · 고가 순환하여 쉬지 않더라도 그 근원을 궁구하면, 무명으로 인하여 진법계(眞法界)[517]를 미혹하는 데 그친다. 그리고 무명은 자체가 없어지고 진여본각의 성품은 여의지 않는다. 마치 어떤 사람이 자면서 꿈을 꾸는데 꿈속에서 한량없는 윤회를 받다가, 갑자기 꿈을 깨면 텅 비어 아무것도 없는 것과 같다. 잠깰 때의 마음이 없는데 어떻게 꿈속의 마음이 있으며, 이 꿈속의 마음을 살피지 않고 어디에서 별도로 잠깰 때의 마음을 찾겠는가!

　　既熏習已生妄念心者 依生滅門 俗故相有別 則有八識及諸心所 體用四分 種現差別不同 然此差別 悉皆無性 由無明故 不達無性 生第六識相應之差別法執 名爲妄念心也 此妄念心復熏無明者 第八識中 旣本有無明種子 令第七識 念念起於迷理無明現行 而此第六識之法執妄念現行 熏於第八本識 自成妄念種子 又能助彼無明種子勢力 故卽名爲熏無明也 以熏習故不覺眞法者 從於法癡 更起我癡等也 以不覺故妄境相現者 由我癡故 乃現三界分段生死六塵境也 以妄念心熏習力故 生於種種差別執著者 卽界內界外見思諸惑也 造種種業者 有漏善惡不動業 無漏偏眞等業也 受身心等衆苦果報者 分段變易二種生死也 然雖惑業苦三循環不息 究其根原 止由無明迷眞法界 而無明無體 不離眞如本覺之性 如人眠夢 夢中受於無量輪迴 俄然睡醒 空無所得 若無醒時之心 安有夢

---

516) 편진(偏眞)은 단공(單空)이라고도 한다. 소승(小乘)에서 설한 진리는 공(空)의 한 끝에 치우치기 때문에 편진(偏眞)이라고 한다.
517) 법계(法界)는 허망을 끊기 때문에 진법계(眞法界)라고 한다.

心 若非研此夢心 何處別覓醒時之心也哉

둘째는 뜻의 차이를 해석한다.
二釋義差別

망령된 경계가 훈습하는 뜻에 두 가지가 있다. 첫째는 분별을 증장하는 훈습이고, 둘째는 집착을 증장하는 훈습이다.
妄境熏義 有二種別 一增長分別熏[518] 二增長執取熏

'망령된 경계'는 본래 오직 마음이 나타낸 것이다. 깨닫지 못하기 때문에 도리어 마음을 훈습한다. 첫째 '분별을 증장하는 훈습'은 삼계 안팎의 견혹을 돕는다. 둘째 '집착을 증장하는 훈습'은 오직 삼계 안의 사혹만을 돕는다. 만약 삼계 안의 견혹과 사혹을 돕는다면, 여러 범부들이 생사를 벗어나지 못하게 될 것이다. 그리고 삼계 밖의 견혹만을 돕는다면, 이승의 사람들이 속히 열반을 구하게 될 것이다.
妄境本唯心現 由不了故 還熏於心 一增長分別熏 卽助界內界外見惑 二增長執取熏 唯助界內思惑 若助界內見思 令諸凡夫不出生死 若助界外見惑 令二乘人速求涅槃

망념이 일어난 마음이 훈습하는 뜻에도 또한 두 가지가 있다. 첫

---

518) 구역 『기신론』(『대정장』 32, p.578a28)에서는 "망념을 증장하는 훈습이다(增長念熏習)"라고 하였다.

째는 근본 업식[519]을 증장하는 훈습으로, 아라한·벽지불·일체 보살이 나고 죽는 고통을 받게 된다. 둘째는 상황을 분별하는 식을 증장하는 훈습으로, 모든 범부들이 업에 얽매인 고통을 받게 된다.

妄心熏義 亦二種別 一增長根本業識熏 令阿羅漢辟支佛一切菩薩受生滅苦 二增長分別事識熏 令諸凡夫受業繫苦

삼계 밖의 견혹과 사혹은 업식을 증장시키고 변역생사를 받게 한다. 그래서 "나고 죽는 고통을 받게 된다"는 것이다. 삼계 안의 견혹과 사혹은 사식(事識)[520]을 증장시키고 분단생사를 받게 하므로, "업에 얽매인 고통을 받게 된다"는 것이다.

界外見思 增長業識 受變易生死 名之爲生滅苦 界內見思 增長事識 受分段生死 名之爲業繫苦

무명이 훈습하는 뜻에도 또한 두 가지가 있다. 첫째는 근본훈습으로, 업식을 이룬다는 뜻이다. 둘째는 지적인 번뇌와 정적인 번뇌의 훈습으로, 상황을 분별하는 식을 이룬다는 뜻이다.

無明熏義 亦二種別 一根本熏 成就業識義 二見愛熏 成就分別事識義

---

519) 업식(業識)은 중생이 유전하는 근본식을 말한다. 근본무명에 의하여 진여의 일심(一心)이 무명으로 인하여 처음으로 움직여 짓는 망념〔念〕을 말한다.
520) 사식(事識)은 분별사식의 준말이며, 의식의 별명이다. 안팎의 상황〔事象〕을 분별하는 식(識)이다.

법치를 '근본훈습'이라 하고, 아치를 '견애훈습'이라고 한다. 둘째, 오염된 법의 훈습을 해석하는 것을 마친다.

法癡名根本熏 我癡名見愛熏也 二釋熏習染法竟

② 청정한 법의 훈습〔淨法熏習〕

셋째, 청정한 법의 훈습을 해석하는 데 두 가지가 있다. 첫째는 바르게 훈습의 뜻을 밝히고, 둘째는 뜻의 차이를 해석한다. 여기서는 바르게 훈습의 뜻을 밝힌다.

三釋熏習淨法二 初正明熏義 二釋義差別 今初

청정한 법은 어떻게 훈습되어 계속 일어나는가? 진여가 무명을 훈습하고 훈습된 인연의 힘으로, 망령된 마음이 생사의 괴로움은 싫어하고 열반의 즐거움은 구하게 된다. 이 망념이 일어난 마음이 생사를 싫어하고 열반을 구하는 원인과 조건 때문에 다시 진여를 훈습한다. 이렇게 훈습함으로써 스스로 자신에게 진여의 법이 있고 본성이 청정한 줄 믿는다. 그리고 일체 경계에 오직 마음이 망령되게 움직이지만, 결국은 없는 것인 줄 안다. 이와 같이 사실 그대로를 알기 때문에 멀리 여의는 법을 닦는다. 갖가지로 온갖 수순하는 행을 일으켜 분별할 것이 없고 집착할 것도 없이, 한량없는 아승기겁이 지나도록 꾸준히 익혀 온 힘으로 무명이 곧 소멸된다. 무명이 소멸되기 때문에 마음의 망념이 일어나지 않는다. 마음에 망념이 일어나지 않기 때문에 경계의 모양도 소멸된다. 이와 같은 일체 오염된 원인과 조건 · 오염된 과보 · 마음의 망념이 모두 소멸됨으로써, 열반을 얻어 갖가지 자재한 업의 작용이 성취된다.

云何熏習淨法不斷 謂以眞如熏於無明 以熏習因緣力故 令妄念心厭生死苦 求涅槃樂 以此妄心厭求因緣 復熏眞如 以熏習故 則自信己[521]身有眞如法 本性淸淨 知一切境界 唯心妄動 畢竟無有 以能如是如實知故 修遠離法 起於種種諸隨順行 無所分別 無所取著 經於無量阿僧祇劫 慣習力故 無明則滅 無明滅故 心相不起 心不起故 境界相滅 如是一切染因染緣 及以染果 心相都滅 名得涅槃 成就種種自在業用

'진여'는 본식 가운데 무루종자와 불·보살이 성취한 지위 가운데 수승한 작용을 가리킨다. 이 둘은 모두 진여의 법성을 따르기 때문에 모두 진여라고 하는 것이다. 종자가 안으로 훈습하는 것을 '인(因)'이라 하고, 여러 불·보살들이 밖으로 훈습하는 것은 '연(緣)'이 된다. 다만, 안팎의 원인과 조건이 모두 중생의 앞에 나타난 마음을 떠나지 않는다. 이 심성이 실로 밖이 없기 때문이며, 시작을 알 수 없는 무루종자가 앞에 나타난 심성을 떠나지 않기 때문이다. 또한, 시방의 모든 불·보살이 모두 중생의 심성을 증득하여 중생의 심성 밖에 있지 않기 때문이다. "무명을 훈습한다"는 것은, 첫째 모든 불·보살은 밖에서 훈습하는 것이다. 제6식과 전5식이 훈습하여 색을 보고 소리를 들으며 향기를 맡고 독송하며 몸에 광명을 입는다. 혹은 손으로 머리를 어루만지며 혹은 옷으로 몸을 감싸고 의식을 받아들이는 이 현행으로써 종자가 훈습된다. 둘째는 무루종자는 안으로 훈습하여 믿고 받아들이게 하여 의심하지 않고 비방

---

521) 『대정장』44, p.445b22(『기신론열망소』권4)에는 '己'로 잘못 표기되어 있다.

하지 않게 한다. "망념이 일어난 마음이 생사의 고통은 싫어하고 열반의 즐거움을 구하게 된다"는 것은, 곧 유루의 문(聞)·사(思)·수혜(修慧)를 일으키는 것이다. "이 망념이 일어난 마음의 생사를 싫어하고 열반을 구하려는 원인과 조건이 다시 진여를 훈습한다"는 것은, 유루의 문·사·수혜가 안으로는 무루종자의 세력을 증장하고, 밖으로는 모든 불·보살의 자비를 감사드리며 구하는 것을 말한다. "스스로 자신에게 진여의 법이 있음을 믿는다는 것은, 믿음을 성취한 발심이다. "이와 같이 사실 그대로 알기 때문"이라는 것은, 알고 실천하는 발심이며, "분별할 것이 없다"는 것은, 체험하는 발심이다. "무명이 소멸되기 때문에 마음의 망념이 일어나지 않는다"는 것은, 부처의 근본지를 증득하는 것이다. 그리고 "갖가지 차별된 업의 작용을 성취한다"는 것은, 부처의 후득지를 증득하는 것이다.

眞如 指本識中無漏種子 及佛菩薩果中勝用 此二並順眞如法性 故皆名眞如也 種子內熏爲因 諸佛菩薩外熏爲緣 只此內因外緣 並不離於衆生現前介爾之心 以此心性 實無外故 以無始無漏種子 不離現前心性故 以十方諸佛菩薩 皆證衆生心性 不在衆生心性外故 言熏於無明者 一是諸佛菩薩外熏 熏第六識及前五識 令其見色 聞聲 嗅香 讀誦 身蒙光照 或手摩頭 或衣覆體 意識領受 以此現行熏成種子 二是無漏種子內熏 令其信受 不疑不謗也 令妄念心厭生死苦求涅槃樂者 卽是起於有漏聞思修慧也 以此妄心厭求因緣復熏眞如者 謂有漏聞思修慧 內則增長無漏種子勢力 外則感扣諸佛菩薩慈悲也 自信己身有眞如法等者 信成就發心也 以能如是如實知故等者 解行發心也 無所分別等者 證發心也 無明滅故心相不起等者 證佛根本智也 成就種種差別業用者 證佛後得智也

㉠ 망령된 마음의 훈습〔妄心熏習〕

둘째, 뜻의 차이를 해석하는 데 두 가지가 있다. 첫째는 망령된 마음이 훈습하는 뜻이 다름을 해석하고, 둘째는 진실한 마음이 훈습하는 뜻이 다름을 해석한다.

二釋義差別二 初釋妄熏義別 二釋眞熏義別 今初

망령된 마음의 훈습에는 두 가지 뜻이 있다. 첫째는 상황을 분별하는 식[522]의 훈습이다. 일체 범부와 이승이 생사의 고통을 싫어하고, 자기가 감당할 수 있는 능력에 따라 위없는 도에 나아가게 한다. 둘째는 의(意) 훈습으로, 모든 보살들이 용맹스럽게 발심하여, 속히 머무름이 없는 열반에 들어가게 한다.

妄心熏義有二種 一分別事識熏 令一切凡夫二乘厭生死苦 隨已堪能 趣無上道 二意熏 令諸菩薩發心勇猛 速疾趣入無住涅槃

첫 번째 "상황을 분별하는 식이 훈습한다"는 것은, 삼승(三乘)에서 공통적으로 설하는 가르침〔三乘共敎〕[523]의 입장에서, 7식과 8식은 알지 못하지만 제6식이 공의 이치를 관하여〔空觀〕[524] 수행을 이룸〔修生〕[525]으로

---

522) 분별사식(分別事識)의 훈습은 전칠식(轉七識)의 훈습을 말한다.
523) 공통적으로 설하는 교리〔敎〕를 공교(共敎), 또는 공교대승(共敎大乘)·삼승공교(三乘共敎)·공반야(共般若)라고 한다. 삼승이 함께 행하고 함께 앉아서 성문(聲聞)·연각(緣覺)·보살(菩薩)의 구별이 없는 것을 말한다.
524) 공관(空觀)은 삼관(三觀)의 하나로, 제법이 모두 공한 이치를 관하는 것이다. 일체의 온갖 법은 모두 인연에 따라 생긴 것으로, 그 자성이 없고, 공적무상(空寂無相)하다는 것이다.
525) 수생(修生)은 수행하여 얻는 것을 말한다. 자연의 법이(法爾)로 얻는 것과 구별되

써, 견혹과 사혹을 부수고 열반을 성취하는 것을 말한다. 대승의 점교(漸 敎)[526] 입장에서는, 비록 7식과 8식은 알지만 견혹과 사혹이 무겁고 생사를 두려워하기 때문에, 먼저 제6식을 의지하여 공의 이치를 관하여 수행을 이룬 다음, 법에 관한 공관(空觀) 등을 닦는다. 그래서 "자기가 감당해내는 능력을 따른다"고 한 것이다. 그러나 외범·내범 보살들이 진실로 보리를 향해 나아가면, 2승 또한 반드시 권교(權敎)를 따라 실교(實敎)로 들어가기 때문에 전체적으로 "위없는 도에 나아간다"고 하였다. 두 번째 의(意) 훈습은 점교의 보살이 정심지에 들어가서 제7식을 전환해 평등성지와 상응하게 하여, 자유자재로 대열반의 바다에 들어가게 하는 것을 말한다. 혹은, 돈교보살이 처음부터 움직이는 마음이 생멸하지 않는 줄 관하면, 곧 진여문에 들어가는 것이다. 이를테면, 일체 망념에 모양이 없는 줄 관하면, 여래의 지혜를 증득하게 된다는 것이다. 비록 이 관찰하는 마음이 제6의식이지만 근본무명으로써 관찰할 대상을 삼기 때문에 의(意) 훈습이라고 한다.

 一分別事識熏者 謂或秉三乘共敎 不知七八兩識 但以第六意識修生空觀 破見思惑而取涅槃 或秉大乘漸敎 雖知七八兩識 但以見思重故 畏生死故 先依第六識修生空觀 次第乃修法空觀等 故云隨已堪能 然此外凡內凡菩薩 固是趣向菩提 卽彼二乘 亦必從權入實 故總云趣無上道也 二意熏者 謂或是漸敎菩薩 入淨心地 轉第七識 令與平等性智相應 任運流入大涅槃海 或是頓敎菩薩 從初便觀動心卽不生滅 卽得入眞如門 所

며, 수증(修證)과 같다.
526) 점교(漸敎)는 각 종파에서 교판(敎判)한 것으로, 천태종에서는 화의(化儀) 사교(四敎) 가운데 하나이다. 소승에서 대승으로 점차의 순서를 밟아 설한 교(敎)이다. 즉, 처음에 소승을 설하고, 뒤에 대승을 설하여 얕은 데서 깊은 데로 차례로 설한 교법이다.

謂能觀一切妄念無相 則爲證得如來智慧 雖此能觀之心 仍是第六意識 而卽以根本無明爲所觀境 故名爲意熏也

ⓒ 진실한 마음의 훈습〔眞心熏習〕

둘째, 진실한 마음의 훈습을 해석하는 데 세 가지가 있다. 첫째는 표하고, 둘째는 해석하고, 셋째는 결론하여 판단한다. 여기에서는 첫 번째 진심훈습의 뜻을 표한다.
二釋眞熏義別三 初標 二釋 三結判 今初

진실한 마음의 훈습에도 또한 두 가지 뜻이 있는데, 자체의 훈습과 작용의 훈습이다.
眞心熏義 亦二種別 一體熏 二用熏

다만, 이 심성 진여의 본체는 부처와 중생이 평등하여 둘이 없다. 비록 본래는 둘이 없지만 낱낱 부처와 낱낱 중생과 낱낱 미세한 먼지가 각각 온전히 진여를 본체로 삼으니, 진여의 일부분이 아니다. 비록 낱낱 부처와 낱낱 중생과 낱낱 미세한 먼지는 아울러 이 진여 전체가 본체이다. 그러나 다분히 진여가 있는 것이 아니다. 이것이 바로 불가사의한 일심법문이다. 비유하면 마치 천 개의 등불이 함께 비추어 서로 서로 두루 꽉 차고 포용하면서도 섞이거나 장애가 없는 것과 같다. 그래서 부처의 입장에서 말하면 일체 중생이 바로 불심(佛心) 안의 중생이며, 불심이 두루 꽉 차서 바깥이 없다. 중생의 입장에서 말하면, 일체 모든 부처님이 이 중생심 안의 부처이니, 중생심이 두루 꽉 차서 시간적·공간적으로 바깥이 없다. 내가 다만 지금 앞에 나타난 마음의 입장에서 말한다면, 일체 부처와 일체 중생이 모두 나의 마음 안의 부처이고 중생으로, 앞에 나타난 마음이 두루 꽉 차서 시간적·공간적으로 또한 바깥이 없다. 그래서 마음·부처·중생이 차별이 없다고 하는 것이다.[527] 아뢰야식에 본래 갖춰져 있는 무루종자로 인하여 내 마음이 진여의 본체이고 내인(內因)[528]이 발현하고자 하는 것이 자체의 훈습(體熏)이라는 것이다. 모든 불·보살이 성취한 지위의 자비한 큰 작용이 곧 내 마음속 진여의 작용이며, 바깥의 환경을 돕는 것은 작용의 훈습이라고 한다. (대개 안팎이라는 글자는 모두 뜻을 따르는 설로서, 모두 마음 밖에 있는 것이 아니다)

只此心性眞如之體 佛與眾生 平等無二 雖本無二而一一佛 一一眾生 乃至一一微塵 各全攬眞如爲體 非是眞如少分 雖一一佛 一一眾生 乃至一一微塵 並是眞如全體 然非有多眞如 此乃不可思議一心法門 譬如千燈共照 互遍互含 無雜無障礙也 故約佛言 則一切眾生 並是佛心內之眾生 以佛心豎窮橫遍更無外故 約眾生言 則一切諸佛 並是眾生心內之佛 以眾生心豎窮橫遍 更無外故 約我只今現在介爾心言 則一切佛 一切眾生 並是我心內之佛生 以現前介爾之心 豎窮橫遍 更無外故 是謂心佛眾生 三無差別也 所以阿賴耶中本具無漏種子 卽我心眞如之體 內因欲發 名爲體熏 諸佛菩薩果上慈悲大用 卽我心眞如之用 外緣資助 名爲用熏也(凡內外字 皆隨情說 並不在心外也)

---

527) 진역(晉譯)『화엄경』권10,「야마천궁보살설게품」(『대정장』9, p.465c29)의 '心佛及眾生 是三無差別'을 근거로 한다.
528) 내인(內因)은 자내(自內)의 인(因)으로 외연(外緣)에 상대되는 말이며, 과(果)로 하여금 생하게 되는 자내의 인이다.

둘째, 해석에 두 가지가 있다. 첫째는 자체의 훈습을 해석하고, 둘째는 작용의 훈습을 해석한다. 첫째 자체의 훈습을 해석하는 데도 또한 두 가지가 있다. 첫째는 바로 해석하고, 둘째는 의문을 해석한다. 지금은 첫 번째 바로 해석한다.
二釋二 初釋體熏 二釋用熏 初中二 初正釋 二釋疑 今初

자체에서 훈습한다는 것은 진여가 시작을 알 수 없는 오랜 옛적부터 일체 한량없는 무루법을 갖춘 것을 말한다. 또한 불가사의한 수승한 경계의 작용을 갖추어 항상 끊임없이 중생심을 훈습한다. 이 힘으로 인하여 모든 중생이 생사의 괴로움을 싫어하게 되고 열반 구하기를 좋아하게 된다. 그리고 스스로 자기의 몸에 진실한 법이 있다고 믿으며 발심하여 수행하게 되는 것이다.
體熏者 所謂眞如從無始來 具足一切無量無漏 亦具難思勝境界用 常無間斷熏衆生心 以此力故 令諸衆生厭生死苦 求涅槃樂 自信己身有眞實法 發心修行

'진여'라는 것은 체대(體大)이고, '한량없는 무루법'이라는 것은 상대(相大)이며, '수승한 경계의 작용'은 용대(用大)다. 중생의 마음은 전적으로 진여를 두고 체대를 자체로 삼기 때문에, 본래 이 상대와 용대를 갖추고 있다. 마치 사람이 방향을 미혹했을 뿐 방향은 움직이지 않은 것과 같고, 마치 물이 얼음이 되어도 얼음의 젖는 성질은 같기 때문에 얼음이 어는 모양과 녹는 작용 또한 본래 갖춰져 있다. 이것을 아뢰야식 가운데 무루종자라고 한다. 비유하면, 얼음의 젖는 성질은 얼음을 떠나 얼음을 어기지 않는 것과 같다. 무루도가 일어나기 때문에, 뇌야 및 이숙의 이름을 버린 것이다.

眞如者 體大也 無量無漏者 相大也 勝境界用者 用大也 衆生之心 全攬眞如體大爲體 故本具此相大用大也 如人迷方 方仍不動 如水成冰 冰之濕性如故 則融相潤用亦復本具 卽此名爲阿賴耶中無漏種子 譬如冰中融潤之性 不離於冰 而與冰違 所以無漏道起 則捨賴耶及異熟名也

둘째, 의심을 해석하는 데 두 가지가 있다. 첫째는 의심하여 묻고, 둘째는 답하여 해석한다. 여기서는 첫 번째 의심하여 묻는다.
二釋疑二 初疑問 二答釋 今初

【문】만약 일체 중생이 다 같이 진여를 가지고 있다면, 똑같이 모두 훈습해야 한다. 그런데 어떻게 믿음이 있고 믿음이 없는 사람이 있으며, 초발심으로부터 열반에 이르기까지, 앞과 뒤가 같지 않고 한량없는 차별이 있는가? 이와 같은 일체 중생이 모두 다 당연히 똑같아야 하는 것 아닌가?
問 若一切衆生 同有眞如 等皆熏習 云何而有信不信者 從初發意乃至涅槃 前後不同 無量差別 如是一切 悉應齊等

질문의 의미에는 두 가지가 있다. 첫째는 똑같이 진여가 있다면 믿는 사람이 있거나 믿지 않는 사람이 있어서는 안 된다. 둘째는 똑같이 모두가 훈습한다면, 응당히 동시에 신심을 내고 동시에 수행해야 한다. 나아가 동시에 열반에 이르러야 하며 앞뒤도 있어서는 안 된다. 더욱이 물러나고 물러나지 않는 것·삼승과 일승·돈과 점의 한량없는 차이가 없어야 한다.

 問意有二 一者同有眞如 則不應有信不信 二者等皆熏習 則應一時發意 一時修行 乃至一時涅槃 不應復有前後 尤不應有退與不退 三乘一乘 若漸若頓 無量差別也

둘째, 답하여 해석하는 데 두 가지가 있다. 첫째는 곧바로 무명번뇌의 두텁고 얇음을 해석하고, 둘째는 다시 원인과 조건으로 서로 서로 가려 해석한다. 여기서는 첫 번째이다.
二答釋二 初直約無明煩惱厚薄釋 二更約因緣互相成辨釋 今初

【답】비록 일체 중생이 다 같이 진여를 가지고 있다. 그러나 오랜 옛적부터 무명의 두텁고 얇은 자성의 차별이 있다. 항하의 모래수보다 많은 아견·아애 등의 얽혀 묶인 번뇌도 또한 마찬가지다. 오직 여래의 지혜로서만 알 수 있기 때문에, 믿음이 앞뒤의 차이가 있는 것이다.
答 雖一切衆生 等有眞如 然無始來 無明厚薄 自性差別 過恒河沙 我見愛等 纏縛煩惱 亦復如是 唯如來智之所能知 故令信等 前後差別

무명이 두터우면 신심을 내기 어렵고, 무명이 얇으면 신심을 내기 쉽다. 번뇌가 두터우면 끊기 어렵고, 번뇌가 얇으면 없애기가 쉽다. 무명 번뇌도 또한 각각 삼계 안팎으로 같지 않기 때문에, 오직 여래만이 다 알 수 있다.

無明厚 則信心難生 無明薄 則信心易發 煩惱厚 則難斷 煩惱薄 則易除 而無明煩惱 又各有界外界內之不同 故唯如來能盡知也

둘째는, 다시 인연이 서로 모양을 이룸을 가려 해석한다.
二更約因緣互相成辨釋

또한 모든 불법에는 직접적인 원인〔因〕이 있고 간접적인 조건〔緣〕이 있다. 이 인연이 갖추어져야 현상〔事〕이 이루어질 수 있는 것이다. 마치 나무에 있는 불의 성질이 불이 일어나는 직접적인 원인이지만, 아는 사람이 없거나 비록 알더라도 공을 들이지 않으면 불을 내서 나무를 태울 수 없는 것과 같다. 중생도 또한 마찬가지로, 비록 진여 자체를 훈습하는 원인의 힘〔因力〕[529]은 있어도 모든 불·보살 등 선지식의 인연을 만나지 못하거나, 비록 그러한 인연을 만나도 수승한 행을 닦지 않고 지혜를 내지 않으며 번뇌를 끊지도 않으면, 열반을 얻을 수가 없다.

又諸佛法 有因有緣 因緣具足 事乃成辨 如木中火性 是火正因 若無人知 或雖有知而不施功 欲令出火 焚燒木者 無有是處 衆生亦爾 雖有眞如體熏因力 若不遇佛諸菩薩等善知識緣 或雖遇緣 而不修勝行 不生智慧 不斷煩惱 能得涅槃 無有是處

---

529) 인력(因力)은 모든 사물의 생함이 바로 직접적인 원인(原因)의 힘으로 되는 것임을 간접적인 조건인 연(緣)을 돕는 힘〔助緣力〕에 대하여 하는 말이다.『무량수경』하(『대정장』12, pp.274b07-8)에서는 "인력(因力)은 연력(緣力)이다"라고 하였다

'나무 속의 불의 성질'은 뇌야 가운데 무루종자에 비유하고, "사람이 알지 못한다"는 것은 선지식의 인연을 만나지 못한 것에 비유한 것이다. "공을 들이지 않는다"는 것은 수승한 행을 닦지 않는 것에 비유하고, "불을 낸다"는 것은 지혜를 내는 것에 비유한 것이다. "나무를 태운다"는 것은 번뇌를 끊고 화합식을 부수는 것에 비유한 것이다. 법에 부합함을 알 수 있다.

木中火性 譬賴耶中無漏種也 若無人知 譬不遇善知識緣也 不施功譬不修勝行也 出火 譬生智慧也 燒木 譬斷煩惱 壞和合識也 法合可知

또 비록 선지식의 인연이 있다 해도 안으로 진실한 직접적인 원인을 훈습한 힘이 없으면, 더 이상 생사의 괴로움을 싫어하거나 열반의 즐거움을 구할 수가 없다.[530]

又復雖有善知識緣 倘內無眞實習因力 亦必不能厭生死苦 求涅槃樂

이것은 마치 극도로 젖은 나무는 구멍을 뚫고 비벼도 불을 낼 수 없는 것과 같다. 유가에서는 이에 의하여 방편으로 오성차별[531]을 세웠다. 그

---

530) 『승만경』 권1, 「자성청정장」(『대정장』 12, pp.222b14-5)에서 "여래장이 없으면 고통을 싫어하지도 않고, 열반을 즐겨 구하지도 않는다[若無如來藏者 不得厭苦樂求涅槃]"라는 구절을 인용한 것이다. 구역 『기신론』(『대정장』 32, pp.578c09-10)에서는 "안으로 깨끗한 법이 훈습된 힘이 없으면 더 이상 생사의 괴로움을 싫어하고 기꺼이 열반을 구할 수가 없다[內淨法未有熏習力者亦不能究竟厭生死苦 樂求涅槃]"라고 했다.
531) 오성차별(五性差別)은 법상종에서 중생의 성품을 선천적으로 다섯 가지로 구별한 것이다. 첫째 보살정성(菩薩定性)은 원래 부처 될 무루종자를 가진 사람이고, 둘

무명 번뇌가 더욱 두텁게 무루종자를 덮어서 비록 있어도 결국 없는 것 같다.

此如極濕之木 不能卽鑽出火也 瑜伽依此 權立五性差別 以其無明煩惱尤厚 覆無漏種 雖有而竟似無故也

인연을 갖추는 것이 이렇게 중요한데, 어떻게 갖추어야 하는가? 자기 마음의 흐름〔自相續〕[532] 속에 훈습한 힘이 있다. 모든 불·보살의 자비로 거두어들이고 보호해, 생사의 괴로움을 싫어하고 열반이 있다는 것을 믿어 여러 선근을 심어 닦아 익혀 성숙시킨다. 이로써 불·보살이 보여 주고·가르쳐 주고·이롭게 해 주며·기뻐해 줌을 만나, 수승한 행을 닦아야 성불에 이르고 열반에 들어가게 된다.

要因緣具足 乃能如是 云何具足 謂自相續中 有熏習力 諸佛菩薩 慈悲攝護乃能厭生死苦 信有涅槃 種諸善根 修習成熟 以是 復値諸佛菩薩 示敎利喜 令修勝行 乃至成佛 入於涅槃

'자기 마음의 흐름〔自相續〕'은 온전히 진여를 두고 아뢰야식을 삼는다. 이 식은 시작도 없이 점점 전해 와서, 이에 의하여 가명으로 중생을 건립한다. 비록 찰나찰나가 사라져도 곧 찰나찰나가 일어나 항상 전변한

째 연각정성(緣覺定性)은 벽지불이 될 무루종자를 가진 사람이며, 셋째 성문정성(聲聞定性)은 아라한이 될 무루종자를 가진 사람이다. 넷째 삼승부정성(三乘不定性)은 두 가지 종자나 세 가지 종자를 갖춘 사람을 말하며, 다섯째 무성유정(無性有情)은 성문·연각·보살의 무루종자는 없고, 다만 인승(人乘)이나 천승(千乘)이 될 유루종자만을 갖춘 사람이다.

532) 자상속(自相續)은 범어 svasaṃtān의 번역으로, 자기 마음의 흐름을 말한다.

다. 마치 흐르는 물과 같기 때문에, '자기 마음의 흐름〔自相續〕'이라고 하였다. "훈습한 힘이 있다"는 것에는 두 가지 뜻이 있다. 첫째는 시작도 알 수 없는 오랜 옛날부터 본래 머무르는 종자의 성품을 훈습한 것이다. 둘째는 오랜 세월 동안 듣고 이루어진 종자를 훈습한 것이다. 이 두 가지 모두 자기 안에 있는 직접적 원인〔內因〕이라고 한다. "불·보살들의 자비로 거두어들여 보호한다"는 것에도 두 가지 뜻이 있다. 첫째는 평등한 조건〔平等緣〕[533]을 거두어들여 보호한다는 것이다. 둘째는 차별된 조건〔差別緣〕[534]을 거두어들여 보호한다는 것이다. 이 두 가지는 모두 외적인 간접적 조건〔外緣〕이라고 한다.

반드시 알아야 할 것이 있다. 즉 차별된 조건을 거두어들여 보호하고 들어서 이루어진 종자의 훈습은, 비로소 더욱더 수승한 원인과 조건을 증장하여 성불에 이르고 대열반에 들어가게 한다. 첫째, 자체 훈습의 해석을 마친다.

自相續中 謂全攬眞如以爲阿賴耶識 此識無始展轉傳來 依之建立假名衆生 雖念念滅 卽念念生 恒轉如流 故名自相續也 有熏習力者 一無始本住種性熏 二積劫聞所成種熏 此二皆名爲內因也 諸佛菩薩慈悲攝護者 一平等緣攝護 二差別緣攝護 此二皆名爲外緣也 須知必要差別攝

---

533) 평등연(平等緣)은 불·보살이 중생에 대하여 전혀 평등하게 부처의 형상으로써 응하여 나타나는 외부적인 조건〔外緣〕의 작용을 말한다.
534) 차별연(差別緣)은 중생이 처음으로 대승의 도에 나아가려는 마음을 일으켜 궁극의 깨달음을 증득하기에 이르기까지 여러 단계에서의 외부적인 조건의 차별적인 활동을 말한다. 즉 모든 불·보살이 중생의 근기에 따라 혹은 부처의 형상을 보이거나, 혹은 불법을 염(念)하게 하거나 하는 외부적인 조건의 활동이다. 또는 중생의 권속·부모·친척이 되어 자애를 베풀거나, 친구가 되어 중생을 경책하거나, 또는 원수가 되어 중생을 공포케 하며, 또는 사섭법을 실천하여 중생을 선도하는 등 여러 가지 방편을 써서 중생에게 활동하는 것을 말한다.

護 及聞所成種熏 方能展轉增其勝因勝緣 以至成佛入大涅槃耳 初釋體
熏竟

둘째, 작용에 의한 훈습을 해석하는 데 두 가지가 있다. 첫째는 간략히
표하고, 둘째는 각각 해석한다. 여기서는 첫 번째 간략히 표한다.
二釋用熏二 初略標 二各釋 今初

작용에 의한 훈습이라는 것은 곧 중생의 외적인 조건에 의한 능력
을 말한다. 여기에는 많은 의미가 있지만, 간략하게 말하면 두 가
지이다. 하나는 차별된 조건이고, 다른 하나는 평등한 조건이다.
用熏者 卽是衆生外緣之力 有無量義 略說二種 一差別緣 二平
等緣

진여에는 둘이 없고 둘 아닌 것도 없다. 둘이 없기 때문에 일체 중생
과 부처가 오직 한 진여이고, 둘 아닌 것도 없기 때문에 낱낱의 중생과
낱낱의 부처가 각각 모두 다 전체가 진여이다. 둘이 없기 때문에 훈습하
는 것과 훈습된 것이 없고, 둘 아닌 것도 없기 때문에 훈습하는 것과 훈
습된 것을 논할 수 있다. 설사 둘이 없다면 진실로 훈습하는 하는 것과
훈습된 것도 없고, 설사 둘 아닌 것이 없다 해도 훈습하는 것과 훈습된
것이 없다.

중생과 부처가 한결같이 둘이기 때문에 중생이 느낄 수도 없고, 부
처도 응할 수가 없다. 여기에서는 둘이 아니면서도 둘이기 때문에 작용
에 의한 훈습을 논할 수 있는 것이다. 또한 둘이 없으면 둘 아닌 것도 없

기 때문에 차별된 조건이 있고, 둘 아닌 것이 없으면 둘도 없기 때문에 평등한 조건이 있는 것이다. 또한 차별된 조건이 있기 때문에 인연 없는 중생은 제도하지 못하고, 평등한 조건이 있기 때문에 부처가 중생을 제도하기를 끝까지 쉬지 않는다.

眞如無二 亦無不二 以無二故 一切生佛 唯一眞如 以無不二故 一一生 一一佛 各皆全體眞如 以無二故 卽無能熏所熏 以無不二故 得論能熏所熏 又設唯無二 固無能熏所熏 設唯無不二 亦無能熏所熏 以生與佛 一向二故 生不能感 佛不能應 今由不二而二 乃得論用熏也 又由無二卽無不二 所以有差別緣 由無不二卽是無二 所以有平等緣 又由有差別緣 故佛不能度無緣者 有平等緣 故佛度生終不休息也

둘째, 각각 해석하는 데도 두 가지가 있다. 첫째는 차별된 조건을 해석하고, 둘째는 평등한 조건을 해석한다. 여기서는 첫 번째 차별된 조건을 해석한다.

二各釋二 初釋差別緣 二釋平等緣 今初

차별된 조건이라는 것은 모든 중생이 초발심으로부터 성불에 이르기까지, 가만히 불·보살 등 모든 선지식이 응하여 교화할 대상을 따라 몸을 나타내는 것을 말한다. 혹 부모가 되기도 하고 혹 처와 자식이 되기도 하며, 혹 권속이 되기도 하고 혹 하인이 되기도 하며, 혹 친한 벗이 되기도 하고 혹 원수가 되기도 하며 혹 천왕 등의 모습을 나타내기도 한다. 혹 사섭법을 쓰고 혹 육바라밀에서 내지 일체 보리행의 조건에 이르기까지 대비[535]하고 유연한 마음[536]과 광대한 복과 지혜로써 응하여 교화할 일체 중생을 훈습한다. 그들이 보고 들어서 여래 등의 형상을 기억하여 선근을 증장하도록 한다. 이 차별된 조건에는 두 가지가 있다. 첫째는 가까운 조건으로, 속히 보리를 얻기 때문이다. 둘째는 먼 조건으로, 오랜 시간 뒤에 비로소 얻기 때문이다. 먼 조건에도 수행이 증장되는 조건과 도에 들어가는 조건의 두 가지가 있다.

差別緣者 謂諸衆生從初發心乃至成佛 蒙佛菩薩等諸善知識 隨所應化而爲現身 或爲父母 或爲妻子 或爲眷屬 或爲僕使 或爲知友 或作冤家 或復示現天等形 或以四攝 或以六度 乃至一切菩[537]提行緣 以大悲柔軟心 廣大福智藏 熏所應化一切衆生 令其見聞 乃至憶念如來等形 增長善根 此緣有二 一近緣 速得菩提故 二遠緣 久遠方得故 此二差別 復各二種 一增行緣 二入道緣

'초발심으로부터 성불에 이르기까지'라는 것은, 무루종자가 현행하

---

535) 대비(大悲)는 범어 mahākaruṇā의 번역으로, 남의 괴로움을 구하려는 마음을 비(悲)라고 한다. 불·보살의 비심(悲心)은 넓고 크므로 대비(大悲)라고 한다.
536) 유연심(柔軟心)은 유화한 마음이 도에 잘 수순하여 거역함이 없는 것으로, 심기가 정돈된 것을 의미한다. 설법을 듣는 사람의 마음이 유연하여 장애됨이 없고, 밝고 깨끗하게 되었을 때, 사성제의 법문을 이해하고 받아들일 수 있는 상태가 된 것을 표현하는 방법이다. 진역(晉譯)『화엄경』권24,「십지품」(『대정장』9, pp.548c16-8)에서는 "환희지를 원만히 갖춘 보살이 이구지(離垢地)에서 갖추어야 하는 열 가지 가운데 그 첫 번째가 유연심이다(菩薩摩訶薩已具足初地 欲得第二地者 當生十種直心 何等爲十 一 柔軟心)"라고 설하였다.
537) 『대정장』44, p.447a17(『기신론열망소』권4)에는 '薩'이 잘못 삽입되어 있다.

여 자체에서 훈습되어 내적인 원인이 감득된다는 것이다. "응하여 교화할 대상을 따라 몸을 나타낸다"는 것은 과(果)에서 진여의 작용에 의한 훈습으로 외적인 조건이 감득된다는 것이다. '혹 부모가 되고, 나아가 천왕 등의 형상에 이르기까지'라는 것은 그들로 하여금 보게 한다는 것이다. '혹 사섭법 내지 보리행의 조건으로써'라는 것은 그들로 하여금 보고 듣게 한다는 것이다. 혹 원수가 된다는 것은 제바달다[538]와 같은 경우이고, 나머지도 모두 알 수 있다. 사섭법은 보시(布施)[539] · 애어(愛語)[540] · 이행(利行)[541] · 동사(同事)[542]를 말하고, 육바라밀은 보시 · 지계 · 인욕 · 정진 · 선정 · 지혜를 말한다. 보리행은 네 가지 삼매[543]와 삼십칠조도품[544]

---

[538] 제바달다(Devadatta)는 곡반왕(斛飯王)의 아들로 아난의 형이며 석가모니의 사촌 동생이다. 출가하여 신통을 얻어 32상을 갖추었지만 자신의 이익을 위하여 삼역죄를 지어 산 채로 지옥에 떨어졌다.

[539] 보시섭(布施攝)은 사섭법(四攝法, catuḥ-saṅgrahavestu: 보시섭 · 애어섭 · 이행섭 · 동사섭)의 하나이다. 즉 중생이 재물을 즐기면 재물을 보시하고, 법을 즐거워하면 법을 보시한다. 이러한 보시로 인하여 친애하는 마음이 생겨 도를 받게 하는 것을 말한다.

[540] 애어섭(愛語攝)은 중생의 근성에 따라 좋은 말로 비유하여 말하는 것이다. 그래서 친애하다는 마음이 생겨서 도를 받게 하는 것을 말한다.

[541] 이행섭(利行攝)은 신(身) · 구(口) · 의(意)의 선행을 일으켜 중생을 이익되게 하며, 이에 따라 친애하는 마음이 생겨서 도를 받게 하는 것을 말한다.

[542] 동사섭(同事攝)은 법안으로 중생의 근성을 보고, 그 즐겨함을 따라 형상을 나타내며 다 같이 해서 이익되게 한다. 이에 따라 도를 받게 하는 것을 말한다.

[543] 네 가지 삼매는 천태종에서 세운 삼매로, 우리에게는 삼업(三業: 身 · 口 · 意業)이 있고, 신업(身業)에 네 가지 위의가 있다. 이 삼업과 네 가지 위의(行 · 住 · 坐 · 臥)에 일정한 수행 기간에 이를 지켜 삼매를 이루는데, 그 방법에 상좌삼매(常坐三昧) · 상행삼매(常行三昧) · 반행반좌삼매(半行半坐三昧) · 비행비좌삼매(非行非坐三昧)가 있다.

[544] 도품(道品)은 범어 bodhipākṣika의 번역으로, 보리분(菩提分) · 각지(覺支)로도 번역하며, 보리, 즉 깨달음의 지혜를 얻기 위한 실천수행 방법을 말한다. 깨닫기 위한 실천방법을 사념처(四念處: 身 · 受 · 心 · 法念處) · 사정근(四正勤 · 四正斷:

등의 수많은 수행문을 말한다. '대비와 유연한 마음'이라는 것은 동체대비[545]이다. 즉 모든 중생을 보기를 마치 자기와 같이 하여 거칠거나 사나움이 없는 것을 말한다. '광대한 복과 지혜의 창고'라는 것은 원만하고 지극한 수행해서 얻은 덕〔修德〕으로, 진실한 법성과 같아서 항상 이롭게 하는 것을 말한다. "응하여 교화할 대상인 일체 중생을 훈습하여 그들로 하여금 보고 듣게 한다"는 것은, 감응하여 도와 서로 통하는 것을 말한다. "여래 등의 형상을 기억하여 선근을 증장하게 한다"는 것은, 오직 응하여 교화할 현상세계의 법만 보고 들을 뿐만 아니라, 높이 수승한 조건을 증장한다는 것이다. 즉 여래 및 보살 등의 형상을 사람들이 항상 기억하여 받들어 모시게 되니, 진여에 의한 작용의 훈습에 속한다. 진실로 세 가지 불신(佛身)이 완연하니, 네 가지 덕〔常・樂・我・淨〕이 감소되지 않기 때문이다. '속히 보리를 얻는 것'을 '가까운 조건'이라 하고, '오랜 시간 뒤에 비로소 얻는 것'을 '먼 조건'이라고 하였다. 처음 발심하고부터 성불에 이르기까지 선지식의 인연을 의뢰하는 것을 볼 수 있다. '처음 발심하고부터'라고 한 것은 이 조건에 의하여 수행을 증장하여 도에 들어가는 것이다. '성불에 이르기까지'도 또한 이 조건에 의하여 수행을 증장하여 도에 들어간다. 수행을 증장하여 도에 들어가려는 것을 볼 수 있는 것도, 아울러 선지식을 만나는 계기 때문이다. 복덕에 관계되는 원인은

斷・律儀・隨護・修斷)・사신족(四神足・四如意足: 欲・精進・心・思惟如意足)・오근(五根: 信・精進・念・定・慧根)・오력(五力: 信・精進・念・定・慧力)・칠각지(七覺支: 擇法・精進・喜・輕安・捨・定・念覺支)・팔정도(八正道: 正見・正思惟・正語・正業・正命・正精進・正念・正定) 등 37가지로 정리한 것을 삼십칠도품(三十七道品) 또는 삼십칠조도품(三十七助道品)이라고 하며, 삼십칠각분(三十七覺分)과 같다.

545) 동체대비(同體大悲)는 불・보살의 대자비를 말한다. 중생과 자기가 동일한 몸이라고 보아 자비를 일으키기 때문에 동체대비라고 한다.

수행을 증장하는 조건이라 하고, 지혜를 완성하는 원인은 도에 들어가는 조건이라고 한다.

從初發心乃至成佛 卽是無漏種現體熏 內因爲能感也 隨所應化而爲現身 卽是果上眞如用熏 外緣爲能應也 或爲父母 乃至天王等形 令其見也 或以四攝乃至菩提行緣 令其見且聞也 或作冤家者 如提婆達多等 餘皆可知 四攝 謂布施 愛語 利行 同事 六度 謂施 戒忍進禪慧 菩提行 謂四種三昧 三十七道品等 無量行門 大悲柔軟心者 同體大悲 視諸衆生 猶如自己 無粗獷也 廣大福智藏者 圓極修德 等眞法性 恒作利益 無窮盡也 熏所應化令其見聞者 卽是感應道交也 乃至憶念如來等形增長善根者 不唯見聞應化事法 能爲增上勝緣 卽如來及菩薩等所有形像 令人憶念瞻禮 並屬眞如用熏 良以三身宛然 四德無減故也 速得菩提 名近緣 久遠方得 名遠緣 可見從初發心乃至成佛 並賴善知識緣也 從初發心 卽賴此緣增行入道 乃至成佛 亦賴此緣增行入道 可見若欲增行入道 並賴善知識緣也 福德緣因 名增行緣 智慧了因 名入道緣

둘째는 평등한 인연을 해석한다.

二釋平等緣

평등한 조건이라는 것은 일체 모든 불·보살이 평등한 지혜와 원력으로써, 널리 일체 중생을 제도하는 것이 자연스럽게 계속되어 단절되지 않는 것을 말한다. 이러한 지혜와 원력으로써 중생을 훈습하기 때문에, 그들이 불·보살을 항상 기억하게 된다. 때로는 보고 때로는 듣게 하여 이롭게 하고, 청정한 삼매에 들게 한다. 끊을 대상인 장애를 따라 걸림 없는 눈을 얻어 생각마다 일체 세계에 평등하게 나타난 수많은 불·보살을 보게 된다.

平等緣者 謂一切諸佛及諸菩薩 以平等智慧 平等志願 普欲拔濟一切衆生 任運相續 常無斷絶 以此智願熏衆生故 令其憶念諸佛菩薩 或見或聞而作利益(令其)入淨三昧 隨所斷障 得無礙眼 於念念中 一切世界 平等現見無量諸佛及諸菩薩

'평등한 지혜'는 일체 중생과 부처가 오직 한 진여의 지혜임을 깨달은 것을 말한다. 이러한 평등한 지혜가 있으면 반드시 평등한 서원이 있다. 이를테면, 억지〔作爲〕가 없는 네 가지 큰 서원이다. 초발심에서 네 가지 큰 서원〔僧那〕[546]을 세워 마지막까지 대비로서 어려움에 맞선다. 그러므로 "자연스럽게 계속되어 끊어짐이 없이 중생을 훈습한다"는 것이다. '청정한 삼매'는 진여삼매를 말한다. "끊을 대상인 장애를 따른다"는 것은 마치 환희지에서 범부의 본성이 되게 하여 깨닫지 못하게 하는 종자〔異生性〕의 장애를 끊어[547] 백 가지 세계 속에서 모든 부처님과 보살들을 보고, 이구지에서 잘못된 수행의 장애를 끊어 천 가지 세계 속에서 모든 부처님과 보살들을 보며, 지위가 지위를 더욱 증장함에 이른다는 말이

---

546) 승나(僧那)는 범어 samnāha-samnaddha의 음역 승나승녈(僧那僧涅)의 약어로, 구마라집의 구역에서는 사홍서원(四弘誓願)이라고 번역했다. 모든 부처에게 총원(總願)과 별원(別願)이 있는데, 사홍서원은 총원이라고 한다. 이것은 일체 보살이 초발심에 반드시 세우는 서원이다.

547) 『화엄경행원품소초』 권2(『속장경』 5, pp.248a12-24)에서는 "초지에서 성인의 법을 얻지 못하고 범부의 본성이 되게 하는 종자의 장애를 끊고 변행진여를 증득하여 환희지에 머문다. (중략) 제2지에서 그릇된 행의 장애를 끊고 최승진여를 증득하여 이구지에 머문다(初地斷異生性障 證遍行真如 住歡喜地 (중략) 二斷邪行障 證證最勝真如 住離垢地)"라고 하였다.

다. 마치 『화엄경』「십지품」에서 밝힌 내용과 같이 갖춘다는 뜻이다. 둘째, 진심에 의한 훈습하는 뜻의 종류를 해석한 가운데, 첫째 표하고 둘째 해석을 마친다.

平等智慧 卽了達一切生佛唯一眞如之智慧也 有此平等智慧 則必有平等志願 所謂無作四弘誓也 發僧那於始心 終大悲以赴難 所以任運無斷 熏衆生也 淨三昧 卽是眞如三昧 隨所斷障等者 如初地斷異生性障 能見百世界中諸佛菩薩 二地斷邪行障 能見千世界中諸佛菩薩 乃至地地轉增 具如華嚴十地品中所明也 二釋眞熏義別中 初標 二釋竟

셋째는 마무리 지어 판단한다.

三結判

자체와 작용의 훈습에 또 다시 두 가지가 있다. 첫째는 상응하지 않는 것이고, 둘째는 이미 상응한 것이다. 상응하지 않는다는 것은 범부·이승·처음 수행하는 보살들이 의와 의식에 의한 훈습을 말한다. 오직 믿는 힘에만 의지하여 수행하여 분별이 없는 마음으로는 수행하지 못하고 진여의 자체와도 상응하지 못하며, 자재한 업으로도 수행하지 못하고 진여의 작용과도 상응하지 못한다.

此體用熏復有二別 一未相應 二已相應 未相應者 謂凡夫二乘 初行菩薩 以依意意識熏 唯依信力修行 未得無分別心修行 未與眞如體相應故 未得自在業修行 未與眞如用相應故

'범부'는 삼승과 외범을 말하고, '2승'은 유학과 무학을 말하며, '처음 수행하는 보살'은 내범을 말한다. '2승'은 제7식이 있다는 것을 알지 못하고, 오직 제6식에만 의하여 아공(我空)을 수행하여 얻는 것을, "의식에 의하여 훈습한다"고 한다. 보살이 이미 제7식이 있는 줄 알고, 제6식에 의하여 법공(法空)을 수행하면, '의와 의식에 의한 훈습'이다. 그러나 제7식이 전환하여 평등성지와 상응하지 못하고, 제6식이 전환하여 법공과 무루의 묘관찰지와 상응하지 못한다. 비록 아공의 묘관찰지를 얻었지만, 이것은 대승 근본의 무분별지는 아니다. 그것은 법공이 나타낸 진여의 자체를 증득하지 못했기 때문이다. 아직 본체를 증득하지 못했는데, 어떻게 후득지인 무분별지를 얻어 진여의 자재한 업의 작용이 이루어지겠는가!

凡夫 謂三乘外凡 二乘 謂有學無學 初行菩薩 謂內凡也 二乘不知有第七識 唯依第六修生空觀 名爲依意識熏 菩薩已知有第七識 雖依第六修法空觀 即名依意及意識熏 然第七識 未能轉與平等性智相應 第六識 未能轉與法空無漏妙觀察智相應 雖得生空妙觀察智 未是大乘根本無分別智 以其未證法空所顯眞如體故 旣未證體 何能起後得無分別智 而成眞如自在業用也哉

이미 상응한다는 것은, 법신보살이 분별이 없는 마음을 얻어 일체 여래의 자체와 상응하는 것이다. 그리고 자재한 업을 얻어 일체 여래의 지혜 작용과 상응하는 것이다. 오직 법력에 의해 자유롭게 수행하여, 진여를 훈습하고 무명을 소멸하게 되는 까닭이다.

已相應者 謂法身菩薩 得無分別心 與一切如來自體相應故 得自在業 與一切如來智用相應故 唯依法力 任運修行 熏習眞如 滅無明故

'법신보살'은 점교에서의 첫 번째 환희지와 돈교에서의 첫 번째 발심주를 말한다. '증득한 진여'는 곧 일체 여래의 자체에 두 개의 본체가 없기 때문이다.

이미 그 체를 부분적으로 증득했다면, 반드시 그 작용도 부분적으로 같아야 된다. 그래서 『화엄경』에서는 "처음 발심했을 때 문득 정각을 이루고, 청정하고 미묘한 법신이 담연히 일체에 응한다"[548]고 하였다. 이후에는 아울러 공용이 없는 도이기 때문에 "자유롭게 수행한다"고 한 것이다. 셋째, 청정한 법의 훈습을 해석함을 마친다.

法身菩薩 謂漸敎初歡喜地 頓敎初發心住也 所證眞如 卽是一切如來自體 無二體故 旣已分證其體 卽必分同其用 故華嚴云 初發心時 便成正覺 淸淨妙法身 湛然應一切也 此後並是無功用道 故云任運修行等 三釋熏習淨法竟

넷째는 끊어짐과 끊어지지 않음을 마무리 지어 가린다.

四結判斷與不斷

또 오염된 법이 훈습되는 것은 시작도 알 수 없는 오랜 세월 동안 끊어지지 않다가 성불하면 끊어진다. 그러나 청정한 법이 훈습되는 것은 영원토록 끊어지지 않는다. 진여법이 훈습되기 때문에 망령된 마음이 곧 없어지고, 법신이 드러나서 작용의 훈습을 일으키기 때문에 끊어짐이 없는 것이다.

復次染熏習 從無始來不斷 成佛乃斷 淨熏習 盡於未來 畢竟無

---

548) 진역(晉譯) 『화엄경』 권8, 「범행품」 『대정장』 9, p.449c03.

斷以眞如法熏習故 妄心則滅 法身顯現 用熏習起 故無有斷

"오염된 법의 훈습은 성불하면 곧 끊어진다"는 것은, 무명은 시작은 없어도 끝은 있다는 말이다. "청정한 법의 훈습은 끝까지 끊어지지 않는다"는 것은, 수행하여 얻은 깨달음은 시작은 있어도 끝은 없다는 말이다. 오염된 법과 청정한 법은 모두 진여 본각에 의지하여 본각은 시작도 없고 끝도 없다는 것이다. 비유하면, 마치 방향에 의지하기 때문에 미혹하는 것처럼 미혹과 방향은 모두 시작이 없다. 미혹에 의하여 깨달음이 있고, 깨달음과 방향이 모두 끝이 없으니, 방향 밖에 따로 미혹과 깨달음이 없으며, 미혹과 깨달음 밖에 또한 별도로 방향이 없다. 변하지 않는 방향은 반드시 미혹과 깨달음의 두 조건을 따르기 때문에 진여가 곧 생멸이다. 미혹과 깨달음 두 조건이 끝내 방향을 바꾸게 할 수 없기 때문에 생멸이 곧 진여이다. 그러나 미혹하면 방향을 어겨 발걸음마다 모두 틀리게 되고, 깨달으면 방향에 수순하여 가고 오는 것이 의도하는 것과 같다. 그래서 반드시 미혹을 돌려서 깨달음에 돌아가는 것이다.

【문】『유식론』에서는 "불과(佛果)는 훈습하는 것과, 훈습된 것이 없다"고 했는데, 여기에서는 작용의 훈습이 일어나기 때문에 끊어짐도 없다고 하였다. 이것을 어떻게 회통하겠는가? 【답】여기에서 "망령된 마음이 없어지면 법신이 드러난다"고 한 것은, 『유식론』에서의 불과(佛果)는 훈습하는 것과 훈습된 것이 없다는 뜻이며, 『유식론』에서 "교화할 중생을 기약할 수 없기 때문에, 영원토록 네 가지 지혜의 마음이 끊어짐이 없이 가득 차 있다"549)고 했다. 곧 여기에서는 "작용의 훈습이 끊어짐이 없다"

---

549) 『성유식론』 권10(『대정장』 31, p.0057c9-10)의 내용, '四智品由本願力所化有情無盡期故窮未來際無斷無盡'을 인용한 것이다.

는 뜻이다. 잘 생각해 보라. 첫째, 생멸하는 인연의 모양을 바르게 해석함을 마친다.

染至成佛乃斷 所謂無明無始而有終也 淨則畢竟無斷 所謂始覺有始而無終也 染淨皆依眞如本覺 所謂本覺無始而無終也 譬如依方故迷 迷與方皆無始 依迷有悟 悟與方皆無終 方外別無迷悟 迷悟之外亦別無方 以不變之方 必隨迷悟兩緣 故眞如卽生滅 以迷悟兩緣 終不能令方改 故生滅卽眞如 然迷則違方而擧足咸非 悟則順方而去來如意 故須返迷歸悟也 問 唯識論云 佛果更無能熏所熏 今云用熏習起故無有斷 如何會通 答 今言妄心滅法身顯 卽唯識佛無能熏所熏義也 唯識論言 所化有情爲盡期故 窮未來際 四智心品無斷無盡 卽今用熏習無斷義也 思之 初正釋生滅因緣相竟

둘째 대승의 체·상·용이라는 것은, 앞의 「입의분」에서 설명한 것으로 인하여 드러내 보였다. 이 마음이 생멸하는 인연의 모습이 대승의 체·상·용을 드러내 보였기 때문에, 지금 이 마음이 생멸하는 인연의 모습을 해석하여 이미 마쳤다. 그래서 반드시 이 마음이 대승의 체·상·용임을 드러내 보이는 것이다. 본문은 두 가지로 나눈다. 첫째는 본체와 모습을 드러내 보이고, 둘째 작용을 드러내 보인다. 첫째 본체와 모습을 드러내 보이는 것에 다시 두 가지가 있다. 첫째는 바로 드러내 보이고, 둘째는 의문을 푼다.

二顯示大乘體相用者 由前立義分云 此心生滅因緣相 能顯示大乘體相用故 今釋此心生滅因緣相旣畢 故須顯示此心大乘體相用也 文爲二 初顯示體相 二顯示用 初中二 初正顯示 二釋疑 今初

(7) 생기고 소멸하는 마음〔生滅心〕

① 본체〔體大〕

또 진여 자체의 모습은 일체 범부·성문·연각·보살·불이 증가하거나 감소됨이 없다. 과거에 생겨나지도 않았고, 미래에 없어지지도 않을 것이다. 언제까지나 항상 그대로이다.
復次眞如自體相者 一切凡夫 聲聞 緣覺 菩薩諸佛 無有增減 非前際生 非後際滅 常恒究竟

여기에서는 먼저 대승의 본체를 보인다. '일체 범부'는 곧 육도 범부의 세계로, 성문 등과 함께 십법계를 이룬다. 낱낱의 범부 내지 낱낱의 모든 부처에 이르기까지 각각 진여 전체를 갖추면서도, 또한 진여는 둘이 없다. 미혹함에 있어도 감소되지 않고, 깨달음에 있어도 증가되지 않는다. 과거의 시작도 없고 미래의 끝도 없기 때문에, "언제까지나 항상 그대로이다"라고 한 것이다.
　此先示大乘體也　一切凡夫　卽六凡法界　幷聲聞等　則成十法界也　一一凡夫　乃至一一諸佛　無不各具眞如全體　而亦無二眞如　在迷不減　在悟不增　前際無始　後際無終　故云常恒究竟也

② 모습〔相大〕

시작을 알 수 없는 오랜 옛적부터 본성에 일체 공덕이 갖추어져 있다. 이를테면, 큰 지혜광명의 뜻이며, 법계를 두루 비춘다는 뜻이고, 사실 그대로 안다는 뜻이며, 본성이 청정하다는 뜻이고, 상·낙·아·정의 뜻이며, 적정하여 변하지 않고 자재하다는 뜻이다. 이와 같은 등 갠지스 강의 모래 수보다 많다는 뜻은, 같지도 않고 다르지도 않은 불가사의한 불법으로 끊어지지 않는다는 뜻이다. 이러한 뜻을 가지고 있기 때문에 여래장이라고 하며, 법신이라고 한다.[550]

從無始來 本性具足一切功德 謂大智慧光明義 遍照法界義 如實了知義 本性淸淨義 常樂我淨義 寂靜不變自在義 如是等過恒沙義 非同非異不思議佛法 無有斷絶 依此義故 名如來藏 亦名法身

여기에서는 대승 자체의 모습을 보인다. 일체 중생심은 이미 본래부터 진여의 자체가 갖추어져 있고, 본래부터 진여의 모습도 갖추어져 있다. 성불한 이후에 있을 과보를 기다리지 않기 때문에, '진여 자체의 모습'이라고 하였다. 같지도 않고 다르지도 않다는 것은, 거꾸로 오염된 차별법의 입장에서는 같지 않고, 오직 한 진여의 입장에서는 다르지도 않다는 것이다. 진여 자체에 의하여 본래부터 이와 같은 진실한 덕의 모습이 갖추어져 있다. 그러므로 범부가 평소에 알지 못하는 입장에서는 여래장이라 하고, 모든 부처님이 장애를 벗어나 원만하고 분명한 입장에서는 전환하여 이름을 법신이라고 한다. 첫째, 바로 드러내 보임을 마친다.

---

550) 구역 『기신론』(『대정장』 32, p.579a17-20)에서는 "이와 같은 항하의 모래 수보다 많은 공덕이 떠나지도 않고 끊어지지도 않으며, 달라지지도 않는 불가사의한 불법을 갖고 있어서, (중략) 여래장이라고 하며 여래법신이라고도 한다〔具足如是過於恒沙 不離不斷不異不思議佛法 (중략) 名爲如來藏 亦名如來法身〕"라고 하였다.

此示大乘自體相也 一切衆生心 旣本具眞如體 卽本具眞如相 非俟成佛而後有之 故名眞如自體相也 非同非異者 約翻染差別 故非同 約唯一眞如 故非異也 依眞如體 本具如此眞實德相 故約凡夫日用不知 但名爲如來藏 約諸佛出障圓明 轉名爲法身也 初正顯示竟

둘째, 의문을 푼다.
二釋疑

【문】위에서는 진여는 일체 모습을 여의었다고 했다. 그런데 어떻게 여기에서는 일체 모든 공덕의 모습을 갖추었다고 하는가?
問 上說眞如離一切相 云何今說具足一切諸功德相

위에서 진여가 일체 모습을 여의었다고 한 것은, 곧 진여문에서 설명한 뜻을 가리킨 것이다.
上說眞如離一切相 卽指眞如門中所說義也

【답】비록 실제로 일체 공덕을 갖추고는 있지만, 차별된 모습이 있는 것은 아니다. 일체 법은 모두 똑같은 하나로, 하나의 진여일 뿐이다. 왜냐하면, 분별된 모습을 여의면 두 가지 성품이 없기 때문이다.
答 雖實具有一切功德 然無差別相 彼一切法 皆同一味 一眞 離分別相 無二性故

'똑같은 하나'라는 것은, 똑같은 무루법이라는 것이다. '동일한 진여'라는 것은, 한결같고 한결같은 지혜로, 곧 일진법계이다. "분별된 모습을 여읜다"는 것은, 모든 범부와 2승·방편의 지위에 있는 보살들이 추측해서 알 수 있는 것이 아니다. '두 가지 성품이 없기 때문'이라는 것은, 오직 원성실성이 거두어들인 것이다.

同一味者 同無漏味也 同一眞者 如如及如如智 卽是一眞法界也 離分別相者 非諸凡夫二乘權位菩薩所能測識也 無二性故者 唯是圓成實性所攝也

업식으로 생멸하는 모습에 의하여 일체 차별된 모습을 세운다. 어떻게 세우는가? 일체 법이 본래 오직 마음뿐이라서 실제로는 분별이 없다. 그러나 깨닫지 못하기 때문에 분별하는 마음이 생겨 경계가 있다고 보는 것을 무명이라고 한다. 그러나 심성은 본래 청정하여 무명이 일어나지 않기 때문에, 진여에서 큰 지혜광명의 뜻을 세운다. 만약 마음에 경계를 보려는 주관이 생기면 보지 못하는 모습이 있게 된다. 그러나 심성에 보려는 주관이 없으면 보지 못하는 것이 없다. 그래서 진여에서 법계를 두루 비추는 뜻을 세운다. 만약 마음에 움직임이 있으면, 진실한 그대로 아는 것이 아니고 본성이 청정한 것이 아니며, 상·락·아·정이 아니고, 적정도 아니며 다르게 변하여 자재롭지 못하다. 이러한 것으로 인하여 갠지스 강의 모래보다 더 많은 허망한 잡념이 생겨나게 된다. 그러나 심성은 움직임이 없기 때문에 곧 진실한 그대로를 아는 뜻을 세운다. 나아가 갠지스 강의 모래보다 더 많은 청정한 공덕상의 뜻을 세운다. 만약 마음에 망념이 생겨서, 다른 경계를 분별하여 구할 것이 있다고 본다면, 안으로 법에 부족한 것이 있게 된다. 그러나 끝없는 공덕은 곧 한 마음인 자성이니, 다른 법이 있어도 다시 구할 것으로 보지 않는다. 그러므로 갠지스 강의 모래보다 더 많은, 다르지 않고 하나도 아닌 불가사의한 법이 원만히 갖추어져 끊어짐이 없다. 그렇기 때문에 진여를 여래장이라 하고, 또한 여래법신이라고 한다.

以依業識等生滅相 而立彼一切差別之相 此云何立 以一切法本來唯心 實無分別 以不覺故 分別心起 見有境界 名爲無明 (然而)心性本淨 無明不起 (是故)卽於眞如 立大智慧光明義 (也) 若心生見境 則有不見之相 (然而)心性無見 則無不見 (是故)卽於眞如 立遍照法界義(也) 若心有動 則非眞了知 非本性淸淨 非常樂我淨 非寂靜 是變異 不自在 由是具起過於恒沙虛妄雜染 (然而)以心性無動故 (是故)卽立眞實了知義 乃至過於恒沙淸淨功德相義(也) 若心有起 見有餘境可分別求 則於內法有所不足 (然而)以無邊功德 卽一心自性 不見有餘法而可更求 是故滿足過於恒沙非異非一不可思議之法 無有斷絶 (由其本具如此德相)故說眞如名如來藏 (由其證此本具德相) 亦復名爲如來法身

직접적인 원인에 부처님이 성취한 지위〔果海〕[551]가 포함되어 여래장이라 하고, 또한 이즉법신이라고 한다. 부처님이 성취한 지위는 직접적인 원인의 근원을 통하여서 법신이라고 하며, 또한 구경여래장이라고

---

551) 과해(果海)는 불과(佛果)의 공덕이 넓고 큰 것을 바다에 비유한 말이다.

한다. 첫째, 자체와 모습을 나타냄을 마친다.

因該果海 名如來藏 亦可名爲理卽法身 果徹因源 名爲法身 亦可名爲究竟如來藏也 初顯示體相竟

③ 작용〔用大〕

둘째, 작용을 드러내 보이는 데 세 가지가 있다. 첫째는 작용이 곧 진여임을 바로 밝히고, 둘째는 근기에 따라 보는 것이 다름을 널리 밝히며, 셋째는 진여의 미묘한 작용을 마무리 지어 보인다. 여기서는 첫 번째이다.

二顯示用三 初正明用卽眞如 二廣明隨機見別 三結示眞如妙用 今初

또, 진여의 작용이라는 것은 일체 모든 부처님이 수행하는 과정에〔因地〕[552]에 있을 때, 큰 자비를 일으켜 모든 바라밀과 사섭법 등의 행을 닦아 중생을 자기와 같이 보고 빠짐없이 모두 제도하여 해탈시키고자 하되, 영원토록 겁수(劫數)를 제한하지 않고 사실 그대로 자타가 평등한 줄 알며 중생이라는 관념을 가지지도 않는 것을 말한다. 이와 같은 큰 방편의 지혜로써 시작을 알 수 없는 무명을 없애고 본래의 법신을 증득하여, 자연스럽게 불가사의한 업과 갖가지 자유자재한 차별된 작용을 일으켜 법계에 두루 미치고 진여와 더불어 평등하다. 그러나 작용하는 모습을 얻을 수는 없다. 무슨 까닭인가? 일체 여래는 오직 이 법신의 궁극적 최고의 진리로서, 속제적인 경계와 작용은 없기 때문이다.

---

552) 인지(因地)는 성불한 지위를 과지(果地) 또는 과상(果上)이라고 하는데 상대하여, 불도를 수행하는 과정에 있을 때를 말한다.

復次眞如用者 謂一切諸佛在因地時 發大慈悲 修行諸度四攝
等行 觀物同已 普皆救脫 盡未來際 不限劫數 如實了知自他平
等 而亦不取衆生之相 以如是大方便智 滅無始無明 證本法身
任運起於不思議業 種種自在差別作用 周遍法界 與眞如等 而
亦無有用相可得 何以故 一切如來 唯是法身第一義諦 無有世
諦境界作用

'일체 모든 부처가 불도를 수행하는 지위에 있을 때'라는 것은, 우리와 똑같은 범부로 있을 때라는 말이다. '자기의 마음에 진여법이 있다는 믿음으로 인하여 문득 큰 자비와 네 가지 큰 서원을 일으켜 육바라밀과 사섭법 등의 행을 수행하여, 빠짐없이 중생을 구제하기를 일체 겁이 다할 때까지'라는 것은, 관문(觀門)[553]을 수행하는 것을 뜻한다. "사실 그대로 자타가 평등한 줄 알고, 또한 중생이라는 관념을 가지지 않는다"는 것은, 지문(止門)[554]을 수행함을 말한다. 지(止)와 관(觀), 두 법문(法門)은 반드시 병행하여 닦아야 한다. 뒤의「수신분」의 자기 수행의 공(功)을 설하는 부분에서는 먼저 지문(止門)을 밝혔고, 여기에서는 남을 교화하는 작용을 드러내기 위하여 먼저 관문(觀門)을 밝힌 것이다. 또한 이 본문 중에서 "중생을 자기와 같이 본다"는 것은, 반야 가운데 광대한 마음(廣

---

553) 관문(觀門)은 법을 관함을 말한다. 관법은 법문(法門)의 하나로 도에 들어가는 문(門)이 되기 때문에 문(門)이라고 한다.『법화경현의』권10(『대정장』40, pp.806a19-20)에서는 "교문은 믿음을 행하는 사람이라 하며 가르침을 받는다는 뜻이고, 관문은 법을 행하는 사람이 되며 지혜의 뜻을 이룬다(教門為信行人 又成聞義 觀門為法行人 又成慧義)"라고 하였다.
554) 지문(止門)은 마음을 고요히 하는 법문(法門)이다.『법화론소』권2(『대정장』40, pp.802a07-8)에서는 "『섭대승론』은 처음에 일체 법을 지문에 의하여 밝히고 있다(攝大乘論初明一切法依止門)"라고 하였다.

大心)을 일으키는 것을 말한다. "빠짐없이 모두 구제하여 해탈시킨다"는 것은, 반야 가운데 제일의 마음(第一心)을 일으키는 것을 말한다. "자타가 평등한 줄 안다"는 것은, 반야 가운데 좋은 말로 거두어들이는 마음〔愛攝心〕과 항상 그대로인 마음〔常心〕을 일으킨다는 말이다. "또한 중생이라는 관념을 가지지 않는다"는 것은, 반야 가운데 전도되지 않는 마음을 일으키는 것을 뜻한다. 다만 이 네 가지 마음이 생각마다 상응하는 것을 큰 방편의 지혜라고 하기 때문에, "본체를 증득하여 작용을 일으킨다"는 것이다. 그러나 '이 자유자재한 차별된 작용'은 범부가 본 것을 두고는 분별이 있기 때문에 세속적인 진리라 하고, 성인의 마음속에서 본 것을 두고는 분별이 없기 때문에 오직 궁극적 최고의 진리〔第一義諦〕라고 한다. 그러므로 세속적인 진리와 궁극적 최고의 진리가 실제로는 하나이다. 비유하면, 마치 술 취한 사람이 망령되게 집을 바꿔서 보고 바뀐 집과 바뀌지 않은 집이 있다고 하는 것과 같다. 실제로 술 취한 사람이 본 바뀐 집은 곧 술 취한 사람이 본 바뀌지 않은 집으로, 본래 두 집이 없는 것이다.

一切諸佛在因地時者 卽與我等同爲凡夫時也 由信自心有眞如法 便能發大慈悲四弘誓願 修行六度四攝等行 普救衆生 盡一切劫 卽是修行觀門 如實了知自他平等 而亦不取衆生之相 卽是修行止門 止觀二門 修必並運 後修信中 是約自行之功 故先明止 今文爲顯化他之用 故先明觀也 又此中觀物同已 卽般若中發廣大心 普皆救脫 卽般若中發第一心 了知自他平等 卽般若中發愛攝心 亦名常心 而亦不取衆生之相 卽般若中不顚倒心 只此四心念念相應 名爲大方便智 故能證體而起用也 然此自在差別作用 在凡夫人所見 則名世諦 以其有分別故 在聖人心中所見 卽唯第一義諦 以其無分別故 故曰 所言二諦 其實是一 譬如醉人 妄見屋

轉 謂有轉屋及不轉屋 其實醉人所見轉屋 卽是醒人所見不轉之屋 無二
屋也

둘째, 널리 근기에 따라 보는 것이 다름을 밝히는 데 두 가지가 있다. 첫째는 의지할 객체인 식의 입장에서 화신과 수용신을 가리고, 둘째는 근기가 보는 대상을 두고 조잡하고 미세함을 가린다. 여기에서는 첫 번째이다.
　二廣明隨機見別二 初約所依識以判二身 二約機所見以判粗細 今初

다만, 중생이 보고 듣는 등을 따르기 때문에, 갖가지 작용도 동일하지 않다. 이 진여의 작용이 보이는 것에도 두 가지가 있다. 첫째는 상황을 분별하는 식에 의한 것으로, 범부와 이승이 마음에 보는 것을 화신이라고 한다. 이 사람은 전식이 나타낸 것인 줄 모르고, 밖으로부터 온 것으로 보고 물질적 한계가 있다고 생각한다. 그러나 부처의 화신은 헤아릴 수 없다.
**但隨衆生見聞等故 而有種種作用不同 此用有二 一依分別事
識 謂凡夫二乘心所見者 是名化身 此人不知轉識影現 見從外
來取色分限 然佛化身 無有限量**

응당히 어떤 사람이 질문하기를, 여래가 이미 세속적 진리의 경계 작용이 없는데 어떻게 중생이 부처를 보는 것이 각각 다른가? 나아가, 언제 어디서나 중생이 보는 열반 등의 일이 세속적 진리가 아닌가? 지금 해석하여 답하기를, 다만 중생이 보고 듣는 등에 따르는 것이다. '전식이 나타낸 것'이라고 한 것은, 8식이 현행하여 전환할 때 견분에서 부처의 몸의 영상이 나타난 것을 상분이라고 한다. 곧 '범부와 2승의 마음으로 본 것'은, 공통된 상〔共相〕으로 인하여 식이 전환하여 이 영상이 나타난 것이다. 원래 마음 밖으로부터 온 것이 아닌데, 범부와 2승들은 장식(藏識)에 있는 것인 줄 모른다. 그리고 중생의 마음 안에 모든 부처님이 나타낸 몸은 모든 부처님 마음 안의 중생과 더불어 본질이 되는 줄 모른다. 또한, 모든 부처님 마음 안의 중생이 보는 부처의 몸이 곧 중생의 마음 안의 모든 부처님이 나타낸 몸에 의탁하여, 저절로 변하여 영상이 되는 줄 모른다. 그러므로 밖으로부터 온 것으로 보고 "물질적 한계가 있다"고 생각한다. 그러나 저들이 비록 망령되게 밖에서 온 것으로 착각하지만, 그 실체는 원래 밖에 있는 것이 아니다. 저들이 비록 망령되게 한계를 두지만 그 실제 화신은 헤아릴 수 없다. 그래서 이 화신이 곧 진여의 작용이고 보신이며 법신이다. 진여의 자체와 모습을 여의지 않는 것은 바로 진여의 작용이 있기 때문이다. 그래서 응지(應持)[555]가 그 정수리를 보지 못하고 목련[556]은 그 소리를 다 듣지 못한다. 나아가 흙으로

---

[555] 『관무량수불경소묘종초(觀無量壽佛經疏妙宗鈔)』권5(『대정장』37, pp.224a29-224b03)에서는 "32상을 보아도 끝이 없다. 일장(一丈) 육척(六尺)이나 되는 부처님의 몸이 바로 법계이기 때문에 응지가 그 정수리를 볼 수 없고 목련이 그 소리를 들을 수 없다. 일장(一丈) 육척(六尺)인 부처님의 몸과 음성은 이미 두 성인이 애써도 보고 들을 수 없다〔見三十二相即無有邊 以知丈六是法界 故 應持不見其頂 目連莫究其聲 丈六身聲既因二聖窮不得際〕"고 하였다.

[556] 목련(目連, Mahāmaudgalyāyana)은 부처님의 십대제자의 한 사람으로, 신통제일로 알려져 있다. 중인도 왕사성 부근에서 바라문의 아들로 태어나 처음에는 사리불과 함께 육사외도(六師外道)의 한 사람인 산자야 벨랏티뿟따(Sañjayena Belaṭṭhiputta, 懷疑論者)의 상수제자였다. 오비구(五比丘) 중의 아설시(마승)를 만나 부처님의 제자가 되었다. 지옥에 떨어진 모친을 구하기 위하여 시아귀회(施餓鬼會)를 베풀었는데, 오늘날 우란분절의 유래가 되었다. 불교의 전법에 전념하다

빚은 불상·금으로 만든 불상·나무로 조각해서 만든 불상·종이에 그림으로 그려 만든 불상 등이 모두 삼신불(三身佛)이 완연하여 열반의 네 가지 덕이 감소됨이 없다. 잘못하여 범부의 색맹이나 2승의 애꾸눈을 따르지 말 것이니, 진정한 부처가 아니라, 스스로 그릇된 견해에 떨어지는 것이다.

應有問曰 如來旣無世諦境界作用 云何衆生見佛各各差別 乃至去來坐臥 示生涅槃等事 非世諦耶 故今釋曰 但隨衆生見聞等也 轉識影現者 八識現行轉時 於見分上 現佛身影爲相分也 卽彼凡夫二乘心之所見 並由共相識轉 所以現此影像 原不從心外來 但彼凡夫二乘 不知有藏識故 不知衆生心內諸佛所現之身 能與諸佛心內衆生而作本質 不知諸佛心內衆生所見佛身 卽托衆生心內諸佛所現之身而自變爲影像 故云見從外來 取色分限也 然彼雖妄計外來 其實原不在外 彼雖妄取分限 其實化身原無限量 以此化身 卽眞如用 則便卽報卽法 非離眞如體相 得有眞如用故 所以應持不見其頂 目連不窮其聲 乃至合土 範金 刻木 畫紙 所有佛像 咸悉三身宛然 四德無減 不可謬隨凡夫生盲 二乘眇目 謂非眞佛 自墮曲見中也

둘째는 업식에 의한 것이니, 모든 보살들이 처음 발심하고부터 보살의 수행을 마칠 때까지 마음에 보는 것을 수용신[557]이라고 한다. 몸에는 수없이 많은 물질적 형태가 있고 그 형태에는 수없이 많은

사리불과 함께 부처님보다 먼저 열반에 들었다.
557) 수용신(受用身, sāṃbhogikaḥ kāyaḥ)은 깨달은 결과로서, 불신(佛身)과 같다. 여기에는 스스로 법락을 홀로 즐기는 자수용신(自受用身)과 타인에게도 이 즐거움을 받게 하려는 타수용신(他受用身)이 있다.

모습들이 있으며, 그 모습에는 수없이 많은 좋은 모양들이 있다. 수용신이 머무는 곳에도 또한 수없이 많은 공덕의 장엄을 갖춘다. 곳에 따라 나타나 보는 것이 한정된 범위가 없고 끊어짐도 없으니, 마음 밖에서 이렇게 보는 것이 아니다.

二依業識 謂諸菩薩從初發心 乃至菩薩究竟地 心所見者 名受用身 身有無量色 色有無量相 相有無量好 所住依果 亦具無量功德莊嚴 隨所應見 無量無邊 無際無斷 非於心外如是而見

저 보살이 보는 부처의 몸은 반드시 안식(眼識)으로 인하여 보고 의식(意識)으로 관찰한다. 다만, 장식(藏識)이 있어 전적으로 진여를 본체로 삼아 본래 여래와 같지도 않고 다르지도 않은 줄 알기 때문에 곳을 따라 본다. 곧 자기의 마음속에 부처의 몸을 의탁하여 본질을 삼아, 도리어 자기의 마음에서 영상이 변화시켜 반연하는 것인 줄 안다. 본질이 나의 심성 밖에 있지 않고 영상이 반연하는 마음 밖에 있지도 않기 때문에, "업식에 의지한다"고 하였다. '초발심'은 돈교의 초발심주(初發心住)를 말한다. 그 분증진여로써 부처의 수용신을 본다. 그리고 이 수용신이 법성에 칭합하기 때문에 수없이 많은 물질적 형태가 있고 낱낱 물질적 형태를 따른다. 또한, 법성에 칭합하기 때문에 수없이 많은 모습이 있고 낱낱의 모습을 따른다는 것이다. 또한 법성에 칭합하기 때문에 수없이 많은 좋은 모양들이 있는 것이다. '머무는 곳'은 곧 실보무장애토[558]이

---

558) 실보무장애토(實報無障礙土)는 사토(四土)의 하나로, 방편토(方便土)가 증득한 공의 이치를 증득한 사람의 과보토(果報土)이다. 이 위에 다시 일분중도(一分中道)의 이치를 증득한 사람의 과보토로 진실의 법을 행하며 수승한 과보를 감득하여 색심이 서로 방해되지 않기 때문에 실보무장애토라고 한다. 순전히 보살이 머무르는 곳으로 범부의 2승은 없다. 별교(別敎)의 십지(十地) 이상과 원교(圓敎)의 십

다. 또한 법성에 칭합하기 때문에 수없이 많은 공덕의 장엄을 갖춘다. 그러나 이 또한 부처의 자수용신 및 국토에 의탁해서 본질로 삼아, 저절로 변한 상분을 몸소 반연한 것이기 때문에 타수용신 및 국토가 된다. 그러므로 각각 보살심의 분량을 따라 환희지에서 백 가지 세계를 보고, 이구지에서 천 가지 세계 등이 갖가지로 같지 않음을 본다. 나아가 보살의 수행을 마칠 때 이르러 비로소 모두 다 보니, 아울러 타수용신토[559]라고 부른다. 비유하면, 마치 등불의 빛이 비록 불빛마다 서로 걸림이 없이 융합하여, 서로 비추는 주체가 되고 서로 비추는 대상도 되며 겹겹이 모두 다 비추고 각각 뒤섞임이 없는 것과 같다. 생각하고 또 생각해 보라. 본체가 있고 영상이 있다고 생각하지 말라. 그것은 부분적으로 유식을 갖춘 것도 아니고 사사무애법계도 아니다. 【문】 발심주 이전의 보살이 보는 것은 무엇인가? 【답】 만약 점교에 있어서는 범부와 2승이 보는 것과 같고, 혹 돈교에 있어서는 초발심주에서 보는 것과 같을지라도 자유롭게 항상 보지 못할 뿐이다.

卽彼菩薩所見佛身 亦必由眼識見 意識觀察 但由知有藏識 全攬眞如 爲體 本與如來非一非異 故隨所見 卽知是托自心中佛之身以爲本質 還 於自心變影而緣 本質不在我心性外 影像不在能緣心外 故名依業識也 初發心 卽頓敎初發心住 以其分證眞如 能見佛受用身 此受用身 稱法性 故 所以有無量色 隨一一色 亦復稱法性故 所以有無量相 隨一一相 亦 復稱法性故 所以有無量好 所住依果 卽是實報無障礙土 亦復稱法性故

주(十住) 이상의 보살을 말한다.
559) 타수용신토(他受用身土)는 사토(四土)의 하나로, 타수용신이 있는 정토를 말한다. 초지 이상의 성자로 하여금 큰 법락을 받고 수승한 행을 닦게 하기 위하여 갖가지로 장엄한 이타(利他)의 국토이다. 흔히 보토(報土)라 하며, 또는 이것을 화토(化土)에 붙여 해석하기도 한다.

所以具無量功德莊嚴也 然此亦是托佛自受用身及土以爲本質 自變相分
爲親所緣 是故名爲他受用身及土 是故各隨菩薩心之分量 初地見百世
界 二地見千世界等 種種不同 乃至菩薩究竟地 見之方盡 並名他受用身
土也 譬如燈光 雖光光相入 而互爲能照 互爲所照 重重無盡 仍各無雜
故也 思之思之 勿謂有本有影 便非具分唯識 非卽事事無礙法界也 問
發心住前菩薩 所見云何 答 若在漸敎 卽同凡夫二乘所見 若在頓敎 能
同初住所見 但未能任運恒見耳

이 모든 공덕이 모두 바라밀 등의 무루행의 훈습과 및 불가사의한
훈습에 의하여 성취된 것이다. 한없이 기쁘고 즐거운 공덕의 모양
이 갖추어져 있기 때문에 보신이라고 한다.
**此諸功德 皆因波羅蜜等無漏行熏 及不思議熏之所成就 具無邊
喜樂功德相故 亦名報身**

낱낱 공덕이 비록 모두 성품에 갖추어져 있지만, 반드시 성품 그대로
에 수행을 일으켜 덕을 닦아야 비로소 성취할 수 있다. 비록 성취하였다
고 해도 성품의 덕에는 또한 더해진 것이 없다. 다만, 상대하여 선악의
원인이 되는 것을 닦기〔修因〕[560] 때문에 보과(報果)[561]라고 한다. 부처의
분상에서는 자수용보신은 법신과 합하여 둘도 없고 구별도 없다. 보살
은 이것을 의지하여 본질의 경계를 삼아 변하는 영상을 보면 곧 타수용

---

560) 수인(修因)은 선악의 인(因)을 닦는 것을 말한다. 또는 선악의 원인이 되는 것을 닦
아 좋은 결과를 얻으려 하는 것이다.
561) 보과(報果)는 선이나 악의 업인(業因)에 의지하여 받게 된 무기(無記)의 과(果)를
말한다.

보신이라고 한다. 첫째, 의지하는 객체인 식의 입장에서 두 가지 부처의 몸을 가리는 것을 마친다.

　一一功德 雖皆性具 仍須稱性起修 修德圓滿 方獲成就 雖云成就 而於性德亦無所加 但對修因 故名報果 在佛分中 卽自受用報身 與法身合 無二無別 菩薩仗之爲本質境 變影而見 卽名他受用報身也 初約所依識以判二身竟

둘째, 근기가 보는 대상을 두고 조잡하고 미세함을 가린다.

二約機所見以判粗細

또, 범부 등이 보는 것은 거친 작용이다. 육도의 차이에 따라 갖가지로 차별되고 한없는 공덕의 즐거운 모습이 없기 때문에 화신이라고 한다.[562] 처음 수행하는 보살들이 중간 정도의 작용을 보고 깊이 진여를 믿기 때문에 조금은 본다. 여래의 몸은 오고 감이 없고 끊어짐이 없어서, 오직 마음에 의해 영상이 나타나서 진여를 떠나지 않는 것인 줄 안다. 그러나 이 보살들은 아직 미세한 분별을 여의지 못하여 법신의 지위에 들어가지 못한다. 정심지의 보살들은 미세한 작용을 보고, 이와 같이 점점 더 나아지고 보살의 마지막 수행단계에 이르면, 비로소 모두 다 보게 된다. 이러한 미세한 작용이 바로 수용신이다. 업식이 있기 때문에 수용신을 보게 된다. 만약 업식을 여의면 볼 수 없다. 일체 여래가 모두 법신이어서, 피차의 차별된 물질적 형태로는 서로 서로 볼 수 없기 때문이

---

562) 구역 『기신론』(『대정장』 32, p.579b21)에서는 '응신(應身)'이라고 하였다.

다.
又凡夫等所見 是其粗用 隨六趣異 種種差別 無有無邊功德樂相 名爲化身 初行菩薩 見中品用 以深信眞如 得少分見 知如來身 無去無來 無有斷絶 唯心影現 不離眞如 然此菩薩 猶未能離微細分別 以未入法身位故 淨心菩薩 見微細用 如是轉勝 乃至菩薩究竟地中 見之方盡 此微細用 是受用身 以有業識 見受用身 若離業識 則無可見 一切如來 皆是法身 無有彼此差別色相互相見故

'범부 등'이라는 것은 평등하게 2승과 점교의 외범(外凡)을 뜻하고, '처음 수행하는 보살'이라는 것은 점교의 내범 및 돈교의 내범과 외범을 말하는 것이다. '정심지의 보살'이라는 것은 돈교의 초발심주와 점교의 환희지를 말한다. "거친 작용을 화신이라 한다"는 것은 하열한 응신이다. '중간 정도의 작용'이라는 것은 하열하기도 하고 수승하기도 한 응신이며, 또한 보신과 화신을 합한 몸이라는 것이다. '미세한 작용'이라는 것은 타수용보신이다. 모두 이 법신과 보신이 나타낸 영상이다.

법신과 보신을 여의지 않았는데 부처의 몸에 어떻게 거칠고 미세함이 있겠는가! 거칠고 미세함은 중생에게 있을 뿐이다. 또한 '거친 작용'이라는 것은, 대승의 지관(止觀)을 청정분별성이라 하고, 중간 정도의 작용과 미세한 작용은 모두 청정의타성이라고 한다. 만약 업식을 여의면 청정하고 진실한 성품을 증득한다. 그래서 제각기 법계에 두루 미쳐 섞임도 없고 걸림도 없으며, 피차의 차별이 없는 물질적 형태를 얻을 수 있는 것이다. 둘째, 광범위하게 근기를 따라 차이를 봄을 밝히는 것을 마친다.

凡夫等者 等取二乘 及漸敎外凡也 初行菩薩者 漸敎內凡 及頓敎內外凡也 淨心菩薩者 頓敎初發心住 漸敎初歡喜地也 粗用名化身者 劣應身也 中品用者 帶劣勝應身 亦名報化合身也 微細用者 他受用報身也 皆是法報所現之影 不離法報 佛豈有粗細哉 粗細並在機耳 又粗用者 大乘止觀名爲淸淨分別性 中用細用 皆名淸淨依他性 若離業識 則證淸淨眞實性故 各各周遍法界 無雜無礙 更無彼此差別色相之可得也 二廣明隨機見別竟

셋째는 진여의 미묘한 작용을 마무리 지어 보인다.
三結示眞如妙用

【문】만약 부처님의 법신은 갖가지 차별된 물질적 형태가 없다면, 어떻게 갖가지로 여러 물질을 나타내는가?【답】법신이 물질의 실체이기 때문에 갖가지의 물질적 형태를 나타낸다. 본래부터 물질과 마음의 본성은 둘이 아니다. 물질의 본성이 곧 마음의 자성이어서 지혜의 몸이라고 한다. 반면, 마음의 본성은 곧 물질의 자성이어서 법신이라고 한다. 법신에 의하여 일체 여래가 나타낸 물질적 형태의 몸이 모든 곳에 두루 미쳐 끊어짐이 없다. 시방의 보살이 감당하는 능력에 따르고 원하는 즐거움을 따라, 수없이 많은 수용신과 장엄된 국토를 봄에 제각기 차별하여 서로 장애하지 않고 끊어짐이 없다. 이렇게 나타낸 물질적 형태의 몸은 일체 중생의 마음이 망념으로 인식하는 분별로는 알 수 없다. 왜냐하면, 이것은 진여의 자재하고 심오한 작용이기 때문이다.

問 若佛法身 無有種種差別色相 云何能現種種諸色 答 以法身
是色實體 故能現種種色 謂從本已來 色心無二 以色本性 即心
自性 說名智身 以心本性 即色自性 說名法身 依於法身 一切如
來所現色身 遍一切處 無有間斷 十方菩薩 隨所堪任 隨所願樂
見無量受用身 無量莊嚴土 各各差別 不相障礙 無有斷絶 此所
現色身 一切衆生心意識不能思量 以是眞如自在甚深用故

법신은 진여이며, 진여는 일체 법의 실체이기 때문에 곧 물질의 실체이다. 이미 물질의 실체인데 갖가지 물질로 나타내는 것이 무엇이 어려운가! 하물며 본래부터 물질과 마음의 본성이 둘이 없으니, 성불을 기다려서 비로소 둘이 없다는 것은 아니다. 물질이 곧 진여이기 때문에 물질도 아니고 마음도 아니라고 하며, 또한 물질이며 마음이라고도 한다. 마음이 곧 진여이기 때문에 마음도 아니고 색도 아니며, 또한 마음이기도 하고 물질이기도 하다. 물질이 곧 마음이기 때문에 지혜의 몸이라고 한다. 반면, 일체가 오직 마음이고 마음이 곧 물질이어서 법신이라고 하는 것이다. 일체가 오직 물질이어서 이 물질도 아니고 마음도 아니면서, 물질이기도 하고 마음이기도 한 법신에 의지한다는 것이다. 여래가 나타낸 물질적 몸은 시간적·공간적으로 두루 미쳐 자수용보신이라 한다. 보살이 이것을 의탁하여 본질의 경계를 삼아 각기 보는 것이 차별되므로 타수용보신이라고 한다. 비록 다시 서로 두루 미쳐 또한 있는 곳이 없고 서로 장애하지 않으며 끊어짐도 없다. "감당하는 능력을 따른다"는 것은 환희지에서 백 세계를 보고 이구지에서 천 세계 등을 본다는 말이다. "원하는 즐거움을 따른다"는 것은 자유자재한 원력으로써 다시 이보다 많은 백 배 천 배 내지 백 천억 나유타 배에 이르도록 계산으로 알 수 없다는 말이다. 여기에 나타낸 물질적 몸은 진여의 자유자재하고 심오한 작용이다. 비록 원래는 중생의 마음이 의식으로 분별하는 것을 여의지 않은 성품이지만, 그 무명으로 깨닫지 못함 때문에 망상에 저절로 얽매여 있어 분별해서 알 수 없는 것이다. 둘째, 각기 두 문의 해석을 마친다.

法身卽是眞如 眞如卽是一切法之實體 故卽是色實體 旣卽是色實體 何難現種種色 況從本已來 色心無二 非俟成佛 方無二也 謂色卽眞如 故卽非色非心 亦卽能色能心 心卽眞如 故亦非心非色 亦卽能心能色 是以色卽是心 卽可名爲智身 則一切唯心 心卽是色 卽可名爲法身 則一切唯色 依此非色非心而色而心之法身 是以如來所現色身 橫遍竪窮 名爲自受用報 菩薩托之爲本質境 各見差別 名爲他受用報 雖復互遍 亦無所在 是以不相障礙 無有斷絶也 言隨所堪任者 卽所謂初地見百 二地見千等 言隨所願樂者 卽所謂若以自在願力 復過於此百倍千倍 乃至百千億那由他倍 不可數知等 此所現色身 並是眞如自在甚深妙用 雖原不離衆生心意識性 由其無明不覺 妄想自縈 所以不能思量也 二各釋二門竟

셋째, 진여문과 생멸문을 여의지 않음을 마무리 지어 보이는 데 두 가지가 있다. 첫째는 바로 관문(觀門)을 보이고, 둘째는 비유로 둘이 아님을 나타낸다. 첫째, 관문을 보인 가운데 다시 두 가지가 있다. 첫째는 뜻을 표하고, 둘째는 관을 밝힌다. 여기에서는 첫 번째 뜻을 표한다.

三結示不離二 初正示觀門 二喩顯不二 初中二 初標意 二明觀 今初

또 중생이 생멸문에서 진여문으로 들어가게 하기 위한 까닭이다.
復次爲令衆生從心生滅門 入眞如門故

중생이 시작을 알 수 없는 오랜 옛적부터 깨닫지 못했기 때문에 진여가 전체이면서 생멸을 이룬다. 생멸하는 마음을 버리고 어디에서 다시 진여를 볼 수 있겠는가! 그러므로 반드시 마음의 생멸문〔心生滅門〕에서 그 생멸이 본래 생멸하지 않는 줄 관하면, 바로 진여문에 들어간다.
衆生無始已來 從未悟故 眞如擧體而成生滅 捨生滅心 何處更有眞如可觀 故須卽從心生滅門 觀其生滅本不生滅 乃能入眞如門也

둘째는 관을 밝힌다.
二明觀

물질 등이 모두 이루어지지 않음을 관하게 하는데, 어떻게 이루어지지 않는가?
令觀色等皆不成就 云何不成就

여기에서는 전체적으로 물질〔色〕등을 들어서 관하는 경계를 삼는다. '등'이라는 것은 나머지 4온과 무위법도 같다는 뜻이다.
此總擧色等以爲所觀境也 等者 等餘四蘊及無爲法

조잡한 물질을 분석하면 점점 먼지가 되고, 다시 모로 나누어 이

미세한 먼지를 쪼갠다. 그래서 거칠거나 미세한 일체 모든 물질은 오직 이 망령된 마음이 영상을 분별한 것일 뿐, 실제로 있는 것이 아니다.

謂分析粗色 漸至微塵 復以方分 析此微塵 是故若粗若細一切 諸色 唯是妄心分別影像 實無所有

여기에서는 먼저 색온(色蘊)이 이루어지지 않음을 관한다. 미세한 먼지를 설사 나눌 수 있고 다시 쪼갤 수는 있어도, 결코 실체가 있는 것은 아니다. 만약 나눌 수 없다고 해도 또한 물질이 아니다. 그러므로 거칠거나 미세한 모든 물질은 다 망령된 마음이 나타낸 상분으로, 마음 밖에 실제로 물질이 없는 줄 알아야 한다.【문】물질을 분석하는 것은 소승의 관법인데, 어떻게 대승에서 활용하는가?【답】소승은 물질을 분석하여 인공(人空)을 드러내지만, 대승은 물질을 분석하여 색법이 본래 공(空)한 것임을 드러낸다. 그래서 법에는 대·소승이 없고, 대·소승은 사람에게 있다고 한다. 추위에 손이 트지 않게 치료하는 약을 만드는 사람〔不龜手藥〕[563]의 비유이니, 깊이 생각하라.

---

563) 균수약(龜手藥)은 추위에 얼어 터진 손을 치료하는 약이다.『한한대사전』권15, 단국대학교 동양학연구소, 2008, p.1479. '不龜手之藥'은『장자』「소요유(逍遙遊)」편의 장자와 혜자(惠子)와의 대화에서 "장자가 말하기를, 선생은 큰 것을 쓰는 방법이 매우 서툴군요. 송나라에 손이 안 트는 약을 잘 만드는 사람이 있었는데, 그는 (그 약을 손에 바르고) 대대로 솜을 물에 빠는 일을 가업으로 삼아 왔소.〔莊子曰 夫子固拙於用大矣 宋人有善爲不龜手之藥者 世世以洴澼絖爲事〕"에서 인용하였다. 안동림 역주,『장자』「소요유(逍遙遊)」, 현암사, 1996, p.41.『화엄경수소연의초(華嚴經隨疏演義鈔)』권60〔『대정장』36, pp.475b13-5〕에서도 이 단락을 인용하며, "그 약이 사람의 손을 트지 않게 하기 때문에 항상 물에 솜이 떠 있다〔其藥令人手不拘折故常漂絮於水中也〕"라고 설명하였다.

此先觀色蘊不成就也 微塵設有方分 便可分析 決非實有 若無方分 便是非色 故知麁細諸色 皆是妄心所現相分 心外實無色也 問 析色是小乘觀 云何大乘用之 答 小乘析色 但顯人空 大乘析色 卽顯色法本空 故曰法無大小 大小在人 不龜手藥之喩 可深思也

나머지 온(蘊)을 추구하여 점점 찰나에 이르고, 이 찰나를 추구하면 모양이 다르고 하나가 아니다.
推求餘蘊 漸至刹那 求此刹那 相別非一

다음 순서로 수・상・행・식 4온이 이루어지지 않음을 관찰한다. 생각이 일어나는 네 단계〔四運推〕[564]로 찰나의 심법(心法)을 살펴보면, 생기기 전・생기려고 함・생김・생겼다 없어짐이다. 잠시도 머무름이 없으며, 조금도 실법이 없다. 다만 이름만 있을 뿐이다.
次觀受想行識四蘊不成就也 四運推求刹那心法 謂未生 欲生 生 生已 無暫時住 毫無實法 但有名字而已

---

[564] 천태종에서의 사운추검(四運推檢)을 말한다. 사운(四運)은 사운심의 준말로, 사람의 생각이 일어나는 것이 네 단계〔四位〕가 있다. 미념(未念) 생각이 일어나기 전에 반드시 일어나는 자리이고, 욕념(欲念)은 장차 생각을 일으키는 자리이다. 정념(正念)은 특정한 대상을 생각하는 자리이고, 염기(念己)는 특정한 대상에 대한 생각을 끝낸 자리이다. 이 사위(四位)를 사운(四運)이라고 하는 것은 미념・욕념・정념・염기가 매 순간 이어져서 운행되기 때문이다. 이 사운심의 하나에 따라 사구(四句)를 추검하며, 일체의 생각을 일으키는 것을 없애는 관법이다. 그러므로 사성추검 또는 사성관(四性觀)이라 한다.

무위법도 또한 이와 같아서 법계를 여의고는 끝내 얻을 수 없다.
無爲之法 亦復如是 離於法界 終不可得

다음은 무위법이 이루어지지 않음을 관찰한다. 색심(色心)이 생각마다 생겨나고·머무르고·변하고·소멸하는 것을 유위법이라고 한다. 이 유위(有爲)에 상대하여 가명으로 무위(無爲)라는 이름을 두었는데, 유위는 오히려 얻을 수 없고 무위는 십팔계 가운데 법계가 포섭한 것에 그친다. 곧 제6식이 반연한 영상이다. 어떻게 색심을 떠난 밖에 진실하고 항상한 법이 있어서 무위(無爲)라고 하겠는가!

次觀無爲之法不成就也 色心念念生住異滅 名有爲法 對此有爲 假施設彼無爲名字 有爲尙不可得 無爲止是十八界中法界所攝 乃第六識所緣影像 豈離色心之外 有實常法名無爲哉

이와 같은 시방의 일체 모든 법이 응당히 모두 그런 줄 알아야 한다.
如是十方一切諸法 應知悉然

유위와 무위가 이미 이루어지 않았다면 시방 세계에서 다시 무슨 법을 이룰 수 있겠는가? 이것은 곧 생멸에 성품이 없고 당체가 곧 진여임이 분명하다. 첫째, 관문(觀門)을 보임을 마친다.

有爲無爲旣不成就 則十方世界 更有何法可成就耶 此則生滅無性 當體卽是眞如明矣 初正示觀門竟

둘째는, 비유로 둘이 아님을 드러낸다.
二喻顯不二

마치 어떤 미혹한 사람이 동쪽을 서쪽이라고 하지만 방향은 실제로 바뀌지 않은 것과 같다. 중생도 또한 마찬가지로 무명으로 미혹했기 때문에 마음이 움직인다고 하지만, 실제로는 움직이지 않는다. 만약 움직이는 마음이 곧 생멸하지 않는 줄 알면, 곧 진여문에 들어가게 된다.
猶如迷人 謂東爲西 方實不轉 衆生亦爾 無明迷故 謂心爲動 而實不動 若知動心卽不生滅 卽得入於眞如之門

다만, 이 앞에 나타난 심성은 곧 진여이다. 중생이 진여 가운데 망령되게 생멸을 보는 것이 마치 미혹한 사람이 동쪽을 서쪽이라고 하는 것과 같아서, 진여 밖에 생멸이 없다. 미혹한 사람이 비록 동쪽을 서쪽이라고 해도 동쪽은 자연히 동쪽이고, 미혹한 사람이 서쪽이라고 하는 곳도 원래는 깨달은 사람에게는 동쪽이다. 이것은 생멸하는 밖에 진여가 없는 것에 비유한 것이다. "마음이 움직인다"는 것은, 앞에서 동쪽을 서쪽이라고 하는 것에 합치된다. 곧 진여이면서 생멸을 이룬다는 것이다. "마음은 실제로 움직이지 않는다"는 것은, 앞에서 동쪽은 자연히 동쪽이라고 하는 것에 합치된다. 이것은 생멸을 떠나서 다시 진여가 없기 때문에, 진실로 움직이는 마음이 생멸하지 않는 줄 안다는 것이다. 비유하면, 서쪽이라고 하는 곳이 원래 동쪽인 줄 알면, 곧 진여문에 들어가는 것과 같다. 한 마음이지만 미혹과 깨달음의 두 문으로 나뉘어지고, 두 문도 마지막에는 한 마음이다. 다만 저 미혹을 뒤집을 줄 아는 것을 귀하게 여겨서 말했을 뿐이다. '미혹'이라는 것은 곧 무명이고, '말한다(謂)'는 것은 곧 망상이며, '안다(知)'는 것은 곧 수행하여 얻은 깨달음이다. 본래 응당히 이와 같은 줄 알면 다시 차이가 없는 줄 알기 때문에, 수행하여 얻은 깨달음이 곧 본래의 깨달음이라고 하는 것이다. 첫째, 실제의 뜻을 드러내 보임을 마친다.

只此現前介爾之心 性卽眞如 衆生於眞如中妄見生滅 猶如迷人謂東爲西 則眞如之外無生滅也 迷人雖復謂東爲西 而東仍自東 則迷人之所謂西 原卽悟人之東 可譬生滅之外無眞如也 謂心爲動 合前謂東爲西 是卽眞如而成生滅 心實不動 合前東仍自東 是離生滅更無眞如 故苟能知動心卽不生滅 譬如能知所謂之西 原卽是東 卽入眞如門也 一心而分迷悟兩門 兩門究竟只此一心 但貴以知翻彼迷謂而已 迷者 卽無明也 謂者 卽妄想也 知者 卽始覺也 本應如是了知 更無別知 故云始覺卽本覺也 初顯示實義竟

　　　　　　　　　대승기신론열망소 제4권 마침

대승기신론열망소(大乘起信論裂網疏)

제5권

2. 그릇된 집착을 다스림〔對治邪執〕

둘째, 그릇된 집착을 다스리는 데 두 가지가 있다. 첫째는 전체적으로 인아견과 법아견을 표하고, 둘째는 별도로 인아견과 법아견을 해석한다. 여기에서는 첫 번째 전체적으로 인아견과 법아견을 표한다.
二對治邪執二 初總標二見 二別釋二見 今初

1) 아견(我見)

그릇된 집착을 다스리는 것은 일체 그릇된 집착이 모두 다 아견에 의해 일어난다. 만약 아견을 여의면 그릇된 집착도 일어나지 않는다. 아견에는 두 가지가 있는데, 하나는 인아견이고 다른 하나는 법아견이다.
對治邪執者 一切邪執 莫不皆依我見而起 若離我見 則無邪執
我見有二種 一人我見 二法我見

만약 앞에서 나타내 보인 일심(一心)과 이문(二門)의 진실한 뜻을 통달한다면, 결코 두 가지 아견을 일으키지 않는다. 진여가 전체 그대로 생멸을 이루면, 진여는 결코 진실한 인(人)도 아니고 진실한 법(法)도 아니다. 생멸 당체가 곧 진여라면, 생멸은 결코 진실한 인(人)도 아니고 진실한 법(法)도 아니다. 그래서 『능가경』에서는 마땅히 무아(無我)인 여래장

을 의지한다고 하였다.[565]

    그러나 부처님께서 설하신 법이 만약 범부를 다스리기 위해서라면, 오로지 인·아의 집착만을 부수어야 하고, 만약 이승을 다스리기 위해서라면, 오로지 법아(法我)의 집착만을 부수어야 한다. 인아(人我)의 집착을 다스리기 때문에 방편으로 오온(五蘊)·십이처(十二處)·십팔계(十八界) 등의 법을 건립하였다. 그러나 실법(實法)은 아니다. 2승이 이것을 의지하여 드디어 법에 대한 집착을 일으켜 법아(法我)의 집착을 다스린다. 그래서 사실 그대로 오직 식(識)이 나타낸 것이라고 설한다. 8식에 의하여 가명으로 인(人)이라 해도 진실한 인(人)은 아니다. 범부는 이것을 의지하여 인(人)에 대한 집착을 일으킨다. 그래서 일체 외도에게 있는 모든 견해가 모두 불법으로부터 유출되었다고 한다. 일체 그릇된 집착은 범부의 치우친 견해〔邊見〕[566]·그릇된 견해 및 견취견(見取見)[567]과 계금취견(戒禁取見)[568] 등을 말한다. 아울러 인아견(人我見)에 의하여

---

565) 『능가아발다라보경』권2, 『대정장』16, pp.486b19-20.
566) 변견(邊見)은 오견(五見: 身見·邊見·邪見·見取見·戒禁取見)의 하나로, 친견(親見) 혹은 상견(常見)의 어느 한 편에 치우친 견해이다. 아신(我身)이 아견(我見)을 일으킨 뒤에 그 아(我)가 혹 사후(死後)에 단절되었다거나 상주불멸(常住不滅)하다고 집착하는 것이다. 여기에 두 가지 뜻이 있다. 첫째는 아견으로 보는 것〔身見〕의 후변(後邊)에 일어나는 망견이므로 변견이라 한다. 둘째는 상(常)의 일변을 끊음에 치우침으로 변견(邊見)이라고 한다.
567) 견취견(見取見)은 범어 dṛṣṭiparāmarśa의 번역으로 오견(五見)의 하나이다. 모든 그릇된 견해를 고집하여 자신이 가장 수승하며, 일체 투쟁하는 근본이라고 생각하는 것이다.
568) 계금취견(戒禁取見)은 오견(五見)의 하나로, 계도(戒度)의 외도에서 비리(非理)의 계법인 우계(牛戒)·구계(狗戒) 등을 확신하여 이것이 천계(天界)에 태어나는 원인이 되고, 해탈의 길이 된다고 생각하는 것이다. 즉 이치에 미혹하여 그릇된 계금(戒禁)을 취하는 사견(邪見)이다. 여기에는 보시취(布施取)와 고행취(苦行取)도 포함된다.

생기고 2승이 집착한 물질에 상응하지 않으며 무위 등 법아견(法我見)에 의하여 생긴다.

若達前所顯示一心二門實義 決不起於二種我見 以眞如擧體而成生滅 則眞如決非實人實法 以生滅當體卽是眞如 則生滅決非實人實法 故楞伽云 當依無我如來之藏也 然佛所說法 若爲對治凡夫 則專破人我執 若爲對治二乘 則專破法我執 由對治人我執 方便建立蘊界處法 非實法也 二乘依此 遂起法執 由對治法我執 如實說爲唯識所現 依八種識 假名爲人 非實人也 凡夫依此 仍起人執 故云 一切外道所有諸見 皆從佛法流出也 一切邪執 謂凡夫所有邊見 邪見及二取等 並依人我見生 二乘所執色 不相應 及無爲等 並依法我見生

(1) 인아견(人我見)

둘째, 별도로 인아견과 법아견을 해석하는 데 두 가지가 있다. 첫째는 인아견을 해석하고, 둘째는 법아견을 해석한다. 첫 번째 인아견을 해석한 데 다시 두 가지가 있다. 첫째는 바르게 아견을 없애고, 둘째는 예를 들어 나머지 견해를 부순다. 여기에서는 첫 번째 바르게 아견을 없앤다.

二別釋二見二 初釋人我見 二釋法我見 初中二 初正除我見 二例破餘見 今初

인아견은 모든 범부의 경우에 다섯 가지가 있다.
人我見者 依諸凡夫 說有五種

'인아견'은 아집(我執)이라고도 한다. 아치(我癡)에 의하여 아견(我

見)⁵⁶⁹⁾을 일으키고, 아견에 의하여 아애(我愛)⁵⁷⁰⁾와 아만(我慢)⁵⁷¹⁾을 일으킨다. 아애와 아만에 의하여 아소(我所)를 생각으로 분별한다. 나와 나의 것을 생각으로 분별하기 때문에, 여기에 수순하면 욕심이 생기고 어기면 성내어 끝없이 여러 가지 번뇌하는 법들이 일어난다. 그래서 인아견은 오직 범부에 의지해 있다고 설하는 것이다. 만약 소승이 수다원과를 증득해도 영원히 그릇된 집착을 끊게 되는데 하물며 대승이겠는가!

人我見 亦名我執 依我癡故 而起我見 依我見故 而起我愛我慢 依愛我故 而計我所 依計我我所故 順之則貪 違之則瞋 具起無量諸煩惱法故人我見 唯依凡夫說有 若證小乘須陀洹果 則便永斷此邪執矣 況大乘乎

첫째는 경에서, "여래 법신이 더없이 적멸하여 마치 허공과 같다"고 설한 것을 어리석은 범부들이 듣고 그 뜻을 이해하지 못하고, 여래의 성품이 허공과 같아서 항상 두루 미쳐 있다고 집착하는 경우이다.

一者如經中說 如來法身 究竟寂滅 猶如虛空 凡愚聞之 不解其義 則執如來性 同於虛空 常恒遍有

---

569) 아견(我見)은 오견(五見)의 하나로, 신견(身見)이라고도 한다. 오온의 거짓된 화합으로 이뤄진 심신(心身)을 항상 한결같이 보는 것을 말한다.
570) 아애(我愛)는 자기가 망령되게 집착한 아(我)에 깊이 애착하는 것으로, 자애심(自愛心)을 말한다. 제7식이 항상 제8식을 향하여 이 번뇌를 일으키며, 근본 번뇌의 하나가 된다.
571) 아만(我慢)은 범어 asmimāna의 번역으로, 자아를 믿고 스스로 높다고 하며, 남에게 거만한 것을 말한다.

이것은 신아(神我)[572]가 시방 법계에 두루 미쳐 있어서 본체가 항상 주변하며, 양이 허공과 같다고 집착하는 외도이다. 원래 이것은 법신의 뜻을 잘못 이해하여 이러한 외도를 이루었다. 그러나 신아가 있다고 집착하면, 곧 적멸 법신이 아니다.

此卽執有神我遍十方界 體常周遍 量同虛空之外道也 原是謬解法身之義 成此外道 然執有神我 便非寂滅法身

그러한 집착을 없애기 위하여, 허공의 모습은 오직 분별이어서 실체를 얻을 수 없음을 밝혀 주는 것이다. 볼 수 있고 상대할 수 있는 모든 물질에 대해서 마음으로 분별해서 허공이라고 했다. 물질이 이미 망령된 마음의 분별인데, 허공 역시 그 실체가 없다는 것을 분명히 알아야 한다.

爲除彼執 明虛空相 唯是分別 實不可得 有見 有對 待於諸色 以心分別 說名虛空 色旣唯是妄心分別 當知虛空亦無有體

나(我)도 허공과 같아서 항상 그대로이며 또한 있다고 집착한다. 여기에서는 먼저 허공과 같다고 집착하는 내가 항상 그대로이지도 않고 있지도 않다는 것을 밝힌다. 즉 나 자체도 또한 반드시 항상 그대로이지 않고 있지도 않다는 것이다. "볼 수 있다"고 한 것은, 마음의 분별로서 허공이라는 것이다. 이것은 반연한 모습이기 때문에 항상 그대로이지 않

---

572) 신아(神我)는 외도가 집착하는 실아(實我)로, 나의 몸이 항상 진실하여 영묘(靈妙)하고 불가사의한 것을 말한다. 수론(數論) 외도 25제(諦)의 제25를 신아제(神我諦)(puruṣa)라 하며 또는 atman이라 하여 생각(思)으로 체(體)를 삼는다.

다. "상대할 수 있다"는 것은, 모든 물질에 상대해서 물질이 없는 곳을 허공이라고 한다. 이것은 상대적인 법이기 때문에 있는 것이 아니다. 또, 물질은 오히려 망령된 마음으로 분별한 것이어서 실체가 없고 허공도 물질이 없다. 그런데 어떻게 실체가 있겠는가! 허공은 이미 실체가 없다. 곧 허공과 같다고 분별하는 나도 또한 실체가 없다.

彼執我同虛空 是常是有 今先明所同之空 非常非有 則能同之我 亦必非常非有也 有見者 以心分別 說名虛空 是所緣相 故非常也 有對者 待於諸色 於無色處 名之爲空 是對待法 故非有也 又色尙唯是妄心分別 無有實體 虛空無色 又豈有實體哉 空旣無體 則所計同空之我 亦無體矣

일체 경계의 모습도 오직 망령된 마음이 분별한 것이다. 만약 망령된 마음을 여의면 경계의 모습도 없어지고, 오로지 진여의 마음이 어디에도 미치지 않는 곳이 없다. 이것은 여래의 자성이 허공과 같다는 뜻이다. 허공과 같이 항상 그대로 있다는 말이 아니다.

一切境相 唯是妄心之所分別 若離妄心 卽境界相滅 唯眞如心 無所不遍 此是如來自性如虛空義 非謂如空是常是有

'일체 경계의 모습'은 곧 물질이거나 허공이다. 경계의 모습이 없어지면 허공과 물질도 함께 없어진다. 허공과 물질이 모두 없는데, 어떻게 망령되게 여래가 허공과 같이 항상 그대로이거나 존재해서 인아(人我)가 된다고 하겠는가!

一切境相 卽若色若空也 境界相滅 卽空色俱無也 空色俱無 豈可妄謂如來同於虛空 是常是有 名之爲人我乎

둘째는 경⁵⁷³⁾에서, "일체 세간법이 모두 최후에는 공(空)하다. 나아가 열반과 진여법도 또한 마침내 공한 것이어서 본성이 이와 같이 모든 모습을 여의었다"고 설하는 것을 어리석은 범부들이 듣고, 그 뜻을 이해하지 못하여 열반이나 진여법이 오직 공한 것이어서 아무것도 없다(無物)⁵⁷⁴⁾고 집착하는 경우이다.

二者如經中說 一切世法 皆畢竟空 乃至涅槃眞如法 亦畢竟空 本性如是 離一切相 凡愚聞之 不解其義 卽執涅槃眞如法 唯空無物

이것은 단멸공(斷滅空)⁵⁷⁵⁾에 집착한 외도이다. 오직 공하여 심성이 없는 경계가 열반과 진여라고 집착한다. 그래서 물질이 소멸되면 공으로 돌아간다고 하며, 무색계의 네 가지 공한 선정(四空定)을 얻고는 내가 이미 열반과 진여를 증득했다고 착각한다. 그것으로 인하여 인아견(人我見)이 있고, 공을 궁구해도 돌아가지 못하기 때문에, 다시 윤회에 빠진다.

此卽計斷滅空之外道也 執此唯空無物境界以爲涅槃眞如 故滅色歸空 得四空定 謂我已證涅槃眞如 由其人我見在 所以窮空不歸 便入輪轉

---

573) 반야부 경전에서 흔히 자성(自性)이 본래 공(空)한 이치를 설한다. 예를 들면, 『대반야경』 566권(『대정장』 7, p.925c16)에서도 "일체 모든 존재의 자성은 본래 공하다(一切法自性本空)"라고 하였다.
574) 물(物)은 실체의 본성, 즉 자성과 같으며, 일물(一物)과 같다. 즉 심성(心性)이다. 무물(無物)은 역설적인 표현이다.
575) 단멸공(斷滅空)은 물질(色)을 멸함으로써 얻는 공으로, 단공(但空)과 같다. 단멸공은 공한 가운데 묘유(妙有)가 있는 진공(眞空)과는 달리 물질과 상즉(相卽)하는 공이 아니라, 색과 따로 있는 완공(頑空)으로서 단공(但空)이라고도 한다.

그러한 집착을 없애기 위하여, 진여 법신은 자체가 공하지 않으며 한량없는 성품 자체의 공덕을 갖추고 있다는 것을 밝혀 주는 것이다.
爲除彼執 明眞如法身 自體不空 具足無量性功德故

만약 진공(眞空)이 공하지도 않고 단공(但空)[576]도 아닌 줄 안다면, 오히려 소승을 따르지 않고도 공을 증득해야 한다. 그런데 하물며 무색계의 네 가지 선정을 취하여 내가 증득한 것이라고 하겠는가!
若知眞空不空非但空 則尚不取小乘空證 況取四空以爲我所證乎

셋째는 경에서, "여래장은 일체 모든 성품 자체의 공덕을 갖추어서 증가하거나 감소됨이 없다"고 설하는 것을 어리석은 범부들이 듣고는, 그 뜻을 이해하지 못하여 여래장에 물질적 요소〔色法〕와 정신적 요소〔心法〕의 자체 모습이 별도로 있다고 집착하는 경우이다.
三者如經中說 如來藏具足一切諸性功德 不增不減 凡愚聞已 不解其義 則執如來藏 有色心法自相差別

이것은 곧 상견(常見)[577] 외도이다. 나는 어떠한 능력도 있다고 착각

---

576) 단공(但空)은 단멸공(斷滅空)이라고도 한다. 제법이 다만 공한 것만 보고, 공하지 않은 이치는 보지 못하는 것을 말한다.
577) 상견(常見)은 범어 śāśvata-dṛṣṭi의 번역이다. 이견(二見: 常見·斷見)의 하나로, 사람은 죽어도 자아는 없어지지 않는다는 견해이다. 즉 오온은 과거나 미래에 상주(常住)하며 변하지 않아서 끊어지는 일이 없다고 하는 잘못된 고집을 말한다.

한다. 또한, 오온(五蘊)의 물질적 요소와 정신적 요소가 나의 소유가 되어서 제거해 없앨 수 없다고 착각한다.
此卽常見外道 計我爲能有 計五蘊色心爲我所有 不可除滅也

그러한 집착을 제거하기 위하여, 진여는 본래 오염된 법의 차별이 없지만 끝없는 공덕의 모습이 있음을 내세워서, 오염된 모습이 아님을 밝혀 주는 것이다.
爲除此執 明以眞如本無染法差別 (雖依業識等差別相) **立有無邊功德相** (而皆同一味一眞 離分別相) 非是染相

만약 진여가 오염된 모습이 아닌 줄 안다면, 어떻게 이 물질적·정신적 요소를 두고 나의 소유라고 하겠는가!
若知眞如非是染相 豈應攬此色心以爲我所有乎

넷째는 경에서, "일체 세간의 모든 혼잡하고 오염된 법은 모두 여래장에 의해 생겨나 일체 법이 진여와 다르지 않다"고 설하는 것을, 어리석은 범부들이 듣고는 그 뜻을 이해하지 못하고, 여래장이 일체 세간의 오염된 법을 갖추고 있다고 집착하는 경우이다.
四者如經中說 一切世間諸雜染法 皆依如來藏起 一切法不異眞如 凡愚聞之 不解其義 則謂如來藏具有一切世間染法

이 또한 상견 외도로, 일체 오염된 법이 바로 나이어서 다시는 소멸할 수 없다고 착각한다. 나아가 마왕도 도리어 번뇌에 머물러 그것이 사라질까 두려워하니, 또한 이 견해에 들어간다.

此亦常見外道 計一切染法卽我 不可復滅也 乃至魔王却留塵勞 恐其銷盡 亦是此見所攝

그러한 집착을 없애기 위하여, 여래장이 본래부터 갠지스 강의 모래 수보다 많은 청정한 공덕을 갖추고 있어서 진여와 다르지 않음을 밝힌다. 갠지스 강의 모래 수보다 많은 번뇌에 오염된 법은, 오직 망령되이 있는 것이다. 본래 자성이 없어서 시작을 알 수 없는 오랜 옛적부터 잠시도 여래장과 상응하지 않는다. 만약 여래장이 오염된 법과 상응한다면, 여래장을 증득해 알아서 망령된 오염을 쉬게 한다는 것은 옳지 못하다.

爲除此執 明如來藏 從本具有過恒沙數淸淨功德 不異眞如 (若夫)過恒沙數煩惱染法 唯是妄有 本無自性 從無始來 未曾暫與如來藏相應 若如來藏 染法相應 而令證會息妄染者 無有是處

'오염된 법'은 무명에 의하여 있다. 비유하면, 마치 방향을 미혹하여 동쪽을 서쪽이라고 하는 것과 같다. 여기에서의 미혹은 지금까지 정해진 방향과 상응하지 않는다는 것이다. 여래장은 본래 오염이 없지만, 인아(人我)의 집착이 바로 오염된 법이다. 이것은 증득해서 알 수 있는 여래장이 아님을 밝히는 것이다.

染法依無明有 譬如迷方謂東爲西 此之迷謂 從來不與定方相應也 如

來藏旣本無染 則人我執 便是染法 不能證會如來藏明矣

다섯째는 경에서, "여래장에 의하여 생사가 있고 열반을 얻는다"고 설하는 것을 어리석은 범부들이 듣고는, 그 뜻을 모르고 "여래장에 의해서 생사에 시작이 있고, 시작이 있다고 보기 때문에 열반도 또한 그 끝이 있다"고 집착하는 경우이다.
五者如經中說 依如來藏 有生死 得涅槃 凡愚聞之 不知其義 則謂依如來藏 生死有始 以見始故 復謂涅槃有其終盡

이것은 별도로 여래장이 마음 밖의 진실한 법이 되어, 마치 명제(冥諦)[578]·승성(勝性)·허공·대자재천[579] 등과 같다고 착각한다. 그래서 생사가 있고 열반을 얻는 것을 인아(人我)라고 집착한다.
此別計如來藏爲心外實法 如冥諦 勝性 虛空 大自在天等 而以有生死得涅槃者 名之爲人我也

---

578) 명제(冥諦)는 수논사(數論師)가 세운 25제(諦)의 제일(第一)이다. 천차만별의 만물이 그 본원은 모두 이것으로부터 나오기 때문에 '자성(自性)'이라 한다. 또는 본성(本性)·명성(冥性)·승성(勝性)·승인(勝因)·위범(爲梵)·중지(衆持)라고도 한다.『백론소(百論疏)』상(『대정장』42, pp.245a24-6)에서는 "명제(冥諦)는 외도가 선을 닦아 오신통을 얻은 경우로서, 전후의 몇 만겁 안의 일은 모르는 것이 없다. 그러나 8만겁 밖의 일은 알지 못하기 때문에 '명(冥)'이라 한다(所言冥諦者 舊云外道 修禪得五神通 前後各知八萬劫內事 自八萬劫外不能了知 故云冥)"고 하였다.
579) 대자재천(大自在天)은 범어 maheśvara(마헤수라)의 번역으로, 마혜습벌라(摩醯濕伐羅) 대천세계(大千世界)의 주신(主神)이다. 줄여서 자재천(自在天)이라고 한다. 그 모양은 팔이 여덟, 눈이 셋인데 천관(天冠)을 쓰고, 흰소를 타고, 흰 불자(拂子)를 든 큰 위덕(威德)을 가진 신(神)의 이름이다. 원래 인도 바라문교의 신으로, 만물 창조의 최고신이다.

그러한 집착을 없애기 위하여, 여래장은 처음 시작하는 시점이 없으며 오직 무명에 의지하므로 생사도 처음 시작이 없음을 밝힌다. 만약 삼계 밖에서 어떤 중생이 처음 시작된다고 한다면, 외도의 경에서 설한 것이지 불교가 아니다. 여래장은 후의 끝나는 시점도 없으니, 이것을 증득하면 영원히 생사의 종자를 끊게 된다.

爲除此執 明如來藏 無有初際 無明依之 生死無始 若言三界外 更有衆生始起者 是外道經中說 非是佛教 以如來藏無有後際 證此永斷生死種子 (得於涅槃亦無後際)

여래장은 시작도 끝도 없다. 따라서 생사는 여래장을 의지하여 시작은 없어도 끝은 있다. 반면, 열반은 여래장을 의지하여 시작은 있어도 끝은 없다. 여래장의 성품은 방향과 같고 생사는 미혹과 같으며 열반은 깨달음과 같다. 방향 밖에 별도로 미혹과 깨달음이 없으니 곧 인공(人空)인 줄 알고, 미혹과 깨달음 밖에 또한 별도로 방향이 없으니 곧 법공(法空)인 줄 안다. 또한 여래장의 성품은 젖는 성질과 같고 생사는 얼음과 같으며 열반은 물과 같아서, 젖는 성질 밖에 별도로 얼음과 물이 없다. 그런데 어디에서 생사를 받고 열반을 얻는 사람이 있겠는가? 그리고 얼음과 물 밖에 별도로 젖는 성질이 없다. 그런데 어디에서 생사가 일어나고 열반을 성취하는 법이 있겠는가? 첫째, 바르게 아견을 제거하는 것을 마친다.

如來藏無始無終 生死依之 無始有終 涅槃依之 有始無終 藏性如方 生死如迷 涅槃如覺 方外別無迷覺 則知人空 迷覺之外亦別無方 則知法空 又藏性如濕 生死如冰 涅槃如水 濕外別無冰水 何處有受生死證涅槃之人 冰水之外亦無濕性 何處有起生死成涅槃之法耶 初正除我見竟

둘째 예를 들어 나머지 견해를 부순다.
二例破餘見

인아견에 의하여 네 가지 견해가 생기므로, 여기에서 네 가지 견해를 안립한다.
依人我見 四種見生 是故於此安立彼四

'네 가지 견해'라는 것은 변견·사견·계금취견·견취견을 말한다. 무아인 여래장의 뜻을 알지 못하기 때문에 허망하게 인아(人我)를 얻을 수 있다고 착각한다. 그런 다음 단견(斷見)[580]과 상견(常見)을 계교하는 것을 변견(邊見)이라 하고, 변견에 의하여 선악의 인과를 제거하는 것을 사견(邪見)이라고 한다. 사견에 의하여 고행으로써 해탈을 구하는 것을 계금취견(戒禁取見)이라 하고, 계금취견에 의하여 범천(梵天)[581]과 공무변처(空處)[582] 등에 태어나기를 바라는 것을 견취견(見取見)이라고 한다. 그러므로 이 인아견을 없애고 나면 저 네 가지 그릇된 견해가 모두 다 저절로 안립되지 않는다. 첫째, 인아견의 해석을 마친다.

---

580) 단견(斷見)은 범어 uccheda-dṛṣṭi의 번역으로, 상견(常見)에 상대되는 그릇된 견해이다. 만물은 무상한 것이어서 실재하지 않는 것과 같이 사람도 죽으면 몸과 마음이 모두 없어져서 공무(空無)로 돌아간다고 고집하는 견해이다.
581) 범천(梵天)은 범어 Brahma-deva의 번역으로, 색계(色界)의 초선천(初禪天)이다. 범(梵)은 맑고 깨끗하다는 뜻으로, 이곳은 욕계(欲界)의 음욕(淫慾)을 여의어서 항상 깨끗하고 조용하기 때문에 범천이라고 한다. 여기에 제일 범중천(梵衆天)·제이 범보천(梵輔天)·제삼 대범천(大梵天)이 있는데, 통칭하여 범천(梵天)이라고 한다.
582) 공무변처(空無邊處)는 범어 akāsānan-tāyatana의 번역으로 무색계(無色界)의 제일천(第一天)이다. 색신(色身)을 싫어하고 가없는 허공을 생각하며 허공이 한없다는 견해를 가지고 태어나는 곳이다.

彼四 謂邊見 邪見 戒取 見取也 由不了無我如來藏義 虛妄計有人我可得 然後依之計斷計常 名爲邊見 依之撥無善惡因果 名爲邪見 依之苦行以求解脫 名爲戒取 依之求生梵天空處等 名爲見取 是故除此人我見已 彼四種見 皆悉不能自安立也 初釋人我見竟

(2) 법아견(法我見)

둘째, 법아견을 해석하는 데 두 가지가 있다. 첫째는 집착이 일어나는 이유를 밝히고, 둘째는 다스리는 법을 밝힌다. 여기서는 집착이 일어나는 이유를 밝힌다.
二釋法我見二 初明起執之由 二明對治之法 今初

법아견은 근기가 둔한 이승들에게 세존께서 다만 인무아(人無我)만 설하셨다. 그런데 저 사람들이 문득 "오온이 생멸한다"고 끝까지 집착하여, 생사를 두려워하고 망령되이 열반을 취하려고 한다.
法我見者 以二乘鈍根 世尊但爲說人無我 彼人便於五蘊生滅 畢竟執著 怖畏生死 妄取涅槃

범부는 망령되이 오온을 나와 나의 것으로 삼아 생사에 유전한다고 착각한다. 그것으로 인하여 옛날부터 일찍이 2승들이 선근을 심었다. 부처님은 저 근기들에게 맞추어 그들을 위하여 일찍부터 오온이 생멸하지만 본래 인아가 없다고만 설하셨다. 원래 오온이 진실한 법이 아닌 것은 설명하지 않으셨다. 저들은 스스로 끝까지 집착하여 오온이 본래 공한 줄 통달하지 못한다. 그래서 생사를 두려워하고 망령되이 열반을 취하려고만 하며, 대승의 평등한 법문에 어긋나게 한다. 이것이 어떻게 여래께서 설법한 본뜻이겠는가!

凡夫妄計五蘊爲我我所 流轉生死 由其往昔曾種二乘善根 佛逗彼機 爲說五蘊生滅本無人我 原不曾說五蘊是實法也 彼自畢竟執著 不達五蘊本空 所以怖畏生死 妄取涅槃 違於大乘平等法門 豈如來說法之本意哉

2) 다스리는 법

둘째, 다스리는 법을 밝히는 데 두 가지가 있다. 첫째는 바르게 밝히고, 둘째는 의심을 푼다. 여기에서는 바르게 밝힌다.

二明對治之法二 初正明 二釋疑 今初

이러한 집착을 없애기 위하여, 오온의 법이 본성은 생기는 것이 아니고, 생기는 것이 아니기 때문에 소멸될 것도 없으며, 소멸되는 것이 아니기 때문에 본래 그대로 열반임을 밝힌다. 만약 최후에 분별과 집착을 여의면, 일체 오염된 법과 청정한 법이 모두 상대적으로 세워진 것인 줄 알게 된다. 그러므로 마땅히 일체 제법이 본래부터 물질도 아니고 마음도 아니며, 지혜도 아니고 인식도 아니며, 없지도 않고 있지도 않아 끝내 모두 설할 수 없는 모습인 줄 알아야 한다.

爲除此執 明伍蘊法 本性不生 不生故 亦無有滅 不滅故 本來涅

槃 若究竟離分別執著 則知一切染法淨法皆相待立 是故當知
一切諸法 從本已來 非色非心 非智非識 非無非有 畢竟皆是不
可說相

"오온의 본성은 생기는 것이 아니다"는 것은, 비유하면 마치 붉은 색을 보지 못하는 색맹이 망령되이 등불의 오색(五色)이 겹쳐지는 것을 보고도, 실제로는 오색이 생겨남이 없다고 하는 것과 같다. 사물은 반드시 생겨남이 있고 그런 다음에는 소멸됨이 있다. 이미 본래부터 생기지 않았다면, 다시 무엇이 없어지겠는가? 그러므로 일체 중생이 곧 열반의 모습이어서, 다시 없앨 수 없다는 것이다. 본래 자성이 청정한 열반은 곧 생멸이 바로 진여 자체인 것이다. '만약 최후에 분별과 집착을 여읜다면'이라고 한 것은, 일체 망령된 생각이 모양이 없는 줄 관찰하면 여래의 지혜를 증득하게 된다는 것이다. 즉 명자증득으로부터 구경증득에 이른다는 말이다. "일체 오염된 법과 청정한 법이 모두 상대적으로 세워졌다"는 것은, '오염'은 무명의 망령된 생각이고, '청정'은 무루 진여라는 말이다. 진(眞)에 의하여 망(妄)이 있으며, 망(妄)에 의하여 진(眞)이 드러난다. 각(覺)과 불각(不覺)은 똑같이 생멸문에 섭수되어, 이미 상대적으로 세워진 것에 속하기 때문에 실제로 있는 것이 아니다. 생멸이 곧 생멸이 아닌 줄 알면, 진여문에 들어가게 된다. 명자지(名字知)로부터 구경지(究竟知)에 이른다는 것이다.

일체 제법이라는 것은 곧 염법(染法)·정법(淨法)·색법(色法)·심법(心法)·지혜법(智慧法)·식법(識法)·무법(無法)·유법(有法)이다. 요약하여 말하면 오위백법(五位百法)이고 백계천여(百界千如)의 갖가지 법이다. "본래부터 물질도 아니고 마음 등도 아니다"고 한 것은, 법마다 본래가 모두 진여로서, 성불을 기다려서 비로소 융합하여 진여라고 하는 것이 아니다. 또한 물질이 곧 진여와 같기 때문에 본래 물질도 아니고 마음도 아니며 지혜도 아니고 인식도 아니며, 없지도 않고 있지도 않아서 끝내 설할 수 없는 모양이다. 그리고 마음이 곧 진여이기 때문에 본래 물질도 아니고 마음도 아니며, 지혜도 아니고 인식도 아니며 없지도 않고 있지도 않아서 끝내 모양을 설명할 수 없다. 나아가 유(有)가 곧 진여이기 때문에 본래 물질도 아니고 마음도 아니며 지혜도 아니고 인식도 아니며 없지도 않고 있지도 않아서 끝내 설할 수 없는 모양이다.

이것을 요약하여 말하면, 모든 오염된 법과 청정한 법 가운데 한 티끌을 따라 잡아, 모두 본래 물질도 아니고 마음도 아니며 지혜도 아니고 인식도 아니며 없지도 않고 있지도 않아서 끝내 설할 수 없는 모양이라는 것이다. 오직 그 일체가 모두 아니지만 일체가 모두 즉하며, 또한 즉함을 여의고 아님도 여의면, 곧 즉하면서도 즉하지 않는 진여가 드러난다.

五蘊本性不生者 譬如目有赤眚 妄見燈光五色重疊 實無五色生也 物必有生 然後有滅 旣本不生 更何可滅 故云 一切衆生 卽涅槃相 不可復滅 所謂本來自性淸淨涅槃 卽生滅是眞如體也 若究竟離分別執著者 謂能觀一切妄念無相 則爲證得如來智慧 從名字證得 乃至究竟證得也 則知一切染法淨法皆相待立者 染 謂無明妄念 淨 謂無漏眞如 依眞有妄 依妄顯眞 所以覺與不覺 並屬生滅門攝 旣相待立 便非實有 便知生滅卽不生滅 入眞如門 從名字知 乃至究竟知也 言一切諸法者 卽是染法 淨法 色法 心法 智法 識法 無法 有法 以要言之 五位百法 百界千如種種法也 從本已來非色非心等者 以法法本來皆卽眞如 非俟成佛 方融爲眞如也 且如色卽眞如故 本卽非色非心非智非識非無非有畢竟不可說相

心卽眞如故 本卽非色非心非智非識非無非有畢竟不可說相 乃至有卽眞如故 本卽非色非心非智非識非無非有畢竟不可說相 以要言之 於諸染淨法中隨拈一塵 皆是本卽非色非心非智非識非無非有畢竟不可說相也 唯其一切俱非 便能一切俱卽 便顯離卽離非是卽非卽之眞如矣

둘째는 의심을 푼다.
二釋疑

그러나 말로 설명하여 가르쳐 보이는 것은, 모두 여래가 기술적 방편으로 언어를 빌려 중생들을 인도하여, 문자를 버리고 진실로 들어가게 하기 위함이다. 만약 말을 따라 뜻에 집착하면, 망령된 분별만 더하고 진실한 지혜가 생기지 않고 열반도 얻지 못한다.
而有言說示教之者 皆是如來善巧方便 假以言語引導衆生 令捨文字 入於眞實 若隨言執義 增妄分別 不生實智 不得涅槃

의심하여 말한다. "이미 모두 설명할 수 없는 모양이라고 했는데, 어떻게 다시 진여문과 생멸문 등 여러 가지 말로써 설하는가?" 해석한 뜻을 잘 알 수 있다. 아! 후세에 사람들이 말을 따라 뜻에 집착하여 진여가 훈습함을 받는다는 설을 듣고는, 진여는 고정적으로 훈습함을 받는다고 집착하며, 진여가 훈습함을 받지 않는다는 설을 듣고는, 진여는 결정코 훈습함을 받지 않는다고 집착한다. 심지어 강을 나누어 물을 마시는 것에 이르렀으니, 망령된 분별만 더하고 진실한 지혜는 생기지 않는 것이 심각하다. 그러니 어떻게 마명과 호법의 바른 취지겠는가! 둘째, 그릇된 집착을 다스림을 마친다.

　疑曰 既云皆是不可說相 云何復說眞如生滅門等諸言敎耶 釋意可知 嗟乎 後世隨言執義 聞說眞如受熏 便執眞如定當受熏 聞說眞如不受熏 便執眞如定不受熏 甚至分河飮水 可謂增妄分別 不生實智甚矣 然豈馬鳴護法之正旨哉 二對治邪執竟

3. 바른 도를 닦는 행상의 분별〔分別修行正道相〕

셋째 바른 도를 닦는 행상의 분별이란, 혹 생멸이 곧 진여인 줄 알면 중생과 부처가 평등하여, 수행하고 수행하지 않는 것도 없다. 혹 진여 전체가 생멸인 줄 알면 미혹과 깨달음이 본래 있는 것이다. 반드시 수행하고 수행하지 않는 것이 없는 가운데 치성하게 훈습해 닦는다. 그러나 이 훈습하여 닦음은 곧 닦음이 없으며, 닦지 않는 것으로써 닦음이 없다는 것이 아니다. 닦지 않는다는 것은 곧 반대로 수행하는 것이며, 닦아도 곧 닦음이 없어 순리적인 수행과 같지 않기 때문이다. 그러나 근기가 예리한 사람은 이 일심과 이문(二門)의 미묘한 뜻을 듣고 스스로 퇴굴심을 내지 않고, 증상만을 품지 않으니, 마치 사람이 물을 마심에 차고 따뜻한 것을 저절로 아는 것과 같다. 그런데 어떻게 수고롭게 다시 분별하려 하겠는가! 여기에서는 중근기와 하근기의 사람들이 글을 따라 증득해 들어가지 못하니, 쉬면 곧 보리이다. 그래서 원인으로부터 결과에 이르기까지 바른 수행의 길을 미리 보인다. 본문에 둘이 있으니, 첫째는 전체적으로 표하고, 둘째는 각각 해석한다. 여기에서는 첫 번째, 전체적으로 표한다.

三分別修行正道相者 若知生滅卽是眞如 則生佛平等 無修不修 若知眞
如擧體生滅 則迷悟天淵 正須於無修不修之中 熾然熏修 而此熏修 卽是
無修 非以不修爲無修也 以不修卽是逆修 非同修卽無修之順修故 然利
根者 聞此一心二門妙義 自能不生退屈 不懷上慢 如人飮水 冷煖自知 何
勞更爲分別 今爲中下根人 未能隨文入證 歇卽菩提 故爲懸示從因至果
正修行路也 文爲二 初總標 二各釋 今初

바른 도를 닦는 행상의 분별이란, 일체 여래가 증득한 도의 바른
원인에 일체 보살이 발심하고 수행하여 앞에 나타나게 된다는 것
을 말한다. 간략하게 설명하면 발심에는 세 가지 행상이 있다. 첫
째는 믿음을 성취하는 발심이고, 둘째는 이해하고 실천하는 발심
이며, 셋째는 체험해 얻는 발심이다.

分別修行正道相[583]者 謂一切如來得道正因 一切菩薩發心修習
令現前故 略說發心有三種相 一信成就發心 二解行發心 三證
發心

'일체 여래가 얻은 도의 바른 원인[正因]'은, 곧 시방 여래의 한 문을 뛰
어넘는 미묘하게 장엄된 길이다. 원인이 바르면 결과도 자연히 바르다.
그러므로 반드시 "발심하고 수행하여 앞에 나타나게 된다"는 것이다. 다
만 간략하게 세 가지 발심하는 인상(因相)[584]을 밝힐 뿐, 자세하게 과상
(果相)[585]을 판단할 것을 필요로 하지는 않았다. 여래의 과상은 앞에서

---

583) 구역『기신론』(『대정장』 32, p.576a04)에서는 '분별발취도상(分別發趣道相)'이라고
하였다.
584) 인상(因相)은 아뢰야식의 하나로, 뜻과 말이 만법 원인의 모습이 된다는 것이다.
585) 과상(果相)은 아뢰야식 3상(三相)의 하나로, 즉 중생의 전체적 과보의 과체(果體)

대승의 체·상·용에서 나타내어 이미 간략하게 밝혔기 때문이다.

一切如來得道正因 卽所謂十方如來一門超出妙莊嚴路也 因正 則果自正 故須發心修習 令其現前 但略明三種發心因相 不必詳辨果相 以如來果相 前於顯示大乘體相用中 已略明故

1) 믿음을 성취하는 발심 〔信成就發心〕

둘째는 각각 해석하는 데 세 가지가 있다. 첫째는 믿음을 성취하는 발심을 해석하고, 둘째는 알고 실천하는 발심을 해석하며, 셋째는 체험해 얻는 발심을 해석한다. 첫째 믿음을 성취하는 발심을 해석하는 데 또한 두 가지가 있다. 첫째는 질문하고, 둘째는 해석한다. 여기에서는 질문한다.

二各釋三 初釋信成就發心 二釋解行發心 三釋證發心 初中二 初徵起 二解釋 今初

믿음을 성취하는 발심이라는 것은, 무슨 지위에 의해 무슨 행을 닦아 믿음을 성취하여 발심하는가?
信成就發心者 依何位 修何行 得信成就 堪能發心

둘째는 해석에 두 가지가 있다. 첫째는 믿음을 성취하는 것을 해석하고 둘째는 발심을 해석한다. 첫째, 믿음을 성취하는 것을 해석하는 데 다시 두 가지가 있다. 첫째는 바르게 성취하는 것을 해석하고, 둘째는 성취하

인 제8아뢰야식의 진이숙(眞異熟)을 말한다.

지 못하는 것을 겸하여 해석한다. 여기에서는 바르게 성취하는 것을 해석한다.

二解釋二 初釋信成就 二釋發心 初又二 初正釋成就 二兼釋未成 今初

마땅히 이 사람은 성불의 가능성이 불투명한 중생들〔不定聚〕[586]에 의하여 법을 훈습하는 선근의 힘이 있기 때문에, 깊이 업의 과보를 믿고 열 가지 선업을 행하여, 생사의 고통을 싫어하고 위없는 깨달음을 구하여, 모든 불·보살을 만나 받들어 섬겨 공양하며, 온갖 행을 수행하고 십 천겁을 지나면 믿음이 성취된다는 것을 알아야 한다. 그 이후부터 혹은 모든 불·보살의 교화하는 힘으로써 발심하기도 하고, 혹은 대비로써 발심하기도 하며, 혹은 정법이 소멸되려 할 때 법을 보호하려고 발심하기도 한다. 이미 발심한 이후에는 성불의 가능성이 있는 중생들의 부류〔正定聚〕[587]에 들어가서 끝내 물러나지 않는다. 부처의 본성〔種性〕에 머물러 수승한 바른 원인과 상응한다.

當知是人 依不定聚 以法熏習善根力故 深信業果 行十善道 厭生死苦 求無上覺 值遇諸佛及諸菩薩 承事供養 修行諸行 經十千劫 信乃成就 從是已後 或以諸佛菩薩敎力 或以大悲 或因正法將欲壞滅 以護法故而能發心 旣發心已 入正定聚 畢竟不退 住佛種性 勝因相應

---

586) 부정취(不定聚)는 부처가 될 가능성이 불투명한 중생을 말한다. 성불할 수 있는 가능성의 여부에따라 중생의 근기를 셋으로 분류한 삼취(三聚: 正定聚·邪定聚·不定聚)의 하나로, 정정취와 사정취의 중간에 해당되는 중생이다. 간접적인 조건이 있으면 성불하고, 간접적인 조건이 없으면 성불하지 못한다.
587) 정정취(正定聚)는 삼취(三聚)의 하나로, 성불의 가능성이 있는 중생이다.

"성불의 가능성이 불투명한 중생들에 의한다"는 것은, '의지하는 지위'를 밝힌 것이다. "깊이 업의 과보를 믿고 나아가 온갖 행을 수행함에 이른다"는 것은, '수행하는 것'을 밝힌 것이다. '십 천겁을 지나면' 이하는 믿음을 성취하여 발심하는 것을 밝힌 것이고, '이미 발심한 이후' 이하는 발심의 이익을 밝힌 것이다. '성불의 가능성이 불투명한 중생들〔不定聚〕'이라고 한 것은, 통합하여 논하면 중생에는 세 종류가 있다.

첫째 성불할 가능성이 없는 중생〔邪定聚〕[588]은 출세간의 선근을 심지 못하고 출세간의 정법을 믿지 못하는 중생을 말한다. 둘째 성불할 가능성이 있는 중생들〔正定聚〕은 발심하고 나서 영원히 물러나지 않는 중생들을 말한다. 셋째 성불할 가능성이 불투명한 중생들은 이미 출세간의 선근을 심어서 출세간법을 믿지만, 삼승법 가운데에 결코 나아감이 없는 중생들을 말한다. 만약 소승교에서 수다원을 증득하면 정정취에 들어간다고 한다. 그러나 여기 대승교에서는 이 뜻을 취하지 않는다.

'법을 훈습한 선근의 힘'이라는 것은, 곧 본래 새롭게 훈습하는 두 가지 내적인 직접적인 원인〔內因〕의 자체훈습과 차별하고 평등한 두 가지 외적인 간접적 계기〔外緣〕의 작용훈습이다. "깊이 업의 과보를 믿는다"는 것은, 전체적으로 선근이 의지하는 것을 밝힌 것이다. "십선의 도를 행한다"는 것은 세간 선근의 힘을 말하고, "생사의 고통을 싫어한다"는 것은 출세간 선근의 힘을 말한다. 그리고 "위없는 깨달음을 구한다"는 것은 출세간 상상(上上)의 선근력(善根力)을 말하는 것이다. 세 가지 선근이 앞은 뒤를 갖추지 못하지만 뒤의 것은 반드시 앞의 것을 갖추어야 한다. 반드시 세 가지 선근을 갖추어야 비로소 믿음을 성취할 수 있는 것

---

588) 사정취(邪定聚)는 성불할 만한 소질이 없어 더욱 타락하여 가는 중생으로, 끝내 성불하지 못한다.

이다. 세 가지 선근으로 인하여 수승한 직접적 원인이 되고, 또한 모든 불·보살들을 만나 수승한 간접적 계기가 된다. 받들어 섬겨 공양하고 온갖 행을 수행하여 인연을 갖추어야 비로소 대승의 초심으로 수행하는 것이다.

"십 천겁을 지난다"는 것은 의미는 처음 신심(信心)으로부터 염심(念心)·정진심(精進心)·혜심(慧心)·정심(定心)·불퇴심(不退心)·호법심(護法心)·회향심(廻向心)·계심(戒心)·원심(願心) 등 열 가지 마음이다. 이러한 열 가지 마음을 갖추고 수행하여 성취함을 밝히기 때문에 십 천겁이라고 했다. 이것은 앞에서부터 수행하는 모든 행을 묶어서 원인을 삼고, 다시 모든 불·보살들이 교화하는 힘을 빌려서 계기로 삼는다. 혹은 대비심으로써 중생의 고통을 가엾이 여기는 것을 통하여 계기로 삼고, 혹은 정법을 보호하고 가져 오래도록 머무르게 함으로써 계기를 삼아 곧 세 가지 마음이 원만하게 발휘할 수 있다.

"성불할 가능성이 있는 중생들의 부류에 들어간다"는 것은 법신의 이치와 상응하는 것이다. "끝내 물러나지 않는다"는 것은 범부와 2승에 떨어지지 않는다는 말이다. "부처의 종성에 머무른다"는 것은 처음 발심했을 때가 바로 정각을 이룬다는 뜻이다. "수승한 직접적 원인과 상응한다"는 것은, 생기지도 않고 소멸하지도 않는 것을 본래 수행의 원인(修因)이 된다. 즉 '일체 여래가 도를 증득한 바른 원인[正因]'이라는 것이다.

依不定聚者 明其所依位也 深信業果乃至修行諸行 明其所修行也 經十千劫已下 明其得信成就 堪能發心也 旣發心已已下 明發心之利益也 言不定聚者 統論衆生 有三種類 一邪定聚 謂未種出世善根 不信出世正法 二正定聚 謂發心已上 永不退轉 三不定聚 謂已種出世善根 信出世法 然於三乘法中 未有決定趣向也 若小敎中 證須陀洹 便名入正定

聚 今大教中 不取此義也 以法熏習善根力者 卽是本有新熏二種內因體
熏 及差別平等二種外緣用熏也 深信業果者總明善根所依也 行十善道
者 世間善根力也 厭生死苦者 出世善根力也 求無上覺者 出世上上善根
力也 此三善根 前不具後 後必具前 必須具三善根 方得信成就也 由三
善根以爲勝因 又值諸佛菩薩以爲勝緣 承事供養 修行諸行 因緣具足 方
是大乘初心所修行也 經十千劫者 意明從初信心 二念心 三精進心 四慧
心 五定心 六不退心 七護法心 八迴向心 九戒心 十願心 具足修行十心
成就 故云十千劫也 束此從前所修諸行以爲其因 復藉諸佛菩薩敎力爲
緣 或藉大悲憫衆生苦爲緣 或以護持正法久住爲緣 乃能三心圓發也 入
正定聚者 法身理相應也 畢竟不退者 不墮凡夫二乘地也 住佛種性者 初
發心時 便成正覺也 勝因相應者 不生不滅爲本修因 卽是一切如來得道
正因也

둘째는 성취하지 못함을 겸하여 해석한다.
二兼釋未成

혹 어떤 중생이 오랫동안 선근은 미약하고 번뇌는 깊고 두터워 그 심성을 덮었다면, 비록 여러 불·보살들을 만나도 받들어 모셔 공양을 올리거나 오로지 인간과 천상에 태어나는 종자만 심는다. 또는 성문이나 연각의 보리 종자만 심는다. 혹 어떤 사람이 대보리의 도를 구하더라도, 근기가 확정적이지 못해 나아가기도 하고 물러나기도 한다.
或有衆生 久遠已來 善根微少 煩惱深厚 覆其心故 雖値諸佛及

諸菩薩 承事供養 唯種人天受生種子 或種二乘菩提種子 或有
推求大菩提道 然根不定 或進或退

여기에서는 '선근이 미약하고 번뇌가 깊고 두터운 사람'은, 비록 수승한 계기를 만나더라도 대승의 마음을 발휘하지 못한다는 것을 밝힌다. 선근 자체에 삼승과 일승이 차이가 있고 번뇌 또한 삼계 안팎의 차별이 있어서, 낱낱 선근이 낱낱 번뇌를 상대하여 각각 4구의 해석(料簡)[589]을 만든다. 혹 선근이 많고 번뇌는 얇으며 혹 선근도 많고 번뇌도 두터우며, 혹 선근도 적고 번뇌도 얇으며 혹 선근은 적고 번뇌는 두터운 등의 천 가지 만 가지의 차별이 있다. 그래서 하나로 아우를 수 없으니, 이 모두가 성불할 가능성이 불투명한 중생의 부류에 들어간다.

此明善根微少 煩惱深厚之人 雖遇勝緣 不能發大乘心也 善根自有三乘一乘之不同 煩惱又有界內界外之差別 一一善根 對彼一一煩惱 各作四句料簡 或善根多 煩惱薄 或善根多 煩惱厚 或善根少 煩惱薄 或善根少 煩惱厚 萬別千差 不可一槪 皆是不定聚攝

혹 어떤 중생은 부처님과 여러 보살들을 만나 공양하여 받들어 섬기고, 온갖 행을 닦아 십천 대겁[590]을 채우지 못하고도 중간에 계기를 만나 발심하기도 한다. 어떤 계기를 만나는가? 이를테면, 부

---

589) 요간(料簡)은 해석의 다른 말로, 천태(天台)는 문답에 국한하여 요간이라고 했다.
590) 대겁(大劫)은 성(成)·주(住)·괴(壞)·공(空)을 한 번 지내는 기간으로, 4중겁(中劫) 또는 80중겁(中劫)이라고 한다. 또한 가로·세로·높이가 백이십 리 되는 성 가운데 겨자씨를 가득히 쌓고, 장수천 사람이 3년마다 한 번씩 내려와 한 알씩 가져가서 그 겨자가 다 없어지는 동안을 말하기도 하며, 가로·세로·높이가 백이십 리 되는 바위를 장수천 사람이 3년마다 한 번씩 내려와 삼수(三銖) 무게의 천의(天衣)로 스쳐 그 바위가 닳아 없어질 때까지의 기간을 말한다.

처님의 형상을 보기도 하고 승보에 공양하기도 하며, 성문이나 연각들의 가르침을 받기도 하고 타인을 보고 발심하기도 한다. 이와 같은 발심은 모두 다 확정적이지 않다. 만약 나쁜 인연을 만나면 어떤 때에 물러나 성문이나 연각의 지위에 떨어지기 때문이다.

或有値佛及諸菩薩 供養承事 修行諸行 未得滿足十千大劫 中間遇緣而發於心 遇何等緣 所謂或見佛形相 或供養衆僧 或二乘所教 或見他發心 此等發心 皆悉未定 若遇惡緣 或時退墮二乘地故

"불·보살을 만나 온갖 행을 닦는다"는 것은, 직접적인 원인이 있고 간접적인 계기가 있음을 말한다. '다만 십천 대겁을 채우지 못하고도'라는 것은, 열 가지 마음이 원만하지 못하기 때문에, 비록 계기를 만나 발심해도 성불할 가능성이 있는 중생의 부류에 곧바로 들어가지 못한다는 것이다.

만약 십 천겁을 채우면 부처님의 모습을 보고 승보 등에 공양하는 계기로 발심하여 성불할 가능성이 있는 중생의 부류에 들어간다. 이 인연을 좋은 인연이 아니라고 하지 말라. 다만 쌓아 놓은 직접적인 원인의 힘이 미약함으로 인하여 대비(大悲)와 호법(護法)의 두 가지 발심이 같지 않다. 그래서 "좋은 인연을 만나면 발심하고 나쁜 인연을 만나면 혹 물러나 성문이나 연각들의 지위에 떨어진다"는 것이다. 첫째, 믿음을 성취하는 발심의 해석을 마친다.

値佛菩薩 修行諸行 可謂有因有緣矣 特以未滿十千大劫 十心未圓 故雖遇緣發心 未能即入正定聚也 若使十千劫滿 則見相供僧等緣 並可發心入正定聚 勿謂此緣非好緣也 但由積因力弱 故與大悲護法二種發

心不同 故遇好緣 則能發心 設遇惡緣 或能退墮二乘地也 初釋信成就竟

둘째, 발심을 해석하는 데 세 가지가 있다. 첫째는 발심된 마음을 해석하고, 둘째는 발심의 행을 해석하며, 셋째는 발심의 이익을 해석한다. 첫째 발심된 마음을 해석하는 데 다시 두 가지가 있다. 첫째는 바르게 해석하고 둘째는 의심을 푼다. 여기에서는 바르게 해석한다.

二釋發心三 初釋所發之心 二釋發心之行 三釋發心之益 初中二 初正釋 二釋疑 今初

또 믿음을 성취하여 발심하는 것에는 간략히 세 가지가 있다. 첫째는 정직한 마음(正直心)[591]을 일으킴이니, 이치 그대로 바르게 진여법을 생각하기 때문이다. 둘째는 깊고 신중한 마음을 일으킴이니, 일체 온갖 선행을 모으기를 좋아하기 때문이다. 셋째는 대비의 마음을 일으킴이니, 일체 중생의 고통을 덜어 주기를 원하기 때문이다.

復次信成就發心 略說有三 一發正直心 如理正念眞如法故 二發深重心 樂集一切諸善行故 三發大悲心 願拔一切衆生苦故

진여는 모든 수행의 근본이다. 진여를 생각하지 않고 온갖 선(善)을 모으면 선이 모아질 까닭이 없다. 비록 갖가지 선행이 있더라도 유루와

---

591) 구역 『기신론』(『대정장』 32, p.580c07)에서는 직심(直心)이라고 하였다. 『능엄경』 권1(『대정장』 19, p.107a02)에서는 "시방의 부처님이 그 도가 동일하기 때문에 생사를 벗어나셨는데, 모두 다 곧은 마음으로써 하셨다(十方如來同一道故 出離生死皆以直心)"고 하였다.

유위를 이룰 뿐이다. 진여를 생각하지 않고 중생들의 온갖 괴로움을 덜어 주어도, 고통을 뽑아 줄 까닭이 없다. 비록 간접적 계기로 중생들을 염두하여도, 다만 애정을 일으키고 견해만 일으킬 뿐이다. 그래서 제일 먼저 정직한 마음을 일으켜야 한다.

진여는 본래 한없는 공덕을 갖추어 이치가 반드시 드러나기 때문에, 진여에 수순하여 깊고 신중한 마음을 일으킨다. 진여는 곧 중생의 심성이다. 중생이 이에 미혹함을 가엾이 여기기 때문에, 진여에 수순하여 대비의 마음을 일으킨다. '정직한 마음'은 곧 정인(正因)[592]의 이치에서 마음이 일어나 법신의 덕을 성취하는 것이다. '깊고 신중한 마음'은 요인(了因)[593]의 지혜로운 마음을 일으켜 반야의 덕을 성취하는 것이다. '대비의 마음'은 곧 연인(緣因)이 선한 마음을 일으켜 해탈의 덕을 성취하는 것이다.

이러한 세 가지 마음이 원만하게 발휘되면 시간적·공간적으로 제한되지 않고, 같거나 다르지도 않으며 불가사의하다. 그러므로 처음 발심했을 때 바로 정각을 이룬다고 한다. 지혜의 몸은 타인의 깨달음을 통하지 않고 청정하고 미묘한 법신이 고요히 일체에 응하는 것이다.

眞如乃是一切行本 不念眞如而集諸善 善無由集 縱有種種善行 並成有漏有爲 不念眞如而拔衆苦 苦無由拔 縱令緣念衆生 秖足起愛起見 故須首發正直心也 眞如本具無邊功德 理須顯發 故順眞如 發深重心 眞如卽是衆生心性 憫物迷此 故順眞如 發大悲心也 正直心 卽正因理心發

---

592) 『대반열반경』 권28, 『대정장』 12, pp.530c16-7에서는 "정인(正因)은 모든 중생이고, 연인(緣因)은 육바라밀이다(正因者謂諸衆生 緣因者謂六波羅蜜)"라고 하였다
593) 요인(了因)은 보조적으로 사물의 생성을 도와주는 인연을 말한다. 인(因)의 본체(因體)에 두 가지가 있다. 종자가 싹이 트는 것을 생인(生因)이라 하고, 등으로 사물을 비추어 숨은 것을 나타나게 하는 것을 요인(了因)이라고 한다.

成法身德 深重心 卽了因慧心發 成般若德 大悲心 卽緣因善心發 成解脫德 三心圓發 不縱橫 不並別 不可思議 故曰 初發心時 便成正覺 所有慧身 不由他悟 淸淨妙法身 湛然應一切也

둘째는 의심을 푼다.
二釋疑

【문】일체 중생과 일체 법이 모두 동일한 법계이며, 두 가지 모습이 없다고 하였다. 이치에 의거하면 응당히 진여만 바르게 생각하면 될 것인데, 무슨 이유로 다시 일체 선행을 닦아 일체 중생을 구제해야 한다고 하는가? 【답】그렇지 않다. 마치 마니보(摩尼寶)[594]의 본성이 밝고 깨끗하지만 광석에 불순물이 묻어 있는 것과 같다. 설사 어떤 사람이 부지런히 힘써 생각만 하고 방편을 쓰지 않고 공력을 베풀지도 않으면, 청정한 법을 구하려 해도 끝내 그 이치를 얻을 수 없다. 진여의 법도 마찬가지로 자체가 비록 밝고 깨끗하여 공덕을 갖추었어도 끝없는 객진번뇌[595]에 오염된다. 설사 어떤 사람이 부지런히 힘써 생각만 하고 방편을 쓰지 않고 온갖 행을 닦지 않으면, 청정한 법을 구하려 해도 끝내 그 이치를 얻을 수 없다. 그러므로 마땅히 일체 선행을 모으고 일체 중생을 구제해야 끝없는 객진번뇌의 때와 오염을 여의고, 진법이 드러난다.

---

594) 마니보(摩尼寶)는 진다마니(振多摩尼, cintāmani)의 약칭으로, 깨끗한 구슬이다. 즉 여의주(如意珠)를 말한다.
595) 객진번뇌(客塵煩惱)는 범어 akasmatklesa의 번역으로, 자성청정(自性淸淨)에 상대되는 말이다. 심성을 더럽히는 무명(無明) 등의 객성(客性)의 번뇌를 뜻한다.

問 一切衆生 一切諸法 皆同一法界 無有二相 據理但應正念眞如 何假復修一切善行 救一切衆生 答 不然 如摩尼寶 本性明潔 在礦穢中 假使有人 勤加憶念 而不作方便 不施功力 欲求淸淨 終不可得 眞如之法 亦復如是 體雖明潔 具足功德 而被無邊客塵所染 假使有人 勤加憶念 而不作方便 不修諸行 欲求淸淨 終無得理 是故要當集一切善行 救一切衆生 離彼無邊客塵垢染 顯現眞法

먼저 비유(喩)를 인용하고 뒤에는 법(法)과 합(合)으로, 문장을 알기 쉽게 했다. 첫째, 발심된 마음의 해석을 마친다.
先引喩 後法合 文並易知 初釋所發之心竟

둘째는 발심의 행을 해석한다.
二釋發心之行

방편행에는 간략히 네 가지가 있다. 첫째는 근본을 행하는 방편이다. 일체 법은 본성이 생함이 없음을 관하고, 망령된 견해를 떠나 생사에 머무르지 않는 것이다. 또한, 일체 법은 인연으로 화합해서 업의 과보가 상실되지 않음을 관찰하여, 대비를 일으켜 온갖 선행을 닦아 중생을 감싸 교화하되, 열반에 머무르지 않는 것이다. 진여는 생사와 열반을 여읜 모양이기 때문이다. 이 수행은 진여를 수순함에 근본이 되므로, 근본을 행하는 방편이라고 한다.
彼方便行 略有四種 一行根本方便 謂觀一切法 本性無生 離於

妄見 不住生死 又觀一切法 因緣和合 業果不失 起於大悲 修諸
善行 攝化衆生 不住涅槃 以眞如離於生死涅槃相故 此行隨順
(眞如)以爲根本 是名行根本方便

　이것은 곧 발휘된 정직한 마음으로써 방편행을 삼는다. "생사에 머무르지 않는다"는 것은 사마타관(奢摩他觀)[596]을 뜻하며, "열반에 머무르지 않는다"는 것은 위빠사나관(毘鉢舍那觀)[597]을 뜻한다. 지관(止觀)을 일심(一心)에서 닦아야 곧 진여 법성을 수순한다. 그러므로 '근본을 행하는 방편'이라고 하였다.

此卽以所發正直心而爲方便行也 不住生死是奢摩他觀 不住涅槃 是
毘鉢舍那觀 止觀一心中修 乃順眞如法性 故名行根本方便

　둘째는 그치고 쉬는 방편이다. 이를테면, 부끄러워하고 허물을 뉘우치는 것을 말한다. 이것은 일체 악법이 그치고 쉬어 더 이상 늘어나지 못하게 한다. 바로 진여가 본래 일체 허물의 모습을 여의었기 때문이다. 진여를 수순하고 모든 악을 그치게 하기 때문에, 이것을 '그치고 쉬는 방편'이라고 한다. 셋째는 선근을 더욱 늘어나게 하는 방편이다. 삼보의 처소에서 좋아하고 공경하는 마음을 일으켜, 존중하여 공양하고 예배하며 찬탄하여 따라 기뻐하며 부처님께 권해서 간청한다. 이렇게 하여 바른 믿음이 더욱 커져서

---

596) 사마타(奢摩他)는 범어 samatha의 음역으로, 지(止)·적정(寂靜)·능멸(能滅)이라고도 한다. 섭심(攝心)이 환경(緣)에 머물러 산란함을 여의는 것을 말한다.
597) 위빠사나(毘鉢舍那)는 범어 vipaśyana의 음역으로, 관(觀)·견(見)·종종관찰(種種觀察)로 번역된다. 즉 사리(事理)를 관견(觀見) 또는 통찰하는 것이다.

위없는 깨달음을 지극히 구한다. 또 불·법·승 삼보의 힘이 보호해 주어 업장이 청정해지고 선근이 물러나지 않는다. 이것은 진여가 본래 일체 장애를 떠나 일체 공덕을 갖추었기 때문이다. 진여를 수순해서 선업을 닦음으로, 이것을 선근을 자라나도록 하는 방편이라고 한다.

二能止息方便 所謂慚愧及以悔過 此能止息一切惡法 令不增長 以眞如(本)離一切過失相故 隨順眞如 止息諸惡 是名能止息方便 三增長善根方便 謂於三寶所 起愛敬心 尊重供養 頂禮稱讚 隨喜勸請 正信增長 乃至志求無上菩提 爲佛法僧威力所護 業障淸淨 善根不退 以眞如(本)離一切障 具一切功德故 隨順眞如 修行善業 是名生長善根方便

두 번째 그치고 쉬는 방편은, 곧 발휘된 깊고 신중한 마음으로써 방편행을 삼는다. 선근이 자라나게 하려면 제일 먼저 반드시 악을 쉬게 해야 한다. 그래서 하나의 깊고 신중한 마음에서 이 두 가지 방편을 나누었다. 이 모두 진여의 성품을 수순하도록 하기 위해서이다. 본문에서 아울러 알 수 있다.

此二卽以所發深重心而爲方便行也 欲長善根 先須息惡 故於一深重心 分此二種方便 皆爲隨順眞如性故 文並可知

넷째는 큰 서원을 평등하게 하는 방편이다. 서원을 일으켜 영원토록 평등하게 일체 중생을 구호해서, 완전한 열반[598]에 안주하도록

---

598) 무여열반(無餘涅槃)은 범어 anupadhiśeṣa-nirvāṇa의 번역으로, 무여의열반(無餘依涅槃)이라고도 한다.『본집경』권3,『대정장』17, pp.678b02-5에서는 "번뇌가 소

하는 것이다. 이는 일체 법에 본성이 둘이 없고 피차가 평등하며 최상의 적멸인 줄 알기 때문이다. 진여를 수순하는 이 세 가지 모습으로써 큰 서원을 일으킨다. 그래서 '큰 서원을 평등하게 하는 방편'이라고 한다.

四大願平等方便 謂發誓願 盡未來際 平等救護一切衆生 令其安住無餘涅槃 以知一切法 本性無二故 彼此平等故 究竟寂滅故 隨順眞如此三種相 發大誓願 是名大願平等方便

이것은 곧 발휘된 대비의 마음으로써 방편행을 삼는 것이다. 무여열반이라는 것은, 소승에서는 몸도 재가 되고 지혜도 없어짐을 가리킨다. 여기에서는 분단생사와 변역생사(二死)가 영원히 없어진 것을 가리킨다. 일체 법의 본성이 둘이 없는 줄 알면, 중생에게서 상·중·하근기라는 생각은 일어나지 않는다. 또한, 일체 법이 피차가 평등한 줄 안다면 중생에게서 원수와 친한 등의 생각도 일어나지 않는다. 그리고 일체 법이 최상의 적멸인 줄 알게 되면 중생에게서 소승의 교화를 쓴다는 생각은 일어나지 않는다. 왜냐하면, 이 모두 진여의 성품을 수순하기 때문이다.

이 네 가지 방편은 모두가 성품에 칭합하여 수행을 일으키고 온전히 닦으면 성품이 드러난다. 발심하기 전에는 이러한 방편으로 인하여 발심하고, 이미 발심한 후에는 이러한 방편으로 인하여 궁극의 성불한 지위에 오르게 된다. 그러므로 일체 여래가 도를 얻은 바른 원인이라고 하였다. 둘째로 발심의 행을 해석함을 마친다.

멸되어 마음의 해탈을 얻어 자유롭게 최후의 몸을 가지는 것을 유여열반이라 하고, 온갖 감수 작용이 소멸되어 적정하고 영원히 청량한 것이 무여열반이라 한다. 여기에는 모든 희론이 끊어졌다(漏盡心解脫 任持最後身 名有餘涅槃 諸行猶相續 諸所受皆滅 寂靜永淸涼 名無餘涅槃 衆戲論皆息)고 하였다.

此卽以所發大悲心而爲方便行也 無餘涅槃者 小乘則指灰身泯智言之
今指二死永亡言之 知一切法本性無二 則於衆生不起上中下想 知一切
法彼此平等 則於衆生不起怨親等想 知一切法究竟寂滅 則於衆生不起
用小化想 皆亦隨順眞如性故 此四方便 並是稱性起修 全修顯性 未發心
前 由此方便而得發心 旣發心後 由此方便而階極果 故名一切如來得道
正因也 二釋發心之行竟

셋째는 발심의 이익을 해석하는 데 세 가지가 있다. 첫째는 진실의 입장
에서 기능을 밝히고, 둘째는 방편의 입장에서 허물을 가리고, 셋째는 진
실로써 방편을 부순다. 여기서는 진실의 입장에서 기능을 밝힌다.
三釋發心之益三 初約實明能 二約權簡過 三以實破權 今初

보살이 이러한 마음을 일으킬 때 어느 정도 부처의 법신을 보고
원력을 따라 여덟 가지의 모습을 나타낸다. 첫째는 도솔천궁으로
부터 내려오시고, 둘째는 태에 들며, 셋째는 태에 머물고, 넷째는
태에서 나온다. 그리고 다섯째는 출가하고, 여섯째는 성불하며, 일
곱째는 법륜을 굴리고, 여덟째는 반열반[599]에 들어가는 것이다.
菩薩如是發心之時 則得少分見佛法身 能隨願力 現八種事 謂
從兜率天宮來下(一) 入胎(二) 住胎(三) 出胎(四) 出家(五) 成
佛(六) 轉法輪(七) 般涅槃(八)

---

599) 반열반(般涅槃)은 범어 parinirvāṇa의 번역으로, 입멸(入滅)·멸도(滅度)·원적
(圓寂)·열반(涅槃)이라고도 한다. 번뇌의 속박에서 해탈하고 진리를 궁구하여 적
멸무위(寂滅無爲)한 법의 성품을 깨달아 불생불멸하는 법신의 진제(眞際)에 돌아
가는 것이다.

이것은 곧 『화엄경』의 "처음 발심할 때 정각을 이룬다"[600]는 뜻이다. 부분적으로 무명을 부수고 부분적으로 진여를 증득하기 때문에, "어느 정도 부처의 법신을 본다"고 하였다. 이미 법신을 보았다면 곧 여덟 가지 모습으로 도를 이룬다. 즉 청정하고 미묘한 법신은 고요히 일체에 응한다는 말이다. 여덟 가지 모습은 열고 합하며 나오고 잠기는 것이 같지 않아 근기에 따라 보는 것이다. 반드시 이것을 두고 부처님의 방편과 진실을 판단할 수는 없다. 왜냐하면, 증득한 법신은 방편과 진실의 수량으로는 헤아려 알 수 없기 때문이다.

卽華嚴初發心時便成正覺之義也 分破無明 分證眞如 故云少分見佛法身 旣見法身 便能八相成道 所謂淸淨妙法身 湛然應一切也 八相開合出沒不同 並是隨機所見 不必約此以判佛之權實 以所證法身 非有權實數量可思議故

둘째는 방편으로 허물을 가린다.
二約權簡過

그러나 아직 법신이라고 부르지는 못한다. 왜냐하면, 과거의 한량없는 세월 동안 유루의 업을 끊지 못했기 때문이다. 혹 악업으로 인하여 미세한 괴로움을 받지만, 가지고 있는 원력으로 업에 묶여 있는 것이 오래가지는 않는다.

然猶未得名爲法身 以其過去無量世來有漏之業未除斷故 或由惡業 受於微苦 願力所持 非久被繫

---

600) 진역(晋譯) 『화엄경』 권8 「범행품」 12, 『대정장』 9, p.449c14.

여기에서는 점교에서 밝힌 초발심주에서 겨우 삼계 안의 견혹을 끊어 소승의 수다원과와 같다. 그래서 아직 미세한 괴로움이 있는 것이다. 그러나 수다원과가 곧 생사의 바다가 되어 경계(邊際)[601]를 만들고 지극히 천천히 일곱 생을 지나지 않고, 영원히 고통스런 윤회에서 벗어난다. 그런데 하물며 발심한 보살이 깨달고자 하는 원력을 가지고 어떻게 오래도록 업에 매여 있겠는가! 【문】 본문에서의 '그러나 아직〔然猶〕' 두 글자는, 여덟 가지 모습으로 성도한 사람을 가리킨다. 그런데 어떻게 별도로 점교의 입장에서 해석하는가? 【답】 발심이 이름은 같지만 방편과 실제는 매우 다르다. 앞에서 밝힌 여덟 가지 모습은 의도적으로 성불할 가능성이 있는 중생들의 부류에 들어가는 사람을 가리킨 것이다. 여기에서 밝히는 미세한 괴로움은 의도적으로 혹시 성문이나 연각에 떨어지는 사람을 가리키기 때문이다.

此約漸敎所明初發心住 僅斷界內見惑 與小乘初果齊 所以或猶有微苦也 然初果便爲生死海而作邊際 極遲不過七生 永出苦輪 況發心菩薩 菩提願力所持 豈久被業繫哉 問 玩文中然猶二字 卽指八相成道之人 何得別作漸敎釋之 答 發心名同 權實迥異 前明八相 意指入正定聚者 今明微苦 意指或時退墮二乘地者故也

어떤 경에서는 "믿음을 성취하여 발심하는 보살도 혹 악도에 떨어지기도 한다"고 설한다. 이는 처음 배우는 보살의 마음이 다분히 게을러서 바른 지위에 들어가지 못하기 때문에, 이렇게 말해서 용

---

601) 변제(邊際)는 범어 anta의 번역으로, 구경처(究竟處)·극점(極點)·한계·끝·경계·근처·부근·가(邊)를 의미한다.

맹스러운 마음을 더하게 하기 위한 것이다. 따라서 진실 그대로의
설은 아니다.

有經中說 信成就發心菩薩 或有退墮惡趣中者 此爲初學心多
懈怠 不入正位 以此語之 令增勇猛 非如實說

여기에서는 비록 점교의 초발심주에서 이미 견혹을 끊어 수다원과와
같음을 밝힌다. 또한 "악도에 떨어지는 일이 없다"는 것은, 방편의 설로
뛰어넘지 않고 처음 배우는 사람들에게 경책하는 말일 뿐이다. 혹 다시
성문이나 연각에 떨어진다면 이것을 용납할 수 있다. 【문】 어떤 경에서,
"사리불이 옛날에 이미 육주심(六住心)[602]을 증득하고, 바라문이 눈을 구
걸한 인연을 만나 대승의 마음을 잃어버려 다시 오취(五趣)[603]를 유전
하였다"[604]고 설하였다. 이것을 어떻게 회통하겠는가? 【답】 또 어떤 경에

---

602) 육주심(六住心): 육주(六住)는 『보살지지경(菩薩地持經, bodhisattva-bhūmi sutra)』에서 설한 육종주(六種住)를 말한다. 이 경에서는 육주(六住)를 세워 보살의 행위를 섭수한 것이다. 육입(六入)이 증득한 자리이며 모두 퇴실(退失)하지 못하기 때문에 주(住)라고 한다. 첫째 종성주(種性住)는 보살이 십주(十住)의 자리에서 불도의 종성을 성취하는 것이다. 둘째 해행위(解行位)는 십행과 십회향의 자리로 해행(解行)의 공을 쌓아 퇴실하지 않는 것이다. 셋째 정심주(淨心住)는 초지(初地)의 견도위(見道位)에서 일체의 견혹(見惑)을 파하고 마음이 일분(一分) 청정함을 얻는 것이다. 넷째 행도적주(行道迹住)는 제2지로부터 제7지에 이르러 진관(眞觀)을 수습하고 점차로 견혹(見惑)을 끊으며, 곧 도를 행하여 증득해 들어가는 자취이다. 다섯째 결정주(決定住)는 제8지와 제9지에서 도력의 공용을 빌리지 않고 증진(增進)이 자재하여 퇴실하지 않음이 결정된 것이다. 여섯째는 구경주(究竟住)로 제10지에서 학행(學行)이 만족하여 등각(等覺)을 구경하는 자리이며 묘각(妙覺)의 구경이 아니라는 것이다.
603) 오취(五趣)는 오도(五道)를 말한다. 즉 지옥·아귀·축생·인간·천상이다.
604) 『금강경찬요간정기(金剛經纂要刊定記)』 권5(『대정장』 33, pp.212c20-1)에 '舍利弗本發大心 行菩薩行 至六住 被乞眼睛便生瞋恚 不成忍行捨大歸小'의 내용이 있다.

서, "사리불 같은 부처님의 큰 제자는 법신의 깊은 지위에 있는 대사(大士)[605]이며, 성문이 되어서 중생을 인도하여 교화함을 보인 것이다. 곧 처음 배우는 사람을 바르게 경책하기 위하여 타락함을 보인 것인데 무엇을 의심하겠는가! 둘째, 방편으로 허물을 가림을 마친다.

此明雖漸敎中初發心住 已斷見惑 與初果齊 亦無退墮惡趣之事 不過權說以策初學耳 或復退墮二乘地中 則容有之也 問 有經中說 舍利弗往昔已曾證六住心 由婆羅門乞眼因緣 退失大心 仍復流轉五趣 此云何通 答 復有經說 舍利弗等大弟子 並是法身深位大士 示作聲聞 引物歸化 則示墮正爲警策初學 何足疑也 二約權簡過竟

셋째는 진실로써 방편을 부순다.
三以實破權

또한 이 보살은 한번 발심한 후에 자신도 이롭고 타인도 이롭게 하는 온갖 고행을 닦는다. 마음에 겁내고 나약함이 없어 오히려 성문이나 연각의 지위에 떨어지는 것을 두려워하지 않는데, 하물며 악도이겠는가! 만약 한량없는 아승기겁 동안 부지런히 갖가지 행하기 어려운 고행을 닦아야 비로소 성불한다는 말을 들어도, 놀라거나 겁내지 않는다. 그런데 어떻게 이승의 마음이 생겨나고 악도에 떨어지겠는가! 결정코 일체 모든 법이 본래부터 성품이 열반이라는 것을 믿기 때문이다.

---

[605] 대사(大士)는 범어 mahā sattva의 번역으로, 보살의 통칭이며, 성문(聲聞)과 불(佛)을 말하기도 한다. 사(士)는 범부를 통칭하는 것이며, 범부와 구별하여 대(大)라고 한다. 사(士)는 사(事), 자리(自利)와 이타(利他)의 대사(大事)를 대사(大士)라고 한다.

又此菩薩 一發心後 自利利他 修諸苦行 心無怯弱 尙不畏墮二乘之地 況於惡道 若聞無量阿僧祇劫 勤修種種難行苦行 方始得佛 不驚不怖 何況有起二乘之心 及墮惡趣 以決定信一切諸法 從本已來 性涅槃故

여기서는 돈교의 초발심인 사람이 이미 성불할 가능성이 있는 중생들의 부류에 머물러 끝까지 물러나지 않음을 밝혔다. 일반적으로 초발심주뿐만 아니라 이러한 수승한 힘만 있어도, 결정적인 진실한 믿음을 얻어 일체 법의 본성이 열반이라는 것을 안다. 또한 권교(權敎)[606]의 발심에서 혹 성문이나 연각의 지위에 떨어지는 것이 같지 않은 줄 안다. 첫째, 믿음을 성취하는 발심의 해석을 마친다.

此正明頓敎初發心人 卽已住正定聚 畢竟不退也 蓋不唯初發心住 有此勝力 但得決定實信 知一切法本性涅槃 亦不同權敎發心 或墮二乘矣 初釋信成就發心竟

2) 이해하고 실천하는 발심〔解行發心〕

둘째 이해하고 실천하는 발심을 해석하는 것은, 성품에 칭합된 원만한 수행을 논하는 것으로, 즉 믿음(信)·이해(解)·실천(行)·깨달음(證)이다. 그래서 처음 '아(阿)'자에는 일체 모든 글자들의 공덕을 갖춘다고 한다. 비록 42위로 나누지만, 비유하면 마치 바다에 들어가서 얕고 깊음

---

606) 권교(權敎)는 여래가 중생으로 하여금 진실한 이치를 깨닫게 하기 위하여 먼저 그 수단으로 말한 방편의 교(敎)이다. 즉 아함·방등·반야경 등이다.

을 논해도, 얕고 깊음이 모두 바다인 것과 같다. 그런데 어떻게 이해하고 실천하며 체험해 얻는 것이 없는데 어떻게 믿음이라고 할 수 있겠는가? 또한, 어떻게 이해[解]·실천[行]·깨달음[證]을 믿음 뒤에만 확정해 두는가? 다만 실제 수행 지위로서는 추측하기 어렵고 방편에 의지해서 밝히기가 쉽다. 그래서 믿음 다음으로 이해와 실천을 두었다. 본문에는 두 가지가 있다. 첫째는 지위를 밝히고, 둘째는 행을 밝힌다. 여기에서는 첫 번째 지위를 밝힌다.

二釋解行發心者 夫論稱性圓修 則卽信卽解卽行卽證 故云 初阿字中 卽具一切諸字功德 縱分四十二位 譬如入海而論淺深 淺深皆海 豈有無解行證而可名信 豈令解行與證定居信後 特以實位難測 寄權易明 故次信而辨解行也 文爲二 初明位 二明行 今初

이해하고 실천하는 발심은 더욱 수승해지는 발심인 줄 반드시 알아야 한다. 첫 번째 무수겁(無數劫)[607]이 채워지려고 할 때 진여 가운데서 깊은 이해를 얻기 때문이고, 일체 행을 닦음에 모두 집착이 없기 때문이다.

解行發心者 當知轉勝 初無數劫將欲滿故 於眞如中得深解故 修一切行皆無著故

원융문(圓融)[608]의 입장에서 논하면 믿음을 성취한 가운데 네 가지 방

---

607) 무수겁(無數劫)은 아승기겁을 번역한 말로, 산수로는 계산할 수 없는 아주 오랜 시간을 가리킨다.
608) 분별 집착의 견해에 따라서 말하면 천차만별의 제법이 모두 사물마다 차별적 현상이 인정되고, 제법이 본래 갖추어진 이성에 따라서 말하면, 사리(事理)의 만법이 두루 융통하고 장애가 없어서 둘도 없고 다름도 없다. 마치 물과 파도와 같기 때문에

편의 실천을 육바라밀로써 한다. 이 중에서 법성을 따르면 근본을 행하는 방편이고, 아끼고 욕심내는 모습을 여의고 오욕(五欲)[609]의 경계 등을 여의면 그치고 쉬는 방편이다. 그리고 보시와 지계 등을 수행하면 선근이 생겨 자라게 하는 방편이다. 이 중에서 육바라밀은 중생을 제도하여 해탈하게 하기 위하여 필요하여, 큰 서원을 평등하게 하는 방편이라고 한다. 여기에서는 한번 고의로 점차적으로 논하기 때문에 더욱 수승해진다고 했을 뿐이다. 첫째 "무수겁이 채워지려고 한다"는 것은 자량위를 성취하고, 곧 가행위에 들어가는 것이다. "진여 가운데서 깊은 이해를 얻는다"는 것은, 이관(理觀)과 사관(事觀)[610]을 방편으로 삼아 중도 제일의관[611]에 들어간다는 것이다. "일체 행을 닦음에 모두 집착이 없다"는 것은, 현상계[事]를 돌이켜 본체계[理]에 향함이고, 나아가 원인[因]을 돌이켜 결과[果]에 향함이다. 즉 삼계에 집착하지 않고 이승에 집착하지 않

원융(圓融)이라고 한다. 원융의 이치에서는, 번뇌가 곧 보리요, 생사가 곧 열반이며, 중생이 곧 본각이요, 사바가 곧 적광(寂光)이다.

609) 오욕(五欲)은 색(色)·성(聲)·향(香)·미(味)·촉(觸)의 다섯 가지를 말한다. 이는 능히 사람의 탐욕하는 마음을 일으키기 때문에 욕(欲)이라 하며, 진리를 오염시키기 때문에 진(塵)이라고도 한다. 그러나 일반적으로 재욕(財慾)·색욕(色慾)·음식욕(飮食慾)·명예욕(名譽慾)·수면욕(睡眠慾)을 오욕(五欲)으로 정의하기도 한다.

610) 이관(理觀)과 사관(事觀)을 이관(二觀)이라고 한다. 사관은 인연에 따라서 생기는 현상을 관찰하는 유식관(唯識觀)이며, 이관은 만법의 실성을 관찰하는 실상관(實相觀)이다. 제종(諸宗)의 관법을 각기 이 이관(二觀)에 의하여 나눈다. 천태종에서는 점찰경에서 설한 유식과 실상의 두 관으로써 이(理)·사(事)의 이관으로 삼아서 유식관을 사관(事觀)이라 하고, 실상관을 이관(理觀)이라고 하는 것과 같다.

611) 제일의관(第一義觀)은 천태종의 삼관(三觀) 가운데 중관(中觀)의 이명(異名)으로, 도(道)를 관하는 최상이며 지극하기 때문에 제일의(第一義)라고 한다. 『출요경』 권24(『대정장』 13, pp.740c13-5)에서는 "유루를 끊고 무루행을 이루는 것을 제일의관이다[觀有二種 一者財觀 二者第一義觀 (중략) 第一義者盡有漏成無漏行]"라고 하였다.

는다는 것이다.

 約圓融論 秖點信成就中四方便行而爲六度 謂此中隨順法性 卽行根本方便 此中離慳貪相 離五欲境等 卽能止息方便 此中修行施戒等 卽生長善根方便 此中六波羅蜜 必爲度脫衆生 卽大願平等方便也 今一往姑約漸次論之 故云轉勝耳 初無數劫將欲滿者 資糧成就 將入加行位也 於眞如中得深解者 二觀爲方便道 得入中道第一義觀也 修一切行皆無著者 謂迴事向理 乃至迴因向果 不著三有 不著二乘也

 둘째는 행을 밝힌다.
 二明行

이 보살은 법의 성품이 아끼고 욕심내는 모습을 떠난 이것이 청정한 보시바라밀인 줄 알고, 보시바라밀을 따라 수행한다. 법의 성품이 다섯 가지 욕망의 경계를 떠나 파계하는 모습이 없는 이것이 청정한 지계바라밀인 줄 알고, 지계바라밀을 따라 수행한다. 법의 성품이 고뇌가 없어서 성내는 모습을 떠난 이것이 청정한 인욕바라밀인 줄 알고, 인욕바라밀을 따라 수행한다. 법의 성품이 신심의 모양을 떠나 게으름이 없는 이것이 청정한 정진바라밀인 줄 알고, 정진바라밀을 따라 수행한다. 법의 성품이 동요됨도 없고 혼란스러움도 없는 이것이 청정한 선정바라밀인 줄 알고, 선정바라밀을 따라 수행한다. 법의 성품이 온갖 어리석음을 여읜 이것이 청정한 지혜바라밀인 줄 알고, 반야바라밀을 따라 수행한다.
此菩薩知法性離慳貪相 是淸淨施度 隨順修行檀那波羅蜜 知

法性離五欲境 無破戒相 是淸淨戒度 隨順修行尸羅波羅蜜 知
法性無有苦惱 離瞋害相 是淸淨忍度 隨順修行羼提波羅蜜 知
法性離身心相 無有懈怠 是淸淨進度 隨順修行毘梨耶波羅蜜
知法性無動無亂 是淸淨禪度 隨順修行禪那波羅蜜 知法性離諸
癡闇 是淸淨慧度 隨順修行般若波羅蜜

"법의 성품이 아끼고 욕심을 여읜 것인 줄 안다"는 등은 '이해〔解〕'이
다. 보시 등바라밀을 수순하여 수행한다는 것은, '실천〔行〕'이다. 범어 단
나(dana)를 번역하면 보시이고, 시라(sila)를 번역하면 지계이며, 찬제
(ksanti)를 번역하면 인욕이다. 그리고 비리야(virya)를 번역하면 정진이
며, 선나(dhyāna)를 번역하면 정려 또는 사유수이고, 반야(prajnā)를 번
역하면 '혜(慧)' 또는 '지(智)'이다. 육바라밀을 수행하는 모습은, 마치『화
엄경』「십회향품」에서 밝힌 것과 같다. 혹 분진즉 해행이고, 혹은 상사즉
해행이니, 분진즉은 오직 진실한 입장이고 상사즉는 방편과 진실을 겸
한 입장이니, 마땅히 원융과 항포문〔行布〕[612]의 두 뜻으로 생각해야 한다.
둘째, 이해하고 실천하는 발심의 해석을 마친다.

　　知法性離慳貪等 是解 隨順修行檀那等 是行也 梵語檀那 此翻布施
尸羅 此翻戒 羼提 此翻忍 毘利耶 此翻精進 禪那 此翻靜慮 亦翻思惟
修 般若 此翻慧 亦翻智 修六度相 具如華嚴十迴向品所明 或是分眞解
行 或是相似解行 分眞則唯約實 相似則雙約權實 當以圓融行布二義思
之 二釋解行發心竟

---

612) 항포문(行布門)은 차제항포문(次第行布門)의 준말이다. 화엄종에서 수행하는 단
　　계에 십주(十住)·십행(十行)·십회향(十廻向)·십지(十地) 등을 세워서 이 차례
　　를 지나서 마지막 이상적 경지인 불지(佛地)에 이른다고 보는 관찰 방법이다.

3) 체험해 얻는 발심〔證發心〕

셋째, 체험해 얻는 발심을 해석하는 데 세 가지가 있다. 첫째는 나누어 증득하는 것을 밝히고, 둘째는 꽉 차게 증득하는 것을 밝힌다. 첫째, 나누어 증득하는 것을 밝히는 데 또한 두 가지가 있다. 첫째는 증득할 대상을 밝히고, 둘째는 마음의 모습을 밝힌다. 첫째, 증득할 대상을 밝히는 데 또한 두 가지가 있다. 첫째는 증득한 본체를 밝히고, 둘째는 일어나는 작용을 밝힌다. 여기서는 증득한 본체를 밝힌다.

三釋證發心二 初明分證 二明滿證 初中二 初明所證 二明心相 初又二 初明證體 二明起用 今初

체험해 얻는 발심이라는 것은, 정심지로부터 보살 수행의 마지막 지위까지, 어떤 경계를 증득하는 것을 두고 하는 말이다. 이를테면 진여를 체험하는 것이다. 전식(轉識)[613]에 의하여 경계라고 하지만, 실제로 증득한 가운데는 경계의 모습이 없다. 이 보살이 분별이 없는 지혜로써, 말을 떠난 진여 법신을 증득하기 때문이다.

證發心者 從淨心地 乃至菩薩究竟地 證何境界 所謂眞如 以依 轉識 說爲境界 而實證中 無境界相 此菩薩以無分別智 證離言 說眞如法身故

'정심지'라는 것은 방편으로는 환희지이고, 실교(實敎)의 입장에서는 초발심주이다. '보살 수행의 마지막 지위〔究竟地〕'라는 것은, 십지(十地) 이후의 마음이며 또한 등각지라고도 한다. "전식에 의하여 경계라고 한다"는 것은, 제6식이 전환하여 묘관찰지가 되고 제7식이 전환하여 평등

---

613) 전식(轉識)은 중생이 가진 객관을 인식하는 것이다.

성지가 되며, 중생에게 있는 제6식과 제7식이 반드시 반연하는 경계가 있어야 여기에 의지하기 때문에, 가설로서 '증득된 것을 경계'라고 한 것이다. 그러나 "실제로 증득한 가운데는 경계의 모습이 없다"는 것은, 진여는 모양을 취할 것이 없어서 바른 지혜도 모양을 취하지 않는다는 것이다. 진여의 본체 모습을 그대로 대상화한 조건(所緣緣)을 삼았을 뿐, 진여의 모양 상태를 변화해 대상화한 조건을 삼은 것은 아니기 때문이다. "이 보살은 분별이 없는 지혜를 쓴다"는 것은 견분이 있음을 밝힌 것이다. 그리고 "말을 떠난 진여 법신을 증득한다"는 것은 상분이 없음을 밝힌 것이다. 바로 호법의 유식과 꼭 맞으니 생각하고 생각해 보라.【문】만약 실교(實敎)에 의하여 초발심주를 정심지라고 설하는 것은, 앞의 발심 중에서는 다만 어느 정도 부처님의 법신을 본다고 했다. 여기에서는 "말을 떠난 진여의 법신을 증득한다"고 설하는 것은, 본문의 취지와 큰 차이가 있다. 어떻게 회통하겠는가?【답】앞에서는 권교(權敎)와 실교(實敎)를 겸하여 밝히려고 했기 때문에, 다만 어느 정도 본다고 했다. 여기에서는 권교로 증득하는 것이 실교와 같기 때문이다. 또한 증득한 진여의 입장에서는 한계가 없고, 혹 증득하는 지혜의 입장에서는 나누어 증득하는 것(分證)과 꽉 차게 증득하는 것(滿證)이 같지 않다. 비록 분증과 만증이 있어도 모두 분별이 없는 지혜이다. 마치 초야의 달과 보름달이 빛이 서로 다르지 않은 것과 같다.

淨心地者 約權卽初歡喜地 約實卽初發心住也 究竟地者 卽十地後心 亦名等覺地也 以依轉識說爲境界者 轉第六爲妙觀察智 轉第七爲平等性智 衆生所有第六第七 必有所緣境界 所以依之 假說所說爲境界也 而實證中無境界相者 以眞如無相可取 正智不取於相 挾帶眞如體相爲所緣緣 非是變帶眞如相狀爲所緣緣故也 此菩薩以無分別智者 明其有見

分也 證離言說眞如法身者 明其無相分也 正與護法唯識吻合 思之思之間 若依實說 初發心住卽名淨心地者 前發心中 但云少分見佛法身 今云證離言說眞如法身 文旨碩異 云何會通 答 前爲兼明權實 故但云少分見 今則權證同實故也 又約所證眞如 則無分劑 若約能證之智 仍有分滿不同 雖有分滿 皆是無分別智 如初夜月 與望夜月 光相不異也

둘째 일어나는 작용을 밝힌다.
二明起用

한 생각에 시방의 모든 세계에 가서 여러 부처님께 공양하고 법륜을 굴리시기를 청한다. 이는 오직 중생을 위하여 이롭게 할 뿐, 아름답고 미묘한 소리 듣기를 구하는 것이 아니다. 혹 겁내고 나약한 중생을 위하여 큰 정진으로 한량없는 겁을 뛰어넘어 속히 정각을 이루는 것을 보여 준다. 혹 게으른 중생을 위하여 한량없는 아승기겁이 지나도록 오래 고행을 닦아야 비로소 성불하는 것을 보여 준다. 이와 같은 무수한 방편을 보여 나타내는 것이 모두 일체 중생을 이롭게 하기 위해서이다. 실제로 보살의 종성과 여러 근기들이 발심하여 증득하는 것이, 모두 다 똑같아서 초과되는 법이 없다. 결정코 모두 3무수겁을 지나서야 정각을 이루기 때문이다. 다만 중생의 세계가 같지 않아서 보고 듣는 근기와 욕망과 성격이 다름을 따라 수행하는 것도 갖가지로 차별되게 보여 준다.
能於一念 遍往十方一切世界 供養諸佛 請轉法輪 唯爲衆生而作利益 不求聽受美妙音詞 或爲怯弱衆生故 示大精進 超無量

劫 速成正覺 或爲懈怠衆生故 經於無量阿僧祇劫 久修苦行 方
始成佛 如是示現無數方便 皆爲饒益一切衆生 而實菩薩種性
諸根發心作證 皆悉同等 無超過法 決定皆經三無數劫 成正覺
故 但隨衆生世界不同 所見所聞根欲性異 示所修行種種差別

아직 법신을 증득하기 전에는 비록 아래로 중생을 교화하게 하는 것이지만 모두 위로 불도를 구하는 것이다. 자기도 이롭고 타인도 이롭게 하는 갖가지 방편이, 모두 진여의 본체를 증득해 알기 위한 까닭이다. 이미 법신을 증득한 뒤에는 비록 위로 불도를 구하게 하는 것이지만, 모두 아래로는 중생을 교화하는 것이다. 여기 본문에서 밝히는 것과 같다.

"종성이 똑같다"는 것은 본래 듣고 훈습하는 두 종자를 갖추고 있다는 것이다. "여러 근기들이 똑같다"는 것은 육처(六處)[614]가 수승하여 차별이 없다는 것이다. 또한, "발심이 똑같다"는 것은 똑같이 진심(眞心)·방편심(方便心)·업식심(業識心)의 세 가지 마음을 일으킨다는 말이다. "증득하는 것이 똑같다"는 것은 똑같이 진여를 증득한다는 것이다. 발심하기 전에는 선근의 깊고 얕음과 번뇌의 두텁고 얇음과, 여러 근기들의 예리하고 둔함과 방편의 부지런하고 게으름을 용납하는 것이 똑같지 않다. 그러나 이미 발심한 후에는 생을 같이하는 성품이 공용이 없는 도에 들어감에 결정코 차별이 없다. 다만 중생의 근기와 욕망과 성품이 다르기 때문에, 차별이 있게 나타나 보일 뿐이다.

---

614) 육처(六處)는 십이인연(十二因緣)의 하나로, 육입(六入)이라고도 한다. 중생이 모태 안에서 안(眼)·이(耳)·비(鼻)·설(舌)·신(身)·의(意)의 육근(六根)을 갖추고, 모태에서 나오는 자리(位)를 말한다. 처(處)는 십이처(十二處)의 처로 육근(六根)과 육경(六境)을 통칭한 말이다. 근(根)과 경(境)은 식(識)을 생하는 의지처가 되기 때문에 처라고 한다.

未證法身已前 縱令下化衆生 皆是上求佛道 以自利利他種種方便皆
爲證會眞如體故 已證法身之後 縱令上求佛道 皆爲下化衆生 則如今文
所明也 種性同等者 具足本有聞熏二種子也 諸根同等者 六處殊勝無差
別也 發心同等者 同發三心也 作證同等者 同證眞如也 未發心前 容有
善根深淺 煩惱厚薄 諸根利鈍 方便勤惰之不同 旣發心後 入同生性 無
功用道 決無差別 但由衆生根欲性異 故示現有差別耳

'3무수겁'[615]이라고 한 것은, 때에 실법이 없어서 오직 망상에 의하여 건립한 것이다. 마치 세속에서 전해지는 메조밥을 한 번 짓는 꿈[616]과 같이, 곧 40여 년이 세상의 천 년, 산중의 7일을 넘지 않는 것과 같다. 또 어떤 경에서는 선인이 선재의 손을 잡고 잠시 미진수겁[617]을 지나서 오십소겁[618] 동안 부처님을 찬탄한 것이 대중에게는 반나절과 같다고 하였다.[619] 범부가 생각하는 년·월·일·시를 두고 겁의 양을 말한 것이 아

---

615) 3무수겁(三無數劫)은 범어 asaṃkhyeya-traya, tri-kaipasaṃkhyeya)의 번역으로, 3아승기겁(三阿僧祇劫)과 같다.
616) 황량일취몽(黃粱一炊夢)은 당나라 노생(盧生)이 도사(道士) 여옹(呂翁)의 베개를 빌어 잠시 잠을 잤더니 메조밥(黃粱)을 한 번 짓는 동안에 부귀공명을 다 누린 꿈을 꾸었다는 이야기이다. 즉 부귀공명이 덧없음을 비유하였다.
617) 미진수겁(微塵數劫)은 겁(劫)의 수량이 미세한 먼지의 수보다 많은 것에 비유한 말이다.
618) 『불설입세아비담론(佛說立世阿毘曇論)』 권7(『대정장』 9, pp.206b29-c02)에서 "일 소겁·십 소겁·이십 소겁·사십 소겁·육십 소겁이 모두 일 겁이며, 팔십 소겁이 일 대겁이다(一小劫者名為一劫 二十小劫亦名一劫 四十小劫亦名一劫 六十小劫亦名一劫 八十小劫名一大劫)"라고 하였다. 『대반열반경소』 권1(『대정장』 9, pp.46a29-b01)에서는 "사람의 수명이 팔만 사천에서 점점 짧아져 십 세에 이르는 동안을 일 소겁이다(從人壽八萬四千漸短至十歲 是一小劫)"고 하였다.
619) 『법화경』 권5, 「종지용출품」(『대정장』 9, pp.040a18-21)에서는 "보살들이 부처님을 찬탄한 시간이 50소겁이 지났는데 그 때 석가모니불과 사부대중이 모두 묵연히 앉

닌 줄 알아야 한다. 진실로 시작을 알 수 없는 무명으로 인하여 비록 실체는 없지만, 미혹을 돌이켜 깨달음으로 돌아가는 데 지위의 차이가 있는 것 같다. 가령, 연야달다가 광기가 쉬면 본래 머리가 옛날과 같아서, 헐떡거림을 쉬는 것도 또한 오래 오래하면 비로소 편안해진다. 매서운 바람이 갑자기 멈추면 대해의 물결이 잔잔해지고, 미세한 파도 또한 오래 오래되면 비로소 고요해진다. 태양이 한번 솟으면 어둠과 안개가 단번에 거두어지고, 축축한 습기도 또한 반드시 점차 없어진다. 아가다(阿伽陀)[620]를 한번 복용함에 만병이 단번에 제거되고, 정력 또한 반드시 점점 나아져 바야흐로 회복된다. 오래 나들이했던 객이 집에 도착하여 노정은 단번에 쉬어졌지만, 가정의 사무 또한 반드시 차례로 처리해야 한다. 성왕이 등극하면 대업을 단번에 확정하지만, 예절이나 음악을 바르게 다스리는 데 있어서는 또한 반드시 차례로 펴 나가야 한다. 그래서 진여를 오랜 옛적부터 생멸문에 의하여 3무수겁을 세웠다. 즉 초발심주로부터 십회향에 이르기까지를 초무수겁이라 하고, 십지의 초지인 환희지에서 제7지인 원행지에 이르면 2무수겁이라 하며, 제8지인 부동지에서 등각위에 이르면 3무수겁이라 하였다. 겁의 양을 비교함에 있어서, 혹 받들어 섬기는 부처님에 의거해서 경계를 밝힌다. 혹은 천인의 옷자

아 50소겁이 지났는데, 부처님의 위신력으로 모든 대중에게는 반나절과 같았다(以諸菩薩種種讚法而讚於佛 如是時間 經五十小劫 是時釋迦牟尼佛默然而坐 及諸四眾亦皆默然五十小劫 佛神力故 令諸大眾謂如半日)"는 내용이 있다.

620) 아가다(阿伽陀)는 범어 agada의 음역으로, 약의 이름이다. 아게타(阿揭陀)라고도 하며, 번역하면, 보거(普去) · 무가(無價) · 무병(無病) 또는 불사약(不死藥) · 환약(丸藥)이다. 정토교에서는 염불 · 서원에 비유하여 멸죄(滅罪) · 멸지우(滅智愚)의 덕(德)을 표시한다. 진역(晉譯) 『화엄경』 권5, 「명법품」(『대정장』 9, p.461c23)에서는 "아가다약을 중생이 보면 만병이 모두 제거된다(阿伽陀藥 眾生見者 眾病悉除)"고 하였다.

락이 한 번씩 바위를 스쳐 그 바위가 닳아 없어지는 동안을 겁(劫)이라고 한 것[磐石劫]에 의거해서 오랜 세월임을 밝힌다. 일의 경우가 하나가 아니다.

言三無數劫者 時無實法 唯依妄想建立 且如俗傳 黃梁一夢 便同四十餘年 世上千年 山中不過七日 又如經中 仙人執善財手 便歷微塵數劫 讚佛五十小劫 大衆謂如半日 是知非約凡情所計年月日時 以談劫量也 良由無始無明 雖無實體 而返迷歸悟 似有階差 縱令演若歇狂 本頭如故 而喘息亦必久久方安 狂風頓息 大海安瀾 而微波亦必久久方定 太陽一出 昏霧頓收 而潤濕亦必漸漸方除 阿伽一服 萬病頓祛 而精力亦必漸漸方復 久客到家 行程頓息 而家庭事務 亦必次第料理 聖王登極 大業頓定 而政治禮樂 亦必次第敷陳 故於眞如無時劫中 依生滅門而立三無數劫 謂初發心住 至十迴向 名初無數劫 初歡喜地 至七遠行地 名二無數劫 八不動地 至等覺位 名三無數劫 至於較量劫量 則或約所承事佛 以明分劑 或約天衣拂石以明久遠 事非一槪

또한 3무수겁에서 행상을 논한 것은, 어떤 사람은 잠복해 있는 번뇌를 끊지 못했다 하고, 어떤 사람은 바르게 훈습을 돕는 것을 끊었다고 한다. 어떤 사람은 차례로 번뇌를 없앤다고 하고, 어떤 사람은 직접적인 원인이 결과(果海)를 갖추고 있다고 한다. 이 모두가 실단(悉檀)으로 근기를 따라 이로운데, 어떻게 정해졌다고 집착하겠는가! 여기에서는 모두 다 똑같다고 한다.

직접적인 원인이 결과를 갖추고 있다는 입장에서 3아승기겁을 논한다. 그래서 저 3아승기를 한 생각에 초월했다[621]는 매우 교만한 마구니

---

621) 『능엄경』 권9(『대정장』 19, p.148b19)에서 '謂三僧祇一念能越 此名功用凌率過越'라

의 견해를 제거할 뿐이다. 반드시 십세(十世)[622]의 옛날과 지금·시작과 끝에 마땅히 한 생각을 여의지 않아야 하는 줄 알아야 한다. 그래서 앞의 본문에서, "한량없는 아승기겁 동안 부지런히 갖가지 행하기 어려운 고행을 닦아 비로소 부처가 되었다는 말을 듣고도, 놀라지 않고 두려워하지 않는 것은, 결정코 일체 모든 법이 본래부터 성품이 열반인 것을 믿었기 때문이다"라고 한 것이다. 그런데 어떻게 3아승기겁은 점교이며, 한 생각은 돈교라고 집착하겠는가!

"근기와 욕망과 성품이 다르다"고 한 것은, 과거에 이뤄진 것을 근기라 하는데, 예리함이 있거나 둔함이 있다는 것이다. 현재 기뻐하게 된 것을 욕망이라고 하는데, 때로는 기쁨이 빠르고 때로는 기쁨이 느리다. 그리고 미래 종자는 성품이라고 하는데, 혹 이미 성숙했거나 혹 아직 성숙하지 못했다는 것이다. 첫째, 증득한 것을 밝힘을 마친다.

又就三無數劫論行相者 或云伏惑未斷 或云斷正扶習 或云次第除惑 或云因該果海 皆是悉檀隨機利益 豈可定執 今云皆悉同等 乃約因該果海者以論三祇 祛彼謂三僧祇一念能越之大慢魔見耳 須知十世古今 始終不離當念 故前文云 若聞無量阿僧祇劫 勤修種種難行苦行 方始得佛 不驚不怖 以決定信一切諸法 從本已來 性涅槃故 豈執三祇爲漸 一念爲頓耶 言根欲性異者 過去所成名根 或有利 或有鈍 現在所欣名欲 或喜速 或喜遲 未來種子名性 或已熟 或未熟也 初明所證竟

고 하였다.
622) 십세(十世)는 과거·현재·미래의 삼세(三世)에 각각 삼세(三世)를 세우고, 다시 구세(九世)를 포용하는 일세(一世)를 더한 것이다.

둘째 마음의 모습을 밝힌다.
二明心相

체험해 얻는 발심에는 세 가지 마음이 있다. 첫째는 참된 마음으로, 분별이 없기 때문이다. 둘째는 방편의 마음으로, 자유롭게 다른 사람을 이롭게 하기 때문이다. 셋째는 업식의 마음으로 미세하게 일어나고 소멸하기 때문이다.
此證發心中 有三種心 一眞心 無有分別故 二方便心 任運利他故 三業識心 微細起滅故

'참된 마음'이라는 것은 6식과 7식이 상응하는 근본지(根本智)를 말한다. "분별이 없다"는 것은 생각마다 진실을 증득한다는 말이다. '방편의 마음'이라는 것은 6식과 7식이 상응하는 후득지(後得智)이다. "자유롭게 다른 사람을 이롭게 한다"는 것은, 생각마다 작용을 일으켜 전5식으로 하여금 똑같이 교화하는 작용을 이루게 하는 것이다. '업식의 마음'이라는 것은 제8 이숙식이다.

"미세하게 일어나고 소멸한다"는 것은, 무명종자가 아직 다 소멸되지 않았기 때문에 지혜로써 안으로 훈습하여 무명종자가 점점 소멸되어, 지혜의 종자는 부분적으로 일어나고, 미혹의 종자는 부분적으로 소멸하게 되는 것이다. 바로 불가사의한 변역생사의 모습을 말한다. 이 가운데 참된 마음은 앞에서의 정직한 마음이며, 여기에서의 방편의 마음은 앞에서의 깊고 신중한 마음과 대비의 마음이다. 여기에서의 업식의 마음은 앞에서의 세 가지 마음의 근본의(根本依)다.

앞에서는 믿음을 성취하는 발심을 홀로 일어나는 입장에서, 세 가지 마음 모두가 묘관찰지의 공임을 밝혔다. 여기에서는 증득한 가운데 있는 마음의 모습이 뜻에 주체와 객체를 겸함을 밝힌다. 그래서 앞에서와 함께 열고 합하며 자세히 하고 간략히 하는 등 똑같지 않은 것이 있다. 첫째, 나누어 증득하는 것을 밝힘을 마친다.

眞心者 六七二識相應之根本智也 無有分別者 念念證眞也 方便心者 六七二識相應之後得智也 任運利他者 念念起用 令前五識同成化用也 業識心者 第八異熟識也 微細起滅者 無明種子猶未盡故 以智內熏 令其漸滅 智種分起 惑種分滅 正所謂不思議變易生死之相也 此中眞心 卽是前正直心 此方便心 卽前深重大悲兩心 此業識心 卽前三心之根本依 前明信成就發心 單約能發 故三心皆是妙觀察智之功 今明證中所有心相 義兼能所 故與前有開合詳略之不同也 初明分證竟

둘째, 꽉 채워 증득함을 밝히는 데 두 가지가 있다. 첫째는 권교(權敎)에 의하여 모습을 보이고, 둘째는 실교(實敎)에 의하여 의심을 푼다. 여기에서는 권교에 의하여 모습을 보인다.

二明滿證二 初依權示相 二依實釋疑 今初

또 이 보살은 복덕과 지혜의 두 가지 장엄이 모두 원만해져서, 색구경천[623]에서 일체 세간의 가장 존귀하고 수승한 몸을 얻는다. 한 생각에 상응하는 지혜로써 단번에 무명의 뿌리를 뽑고, 일체종지

---

623) 색구경(色究竟)은 범어 skaniṣṭha의 번역으로 색구경천(色究竟天, skaniṣṭha-deva)을 말한다. 색계(色界) 18천(天)의 하나로, 색계 4선천(禪天)의 최정상에 있는 천(天)이기 때문에 색구경(色究竟)이라고 한다.

를 갖춘다. 자연스럽게 불가사의한 업이 있어서 시방의 한량없는 세계에서 널리 중생을 교화한다.

又此菩薩 福德智慧二種莊嚴悉圓滿已 於色究竟 得一切世間最尊勝身 以一念相應慧 頓拔無明根 具一切種智 任運而有不思議業 於十方無量世界普化衆生

복덕과 지혜가 의지한 것은 진여의 본체이고, 두 가지 장엄이 원만한 것은 진여의 모양이다. 본체와 모양이 원만하게 드러나 큰 작용이 앞에 나타나기 때문에 정각을 이룬 것을 보여 주는 것이다. 또한 지혜로 증득한 것은 바로 진여의 본체로, 본체가 법계에 두루 미친다. 지혜가 원만한 것은 곧 진여의 모양으로, 모양도 법계에 두루 미친다. 복덕이 원만한 것은 진여의 작용으로, 작용이 법계에 두루 미친다. 본체가 법계에 두루 하면 법신이 법계에 두루 하고, 모양이 법계에 두루 하면 보신이 법계에 두루 하며, 작용이 법계에 두루 하면 화신이 법계에 두루 하게 된다. 그래서 한 사람이 성불할 때, 법계가 모두 한 부처의 의보와 정보가 된다고 하였다. 비록 장애가 없고 섞임도 없지만, 진여의 성품은 항상 같으면서도 항상 다르니, 불가사의하기 때문이다. 이것은 곧 무명을 영원히 끊고 부처의 일체종지가 이루어질 때, 있지 않은 곳이 없으며 또한 있는 곳도 없다.

여기에서 색구경처에서 최고의 수승한 몸을 얻는다는 것은 무엇인가? 대개 모든 부처님의 자수용신은 그윽하기가 법의 성품과 같다. 등각 이하는 볼 수도 없으며 정심지의 보살은 자수용신의 본질에 의탁해, 변하여 타수용신의 영상을 만든다. 그리고 연화대에 앉아 여러 부처님들이 에워싸고 있는 것을 본다. 감당하는 능력을 따르고 원하고 좋아하는 것을 따라 보는 것이 각각 차별되어 모두 끊어짐이 없다. 나아가 등각에 이르면 비로소 그 분량을 다하기 때문에, 앞에서는 "보는 것이 비로소 다한다"고 한 것이다. 만약 정심지에 오르지 못했다면, 연화대의 보신불이 저 경계가 아니기 때문에, 색구경천에서 보리를 이루는 것을 보여 준다. 이것은 곧 『범망경』에서 밝힌, 천 개의 꽃 위에 있는 부처님이다.[624] 삼계 안의 근기가 예리한 중생들을 제도하기 위하여, 삼계 밖의 부처를 보게 하기 때문이다.

번뇌에 얽혀 있는 범부가 비록 일승・삼승・돈・점의 수없이 많은 중생들의 본성을 갖추고 있어도, 4선(禪)을 얻지 못한다. 욕망의 얽매임을 여의지 못하면 색구경처에서 얻은 몸 또한 저 경계가 아니다. 그래서 도솔천으로부터 욕계(閻浮提)[625]로 내려와 보리수 아래 앉아서 등정각(等正覺)[626]을 이룬 것을 보였다. 이것은 『범망경』에서 밝힌, 천백억 석가가 삼계 안의 둔한 근기와 비록 예리한 근기라도 욕망의 얽매임을 여의지 못한 중생들을 교화하기 위한 까닭이다. 그러나 이 색계 천상의 대승적인 교화와 욕계(欲界)의 소승적인 교화는, 아울러 진여의 용대(用大)이며, 진여의 체대(體大)와 상대(相大)이다. 그래서 『화엄경』에서는, 마야

---

624) 『범망경』 상(『대정장』 24, pp.997c12-4)에서는, "천 개의 꽃 위에 계신 부처가 석가모니불의 화신이고 천백억 석가도 이 천 석가의 화신이며 석가도 본래는 노사나불이다(千花上佛是吾化身 千百億釋迦是千釋迦化身 吾已為本原名為盧舍那佛)"라고 하였다.

625) 염부제(閻浮提)는 범어 jambudvipa의 구마라집의 구역이며, 현장의 신역에서는 섬부주(贍部洲)라고 한다. 수미산의 남방에 있는 대주(大洲)의 이름으로, 인간들이 거주하는 곳이다.

626) 등정각(等正覺)은 범어 samyaksambuddha의 번역으로, 부처님의 열 가지 이름의 하나이다. 정변지(正遍智)・정변각(正遍覺)이라고도 하며, 삼먁삼불타라고 음역하기도 한다. 부처님은 평등한 바른 이치를 깨달았다는 뜻이다.

부인이 낳은 부처님이 십신(十身)[627]의 모습을 갖추어, 화신(化身)을 떠나서 별도로 법신과 보신을 구하는 것이 아니라고 했다.

　福德智慧所依 卽眞如體 二種莊嚴圓滿 卽眞如相 體相圓顯 大用現前 故能示成正覺也 又智慧所證 卽眞如體 體遍法界 智慧圓滿 卽眞如相 相遍法界 福德圓滿 卽眞如用 用遍法界 體遍法界 則法身周遍法界 相遍法界 則報身周遍法界 用遍法界 則化身周遍法界 故曰 一人成佛時 法界皆爲一佛之依正 雖無障礙 亦仍無雜 以眞如性常同常別 不思議故 是則無明永盡 成種智時 無所不在 亦無所在 今言於色究竟得最勝身 何耶 蓋諸佛自受用身 冥同法性 等覺已下 所不能見 淨心地上菩薩 托此自受用身本質 變爲他受用身影相 則見踞蓮華臺 諸佛圍繞 隨所堪任 隨所願樂 見各差別 皆無斷絶 乃至等覺 方能盡其分量 故前文云見之方盡也 若未登淨心地 則華臺報佛 非彼境界 故於色究竟天 示成菩提 此卽梵網經所明千華上佛 爲接界內利根 令見界外佛故 至於博地凡夫 雖有具有一乘三乘若頓若漸無量種性 而未得四禪 未離欲繫 則色究竟身 亦非彼境 故又示從兜率 下閻浮提 坐菩提樹 成等正覺 此卽梵網經所明 千百億釋迦 爲化界內鈍根 及雖利根 未離欲繫者故 然此色天大化 閻浮小化 並是眞如用大 並卽眞如體相 所以華嚴經中 卽此摩耶夫人所生之佛 便具十身相海 非可擬去化身 別尋法報也

　분명히 초발심주에서 이미 욕계에서의 여덟 가지 모습을 나타내 보였고, 또한 색구경신도 보였다. 여기에서는 보살 수행의 마지막 지위에

---

627) 십신(十身)은 불·보살의 몸을 그 공덕에 의하여 열 가지로 나눈 것이다. 즉 보살신(菩薩身)·원신(願身)·화신(化身)·역지신(力持身)·상호장엄신(相好莊嚴身)·위세신(威勢身)·의생신(意生身)·복덕신(福德身)·법신(法身)·지신(智身)이다.

서도 이미 색구경신을 나타내고, 또한 반드시 욕계에서의 여덟 가지 모습을 보여 준다는 것을 알아야 한다. 다만 앞에서는 발심의 지위가 얕음을 밝혀 고의로 욕계를 의지하였다. 여기에서는 보살 수행의 마지막 지위가 깊음을 밝혀 고의로 4선(禪)을 의지할 뿐이다.

'한 생각에 상응하는 지혜'라는 것은, 이미 시작을 알 수 없는 불각(不覺)이 장식(藏識)의 무명종자가 되는 것을 가리킨다. 장식 가운데 무명종자가 소멸되지 못함으로 인하여, 별경(別境) 가운데 혜(慧)와 상응하지 못하는 것이다. 여기에서는 오랫동안 무루를 훈습하여 수행함으로 인하여, 저 시작을 알 수 없는 무명종자를 소멸해 번뇌가 모두 끊어진 지위에 이른다. 그래서 제8 정식(淨識)[628]이 홀연히 혜(慧)와 더불어 상응하는 것을 대원경지(大圓鏡智)라고 한다. 이렇게 한번 상응한 후로는 영원히 상응하기 때문에, 단박에 무명의 뿌리를 뽑아 일체종지를 갖춘다고 하였다. 다만 이 대원경지는 앞의 평등성지와 더불어 묘관찰지와 아울러 수행의 과(果)를 증득한 뒤의 성소작지가 속제이기 때문에 모양에 차별이 있다. 모양을 부수지 못하기 때문에 4선(禪)을 설하고 8상(相)을 설한다. 진제이기 때문에 모양에 차이가 없으니 오직 여여지(如如智)[629]이다. 이 여여한 지혜는 모르는 법이 없고 못 보는 법이 없기 때

---

628) 정식(淨識)은 무루(無漏)의 식으로, 청정한 아마라식(阿摩羅識, amala-vijñāːna)이다.
629) 여여지(如如智)는 여여(如如)한 이체(理體)에 매인 지혜를 말한다. 『중변분별론』 권2(『대정장』 31, pp.459a05-6)에서는 "분별이 없는 여여지가 곧 각(覺)이다〔覺者何義 無分別如如智是名覺〕"라고 하였다. 『돈오입도요문론』 권1(『속장경』 63, pp.20c21-4)에서는 "부동(不動)의 뜻이며 마음의 진여이기 때문에 여여(如如)라고 한다. 과거・현재・미래의 모든 부처님이 이 여여한 행을 닦아서 불도를 이루고, 삼세에 닦아 증득한 도가 차이가 없기 때문에 여여라고 한다〔如如者云何 答 如如是不動義 心眞如故 名如如也 是知過去諸佛行此行亦得成道 現在佛行此行亦得成道

문에 일체종지라고 한다. 또한 부처님의 지견(知見)이라고도 하며, 불안(佛眼)이라고도 한다.

【문】이미 있지 않은 곳이 없다고 했다. 그렇다면 초선(初禪) · 2선(禪) · 3선(禪)도 또한 성불이 가능한데, 왜 반드시 색구경천만 확정해 두는가?【답】여기에는 두 가지 뜻이 있다. 첫째는 『화엄경』에서 밝힌, 제십지 보살은 지위가 4선(禪)을 의지하여 이곳에서 성불을 보이기 때문이다. 둘째는 성불하려 할 때 들어가는 금강유정(金剛喩定)이 반드시 함께하는 선(禪)을 의지하거나 버리기 때문이다.

當知初發心住 旣能示現閻浮八相 亦必能示色究竟身 今究竟位 旣能示現色究竟身 亦必示現閻浮八相 但前明發心位淺 姑寄閻浮 今明究竟位深 姑寄四禪耳 一念相應慧者 旣指無始不覺 爲藏識中無明種子 由藏識中無明種子未盡 所以不與別境中慧相應 今由曠劫無漏熏修 滅彼無始無明種子至都盡位 則第八淨識 忽與慧所相應 名爲大圓鏡智 從此一相應後 永得相應 故曰頓拔無明根 具一切種智也 只此大圓鏡智 與前平等性智 妙觀察智 幷與果後成所作智 俗故相有別 不壞相故 說四說八 眞故相無別 唯是如如智 此如如智 無法不知 無法不見 故名一切種智 亦名佛之知見 亦復名佛眼也 問 旣云無所不在 則初二三禪 亦可成佛 何必定在色究竟天 答 此有二義 一者華嚴明第十地菩薩 位寄四禪 卽於此處示成佛故 二者將成佛時 所入金剛喩定 必依捨俱禪故

둘째, 실교에 의해서 의심을 푸는 데 두 가지가 있다. 첫째는 일체종지의 의심을 풀고, 둘째는 자유자재로 중생을 이롭게 한다는 의심을 푼다.

未來佛行此行亦得成道 三世所修證道無異 故名如如也」고 하였다.

여기에서는 첫 번째 일체종지의 의심을 푼다.
二依實釋疑二. 初釋一切種智疑 二釋任運利生疑 今初

【문】허공이 끝이 없기 때문에 세계가 끝이 없고, 세계가 끝이 없기 때문에 중생이 끝이 없으며, 중생이 끝이 없기 때문에 마음에 생각이 일어나는 차별 또한 끝이 없다.[630] 이러한 경계는 한정할 수 없어서 알기도 어렵고 이해하기도 어렵다. 만약 무명을 끊는다면 영원히 마음의 모양도 없어진다. 그런데 어떻게 일체 종자(一切種)[631]인 줄 알고 일체종지를 이루는가? 【답】일체 망령된 경계는 본래부터 이치가 진실로 오직 한 마음을 성품으로 한다. 일체 중생은 망령된 경계에 집착하여 일체 제법이 궁극적 최고의 진리의 성품인 줄 모른다. 모든 부처님은 집착이 없기에 모든 법의 실성을 보고, 큰 지혜가 있기에 일체 오염된 법과 청정한 법의 차별을 밝게 비춘다. 그리고 한량없고 끝없는 좋은 방편으로써 그 응하는 대상을 따라 중생을 이롭고 즐겁게 한다. 그렇기 때문에 망령된 마음이 없어지고, 일체 종자를 분명히 알아 일체를 아는 지혜를 성취한다.

問 虛空無邊故 世界無邊 世界無邊故 衆生無邊 衆生無邊故 心行差別亦復無邊 如是境界 無有齊限 難知難解 若無明斷 永無

---

630) 『석론』 권7(『대정장』 32, pp.647b11-3)에도 동일한 내용이 있다. 『대방등다라니경』 권3 (『대정장』 21, pp.654c02-3)에는 '方便多故智慧無量故 世界無邊故衆生行無邊故'로 되어 있다.
631) 일체종(一切種)은 범어 sarva-bījaka의 번역으로 일체의 종자가 있는 것으로, 일체의 원인인 아뢰야식을 말한다. 아뢰야식을 구성하고 있는 가능력을 싹이 트는 종자에 비유하여 말한 것이다.

心相 云何能了一切種 成一切種智 答 一切妄境 從本已來 理實
唯一心爲性 一切衆生 執著妄境 不能得知一切諸法第一義性
諸佛如來 無有執著 則能現見諸法實性 而有大智 顯照一切染
淨差別 以無量無邊善巧方便 隨其所應 利樂衆生 是故(唯其)
妄念心滅(乃能)了一切種 成一切種智

"모든 법의 실성을 본다"는 것은, 근본지(根本智)가 진제를 증득하는 것이다. "오염된 법과 청정한 법의 차별을 밝게 비춘다"는 것은, 후득지(後得智)가 속제를 비춤을 말한다. 속제를 분명하게 아는 것은 진제를 증득해야 하기 때문에 후득지라고 한다. 마치 눈에 막을 없애고 허공을 보고 물질을 봄에, 결과적으로 선후가 없는 것과 같다. 나머지도 아울러 알 수 있다.

現見諸法實性者 根本智證眞也 顯照染淨差別者 後得智照俗也 了俗
由證眞 故說爲後得 如眼除膜 見空見色 非果有先後也 餘並可知

둘째, 자유자재로 중생을 이롭게 한다는 의심을 푼다.
二釋任運利生疑

【문】만약 모든 부처님들이 수없이 많은 방편이 있어서, 시방에서 자유롭게 모든 중생을 이롭게 한다면, 무슨 이유로 중생들은 항상 부처님을 보지 못하고, 신통 변화를 보지도 못하며, 설법을 듣지도 못하는가? 【답】여래는 실제로 이와 같은 방편이 있다. 그러나 중생의 그 마음이 청정해져야 몸을 나타내게 된다. 마치 거울에 때

가 있으면 색상이 나타나지 못하고, 때가 제거되면 나타나는 것과 같다. 중생도 마찬가지로 마음에 때를 여의지 못하면 법신이 나타나지 못하고, 때를 여의어야 법신이 나타난다.

問 若諸佛有無邊方便 能於十方任運利益諸衆生者 何故衆生不常見佛 或睹神變 或聞說法 答 如來實有如是方便 但要待衆生其心淸淨 乃爲現身 如鏡有垢 色像不現 垢除則現 衆生亦爾 心未離垢 法身不現 離垢則現

본문을 또한 알 수 있다. 【문】마음의 때를 여의면 곧 법신을 볼 수 있는데, 어떻게 반드시 염불하고, 부처님을 관하며, 부처님의 명호를 부르고, 예배하는 등이 필요한가? 【답】부처님은 제일 먼저 내 마음을 증득한 사람으로, 부처님을 생각하고·관찰하고·칭찬하고·예배한다. 이 모두가 마음의 때를 제거하는 미묘한 방편이다. 셋째, 해석하는 부분을 마친다.

文亦可知 問 但離心垢便見法身 何須念佛觀佛稱名禮拜等 答 佛是先證我心性者 念之觀之稱之禮之 皆是除心垢之妙方便也 三解釋分竟

대승기신론열망소(大乘起信論裂網疏)

제6권

4장 신심을 수습하는 부분〔修信分〕

넷째, 신심을 수습하는 부분에 두 가지가 있다. 첫째는 바르게 신심을 닦아 익히는 것을 밝히고, 둘째는 수승한 다른 방편을 보인다. 첫 번째 바르게 신심을 닦아 익히는 것을 밝히는 데 또한 두 가지가 있다. 첫째는 질문하고, 둘째는 해석한다. 여기에서는 첫째, 질문이다.
四修信分二 初正明修習信心 二更示勝異方便 初中二 初徵 二釋 今初

무엇이 신심을 수습하는 부분인가? 여기서는 성불할 가능성이 있는 부류에 들어가지 못한 중생들에 의해 설한다. 무엇을 신심이라고 하며, 어떻게 닦아 익히는가?
云何修習信分 此依未入正定衆生說 何者爲信心 云何而修習

앞에서 바른 도를 수행하는 행상을 분별한 가운데, 발심하고 나서 성불할 가능성이 있는 중생의 부류〔正定聚〕에 들어감을 밝혔다. 비록 간략하게 성불할 가능성이 불분명한 위치에서 닦은 행을 보였지만 상세하게 밝히지는 못했다. 그래서 여기에서는 특별히 처음 수행하는 사람을 위하여 다시 보여 주려고 한다.
前文分別修行正道相中 明發心已入正定聚 雖亦略示不定位中所修之行 然未詳明 故今特爲初機更示之也

二釋二 初釋信心 二釋修習 今初
둘째, 해석하는 데 두 가지가 있다. 첫째는 신심을 해석하고, 둘째는 수습을 해석한다.

1. 신심(信心)

신심에는 네 가지가 있다. 첫째는 근본을 믿는 것으로, 진여의 법을 즐겨 생각하기 때문이다. 둘째는 부처님이 갖춘 한없는 공덕을 믿는 것이다. 항상 고개 숙여 예배하고 공경하며 공양하기를 좋아하고, 정법을 들으며 여법하게 수행하여 일체의 지혜를 회향하기 때문이다. 셋째는 법에 큰 이익이 있음을 믿는 것으로, 항상 모든 바라밀을 즐겨 수행하기 때문이다. 넷째는 바르게 수행하는 승보(僧寶)를 믿는 것이다. 항상 모든 보살 대중들께 공양하고 스스로도 이롭게 하고 남도 이롭게 하는 행을 바르게 닦기 때문이다.

信有四種 一信根本 謂樂念眞如法故 二信佛具足無邊功德 謂常樂頂禮恭敬供養 聽聞正法 如法修行 迴向一切智故 三信法有大利益 謂常樂修行諸波羅蜜故 四信正行僧 謂常供養諸菩薩衆 正修自利利他行故

"근본을 믿는다"는 것은 진여가 일체 삼보의 근본이라는 것이다. 나의 앞에 나타난 심성이 허망한 모습을 떠나 평등하고 평등하여, 곧 진여의 체대(體大)이며 법보라고 한다. 비록 다시 찾더라도 얻을 수 없다는 것을 안다. 그래서 성품은 저절로 신비스럽게 알고 신령스럽게 밝아 어둡지 않으니, 진여의 상대(相大)이며 불보(佛寶)라고 한다. 일체 물질과 마음·의보와 정보·시방과 허공·백계천여와 오위백법이 아울러 이 마음속에 나타난 영상이 나타내는 마음과 함께 옳고 그름이 없어 분리하고 분석할 수 없으니, 진여의 용대(用大)이며 승보(僧寶)라고 한다. 최후에 이 일심 삼보를 증득하여 부처라고 한다. 한없는 공덕을 갖추었기 때문에 반드시 예배하고 공경하며 공양하고, 설하는 정법을 듣고 법답게 수행하여 일체의 지혜에 회향한다고 한 것이다. 이 일심 삼보를 설한 것은 교법(敎法)이라 하고, 일심 삼보를 닦으면 법을 행한다〔行法〕고 한다. 그리고 일심 삼보를 증득하면 법의 결과〔果法〕라고 한다. 큰 이익이 있기 때문에 반드시 교법에 의하여 수행을 일으키고, 수행에 의지해 증득하여 항상 모든 바라밀을 즐겨 수행하는 것이다. 자신의 분수에 따라 이 일심 삼보를 증득하면 바르게 수행하는 스님이라고 한다. 그래서 다른 보살 대중은 반드시 항상 공양하며, 자신도 또한 바르게 스스로 이롭게 하고 남도 이롭게 하는 행을 닦아 승보(僧寶)에 들어간다. 보살 대중에게 공양한다는 것에는 두 가지 뜻이 있다. 첫째는 권교와 점교에서는 처음 수행하는 중생이 이승의 무리와 멀리하도록 경계한다. 오염된 법에 집착하여 그 지위에 떨어질까 두려워하기 때문이다. 둘째는 원교와 돈교에서는 처음 발심한 중생이 이미 이승도 정당하게 부처가 되는 것을 알아 통틀어 보살이라고 한다.

信根本者 眞如卽是一切三寶根本 謂我現前介爾心性 離虛妄相 平等平等 卽眞如體大 名爲法寶 雖復覓之了不可得 而性自神解 靈明不昧 卽眞如相大 名爲佛寶 一切色心依正 十方虛空 千如百法 並此介爾心中所現之影 與能現心無是非是 不可分離剖析 卽眞如用大 名爲僧寶 究竟證 此一心三寶 名之爲佛 所以具足無邊功德 必應頂禮恭敬供養 聽聞所

說正法 如法修行 迴向一切智也 詮此一心三寶 名爲教法 修此一心三寶 名爲行法 證此一心三寶 名爲果法 所以有大利益 必應依教起修 依修作證 常樂修行諸波羅蜜也 隨分證此一心三寶 名之爲正行僧 故於他菩薩衆 必常供養 自亦正修二利之行 入於僧數中也 言供養菩薩衆者 此有二意 一約權漸初機 誡令遠二乘衆 恐染法執 墮其地故 二約圓頓初機 已知二乘定當作佛 總名爲菩薩故

2. 수습(修習)

둘째, 수습을 해석하는 데 두 가지가 있다. 첫째는 전체적으로 표하고, 둘째는 별도로 해석한다. 여기에서는 전체적으로 표한다.
二釋修習二 初總標 二別釋 今初

다섯 가지의 수행문을 닦아서 이 믿음을 성취할 수 있다. 이를테면, 보시의 문·지계의 문·인욕의 문·정진의 문·지관의 문이다.
修五門行 能成此信 所謂施門 戒門 忍門 精進門 止觀門

이것은 육바라밀이다. 처음부터 진여의 행을 따라 다섯 가지 수행문 닦기를 설하는 것은, 만약 믿음을 성취하게 된 후에는 하나하나가 모두 피안에 이른다. 지혜가 아닌 선(禪)이 없고 선이 아닌 지혜가 없기 때문에, 육바라밀을 설하는 데 방해하지 않는다. 여기에서는 성불할 가능성이 있는 중생의 부류에 들어가지 못한 사람을 위하여 구차하게 지관을 두 가지로 나누었고, 진여의 성품에 결합할 까닭이 때문에 합하여 하나로 한 것이다. 마땅히 앞의 네 가지 문은 조행(助行)[632]이며, 지문(止門)과 관문(觀門)은 정행(正行)[633]이다. 정행과 조행을 함께 행해야 복덕과 지혜 두 가지 장엄을 이루어 진여를 드러내 발휘한다.

此卽六波羅蜜 從初卽是隨順眞如之行 而作五門說者 若至信成就後 則一一皆到彼岸 無有不智之禪 無有不禪之智 故不妨說六 今爲未入正定聚人 倘以止觀分二門 無由契會眞如性故 所以合爲一也 當知前四門 是助行 止觀門是正行 正助合行 以成福德智慧二種莊嚴 顯發眞如也

1) 보시[施門]

둘째, 별도로 해석하는 데 다섯 가지가 있다. 첫째는 보시의 문을 해석함으로부터 다섯 번째 지관의 문까지 해석한다. 여기서는 첫 번째 보시의 문을 해석한다.

二別釋五 初釋施門 (至)五釋止觀門 今初

어떻게 보시의 문[634]을 수행하는가? 만약 중생이 와서 구걸하는

---

632) 조행(助行)은 정행(正行)에 상대되는 말이다. 정토교(淨土敎)에서는 다섯 가지 진정한 수행 가운데 칭명(稱名)을 제외한 독송·관찰·예배·찬탄공양 등의 수행을 말한다.
633) 정행(正行)은 불교를 믿는 사람이 닦는 진정한 수행을 말한다.
634) 『화엄경수소연의초』 권2(『대정장』 36, pp.010c29-011a02)에서는, "일체 만법이 모두 보시의 문이라 한다. 보시는 순수하여 나머지 모든 바라밀의 행을 갖추고, 그래서 섞여 있다[雜]고도 한다. 이와 같이 순수하면서도 섞여 있기 때문에 서로 장애하지 않아 덕을 갖춘다고 한다(如一施門 一切萬法皆悉名施 所以名純 而此施門 卽具諸度之行 故名爲雜 如是純之與雜不相障礙故名具德)"고 하였다.

것을 보면 자기의 재물로써 능력대로 베풀어 주고, 스스로 아끼고 집착하는 것을 버리고 그에게 기쁘도록 해준다. 만약 중생이 액난과 핍박을 받는 것을 보면, 방편으로 구제하여 공포와 두려움을 없게 한다. 만약 어떤 중생이 와서 법을 구하면, 자기가 이해하는 것으로써 편의에 따라 설한다. 이와 같은 세 가지 보시를 수행할 때 명성을 위하지 않고 이익을 구하지 않는다. 또한 세간의 과보를 탐내고 집착하지 않고, 다만 나와 남의 이익과 안락만을 생각해서 최상의 깨달음에 회향해야 한다.

云何修施門 謂若見衆生 來從乞求 以己[635]資財 隨力施與 捨自慳著 令其歡喜 若見衆生 危難逼迫 方便救濟 令無怖畏 若有衆生 而來求法 以己[636]所解 隨宜爲說 修行如是三種施時 不爲名聞 不求利養 亦不貪著世間果報 但念自他利益安樂 迴向阿耨多羅三藐三菩提

"능력대로 베풀어 준다"는 것은, 성불할 가능성이 있는 부류에 들어가지 못한 사람들에게 송두리째 보시하라고 꾸짖을 수는 없다. 다만 스스로 아끼고 집착함을 버려서 악(惡)을 부수고, 타인으로 하여금 기쁘게 해서 선(善)이 생기게 하면 재시(財施)라고 한다. 방편으로 구제하는 것은 무외시(無畏施)라고 하고, 자기가 이해하는 것을 편의에 따라 설하면 법시(法施)이다. '자기가 이해하는 것'이란, 결코 굳이 모르는 것을 안다고 하는 것이 아니다. "편의에 따라 설한다"는 것은 결정코 4실단의 의미를 따른다는 것이다. 만약 설법이 근기에 타당하지 않으면 설하는 것

---

635) 『대정장』 44, p.457c06(『기신론열망소』 권6)에는 '己'로 잘못되어 있다.
636) 『대정장』 44, p.457c09(『기신론열망소』 권6)에는 '己'로 잘못되어 있다.

이 비량(非量)[637]이 된다. "명성과 이익을 위하지 않는다"는 것은 현재의 유루법을 끊는 것이고, "세간의 과보에 집착하지 않는다"는 것은 미래의 유루법을 끊는 것이다. 이 두 가지는 현상(事)을 돌이켜 이치(理)에 향하게 하는 것이다. "다만 자기와 남의 이익과 안락을 생각한다"는 것은 자신을 돌이켜 남을 향하는 것이다. "최상의 깨달음에 회향한다"는 것은 원인을 돌이켜 결과에 향하는 것이다. 하나하나의 행을 따라서 닦을 때 모두 이 세 가지 회향을 갖추어야, 비로소 바라밀의 뜻을 성취하게 된다. 그래서 특별히 보시의 문을 제일 먼저 보인 것이다. 다섯 가지 문도 모두 그런 줄 반드시 알아야 한다.

隨力施與者 未入正定聚人 未可責以竭盡施等 但得捨自慳著以破惡 令他歡喜以生善 卽名爲財施也 方便救濟 卽無畏施 以己所解 隨宜爲說 卽是法施 言己所解 則決非强不知以爲知 言隨宜說 則決能隨順四悉檀意 若說法不當機 則所說爲非量矣 不爲名聞利養 是斷現在有漏 不著世間果報 是斷未來有漏 此二卽是迴事向理 但念自他利益安樂 卽是迴自向他 迴向阿耨菩提 卽是迴因向果 隨修一一行時 皆悉具此三種迴向 方得成就波羅蜜義 故特首於施門示之 當知五門無不皆爾

2) 지계(戒門)

둘째는 지계의 문을 해석한다.
二釋戒門

---

637) 비량(非量)은 삼량(三量: 現量·比量·非量)의 하나로, 잘못된 현량(現量)과 잘못된 비량(比量)을 말한다. 사현량(似現量)과 사비량(似比量)을 총칭하는 것이며, 곧 잘못된 인식으로, 현량(現量)도 아니고 비량(比量)도 아니라는 뜻이다.

어떻게 지계의 문을 수행하는가? 이를테면 재가 보살은 마땅히 살생·도둑질·음행·거짓말·이간질·악담·번지르르한 말·탐욕·노여움·질투·아첨·사기·삿된 소견 등을 여의어야 한다. 만약 출가한 사람이라면 모든 번뇌를 조복하기 위하여, 응당히 시끄러운 곳을 떠나 항상 고요한 곳에 있어야 한다. 그리고 욕심을 내지 않고 만족할 줄 아는 두타(頭陀)⁶³⁸⁾ 등의 행을 닦아 익혀야 한다. 나아가 조그마한 죄일지라도 마음에 큰 두려움을 내어 부끄러워하고 뉘우쳐서, 여래께서 제정하신 금계를 보호해 지킨다. 그래서 보는 사람이 비난하고 싫어하지 않게 하여, 중생들이 악을 버리고 선을 닦도록 한다.

云何修戒門 所謂在家菩薩 當離殺生 偸盜 邪婬 妄言 兩舌 惡口 綺語 慳貪 瞋嫉 諂誑邪見 若出家者 爲欲折伏諸煩惱故 應離憒閙 常依寂靜 修習止足頭陀等行 乃至小罪 心生大怖 慚愧悔責 護持如來所制禁戒 不令見者有所譏嫌 能使衆生捨惡修善

재가자의 계품(戒品)⁶³⁹⁾은 십선을 한데 거두어들이는 것이다. 살생을 하지 않는 것은 곧 중생을 자비로 보호하여 벌레가 달려들어도 해치지 않는 것이다. 도둑질하지 않는 것은 바늘 하나 풀 한 포기도 주지 않으

---

638) 두타(頭陀)는 범어 dhūta의 음역으로, 번역하여 두수(抖擻)·수치(修治)·세완(洗浣)·기제(棄除) 등의 뜻이다. 즉 모든 번뇌의 티끌을 털어 없애고 의식주에 집착하지 않으며 청정하게 불도를 수행하는 것을 말한다. 『불설십이두타경』 권1(『대정장』 17, pp.720c06-10)에서는 12가지의 두타행(一者在阿蘭若處 二者常行乞食 三者次第乞食 四者受一食法 五者節量食 六者中後不得飮漿 七者著弊納衣 八者但三衣 九者塚間住 十者樹下止 十一者露地坐 十二者但坐不臥)을 설하고 있다.
639) 계품(戒品)은 오계(五戒)·십선계(十善戒) 등 계율의 품류(品類)를 말한다.

면 취하지 않는 것이다. 사음하지 않는 것은 자기의 아내에게 만족할 줄 아는 생각을 하는 것이다. 망령된 말을 하지 않는 것은 진실한 말을 하여 모두를 속이지 않는것이다. 이간질을 하지 않는 것은 악을 숨기고 선을 드날려 서로에게 전하지 않는 것이다. 악담을 하지 않는 것은 영원히 거칠고 사나움이 없어서 타인을 기쁘고 즐겁도록 해주는 것이다. 번지르르한 말을 하지 않는 것은 말에 모두 뜻이 있어서 게으름이 생기지 않는 것이다. 탐욕을 부리지 않는 것은 항상 베풀기를 생각하여 바라고 구하는 것이 없다는 뜻이다. 노여워하거나 질투하지 않는 것은 손해하지 않아서 다른 사람의 영예를 따라 기뻐하는 것이다. 아첨과 사기 · 그릇된 견해가 없는 것은 충성스럽고 선량하며 정직하여 깊이 인과를 믿는 것이다. 이렇게 함으로써 모든 악을 그치고 온갖 선을 행하여 거두어들이지 않는 것이 없으니, 곧 삼취정계(三聚淨戒)[640]이다. 출가자의 계품은 사미십계(沙彌十戒)[641]와 비구 258계 등과 아울러 대승의 보살계(菩薩戒)[642]를 거두어들여서 들어간다. 만약 부처님이 제정한 계율을 보호

---

640) 삼취정계(三聚淨戒)는 범어 silam-trivi-dham의 번역으로 섭율의계(攝律儀戒) · 섭선법계(攝善法戒) · 섭중생계(攝衆生戒)를 말한다. 대승과 소승의 온갖 계법(戒法)이 모두 이 가운데 소속되지 않은 것이 없으므로 섭(葉)이라 하고, 그 계법이 본래 청정하므로 정(淨)이라 한다. 섭율(攝律)과 섭선(攝善)은 자리(自利)이고, 섭중생(葉衆生)은 이타(利他)이다. 즉 자리구리(自利俱利)를 말한다.
641) 사미십계(沙彌十戒)는 사미(沙彌, 예비승려)가 지켜야 하는 열 가지 계율이다. 첫째 살생하지 말라, 둘째 도둑질하지 말라. 셋째 사행하지 말라. 넷째 거짓말하지 말라. 다섯째 음주하지 말라. 여섯째는 사치하지 말라. 일곱째 노래하고 춤추며 풍류하지 말고 가서 구경하지도 말라. 여덟째 높고 큰 평상에 앉지 말라. 아홉째 때 아닌 때에 먹지 말라. 열 번째 금 · 은 등의 보물을 갖지 말라.
642) 보살계(菩薩戒)는 대승의 보살들이 지키는 계율로, 총명(總名)은 삼취정계(三聚淨戒)이며 별도로 이도(二道)가 있다.

하고 지키지 않으면, 이미 재가자가 아니며 사문(沙門)[643]도 아니어서 주목할 것이 없다. 또한 이미 소승도 아니고 대승도 아니어서 돌아갈 곳도 없다. "항상 고요한 곳에 있다"는 것은 아란야(阿蘭若)[644]에 거처한다는 것이다.

在家戒品 十善收盡 離殺生 則慈護有情 蜎飛無損 離偸盜 則一針一草 不與不取 離邪婬 則於己妻妾 作知足想 離妄言 則所言誠實 一切不欺 離兩舌 則隱惡揚善 不傳彼此 離惡口 則永無麤獷 令他喜樂 離綺語 則言皆有義 不生放逸 離慳貪 則常思惠捨 無所希求 離瞋嫉 則不爲損惱 隨喜他榮 離諂誑邪見 則忠良正直 深信因果 是以惡無不止 善無不行 生無不攝 卽爲三聚淨戒也 出家戒品 卽是沙彌十戒 比丘二百五十戒等 並入大乘菩薩戒攝 若不護持佛所制戒 旣非白衣 又非沙門 無所目也 旣非小乘 又非大乘 無所歸也 常依寂靜者 謂住阿蘭若處也

'욕심을 내지 않고 만족할 줄 아는 두타 등의 행'이라는 것은 '두타' 또는 '두다'이니, 한문으로 번역하면 '두수(抖數)'이다. 여기에는 열두 가지 만족할 줄 아는 수승한 행이 있다. 첫째는 고요한 곳에 머무는 것이며, 둘째는 항상 걸식을 행하는 것이고, 셋째는 가난하고 부자를 가리지 않고 차례로 걸식하는 것이다. 넷째는 한자리에서만 먹는 것이고, 다섯째는 발우 양식을 절약하는 것이며, 여섯째는 정오가 지나면 과실즙이나

---

643) 사문(沙門)은 범어 śrmaṇa의 음역으로, 식(息)·식심(息心)·정지(淨志)·빈도(貧道)·핍도(乏道)로 번역한다. 신역에서는 공노(功勞)·근식(勤息)이라 하여, 노력하여 불도를 닦는다는 뜻이며, 또한 부지런히 닦아서 번뇌를 쉬게 한다는 뜻이다. 원래는 외도나 불교를 막론하고 출가한 모든 수행자를 가리킨 이름이다.

644) 아란야(阿蘭若)는 범어 āriṇya의 음역으로, 사원의 총칭한 말이며, 비구의 거주처가 된다. 또 무쟁성(無諍聲)·한적(閑寂)·원리처(遠離處)·공한처(空閑處)라고 번역하며, 마을과 떨어진 곳으로 수행하기 적당한 곳을 말한다.

석밀 등도 마시지 않는 것이다. 일곱째는 헌옷을 빨아 기워 입는 것이며, 여덟째는 중의(重衣)·상의(上衣)·내의(內衣)만 입는 것이고, 아홉째는 무덤 곁에 머무는 것이다. 열 번째는 나무 밑에 있는 것이며, 열한 번째는 한데(露地)에서 앉는 것이며, 열두 번째는 앉기만 하고 눕지 않는 것이다. 이 열두 가지 두타행은 단정하고 엄숙하며 미묘한 행이라고 한다. 부처님의 법을 이은 인도 초대 조사인 마하가섭은 평생 두타행을 닦았다. 부처님께서 천상과 인간세상의 대중 가운데서 정법이 오래 머물거라고 칭찬하셨다. 완전히 가섭을 신뢰했기 때문에 부처님은 앉았던 자리를 나누어 앉게 하고,[645] 이심전심으로써 정법안장을 부촉했다.[646] "나아가 조그마한 죄일지라도 마음에 큰 두려움을 낸다"는 것은, 비유하면 마치 바다를 건너는 튜브(浮囊)에 설사 한 미세한 티끌만큼의 손상이라도 있으면 침몰할 우환이 있는 것과 같다. 그래서 부끄러워하고 뉘우쳐서 허물을 고쳐 선행으로 옮겨야 하는 것이다. 부끄러워하면 자기의 신령스러움이 본래 여래와 더불어 둘도 없고 차별도 없다고 존중하게

---

645) 『대장엄론경』 권10(『대정장』 4, pp.310c12-5)에서는 "석가세존은 고행하는 제자 가운데 12두타행을 갖추고 소욕지족하는 제일의 제자는 바로 가섭이라고 하며, 인간·천상·팔부 대중 앞에서 그 공덕을 칭찬했다(此是牟尼尊 苦行之弟子 具十二頭陀 少欲知足中 最名爲第一 此名爲迦葉 人天八部前 讚歎其功德)"고 하였다. 그리고 『불설급고장자녀득도인연경(佛說給孤長者女得度因緣經)』 중(『대정장』 2, pp.848a11-2)에서는 "부처님이 한때에 가섭에게 자리를 나누어 앉게 하고는, 두타행을 닦는 수행자 중에서 제일이라고 하였다(佛於一時分半座令坐 佛說此人修頭陀行中最爲第一)"고 하였다.
646) 『원오불과선사어록』 권16(『대정장』 47, p.786c22)에서는 "석가세존이 다자탑 앞에서 앉았던 자리를 가섭에게 나누어 앉게 하여 아무도 눈치채지 못하는 사이에 심인(心印)을 전해 주었다(釋迦老子塔前分半座 已密授此印)"고 하였다. 정법안장(正法眼藏)은 청정법안(淸淨法眼)이라고도 하며, 선종에서 그것으로써 교외별전(敎外別傳)의 심인(心印)을 삼는 것을 말한다.

된다. 그런데 어떻게 기꺼이 게으름으로 잘못을 하겠는가! 부끄러워하면 나의 허물을 불·보살이 다 알고 다 본다고 생각하는데 어떻게 덮어 숨겨서 고치지 않겠는가! 스스로 뉘우치고 스스로 꾸짖어서 악행을 그치고 선행을 행하여 중생들이 비난하고 혐오감을 내지 않으면, 곧 그들이 악을 버리고 선을 닦게 된다. 그러므로 십계와 구족계[647] 등 하나하나가 모두 삼취정계이며, 하나하나가 모두 대승인 줄을 알아야 한다.

止足頭陀等行者 頭陀 亦云杜多 此翻抖擻 有十二知足勝行 一者住阿蘭若處 二者常行乞食 三者次第乞食 四者受一食法 五者節量食 六者中後不飮果漿蜜漿等 七者著糞掃衣 八者但三衣 九者塚間住 十者樹下止 十一者露地坐 十二者但坐不臥 此十二行 名爲端嚴微妙之行 西土初祖摩訶迦葉 終身行此勝行 佛於天人大衆之中讚云 正法久住 全賴此人 所以分半座而令坐 付法眼以傳心也 乃至小罪心生大怖者 譬如渡海浮囊 設損一微塵許 亦有沈溺之患 故須慚愧責 補過遷善也 慚則尊重己靈 本與如來無二無別 如何肯使放逸爲非 愧則念我瑕疵 佛菩薩等悉知[648]悉見 如何覆藏而不改革 是以自悔自責 止惡行善 能令衆生不生譏嫌 卽便使其捨惡修善 故知十戒及具戒等 一一皆是三聚淨戒 一一皆是摩訶衍也

---

647) 구족계(具足戒)는 범어 upasaṃpanna, Upasaṃpadā의 번역이다. 약칭으로 구계(具戒)라고도 하고, 대계(大戒)·비구계(比丘戒)·비구니계(比丘尼戒)라고도 한다. 비구(比丘)·비구니(比丘尼)가 받아 지킬 계법(戒法)으로 비구의 250계, 비구니의 348계를 말한다. 이 계를 받으려는 이는 젊은이로서 일을 감당할만하고, 몸이 튼튼하여 병이 없고, 이미 사미계(沙彌戒)를 받은 이에 한하며, 나이는 20세 이상으로 하는 것이 본 제도이다.

648) 『대정장』 44, p.457c25(『열망소』권6)에는 '如'로 잘못되어 있다.

3) 인욕〔忍門〕

셋째는 인욕의 문을 해석한다.
三釋忍門

어떻게 인욕의 문을 수행하는가? 이를테면 악을 보고도 싫어하지 않고 괴로움을 만나도 흔들리지 않으며, 항상 즐겁게 심오한 구절의 의리(義理)를 관찰해야 한다.
云何修忍門 所謂見惡不嫌 遭苦不動 常樂觀察甚深句義

"악을 보고도 싫어하지 않는다"는 것은 생인(生忍)[649]이다. 또한 원망하여 괴롭히고 해치는 것을 견뎌 참아내는 것을 말한다. "괴로움을 만나도 흔들리지 않는다"는 것은 법인(法忍)[650]이다. 또한 편안하게 남의 괴로움과 인내를 받아들이는 것을 말한다. "항상 즐겁게 심오한 구절의 의리를 관찰한다"는 것은 궁극적 최고의 진리를 뜻한다. 또한 자세히 법인을 관찰한다고도 한다.

---

649) 생인(生忍)은 중생인(衆生忍)이라고도 한다. 보살이 다른 중생들에게 가지가지의 해로움을 받더라도 참고 성내지 않고 괴롭게 여기지 않으며 조금도 원수 갚을 마음이 없는 견디는 성품을 말한다.
650) 법인(法忍): 지금은 믿기 어려운 이치를 믿어서 의혹되지 않는 것을 인(忍)이라 한다. 인(忍)에 의하여 혹(惑)을 여의고 이치를 밝히는 지혜의 결정을 법지(法智)라고 한다. 그러므로 인은 단혹(斷惑)의 지위가 되어 인(因)에 속하며 지(智)는 증리(證理)의 지위가 되어 과(果)에 속한다. 소승의 견도(見道)가 욕계의 고성제(苦聖諦)의 이치를 신인(信忍)하는 것을 고법인(苦法忍)이라 하고, 도성제(道聖諦)의 이치를 신인하는 것을 도법인(道法忍)이라 한다. 또한 대승의 보살이 초지(初地)의 도(道)에서 무생(無生)의 이치를 신인하는 것을 무생법인(無生法忍)이라고 한다.

見惡不嫌 生忍也 亦名耐怨害忍 遭苦不動 法忍也 亦名安受苦忍 常樂觀察甚深句義 第一義忍也 亦名諦察法忍

4) 정진(精進門)

넷째는 정진의 문을 해석함에 둘이니, 첫째는 전체적으로 정진의 의미를 밝히고, 둘째는 별도로 정진하는 방법을 보인다.
四釋精進門二 初總明精進意 二別示精進法 今初

어떻게 정진의 문을 수행하는가? 이를테면 온갖 선행을 닦는 데 마음이 게으르지 않은 것이다. 마땅히 "과거 무수겁 동안에 세간의 탐욕 경계를 구하기 위하여, 허망하게 일체 몸과 마음으로 큰 고통을 받아, 최후에는 조금도 재미가 없다"고 생각해야 한다. 미래에는 이 고통을 멀리 여의기 위하여 응당히 부지런히 정진하여 게으름이 생기지 않게 하고, 대비로 일체 중생을 이롭게 해야 한다.
云何修精進門 所謂修諸善行 心不懈退 當念過去無數劫來 爲求世間貪欲境界 虛受一切身心大苦 畢竟無有少分滋味 爲令未來遠離此苦 應勤精進 不生懈怠 大悲利益一切衆生

"모든 선행을 닦는다"는 것은 통틀어 육바라밀과 사섭법이며, 별도로는 네 가지 삼매(四種三昧)이다. 첫째는 상행삼매(常行三昧)[651]인데 반주

---

651) 상행삼매(常行三昧)는 천태종에서 세운 사종삼매(四種三昧)의 하나로, 늘 염불삼매를 닦는 것을 말한다. 이 삼매를 불립삼매(佛立三昧)·반주삼매(般舟三昧)라고

삼매(般舟三昧)[652]와 같고, 둘째는 상좌삼매(常坐三昧)[653]인데 일행삼매(一行三昧)[654]와 같다. 셋째는 반행반좌삼매(半行半坐三昧)[655]인데 법화삼매(法華三昧)[656]와 같고, 넷째는 비행비좌삼매(非行非坐三昧)[657]인데 각의삼매(覺意三昧)[658]와 같다.

"마음이 게으르지 않다"는 것은, 전체적으로 세 가지 정진을 밝힌 것

도 한다. 선정 가운데서 시방에 계신 제불들이 수행자 앞에 나타나셨음을 본다는 뜻이다. 90일 동안을 한정하고 오로지 돌기만 하면서 쉬지 않고 아미타불의 명호를 부르며 마음으로 아미타불을 생각하는 것을 말한다.

652) 반주(般舟)는 불립(佛立)으로 번역되어, 불립삼매(佛立三昧)라고도 한다. 반주(般舟三昧)를 행하면 제불이 앞에 나타난다고 한다. 천태종에서는 반주삼매를 상행삼매(常行三昧)라고 한다.

653) 상좌삼매(常坐三昧)는 천태종의 사종삼매(四種三昧)의 하나로, 일행삼매(一行三昧)라고도 한다. 90일을 기한으로 하고 좌선으로 정에 들어 피로할 때는 어느 부처님 이름을 염(念)하여 심신을 맑게 하여 마음을 법계에 두고 염(念)하는 것을 말한다.

654) 일행삼매(一行三昧)는 마음을 일행(一行)에 정하여 닦는 삼매이다. 진여삼매 또는 일상삼매(一相三昧)라고도 한다.

655) 반행반좌삼매(半行半坐三昧)은 사종삼매(四種三昧)의 하나로, 걸어다니면서 경문(經文)을 외우거나 편안히 앉아 조용히 생각하여 망념을 없애는 것이다. 이것은 『방등경』·『법화경』에 의한 것으로, 『방등삼매경』에는 7일을 한정하고 120바퀴 돌고 나서 앉아 조용히 사유하는 것이다. 혹 서서 경전을 외우거나 앉아서 사유하는 것을 말한다.

656) 법화삼매(法華三昧)는 삼제원융(三諦圓融)의 미묘한 이치가 분명하게 앞에 나타나서 중도를 장해하는 무명을 그치게 하는 삼매이다. 이 삼매는 『법화경』 권7 「묘음보살품」 24(『대정장』 9, p.55a27)에서 설한 16가지 삼매 가운데 하나이다.

657) 비행비좌삼매(非行非坐三昧)는 사종삼매(四種三昧)의 하나이다. 행·주·좌·와에 관계됨이 없이 일체의 일에 통하여 뜻에 따라 행하는 선정을 닦는 것이다. 그래서 수자의삼매(隨自意三昧)라고도 한다.

658) 각의삼매(覺意三昧)는 모든 삼매가 무루를 이루어 7각(覺)과 서로 응하게 되는 삼매이다.

이다. "마땅히 과거를 생각한다〔當念過去〕"는 것은 피갑정진(被甲精進)[659]이며, '미래에는〔爲令未來〕' 등이라고 한 것은 섭선정진(攝善精進)[660]이다. 그리고 "대비로 이롭게 한다〔大悲利益〕는 등은 이락정진(利樂精進)[661]에 해당된다.

> 修諸善行者 通則六度四攝 別則四種三昧 所謂常行三昧 如般舟等 常坐三昧 如一行等 半行半坐三昧 如法華等 非行非坐三昧 如覺意等也 心不懈退者 總明三種精進也 當念過去等者 被甲精進也 爲令未來等者 攝善精進也 大悲利益等者 利樂精進也

둘째는 별도로 정진하는 방법을 보인다.
二別示精進法

처음 배우는 보살은 비록 신심으로 수행하지만, 과거 생으로부터 무거운 죄와 악업의 장애가 많이 있기 때문에, 마군과 사도의 괴롭힘을 당하거나 세간의 일에 얽매이게 되고, 혹 갖가지 병고의 핍박을 받게 된다. 이러한 등의 일로 겪는 어려움이 하나가 아니어서 수행자가 선행 닦는 것을 방해하도록 한다. 그러므로 마땅히 용맹정진하면서 밤낮으로〔晝夜六時〕[662] 모든 부처님께 예배하

---

659) 피갑정진(被甲精進)은 보살의 큰 기운찬 마음의 갑옷을 입어 갖가지 난행을 두려워하지 않는 것을 말한다.
660) 섭선정진(攝善精進)은 선법을 부지런히 닦아서 게으르지 않는 것을 말한다.
661) 이락정진(利樂精進)은 부지런히 중생을 교화하여 게으르지 않는 것을 말한다.
662) 주야육시(晝夜六時)는 하루의 밤낮을 통틀어 말하는 것이다. 하루를 낮 삼시〔晝三時〕와 밤 삼시〔夜三時〕로 구분한 것을 합하여 육시(六時)라고 한다. 낮 삼시는 아침〔晨朝〕· 낮〔日中〕· 해질녘〔日沒〕이고, 밤 삼시는 초저녁〔初夜〕· 밤중〔中夜〕· 새

고 공양 · 찬탄 · 참회 · 권청하고 따라 기뻐하여 위없는 깨달음에 회향한다. 큰 서원을 일으켜 휴식이 없으며 악한 장애가 소멸되고 선근이 늘어나도록 해야 한다.

其初學菩薩 雖修行信心 以先世來 多有重罪惡業障故 或爲魔邪所惱 或爲世務所纏 或爲種種病緣之所逼迫 如是等事 爲難非一 令其行人 廢修善品 是故宜應勇猛精進晝夜六時禮拜諸佛 供養 讚歎 懺悔 勸請 隨喜 迴向無上菩提 發大誓願 無有休息 令惡障消滅 善根增長

이것은 보현보살의 열 가지 큰 서원이며, 『점찰경』에서 지장보살이 보여준 참회법이다. 또한 법화 · 방등의 모든 삼매 가운데 열 가지 도를 행하는 법이기도 하다.

열 가지 서원이라는 것은, 첫째 모든 부처님께 예경하는 것이고, 둘째 여래를 칭찬하는 것이다. 셋째 공양을 널리 올리는 것이고, 넷째 업장을 참회하는 것이다. 다섯째는 공덕을 따라서 기뻐하는 것으로 차례가 조금 달라도 모두 알 수 있다. 여섯째는 법륜을 굴리기를 청하는 것이다. 일곱째는 모든 부처님께서 항상 세상에 머무시기를 청하는 것으로, 여기에서는 권청하여 거두어들이는 것이다. 여덟째는 항상 부처님을 따라

벽(後夜)이다. 『대당서역기』 권2(『대정장』 51, p.875c19)에서는 "육시(六時)가 합하면 일일(一日) · 일야(一夜)가 된다(六時合成一日一夜)"고 하였다. 또한 『대당서역기』 권2(『대정장』 51, pp.875c25-876a05)에서는 인도의 법에는 일 년을 육시로 나누는 것을 소개하였다. 즉 첫째 점열시(漸熱時)는 정월 16일부터 3월 15일까지, 둘째 성열시(盛熱時)는 3월 16일부터 5월 15일까지, 셋째 우시(雨時)는 5월 16일부터 7월 15일까지, 넷째 무시(茂時)는 7월 16일부터 9월 15일까지, 다섯째 점한시(漸寒時)는 9월 16일부터 11월 15일까지, 여섯째 성한시(盛寒時)는 11월 16일부터 정월 15일까지이다.

서 배우는 것이다. 아홉째는 항상 중생을 따르는 것인데, 여기에서는 발원하여 거두어들이는 것이다. 열 번째는 모두 회향하는 것으로, 여기에서는 위없는 깨달음에 회향하는 것에 해당된다.

십과(十科)라는 것은, 첫째 도량을 장엄하는 것이고, 둘째는 삼업(三業) 내지 열 가지 좌선 등 모든 삼매의 위의를 청정하게 하는 것이다. 나아가 열고 합함이 같지 않고 자세하고 간략함에 차이가 있다.

여기에서는 허물을 서술할 여지가 없다. 오직 공양하고 찬탄하며 예배하는 것만은 필수적으로 갖추어 두고, 참회·권청·수희·회향·발원은 합하여 한 가지로 해서, 총괄하여 오회(五悔)라고 한다. 참회하여 업장을 소멸하고, 권청하여 마장을 없애며, 따라 기뻐하여 질투의 장애를 없애고, 회향으로 상견과 단견에 집착한 장애를 없애며, 발원으로 물러나 망각하는 장애를 없애기 때문에 오회라고 한다.

이미 "육시(六時)에 도를 행한다"는 것은, 필수적으로 이(理)·사(事)를 아울러 도와야 비로소 제도할 수 있으니, 삼가 스승의 마음을 구차하게 가리지 말아야 한다. 더욱이 이것을 빌려서 이익을 바라거나 명예를 바라지 않으면, 악업의 장애가 소멸되고, 선근이 더욱 늘어날 뿐이다.

此卽普賢十大願王 亦卽占察經中地藏大士所示懺法 亦卽法華方等諸三昧中十科行道法也 言十願者 一禮敬諸佛 二稱讚如來 三廣修供養 四懺悔業障 五隨喜功德 次第小異 並皆可知 六請轉法輪 七請佛住世 卽今勸請所攝 八常隨佛學 九恒順衆生 卽今發願所攝。十普皆迴向 卽今迴向無上菩提也 言十科者 一嚴道場 二淨三業 乃至十坐禪等 諸三昧儀 開合不同 詳略有異 此未暇述 唯供養讚歎禮拜 必具有之 而懺悔已下五事 合爲一科 總名五悔 謂懺悔能滅業障 勸請能滅魔障 隨喜滅嫉妒障 迴向能滅著二邊障 發願能滅多退忘障 故名五悔也 既云六時行道 必須

理事並資 方克有濟 愼勿師心苟簡 尤勿借此邀利邀名 庶令惡業障消 善根增長耳

【문】만약 어떤 사람이 이미 마군과 사도의 괴롭힘을 당해 왔거나, 세간의 일에 얽매이며, 병고로 핍박받고 있다면, 어떻게 이러한 수승한 행을 닦을 수 있겠는가? 【답】이 가운데 본문의 뜻을 살펴보면, 때가 되면 권하여 정진하도록 하여 마군과 사도가 세간의 일과 병고가 그 틈을 찾지 못하게 할 뿐이다. 그러나 설사 마군과 사도의 괴롭힘을 당하더라도, 만약 법에 의지해서 정진한다면 마군의 일은 반드시 제거될 것이다. 설사 세간의 일에 얽매이더라도 반드시 세간의 일을 물리친다.

이 정진의 문을 수행하면, 설사 병고에 시달리더라도 반드시 목숨을 아끼지 않고 이 정진의 문을 수행한다. 마치 자운대사[663]가 고통을 참고 관세음보살을 부르며 참회 수행을 하여, 오직 병만 나았을 뿐만 아니라 수승한 변재도 얻어 아름다운 모범이 갖추어졌다. 그러니 진실로 의지해 활용할 수 있다. 설사 큰 병으로 누워서 일어나고 앉을 수가 없어도, 각의삼매에 있으면 훌륭하게 정진해 닦을 수 있다. 혹 또 다시 병상에 누워 있을 때라도 생각이 움직여 여기서의 공양 등을 밤낮으로 수행하고 마음을 게으르게 하지 않으면, 염불하여 곧바로 가르쳐 보인 일을 거두어들여 겸해 닦는 법과 같다. 병중에도 또한 표준으로 삼아 적용할 수 있으니, 반드시 장애를 소멸하고 선근이 더욱 늘어난다.

---

663) 자운(慈雲)은 송나라 항주 천축 영산사 영응존자(靈應尊者)로 이름은 준식(遵式)이며 자(字)는 지백(知白)이다. 진종(眞宗)이 자운(慈雲)이라고 호를 하사했다. 천태(天台) 영해(寧海) 사람으로 송나라 태조 건덕원년(乾德元年, 963년)에 출생하여, 국청사 보현보살의 상 앞에서 한 손가락을 태우고, 천태의 도(道)를 얻을 것을 맹세했다. 명나라 도원(道元) 갑신(1032)년 10월 8일 세수 69세로 입적했다.

혹 아래 본문에 의하면, 오로지 아미타불에만 전념해도 역시 해탈할 수 있다고 한다. 넷째, 정진의 문을 해석함을 마친다.

問 若人已被魔邪所惱 世務所纏 病緣所逼 如何得修此勝行耶 答 此中文意 原是勸使及時精進 勿令魔邪世務病緣得其便耳 然設被魔邪所惱 若能依法精進 則魔事必除 設被世務所纏 卽須撥遣世務 修此精進 設被病緣所遇 亦須不惜身命 修此精進 如慈雲大師 忍苦修行請觀音懺 不唯除病 兼獲勝辯 芳軌具存 誠可依用 又設大病伏枕 不能起坐 亦有覺意三昧 良可進修 或復卽於臥時 運想修行此供養等 晝夜六時 存心不懈 如念佛直指所示涉事兼修之法 病中亦可准用 必能滅障 增長善根 又或依下文專念阿彌陀佛 亦得解脫也 四釋精進門竟

5) 지관(止觀門)

다섯째, 지관의 문을 해석하는 데 세 가지가 있다. 첫째는 전체적으로 표하고, 둘째는 각각 해석하고, 셋째는 이익을 마무리 짓는다. 여기서는 전체적으로 표한다.

五釋止觀門三 初總標 二各釋 三結益 今初

어떻게 지관의 문을 수행하는가? 모든 희론의 경계를 쉬는 것은 지(止)의 뜻이고, 인과가 생기고 소멸하는 모습을 분명하게 보는 것은 관(觀)의 뜻이다. 처음에는 각각 별도로 닦아서 점차 증장하여 성취하게 되면 자연스럽게 둘 다 닦게 된다.

云何修止觀門 謂息滅一切戲論境界 是止義 明見因果生滅之相 是觀義 初各別修 漸次增長 至於成就 任運雙行

"모든 희론의 경계를 쉰다"는 것은, 견사(見思)의 희론·진사(塵沙)[664]의 희론·무명(無明)의 희론이 쉰다는 것이다. 견사의 희론이 쉬면 일체 있는 경계가 소멸되고, 진사의 희론이 쉬면 일체 공한 경계가 소멸된다. 무명의 희론이 쉬면 일체 있기도 하고 공하기도 하며 있지도 않고 공하지도 않은 경계가 소멸되어 한 마음의 진여문을 따른다.

"인과가 생기고 소멸하는 모습을 분명하게 본다"는 것은, 무명의 원인이 생기면 십계의 결과가 생기고 무명의 원인이 소멸하면 십계의 결과도 소멸하며, 진사의 원인이 생기면 이승의 결과가 생기고 진사의 원인이 소멸하면 이승의 결과도 소멸하고, 견사의 원인이 생기면 육도 범부의 결과도 생기며 견사의 원인이 소멸하면 육도 범부의 결과도 소멸하여, 한 마음의 생멸문을 따르는 것을 분명히 본다는 뜻이다.

일심의 진여문과 생멸문은 본래 서로 여의지 않으며, 일심의 지관 또한 선후(先後)가 없다. 다만 처음 배우는 사람을 기준으로 하여 오랫동안 생멸을 따라 진여를 통달하지 못했다. 그래서 반드시 먼저 관(觀)에 입각하여 지(止)를 닦아야 하는데, 이것을 사마타관(奢摩他觀)이라고 한다.

생멸이 곧 진여임을 관찰하게 하여 생사와 열반의 집착을 다스린다. 그런 다음 지(止)에 입각하여 관(觀)을 닦아야 하는데 이것을 위빠사나[毘鉢舍那]라고 한다.

---

664) 진사(塵沙)는 천태종에서 세운 삼혹(三惑: 見思惑·塵沙惑·無明惑)의 하나이다. 화도장(化道障)의 혹(惑)을 말하며, 보살이 중생을 교화하는 장애가 된다. 보살이 중생을 교화하려면 반드시 진사(塵沙)와 같은 무수한 법문을 통달해야 한다. 그러나 심성이 어두워서 이 진사와 같은 법문을 통달하여 교화가 자재하지 못함을 진사(塵沙)의 혹(惑)이 된다고 한다. 곧 알지도 통달하지도 못한 법문이 많은 데 나아가면 이 진사(塵沙)라는 이름을 얻으며 그 악(惡)의 본체는 유일한 분혜(芬慧)가 된다.

진여 전체가 생멸인 줄 관하게 하여 선근과 대비를 증장한다. 이렇게 더욱더 서로 닦아 점차로 증장하게 되는 것이다. 만약 발심주에 이르면 진실로 지관이 성취되어 자연히 마음대로 둘 다 함께 수행한다.

息滅一切戲論境界者 謂息滅見思戲論 塵沙戲論 無明戲論 見思戲論息. 則一切有境界滅 塵沙戲論息. 則一切空境界滅 無明戲論息. 則一切亦有亦空非有非空境界滅 隨順一心眞如門也 明見因果生滅之相者 謂明見無明因生 則十界果生 無明因滅 則十界果滅 塵沙因生 則二乘果生 塵沙因滅 則二乘果滅 見思因生 則六凡果生 見思因滅 則六凡果滅 隨順一心生滅門也 一心二門 本不相離 一心止觀 亦無先後 但約初機之人 久隨生滅 未達眞如 故須先修卽觀之止 名爲奢摩他觀 令觀生滅卽是眞如 對治生死涅槃執著 次修卽止之觀 名爲毘缽舍那 令觀眞如擧體生滅 增長善根及與大悲 如此展轉互修 漸令增長 若至發心住中 眞實止觀成就 自然任運雙行也

둘째, 각각 해석하는 데 세 가지가 있다. 처음은 지(止)를 해석하고 둘째는 관(觀)을 해석하며, 셋째는 둘 다 수행하는 것을 해석한다. 첫째 지를 해석하는 데에도 세 가지가 있다. 첫째는 수행하는 모습을 밝히고, 둘째는 증득하는 모습을 밝히며, 셋째는 수행하기를 권한다. 첫째 수행하는 모습을 밝히는 데에도 또한 세 가지가 있다. 첫째는 방편이고, 둘째는 바른 수행이며, 셋째는 성취하고 성취하지 못함을 가린다. 여기에서는 방편이다.

二各釋三 初釋止 二釋觀 三釋雙行 初中三 初明修相 二明證相 三勸修 初又三 初方便二正修 三揀成不成 今初

(1) 지(止)

지(止)를 수행하는 사람은 고요한 곳에 머물러 결가부좌하여 몸을 단정히 하고 뜻을 바르게 한다.
其修止者 住寂靜處 結跏趺坐 端身正意

이 문장이 비록 간략하지만, 이미 25방편(二十五方便)[665]을 함축하고 있다. "고요한 곳에 머무른다"는 것은 아란야를 말한다. 곧 다섯 가지 수승한 조건을[五緣][666]을 거두어들여 갖춘다는 것이다.

'결가부좌'는 필수적으로 다섯 가지 경우[五事][667]를 조절하는 것이다. 그리고 "몸을 단정히 하고 뜻을 바르게 한다"는 것은, 다섯 가지 욕망[五欲][668]을 꾸짖고 다섯 가지 심성을 덮는 것[五蓋][669]을 버리며 다섯 가지

---

665) 25방편(二十五方便)은 천태종에서 수선(修禪)하는 법을 설명한 가운데, 25종의 방편의 행을 다섯 과목으로 나누어 설명한 것이다. 첫째는 오연(五緣)을 갖추는 것이고, 둘째는 오욕(五欲)을 일으키지 않는 것이며, 셋째는 오개(五蓋)를 버림이고, 넷째는 오사를 조정하는 것(調五事)이며, 다섯째는 오법(五法)을 행하는 것이다.
666) 오연(五緣)은 25방편 가운데 첫 번째이다. 첫째 지계(持戒)를 청정히 하고, 둘째 의식(衣食)을 넉넉하게 하며, 셋째 고요한 곳에 머물고, 넷째 모든 인연을 끊으며, 다섯째 선지식을 가까이 하는 것을 말한다.
667) 오사(五事)를 조정하는 것은 25방편 가운데 네 번째이다. 첫째는 마음을 조정하여 들뜨거나 가라앉지 않게 하고, 둘째는 몸을 조정하여 느리지 않고 급하지 않게 한다. 셋째는 호흡을 조정하여 빠르지도 않고 머물지도 않게 하고, 넷째는 수면을 조정하여 부족하지도 과하지도 않게 하며, 다섯째는 음식을 조정하여 배고프지도 않고 배부르지도 않게 하는 것이다.
668) 오욕(五欲)은 25방편의 두 번째로, 색(色)·성(聲)·향(香)·미(味)·촉(觸)의 다섯 가지 경계에 탐욕하는 마음이다.
669) 오개(五蓋)는 25방편의 세 번째로, 심성을 덮어 선(善)이 생기지 못하게 하는 법이다. 첫째 탐욕개(貪欲蓋)는 오욕의 경계에 집착하여 심성을 덮는 것이다. 둘째 진에개(瞋恚蓋)는 감정에 어긋나는 경계에서 분노를 품어서 심성을 덮는 것이다. 셋째

법(五法)[670]을 행하는 것이다. 대승과 소승의 지관을 갖추어 더한 것은 필요한 사람이 찾아보라.

此文雖略 已含二十五前方便 住寂靜處 卽是阿蘭若處 卽攝具五緣也 結跏趺坐 必調五事 端身正意 卽訶五欲棄五蓋行五法也 具加大小止觀 須者尋之

둘째는 바른 수행이다.

二正修

호흡에 의지하지 말고 형색에 의지하지 말며 공에 의지하지도 말고 지·수·화·풍에 의지하지도 말아야 한다. 나아가 보고·듣고·느끼고·아는 감각마저도 의지하지 말아야 한다.

不依氣息 不依形色 不依虛空 不依地水火風 乃至不依見聞覺知

여기에서는 먼저 관찰하는 경계를 가린다. "호흡을 의지하지 말라"는 것은 일체 호흡은 와도 온 곳이 없고 가도 이르는 곳이 없다는 것이다.

수면개(睡眠蓋)는 마음은 혼미하고 몸은 무거워 그 작용이 되지 못하여 심성을 덮는 것이다. 다섯째 와법개(瓦法蓋)는 법에 유예(猶豫)하여 결단함이 없어 심성을 덮는 것이다.

670) 오법(五法)은 25방편 가운데 다섯 번째이다. 첫째 욕(欲)은 망령된 견해를 없애고 선정의 지혜를 얻으려는 욕망이다. 둘째 정진(精進)은 계행을 지니고 오개(五蓋)를 버리는 것이다. 셋째 염(念)은 세상의 일을 천하게 여기고 선정과 지혜를 귀하게 여기는 것이다. 넷째 교혜(巧慧)는 세상의 즐거움과 선정 지혜의 즐거움의 득실과 경중을 비교하는 것이다. 다섯째 일심(一心)은 염(念)과 교혜(巧慧)를 더욱 명료하게 하는 것이다.

당체를 얻을 수 없기 때문에 호흡을 의지하지 말고 아나반나삼매[671]를 닦으며, 아나반나로도 얻을 수 없기 때문에 곧 대승인 것이다. "형색(形色)을 의지하지 말라"는 것은 모든 형색을 분석하면 미세한 티끌이 되어 아무것도 없다. 그래서 형색을 의지하지 않고 구상(九想)[672]·십상(十想)[673]·팔배사(八背捨)[674] 등 여러 선정을 닦아도, 구상 내지 팔배사로도 얻을 수 없기 때문에 모두 대승인 것이다.

"공을 의지하지 말라"는 것은 물질[色]에 상대되는 것이 공(空)이라고

---

[671] 아나반나삼매(阿那般那三昧)의 아나반나는 범어 ānāpāna의 음역으로 아나파나·안나반나·아나아파나라고도 한다. 줄여서 안반(安般)이라고 부른다. 아나(阿那)는 지래(持來) 또는 견래(遣來)라고 번역하며 숨을 들이쉬는 것을 말하고, 반나(般那)는 견거(遣去)라고 번역하며 숨을 내쉬는 것을 말한다. 즉 수식관(數息觀)을 말하며, 오정심관(五停心觀)의 하나이다. 즉 들숨 날숨의 호흡을 세어서 심상(心想)이 산란함을 정지시키는 관법을 말한다. 이 수식관을 통하여 얻는 삼매를 아나반나삼매라고 한다.

[672] 구상(九想)은 구상(九相)·구상관(九想觀)이라고도 한다. 탐욕을 버리고 혹업(惑業)을 여의기 위해 사람의 시신의 모습[屍相]에 관해 닦는 아홉 가지 관상(觀想)을 말한다. 첫째는 시신이 팽창하는 것을 관하는 창상(脹想)이고, 둘째는 시신의 빛깔이 바람에 날리고 햇빛에 발해 변하는 것을 관하는 청어상(靑瘀想)이다. 셋째는 시신이 괴멸되는 것을 관하는 괴상(壞想)이고, 넷째는 시신이 문드러져 피와 살덩이가 땅에 젖는 것을 관하는 혈도상(血塗想)이다. 다섯째는 시신이 문드러져 부패하는 것을 관하는 농란상(膿爛想)이고, 여섯째는 조류(鳥獸)들이 시신을 파먹는 것을 관하는 담상(噉想)이고, 일곱째는 조수(鳥獸)에게 파먹혀 뼈·머리·손들이 갈라지고 흩어지는 것을 관하는 산상(散想)이다. 여덟째는 육신이 이미 흩어지고 백골만이 낭자(狼藉)한 것을 관하는 골상(骨想)이고, 아홉째는 백골이 불에 타서 회토(灰土)로 돌아가는 것을 관하는 소상(燒想)이다.

[673] 십상(十想)은 열 가지 관상(觀想)으로, 무상상(無常想)·고상(苦想)·무아상(無我想)·식부정상(食不淨想)·세간불가락상(世間不可樂想)·사상(死想)·부정상(不淨想)·단상(斷想)·이상(離想)·진상(塵想)이다.

[674] 팔배사(八背捨)는 신역에서는 팔해탈(八解脫)이라고 하며, 팔승처(八勝處)와 십일체처(十一切處)를 더하여 삼법(三法)이라 한다. 이 삼법(三法)은 삼계(三界)의 탐애(貪愛)를 멀리하는 일구(一具)의 출세간선이다.

한다면, 물질이 오히려 있지 않은데 어떻게 공이 있겠는가! 그래서 공을 의지하지 말고 공일체처삼매(空一切處三昧)[675]를 닦으며, 공일체처삼매로도 얻을 수 없기 때문에 대승이라고 한다. "지·수·화·풍에 의지하지 말라"는 것은, 땅(地大)을 분석하면 견고한 성질이 없고, 물(水大)은 젖는 성질이 없으며, 불(火大)도 뜨거운 성질이 없고, 바람(風大)도 움직이는 성질이 없다. 당체를 얻을 수 없기 때문에 이러한 사대(四大)를 의지하지 말고 승처(勝處)[676]와 공일체처(空一切處) 등의 삼매를 닦으며, 승처와 공일체처삼매로도 얻을 수 없기 때문에 대승이라고 한다. "나아가 보고 듣고 느끼고 아는 감각마저도 의지하지 말라"는 것은, 색·성·향·미·촉·법의 경계로 인하여 보고 듣고 느끼고 아는 것이 있다는 말이다. 여기에서 "보는 대상과 듣는 대상 등이 아울러 실체가 없다면 보는 주체와 듣는 주체 등에 어떻게 실체가 있겠는가"를 분석한다. 그래서 보고 듣고 느끼고 아는 감각마저도 의지하지 말고 식일체처삼매(識一切處三昧)[677]를 닦으며, 식일체처삼매로도 얻을 수 없기 때문에 곧 대승인 것이다.

---

675) 공일체처삼매(空一切處三昧)는 공일체처정(空一切處定)을 말하는 것으로, 십편일체처정(十徧一切處定: 靑·黃·赤·白·地·水·火·風·空·識處定)의 하나이다. 신역에서는 일체처(一切處)를 변처(徧處)라고 하며, 공일체처(空一切處)는 공편처(空徧處)라고 한다. 허공이 끝없음을 관하여 이 일체 모든 곳에 두루 미쳐 허공계(空界)의 일색(一色)이 되게 한다는 것이다.
676) 승처(勝處)는 팔승처(八勝處)라고도 하며, 승지(勝智)와 승견(勝見)을 일으켜 탐애(貪愛)를 버리는 여덟 가지의 선정이다. 즉, 내유색상관외색소승처(內有色想觀外色少勝處)·내유색상관외색다승처(內有色想觀外色多勝處)·내무색상관외색소승처(內無色想觀外色少勝處)·내무색상관외색다승처(內無色想觀外色多勝處)·청승처(靑勝處)·황승처(黃勝處)·적승처(赤勝處)·백승처(白勝處)이다. 이것은 승지와 승견을 일으키는 의지처가 되기 때문에 승처(勝處)라고 한다.
677) 식일체처삼매(識一切處三昧)는 식(識)이 끝이 없음을 관하여 이룬 선정을 말한다.

此先揀所觀之境也 不依氣息者 謂一切氣息 來無所從 去無所至 當體不可得故 故不依此以修阿那般那三昧 以阿那般那不可得故 卽是摩訶衍也 不依形色者 謂一切形色 分析乃至微塵 皆無所有 故不依此以修九想十想八背捨等諸定 以九想乃至八背捨皆不可得故 皆卽摩訶衍也 不依虛空者 謂對色名空 色尙非有 云何有空 故不依此以修空一切處三昧 以空三昧不可得故 卽是摩訶衍也 不依地水火風者 謂推析地無堅性 水無濕性 火無熱性 風無動性 當體不可得故 故不依此以修勝處一切處等三昧 以勝處一切處等不可得故 卽是摩訶衍也 乃至不依見聞覺知者 謂由色聲香味觸法境界 說有見聞覺知 今推所見所聞等並非實有 則能見能聞等安得有實 故不依此以修識一切處三昧 以識三昧不可得故 卽是摩訶衍也

일체 분별하는 생각을 모두 없애고, 없앴다는 생각마저도 버려야 한다.
一切分別想念皆除 亦遣除想

여기에서는 다음으로 관찰하는 마음을 가린다. 앞에서 "호흡에 의지하지 말고 나아가 보고 듣고 느끼고 아는 것에도 의지하지 말라"고 한 것은, 곧 "일체 분별하는 생각을 모두 없애라"는 뜻이다. 그러나 "호흡을 의지하지 말라"고 한 등은 곧바로 호흡 내지 보고 듣고 느끼고 아는 것의 근본은 얻을 수 없다는 것을 분명히 통달하는 것이다. 이것은 호흡 내지 보고 듣고 느끼고 아는 것의 생각을 없앨 뿐이다. 즉 호흡 내지 느끼고 아는 결과가 있어서 마음에 상응하여 일어나는 것(作意)[678]을 제거한다는 것이 아니다. 만약 제거했다는 생각이 남아 있다면, 모든 법이 본래 공한 것임을 통달하지 못한다. 그래서 외도의 무상정(無想定)[679]에 떨어지거나 이승의 멸진정(滅盡定)[680]에 떨어지게 된다. 이것은 대승의 사마타관이 아니다. 그렇기 때문에 "제거했다는 생각까지도 놓아 버려야 한다"는 것이다.

此次揀能觀之心也 前云不依氣息乃至不依見聞覺知 即是一切分別想念皆除也 然所謂不依氣息等者 直是了達氣息乃至見聞覺知本不可得 除此分別氣息乃至覺知之想念耳 非謂果有氣息乃至覺知 而作意钁除之也 若有钁除之想 即是不達諸法本空 或墮外道無想定中 或墮二乘滅盡定中 非是大乘奢摩他觀 故云亦遣除想

일체 법은 생기지도 않고 소멸하지도 않는다. 왜냐하면, 모두 모양이 없기 때문이다.

---

678) 작의(作意)는 심소(心所)의 이름으로, 일체의 마음에 상응하여 일어나는 것을 말한다. 마음을 경각케 하여 소연(所緣)의 경계에 나아가는 작용을 갖춘 것이다.
679) 무상정(無想定)은 대승의 24불상응법(不相應法)의 하나이며, 소승의 14불상응법(不相應法)의 하나이다. 또한 이무심정(二無心定: 無想定·滅盡定)의 하나이기도 하다. 무상천(無想天)에 나는 인(因)이 되는 선정으로, 모든 심상(心想)을 없애기 때문에 이렇게 부른다. 외도는 이 선정을 닦아 무상과(無想果)를 얻으면 참 열반을 얻는 것이라고 생각한다.
680) 멸진정(滅盡定)은 멸수상정(滅受想定)이라고도 한다. 육식(六識)의 심(心)·심소(心所)를 멸진(滅盡)하여 일어나지 못하게 하는 선정을 말한다. 불환과(不還果) 이상의 성자로 열반의 상(想)에 거짓으로 들어가게 되면 이 선정에 들어갈 수가 없다. 지극히 긴 것은 7일이며 비상천(非想天)에 속하고 외도에서 들어가는 무심정(無心定)으로 무상정(無想定)이라 하며 제4선(禪)에 속한다.

以一切法不生不滅 皆無相故

여기에서는 결론적으로 모든 법에 의지하지 않으며, 또한 제거했다는 생각마저도 없애는 이유를 밝힌다. '일체 법'이라는 것은 호흡 내지 보고 듣고 느끼고 아는 것을 가리킨다. 호흡은 본래 생기지도 않고 소멸하지도 않으며, 본래 모양이 없기 때문에 의지할 수도 없고, 제거할 수도 없다. 보고 듣고 느끼고 아는 것도 본래 생기지도 않고 소멸하지도 않는다. 본래 모양이 없기 때문에 의지할 수 없으며 없앨 수도 없다는 것이다.

此結明不依諸法 亦無除想之所以也 一切法者 卽指氣息乃至見聞覺知也 氣息本來不生不滅 本來無相 故無可依 亦無可除 乃至見聞覺知本來不生不滅 本來無相 故無可依 亦無可除也

앞은 마음이 경계를 의지하기 때문에 다음은 경계를 버리고,
前心依境 次捨於境

여기에서는 결론적으로 호흡에 의지하지 말라는 일단 본문의 뜻을 밝힌다.
此結明不依氣息一段文義也

뒤는 생각이 마음을 의지하기 때문에 다시 마음을 버린다.
後念依心 復捨於心

여기에서는 결론적으로 일체 분별이라는 일단 본문의 뜻을 밝힌다.
此結明一切分別一段文義也

마음이 바깥 경계로 달아나면 거두어들여 안의 마음에 머물게 한다.
以心馳外境 攝住內心

여기에서는 거듭 앞의 일단 본문의 의미를 밝힌다.
此申明前一段文意也

뒤에 다시 마음이 일어나도 마음의 모양을 취하지 말아야 한다.
後復起心 不取心相

여기에서는 거듭 뒤의 일단 본문의 의미를 밝힌다.
此申明後一段文意也

왜냐하면, 진여를 떠나서는 얻을 수 없기 때문이다.
以離眞如 不可得故

여기에서는 지(止)의 문을 수행하는 사람은 응당히 일체 망념에 모양이 없는 줄 관찰해야 한다고 결론 맺는다. 본체가 곧 진여이므로, 가령 진여를 여의면 호흡 내지 보고 듣고 느끼고 아는 것도 없다. 그래서 "호흡 내지 보고 듣고 느끼고 아는 것에 의지하지 말라"는 것이다. 설사 진여를 여의어도 또한 제거했다는 생각마저도 없다. 그래서 또한 "제거했다는 생각마저도 버리라"는 것이다. 이 사마타관을 살펴보면, 첫 단계는 경계를 거두어들여 마음으로 돌아간다. 호흡과 형색 등은 오직 분별적인 생각의 대상임을 밝혀, 본래 실체가 있는 것이 아니기 때문에 의지할 수도 없다는 것이다. 다음 단계는 마음에 모양이 없는 줄 관한다. 여기에서는 제거하는 대상인 분별적인 생각 또한 본래 있는 것이 아니기 때문에, 버려야 한다는 것을 밝힌다. 곧 관찰하는 대상과 관찰하는 주체가 모두 본성이 없기 때문에, 앞의 문장에서 "만약 움직이는 마음이 곧 생멸하는 것이 아닌 줄 알면 진여문에 들어간다"고 했다. 이것은 상근기를 위하여 곧바로 불가사의한 경계를 관찰하는 법(觀不思議境)[681]을 보인 것이다. 만약 여기에서 깨달으면 한 법에서 스스로 십승(十乘)[682]을 갖춘다. 그것으로써 깨달을 수 있기 때문에 곧 발진정보리심(發眞正菩提

---

681) 관부사의경(觀不思議境)은 천태종의 십승(十乘) 관법(觀法)의 제1관이다. 일념(一念)의 마음에 나아가 불가사의한 이치를 관하는 것이다. 경(境)은 이치(理)의 다른 이름으로, 이(理)의 지(智)에 대하여 경(境)이라고 한다. 부사의(不思議)는 즉공(卽空)·즉가(卽假)·즉중(卽中)이니, 이 법은 셋이면서 하나이고, 하나이면서 셋으로 셋과 하나가 서로 융합하여 앞서지도 뒤서지도 않기 때문에 부사의(不思議)라고 한다. 이 부사의한 이치를 일념의 망심에서 관하는 것이다. 이것은 지혜가 수승한 사람이 닦는 관법으로, 이 한 가지로 진증(眞證)을 얻을 것이지만, 중·하근기를 위하여 두 번째 이하를 마련했다.
682) 십승(十乘)은 천태종의 열 가지 대상 경계를 관찰하는 관법인, 십승관법(十乘觀法)을 말한다. 대개 승(乘)은 수레 등 탈것을 뜻하며, 공(空)·가(假)·중(中) 삼제(三諦)의 원융무애를 관하는 관법은 우리를 열반의 이상경에 이르게 하는 수레라는 말이다. 십승(十乘)이라고 하지만 관법에 열 가지가 있는 것이 아니고 이를 수행하는 근기에 상·중·하와 수승하고 하열한 차별이 있기 때문에 유일한 관부사의경(觀不思議境)으로 만족할 것을 다시 아홉 가지를 따로 분류하여 그 목적을 이루려는 것이다.

心)⁶⁸³⁾이고, 그것으로써 혼침(昏沈)⁶⁸⁴⁾과 도거(掉擧)⁶⁸⁵⁾를 여의기 때문에 선교안심지관(善巧安心妙止觀)⁶⁸⁶⁾이다. 또한 그것으로써 법에 중생의 망령된 생각이 없기 때문에 파법편(破法遍)⁶⁸⁷⁾이며, 그것으로써 관하는 주체와 관하는 대상이 모두 진여인 줄 알기 때문에 식통색(識通塞)⁶⁸⁸⁾이다. 그리고 그것으로써 삼탈문(三脫門)⁶⁸⁹⁾을 따르면 도품조적(道品調適)⁶⁹⁰⁾

---

683) 발진정보리심(發眞正菩提心)은 천태의 십승(十乘) 관법의 제2관으로, 기자비심(起慈悲心)이라고도 한다. 앞의 관부사의경(觀不思議境)을 닦고도 깨닫지 못한 사람이 다시 중도(中道) 무차별(無差別) 보리심(菩提心)을 내는 것을 말한다.
684) 혼침(昏沈)은 범어 styāna의 번역으로, 마음이 어둡고 울적해지는 마음작용이다. 또한 마음이 무겁게 가라앉아 마음의 활동적이지 못한 기질을 말한다. 혼침은 일을 하는 데 있어서 마음이 교묘하지 않은 번뇌이다. 아비달마에서는 심작용 가운데 대번뇌지법(大煩惱地法)의 하나이다. 유식에서의 혼침은 범어 laya의 번역으로, 20수번뇌(二十隨煩惱)의 하나이다.
685) 도거(掉擧)는 심소(心所)의 이름으로, 대번뇌지법(大煩惱地法)의 하나이며, 20수번뇌(二十隨煩惱)의 하나이다. 정신을 흩뜨리고 다른 곳으로 달아나게 하는 마음의 작용으로, 혼침의 반대로 산란(散亂)의 뜻과 같다. 마음이 한 대상에 일념(一念)의 상태가 아니고 물(物)에 대하여 산란하게 일어나는 망상을 말한다.
686) 선교안심지관(善巧安心妙止觀)은 천태의 십승관법의 제3관으로, 교안지관(巧安止觀)이라고도 한다. 제2관에서 목적을 이루지 못한 사람은 지관의 행을 써서 교묘하게 마음을 법성에 안주한다.
687) 파법편(破法遍)은 십승관법의 제4관으로, 제3 선교안심지관으로 부족한 사람은 다시 공(空)·가(假)·중(中)의 삼관(三觀)을 일심으로 하여 삼혹(三惑: 見思惑·塵沙惑·無明惑)을 한꺼번에 끊어 버리는 것이다.
688) 식통색(識通塞)은 십승관법의 제5관으로, 제4 파법편으로 부족한 사람이 다시 닦는 관법이다. 곧 지혜가 삼제원융(三諦圓融)의 묘한 이치에 통달하는 것을 통(通)이라 하고, 망정이 바른 도를 장애하는 것을 색(塞)이라고 한다. 그 통(通)과 색(塞)을 알아서 통(通)을 두고 색(塞)을 파하는 것이다.
689) 삼탈문(三脫門)은 공(空)·무상(無相)·무원해탈문(無願解脫門)을 말한다.
690) 도품조적(道品調適)은 십승관법의 제6관으로, 깨달음에 이르는 길의 자량(資糧)에 37가지의 품류가 있다. 그 가운데 자기에게 적당한 것을 취하여 그로부터 묘한 이치에 들어간다. 중근기는 이 이상의 관법을 닦아 진증(眞證)에 들어간다.

을 이룬다. 아래에서는 걸어 다니고 머무르며 앉거나 눕거나 언제 어느 때든지 한결같이 수행하면 대치조개(對治助開)[691]를 이루고, 점차 진여삼매에 들어가면 지차위(知次位)[692]이다. 최후에 일체 번뇌를 조복 받으면 능안인(能安忍)[693]이고, 신심이 증장하여 속히 물러나지 않게 되면 법애를 여의게〔無法愛〕[694] 된다. 둘째, 바르게 수행함을 마친다.

此結成修止門者 應觀一切妄念無相 體即眞如 設離眞如 則無氣息乃至見聞覺知可得 所以不依氣息 乃至見聞覺知 設離眞如 亦無除想可得 所以亦遣除想也 原此奢摩他觀 初段即攝境歸心 明氣息形色等 唯是分別想念所見 本非實有 故無可依 次段即觀心無相 明此所除分別想念 亦本非有 故名爲遣 是則所觀能觀 二皆無性 故前文云 若知動心即不生滅 即得入於眞如門也 此爲上根直示觀不思議境界之法 若能於此悟入 則一法中自具十乘 以其能覺悟故 即菩提心 以其離沈掉故 即妙止觀 以其無法當情 即破法遍 以其了知能觀所觀皆即眞如 即識通塞 以其順三脫門 即成道品 下云 行住坐臥 一切時修 即成對治 漸次得入眞如三昧 即知次位 究竟折伏一切煩惱 即能安忍 信心增長 速成不退 即離法愛也

---

691) 대치조개(對治助開)는 십승관법의 제7관으로, 조도대치(助道對治)라고도 한다. 이것은 삼장교(三藏敎)에서 쓰는 오정심관(五停心觀) 또는 육바라밀 등을 행하여, 정관(正觀)을 닦을 때 그릇된 전도심이 일어나서 장애가 되어 앞으로 나아가기 어려우면 상응법(相應法)을 행하여 이를 대치하여 정도를 도와 앞으로 나아갈 길을 여는 것을 말한다.
692) 지차위(知次位)는 십승관법의 제8관으로, 지위차(知位次)라고도 한다. 자신이 수행하는 범위를 알아 증상만심(增上慢心)을 방지하는 것이다.
693) 능안인(能安忍)은 십승관법의 제9관으로, 자신의 마음이 안정되어 어떠한 상황에도 동요되지 않고 안팎의 장애를 없애어 더욱 참고 나아가는 것이다.
694) 무법애(無法愛)는 십승관법의 마지막으로, 이미 얻은 것에 애착하지 않고 더 나아가 온갖 법의 실상을 보며, 법성에 들어가는 것이다. 하근기는 이상의 열 가지를 닦아야만 비로소 이상경에 이른다고 한다.

二正修竟

셋째는 성취하고 성취하지 않음을 가린다.
三揀成不成

걸어다니거나 멈추고 앉거나 눕거나 언제든지 이와 같이 수행하여 항상 부지런히 계속하면, 점차 진여삼매[695]에 들어간다. 그리고 끝내 일체 번뇌를 조복하고 신심이 증장하여 속히 물러나지 않는 상태가 된다.
行住坐臥 於一切時如是修行 恒不斷絕 漸次得入眞如三昧 究竟折伏一切煩惱 信心增長 速成不退

여기서는 앞의 설명에 의지하여 부지런히 수행하면 반드시 성취한다는 것을 밝힌다.
此明依前所說而勤修之 必得成就也

만약 마음에 의혹을 품고 비방하며 믿지 않고 업장에 얽매여 아만

---

695) 진여삼매(眞如三昧)는 진여무상(眞如無相)의 이치를 관하여 망혹(妄惑)을 제거하는 선정이다. 구역 『기신론』(『대정장』 32, pp.582b25-8)에서는 "진여삼매는 보았다는 관념에 머물지 않고 얻었다는 관념에 머물지도 않는다. 그리고 선정에서 나와서도 결코 게으름과 아만이 없으며 번뇌가 점점 엷어진다. 범부들이 이 삼매를 익히지 않고는 여래의 종자인 성품자리에 들어갈 수 없다(眞如三昧者 不住見相 不住得相 乃至出定亦無懈慢 所有煩惱漸漸微薄 若諸凡夫不習此三昧法 得入如來種性 無有是處)"고 하였다.

으로 뽐내고 게으르다면, 이러한 사람들은 진여삼매에 들어갈 수 없다.
若心懷疑惑 誹謗不信 業障所纏 我慢 懈怠 如是等人 所不能入

첫째는 의혹, 둘째는 비방과 불신, 셋째는 업장에 얽매임, 넷째는 아만, 다섯째는 게으름이다. 이러한 것 가운데 하나라도 있으면 진여삼매에 들어갈 수 없는데, 어떻게 경계하지 않겠는가! 첫째, 수행의 모습을 밝힘을 마친다.
一疑惑 二誹謗不信 三業障所纏 四我慢 五懈怠 有一於此 卽不能入 可不戒哉 初明修相竟

둘째, 증득하는 모습을 밝히는 데 두 가지가 있다. 첫째는 바르게 증득하는 모습을 밝히고, 둘째는 마군의 일을 판단해 분석한다. 여기에서는 바르게 증득하는 모습을 밝힌다.
二明證相二 初正明證相 二辨析魔事 今初

또 이 삼매에 의지하여 법계의 실상을 증득한다. 일체 여래의 법신이 일체 중생들의 몸과 평등하여 둘이 없고 모두가 한 모양인 줄 안다. 이것을 일상삼매라고 한다. 만약 이 삼매를 닦아 익힌다면 한량없는 삼매가 생긴다. 왜냐하면, 진여가 이 일체 삼매의 근본이기 때문이다.
復次依此三昧證法界相 知一切如來法身 與一切衆生身 平等無二 皆是一相 是故說名一相三昧 若修習此三昧 能生無量三

昧 以眞如是一切三昧根本處故

'법계의 실상'은 곧 진여의 본체로, 모양이 없는 것이 모양으로 형상화되지 않은 실상이다. 마음·부처·중생이 차별이 없기 때문에 일상삼매(一相三昧)[696]라고 하며, 진제의 구역에서는 일행삼매라고 하였다.[697] 증득한 대상을 근거로 하면 일상(一相)이라 하고, 증득하는 주체를 근거로 하면 일행(一行)이라고 한다. 마땅히 일행이 곧 일상인 줄 알아야 한다. 『문수반야경』에서 밝힌 일행삼매(一行三昧)와 같다.[698] 또한 대불정수능엄왕삼매(大佛頂首楞嚴王三昧)[699]이고 법화삼매이며 실상삼매(實相三昧)이다. 이것은 삼매 가운데 왕이기 때문에 한량없는 삼매가 생긴다.[700]

---

696) 일상삼매(一相三昧)는 진여삼매(眞如三昧)·일행삼매(一行三昧)라고도 한다. 진여의 세계는 평등하여 한결같고 차별이 없는 한 상(相)이라고 관하는 삼매이다.
697) 구역 『기신론』『대정장』 32, pp.582b02-3.
698) 『문수반야경』은 『문수사리소설마하반야바라밀경반야경(文殊師利所說摩訶般若波羅蜜經)』의 약칭이다. 『문수반야경』下『대정장』 8, p.731a26-7)에서 "법계가 한 모양으로, 법계를 반연하는 것을 일행삼매(一行三昧)라고 한다[法界一相 繫緣法界 是名一行三昧]"고 정의하였다
699) 대불정수능엄왕삼매(大佛頂首楞嚴王三昧)는 수능엄삼매를 말하며, 『능엄경』의 단법(壇法)에 의지하여 불정법(佛頂法)을 독송하는 수행법이다. 『대반열반경』 권27『대정장』 12, pp.524c23-25)에서는 "수능엄삼매를 반야바라밀·금강삼매·사자후삼매·불성이라고도 한다[首楞嚴三昧者 有五種名 一者首楞嚴三昧 二者般若波羅蜜 三者金剛三昧 四者師子吼三昧 五者佛性]"고 설하였다. 『불설수능엄삼매경』 권1『대정장』 15, pp.631a18-21)에서는 "수능엄삼매는 초지에서부터 제9지까지의 보살이 얻을 수 있는 삼매가 아니라, 오직 십지보살만이 안주할 수 있는 삼매다[首楞嚴三昧 非初地二地三地四地五地六地七地八地九地菩薩之所能得 唯有住在十地菩薩 乃能得是首楞嚴三昧]"라고 하였다. 그리고 수능엄삼매에 대한 정의를 백 가지로 나열해 설하였다[『대정장』 15, pp.631a21-c26].
700) 『대지도론』 권5[『대정장』 25, pp.97a19-20)에서는 "행공(行空)·무상(無相)·무작(無作) 등을 세 가지의 삼매를 실상삼매라 한다[若有人行空 無相 無作 是名得實

法界相 卽眞如體 無相不相之實相也 心佛衆生 三無差別 故名一相
三昧 梁本名一行三昧 約所證名一相 約能證名一行 當知一行卽一相也
文殊般若所示一行三昧 正與此同 亦卽大佛頂首楞嚴王三昧 亦卽法華
實相三昧 此是三昧中王 故能生無量三昧也

둘째는 마군의 일을 판단해 분석하는 데 두 가지가 있다. 첫째는 마군의
일의 모습을 나타내고, 둘째는 다스리는 법을 나타낸다. 첫째, 마군의
일의 모습을 나타내는 데 세 가지가 있다. 첫째는 마군이 오는 원인을
밝히고, 둘째는 마군의 일의 모습을 밝히고, 셋째는 마군의 난의 손실을
밝힌다. 여기에서는 마군이 오는 원인을 밝힌다.
二辨析魔事二 初示魔事相 二示對治法 初中三 初明致魔之由 二明魔事
之相 三明魔亂之失 今初

어떤 중생은 선근이 미약해서 온갖 마군·외도·귀신의 어지럽힘
을 당하는 경우가 있다.
或有衆生 善根微少 爲諸魔外道鬼神惑亂

선근을 심지 않으면 이 삼매의 이름을 들을 수 없는데 하물며 닦아 익
히겠는가! 삼매를 닦아 익히면 마땅히 이 사람은 선근이 있는 줄 알아야

相三昧)"고 하였다. 그리고 『인왕경소』 권3(『대정장』 33, pp.357a29-b03)에서는 "제
일의제삼매는 바로 중도제일의이며 법 가운데 가장 정미롭고 산란되지 않기 때문
에 제일이라 하고, 실상삼매라고도 한다. 이 삼매는 일체왕삼매로 일체 법을 총괄
하여 거두어들인다(第一義諦三昧者卽是中道第一義 法中精最不散故云第一 亦名
實相三昧也 此三昧是一切王三昧總攝一切法)"고 하였다.

한다. 다만 선근이 깊고 두터우면 저 마군의 행위가 일어날 이유가 없다. 마치 태양이 허공에 떠 있으면 도깨비가 없는 것과 같다. 선근이 미약하기 때문에 마군의 어지럽힘이 있게 된다. 그렇기 때문에 앞의 본문에서 힘써 다섯 가지 참회하는 법[五悔][701]을 수행하게 한 것이다.

不種善根 則此三昧名字不可得聞 況能修習 能修習此 當知是人必有善根 但善根深厚 則彼魔事無由得發 如日輪當空 必無魍魅 由善根微少 乃致魔亂 所以前文勖令修行五悔也

둘째는 마군의 일의 모습을 밝히는 데 두 가지가 있다. 첫째는 형상과 소리를 가리고, 둘째는 허물이 일어남을 가린다. 여기서는 형상과 소리를 가린다.

二明魔事之相二 初辨形聲 二辨起過 今初

혹 악한 형상으로 마음에 공포를 주기도 하고, 아름다운 모습으로 생각을 미혹하게도 한다. 혹 천인의 형상을 나타내거나 보살의 형상 내지 부처님의 형상으로 상호를 장엄하기도 한다.

或現惡形以怖其心 或示美色以迷其意 或現天形 或菩薩形 乃至佛形 相好莊嚴

여기에서는 우선 마군이 나타낸 형상을 가린다. 만약 수행하는 사람

---

701) 오회(五悔)는 천태종·진언종이 세운 오문(五門)의 차례에 따라 멸죄법을 닦는 행사(行事)이다. 즉 참회(懺悔)·권청(勸請)·수희(隨喜)·회향(回向)·발원(發願)이다.

이 공포의 습기(習氣)가 무거우면, 다분히 악한 형상으로 나타나 두렵게 한다. 만약 수행하는 사람이 탐하여 애착하는 습기가 무거우면, 다분히 아름다운 모습으로 나타나 미혹하게 한다. 만약 수행자가 지혜의 힘이 약하면 여러 천인·보살·부처님의 형상으로 나타나 속이는 경우가 많다. 이를테면 주인이 미혹하면 객이 그 틈을 노리는 것과 같다. 【문】삼매를 닦는 사람이 부처와 보살의 형상을 보고는, 어떻게 선근이 개발되어 감응하여 도가 서로 통하여 융합하는 것이 아니고 마군의 일인 줄 알겠는가? 【답】『원각경』에서는 "저들이 들은 것이 일체 경계가 아니면 마침내 취하지 말라"[702]고 했다. 진실로 수행자가 삼매를 닦을 때 보는 경계는 삼매와 더불어 상응하면 이것은 선한 모습이다. 다만 이 선한 모습을 곧 성스러운 깨달음을 얻었다[聖解][703]고 하지 않는다. 진실로 삼매와 상응하지 못하면 결국 마군의 일에 속한다. 지금 근본적으로 진여삼매를 닦으면 염불(念佛)과 예참(禮懺)으로 감응할 때를 구하지 않는다. 감응하여 도가 서로 통해 융합하여 다시는 망령되이 삼매를 닦아 성자가 되었다는 생각[妄解]을 하며 앉아서 그 유혹을 받지 않는다.

此先辨魔所現形也 若行人恐怖習重 多現惡形以怖之 若行人貪愛習重 多現美色以迷之 若行人智慧力弱 多現諸天菩薩佛形以誑之 皆所謂主人若迷 客得其便也 問 修三昧人 得見佛菩薩形 安知不是善根開發感應道交 乃槪名之爲魔事耶 答 圓覺經云 非彼所聞一切境界 終不可取 良以行人修三昧時 所見境界 若與三昧相應 乃名善相 只此善相 仍不可作聖解 苟不與三昧相應 定屬魔事 今修根本眞如三昧 旣非念佛禮懺求

---

702) 『원각경』1(『대정장』17, pp.921a29)의 내용이다.
703) 성해(聖解)는 성스러운 깨달음을 뜻하며, 나는 삼매를 닦아 성자가 되었다고 생각하는 것이다.

感應時 更不可作感應道交妄解 坐受其惑也

혹 다라니를 설하기도 하고 모든 바라밀을 설하기도 한다. 혹 반복해서 온갖 해탈문[704]을 연설하여 원한이 없는 것이라 하고 친함도 없는 것이라 하며, 원인도 없는 것이라 하고 결과도 없는 것이어서 일체 모든 법이 결국에는 텅 비고 고요하여 본성 열반이라고 한다.[705]

或說總持 或說諸度 或復演說諸解脫門 無怨無親 無因無果 一切諸法 畢竟空寂 本性涅槃

여기에서는 부처와 보살 등으로 가장하여 설한 마군의 소리를 가린

---

[704] 해탈문(解脫門)은 공(空)·무상(無相)·무원(無願) 등의 세 가지 선정을 말한다. 이 세 가지가 열반에 들어가는 문호(門戶)이기 때문에 해탈문이라고 한다.

[705] 『구경일승보성론(究竟一乘寶性論)』권1(『대정장』31, pp.816a24-5)에서는 "일체 모든 중생에게 진여의 성품이 있지만 공적을 말하지는 않았다(一切諸衆生 皆有真如性 而不說空寂)"고 하였다. 그리고『유가론기』권20(『대정장』42, pp.775a12-5)에서도 "적정의 뜻이 열반의 모습과 비슷하지만 열반이라고 부르지 않으며 멸성제의 열반이 아니다. (중략) 변계소집열반이 진실열반을 대치하므로 인하여 본성열반이라 한다. 즉 변계소집열반은 진실열반이 아니다(寂靜之義即與涅槃相似名為涅槃 非滅諦涅槃 (중략) 欲辨遍計對治真實涅槃 故云本性涅槃 今解 即是遍計所執涅槃非真實涅槃)"라고 하였다.『대승유가금강성해만수실리천비천발대교왕경(大乘瑜伽金剛性海曼殊室利千臂千鉢大教王經)』권5(『대정장』20, pp.748b16-7)에서는 "본원인 진여의 자성이 본성열반이며 위없이 바르고 평등한 보리이다(本源真如自性本性涅槃無上正等菩提)"라는 내용이 있다. 그리고『섭대승론석론』권5(『대정장』31, p0291c10)에서는 "적정하고 적정하지 않은 것이 둘이 아니고, 본성열반과 본성열반이 아닌 것도 둘이 아니다(寂非本寂不二 本性涅槃非本性涅槃不二)"라고 하였다.

다. 바르게 삼매를 닦는 사람은 호흡에 의지하지 않고 형상에도 의지하지 않는다. 나아가 제거했다는 생각마저도 버려야 한다. 마땅히 다라니에 의지하지 않고 모든 바라밀을 의지하지도 않으며, 모든 해탈문을 의지하지도 않는다. 나아가 본성열반을 의지하는 줄 알아야 한다. 겨우 본성열반을 의지하면 반드시 인과를 부정해 버린다. 망령되이 공겁[706] 이전의 위음나반[707]을 일단의 아무것도 없는 태어나기 이전의 경계라고 계교하여, 이것을 진여삼매라고 한다. 어떻게 마음이 움직임을 안다면 생멸하지 않고 곧 바로 진여에 들어간다고 하겠는가! 첫째, 형상과 소리를 구별함을 마친다.

此隨辨假佛菩薩等所說魔聲也 正修三昧之人 不依氣息 不依形色 乃至亦遣除想 當知亦幷不依總持 不依諸度 不依諸解脫門 乃至不依本性涅槃 才依本性涅槃 必將撥棄因果 妄計空劫已前 威音那畔 一段烏有先生境界 喚作眞如三昧 豈所謂若知動心卽不生滅 卽得入於眞如者耶 初辨形聲竟

둘째는 일어나는 허물을 구별한다.
二辨起過

혹은 과거와 미래 및 다른 사람의 마음속 일을 알게 하여, 변재로

---

706) 공겁(空劫)은 사겁(四劫: 成劫 · 住劫 · 壞劫 · 空劫)의 하나이다. 이 세계가 괴멸되고 성겁(成劫)에 이르기까지 20중겁(二十中劫) 동안을 말한다.
707) 과거 장엄겁에 있던 최초의 부처가 위음왕불(威音王佛)이다. 위음나반(威音那畔)은 위음왕불의 출세(出世) 이전을 말하며, 부모미생(父母未生) 이전(以前)을 뜻한다.

연설이 유창하여 막힘이 없고 끊어짐이 없게 한다. 그리고 그들이 명예와 이익을 욕심 부려 집착하게 한다.
或復令知過去未來 及他心事 辯才演說 無滯無斷 使其貪著名譽利養

이 아래에서는 모두 마군의 형상을 보고 마군의 소리를 들어서 일어나는 일체 허물의 모습을 밝힌다. 여기에서는 먼저 선근의 모습과 비슷한 것을 밝힌다. 그러나 이 지(止)를 수행하는 사람은 오직 시작을 알 수 없는 무명을 완전히 소멸하고 무루지를 증득한다. 응당히 다섯 가지 신통(五通)과 네 가지 변재(四辯)[708]를 바라고 구하지 않는다. 지금 무루지는 얻지 못하고 먼저 숙명통과 타심통 및 변재 등을 얻으면, 반드시 명예와 이익의 구덩이에 떨어진다. 마치 제바달다가 수행하여 다섯 가지 신통을 얻고 마침내 삼역죄(三逆)[709]를 지은 것과 같다. 은근히 거울 삼아 경계해야 할 것이다.

---

708) 사변(四辯)은 사무애변(四無碍辯)의 준말로, 사무애지(四無碍智)·사무애해(四無碍解)라고도 한다. 마음(心) 방면으로는 지(智)·해(解)라 하고, 입(口) 방면으로는 변(辯)이라고 한다. 첫째 법무애(法無碍)는 온갖 교법에 통달한 것이며, 둘째 의무애(義無碍)는 온갖 교법의 요의(要義)를 아는 것이다. 셋째 사무애(辭無碍)는 여러 가지 말을 알아 통달한 것이다. 넷째 요설무애(樂說無碍)는 온갖 교법을 알아서 그 근기들이 듣기 좋아하는 것을 말하는 데 자재한 것이다.
709) 삼역죄(三逆)는 파화합승(破和合僧)·출불신혈(出佛身血)·살아라한(殺阿羅漢)을 말한다. 즉 제바달다가 삼역죄를 지어 산 채로 무간지옥에 떨어졌다. 첫째는 화합한 승려들을 분열시켜 오백제자를 얻었으니 이는 오역죄의 화합한 승을 파괴한 것이다. 둘째는 승려들이 다시 본래대로 화합함을 노여워하여 악심을 일으켜 큰 돌을 들어 부처님께 던져 부처님 발에서 피가 나게 했으니, 이것은 오역죄 중에서 부처님 몸에 피를 낸 것이다. 셋째는 연화색 비구니가 이것을 보고 그를 꾸짖으니, 주먹으로 비구니를 때려 죽였는데 이것은 오역죄 중에서 아라한을 죽인 것과 같은 것이다.

此下皆明見魔形 聞魔聲 所起一切過失相也 今先明似善根相 然此修
行止者 唯爲息滅無始無明 證無漏智 不應希求五通四辯 今未得無漏 先
獲宿命他心及辯才等 則必墮在名利坑中 如提婆達修得五通 遂造三逆
可爲殷鑒矣

혹 자주 화를 내다가 자주 기뻐하게 하거나 지나치게 자비심이 많
거나 지나치게 애정을 내게도 한다. 혹 항상 즐겨 잠자게도 하거
나 오랫동안 잠자지 않게도 하며, 몸에 병이 걸리게도 한다. 혹 성
질이 부지런하지 않게 하거나 갑자기 정진할 마음을 일으켰다가
곧 그만두게도 한다. 혹 뜻에 지나치게 의혹이 많아 믿고 받아들
이지 않게 하거나 본래 수승한 행을 버리고 다시 혼잡한 업을 닦
게 하여 세상 일에 애착하여 감정에 빠져 좋아하는 것만 따르게도
한다.

**或數瞋數喜 或多悲多愛 或恒樂昏寐 或久不睡眠 或身嬰疹疾
或性不勤策 或卒起精進 即便休廢 或情多疑惑 不生信受 或捨
本勝行 更修雜業 愛著世事 溺情從好**

여기에서는 혼잡하고 오염된 일정하지 않은 온갖 마군의 모습을 밝
혔다. 혹은 그가 익힌 것을 고쳐서 의지하게 하기도 하고 그가 익힌 것
을 따라 버릴 수 없게도 한다. 광범위하기가 마치 『능엄경』 「변마장」의 수
온(受蘊)과 상온(想蘊)에서의 설명과 같다.

此明雜染不定諸魔相也 或改其所習 令以爲奇 或順其所習 令不能捨
廣如佛頂受想二陰中說

혹은 외도의 온갖 선정을 증득하게 하여 하루나 이틀 내지 칠 일까지 선정에 머물게 한다. 그리고 좋은 음식을 먹게 하고 몸과 마음이 적합하게 즐거워서 배고프거나 목마르지 않게 한다.
或令證得外道諸定 一日 二日 乃至七日 住於定中 得好飮食 身心適悅 不饑不渴

여기에서도 또한 선근과 비슷한 모습이 실제로는 그릇된 선정이며 출세간의 선정이 아님을 밝힌다.
此亦似善根相 實是邪定 非出世定也

혹은 권하여 여자 등의 모습을 받게 하기도 하고 그로 하여금 음식을 많이 먹게도 하고 적게 먹게도 한다. 혹은 그 용모가 아름답게도 하고 추하게도 한다.
或復勸令受女等色 或令其飮食乍少乍多 或使其形容或好或醜

여기에서도 또한 혼잡과 오염으로 일정하지 않은 온갖 마군의 모습을 밝혔다. 둘째, 마군의 일의 모습을 밝힘을 마친다.
此亦雜染不定諸魔相也 二明魔事之相竟

셋째는 마구니 난의 손실을 밝힌다.
三明魔亂之失

만약 모든 견해가 번뇌의 어지럽힘을 받게 되면 과거생의 선근을 잃게 된다.
若爲諸見煩惱所亂 即便退失往昔善根

두 가지 다 선근의 모습인 것 같지만, 모든 견해가 어지럽힘을 받게 되면 반드시 번뇌가 일어난다. 두 가지 다 선정에 들지 못한 혼잡과 오염으로 번뇌의 어지럽힘을 받아서 모든 견해가 생긴다. 아울러 과거생의 미약한 선근 또한 잃어버리게 되니, 어찌 슬프지 않겠는가! 첫째, 마구니 일의 모습을 나타냄을 마친다.
兩種似善根相 則爲諸見所亂 必起煩惱 兩種不定雜染 則爲煩惱所亂 亦起諸見 並彼往昔微小善根 亦退失矣 可不哀哉 初示魔事相竟

둘째, 다스리는 법을 보이는 데 두 가지가 있다. 첫째는 그릇됨을 다스리고, 둘째는 정법에 귀의한다. 여기서는 그릇됨을 다스린다.
二示對治法二 初治邪 二歸正 今初

그러므로 마땅히 자세하게 관찰하여, "이 모두 나의 선근이 미약하고 엷음으로 인하여 업장이 두텁고 무거워 마귀 등의 미혹한 대상이 되었다"는 생각을 해야 한다. 이러한 것인 줄 알고 나면 저 모두가 다 오직 이 마음인 줄 알아차린다. 이렇게 사유하면 찰나에 곧 사라진다.
是故宜應審諦觀察 當作是念 此皆以我善根微薄 業障厚重 爲魔鬼等之所迷惑 如是知已 念彼一切皆唯是心 如是思惟 刹那

卽滅

마군의 일을 다스리는 법에는 세 가지가 있는데, 둘은 방편이고 하나는 바르게 수행하는 것이다. 두 가지 방편이라는 것은, 첫째 자세하게 관찰하여 모두가 마군의 일인 줄 알아 한 생각에도 미혹하여 혼란스런 마음이 생겨나지 않는 것이다. 둘째는 스스로 선근이 미약하고 옅어서 업장이 깊고 무거운 줄 알아차리고, 도리어 몸소 자신을 꾸짖어 허물을 뉘우쳐 착하게 되는 것이다. "바르게 수행한다"는 것은, 일체가 모두 오직 이 마음이어서 마음 밖에 법이 없는 줄 알아차려, 일상삼매를 여의지 않는 것이다.

對治有三 二是方便 一是正修 二方便者 一是審諦觀察 覺知皆是魔事 不生一念迷亂心也 二是自念善根微薄 業障深重 反躬責己 悔過遷善也 一正修者 念彼一切皆唯是心 心外無法 不離一相三昧也

둘째는 정법에 귀의한다.
二歸正

영원히 모든 관념을 여의고 진여삼매에 들어간다. 마음의 모든 생각을 이미 여의고 진여라는 생각〔眞相〕까지도 없다.
遠離諸相 入眞三昧 心相旣離 眞相亦盡

"영원히 모든 관념을 여읜다"는 것은, 세 가지 다스리는 법으로써 마군의 일을 없앤다는 것이다. "진여삼매에 들어간다"는 것은, 심(尋)·사

(伺)와 명(名)·의(義)710)와 자성(自性)과 차별(差別)711)에 의하여 제법실상의 지혜[如實智]가 일어나는 것이다. "마음의 모든 생각을 이미 여의었다"는 것은, 분별이 없는 지혜를 얻었다는 것이다. "진여라는 생각도 없다"는 것은, 닿아도 얻을 것이 없다는 것이다. 유식의 가행위(加行位)와 통달위(通達位)에서 갖추어 널리 밝힌 것과 같다. 필요한 사람은 그곳을 찾아보라.

遠離諸相者 以三對治滅魔事也 入眞三昧者 依於尋思名義自性差別 發如實智也 心相旣離者 得無分別智也 眞相亦盡者 觸無所得也 具如唯識加行通達二位廣明 須者尋之

선정에서 일어나면 온갖 번뇌가 모두 현행하지 않는 것을 본다. 삼매의 힘으로써 그 번뇌의 종자를 부수기 때문에, 수승한 선을 따라 상속한다. 일체의 장애와 고난을 모두 다 멀리 여의고, 대 정진을 일으켜 항상 부지런히 계속하게 된다.

從於定起 見諸煩惱皆不現行 以三昧力壞其種故 殊勝善品 隨順相續 一切障難 悉皆遠離 起大精進 恒無斷絶

---

710) 명의(名義)의 명(名)은 본체상의 명칭이고, 의(義)는 본체상의 의리(義理)를 말한다. 즉 제행(諸行)이 무상(無常)이라고 할 때, 제행은 이름이고 무상은 뜻이다. 그러나 부처와 다라니를 들어 말한다면, 부처의 명호가 바로 다라니이기 때문에 다라니를 부르면 곧 불(佛)에 즉한다. 그래서 명(名)은 의(義)에 즉(卽)하고, 의(義)는 명(名)에 즉한다. 마치 불을 부르면 열이 나오는 것과 같은 뜻이다.
711) 자성·차별(自性·差別)은 인명에서 종법(宗法)의 다섯 가지 명칭 가운데 하나이다. 인명(因明)에서 입량(立量)한 삼지(三支)의 제일지(第一支)로 두 구(句)를 따라 이루어진 것을 종체소립(宗體所立)이라고 한다. 그 이구(二句)에 다섯 가지 다른 명칭이 있는데, 첫째 전구(前句)는 자성(自性)이고 후구(後句)는 차별(差別)이다.

여기에서는 지(止)를 잘 수행하는 사람은 마군의 일을 멀리 여읠 뿐만 아니라, 곧 발심주에 오르고 정심지에 들어가서, 원만하게 사마타(止)와 위빠사나(觀)를 갖춘다는 것을 밝힌다. 둘째, 증득한 모습을 밝힘을 마친다.

此明善修止者 不唯遠離魔事 卽能登發心住 入淨心地 圓具奢摩他毘鉢舍那也 二明證相竟

셋째, 부지런히 수행하는 데 두 가지가 있다. 첫째는 바르게 힘쓰고, 둘째는 이익을 밝힌다. 여기서는 바르게 힘쓴다.

三勸修二 初正勸 二明益 今初

만약 이 삼매의 행을 닦지 않는 사람은 여래의 종자인 성품 자리에 들어갈 수 없다. 다른 삼매도 모두 이 모양이 있어서〔有相〕[712] 외도와 같다. 왜냐하면, 불·보살을 만나지 못하기 때문이다. 그러므로 보살은 이 진여삼매를 마땅히 부지런히 닦아 익혀서 최후에 성취하게 한다.

若不修此三昧行者 無有得入如來種性 以餘三昧 皆是有相 與外道共 不得値遇佛菩薩故 是故菩薩於此三昧 當勤修習 令成就究竟

---

712) 유상(有相)은 조작의 상(相)이 있고, 허가(虛假)의 상(相)이 있음을 말한다. 즉 볼 수 있고 나타낼 수 있는 법을 유상(有相)이라 하고, 상이 있다고 하는 것은 모두 허망한 것이다.

'다른 삼매'라는 것은 호흡과 형색 등에 의한 모든 삼매를 가리킨다. 가령 6묘문(六妙門)⁷¹³⁾·16특승(十六特勝)⁷¹⁴⁾·9상(九想)·10상(十想)·8배사(八背捨)·승처(勝處)·일체처(一切處)⁷¹⁵⁾ 등 갖가지 삼매가 모두 무루의 지혜를 일으키고 삼승의 과(果)를 증득한다.

그러나 반드시 이미 무루의 지혜를 일으키면 비로소 외도와 공통적이지 않다. 만약 무루의 지혜를 일으키지 못하여 혹 선(禪)을 따라 생을 받아도 외도와 더불어 거의 차이가 없다. 나아가 구차제정(九次第定)⁷¹⁶⁾의 앞의 여덟 가지 또한 외도와 공통적이다. 멸수상정(滅受想定)⁷¹⁷⁾도 비록 공통

---

713) 육묘문(六妙門)은 천태종에서 세운 여섯 가지의 선관(禪觀)을 말한다. 묘(妙)가 열반에 들어가는 문이므로 묘문(妙門)이라고 한다. 첫째는 수식문(隨息門)으로, 호흡을 세어 산란한 마음을 섭수하여 입정(入定)의 요(要)가 된다. 둘째는 수문(隨門)이니, 가는 마음이 호흡에 의하여 출입함을 아는 것을 말하며, 이것으로 인하여 선(禪)이 저절로 일어난다. 셋째는 지문(止門)이니, 마음을 쉬고 생각을 고요하게 하는 것을 지(止)라고 한다. 생각이 고요하여 마음에 파동이 없으면 모든 선정이 스스로 개발된다. 넷째는 관문(觀門)이니, 권석(權析)하는 마음을 분별하는 것을 관(觀)이라 한다. 전도가 이미 없어지면 무루의 방편이 이것으로 인하여 개발된다. 다섯째는 환문(還門)이니, 마음을 바꾸어 반조함을 환(還)이라고 하며, 관하는 마음을 알게 되면 나를 집착한 전도가 스스로 없어져서 무루의 방편지가 자연히 밝아진다. 여섯째는 정문(淨門)이니, 마음이 의지할 곳이 없어서 망령된 파도가 일어나지 않음을 정(淨)이라 한다. 이로 인하여 진명(眞明)이 개발되어 삼계의 혹(惑)을 끊고 삼승의 도를 증득한다.
714) 십육특승(十六特勝)은 열여섯 가지로 법명(法名)을 관(觀)하는 것을 말한다.
715) 일체처(一切處)는 선정(禪定)의 이름으로, 변처(徧處)라고도 한다. 관하는 대상의 경계로써 일체처에 두루 미치는 것이다. 여기에 열 가지가 있고, 십일체처(十一切處)·십변처(十徧處)라고 한다.
716) 구차제정(九次第定)은 소승 좌선(坐禪)의 방법으로, 4선(四禪)과 4공처(四空處)와 멸진정(滅盡定)을 합한 아홉 가지의 선정이다. 소승에서는 초선(初禪)에서 이선(二禪)·삼선(三禪) 등의 차례를 세우고 최후로 멸진정에 이르는 것을 말한다.
717) 멸수상정(滅受想定)은 멸진정(滅盡定)을 말한다.

적이지 않지만(不共)⁷¹⁸⁾, 곧 유정천(有頂天)⁷¹⁹⁾에서 무루를 관찰함에 의하여 들어가므로, 온전히 공통적이지 않은 것도 아니다. 또한 비록 멸진정을 얻었어도 만약 높은 지위에서 사혹(思惑)을 끊지 못한다면, 곧 5불환천(五不還天)⁷²⁰⁾에 태어난다. 그리고 외도와 똑같이 사념청정지(捨念淸淨地)⁷²¹⁾에 있어서 불·보살을 만날 수 없다. 그러므로 오직 이 진여삼매로써 곧 여래의 종자인 성품에 들어갈 수 있다는 것이다. 만약 이 진여삼매를 얻으면, 일체 근본인 사선(四禪)·사무량심(四無量心)·사무색정(四無色定)⁷²²⁾·

---

718) 불공(不共)은 공통이 아니라는 뜻으로, 부처에게만 있는 특질이며, 훌륭한 성질을 말한다.
719) 유정천(有頂天)은 범어 akaniṣṭha의 번역으로, 줄여서 유정(有頂)이라고도 한다. 색계의 제4처인 색구경천(色究竟天)이니, 형체 있는 세계의 최정상이므로 유정(有頂)이라고 한다. 또는 무색계의 제4처인 비상비비상천(非想非非想天)이니, 세계의 최정상이므로 유정(有頂)이라고 한다.
720) 오불환천(五不還天)은 오정거천(五淨居天)의 다른 이름이다. 색계(色界)의 제4선(第四禪)은 불환과(不還果)를 증득한 성자가 나는 곳으로 오지(五地)가 있다고 한다. 첫째는 무번천(無煩天)으로, 일체의 번잡함이 없는 곳이다. 둘째는 무열천(無熱天)으로, 일체의 열뇌(熱惱)가 없는 곳이다. 셋째는 선현천(善現天)으로, 능히 수승한 법(勝法)을 나타내는 곳이다. 넷째 선견천(善見天)은 능히 수승한 법을 보는 곳이며, 다섯째 색구경천(色究竟天)은 색계의 맨 위에 있는 천(天)이다. 이 다섯 가지 정거천은 오직 성인이 머물며, 이성(異性)과 잡종(雜種)은 없기 때문에 정거(淨居)라고 한다.
721) 사념청정지(捨念淸淨地)는 삼계(三界)를 다시 아홉으로 구분한 9지(九地: 五趣雜居地·離生喜樂地·定生喜樂地·離喜妙樂地·捨念淸淨地·空無邊處地·識無邊處地·無所有處地·非想非非想處地)의 제5로, 색계(色界)의 제4선천(第四禪天)이다. 삼선(三禪)의 즐거움을 여의고 청정평등하여 사수(捨受)의 정념(正念)에 머무르는 곳이다.
722) 사무색정(四無色定)은 사공정(四空定) 또는 사무색정(四無色定)이라고도 하며, 12문선(十二門禪: 四禪·四無量心·四空定)의 하나이다. 즉 공무변처정(空無邊處定)·식무변처정(識無邊處定)·무소유처정(無所有處定)·비상비비상처정(非想非非想處定)을 말한다.

유각유관삼매(有覺有觀三昧)[723] 등의 삼삼매(三三昧)[724]와 내지 관선(觀禪)[725] · 연선(練禪)[726] · 훈선(熏禪)[727] · 수선(修禪)[728] 등의 일체 삼매가 낱낱이 모두 다른 것과 공통되지 않는 삼매(不共三昧)이다. 그것은 얻을 수 없는 것을 통달하기 때문에 모두 대승인 것이다. 마치 객비구가 부처님의 방에서 숙박하던 중 부처님이 초선(初禪)에 들어가 사선(四禪)에 이르면, 객비구가 따라 들어가고, 부처님이 다시 다른 모습으로써 초선

---

[723] 유각유관삼매(有覺有觀三昧)는 『대지도론』 권23(『대정장』 25, pp.234a15-6)에서 말하는 삼삼매(三三昧 : 有覺有觀三昧 · 無覺有觀三昧 · 無覺無觀三昧)이다. 초선천(初禪天)에 들면 각(覺) · 관(觀)이 함께 묘(妙)해지는 것을 말한다. 초심(初心)이 선(禪)에 있음을 각(覺)이라 하고, 미세한 마음이 선미(禪味)를 분별하는 것을 관(觀)이라 한다. 공(空) · 무상(無相) · 무작(無作) · 상응심(相應心)으로써 초선(初禪)에 들어가면 일공(一功)의 각관(覺觀)이 모두 정직해지기 때문에 유각유관삼매(有覺有觀三昧)라고 한다. 『대지도론』 권24(『대정장』 25, pp.240c05-6)에서는 "만약 유각무관삼매에서 천안을 얻으면 유각유관삼매에 들어간다(若依無覺無觀三昧中得天眼 入有覺有觀三昧)"고 하였다.

[724] 삼삼매(三三昧)는 구역으로, 현장의 신역에서는 삼삼마지(三三摩地)라고 하며, 번역하여 삼정삼등지(三定三等持)라고 한다. 첫째 공삼매(空三昧)는 아(我)와 아소(我所)가 공(空)임을 관하는 것이고, 둘째 무상삼매(無相三昧)는 공(空)이기 때문에 차별상(差別相)이 없음을 관하는 것이다. 셋째 무원삼매(無願三昧)는 상(相)이 없기 때문에 아무것도 원하여 구할 것이 없음을 관하는 것이다. 이 삼매에 유루와 무루의 두 가지가 있다. 유루정(有漏定)을 삼삼매(三三昧)라 하고, 무루정(無漏定)을 삼해탈문(三解脫門)이라 한다.

[725] 관선(觀禪)은 네 가지 출세간선(出世間禪: 觀 · 練 · 熏 · 修禪)의 하나로, 경계의 상(相)을 관조한다는 뜻이다. 부정(不淨) 등의 경계를 관하여 음욕 등을 파하는 것을 말한다.

[726] 연선(練禪)은 무루선(無漏禪)으로서, 모든 유루미선(有漏味禪)을 단련하여 그 제예(滯穢)를 제거하고 청정하게 하는 것을 말한다.

[727] 훈선(熏禪)은 능히 두루 여러 선을 익혀 다 통리(通利)하고 전변(轉變)이 자재한 것을 말한다.

[728] 수선(修禪)은 초입(超入) · 초출(超出) · 역순(逆順)이 자재한 선(禪)으로, 삼매(三昧)를 뛰어넘는 것이다.

에 들어가면 객비구가 문득 멍하게 부처님이 어떤 선정에 들었는지 모르는 것과 같다. 마땅히 부처님이 먼저 들어간 곳은 공통된 선〔共禪〕을 사용한 줄 알아서 객도 들어갈 수 있었다. 그러나 부처님이 뒤에 들어간 것은 독특하여 공통되지 않는 선〔不共禪〕이어서 객비구가 몰랐기 때문이다. 또한 『법화경』의 삼변정토(三變淨土)[729]는 부처님 또한 팔배사(八背捨)·승처(勝處) 및 일체처(一切處) 등 세 가지 삼매를 써야, 그것이 신비하게 작용한다. 영원히 이승이 헤아려 알 수 있는 것이 아니다. 모두 공통되지 않은 삼매로 인하여 공통된 상과 융합하여, 다른 것과 공통된 삼매로 하여금 모두 공통되지 않은 삼매를 이루게 한다. 그래서 진여삼매가 한량없는 삼매를 생겨나게 한다고 하였다.

餘三昧者 指依氣息形色等諸三昧也 雖六妙門 十六特勝 九想 十想 背捨 勝處 一切處等 種種三昧 皆能發無漏慧 證三乘果 然必已發無漏 方不與外道共 若未發無漏 或亦隨禪受生 則與外道相去無幾 乃至九次第定 前八亦並與外道共 滅受想定 雖云不共 仍依有頂遊觀無漏而入 未是全不共也 又雖得滅盡定 若未斷盡上地思惑 仍生五不還天 仍與外道同在捨念淸淨地中 不得値遇諸佛菩薩 是故唯此眞如三昧 乃能得入如來種性也 若得此三昧 則所生一切根本四禪 四無量心 四無色定 有覺有觀等三三昧 乃至觀鍊熏修一切三昧 一一皆名不共三昧 以達其不可得故 皆是摩訶衍也 如客比丘 宿佛房中 佛入初禪乃至四禪 客皆隨入 佛

---

729) 『법화경』 권4 「견보탑품」(『대정장』 9, pp.32b17-33b02)에는, 석가여래의 시방분신불(十方分身佛)이 각각 한 보살을 거느리고 다보탑을 공양하게 하고, 영축산에 올 때 석가여래의 위신력으로 예토(穢土)를 삼변(三變)하여 정토(淨土)가 되게 하였다. 처음에 사바일세계(娑婆一世界)로 변하고, 다음에 이백만억나유타(二百萬億那由他)의 나라로 변하고, 다시 그 나라가 정토로 변하였다. 이에 의한 것을 삼변토전(三變土田)이라고 한다.

乃更以異相而入初禪 客便茫然不知佛入何定 當知佛前所入 是用共禪 故客能知能入 佛後所入 是不共禪 故客不復知也 又法華三變淨土 佛亦仍用背捨勝處及一切處三種三昧 而其神用 遠非二乘所能測識 皆由不共三昧 融彼共相 令共三昧 皆成不共 故云眞如三昧 能生無量三昧也

둘째는 이익을 밝힌다.
二明益

진여삼매를 닦으면 금생에 열 가지 이익을 얻는다. 첫째는 항상 시방의 모든 불·보살의 보호를 받는다. 둘째는 일체 모든 마군과 악귀가 괴롭히거나 혼란시키지 못한다. 셋째는 일체 사도(邪道)가 현혹하지 못한다. 넷째는 심오한 법을 비방하는 무거운 죄의 업장이 모두 얇아지게 된다. 다섯째는 일체 의심과 온갖 나쁜 관념을 없애게 된다. 여섯째는 여래의 경계에 대하여 믿음이 더욱 커진다. 일곱째는 근심과 후회를 멀리 여의고 생사에서 용맹하여 겁내지 않는다. 여덟째는 교만을 멀리 여의고 부드럽고 온화하게 인욕하여 항상 일체 세간의 공경을 받는다. 아홉째는 설사 선정에 머무르지 않더라도, 언제 어떤 상황에서도 번뇌의 종자가 얇아져 끝까지 일어나지 않는다. 열째는 만약 선정에 머무르면 일체 음성 등에 동요되지 않는다.
修此三昧 現身卽得十種利益 一者常爲十方諸佛菩薩之所護念 二者不爲一切諸魔惡鬼之所惱亂 三者不爲一切邪道所惑 四者

令誹謗深法重罪業障 皆悉微薄 五者滅一切疑諸惡覺觀[730] 六者於如來境界 信得增長 七者遠離憂悔 於生死中 勇猛不怯 八者遠離憍慢 柔和忍辱 常爲一切世間所敬 九者設不住定 於一切時一切境中 煩惱種薄 終不現起 十者若住於定 不爲一切音聲等緣之所動亂

진여는 곧 모든 불·보살의 평등법신이다. 그래서 진여삼매를 닦으면 평등한 작용에 의한 훈습의 이익을 얻는다. 첫째 "항상 시방의 모든 불·보살의 보호를 받는다"는 것은 곧 전체적으로 생기는 이익이다. 둘째는 망령된 생각이 모양 없는 것인 줄 관하면, 스스로 애욕의 종자가 조복되기 때문에 마군이 현혹하지 못한다. 셋째는 망령된 생각이 모양 없는 것인 줄 관하면, 스스로 견혹(見惑)의 종자가 조복하기 때문에 현혹되지 않는다. 넷째는 비방하는 것을 바꾸어 믿음을 삼아 심오한 법을 관하기 때문에, 죄의 업장이 점점 얇아진다. 마치 끓는 물에 얼음이 녹는 것과 같다. 다섯째는 믿음으로써 의심을 제거하는 것이 마치 광명이 어둠을 없애는 것과 같다. 그래서 나쁜 관념이 소멸된다. 여섯째는 여래의 경계를 깨달으면, 마음의 진여를 여의지 않기 때문에 믿음이 더욱 커진다. 일곱째는 일체 법의 본성 열반을 믿기 때문에 근심과 후회를 멀리 여의고 용맹하여 겁내지 않는다. 여덟째는 일체 중생이 모두 불성이 있어서 누구나 부처가 될 수 있다는 것을 안다. 그래서 멀리 교만한 마음을 버리고 부드럽고 온유하게 인욕하며 항상 보살을 가볍게 여기지 않는다. 처음에는 비록 다른 사람이 때리고 욕설을 퍼부어도, 결국에는 반

---

[730] 각관(覺觀)은 심사(尋伺)라고도 한다. 총체적으로 사고하는 추사(麤思)를 각(覺)이라 하고, 분석적으로 상세히 관찰하는 세사(細思)를 관(觀)이라 한다.

드시 사람들이 공경하고 신뢰하며 귀의하여 우러러보게 된다. 아홉째
는 믿고 이해하는 힘으로써 번뇌의 종자를 조복 받는다. 그래서 비록 선
정에 머무르지 않더라도 번뇌의 종자가 현행하여 일어나지 않는다. 열
번째는 일체 음성 등이 모두 오직 마음이 나타낸 것인 줄 알고 취하지도
않고 버리지도 않는다. 그래서 성불할 가능성이 있는 중생들[正定]731)을
동요하여 혼란시키지 못한다.

眞如乃是諸佛菩薩平等法身 故修眞如三昧 卽獲平等用熏之益 常爲
十方諸佛菩薩之所獲念 此卽總相益也 二者能觀妄念無相 自伏愛種 故
魔不能亂 三者能觀妄念無相 自伏見種 故邪不能惑 四者轉謗爲信 能觀
深法 故罪障漸薄 如湯消冰 五者以信除疑 如明破闇 故惡覺觀滅 六者
了知如來境界 不離心之眞如 故信得增長 七者信一切法本性涅槃 故遠
離憂悔 勇猛不怯 八者知一切衆生皆有佛性 定當作佛 故遠離憍慢 柔和
忍辱 如常不輕菩薩 始雖被人打罵 終必爲人敬信歸仰 九者以信解力伏
煩惱種 故雖不住定 不起現行 十者知一切音聲等緣 皆唯心現 不取不捨
故不能動亂其正定也 初釋止竟

(2) 관(觀)

둘째, 관을 해석하는 데 두 가지가 있다. 첫째는 응당히 닦아야 하는 것
을 밝히고, 둘째는 닦는 모습을 밝힌다. 여기서는 응당히 닦아야 하는
것을 밝힌다.

二釋觀二 初明應修 二明修相 今初

---

731) 정정(正定)은 정정취(正定聚)의 약칭(略稱)이다.

또 만약 오직 지(止)만 닦으면 마음이 가라앉아, 게으름이 생겨 여러 가지 착한 일을 즐거워하지 않아 대비의 마음을 멀리 여읜다. 그래서 마땅히 관(觀)을 겸해 닦아야 한다. 어떻게 닦아야 하는가?

復次若唯修止 心則沈沒 或生懈怠 不樂衆善 遠離大悲 是故宜應兼修於觀 云何修耶

지(止)를 잘 닦는다는 것은 지(止)가 곧 관(觀)이어서, 혼침(昏沈)[732]에 빠지지도 않고 마음이 산란(掉擧)[733]하지도 않아 곧 진여근본삼매에 들어간다. 열 가지 이익을 얻고 나아가 성불할 가능성이 있는 중생들의 부류에 들어가 다시는 물러나지 않는데, 어떻게 수고롭게 다시 관법을 닦아야 함을 밝히는가? 지금 뜻을 얻지 못한 사람이 마음이 반드시 침몰하거나 혹은 게을러 여러 가지 착한 일을 즐거워하지 않고, 범부와 외도에 태어나기도 하고, 혹은 대비의 마음을 멀리 여의고 이승에 떨어지기 때문이다. 그래서 반복해서 응당히 관(觀)을 겸하여 닦아야 한다고 보인 것이다.

善修止者 卽止是觀 不沈不掉便入眞如根本三昧 獲十利益 乃至入正定聚 不復退轉 何勞更明修觀法耶 今爲不得意人 心必沈沒 或懈怠不樂衆善 而墮凡外 或遠離大悲 而墮二乘 故復示以應兼修觀也

---

732) 혼침(昏沈)은 범어 styāna의 번역으로, 일체 번뇌의 마음과 상반되는 심소(心所)인 대번뇌지법(大煩惱地法: 痴·放逸·懈怠·不信·昏沈·掉擧)의 하나이다. 마음이 우울해지는 마음작용으로, 활발하지 못한 기질을 말한다.

733) 도거(掉擧)는 대번뇌지법의 하나이며, 21수번뇌(隨煩惱)의 하나이다. 혼침의 반대로 산란(散亂)의 뜻과 같다. 마음이 한 경계에 머무르지 않고 사물에 대하여 산란하는 정신작용이다. 즉 정신을 흩뜨리고 다른 데로 달아나게 하는 마음의 작용으로, 일념(一念)의 상태가 아니고 복잡하게 일어나는 망상을 말한다.

둘째는 수행하는 모습을 밝힘에 셋이니, 첫째는 사성제를 관하는 것이고, 둘째는 사홍서원을 관하는 것이며, 셋째는 기행(起行)[734]을 관하는 것이다. 여기서는 사성제를 관한다.
二明修相三 初四諦觀 二弘願觀 三起行觀 今初

마땅히 세간의 일체 모든 법이 생겨나고 없어짐이 머무르지 않는다. 무상하기 때문에 고통스럽고 고통스럽기 때문에 무아인 줄 관해야 한다. 응당히 과거의 법이 마치 꿈과 같고 현재의 법도 번개와 같으며, 미래의 법도 마치 구름과 같아 홀연히 일어나는 것으로 관해야 한다. 응당히 몸은 모두 다 깨끗하지 않아서 온갖 벌레에 더럽게 오염되어 번뇌와 뒤섞여 있는 것으로 관해야 한다.
謂當觀世間一切諸法生滅不停 以無常故苦 苦故無我 應觀過去法如夢 現在法如電 未來法如雲 忽爾而起 應觀有身悉皆不淨 諸蟲穢汚 煩惱和雜

여기서는 우선 고성제(苦聖諦)를 관하는 것을 밝힌다. 한결같이 생멸하여 머무르지 않는 것이 무상행(無常行)이다. 무상하기 때문에 고통스러운 이것이 바로 고행(苦行)이며, 고통스럽기 때문에 무아(無我)인 것이다. 과거는 마치 꿈과 같아서 끝내 얻을 수 없고, 현재도 마치 번개와 같이 찰나[735]에도 머물지 않는다. 미래도 마치 구름이 갑자기 생겨나지

---

734) 기행(起行)은 극락세계의 왕생을 목적으로 닦는 5념문(五念門: 禮拜門·讚嘆門·作願門·觀察門·廻向門)의 행(行)과 5종정행(五種正行: 讀誦·觀察·禮拜·稱名·讚嘆供養)을 말한다.
735) 찰나(刹那)는 범어 ksana의 번역으로 일념(一念)이라고 하며, 겁(劫)에 상대되는 가장 짧은 시간적 개념이다.『인왕반야경』상〔『대정장』8, p.826a06〕에 의하면, 90찰

만 온 곳이 없는 것과 같은 이것이 바로 무아행(無我行)인 것이다. 온갖 벌레에 더럽게 오염되는 등은 부정행(不淨行)이다. 이 사행관(四行觀)으로 범부와 외도의 일체 견혹(見惑)과 사혹(思惑)을 빠짐없이 다스려 제거한다.

此先明苦諦觀也 一生滅不停 是無常行 無常故苦 卽是苦行 苦故無我 過去如夢了不可得 現在如電刹那不住 未來如雲忽起無所從來 卽無我行 諸蟲穢汚等 卽不淨行 此四行觀 對治凡外一切見愛無不盡也

어리석은 범부들은 보이는 모든 법이 존재하지 않는 것인데, 잘못된 인식으로 있다고 관한다.

觀諸凡愚所見諸法 於無物[736]中 妄計[737]爲有

여기서는 집성제(集聖諦)[738]를 관하는 것을 밝힌다. 잘못된 인식은 곧 혹(惑)이며, 혹(惑)은 곧 집성제이다. 이 관법은 범부와 외도가 삼유(三有)를 욕심내고 집착하는 것을 바르게 다스린다. 그리고 성문과 연각[愚

나가 일념이며, 1찰나에 구백의 생멸이 있다고 하였다. 명나라 적조(寂照)가 편집한 『대장법수(大藏法數)』에는 24시간은 6,480,000찰나이고, 1찰나는 0.133초이며, 1초에 75찰나가 있다고 하였다. 『화엄경탐현기』 18(『대정장』 35, p.458b18)에서는 '손가락 한 번 튕기는 사이가 60찰나'라고 했다.

736) 무물(無物)은 범어 asat의 번역으로, 존재하지 않는 것을 말한다.
737) 망계(妄計)는 범어 kalpā·kalpita의 번역으로, 잘못된 분별·인식을 말한다. 그릇된 분별의 특질을 말하는 것이다.
738) 집성제(集聖諦)는 범어 samudaya-satya의 번역으로, 사성제의 하나이며, 집제(集諦)·습제(習諦)·고습성제(苦習聖諦)라고도 한다. 미혹한 세계의 원인으로 미래의 괴로운 과보를 일으키는 것이다. 즉 괴로움이 생기는 원인이 된다는 것을 실상으로 여겨도 틀림이 없다는 것을 말한다.

法聲聞)⁷³⁹⁾이 망령되이 공포심을 내는 것을 다스린다.

  此卽集諦觀也 妄計 卽惑 惑 卽集諦 此觀正治凡外貪著三有 兼治愚
法聲聞妄生恐怖

  일체는 인연으로부터 생긴 법이니, 모두가 마치 환과 같아서 결국
은 실체가 없는 것인 줄 관찰한다. 궁극적 최고의 진리는 마음으
로 궁리할 수 없어서, 비유할 수 없으며 말로 설할 수도 없는 것인
줄 관한다.
  **觀察一切從緣生法 皆如幻等 畢竟無實 觀第一義諦 非心所行
不可譬喩 不可言說**

  여기에서는 멸성제(滅聖諦)⁷⁴⁰⁾를 관하는 것을 밝힌다. 인연으로 생긴
것이 마치 허깨비와 같다면, 현상계[事]가 곧 진(眞)이며, 진(眞)은 현상
계 밖에 있는 것이 아니다. 그렇기 때문에 마음으로 궁리할 수 없어서

---

739) 우법성문(愚法聲聞)은 우법이승(愚法二乘)·우법소승(愚法小乘)·우법(愚法)
  이라고도 한다. 삼라만상의 모든 존재는 실체가 없고 자성이 없는 것이라는 공
  (空)한 이치에 어두은 성문과 연각을 말한다. 비록 소승과(小乘果)를 성취하였
  을지라도 대승의 미묘한 이치를 깨달아서 드디어 마음을 돌이켜 대승을 향한 사람
  은 불우법소승(不愚法小乘)이라고 한다. 『대승의장(大乘義章)』 권17『대정장』44,
  pp.809b18-20)에서는 "소승에는 두 종류의 사람이 있다. 소승에 집착하여 대승에
  미혹한 사람을 우법인(愚法人)이라 하고, 소승을 알아서 대승을 이해하는 사람을
  불우법인(不愚法人)이라고 한다[小中有二種人 一愚法人 二不愚法人 執小迷大名
  愚法人 知小解大名不愚法人]"고 하였다.
740) 멸성제(滅聖諦)는 범어 nirodhs-āryasatya의 번역으로, 멸무(滅無)의 뜻이다. 사
  성제의 하나로, 열반은 생사 인과가 소멸되어 없으므로 멸(滅)이라 하고, 이 이치는
  진실하기 때문에 제(諦)라고 한다.

비유와 말로 할 수도 없다는 것이다. 범부와 외도가 소멸되지 않은 것을 소멸했다고 잘못 인식하는 것을 바르게 다스린다. 그리고 성문과 연각이 있다고 하는 집착을 버리고 공(空)한 이치를 찾도록 다스린다. 방편의 지위에 있는 보살은 변견(邊見)을 버리고 중도(中道)를 취하게 한다.

此卽滅諦觀也 緣生如幻 則卽事而眞 眞非事外 故非心所行 不可譬喻言說 正治凡外非滅計滅 兼治二乘捨有覓空 權位菩薩棄邊取中

일체 중생은 모두 시작을 알 수 없는 오랜 옛적부터 무명이 훈습한 힘으로 끝없이 몸과 마음의 큰 고통을 받았다. 현재와 미래 또한 마찬가지로 끝이 없고 한정이 없어서 벗어나기도 어렵고 제도받기도 어렵다. 항상 그 속에 있어서 관찰할 수 없으니, 매우 불쌍하다.

觀一切衆生 從無始來 皆因無明熏習力故 受於無量身心大苦 現在未來 亦復如是 無邊無限 難出難度 常在其中 不能覺察 甚爲可愍

여기에서는 도성제(道聖諦)를 관하는 것을 밝힌다. 만약 무명과 인과를 알아차려 관찰하면, 곧 이것이 생사를 벗어나 해탈하는 도이다. 중생이 여기에 미혹한 것을 불쌍히 여겨, 아래 본문에서는 사홍서원을 관하는 것을 근본으로 삼는다. 범부와 외도가 생사를 벗어나는 도를 알지 못하는 것을 바로 다스린다. 그리고 성문과 연각이 대비의 마음을 일으키지 않는 것을 다스린다. 첫째, 사성제를 관하는 것을 마친다.

此卽道諦觀也 若能覺察無明因果 便是出要度脫之道 愍物迷此 卽爲

下文弘願觀本 正治凡外不知出要 兼治二乘不起大悲 初四諦觀竟

둘째는 사홍서원을 관하는 법이다
二弘願觀

이와 같이 관찰하고 나면, 결정된 지혜가 생기고 광대한 대비심이 일어나 큰 용맹심을 발휘하여 네 가지 큰 서원을 세운다.[741]
如是觀已 生決定智 起廣大悲 發大勇猛 立大誓願

여기서는 전체적으로 사성제의 경계에 의하여 네 가지 큰 서원을 일으키는 것을 밝힌다. 위로 불도를 구하는 것을 '결정된 지혜'라 하고, 아래로 중생을 교화하는 것을 '광대한 대비'라고 한다. 능력을 키워 무거운 책임을 느끼는 것을 '큰 용맹심'이라고 하며, 의연하게 도를 오래도록 수행하겠다고 하는 것을 '큰 서원'이라고 한다.
此總明依四諦境 發四弘誓 上求佛道 名決定智 下化衆生 名廣大悲 弘能任重 名大勇猛 毅能道遠 名大誓願也

나의 마음이 온갖 전도된 번뇌를 여의고, 모든 분별을 끊기를 원

---

741) 구역『기신론』(『대정장』 32, pp.582c26-9)에서는 구체적인 사홍서원을 언급하지 않았다. 다만, "용맹스럽게 큰 서원을 세워서 내 마음의 분별을 여의고 시방에 두루 미쳐 일체 모든 착한 공덕을 닦아 미래겁이 다하도록 한량없는 방편으로써 일체 고뇌 중생을 구원해 열반의 가장 으뜸가는 즐거움을 얻게 하기를 원한다(即應勇猛立大誓願 願令我心離分別故 遍於十方修行一切諸善功德 盡其未來 以無量方便救拔一切苦惱衆生 令得涅槃第一義樂)"고 하였다.

하며,
願令我心離諸顚倒 斷諸分別

이것은 곧 끝이 없는 번뇌 끊기를 서원하는 것이다. 자기 자신이 생사에서 벗어나지 못하고 다른 사람을 제도하고자 하는 것은 옳지 못하다. 그래서 제일 먼저 밝혔다. 진실한 사홍서원은 한 마음속에 있어 선후가 있는 것이 아니다.

此卽煩惱無盡誓願斷也 自未度脫 欲度他人 無有是處 故首明之 其實四弘在一心中 非有先後

친히 일체 모든 불·보살을 가까이 하고 예배·공양하며 공경·찬탄하여 정법을 듣고, 설법대로 수행하여 영원히 휴식함이 없기를 원하고,

親近一切諸佛菩薩 頂禮供養 恭敬讚歎 聽聞正法 如說修行 盡未來際 無有休息

이것은 곧 한량없는 법문 배우기를 서원하는 것이다. 전도된 분별을 여의지 않으면 친히 모든 불·보살을 가까이 할 수 없고, 부지런히 공양하고 법을 듣지 못하고 한량없는 중생을 제도하는 법문을 닦을 수도 없다. 그래서 사홍서원이 자유롭게 행해져서(宛轉)[742] 서로 이룬다.

此卽法門無量誓願學也 不離顚倒分別 則不能親諸佛菩薩 不勤供養

---

742) 완전(宛轉)은 부드럽게 자유로이 움직이는 모양이다. 회전이 원활하며, 자유롭게 행하여지는 것을 형용한 말이다.

聽法 則不能修無量度生法門 是故四弘宛轉相成

한량없는 방편으로써 일체 고통 속에 있는 중생들을 제도하기를 원하며,
以無量方便拔濟一切苦海衆生

이것은 곧 한량없는 중생 제도하기를 서원하는 것이다.
此卽衆生無邊誓願度也

열반의 제일 첫째가는 즐거움에 머물기를 원해야 한다.
令住涅槃第一義樂

이것은 곧 위없는 불도(佛道) 성취하기를 서원하는 것이다. 동시에 일체 중생이 모두 불도 이루기를 원하고, 혼자만 성불하기를 원하지 않기 때문이다. 둘째, 사홍서원을 관하는 법을 마친다.
此卽佛道無上誓願成也 同一切衆生皆成佛道 非願獨成佛故 二弘願觀竟

셋째는 기행을 관하는 것이다.
三起行觀

이러한 서원을 세우고 나서, 언제나 자기가 감당할 수 있는 능력에 따라서 자기도 이롭고 남도 이로운 행을 닦아야 한다. 걷거나 멈추고 앉고 누울 때에 항상 어디서나 부지런히 해야 할 일과 해서는 안 되는 일을 관찰하는 것을, 관(觀)을 닦는 것이라고 한다.
作是願已 於一切時 隨己堪能 修行自利利他之行 行住坐臥 常勤觀察 應作不應作 是名修觀

이것은 곧 행으로써 서원을 채우는 것이다. 나와 남이 본래 스스로 둘이 아니지만, 전도되고 분별하는 것으로 인하여 망령되이 다른 것이 있다고 본다. 여기에서 이미 진여 법성을 수순하여 사성제를 관하는 것을 의지하여 사홍서원을 세웠다. 그래서 언제나 자기가 감당할 수 있는 능력에 따라, 혹 자기에게 이로운 행을 닦아 중생에게 나아지는 계기를 만든다면 이것이 곧 다른 사람에게 이로운 행이다. 혹 다른 사람에게 이로운 행을 닦아서 자기의 마음에 전도된 번뇌를 부순다면 이것이 곧 자기에게 이로운 행이다. 나아가 한 번 걷고 한 번 멈추고 한 번 앉고 한 번 누움에, 진실로 자기에게도 이롭고 다른 사람에게도 이로운 것은 응당히 해야 할 일이다. 진실로 자기에게도 이롭지 않고 다른 사람에게도 이롭지 않다면 해서는 안 되는 일이다. 설사 자기에게 이익이 있더라도 다른 사람에게 손해가 되거나, 비록 다른 사람에게 이익이 있더라도 자기가 명예와 이양에 타락한다면, 모두 해서는 안 되는 일이다. 보리심을 일으킨 사람은 최우선으로 부지런히 힘써 관찰해야 한다. 둘째, 관(觀)의 해석을 마친다.

此卽以行塡願也 自他本自不二 由於顚倒分別 妄見有殊 今旣隨順眞如法性 依四諦觀而發四弘 故於一切時中 隨己堪能 或修自利之行 能爲

衆生作增長緣 卽是利他 或修利他之行 能破自心顚倒煩惱 卽是自利 乃
至一行一住一坐一臥 苟可自利利他 則應作之 苟不可以自利利他 則不
應作 設使自雖有益 能令人損 或雖有益他人 自墮名利 皆亦不應作也
發菩提心者 最宜勤加觀察 二釋觀竟

(3) 지관을 함께 닦음〔止觀雙修〕

셋째는 지・관을 함께 닦는 것을 해석한다.
三釋雙行

만약 오직 관(觀)만 닦는다면 마음이 쉬지 않아, 다분히 의혹이
생겨 궁극적 최고의 진리를 따르지 않고 분별이 없는 지혜를 내지
못한다. 그래서 지와 관을 반드시 병행해서 닦아야 한다.
復次若唯修觀 則心不止息 多生疑惑 不隨順第一義諦 不出生
無分別智 是故止觀應並修行

관을 잘 닦는다는 것은 곧 관(觀)이 지(止)이다. 생각마다 보리심과
상응하고 문득 궁극적 최고의 진리와 불가사의한 경계에 계합한다. 이
관이 곧 분별이 없는 지혜이다. 여기에서 뜻을 얻지 못한 사람은 산란한
마음으로 사성제의 경계에 반연한다. 비록 사홍서원을 일으켜도 사성제
가 다만 이 한 마음인 줄 모르기 때문에 다분히 의혹을 낸다. 그래서 본
래 두 법이 없는 가운데 교묘하게 지・관을 함께 닦는 방편을 보인다.
善修觀者 卽觀是止 念念與菩提心相應 便契第一義諦不思議境 此觀
便是無分別智 今爲不得意人 散心緣四諦境 雖發弘願 不知四諦祇是一

心 多生疑惑 故於本來無二法中 巧示雙行方便

비록 일체 법이 모두 자성이 없어서 생기지도 않고 소멸하지도 않아 본래 적멸하여 자성이 열반이라고 알아차리면서도, 또한 인연이 화합하여 선악의 업보가 상실되거나 부서지지 않는 것을 본다.
謂雖念一切法皆無自性 不生不滅 本來寂滅 自性涅槃 而亦卽見因緣和合 善惡業報 不失不壞

여기에서는 곧 지(止)이면서 관(觀)임을 보인다. '일체 법의 자성이 열반인 줄 알아차리는 것'은 한 마음의 진여문이며 지(止)이다. '인연의 업보가 상실되지도 않고 부서지지도 않음을 보는 것'은 한 마음의 생멸문이며 관(觀)이다. 다만 생기지도 않고 소멸하지도 않는 성품 속에 망령되이 인연의 생겨나고 소멸하는 것이 있다면, 사성제는 모두 오직 한 마음만을 밝힌 것이다. 세간의 인과는 곧 고성제(苦聖諦)와 집성제(集聖諦)이고, 출세간의 인과는 도성제(道聖諦)와 멸성제(滅聖諦)이다. 십계(十界)의 차별은 모두 마음의 생멸문이며 모두 진여문(眞如門)에 의지하기 때문이다.

此示卽止而觀也 念一切法自性涅槃 一心眞如門也 止也 卽見因緣業報不失不壞 一心生滅門也 觀也 秪於不生不滅性中 妄有因緣生滅 則四諦皆唯一心明矣 以世間因果 卽苦集 出世因果 卽道滅 十界差別 皆是心生滅門 皆依眞如門故

비록 인연의 선악 업보를 알아차리고, 또한 일체 모든 법이 생기는 것도 없고 성품도 없다는 것을 보면 곧 열반에 이른다.
雖念因緣善惡業報 而亦卽見一切諸法無生無性 乃至涅槃

여기에서는 곧 관(觀)이면서 지(止)임을 보인다. 이미 진여문에 의지하여 생멸이 있고, 생멸하는 모든 법이 동일한 진여라, 별도로 자성이 없는 줄 안다. 둘째, 각각의 해석을 마친다.
此示卽觀而止也 旣依眞如而有生滅 則知生滅諸法 同一眞如 別無自性矣 二各釋竟

셋째는 이익을 마무리 짓는다.
三結益

그러나 지(止)를 수행하는 사람은 범부가 생사를 즐겨 집착하는 것을 다스린다. 또한 성문과 연각이 생사에 집착하여 겁내고 두려움을 내는 것을 다스린다. 관(觀)을 수행하는 사람은 범부가 선근을 닦지 않는 것을 다스린다. 또한 성문과 연각이 대비심을 일으키지 않고 협소한 마음의 허물을 다스린다. 그렇기 때문에 지·관이 서로 서로 도와 이루게 해서, 서로 버려 여의지 않도록 해야 한다. 만약 지·관이 갖춰지지 않는다면 반드시 위없는 보리의 도를 얻을 수 없다.
然修行止者 對治凡夫樂著生死 亦治二乘執著生死而生怖畏 修行觀者 對治凡夫不修善根 亦治二乘不起大悲狹小心過 是故

止觀互相助成 不相捨離 若止觀不具 必不能得無上菩提

생멸이 곧 진여인 줄 관하는 것을 지(止)라고 한다. 생사가 본래 공한데 무엇을 즐겨 집착할 것이며, 생사가 성품이 없는데 무엇을 겁내고 두려워하겠는가! 진여가 곧 생멸인 줄 관하는 것을 관(觀)이라고 한다. 인과가 완연한데 어떻게 부지런히 선을 닦지 않겠는가! 그리고 똑같이 자체가 미혹 속에 있는데 어떻게 널리 제도하지 않겠는가! 대개 한 마음〔一心〕과 진여문·생멸문〔二門〕은 본래 서로 여의지 않기 때문에, 일심(一心)의 지관(止觀)이다. 결코 편파적으로 닦을 수 없다. 위없는 보리를 이루기 위해서 두 가지 수행이 한 문〔一門〕[743]이 된다고 설한 것이다. 첫째, 바르게 신심을 수습하는 것을 보임을 마친다.

觀生滅卽眞如 名止 生死本空 何可樂著 生死無性 何須怖畏 觀眞如 卽生滅 名觀 因果宛然 安得不勤修善 同體在迷 安得不普濟度 蓋一心 二門 本不相離 故一心止觀 決不可偏修也 爲成無上菩提 所以二行作一門說 初正示修習信心竟

3. 염불 수행

둘째, 다시 수승한 다른 방편을 나타내는 데 두 가지가 있다. 첫째는 일반적으로 염불로 업장을 제거하는 것을 밝히고, 둘째는 확실하게 중생이 극락에 태어나기를 구하는 것을 가리킨다. 여기에서는 일반적으로 염불로 업장을 제거하는 것을 밝힌다.

---

743) 일문(一門)은 생사를 벗어나는 도를 말한다. 문(門)과 같음에 비유한 것이다.

二更示勝異方便二 初泛明念佛除障 二的指求生極樂 今初

또 처음 배우는 보살은 이 사바세계에 머무는 동안, 혹 추위와 더위·바람·비가 때에 알맞지 않아서 흉년 등의 고통을 만난다. 혹 착하지도 않고 두려워하는 중생이 삼독에 얽매여, 그릇된 견해에 전도되어 선한 도를 등지고 악법을 익힌다. 보살이 그 속에 있어서 마음에 겁내고 나약함이 생겨, 불·보살을 만나지 못할까 두려워하거나, 청정한 신심을 성취하지 못할까 두려워하여 의심이 생겨 물러나고자 하는 사람은, 반드시 "시방에 모든 불·보살은 모두 큰 신통을 얻고 장애가 없어서 갖가지 훌륭한 방편으로 일체 위험하고 위급한 중생을 구제한다"는 생각을 해야 한다. 이런 생각을 하고 나서 큰 서원을 일으켜 일심으로 오로지 불·보살만을 생각한다. 이와 같은 결정된 마음을 내기 때문에 여기에서 목숨이 다하면, 반드시 다른 불국토에 왕생하여 불·보살을 친견하고 신심을 성취하여 영원히 삼악도를 여의게 된다.

復次初學菩薩 住此娑婆世界 或值寒熱 風雨不時饑饉等苦 或見不善可畏衆生 三毒所纏 邪見顚倒 棄背善道 習行惡法 菩薩在中 心生怯弱 恐不可値遇諸佛菩薩 恐不能成就清淨信心 生疑欲退者 應作是念 十方所有諸佛菩薩 皆得大神通 無有障礙 能以種種善巧方便 救拔一切險厄衆生 作是念已 發大誓願 一心專念佛及菩薩 以生如是決定心故 於此命終 必得往生餘佛刹中 見佛菩薩 信心成就 永離惡趣

처음 배우는 보살은 이미 일심(一心)의 진여문과 생멸문을 이해하고 신행을 닦는다. 다만 지관의 힘이 미약해서 경계의 반연이 조잡하고 나빠 성불할 가능성이 있는 중생의 부류에 들어가지 못하고, 물러남이 없음을 보장받지 못한다. 그래서 다시 여기에서 수승한 다른 방편을 보여 자기의 마음속에 타방의 부처님을 의지하게 하여 불심 속의 자신을 제도한다. 반드시 앞의 지관문은 자신이 부처임을 알아차리는 삼매라는 것을 알아야 한다. 여기에서는 불·보살을 생각하는 것이 곧 타인이 부처인줄 알아차리는 삼매라는 것을 보인다. 불·보살을 생각해서 망상 분별을 내지 않으면 이것이 지(止)의 수행이다. 모든 불·보살이 큰 신통의 훌륭한 방편이 있어서 능히 나를 포함한 모든 중생들을 구제하는 줄 분명히 안다면 이것이 관(觀)의 수행이다. 그래서 지관(止觀)을 수행할 때는 설사 불·보살의 형상을 보고도 이것이 마군의 일인 줄 알고 취하여 집착하지 않는다. 지금 불·보살을 생각할 때 설사 별도로 지관을 헤아린다면, 대개 소를 타고서 소를 찾는 것과 같다. 그러나 불·보살을 바르게 알아차릴 때, 혹 불·보살을 보고 오직 마음이 나타낸 것임을 분명히 알아야 한다. 마찬가지로, 집착하지 말고 기뻐하여 동요하지 말며 남을 향해 말하지도 말아야 한다. 마치 혜원[744]이 평생 세 번 불·보살의 모습을 보았지만 아무에게도 말하지 않은 것과 같이 해야 한다. 이것은 중요한 비결이다. 오직 임종할 때 불·보살을 친견해야 바야흐로 이것이 감응하여 도와 서로 통하는 것이다. 결코 마군의 일이 아니니 의심할 필요가 없다. 불·보살이 큰 신통을 얻어 결정코 염불한 인연이 있는 중

---

744) 혜원(慧遠)은 도안(道安)의 제자로, 대승의 심오한 뜻을 통달했다. 여산(廬山)의 동림사(東林寺)에서 주석하며, 123인과 함께 백련사(白蓮社)를 짓고 무량수불상을 모신 법당에서 정업(淨業)을 닦았다. 『법성론』을 저술하여 열반상주설(涅槃常住說)을 주장했다. 삼십 년 동안 여산에 주석하면서 호계(虎溪)를 건너지 않았던 혜원의 '호계삼소(虎溪三笑)'라는 고사(故事)가 유명하다.

생을 보호하고, 시절인연을 잃지 않기 때문이다. "큰 서원을 일으켰다"고 하는 것은, 중생을 제도하기 위하여 정토에 태어나기를 바란다는 것이지, 자신만 혼자 생사를 벗어나기 위함이 아니다. 이 보살의 사홍서원은 왕생(往生)의 바른 원인이다. 그렇지 않으면, 비록 불·보살을 생각해도 불·보살의 성품과 서로 계합하지 못해서 정토에 태어날 수 없다.

初學菩薩 已解一心眞如生滅二門而修信行 但止觀力微 境緣粗惡 未入正定聚中 不能保其無退 故更示此勝異方便 令仗自心中之他佛 度脫佛心中之自身也 須知前止觀門 名念自佛三昧 今示念佛菩薩 卽念他佛三昧 以念佛及菩薩 不生妄想分別 卽是止行 了知諸佛菩薩 有大神通巧便 能救拔我及諸衆生 卽是觀行 所以修止觀時 設見佛菩薩形 知是魔事 不生取著 今念佛菩薩時 設更別商止觀 大似騎牛覓牛矣 然正念佛菩薩時 或得見佛菩薩 卽應了知唯心所現 萬勿取著 勿生喜動 勿向人說 如遠公生平三見聖相 不語一人 此爲要訣 唯至臨終見佛菩薩 方是感應道交 定非魔事 不必致疑 以佛菩薩得大神通 決定護念有緣念佛衆生 不失時故 言發大誓願者 爲度衆生求生淨土 非爲自身獨出生死 有此菩提弘願 方是往生正因 不然 縱令念佛菩薩 與佛菩薩氣分不相契合 不能生淨土也

둘째, 확실하게 극락에 태어나기를 구함을 가리킨다.
二的指求生極樂

경[745]에서, "만약 선남자 선여인[746]이 오로지 서방 극락세계의 아미타불만을 생각하여, 모든 선근으로써 회향하고 그곳에 태어나기를 원한다면, 결정코 가서 태어나게 된다. 그리고 항상 아미타불을 친견하고 신심이 더욱 늘어나서 영원히 물러나지 않으며, 법문을 듣고 부처님의 법신을 관찰하여 점차 수행하면 열반에 들어간다"고 설한다.

如經中說 若善男子 善女人 專念西方極樂世界阿彌陀佛 以諸善根 迴向願生 決定得生 常見彼佛 信心增長 永不退轉 於彼聞法 觀佛法身 漸次修行 得入正位[747]

시방의 여러 부처님의 정토는 헤아릴 수 없이 많다. 그러나 경과 논에서 다분히 극락을 가리키는 것은 간략히 네 가지 뜻이 있다. 첫째는 아미타불이다. 이 국토는 사람들과 가장 인연이 있기 때문이다. 나아가 가난하고 오지에 있는 마을까지 혹 남자이거나 여자이거나 늙었거나 어리거나, 지혜롭거나 어리석거나 아미타불의 명호를 부를 줄 모르는 사람이 없다. 둘째는 법장비구[748]의 원력이 수승하기 때문이다. 모든 부처님의 과덕(果德)이 비록 실제로는 평등해도, 직접적인 원인 중에 원력이

---

745) 염불법을 설하고 있는 『아미타경』・『대아미타경』・『일장경』・『무량수경』・『월장경』・『화엄경』・『능엄경』 등에서 언급하는 내용이다.
746) 선남자 선여인(善男子善女人)의 뜻에는 세 가지가 있다. 첫째, 선(善)은 선한 원인으로 과거 생에 지은 선한 일에 대한 공덕이 현세에 나타나 부처님의 교법을 듣고 믿는 사람을 말한다. 둘째, 현생에서 불법을 믿고 선(善)을 닦는 남녀이다. 셋째, 부처님의 명호를 듣고 염불하는 남자와 여자를 말한다. 비록 죄악이 많은 사람일지라도 마음을 돌이켜 참회하고 염불하면 곧 선남자 선여인이다.
747) 정위(正位)는 열반을 증득하는 지위를 말한다.
748) 법장비구(法藏比丘)는 아미타불이 부처가 되기 전, 보살로 있을 때의 이름이다.

자연스럽게 중생을 거두어들이며, 차별이 없는 가운데 차별이 있기 때문이다. 셋째는 사람들이 생각에 매달려 오롯한 마음을 얻게 되기 때문이다. 만약 오로지 찬탄하지 않는다면, 중생들이 이미 서방에 태어나고자 하거나 동방에 태어나고자 해도, 마음에 일정함이 없어서 청정한 업을 이루기 어렵다. 그러므로 시방의 모든 부처님이 똑같이 광장설(廣長舌)[749]의 모습을 내보이고, 이 염불문(一門)을 찬탄하여 사람들이 오롯이 기억하게 된다. 넷째는 아미타불은 곧 법계에 감추어진 몸이고 극락세계는 곧 연화장세계해(蓮華藏世界海)[750]이다. 그래서 한 부처님을 친견하면 한량없는 부처님을 친견하는 것이 되고, 한 국토에 태어나면 한량없는 국토에 태어나는 것이 된다. 한 부처님을 생각하는 것이 곧 일체 부처님을 생각하는 것이며,[751] 곧 일체 부처님이 보호하는 것이다. 왜냐하면, 법신이 둘이 아니기 때문이고 중생과 부처가 둘이 아니기 때문이며, 염불하는 주체와 염불하는 대상이 둘이 아니기 때문이다. 한 생각이 한 생각의 부처님과 상응하고 생각생각이 생각생각의 부처와 상응하여, 원

---

749) 광장설(廣長舌)은 범어 prahūtatanuji-hva의 번역으로 32상의 하나이다. 혀가 넓고 길며 부드럽고 연하며 붉고 엷어서 능히 얼굴을 덮고 머리카락 끝까지 이르는 부처님의 혀를 말한다.

750) 연화장해(蓮華藏海)는 연화장세계해(蓮華藏世界海)를 말하는 것으로, 연화장 장엄세계해(莊嚴世界海)라고도 한다. 연화장세계의 광대하고 끝이 없는 것을 바다에 비유한 것이다. 연화장(蓮華藏)은 출생하는 모태로서의 연화를 말하고, 연화장세계는 제불 법신의 정토이다. 보련화(寶蓮華)로 이룩된 국토이므로 연화장세계라고 하며, 간략히 화장세계(華藏世界)라고 한다.

751) 사사무애법계의 일면을 보여 주는 화엄의 법계연기 사상이다. 즉 하나가 일체이고 일체가 하나인 일즉일체(一卽一切)로서, 공간적으로 일・다(一・多)가 상용(相容)한 중중무진(重重無盡)하다는 이치이다.『화엄경』권20,「보현행원품」(『대정장』 10, pp.754a10-11)에서는 "생각생각에 한량없는 부처님을 친견한다(於念念中 見無量佛)"고 하였고,『십주경(十住經)』권4(『대정장』10, p.527b11)에서는 "한 생각에 한량없는 부처님을 친견한다(能於一念中 得見無量佛)"고 하였다.

인을 포함하고 결과에 사무쳐 다시 둘이 없기 때문이다. 나머지는 정토의 경론에서 널리 밝힌 것과 같아서 갖추어 서술하지 않았다. 넷째, 「수신분」을 마친다.

 十方諸佛 淨土無量 經論多指歸極樂者 略有四意 一者阿彌陀佛 與此土人最有緣故 乃至窮村僻塢 若男若女 若長若幼 若智若愚 無不知稱阿彌陀佛名者 二者法藏比丘願力勝故 諸佛果德雖實平等 因中願力任運攝生 無差別中有差別故 三者令人繫念得專心故 若不專歎 則衆生旣欲生西 又欲生東 心無一定 淨業難成 所以十方諸佛 同出廣長舌相 讚此一門 令人專憶 四者阿彌陀佛 卽法界藏身 極樂世界 卽蓮華藏海 故見一佛 卽爲見無量佛 生一土 卽爲生無量土 念一佛 卽是念一切佛 卽爲一切佛所護念 以法身不二故 生佛不二故 能念所念不二故 一念相應一念佛 念念相應念念佛 因該果徹 更無二故 餘如淨土經論廣明 不能備述也 四修信分竟

5장 이익을 밝히는 부분〔利益分〕

다섯째, 「이익분」에 네 가지가 있다. 첫째는 전체적으로 문·사·수혜를 권하고, 둘째는 별도로 문·사·수혜의 공덕을 보이며, 셋째는 비방하여 큰 죄를 받는 것을 경계하고, 넷째는 대승의 공과 능력을 매듭지어 보인다. 여기에서는 전체적으로 문·사·수혜를 권한다.

 五利益分四 初總勸聞思修 二別示聞思修功德 三誡誹謗獲大罪 四結示

大乘功能 今初

1. 듣고 사유하며 닦는 공덕〔聞·思·修功德〕

무엇을 이익을 밝히는 부분〔利益分〕이라고 하는가? 이와 같은 대승의 비밀스런 법의 뜻을 이미 간략히 설했다. 만약 어떤 중생이 여래의 매우 심오한 경계의 광대한 법에서 청정한 믿음과 깨달아 이해하는 마음을 내어, 대승의 도에 장애 없이 들어가고자 한다면, 마땅히 이 『기신론』을 부지런히 듣고 지니며 사유하여 닦아 익혀야 한다. 그러면 반드시 이 사람은 결정코 속히 일체를 아는 지혜를 이룬다는 것을 알아야 한다.

云何利益分 如是大乘祕密句義[752] 今已略說 若有衆生 欲於如來甚深境界廣大法中 生淨信覺解心 入大乘道無有障礙(者) 於此略論 當勤聽受 思惟修習 當知是人 決定速成一切種智

'청정한 믿음과 깨달아 이해하는 마음'이라는 것은, 원묘(圓妙)[753]의 입장에서 상대가 끊어진 것을 말한다. 믿음은 곧 이해〔解〕이고 이해는 곧 믿음이기 때문에, 여래는 세간을 다 안다〔世間解〕고 하며 완전한 믿음〔究

---

752) 구의(句義)는 일구(一句) 일구(一句)로 그 의리(義理)를 해석함을 말한다. 예를 들면, 진언(眞言)을 해석함에 있어서 처음에는 글자의 뜻을 풀이하고, 다음에 글귀의 뜻을 해석하는 것이다.
753) 천태종에서 원교(圓敎)의 원(圓)을 해석하는 데 원묘(圓妙)의 뜻이 있다. 공(空)·가(假)·중(中) 삼제(三諦)가 원융하여 불가사의한 것을 원묘라고 하는데, 묘(妙)는 이 불가사의한 것이라는 이름이다.

竟信)이라고도 한다. 여기에서는 처음 배우는 중생을 대상으로 말한 것이다. 믿음이 있어도 이해가 없으면 번뇌가 자라고, 이해가 있어도 믿음이 없으면 그릇된 견해가 자란다. 그래서 청정한 신심과 이해하는 마음을 함께 들어, 대승의 도에 들어가는 바른 행적을 삼는다. 듣고 지닌다는 것은 문혜(聞慧)이고, 사유한다는 것은 사혜(思慧)이며, 닦아 익힌다는 것은 수혜(修慧)이다. 이 세 가지 지혜가 무루의 종자를 도와 현행을 일으키기 때문에, 속히 일체를 아는 지혜를 이룬다고 하였다.

淨信覺解心者 若約圓妙絶待言之 則信卽解 解卽信 如來名世間解 亦可名究竟信也 今約初機言之 有信無解 能長煩惱 有解無信 能長邪見 故竝擧淨信覺解兩心 以爲入大乘道之正轍也 聽受者 聞慧也 思惟者 思慧也 修習者 修慧也 三慧資無漏種 令起現行 故能速成一切種智

둘째는 별도로 문·사·수혜의 공덕을 보인다.
二別示聞思修功德

만약 이 법을 듣고 놀라거나 겁내지 않으면, 이 사람은 결정적으로 부처의 종자를 이어서 속히 수기를 받게 된다는 것을 알아야 한다.
若聞此法 不生驚怖 當知此人 定紹佛種 速得授記

여기서는 별도로 문혜(聞慧)의 공덕을 보인다.
此別示聞慧功德也

설사 어떤 사람이 삼천대천세계[754]의 중생을 교화하여 십선의 도에 머무르게 해도, 잠깐 사이에 바르게 이 법을 사유하는 것보다 못하다. 왜냐하면, 과거 전생의 공덕이 한량이 없고 끝이 없기 때문이다.

假使有人 化三千大千世界衆生 令住十善道 不如於須臾頃 正思此法 過前功德無量無邊

여기에서는 별도로 사혜(思慧)의 공덕을 보인다. 하나는 세간의 선법(善法)이고, 하나는 세간과 출세간의 상상(上上)[755]의 선법이기 때문이다.

此別示思慧功德也 一是世間善法 一世出世上上善法故

혹 하루의 낮과 밤 동안 설한 것과 같이 수행하면 생기는 공덕이

---

754) 삼천대천세계(三千大千世界)는 끝없이 넓은 세계로 한 부처가 교화하는 하나의 불국토를 말하는 것이다. 범어 tri-sāhasra-mahāsāhːasra 또는 tri-sāhasra-mahā-sāhasra-loka-dhātu의 번역으로, 약칭으로 삼천세계라고 한다. 고대 인도인의 세계관에 의한 우주 전체이다. 즉 수미산을 중심으로 사대주(四大洲)가 있고, 그 둘레에 아홉 산과 여덟 개의 바다가 있다. 이것이 하나의 소세계(小世界)라고 한다. 즉 위로는 색계의 초선천에서부터 아래로는 대지옥의 풍륜(風輪)까지 이르는 범위이다. 이 세계는 해 · 달 · 수미산 · 4천하 · 4천왕 · 33천 등을 포함한다. 이 소세계를 천 개 모은 것을 한 소천세계(小千世界)라 한다. 이 소천세계를 천 개 모은 것을 한 중천세계(中千世界)라 하고, 이 중천세계를 다시 천 개 합한 것을 한 대천세계(大千世界)라 한다. 소 · 중 · 대의 세 가지의 천세계(千世界)가 되므로 삼천세계 또는 삼천대천세계(三千大千世界)라고 한다. 삼천대천세계는 실지로 십억(十億)의 세계이다.
755) 상상(上上)은 범어 adhimātra-adhimātra; uttara-uttara의 번역으로, 상위자 중에서도 뛰어난 것을 말한다.

한량이 없고 끝이 없어 말로 다 할 수 없다. 설사 시방의 일체 모든 부처님이 각각 수 없이 많은 아승기겁 동안 설하여도 다할 수 없다. 왜냐하면, 진여의 공덕이 끝이 없기 때문이며 수행의 공덕 또한 끝이 없기 때문이다.

若一日一夜如說修行 所生功德 無量無邊 不可稱說 假令十方一切諸佛 各於無量阿僧祇劫 說不能盡 以眞如功德無邊際故 修行功德亦復無邊

여기에서는 별도로 수혜(修慧)의 공덕을 보인다. 수혜는 법성을 드러내고 공덕과 법성이 평등하여 다 설할 수 없다. 둘째 별도로 문·사·수혜의 공덕 보이는 것을 마친다.

此別示修慧功德也 修能顯性 所以功德與法性等 不可盡說也 二別示聞思修功德竟

2. 비방하여 받는 무거운 죄

셋째는 비방하여 큰 죄를 받는 것을 경계한다.
三誡誹謗獲大罪

만약 이 법을 비방하는 사람은 한량없는 죄를 얻어, 아승지겁 동안 큰 고뇌를 받게 된다. 그렇기 때문에 지금 응당히 결정된 신심으로 비방하지 말아야 한다. 자신에게도 해롭고 남에게도 해로워서 삼보의 종자가 끊어지게 된다.

若於此法生誹謗者 獲無量罪 依阿僧祇劫 受大苦惱 是故於此
應決定信 勿生誹謗 自害害他 斷三寶種

자기의 마음에 일체 삼보가 있기 때문에 바야흐로 세간의 일체 삼보
가 있다. 만약 이 법을 비방하면 즉시 삼보의 종자가 끊어지게 된다. 죄
의 과보가 커서 오역죄(五逆)[756]와 십악(十惡)보다 심하다.
由有自心一體三寶 方有世間一切三寶 若謗此法 卽是斷三寶種 罪報
之大 甚於五逆十惡也

3. 대승의 공덕

넷째는 대승의 공덕을 매듭지어 보인다.
四結示大乘功德

일체 모든 부처님이 이것을 의지하여 수행해서 더 이상 없는 부처
의 지혜(無上智)를 이룬다. 일체 보살도 이것을 의지하여 수행해

---

756) 오역(五逆)은 오무간업(五無間業)이라고도 한다. 죄악은 지극히 이치에 거스르므
로 역(逆)이라 한다. 이는 무간지옥의 고과(苦果)를 감득하는 악업이므로 무간업
이라고 한다. 또한 오역죄(五逆罪)라고도 하는데, 불교에 대한 다섯 가지의 역적중
죄를 말한다. 소승에서의 오역죄는, 부·모·아라한을 살해하고, 화합승단을 파괴
하며, 부처님의 몸에 피를 내게 하는 것이다. 대승에서의 오역죄는, 첫째 탑과 사찰
을 파괴하고 불상을 불사르며 삼보의 재물을 훔치는 것이다. 둘째는 삼승법을 비
방하고 성교(聲敎)를 천하게 여기는 것이다. 셋째는 스님들을 욕하고 부리는 것이
며, 넷째는 소승의 오역죄를 범하는 것이다. 다섯째는 인과의 도리를 믿지 않고 악
구(惡口)와 사음(邪淫) 등의 열 가지 불선업(不善業)을 짓는 것이다.

서 여래의 법신을 증득한다. 과거의 보살도 이것을 의지하여 수행해서 대승의 청정한 믿음을 이루었고, 현재에도 이루고 있으며 미래에도 이룰 것이다. 그렇기 때문에 자신에게도 이롭고 다른 사람에게도 이로운 수승한 행을 이루고자 하는 사람은, 마땅히 이 논을 부지런히 힘써 닦아 배워야 한다.

一切諸佛 依此修行成無上智 一切菩薩 由此證得如來法身 過去菩薩 依此得成大乘淨信 現在今成 未來當成 是故欲成自利利他殊勝行者 當於此論勤加修學

여기에서는 바로 시방의 부처님이 한 길〔一路〕인 열반의 문을 말한 것이다. 과거·현재·미래의 보살도 이 법이 아니면 대승의 청정한 믿음을 이룰 수 없다. 그래서 자기도 이롭고 남도 이로운 행을 이루고자 하는 사람은 반드시 부지런히 닦아 배우라고 권하는 것이다. 이 네 번째 글은 곧 4실단을 따라 설명한 것이니, 깊이 생각해 보라. 둘째, 다섯 부분의 바른 해설을 마친다.

此正所謂十方薄伽梵 一路涅槃門也 三世菩薩 非此不成大乘淨信 故勸欲成二利行者 必當勤修學也 此四段文 卽順四悉檀說 可准思之 二正說五分竟

Ⅲ. 결론: 회향게(迴向偈)

셋째는 결론으로 회향을 베푼다.
三結施迴向

내가 이제 이미 해석했으니, 매우 심오하고 광대한 뜻과 공덕을 중생들에게 베풀어 진여의 법을 보게 하소서!
我今已解釋 甚深廣大義 功德施群生 令見眞如法

처음의 두 구절은 앞에서 설한 것을 결론지었고, 세 번째 구절은 이 공덕을 널리 중생들에게 베풀었다. 네 번째 구절은 진여의 실제에 회향하여 다같이 구경의 대보리를 이루는 것이다.
初二句 結前所說 第三句 以此功德普施群生 第四句 迴向眞如實際 同成究竟大菩提也

대승기신론열망소 제6권 마침

찾아보기

10상(十想) 479
2무수겁 416
2승 334
3무수겁(三無數劫) 415, 416
3아승기겁 104, 417
4분(分) 216
4선 263
8배사(八背捨) 479
9상(九想) 479
21법 294
25방편(二十伍方便) 453

ㄱ

가행위(加行位) 267, 408
각관(覺觀) 484
각의삼매(覺意三昧) 445, 449
감응도교(感應道交) 74
개합(開合) 171
개현(開顯) 84
객진번뇌 396
견(見) 262, 265

견도(見道) 145
견분(見分) 216, 253, 255, 287
견사(見思) 57
견심불상응염(見心不相應染) 276
견애훈습 313
견지(見地) 177
견취견(見取見) 368, 379
견혹(見惑) 57, 273
경(境) 253
경계상(境界相) 204, 223, 225
경문 77
계금취견(戒禁取見) 368, 379
계품(戒品) 438
고고(苦苦) 239
고성제(苦聖諦) 221
고온(苦蘊) 282
공겁(空劫) 471
공관(空觀) 316
공무변처(空無邊處) 379
공반야(共般若) 170
공상(共相) 199
공십지(共十地) 176
공일체처삼매(空一切處三昧) 456

과상(果上) 80, 171
과상(果相) 386
과지(果地) 171
과해(果海) 343
관(觀) 146, 485, 494
관문(觀門) 345
관부사의경(觀不思議境) 461
관선(觀禪) 481
관심수행(觀心修行) 59
관행즉(觀行卽) 70
관행즉(觀行卽) 구상 285
관행즉대승(觀行卽大乘) 120
관행즉수순(觀行卽隨順) 144
관행증득(觀行證得) 184
광장설(廣長舌) 503
괴고(壞苦) 239
교법 81
구경각(究竟覺) 120, 180, 182
구경도(究竟道) 180
구경신(究竟信) 505
구경위(究竟位) 145
구경즉 경계상(境界相) 284
구경즉 구상(九相) 285
구경즉 기업상(起業相) 285
구경즉 능견상(能見相) 284
구경즉 상속상(相續相) 284
구경즉 업계고상(業繫苦相) 285
구경즉 지상(智相) 284
구경즉 집명등상(執名等相) 285
구경즉 집착상(執着相) 284
구경즉(究竟卽) 71
구경즉(究竟卽) 업상(業相) 284

구경즉대승(究竟卽大乘) 120
구경증득(究竟證得) 184, 268
구경지(究竟地) 411
구계(九界) 116
구계지(具戒地) 274, 275
구로주(俱盧洲) 219
구륜(口輪) 99
구박범부(具縛凡夫) 228
구상(九想) 455
구상차제(九相次第) 229
구생(俱生) 179
구생기(俱生起) 179
구생법(俱生法) 256
구생법치 266
구의(句義) 83, 505
구족계(具足戒) 442
구차제정(九次第定) 479
구혜지(具慧地) 274, 275
권(權) 129
권교(權敎) 406, 412
권승(權乘) 117
귀수약(龜手藥) 359
극과(極果) 117
근본번뇌(根本煩惱) 173
근본업불상응염(根本業不相應染) 277
근본의(根本依) 249
근본주지무명 266
근본지(根本智) 171, 315, 419
근본훈습 312, 313
금강유정(金剛喩定) 173
기행(起行) 487

ㄴ

낙덕(樂德) 154
내범(內凡) 292, 335
내연(內緣) 258
내인(內因) 319
능(能) 53
능가경(楞伽經) 50
능견상(能見相) 223, 225
능량(能量) 227
능변(能變) 258
능생(能生) 230
능소(能所) 63
능안인(能安忍) 463
능연(能緣) 164, 287
능취(能取) 290
능훈(能熏) 156

ㄷ

다라니 72
단견(斷見) 379
단공(但空) 374
단과(斷果) 250
단나(dana) 410
단덕(斷德) 292
단멸공(斷滅空) 373
대겁(大劫) 392
대대(待對) 84
대열반(大涅槃) 59
大白牛車 60

대법우(大法雨) 200
대불정수능엄왕삼매(大佛頂首楞嚴王三昧) 466
대비(大悲) 329
대사(大士) 405
대승(大乘) 43, 60, 61, 103, 104, 121
대승종교(大乘終敎) 44
대원경지(大圓鏡智) 78, 80, 424
대자재천(大自在天) 377
대지도론(大智度論) 219
대치(對治) 89
대치사집(對治邪執) 367
대치조개(對治助開) 463
도거(掉擧) 462, 486
도종(道種) 171
도종지(道種智) 171
도종혜(道種慧) 171
도품조적(道品調適) 462
도혜(道慧) 171
독두의식(獨頭意識) 263
돈교(頓敎) 44
동사섭(同事攝) 330
동상(同相) 159
동시의식(同時意識) 263
동체대비 331
두타(頭陀) 438, 440
둔사(鈍使) 265
득승(得乘) 57
등각(等覺) 180
등각지 411
등정각(等正覺) 422

ㅁ

마니보(摩尼寶) 396
마음 135
마하연(摩訶衍) 103
만법 258
만증(滿證) 412
망계(妄計) 488
망심훈습(妄心熏習) 316
멸성제(滅聖諦) 489
멸수상정(滅受想定) 479
멸진정(滅盡定) 458
명구문신(名句文身) 82, 83, 285
명상(名相) 285
명의(名義) 477
명자즉(名字卽) 70
명자즉(名字卽) 구상 285
명자즉대승(名字卽大乘) 120
명자즉수순(名字卽隨順) 144
명자증득(名字證得) 184
명제(冥諦) 377
목련(目連) 348
묘관찰지 411
묘관찰지(妙觀察智) 78, 80
무간도(無間道) 181
무구식(無垢識) 272
무기(無記) 169
무루선(無漏善) 68
무루인(無漏因) 206
무루종자(無漏種子) 164, 217
무루지(無漏智) 145
무명(無明) 115, 294, 297, 303

무명종자 272, 309
무물(無物) 488
무법애(無法愛) 463
무부무기(無覆無記) 305
무분별지(無分別智) 170
무상(無相) 283
무상정(無想定) 458
무상행(無相行) 274, 275
무생(無生) 191
무수겁 407
무아(無我) 82
무여열반(無餘涅槃) 399
무외시(無畏施) 436
무착(無着) 42
무치(無癡) 175
무학(無學) 174, 334
문수반야경 466
문지(文持) 101, 102
문혜(聞慧) 146, 506
물(物) 373
미리무명(迷理無明) 303
미진수겁(微塵數劫) 415
믿음 505

ㅂ

박가범(薄伽梵) 127
반열반(般涅槃) 401
반야(prajñā) 410
반야바라밀(般若波羅密) 46
반주삼매(般舟三昧) 444

반행반좌삼매(半行半坐三昧) 445
발심주 351
발진정보리심(發眞正菩提心) 462
방편심(方便心) 414
방편토(方便土) 282
백계천여(百界千如) 113, 382
번뇌장(煩惱障) 208, 288
범부 334, 354
범천(梵天) 379
법(法) 46
법견(法見) 278
법계(法界) 310
법공(法空) 170
법만(法慢) 278
법보 432
법화삼매(法華三昧) 445, 466
법시(法施) 436
법신(法身) 80, 161, 355, 356
법신보살 336
법아견(法我見) 169, 367, 380
법애 278
법인(法忍) 443
법장비구(法藏比丘) 502
법진(法塵) 264
법집(法執) 45
법치 294
법치(法癡) 252, 294, 313
법행(法行) 100, 101, 102
변견(邊見) 368, 379
변계소집성(遍計所執性) 148
변역생사(變易生死) 92, 400
변제(邊際) 403

변행 216
변행심소(遍行心所) 216
변행진여(遍行眞如) 178
별경(別境) 216
별경심소(別境心所) 216
보과(報果) 352
보리(菩提) 172
보살(菩薩) 68, 433
보살계(菩薩戒) 439
보시 410, 435
보시섭(布施攝) 330
보신 80, 352
보처(補處) 42
본각(本覺) 131, 190, 217
본각진여(本覺眞如) 182
본성 열반 470
본식(本識) 164
본연(本然) 206
본원력(本願力) 200
본유(本有) 200
부단상응염(不斷相應染) 274
부정지법(不定地法) 235
부정취(不定聚) 388, 389
분단·변역인과 92
분단생사(分段生死) 92, 400
분리식(分離識) 262, 264
분별사식(分別事識) 262, 264, 312, 316
분별수행정도상(分別修行正道相) 385
분별지상응염(分別智相應染) 274
분증(分證) 283, 412
분증즉(分證卽) 70
분증즉(分證卽) 구상(九相) 285

분증즉대승(分證卽大乘) 120
분증즉수순(分證卽隨順) 144, 145
분진즉 해행 410
분진증득(分眞證得) 184
불각(不覺) 131
불견(不見) 110
불공(不共) 480
불공무명 174, 253, 258
불공반야(不共般若) 170
불공진여(不空眞如) 179
불과(佛果) 162
불보(佛寶) 433
불상응행(不相應行) 75
불성(佛性) 206
불심종(佛心宗) 43
불안(佛眼) 229, 425
비량(非量) 260, 437
비로자나불(毘盧遮那佛) 149
비리야(virya) 410
비행비좌삼매(非行非坐三昧) 445

ㅅ

사(伺) 235
사(事) 47, 264
사견 379
사공(四空) 264
사관(事觀) 408
사구(四句) 62
사념청정지(捨念淸淨地) 480
사마타(奢摩他) 398

사마타관(奢摩他觀) 398, 451
사무색정(四無色定) 480
사무애변 277
사문(沙門) 440
사미(四微) 149
사미십계(沙彌十戒) 439
사변(四辯) 472
사사무애법계(事事無碍法界) 47
사상(四相) 152, 187
사성(四聖) 127
사식(事識) 312
사실단 四悉檀 63
사운퇴(四運推) 360
사운추검(四運推檢) 360
사정취(邪定聚) 389
사종삼매(四種三昧) 444
사지(事智) 77
사지(四智) 78
사지심품(四智心品) 170
사토(四土) 246
사혜(思慧) 144
사혜(思慧) 506
사혹 57
사혹(思惑) 273
사홍서원(四弘誓願) 58
삼거(三車) 60
삼관(三觀) 106
삼대(三大) 56, 121
삼류성경(三類性境) 253, 288
삼륜(三輪) 285
삼매 330
삼법(三法) 81

삼변정토(三變淨土) 482
삼분과목(三分科目) 91
삼삼매(三三昧) 481
삼선천(三禪天) 118
삼세(三細) 223, 229, 281
삼승 334
삼승공교(三乘共敎) 316
삼승공십지(三乘共十地) 176
삼십칠조도품 330
삼악도(三惡道) 58
삼업(三業) 237
삼역죄 472
삼유(三有) 84
삼천대천세계(三千大千世界) 507
삼취정계(三聚淨戒) 439
삼탈문(三脫門) 462
삼현십성(三賢十聖) 177
상견(常見) 374
상대(相大) 55, 114, 56, 296, 320, 339, 433
상덕(常德) 153
상분(相分) 215, 253, 255, 288, 304
상사각(相似覺) 120, 177
상사즉 해행 410
상사즉(相似卽) 70
상사즉(相似卽) 구상 285
상사즉대승(相似卽大乘) 120
상사즉수순(相似卽隨順) 144
상사증득(相似證得) 184
상상(上上) 507
상속식 255, 262
상응 286, 335

상좌삼매(常坐三昧) 445
상행삼매(常行三昧) 444
색·무색계정 58
색구경천 420
색심(色心) 46
색자재지(色自在地) 275
생공(生空) 170
생득(生得) 201
생멸문(生滅門) 61, 129
생멸인연(生滅因緣) 248
생인(生忍) 443
서원 447
석마하연론(釋摩訶衍論) 251
선교안심지관(善巧安心妙止觀) 462
선근(善根) 90, 467
선나(dhyā) 410
선남자 선여인(善男子善女人) 502
섭선정진(攝善精進) 446
성공(性空) 206
성기(性起) 64
성기법문 68
성덕(性德) 81, 215
성문초과(聲聞初果) 273
성색(性色) 205
성소작지(成所作智) 78, 80
성지(聖智) 140
성해(聖解) 469
성해(性海) 84
세간(世間) 107
세간해(世間解) 505
세계(世界) 90
소(所) 53

소변(所變) 258
소연(所緣) 287
소연연(所緣緣) 230
소전(所詮) 77
소지장 289
소지장(所知障) 208, 268
소취(所取) 290
소훈(所熏) 156
속제(俗諦) 50, 130
수(受) 232
수다원(聲聞初果) 273
수다원과 403
수덕(修德) 215, 306, 331
수도위(修道位) 174
수분각(隨分覺) 120, 179, 184
수생(修生) 316
수선(修禪) 481
수습(修習) 434
수승(隨乘) 57
수신분(修信分) 431
수용신(受用身) 199, 349
수인(修因) 352
수혜(修慧) 144, 506
승(勝) 234
승(乘) 41, 54, 56, 121
승나(僧那) 333
승보(僧寶) 433
승성(勝性) 377
승신주 219
승처(勝處) 456, 479, 482
시각(始覺) 162
시라(sila) 410

시방법(十方法) 77
시방불(十方佛) 77
시방승(十方僧) 77
식(識) 45, 368
식통색(識通塞) 462
신륜(身輪) 99
신상응지(信相應地) 273
신성취발심(信成就發心) 267, 387
신실유(信實有) 65
신심(信心) 432
신아(神我) 371
신유능(信有能) 65
신토(身土) 199
신행(信行) 100, 102
실(實) 129
실교(實敎) 268, 412
실보무장애토(實報無障礙土) 350
실상삼매(實相三昧) 466, 467
실유(實有) 130
실유속제(實有俗諦) 130
심 260
심(尋) 235
심근(心根) 180
심사(尋思) 267
심생멸문(心生滅門) 120
심생멸문자(心生滅門者) 155
심성 270
심소(心所) 66, 260
심식(心識) 193, 227
심왕(心王) 66
심자재지(心自在地) 276
심진여문(心眞如門) 120

십과(十科) 448
십력(十力) 99, 246
십법계(十法界) 55
십상(十想) 455
십선(十善) 58
십세(十世) 418
십승(十乘) 461
십신(十身) 423
십육특승(十六特勝) 479
십이인연(十二因緣) 58
십이처(十二處) 142, 368
십지(十地) 60
십팔계(十八界) 142, 368
십팔불공법(十八不共法) 246

ㅇ

아(我) 169
아가다(阿伽陀) 416
아견(我見) 370
아공진여(我空眞如) 289
아나반나삼매(阿那般那三昧) 455
아덕(我德) 153
아뢰야(阿賴耶) 156
아뢰야식 157, 319
아만(我慢) 370
아소(我所) 261
아승기(阿僧祇) 104
아승기겁 418
아애(我愛) 370
아집(我執) 45, 369

아치(我癡) 309
암마라식(識) 181
애(愛) 262, 264, 278
애어섭(愛語攝) 330
양과(量果) 227
업상(業相) 223, 225
업식(業識) 252, 304, 312
업식심(業識心) 414
여래 180
여래장 66, 155, 377, 378
여래지 279
여여(如如) 164
여여지(如如智) 424
연(緣) 314, 323
연상(緣相) 286, 287
연선(練禪) 481
연수(緣修) 146
연야달다(演若達多) 186
연영(緣影) 136
연화장세계해(蓮華藏世界海) 503
연화장해(蓮華藏海) 503
염(念) 232
염법훈습(染法熏習) 307
염부단금(閻浮檀金) 116
염부제(閻浮提) 422
염오의(染汚依) 250
염정상속(染淨相續) 303
염정의(染淨衣) 249, 251
오개(五蓋) 453
오견(五見) 236
오경(五境) 254
오둔사(五鈍使) 265

오법(五法) 454
오별경(五別境) 169
오불환천(五不還天) 480
오사(五事) 453
오성차별(五性差別) 324
오역(五逆) 509
오역죄 509
오연(五緣) 453
오온(五蘊) 142, 368
오욕(五欲) 408, 453
오위백법(五位百法) 113, 382
오종삼제(五種三諦) 133
오진(五塵) 263
오취(五趣) 404
오통(五通) 117
오회(五悔) 468
온(蘊) 142
완공(頑空) 141
완전(宛轉) 492
외범(外凡) 292, 334, 354
요간(料簡) 392
요별경식(了別境識) 262
용대(用大) 55, 56, 115, 320, 344, 433
용수(龍樹) 42
우법(愚法) 82
우법성문(愚法聲聞) 489
우화주 220
원교 44
원교(圓敎) 44
원묘(圓妙) 505
원묘삼제(圓妙三諦) 133
원성실성(圓成實性) 148

원융문 407
위빠사나 398, 451
위빠사나관(毘缽舍那觀) 398
위음나반 471
위인(爲人) 90
유가파(瑜伽派) 45
유각유관삼매(有覺有觀三昧) 481
유루(有漏) 116
유루법 247
유루선(有漏善) 68
유루선혜(有漏善慧) 170
유부무기(有覆無記) 226
유상(有相) 478
유식(唯識) 45
유식론 43
유연심(柔軟心) 329
유정천(有頂天) 480
유주(流注) 291
유학 334
유학(有學) 273, 334
육단심(肉團心) 136
육묘문(六妙門) 479
육바라밀 410, 434
육상(六相) 229
육신통(六神通) 98
육안(肉眼) 229
육입(六入) 142
육주심(六住心) 404
육진(六塵) 261, 304
육처(六處) 414
육추(六麤) 229, 230, 281
윤생(潤生) 282

응신 354
응연진여(凝然眞如) 49
의(意) 249, 252, 305
의륜(意輪) 99
의보(依報) 240, 258
의식(意識) 261
의지(義持) 100, 102
의타기성(依他起性) 148, 252
이(理) 47
이관(二觀) 408
이관(理觀) 408
이락정진(利樂精進) 446
이변(二邊) 108
이변견(二邊見) 108
이사(利使) 265
이상(異相) 158
이생성(異生性) 178
이숙(異熟) 226
이숙생 226
이숙식(異熟識) 181, 272, 419
이승(理乘) 56, 57
이승(二乘) 68
이실(理實) 157
이익분(利益分) 504
이즉(理卽) 69
이즉(理卽) 구상 285
이즉대승(理卽大乘) 120
이즉불(理卽佛) 80
이즉수순(理卽隨順) 144
이즉증득(理卽證得) 184
이지(理智) 77, 222
이취(二取) 220

이행(二行) 100
이행섭(利行攝) 330
인(因) 314, 323
인력(因力) 323
인명(因明) 105
인무아(人無我) 380
인상(因相) 386
인아(人我) 377
인아견(人我見) 367, 369
인욕 410, 443
인위(因位) 171, 200
인중(因中) 171
인지(因地) 344
일문(一門) 498
一法界大總相法門體 136
일상(一相) 466
일상삼매 465
일승(一乘) 48
일심법계(一心法界) 63
일진법계(一眞法界) 47, 231
일체 제법 382
일체삼보(一體三寶) 76
일체심(一切心) 204
일체종(一切種) 426
일체종지(一切種智) 72, 171, 424, 425, 506
일체지(一切智) 171
일체처(一切處) 479, 482
일행(一行) 466
일행삼매 466
일행삼매(一行三昧) 445
입량(立量) 109

입상시교(入相始敎) 43

ㅈ

자량위(資糧位) 267, 408
자백진가(紫栢眞可) 221
자상(自相) 183, 199
자상속(自相續) 325
자성(自性) 477
자성청정심(自性淸淨心) 196
자수용보신 356
자수용신(自受用身) 80
자운(慈雲) 449
자증분(自證分) 226, 288
작의(作意) 255, 458
화장세계(華藏世界) 149
장식(藏識) 350
재생명(哉生明) 146
재시(財施) 436
전상(轉相) 223
전식(轉識) 166, 252, 253
전주(專注) 233
전칠식(轉七識) 316
점교(漸敎) 317
점교의 404
정(定) 233
정견(正見) 170
정덕(淨德) 154
淨法熏習 313
정보(正報) 240, 258
정식(淨識) 424

정심지(淨心地) 70, 279, 354, 411
정위(正位) 70, 502
정인(正因) 96
정정(正定) 485
정정취(正定聚) 388, 389, 431
정진 410, 444
정체(正體) 76
정행(正行) 435
제7식 252, 256
제바달다(Devadatta) 330
제일의관(第一義觀) 408
제일의제(第一義諦) 41, 346
조행(助行) 435
종경록(宗鏡錄) 50
종의(宗依) 105
종자생현행(種子生現行) 265
종체(宗體) 105
주야육시(晝夜六時) 446
주지삼보(住持三寶) 75
중도(中道) 108, 133
중론(中論) 44
중제(中諦) 133
중품(中品) 178
증발심(證發心) 411, 419
증법 81
증상연(增上緣) 119
증자증분(證自證分) 226
지(智) 410
지(止) 453
지계 437
지과(智果) 250
지관 450

지단(智斷) 292
지덕(智德) 292
지문(止門) 345
지상(知相) 231, 286, 287
지차위(知次位) 463
지품(智品) 170
진(眞) 135
진각(眞覺) 222
진공(眞空) 205
진법(眞法) 173
진법계(眞法界) 310
진사(塵沙) 451
진상(眞常) 256
진색(眞色) 206
진수(眞修) 145
진승의제(眞勝義諦) 166
진실공(眞實空) 147, 204
진실불공 147
진실불공(眞實不空) 205
진심(眞心) 414
진심훈습(眞心熏習) 318
진여(眞如) 46, 155, 303, 314, 320, 356, 383
진여문 129, 252
진여삼매(眞如三昧) 464, 469, 483
진제 130
진지(眞智) 266
집성제(集聖諦) 488

ㅊ

차별(差別) 477
차별연(差別緣) 326, 329
찬제(ksanti) 410
찰나(刹那) 487
참된 지혜(眞智) 171
천친(天親) 42
청정분별성 354
청정의타성 354
체대(體大) 55, 56, 112, 296, 320, 339, 432
體熏 320
초무수겁 416
초발심 350
초발심주(初發心住) 177, 350, 403, 411
총보(總報) 238
총지문(總持門) 199
출세간(出世間) 107
치(癡) 173
칠전식(七轉識) 160
칠종이제(七種二諦) 130

ㅌ

타수용보신 356
타수용신토(他受用身土) 351
통달위(通達位) 268

ㅍ

파법편(破法遍) 462
팔배사(八背捨) 455, 482
팔상성도(八相成道) 280
팔인지(八人地) 177
팔종대수번뇌(八種大隨煩惱) 224
편진(偏眞) 310
평등성지(平等性智) 78, 80, 411
평등연(平等緣) 326, 333
표업(表業) 237
피갑정진(被甲精進) 446

ㅎ

화합식(和合識) 156
항사(恒沙) 55
항포문 410
항행불공 303
항행불공무명(恒行不共無明) 250, 253
해(解) 234
해탈도(解脫道) 182
해탈문(解脫門) 470
해행발심(解行發心) 406
해행지(解行地) 266, 267
행고(行苦) 239
행법(行法) 81, 433

행상 94
허공계(虛空界) 163
현량(現量) 260
현상(現相) 223
現色不相應染 275
현식(現識) 253, 254
현행 309
현행훈종자(現行熏種子) 265
형량(形量) 237
혜(慧) 410, 169, 171
혜원(慧遠) 500
호법(護法) 167
혹업고(惑業苦) 281
혼침(昏沈) 462, 486
환유(幻有) 130
환유속제(幻有俗諦) 130, 131
환유환유즉공속제(幻有幻有卽空俗諦) 131
환희지 411
황량일취몽(黃粱一炊夢) 415
후득지(後得智) 171, 315, 419, 427
후심(後心) 181
후유(後有) 282
훈선(熏禪) 481
훈습(體熏) 304, 319
희론(戲論) 62, 451

【참고문헌】

★ 원전류

1. 「대승기신론열망소」, 『대정신수대장경』 권44, 대정일체경간행회, 1924.
2. 『대승기신론열망소』, (재)불타교육기금회, 2004.
3. CBETA(Chinese Electronic Tripiṭaka Collection) 2010(Version)

★ 사전류

1. 지관, 『가산불교대사림』, 가산불교문화연구원, 1998～.
2. 한국불교대사전편찬위원회, 『한국불교대사전』, 보련각, 1982.
3. 불광대장경편수위원회, 『불광대사전』, 서목문헌출판사, 1988.
4. 단국대학교 동양학연구소, 『한한대사전』, 단국대학교, 2008.

★ 단행본

1. 柏木弘雄, 『大乘起信論の研究』, 春秋社, 1980.
2. 高崎直道, 『大乘起信論・楞伽經』, 春秋社, 2009.
3. 張聖嚴, 『明末中國佛教の研究』, 山喜房佛書林, 1975.
4. 각성 역, 『대승기신론』, 현음사, 2006.
5. 동국대학교 불교문화연구원, 『근대 동아시아의 불교학』, 동국대학교출판

부, 2008.
6. 안동림 역주, 『장자』, 현암사, 1996.
7. 지안 역, 『대승기신론』, 지만지, 2008.

★ 논문
1. 篠田昌宜, 「智旭の『大乘起信論裂網疏』に關して」, 印度學佛敎學研究, 2003. 12.
2. 岩城英規, 「智旭の起信論解釋について」天台學報, 1993. 10.
3. 中山正晃, 「智旭の佛敎觀」印度學佛敎學研究, 1973. 3.
4. 池田魯參, 「智旭敎學と天台敎判」印度學佛敎學研究, 1976. 12.
5. 張聖嚴, 「智旭の思想と天台學」印度學佛敎學研究, 1974. 12.
6. 張聖嚴, 「智旭の著作にあらわれた人びとの系譜」, 印度學佛敎學研究, 1973. 12.